中原发展研究报告集

(2021—2023)

耿明斋 主编

ZHONGYUAN FAZHAN YANJIU
BAOGAO JI

(上)

河南大学出版社
HENAN UNIVERSITY PRESS
·郑州·

图书在版编目(CIP)数据

中原发展研究报告集.2021—2023/耿明斋主编.--郑州:河南大学出版社,2023.3
 ISBN 978-7-5649-4665-4

Ⅰ.①中… Ⅱ.①耿… Ⅲ.①区域经济发展-研究报告-河南-2021-2023 Ⅳ.①F127.61

中国国家版本馆 CIP 数据核字(2023)第 042925 号

责任编辑	马　博　时二凤
责任校对	肖凤英
封面设计	马　龙
出版发行	河南大学出版社
	地址:郑州市郑东新区商务外环中华大厦 2401 号　邮编:450046
	电话:0371-22860116(人文社科分公司)　网址:hupress.henu.edu.cn
	0371-86059701(营销部)
排　版	郑州市今日文教印制有限公司
印　刷	广东虎彩云印刷有限公司
版　次	2023 年 3 月第 1 版　　　　　印　次　2023 年 3 月第 1 次印刷
开　本	787 mm×1092 mm　1/16　　印　张　45
字　数	758 千字　　　　　　　　　　定　价　118.00 元

版权所有·侵权必究
(本书如有印装质量问题,请与河南大学出版社营销部联系调换。)

致 谢

本报告集的出版得到了中原发展研究基金会、河南省社会科学界联合会、省重点智库河南中原经济发展研究院、河南省高等学校人文社会科学重点研究基地中原发展研究院、河南大学民营经济研究院等的支持。

前 言

改革开放以来,随着市场化的深入,中央政府包揽一切的格局逐渐被打破,基层政府在区域经济社会发展中的主体地位日益凸显出来。如何既遵循规律,又结合实际,找准比较优势,厘清思路,明确目标,找到合适的路径,实现又好又快发展?地方政府有了越来越强烈的战略谋划需求,摆脱了计划经济羁绊的企业也是如此。

顺应上述需求,自20世纪90年代中期以来,我们秉承深入实际、融入社会的治学理念,陆续承担了一些地方政府或企业委托的战略谋划项目,并形成了相应的研究报告。进入21世纪以来,我们开始对这些研究报告辑录成册或单独公开出版,截至目前,已经出版的此类报告集或独立报告计有《区域经济与企业发展研究》(中国经济出版社2000年版)、《欠发达平原农区经济发展与制度转型——整体考察与个案分析》(河南人民出版社2006年版)、《资源型区域可持续发展探索——大冶镇案例研究》(社会科学文献出版社2006年版)三种。与此类战略谋划项目相似,我们也围绕国家及河南省委、省政府有关经济社会发展的重大战略部署,自选或承接了国家和河南省委、省政府及其相关部门委托的专题进行研究,形成了相应的报告或论文,有的提交相关政府部门做决策参考,有的在相关报刊公开发表。近年来,我们也将这类报告或论文辑录成册出版,亦有《城镇化引领"三化"协调发展——理论思考与实践探索》(社会科学文献出版社2012年版)、《产业发展与结构调整——基于传统农区的实践》(社会科学文献出版社2012年版)、《人口流动、制度壁垒与新型城镇化——基于实地调查的报告》(社会科学文献出版社 2013 年版)三种。

将不同时期,针对不同问题,出于不同目的进行研究而形成的零散成果分类辑录成册出版,意义至少有三:一是记录我们的研究足迹,有效保存我们的研究成果,实现资料积累,为后续的研究奠定基础,提供支撑;二是记录我们的思想轨迹不断深化、完善与升华的过程;三是记录我们所观察到的区域空间经济社会现代化演进过程,也是从一个侧面洞悉中国社会现代化演进的历史。鉴于此,我们觉得今后有必要继续这样做。

自从 2009 年中原发展研究院由时任河南省省长郭庚茂同志揭牌成立以来,以及河南中原经济发展研究院(省重点智库)2019 年正式运行以来,团队日益壮大,视野更加开阔,能力和水平进一步提高,社会影响力日益提升,接受委托和研究完成的决策咨询课题也越来越多。适应这种发展态势,我们一直延续了 2016 年以来的做法,即每年将相应决策咨询成果辑录成册,统一使用《中原发展研究报告集》名称,公开出版。2021 年,由于疫情和其他因素影响,未能按时集录成册出版,今遂将其年度成果与 2022 年年度成果合并集录,一并出版。由于内容较多,为便于阅读,分成了上、下两册。

由于各种原因,年度之间出版社偶有调整,今年重由河南大学出版社出版,特此说明。

耿明斋
2016 年 2 月 26 日初稿
2023 年 7 月 28 日修订稿

目 录

第一编 市县政府委托项目报告

第一部分 开封市及县区政府委托项目

报告1 开封市高质量可持续发展战略规划 ………………………… 5
 一、规划背景 ………………………………………………………… 5
 二、规划理论依据 …………………………………………………… 7
 三、可持续发展的现状评估 ………………………………………… 17
 四、机遇与挑战 ……………………………………………………… 47
 五、总体思路与目标 ………………………………………………… 49
 六、经济可持续发展路径选择 ……………………………………… 52
 七、社会可持续发展路径选择 ……………………………………… 67
 八、资源环境可持续发展路径选择 ………………………………… 90
 九、保障措施 ………………………………………………………… 109

报告2 开封市地热资源综合开发利用总体战略规划(2019—2029)
 ………………………………………………………………………… 112
 一、规划概要 ………………………………………………………… 112
 二、引言 ……………………………………………………………… 114

三、国内外地热资源开发利用的基本情况 …………………… 119
四、开封市地热资源禀赋与开发利用情况 …………………… 137
五、开封市地热资源冬季供暖规划 …………………………… 148
六、开封市地热资源产业培育规划 …………………………… 166
七、政策建议 …………………………………………………… 181

报告3 都市化背景下重塑鼓楼商圈结构功能思路与方案 ……… 185
一、鼓楼商圈的起落与困境 …………………………………… 185
二、鼓楼传统商圈转型重塑：休闲体验消费 ………………… 197
三、"围城"的开放和便捷化 …………………………………… 206
四、新商业环境下的营销策略 ………………………………… 211
五、保障措施 …………………………………………………… 219

报告4 尉氏县国民经济和社会发展第十四个五年规划和2035年远景目标纲要 ……………………………………………………… 222
一、开启全面建设社会主义现代化尉氏新征程 ……………… 222
二、构建高质量发展产业新体系 ……………………………… 235
三、打造城乡协调绿色发展新格局 …………………………… 252
四、释放改革开放新红利 ……………………………………… 264
五、全面共享发展新成果 ……………………………………… 268
六、强化规划实施保障 ………………………………………… 277

报告5 关于郑开同城化若干基本问题的认识和思考 …………… 280
一、为什么要推动郑州与开封同城化，引领中原城市群一体化发展？ ……………………………………………………… 280
二、郑开同城化的政策红利是什么？ ………………………… 284
三、如何认识和推进郑开同城化？ …………………………… 286
四、郑开人民群众对郑开同城化的具体期盼项目是什么？ … 289

五、借鉴浙江省共同富裕示范区、济南新旧动能转换先行区、山西能源综合改革先行区等主题,郑开同城化的主题切入点是什么? ………………………………………………………………………… 289

报告6 开封市推进制造立市的产业路径和保障措施 …………… 290
 一、引言——从认识自己的短板开始 …………………………… 290
 二、制造业拖了开封发展的后腿 ………………………………… 291
 三、导致制造业地位下滑的原因 ………………………………… 294
 四、开封市推进制造立市的产业路径 …………………………… 297
 五、保障措施 ……………………………………………………… 305

第一编

市县政府委托项目报告

第一部分
开封市及县区政府委托项目

报告1 开封市高质量可持续发展战略规划[*]

一、规划背景

我国是世界可持续发展议程的全程参与者和重要推动者。2015年9月，习近平出席联合国发展峰会，同各国领导人一道通过了《2030年可持续发展议程》。2016年9月，我国发布了《中国落实2030年可持续发展议程国别方案》，明确提出了"推进中国落实2030年可持续发展议程创新示范区建设"的任务。2020年以来，习近平在多次重要讲话中论述可持续发展的意义，提出"中国将秉持人类命运共同体理念，继续作出艰苦卓绝努力，提高国家自主贡献力度，采取更加有力的政策和措施，二氧化碳排放力争于2030年前达到峰值，努力争取2060年前实现碳中和"。

开封作为历史文化古都同样背负着古城深重的历史包袱，面临着经济发展创新不足、资源环境承载压力大、公共服务资源供给不足等问题，存在着持续性不强甚至不可持续的隐忧。未来发展亟须依靠创新要素的聚集，围绕全域人口素质的提升，推动经济、社会与资源环境的发展深度融合，探索可复制、可推广的文化古城有机更新的现代化可持续发展模式，为世界城市可持续发展提供示范。

可持续发展，顾名思义，就是发展是连续的和非中断的。可持续发展概念的源头是20世纪70年代初罗马俱乐部的报告。该报告从资源有限性和不可再生性逻辑出发，得出以资源消耗为基础的发展迟早会因资源枯竭和环境不

---

[*] 该项目受开封市政府委托，项目时间：2019年10月—2021年11月；主持人：耿明斋；项目组成员：李燕燕、李少楠、柴森、刘岱宁、曹孜。

可承受而中断的结论,所以他们反对一味地追求经济增长,主张零增长。后来被人们普遍接受的观点不是不要增长和发展,而是不要那种高消耗和高排放的增长方式,要低消耗、低排放,依靠技术进步实现的增长,并把可持续发展的概念一般化为不以牺牲未来或后代人为代价的发展。

可持续发展不仅关系到人类的命运,是全球追求的目标,也关系到一个国家乃至一个区域的未来,是各个国家和各个区域共同追求的目标。广义上的可持续发展也不仅仅限于资源消耗与排放减少,更包含技术进步和创新能力,自动化解社会利益冲突的体制机制和现代社会组织形态,以及稳定的社会秩序和较高的社会效率等多个方面。总之,可持续是一种包含多种元素的经济社会良性发展的状态。

一个国家或区域在特定时间段内的高速增长具有财富快速积累的效应,但国家和区域长期目标的达成,靠该国或该区域高素质人口汇聚的创新力,以及良好体制机制等因素形成的可持续发展能力与态势。历史上和现实中都不乏快速增长进程多次被打断,发展不可持续,从而长期在一个水平上盘旋的案例,理论上称为中等收入陷阱,实践中叫"拉美化"。

因此,在当前我国经济发展从高速增长转向中高速增长的新阶段,推动经济社会可持续发展是当今时代的主题,是我国实现高质量发展的必由之路,也是实现高质量发展的必然要求。因此,研究城市可持续发展尤为重要,真正的可持续发展才是高质量可持续的发展。

就开封发展的经验来说,撇开20世纪50年代由省会搬迁带来的影响不说,改革开放以来,也经历了因对市场机制的不适应而造成的持续下滑和近乎发展中断,以及以郑汴一体化为代表的系列区域一体化战略组合拳激发的发展升势。目前又面临着战略利益稀释造成的可持续问题。就历史、现实、资源禀赋和区位条件来看,开封长期目标达成所需要的可持续发展,虽然也有资源消耗和排放减少这样原初的共性问题,但更有经济结构与创新能力,以及人口素质和社会生态等方面的问题。所以,本报告在澄清可持续发展问题和理论渊源及演化,全面挖掘梳理可持续发展概念内涵,并对开封可持续发展现状评估的基础上,不仅仅研究资源环境的可持续发展问题,更是从经济、社会和环境三个方面分析研究开封可持续发展所面临的问题,解决传统文化积淀深厚的古都式的城市现代化可持续问题,解决开封在居民素质、思想观念、教育、医疗等诸多方面关乎人口全域素质提升的问题,解决经济结构的持续优化和创新能力的持续提升问题,解决资源环境承载能力的问题,提出解决问题的思路与方向,全景式地给出开封实现可持续发展的解决方案,实现开封经济、社会和环境的可持续发展。

二、规划理论依据

(一)可持续发展认识的逐渐深化

二战以来,全球的发展观经历了几次重大变革,从"增长理论"到"发展理论"再到"可持续发展理论",人类的认识逐渐深化。尤其在20世纪后半叶,人类连续遭受到世界性的资源短缺、环境污染、生态破坏、失业、贫困、疾病、社会公平等问题,这些问题带来了很多公害事件,其中以"八大公害事件"(见图1-1)最为典型。

图1-1 沉痛的代价——"八大公害事件"

在这么严重的环境问题面前,人类进行了非常严肃的思考。1962年,美国海洋生物学家蕾切尔·卡逊出版了《寂静的春天》,正是出于美国在20世纪40年代发明了化学农药,50年代大量生产使用化学农药。该书描写了农村的情景以及人类与生物的健康和安全与经济发展模式的关系。此书在当时产生了巨大的社会影响,大家开始对人口增长、粮食短缺、资源消耗、环境污染这些问题产生忧虑,罗马俱乐部就是深受此书的影响而诞生。罗马俱乐部由10个国家的30位科学家、教育家、经济学家、实业家于1968年成立,研究人类面临的共同的问题。经过4年的工作,发表了研究报告——《增长的极限》。但是罗马俱乐部认为解决的方法就是要限制增长,这个观点引起了尖锐的争论。

1972,在瑞典首都斯德哥尔摩,举行了联合国人类环境会议,共同提出"只有一个地球",在人类历史上首次发布了《人类环境行动计划》。中国的环境保护工作就是参加这个会以后才开始进行的。这次大会认为罗马俱乐部"增长的极限"引起了这么激烈的争论,说明人类还没有达成共识,说明还需要研究有效解决环境问题的途径。

1980年3月,联合国环境规划署(UNEP)、国际自然资源保护同盟(IUCN)和世界野生生物基金会(WWF)共同组织发起,多国政府官员和科学家参与制定《世界自然保护大纲》,初步提出可持续发展的思想,强调"人类利用对生物圈的管理,使得生物圈既能满足当代人的最大需求,又能保持其满足后代人的需求能力"。

1983年,第38届联合国大会通过第38/161号决议,批准成立世界环境与发展委员会(WCED),并于1987年2月在日本东京召开大会,正式公布了世称"布伦特兰报告"的《我们共同的未来》。报告有三个观点:一是环境危机、能源危机和经济发展的危机,三者不能分割;二是地球上的资源和能源远远不能满足人类发展的需要;三是跟罗马俱乐部完全不同,不是说要限制增长,而是说必须要为当代人和下一代人的利益改变发展模式,即"我们需要有一条新的发展道路,这条道路不是仅能够在若干年内,在若干地方支持人类进步的道路,而是一直到遥远的未来都能支持全球人类进步的道路"。这是人类对于环境和发展认识的重大飞跃。同时大会发表了"东京宣言",呼吁全球各国将可持续发展纳入其发展目标。

1989年12月22日,联合国大会通过了第44/228号决议,决定召开环境与发展全球首脑会议。1990年,联合国组织起草会议文件《21世纪议程》。1992年6月3日至14日,在"布伦特兰报告"发表5年之后,联合国环境与发展大会(地球高峰会议)在巴西里约热内卢召开,大会通过《里约环境与发展宣言》,102个国家首脑共同签署《21世纪议程》,普遍接受了可持续发展的理念与行动指南。这次大会宣言将可持续发展定义为:"既符合当代人类的需求,又不至损害后代人满足其需求能力的发展。"在这里,发展已从单一的经济领域,扩大到以人的需求为中心和社会领域中那些具有进步意义的变革。

从联合国的文件里可以看出,可持续发展与传统发展的理论有很大的差别,至少有四个方面:第一,传统发展单纯地考虑经济增长,把经济增长作为目标,而可持续发展不仅仅关系经济增长,还关系社会的和谐和进步、资源节约和环境保护;第二,传统发展主要着重眼前利益和局部利益,而可持续发展关系子孙后代,关系全地球的人类;第三,传统发展是资源推动型的发展,而可持续发展强调知识推动,发展高科技,提高资源的利用效率;第四,传统发展是对自然进行掠夺的发展,而可持续发展强调要与自然和谐相处。

2000年9月,联合国千年首脑会议签署《千年首脑会议宣言》,旨在使全球贫困水平在2015年之前降低一半(以1990年的水平为标准),重申支持联合国环境与发展大会商定的可持续发展原则,包括《21世纪议程》的各项原则。

2002年8月,联合国召开可持续发展世界首脑会议,会议的目的是总结提出可持续发展战略10年来所取得的成绩和存在的问题。大会的政治宣言里有一句非常尖锐的话:"1992年里约会议所确定的目标没有实现。"

2015年9月25日,193个联合国成员国正式通过《变革我们的世界:2030年可持续发展议程》,该《议程》在2016年1月1日正式启动,包含17个可持续发展的目标,关系经济发展、社会进步、资源利用和环境保护等。值得注意的是,除了环境问题这一相对传统的全球治理议题,可持续发展目标真正关注的是推动国际范围内诸多行为体对于社会经济问题的合作,《议程》成为"第一份全球社会治理纲领",承载着协调环境问题、解决分配不均、推动经济发展、促进国家合作等宏观目标,意在2030年之前,实现经济增长、社会包容、环境保护的协调发展。2016年,李克强总理在联合国参加会议时发表重要讲话:"中国已经全面启动落实2030年可持续发展议程工作,已经批准并将发布《中国落实2030年可持续发展议程国别方案》,为中国落实可持续发展议程提供行动指南。"

2020年以来,习近平在多次重要讲话中论述可持续发展的意义,提出"中国将秉持人类命运共同体理念,继续作出艰苦卓绝努力,提高国家自主贡献力度,采取更加有力的政策和措施,二氧化碳排放力争于2030年前达到峰值,努力争取2060年前实现碳中和"。同时强调发展必须是可持续的,必须深化务实合作,构建发展共同体要"秉持创新、协调、绿色、开放、共享的发展理念,拓展务实合作空间,助力经济复苏、民生改善"。

综上所述,建立在《里约环境与发展宣言》《千年首脑会议宣言》、可持续发展世界首脑会议的理念基础上,从生存到发展,从发展到可持续发展,其目标试图以更为多元、更为包容的方式解决经济、社会、环境的全球性问题。

(二) 可持续发展的内涵

基于上述可持续发展的认知脉络,对其基本内涵可归纳为以下四个方面:

1. 可持续发展揭示了"发展、协调、持续"的系统本质

从可持续发展的本质出发,其体系具有三个最为明显的特征:其一,衡量一个国家或区域的发展程度。发展程度强调了生产力提高和社会进步的动力特征,即判别一个国家或区域的发展阶段以及生产和生活状态,是否在保证生活质量和生存空间的前提下不断地发展。其二,衡量一个国家或区域的协调程度。协调程度强调了内在的效率和质量的概念,即能否维持环境与发展之间的平衡,能否维持效率与公正之间的平衡,能否维持市场发育与政府调控之间的平衡,能否维持当代与后代之间在利益分配上的平衡。其三,衡量一个国家或区域的持续程度,即判断一个国家或区域在发展进程中的长期合理性。持续程度更加注重从时间维度上去把握发展和协调程度。总之,建立可持续发展的理论体系所表明的三大特征,即数量维(发展)、质量维(协调)、时间维(持续),从根本上表征了对于发展的完满追求。

2. 可持续发展体现了"速度、数量、质量"的绿色运行

前述可持续发展的本质是发展、协调和持续,如何运行?应从绿色发展的理念出发,国民财富积累不仅仅在于GDP的数量大小和增速高低,关键更在于用何种方式、何种途径、何种成本生成的GDP。可持续发展期望一个国家或地区不断创造与积累出理性高效、均衡持续、少用资源、少用能源、少牺牲生态环境,在综合降低自然成本、社会成本、制度成本、管理成本的前提下,最终获取"品质好的GDP"。在统一考虑资源环境成本的超额损耗、社会管理成本的超额损耗、可持续能力建设投入欠账的三重制约下,可持续发展将体现由经济要素、社会要素、环境要素共同组成的"速度、数量、质量"的绿色运行。

3. 可持续发展反映了"动力、质量、公平"的有机统一

可持续发展的本质和绿色运行,决定了如何有效度量可持续发展程度和元素,具体包括以下三个有机统一的宏观识别:

其一,发展的"动力"表征。一个国家或地区的发展能力、发展潜力、发展速度及其可持续性,构成了推进国家或地区"发展"的动力表征。其中包括国家或地区的自然资本、生产资本、人力资本和社会资本的总和及构成。科学发展是对上述四种资本的合理协调、优化配置、结构升级以及最终表达为对于创新能力和竞争能力的积极培育等。

其二,发展的"质量"表征。一个国家或地区的人与自然和谐程度、资源节约、环境友好及其对于理性标准的接近程度,构成了衡量国家或地区"发展"的质量表征。其中包括国家或地区的物质调控水平、能量效用水平、生态服务水平和环境支持水平等的综合度量。

其三,发展的"公平"表征。一个国家或地区的分配制度、共同富裕程度、人文发展指数高低及其对于贫富差异和城乡差异的克服程度,构成了国家或地区判断发展的"公平"表征。其中包括人均财富占有的人际公平、资源共享的代际公平和平等参与的区际公平的总和。

只有将上述三大元素识别同时包容在可持续发展的整体解释之中,"发展、协调、持续"具有了可比的基础,对于科学发展的追求才具备了可管控的和可测度的共同标准。

4. 可持续发展创建了"和谐、稳定、安全"的人文环境

一个和谐、稳定、安全的人文环境,是经济发展和社会进步的前提。根据世界发展进程的规律,一个国家和地区的人均GDP处于5000美元以下的发展阶段,一般对应着人口、资源、环境、经济发展、社会公平等各种矛盾和瓶颈约束最为严重的阶段,基本上处于经济容易失调、社会容易失序、心理容易失衡、社会伦理需要重建、效率与公平应当不断调整的关键时期。德国著名学者哈肯指出:促使系统崩溃的真正动力,不仅仅是那些眼花缭乱的"快变量",更是那些持续引发系统劣质化的"慢变量"。因此,由"主流疲劳"带来的长期效应和心理预期,在分配不公、腐败高企、制度失灵、机会不平等和社会不公平等事件的催化下,将对和谐社会的建立与社会稳定的保持提出真正的挑战。

(三)可持续发展城市系统

1. 什么是可持续城市

可持续城市的概念源于1972年《人类环境行动计划》中规划管理人类社区的内容。1992年,联合国环境委员会投票通过了《里约环境与发展宣言》《21世纪议程》等文件,树立了以城市发展和未来为核心的决议,全世界将越来越推崇新城市发展观。1996年在土耳其伊斯坦布尔召开的第二届联合国人类住区会议中,首次出现可持续城市的官方提法。此后,国际上频繁出现可持续城市相关的议题。(见表1-1)

表1-1 与可持续城市相关的国际会议及项目

会议及项目	时间	标志性成果	与可持续城市相关的内容
联合国人类环境会议	1972	《关于人类环境的斯德哥尔摩宣言》《人类环境行动计划》	《人类环境行动计划》中关于国际行动倡议第一部分,为了环境质量,规划管理人类住区
联合国人类住区第一次会议	1976	决定于1977年成立联合国与城市事务相关的机构——联合国人类住区委员会	启动了控制城市区域增长速度的国际项目
世界环境与发展委员会报告	1987	《我们共同的未来》	第九章"城市的挑战"描述了在发达和发展中国家共同创造更加可持续的城市社区的需要
联合国可持续城市项目	1991—2001、2005—2006	到2000年,全球已有25个城市实施此项目	联合国人类住区委员会(2002年改名为联合国人居署)与环境规划署部署关于可持续城市的合作
联合国环境与发展大会	1992	《里约环境与发展宣言》《21世纪议程》	《21世纪议程》第二章"促进可持续人类住区的发展"
联合国人类住区第二次会议	1996	《伊斯坦布尔宣言》《人居议程》	关注于在城市区域实施当地21世纪日程

续表

会议及项目	时间	标志性成果	与可持续城市相关的内容
联合国人居专家论坛:21世纪城市	2000	21世纪的城市,《关于城市未来发展的专家报告》	
联合国千年首脑会议	2000	联合国千年发展目标(MDGs)、《千年首脑会议宣言》	联合国千年项目(2002—2006)保证MDGs实施,以及哥伦比亚大学"千年城镇项目"
联合国可持续发展世界首脑会议	2002	《约翰内斯堡可持续发展宣言》《可持续发展世界首脑会议执行计划》	支持关于城市和可持续理论研究方面的年度报告State of the World Cites系列出版。主要关于细化并促进国家政府发展城市政策的需求
世界峰会	2005	联合国千年项目提出最终倡议,《投资与发展:达到千年发展目标的实际计划》	为促进联合国千年发展目标的实施举办了该峰会
世界城市论坛系列	2002—2004、2006—2008		分析研讨世界城市发展过程中所遇到的主要问题,并对其管理层提出建议

材料来源:根据智库百科整理。

从上面一系列国际会议及政策中,归纳出可持续城市的基本含义:

①可持续城市是建立在尊重自然的模式和规则之上的城市空间(European Commission,1996)。

②可持续城市是致力于改善城市生活质量,包括生态、文化、政治、机制、社会和经济等方面,并且不给后代遗留负担的城市发展模式(Urban 21 Conference,2000)。

③可持续城市是在社会、经济等领域中,其自身发展都能够得到永续维持,并且其发展所依赖的区域资源供应能够得到不断维持(在可持续水平上使用区域资源),它能够远离外界的环境灾害,并持久地保持自身的安全运行(UNCHS/UNEP,2001)。

2015年联合国通过《变革我们的世界:2030年可持续发展议程》,发布联合国可持续发展目标(SDGs)。其中可持续城市与社区为第11条内容:可持续城市与社区致力于建设包容、安全、有风险抵御能力和可持续的城市及人类住区。

城市可持续发展的内涵主要包括两个方面:

首先是人的需要。人是城市发展的最终受益者,而城市的发展最终的成果及其附加值,满足众人的需要的同时能够满足长期发展的基本需要、生存需要和发展需要。其中,基本需要是指维持最基本的物质需求,生存需要则是指最基本的温饱需求,发展需要是指在解决基本需要后为谋求更高质量与层次的精神性需要。这三种需求在不同的环境下会有不同的演变,人在解决了生存基本问题后,会从物质需求逐渐转向精神需求。在城市系统结构中,经济系统主要是保证物质产品满足人的物质和精神需要,社会系统主要是处理人与人之间的关系和自身发展问题,环境系统主要是满足人日益增长的生态需要。这三个子系统必须实现有机结合,三者相辅相成,城市建设才能处于可持续发展状态。

其次是可持续性。城市系统的可持续性包括经济可持续性、环境可持续性和社会可持续性三个方面。三者的协调发展,则是城市整个系统可持续发展的关键,其具有组织结构与机制的优化功能。稳定和协调是其必要条件,但不是对应一个时间点的静态稳定,而是一个时间段的动态变化。

2. 城市可持续发展系统的基本要素

(1) 人口的可持续性转变

人口既是城市系统特殊独立的要素,也是造成城市环境恶化的主要问题,同时也是城市发展的主体。人口是人口数量和质量的统一,其构成城市社会生产和消费的主体;同时作为一个特殊的环境要素,还要实现自身的再生产和生活质量的提高。因此,从广义上讲,城市人口的可持续性转变主要包括三个方面:生产和消费可持续,即建立城市人口与环境和谐相处的新生产方式和消费方式;人口再生产的可持续性,即城市人口数量的控制与质量的提高;生活质量和社会福利的持续提高。

(2) 经济结构的优化

产业结构优化包括城市产业结构的合理化和高级化两个方面。产业结构的优化应以产业结构合理化促进其高级化,以产业结构高级化带动其合理化。在维持城市产业的发展速度的同时,优化产业结构,实现经济发展从经济增长这个量变到城市产业结构优化和可持续发展的质变。

(3) 环境资源的保护与可持续利用

保护和可持续利用环境资源是城市环境资源可持续发展和国家基本国策的基本内容。在微观环境下,环境资源的可持续发展体现在环境容量和资源承载能力两个方面。城市环境容量的特点是时间和空间、资源、不可替代性、保护、发展和可再生性。城市资源的可受程度是一个反映城市人口、产业与环境协调程度的特征指数,具有稳定性、波动性、可控性、客观性、阈值性和有限性等特征。

(4) 调控的方法

可持续发展是城市理性行为的追求目标,其通过政府部门把可持续发展的原则和主导思想纳入各项重大决策之中,并在可持续发展的指导思想下,根据城市现状,调控解决城市规划与城市发展不相适应的矛盾。

(5) 城市可持续发展的价值观

可持续发展观是当代经济发展的必然,我国20世纪90年代以来不断推进产业结构升级,不断从第一产业向第二、三产业过渡。城市经济发展中,满足当前生存需要的同时又不削弱后代的发展,维护合理使用并且提高自然的资源基础。在高增长的前提下,实现持续有效、公平的增长目标。

城市是由社会、经济、环境三个基本要素组成的复杂系统,而可持续发展是城市发展的最高境界,各种要素的协调和可持续是实现城市系统可持续发展的关键,既要城市自身的需要,又要发挥核心的裙带效应,创造可持续的发展。

结合开封的具体情况和发展趋势,其可持续发展的核心要素主要体现在三个方面:

首先是人的问题。一个城市能聚集什么样的人,代表着该城市的层级和品质。我们通常说要建设成为高端高新产业集群地、创新要素资源集聚地、扩大开放新高地和对外合作新平台。而"高、新、开"背后真正的动能是高素质的人的群体聚集。资本跟着产业流,产业最终会随着不同层次和水平的劳动力分布而布局。一个城市的人口变动最能说明该城市的活力状况。开封近几年常住人口几无大变化,人口流动不活跃,如果一个城市吸引不来、留不住有创造力的年轻人,城市就没有活力,充满着保守传统思想,这个城市也就没有未来。更为重要的是,人的问题就是社会问题,涉及思想观念、教育、医疗、收入分配、社保等诸多方面,概括起来,一个是人员流动的数量,一个是人口的质量。这是开封高质量可持续发展最根本的基础。

其次是结构优化和创新能力问题。开封经济未能实现实质上的升级,其短板在于开封的工业。多年来开封工业增速一直滞后于河南省平均增速,郑汴一体化实施以来该状况仍然未得到改观。对于一个工业化阶段尚未完成,仍然处在工业化中期阶段的区域,如果没有工业的长足发展,该区域很难跨越增长的瓶颈,同时也会给第三产业特别是生产服务业的发展带来消极影响。所以,一个城市能够持续发展在于具有持续的动能,即经济结构的持续优化和创新能力的持续提升。

最后是城市的宜居环境。一个城市,在进一步增强经济活跃度、全球吸引力和影响力的基础上,未来重要的发展方向是给居民提供更加舒适的居住环境、更加公平和包容的社会环境、更加清新宜人的自然环境,宜居已成为当今城市追求的重要目标。开封地处郑州大都市区核心区,郑州主城区、航空港区、开封主城区共同组成大都市区发展的核心动力引擎。开封最大的特质就是具有历史文化特质,是大都市区其他城市无法替代的元素。未来大都市区功能组织方式正在由"生产"向"消费"体系转型,由"物质导向"向"人本、生态导向"转变,更加关注生态可持续发展和人文关怀。

3. 如何认识"可持续发展城市"

很多城市都将可持续发展作为城市的策略,但可持续发展的目标不是固化既定的,可持续发展城市更是一种看待城市发展的视角,且需要为城市带来最真实的价值与影响。

(1) 不是一套标准,而是一个发展策略

从理论上讲,城市如果满足了制定的一系列的标准,就可以被称作可持续城市。而现实情况中,一座城市按照统一的标准去完成任务并未能实现可持续发展。因为不同国家、不同地区城市的发展之间存在差异性,发展策略的侧重点也应有所不同。

（2）不是单一视角，而是宏观的战略思维

可持续城市的发展规划者需要拥有宏观的战略思维。城市发展是一个非常复杂、难以把握的过程，往往夹杂着不同主体的动机、愿景和理想。因此，可持续城市的规划需要考虑多方视角，连续地、动态地、全面地度量相关因素的变化程度和相互影响程度。

由于城市发展的复杂性，实现城市的可持续发展需要科学、技术和政策层面的相互配合。科学、技术是城市发展必不可少的要素，政府制定的政策制度更为关键。同时，城市运营过程中必须考虑以人为核心的诉求。

以政府为主体制订可持续城市规划更具宏观性、稳定性和长期性，能够从更大的视角看到技术与社会之间的连接点，直接影响科学与技术的应用范围和实际效果，也直接决定了可持续发展规划的落地执行。这也是为什么政府能在全社会追求可持续发展中发挥至关重要的作用。

（3）不是一份对外报告，而是城市的整体收益

通过城市可持续发展报告能够全面梳理城市整体运营的架构和策略，对各方的效能进行整合，同时对外输送经验，获得高层对城市发展的高度认同。通过可持续发展报告洞悉可持续发展为城市民众所带来的收益，无论是来自营商环境提升带来的经济水平的提高，还是来自环境改善以及民众对城市环境的认同。

对于城市来说，发布可持续发展报告有助于潜在投资者和人才了解营商环境、发展机遇和居住环境，帮助城市吸引并留住优质资源，甚至在更大的范围内产生影响力，获得关注度和知名度，形成城市发展的良性循环。

总之，城市可持续发展是从城市整体环境、资源及条件的角度出发，动员内外各方资源参与，为城市带来真实价值和收益的有效发展方式。

三、可持续发展的现状评估

（一）发展历程及现状

开封，古称大梁、汴京、汴梁，历史悠久。先后有夏，战国时期的魏，五代时期的后梁、后晋、后汉、后周，北宋和金相继在此定都，素有"八朝古都"之称，迄

今已有4100余年的建城史和建都史,也是中国八大古都之一。尤其是北宋时期,开封是当时世界第一大都会,孕育了上承汉唐、下启明清、影响深远的"宋文化"。自宋代以后,历代王朝都把开封作为中国北方的区域性经济文化中心。至新中国成立之初,开封一直是河南省省会,是中原地区政治、经济、文化中心,1954年省会迁往郑州,开封成为省辖市、豫东重要的节点城市,1982年2月获批国务院颁布的首批历史文化名城称号,1983年实行市带县体制,原开封地区所辖的尉氏、通许、杞县、兰考和开封五县划归开封市。

开封市作为河南的老省会城市,地区经济总量在20世纪80年代以前一直位居全省前列,是国家"一五""二五"时期的重点投资城市,曾制造出河南省第一台电视机、第一台电冰箱、第一台缝纫机、第一辆自行车等诸多"全省第一"。但随着省会西迁后政治地位下降,加之改革开放后市场经济不断发展,开封一度陷入了发展的低谷,直到2005年,郑汴一体化战略的实施,又拉动开封走上了经济社会发展的快车道。党的十八大以来,随着全国经济发展由高速增长转向高质量发展阶段,开封的地位和定位也随着阶段特征转换的大背景和河南省重大国家战略的推进,进一步得到提升和明确。2013年底,河南省委九届六次全会首次对开封提出"新兴副中心城市"的发展定位;2015年底,河南省委九届十一次全会上,"郑汴一体化升级版""开港经济带""郑汴产学研结合示范带""沿黄生态带"与"新兴副中心城市"一起,又写入了省委"十三五"规划建议;2016年12月,国务院正式批复郑州建设国家中心城市和《中原城市群发展规划》,将开封正式纳入郑州大都市区的范围;2019年河南省委、省政府印发的《郑州大都市区空间规划(2018—2035年)》又明确了郑汴港核心区是郑州大都市区发展的核心增长极;2020年初在中央财经委员会第六次会议上,明确提出了郑开同城化引领中原城市群发展,郑开同城化发展进入了新阶段。与此同时,郑州航空港经济综合实验区、中国(河南)自由贸易试验区、中原城市群、黄河流域生态保护和高质量发展等重大国家战略都留有开封的印记。开封的发展又进入了新的机遇期。

依据其主要经济发展指标梳理开封改革开放以来的发展演变历程,大致可以分为以下四个阶段:

1. 改革开放初期,经济稳固发展(1978—1991年)

新中国成立后,开封是"一五""二五"计划经济时期国家部署安排的重点工业发展地区,奠定了工业发展基础。20世纪60、70年代,伴随着国民经济的调整、充实、提高与完善,又有一批国家和河南省重点工业项目落户开封,如化肥厂、空分设备厂、高压阀门厂、联合收割机厂、拖拉机电器厂、仪器仪表厂、电机厂、锅炉厂、柴油机厂、制药厂、毛纺厂等。正是有了良好的基础,改革开放初期,开封经济社会总体实力在河南省仍处于前列(见表1-2、图1-2、图1-3、图1-5)。特别是1983年之前,开封在全省经济总量居第10位以前,经济总量占全省经济总量比重接近或超过6%(1982年GDP占全省比重为6.33%,总量居全省第8位;1980年GDP占全省比重为6.02%,总量居全省第7位,增速居全省第1位,是改革开放以后开封经济实力在全省最好的位次)。1983年以后,GDP增速及总量都呈现下滑趋势,但总体仍处于全省第二方阵,GDP总量占全省的比重也基本都在5%以上。与此同时,开封市人均GDP也是高于全省平均水平,人均GDP在1980—1982年的三年间均居全省第5位,这也是当时开封经济社会发展较好的印证(见表1-3、图1-4)。

2. 20世纪90年代到21世纪初,经济不断下滑(1992—2007年)

20世纪90年代以来,伴随着产业衰落,原有起重要支撑作用的一大批骨干国有企业因体制机制或市场条件等问题,纷纷陷入困境,众多国有企业没有在市场经济改革的浪潮下顺流转变,使得开封经济不断下滑。从经济总量来看,开封市GDP占全省的比重逐渐下滑,由1992年的4.41%下滑到了2007年最低谷的3.69%。中间1995—2001年虽有短暂的回升,但占比基本处于4.5%以下,远低于改革开放初期的占比(见表1-2、图1-2)。其间除了1999年和2000年以外,其余年份的GDP增速基本都处于全省倒数行列,GDP总量在全省排名下滑到第13位左右(见图1-3)。人均GDP自1992年以来,也是低于全省平均水平(1995—2001年人均GDP与全省平均水平差距有所缩小,但随后差距又逐渐拉大,差距最大的是在2004年,其人均GDP仅为全省平均水平的74.34%),排名基本居全省第13或14位(见表1-3、图1-4)。这一时期,开封总体经济发展处于低谷期,经济社会发展也突出表现为不可持续。

3. 郑汴一体化战略效果显现,经济发展迎来拐点(2008—2015年)

自2005年郑汴一体化战略被官方采纳实施以来,开封经济社会发展逐步进入了快车道,但直到2006年底,郑开大道通车才标志着郑汴一体化进入了实质性实施阶段,2007年也就成了开封经济发展的"拐点"。从GDP总量(见表1-2、图1-2、图1-3、图1-5)来看,2007年开封市GDP占全省比重达到最低点,2008年以后,开始逐步上升(由2007年的3.69%上升到2015年的4.36%),GDP增速也是一直处于全省前列(尤其是2013—2016年GDP增速一直处于全省第一方阵,2015年居全省第2位)。人均GDP与全省平均水平的差距逐渐缩小,从2007年最低的73.78%上升到2015年的90.73%(见表1-3、图1-4)。这一阶段的发展主要得益于开封一直在省域重大战略中居于优先的位置,尤其是中原经济区、郑汴一体化、郑州航空港经济综合实验区、中国(河南)自由贸易试验区等国家战略均促进了开封经济社会的快速发展。这一时期也正是开封城市框架不断拉大,基础设施大规模投资建设时期,房地产业和旅游业也随着基础设施的不断完善得到迅速提升,都直接拉动了开封经济的高速增长。

4. 战略优势减弱,经济转型任务加剧(2016年以来)

随着郑汴一体化战略实施10多年所汇聚的各种能量已基本得到充分释放,但开封发展依然面临诸多问题,发展的压力并未减小,经济转型任务更加艰巨。2016年12月,国务院正式批复郑州建设国家中心城市和《中原城市群发展规划》,并将开封正式纳入郑州大都市区的范围。与此同时,也形成了包含郑州、开封、许昌、新乡、焦作的"1+4"大都市区。且郑州大都市区空间规划的推进,使得开封独享优先的战略位置开始有所松动,甚至已经明显感觉到新格局对开封发展带来的负面影响。如,2018年河南省政府就明确提出要推进郑汴、郑许一体化,郑新、郑焦深度融合,加快大都市区建设;加上2019年习近平又提出黄河流域生态保护和高质量发展的国家战略,焦作、新乡也都将是这一国家战略的重要直接参与者。在这种新格局、新形态下,开封的战略优势与以往相比会有所减弱。开封经济发展基础尤其是制造业和生产性服务业基础还比较薄弱,与郑州大都市区的其他城市,如许昌的民营经济,新乡、焦作的制造业基础等相比都有一定差距,这都使得开封经济发展的任务更重。

2016年以来,开封市GDP增速明显放缓,增长乏力,2017、2018、2019、2020年的增速分别居全省第13、14、10、13位;GDP总量占全省的比重也出现下滑,由2015年的4.36%下降到2018年的4.17%,随后略有上升,2020年占比为4.31%(见表1-2)。人均GDP增速也逐渐回落,2017、2018年增速分别为7.7%和6.8%,人均GDP与全省平均水平差距又逐渐扩大,由2015年的90.73%下降到2018年的87.60%(见表1-3)。

2019年以来,开封市GDP和人均GDP占全省的比重有所上升,主要在于工业增长势头较好,出台了系列支持工业企业发展的政策,坚持抓培育、抓龙头、抓产业链,持续优化营商环境,激发市场活力,使得全市规模以上工业增加值增长8.8%,增速居全省第1位,分别高于全国、全省平均水平3.1个百分点、1.0个百分点,对GDP的贡献率为45.4%,拉动GDP增长3.2个百分点,其中,奇瑞汽车工业产值超过100亿元,成为开封市首个工业产值突破百亿元的工业企业,带动全市汽车制造业增加值比上年增长55.7%。开封在国内外复杂的经济形势下迎难而上,保持了经济稳定增长。但与发达地市相比,开封工业基础非常薄弱,规模较小,尚未真正形成大的制造业集群,以创新引领的制造业发展格局没有形成,支撑经济发展的可持续性仍较弱。

表1-2 1978—2020年开封市GDP及其增速情况

年份	河南省GDP总量(亿元)	开封市GDP总量(亿元)	开封市GDP占全省的比重(%)	开封市GDP总量在全省的位次	开封市GDP增速(%)	开封市GDP增速在全省的位次
1978	162.92	9.6	5.89	9	—	—
1979	190.09	10.9	5.73	9	13.4	3
1980	229.16	13.79	6.02	7	19.6	1
1981	249.69	14.89	5.96	9	6.8	12
1982	263.3	16.68	6.33	8	9.5	5
1983	327.95	19.08	5.82	10	15.8	11
1984	370.04	20.51	5.54	11	5.9	18
1985	451.74	23.63	5.23	11	14.2	4
1986	502.91	25.85	5.14	11	3.6	12
1987	609.6	31.83	5.22	11	12.5	13
1988	749.09	37.14	4.96	12	3.8	15
1989	850.71	41.72	4.90	12	2.6	17
1990	934.65	45.87	4.91	13	4.8	14
1991	1045.73	52.73	5.04	11	8.7	12

续表

年份	河南省GDP总量(亿元)	开封市GDP总量(亿元)	开封市GDP占全省的比重(%)	开封市GDP总量在全省的位次	开封市GDP增速(%)	开封市GDP增速在全省的位次
1992	1279.75	56.43	4.41	13	3.9	18
1993	1660.18	66.67	4.02	14	9.8	17
1994	2216.83	86.69	3.91	14	13.4	13
1995	2988.37	123.34	4.13	13	18.2	10
1996	3634.69	155.02	4.27	13	15.2	9
1997	4041.09	175.71	4.35	13	8.8	12
1998	4308.24	188.6	4.38	13	8.9	10
1999	4517.94	204.21	4.52	13	9.8	5
2000	5052.99	226.24	4.48	12	9.6	5
2001	5533.01	252.35	4.56	12	9.8	9
2002	6035.48	265.9	4.41	13	7	18
2003	6867.7	282.09	4.11	13	5.4	15
2004	8579.42	325.1	3.79	13	10	18
2005	10621.56	408.01	3.84	13	13.1	13
2006	12412.86	468.08	3.77	13	13.4	14
2007	15064.73	555.44	3.69	13	13	13
2008	18068.47	702.33	3.89	13	13.2	7
2009	19547.6	778.72	3.98	13	12.1	6
2010	23157.64	927.16	4.00	13	12.2	8
2011	27007.46	1072.42	3.97	13	12.9	7
2012	29681.79	1207.05	4.07	13	11.1	9
2013	32278.04	1363.54	4.22	13	10.8	5
2014	35026.99	1492.06	4.26	13	9.6	4
2015	37084.2	1617.18	4.36	13	9.4	2
2016	40249.23	1740.07	4.32	13	8.5	5

续表

年份	河南省GDP总量（亿元）	开封市GDP总量（亿元）	开封市GDP占全省的比重（%）	开封市GDP总量在全省的位次	开封市GDP增速（%）	开封市GDP增速在全省的位次
2017	44552.83	1887.55	4.24	13	7.8	13
2018	48055.86	2002.23	4.17	13	7	14
2019	54259.2	2364.14	4.36	12	7.2	10
2020	54997.07	2371.83	4.31	11	2.0	13

注：2020年数据来源于河南省和开封市国民经济和社会发展统计公报，其余年份的数据来源于历年河南省统计年鉴。

表1-3 1978—2020年开封市人均GDP及其增速情况

年份	河南省人均GDP（元）	开封市人均GDP（元）	开封市人均GDP占全省人均GDP的比重（%）	开封市人均GDP在全省的位次	开封市人均GDP增速（%）
1978	232	289	124.57	8	—
1979	266.7	323	121.11	9	11.3
1980	316.7	402	126.93	5	17.7
1981	340.1	427	125.55	5	4.9
1982	353	469	132.86	5	7.4
1983	432.9	527	121.74	6	13.8
1984	481.6	555	115.24	8	3.8
1985	579.7	627	108.16	11	11.9
1986	635.3	671	105.62	12	1.4
1987	755.8	808	106.91	11	10.1
1988	909.9	921	101.22	12	1.4
1989	1012.3	1013	100.07	13	0.5
1990	1090.6	1092	100.13	12	2.8
1991	1201.2	1236	102.90	13	7.1
1992	1452.3	1303	89.72	13	2.3
1993	1864.6	1519	81.47	14	8.4
1994	2466.8	1953	79.17	14	12.1
1995	3297.1	2750	83.41	14	17

续表

年份	河南省人均GDP(元)	开封市人均GDP(元)	开封市人均GDP占全省人均GDP的比重(%)	开封市人均GDP在全省的位次	开封市人均GDP增速(%)
1996	3978.4	3421	85.99	14	14
1997	4388.9	3840	87.49	14	7.7
1998	4643	4077	87.81	14	7.8
1999	4831.5	4423	91.55	14	10
2000	5449.7	4876	89.47	14	9.1
2001	5959.1	5379	90.27	13	8.6
2002	6487	5718	88.15	14	8
2003	7375.9	5981	81.09	14	3.9
2004	9228	6860	74.34	14	9.4
2005	11383	8570	75.29	14	13
2006	13225	9953	75.26	14	12.8
2007	16067	11855	73.78	14	13.4
2008	19233	14989	77.93	14	13.2
2009	20668	16571	80.18	14	11.7
2010	24516	19750	80.56	13	12.4
2011	28742	22972	79.92	13	13.6
2012	31586	25922	82.07	13	11.4
2013	34304	29327	85.49	13	10.9
2014	37166	32454	87.32	13	10.8
2015	39209	35575	90.73	11	15.7
2016	42341	38288	90.43	11	8.6
2017	46674	41503	88.92	11	7.7
2018	50152	43933	87.60	11	6.8
2019	56388	51733	91.74	9	6.9
2020	57051	51899	90.97	9	—

注:2020年数据来源于河南省和开封市国民经济和社会发展统计公报,其余年份的数据来源于历年河南省统计年鉴。

▶ 报告 1　开封市高质量可持续发展战略规划

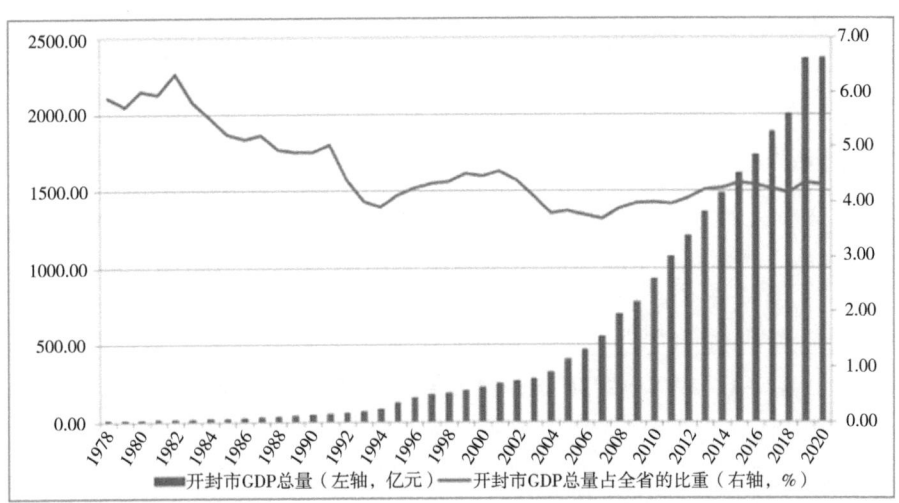

图 1-2　1978—2020 年开封市 GDP 总量及其占全省的比重

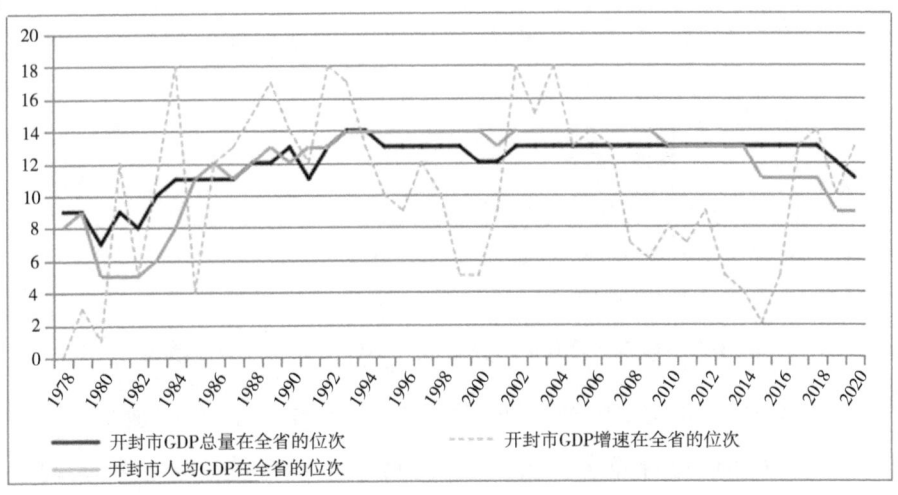

图 1-3　1978—2020 年开封市 GDP 总量及其增速、人均 GDP 在全省的位次

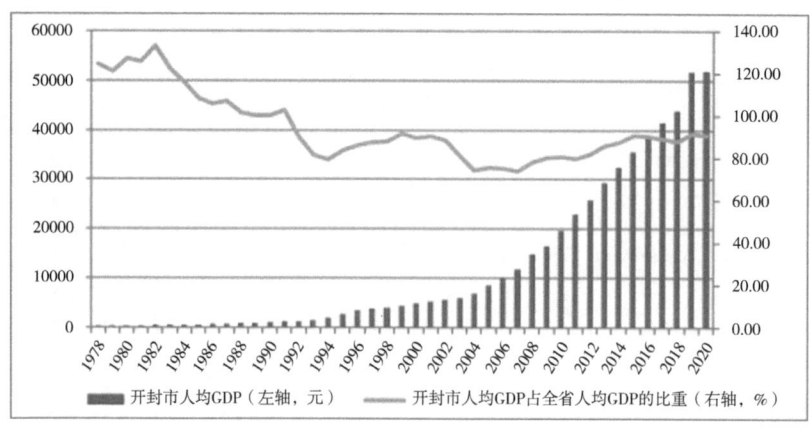

图 1-4　1978—2020 年开封市人均 GDP 及其占全省的比重

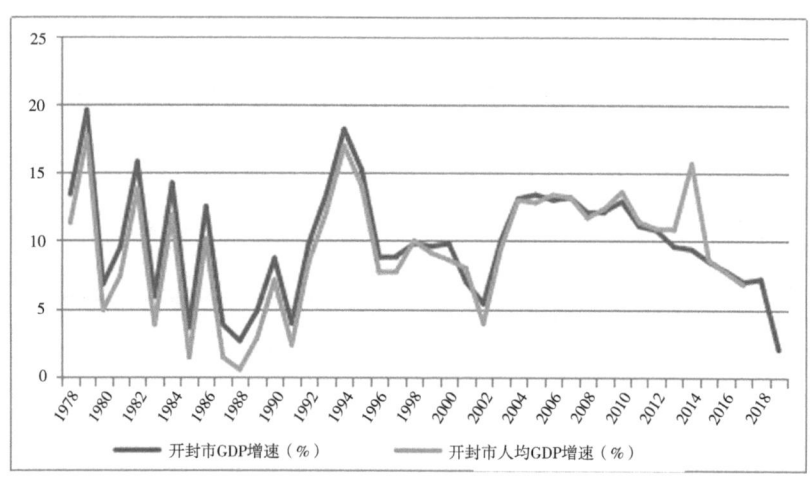

图 1-5　1978—2020 年开封市 GDP 及人均 GDP 增速

改革开放 40 多年来,开封经历了"稳固－下滑－回升－放缓"的发展历程,不同阶段也恰是开封经济社会发展可持续、不可持续的印证和表现。各个阶段也是在抢抓机遇、应对挑战中不断调整发展思路,使得开封总体经济实力不断攀升。就固定资产投资(见表 1-4、图 1-6)来看,也基本与经济发展阶段相吻合,1991 年之前固定资产投资增长缓慢,1991—1995 年增速较高,1996—1999 年增速又有所放缓,2000 年以来又迅猛增长,尤其是 2003 年以后,大规模的基础设施投资建设,使得固定资产投资迅猛增加。2019 年全市固定资产投资增长 10.8%,高于全国(5.4%)5.4 个百分点,高于全省(8.0%)2.8 个百分点,居全省第 8 位。

就社会消费品零售总额(见表 1-4、图 1-7)来看,其增长轨迹与经济发展阶段也基本相同,呈现出波动上涨的趋势,总体增幅也比较大,由1978年的4.0435亿元增长到了2019年的1087.58亿元,增长接近270倍。2019年全市社会消费品零售总额增长10.9%,增幅高于全国(8.0%)2.9个百分点,高于全省(10.4%)0.5个百分点,居全省第5位。这与开封市第三产业发展较快、较好有着直接联系,也印证了第三产业是持续支撑开封经济社会发展的主要力量。

就规模以上工业增加值(见表1-4、图1-8)来看,全市规模以上工业增加值增速波动较大,这与开封市不同时期的经济发展思路有一定关系。自20世纪90年代以来,开封市国企在市场经济改革的浪潮下没有抓住转型的机遇,使得工业逐步衰落,导致在随后的发展中,是优先发展文化旅游业还是优先发展工业成了纠结的问题,历届市委、市政府主要领导的发展思路和重点也有所不同,导致工业也在波动中发展。2003年以来,开封的工业又进入了快速发展时期,规模以上工业增加值增速基本维持在10%以上。特别是近几年,市委、市政府领导高度重视制造业的发展,不断加大创新投入力度,积极培育产业集群,使得全市规模以上工业增加值增速在全省连续处于前列。2019年全市规模以上工业增加值增长8.8%,高于全国(5.7%)3.1个百分点,高于全省(7.8%)1.0个百分点,居全省第1位。但是开封工业总规模仍然比较小,支撑全市经济高质量可持续发展的能力还有待进一步增强。

表1-4 1978—2020年开封市固定资产投资、社会消费品零售总额、规模以上工业增加值及财政收支情况

年份	开封市固定资产投资(亿元)	开封市固定资产投资增速(%)	开封市社会消费品零售总额(亿元)	开封市社会消费品零售总额增速(%)	规模以上工业增加值增速(%)	一般公共预算收入(亿元)	一般公共预算支出(亿元)
1978	1.3	—	4.0435	—	10.5	1.5843	1.183
1979	0.71	−45.28	4.8614	20.23	10.6	1.3283	1.2243
1980	1.04	46.31	5.7434	18.14	11.4	1.4091	1.2386
1981	1.14	9.94	6.801	18.41	8.6	1.3843	1.1179
1982	1.13	−0.83	7.1171	4.65	5.5	1.4445	1.2048
1983	1.07	−5.28	7.7744	9.24	4.1	1.3042	1.251

续表

年份	开封市固定资产投资（亿元）	开封市固定资产投资增速（%）	开封市社会消费品零售总额（亿元）	开封市社会消费品零售总额增速（%）	规模以上工业增加值增速（%）	一般公共预算收入（亿元）	一般公共预算支出（亿元）
1984	1.15	7.62	8.8523	13.86	11.1	1.5719	1.5401
1985	2.29	98.71	11.3149	27.82	13.9	2.081	2.1128
1986	2.24	−2.35	12.8891	13.91	4.4	2.2962	2.5267
1987	2.14	−4.21	14.4232	11.9	7.6	2.584	2.8478
1988	3.81	77.89	17.7328	22.95	12.9	3.0992	3.2081
1989	3.37	−11.61	18.8566	6.34	3.8	3.5192	3.94
1990	2.98	−11.58	19.3644	2.69	−0.7	3.2289	3.7415
1991	3.64	22.18	20.5281	6.01	13.7	3.6005	4.0764
1992	6.06	66.39	22.8562	11.34	14.3	4.0505	4.7852
1993	10.04	65.74	28.3286	23.94	19.1	5.0527	5.7263
1994	11.72	16.71	35.5466	25.48	37.8	3.0846	5.9779
1995	18.85	60.78	43.8684	23.41	22.2	4.3957	7.6513
1996	18.27	−3.05	58.4299	33.19	15.7	5.8574	9.4156
1997	18.55	1.5	65.9682	12.9	8.3	6.2889	10.1006
1998	20.91	12.76	70.4734	6.83	6.2	6.7823	11.0521
1999	21.11	0.95	75.9755	7.81	12.1	7.5866	13.3775
2000	24.26	14.92	83.824	10.33	8.2	8.2588	15.1837
2001	28.43	17.19	92.7512	10.65	7	7.6558	17.3044
2002	31.73	11.6	102.0229	10	7.6	7.6451	22.238
2003	43	35.54	111.9035	9.68	10.6	8.7501	25.642
2004	61.22	42.36	134.2051	19.93	18.54	11.3257	30.2786
2005	91.29	49.12	154.2373	14.93	24	13.983	39.0689
2006	123.94	35.76	177.501	15.08	22	16.2638	49.7719
2007	164.06	32.37	209.1084	17.81	22.2	20.316	60.0355
2008	232.41	41.66	258.5532	23.65	20.9	26.1258	74.4744

续表

年份	开封市固定资产投资（亿元）	开封市固定资产投资增速（%）	开封市社会消费品零售总额（亿元）	开封市社会消费品零售总额增速（%）	规模以上工业增加值增速（%）	一般公共预算收入（亿元）	一般公共预算支出（亿元）
2009	315.61	35.8	266.184	2.95	17.8	29.5495	97.2264
2010	439.4	39.22	369.5583	38.84	21.6	37.0306	116.4428
2011	585.6	33.27	440.5035	19.2	23.6	49.0474	144.9851
2012	738.21	26.06	510.3269	15.85	17.8	61.9175	171.6852
2013	941.68	27.56	585.6511	14.76	17.2	80.7419	197.0201
2014	1135.63	20.6	661.9214	13.02	13.69	96.1869	223.1528
2015	1324.52	16.63	747.1441	12.88	10.28	108.275	264.3683
2016	1526.63	15.26	840.9933	12.56	8.96	113.2125	295.5706
2017	1668.18	9.27	944.8066	12.34	8.19	122.7427	334.7353
2018	—	5.8	980.6	11	7.7	140.68	368.63
2019	—	10.8	1087.58	10.9	8.8	154.86	424.49
2020	—	5.4	999.07	−3.1	2.9	160.3	430.99

注：2020年数据来源于开封市国民经济和社会发展统计公报,其余年份的数据来源于历年开封市统计年鉴。

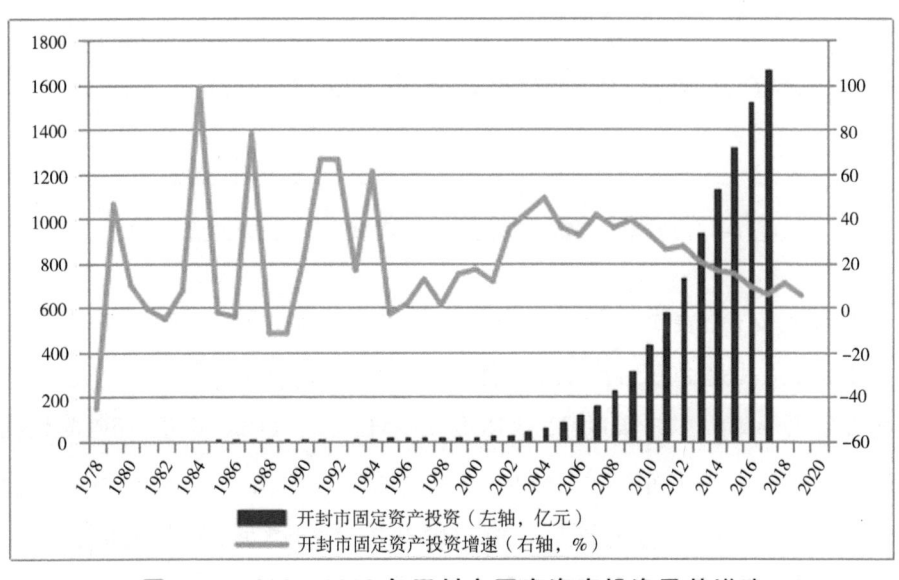

图1-6　1978—2020年开封市固定资产投资及其增速

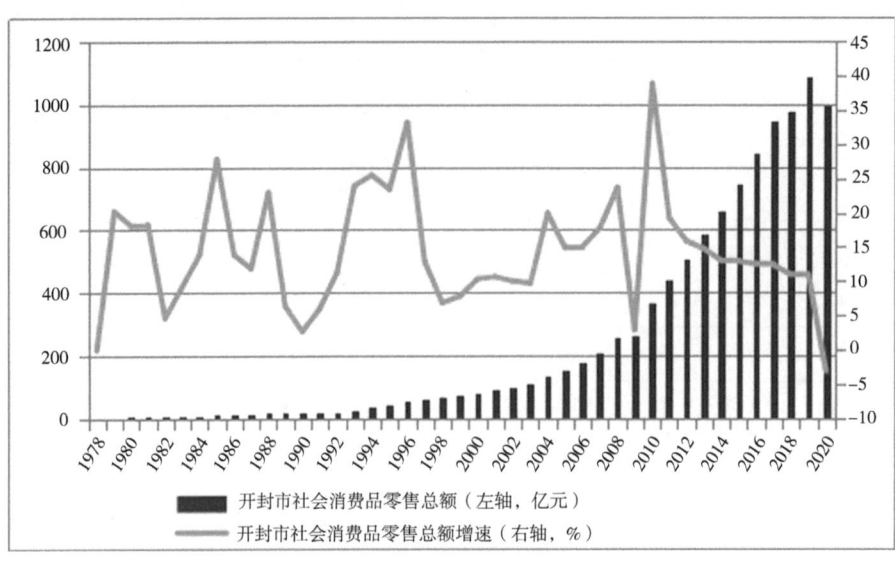

图 1-7 1978－2020 开封市社会消费品零售总额及其增速

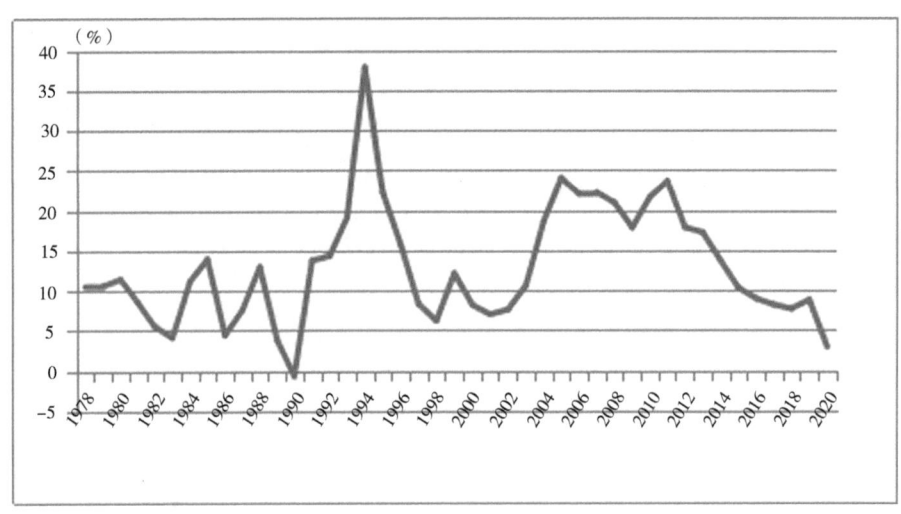

图 1-8 1978－2020 年开封市规模以上工业增加值增速

就财政收支(见表 1-4、图 1-9)来看,随着开封经济实力的不断提升,财力也明显增加,尤其是 2005 年郑汴一体化战略实施以来,财政收入快速增长,一般公共预算收入由 1978 年的 1.5843 亿元增长到了 2020 年的 160.3 亿元,增长超过 100 倍。2019 年全市一般公共预算收入增长 10.1%,高于全省(7.3%)2.8 个百分点,居全省第 5 位。财政收入的增加,为开封的发展,尤其是基础设施的建设和公共服务体系的投入提供了财力保障,这也是开封经济持续发展的重要支撑。财政收入增长的同时,财政支出的规模和效果也是反映一个地区经济发展程度的重要参考,开封市一般公共预算支出也迅猛增长,由1978年的1.183亿元增长到了2020年的430.99亿元,增长接近365倍。2019年全市一般公共预算支出增长15.2%,高于全省(10.4%)4.8个百分点,居全省第2位。

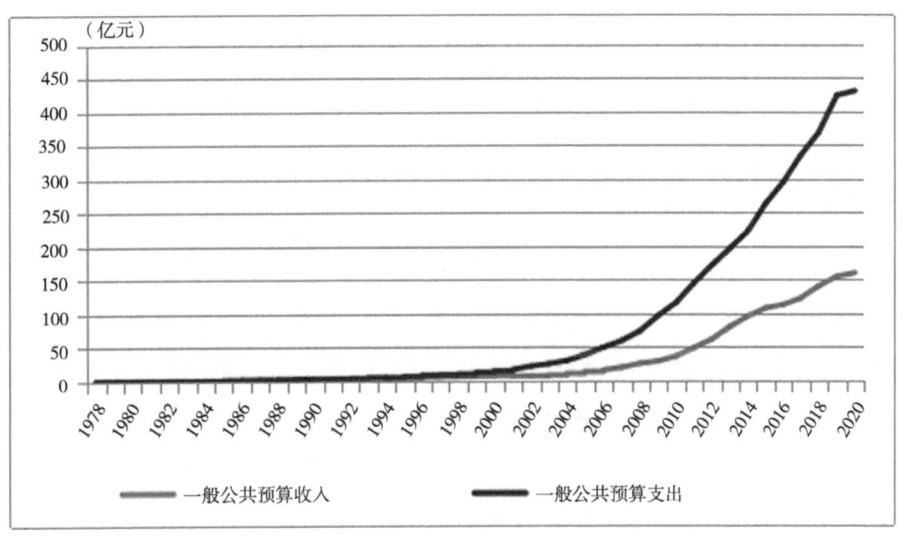

图1-9　1978—2020年开封市财政收支情况

综上对开封经济社会发展演变的梳理,自20世纪90年代开始,开封经济社会发展呈现下滑趋势,一定时期内发展出现了不可持续的状况。直到郑汴一体化战略的实施,借助于政策优势,开封加快转型升级,经济社会发展又进入"快车道",发展也由不可持续转向了可持续,GDP、人均GDP、财政收入、固定资产投资等经济社会发展主要指标都呈现持续快速增长的趋势。但随着政策优势带来的发展效应逐渐释放殆尽,区域竞争愈发激烈,2017年以来,开封经济社会发展逐步放缓,高质量可持续发展的压力仍然存在。究其原因,新的发展时期,传统依赖政策红利及资源和投资驱动经济社会发展的路径已经无法持续,亟须培育以创新支撑经济社会可持续发展的新动能。而开封之所以尚未形成新的发展动能,主要是因为发展存在着突出的结构性问题,表现为:三次产业结构不优,一产占比较高,制造业基础薄弱,创新能力差,传统服务业占比较高,现代服务业发展滞后;城镇化水平低,人口外流现象严重,人口结构固化,思想观念落后,缺乏发展活力和新鲜血液。

(二)可持续发展中的短板

前面已经提到,不同经济社会发展阶段,也是开封发展可持续和不可持续的印证和表现,而新的发展时期,制约开封经济社会可持续发展的关键在于结构性问题,具体表现为以下四个方面:

1. 经济基础薄弱,人均水平低,转型升级发展任务较重

虽然近年来各项指标持续向好,但总体发展水平仍在低位。自2007年扭转了长期下滑趋势进入拐点以来,开封经济一直以较高速度持续稳定增长,总量和人均水平也大幅提升,2020年GDP总量达到2371.83亿元,人均达到了51899元。但由于自20世纪90年代初以来直至2007年经济持续下滑时间过长,跌幅过深,即使经历了10余年的回升,整体规模至今仍然处在低位,GDP总量自2002年以来就一直排在全省18个省辖市的第13位左右(排在后面的是濮阳、三门峡、漯河、鹤壁和济源等,全是人口基数小一个数量级的城市;2020年GDP总量居全省第11位,安阳市、焦作市下滑严重,其中,安阳市由2018年的第7位下滑至2019年的第13位,焦作市由2019年的第8位下滑至2020年的第13位)。人均指标仍然低于全省平均水平,2020年开封人均GDP仅为全省均值的90.97%(改革开放初期高于全省均值24个百分点),只有全国均值的71.64%(2020年全国人均GDP为72447元),远远没有恢复到改革开放初期远远高于河南省平均值的水平。人均可支配收入水平虽然不断提高,但也一直低于全省平均水平(见表1-5、图1-10),尤其是农村居民人均可支配收入与全省平均水平差距还有扩大的趋势。2000—2002年,全市农村居民人均可支配收入还高于全省平均水平,2003年之后则低于全省平均水平,2014年以来差距又有所扩大。城镇居民人均可支配收入在2013年之前占全省比值不到90%,近几年差距有减小的趋势,但减小得很慢。总体上,开封市的人均发展指标低于全省平均水平。

表1-5　2000－2020年开封市城镇和农村居民人均可支配收入情况

年份	开封市城镇居民人均可支配收入（元）	开封市农村居民人均可支配收入（元）	全省城镇居民人均可支配收入（元）	全省农村居民人均可支配收入（元）	开封市城镇居民人均可支配收入与全省平均水平比值(%)	开封市农村居民人均可支配收入与全省平均水平比值(%)
2000	4088.61	2096	4766.26	1985.82	85.78	105.55
2001	4925.68	2176	5267.42	2097.86	93.51	103.72
2002	5503.2	2233	6245.4	2215.74	88.12	100.78
2003	6184.41	2047	6926.12	2235.68	89.29	91.56
2004	6602.87	2381	7704.9	2553.15	85.70	93.26
2005	7220.32	2713.57	8667.97	2870.58	83.30	94.53
2006	8286.14	3172	9810.26	3261.03	84.46	97.27
2007	9769.46	3763	11477.05	3851.6	85.12	97.70
2008	11342.34	4355	13231.11	4454.24	85.72	97.77
2009	12317.78	4695.131	14371.56	4806.95	85.71	97.67
2010	13695	5390.01	15930.26	5523.73	85.97	97.58
2011	15557.52	6491.712	18194.8	6604.03	85.51	98.30
2012	17544.68	7413.535	20442.62	7524.94	85.82	98.52
2013	19492.19	8355.054	22398.03	8475.34	87.03	98.58
2014	21466.67	9315.687	23672	9966.072	90.68	93.47
2015	22922.59	10304.09	25575.61	10852.86	89.63	94.94
2016	24595.89	11165.51	27232.92	11696.74	90.32	95.46
2017	26863.64	12125.69	29557.86	12719.18	90.88	95.33
2018	29094	13193	31874.19	13830.74	91.28	95.39
2019	31305	14473	34200.97	15163.75	91.53	95.44
2020	31868	15370	34750	16108	91.71	95.42

数据来源：历年河南省统计年鉴、开封市统计年鉴。

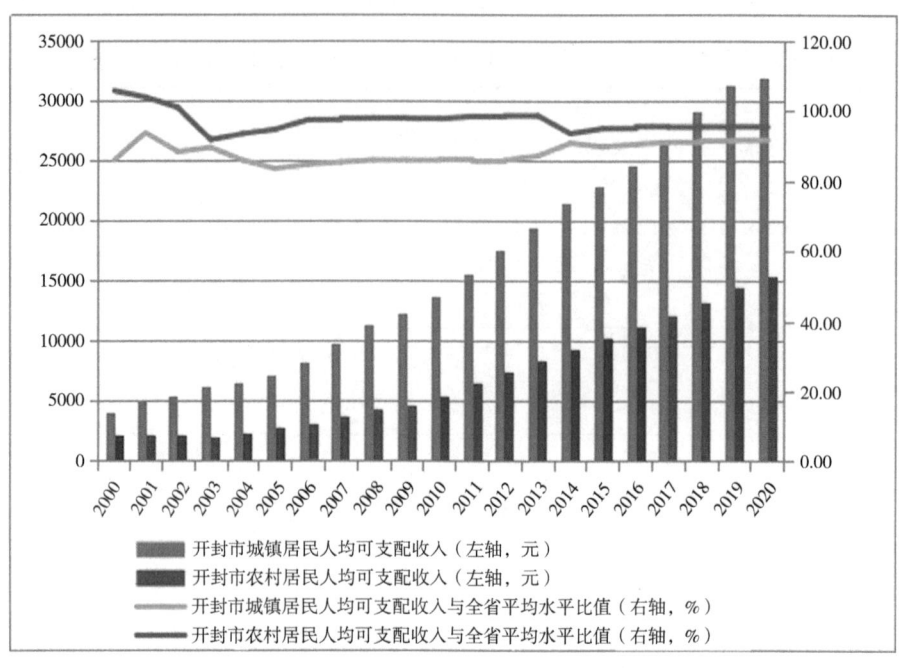

图1-10 2000—2020年开封市城镇和农村居民人均可支配收入情况

同时,开封经济基础仍然比较薄弱,尤其是制造业规模小、技术水平不高、创新能力不强,已严重制约经济的高质量可持续发展,当前经济发展压力仍比较大,经济转型升级任务较重。

2. 开封市三次产业结构不优,制造业对经济发展的支撑作用不强,现代服务业发展滞后

近年来的相当长一段时间,开封的经济主要就是由第三产业拉动,第二产业发展滞后,第一产业占比较高,制造业已经成为制约经济高质量可持续发展的重要短板(见表1-6)。2007年以来全市第三产业占比快速上升,2015年已超过第二产业,2018年第三产业产值占比达到最高(占比为47.44%,高于二产8.52个百分点),2019年三次产业结构调整为13.5∶40.1∶46.4(见图1-11)。而2019年全省三次产业产值结构为8.5∶43.5∶48.0,开封市一产占比明显较高(2019年全省18个省辖市中,一产占比高于10%的除开封外,仅有信阳、驻马店、周口、商丘、南阳5个地市;经济发展程度较好的郑州为1.45%、洛阳为5.11%、许昌为5.24%)(见图1-12)。同时,一产就业占比也非常高(见图1-13),2019年开封市一产就业人员占比高达40.4%,二产、三产就业人员占比分别为26.1%、33.5%。这说明目前开封依附于农业上的劳动

▶ 报告1 开封市高质量可持续发展战略规划

力仍然较多,不利于工业化、城镇化和农业现代化的推进。

表 1-6　1978－2020 年开封市三次产业增加值及增速情况

年份	开封市一产增加值（亿元）	开封市一产增速（%）	开封市二产增加值（亿元）	开封市二产增速（%）	开封市二产增速在全省的位次	开封市三产增加值（亿元）	开封市三产增速（%）	开封市三产增速在全省的位次
1978	3.18	—	4.27	—	—	2.14	—	—
1979	3.54	10.6	5.1	19.2	2	2.27	5.7	13
1980	5.77	54.7	5.71	5.8	13	2.31	－4	17
1981	5.87	0.4	5.98	3.7	13	3.04	30.4	2
1982	6.61	10.1	6.9	12.8	3	3.16	2	18
1983	8.81	35.1	7.06	3.5	15	3.21	2.4	18
1984	10.05	12.4	7.14	－0.4	18	3.31	2.1	18
1985	9.71	－4.2	9.3	29.3	4	4.62	37.5	1
1986	9.44	－8	10.28	4.7	15	6.12	25.9	2
1987	11.87	11.2	12.53	17.8	4	7.42	5.7	16
1988	13.4	－3.8	15.1	8.9	15	8.65	6.6	13
1989	15.9	5.2	15.2	－8	17	10.61	19.2	3
1990	19.09	11.6	13.98	－7.5	18	12.79	14.1	5
1991	22.09	5.7	15.63	7.9	17	15	14	9
1992	18.87	－15.3	20.46	26.6	7	17.1	7	18
1993	23.73	15.6	24.02	7.9	18	18.92	5.8	18
1994	29.49	4.1	33.19	21.6	11	24.01	14.3	15
1995	42.43	16.5	46.9	24.2	6	34.02	12.1	16
1996	54.09	18	57.47	14.9	16	43.46	12.5	14
1997	60.69	10.2	63.5	5.3	14	51.52	12.4	7
1998	65.57	10	66.8	8.1	11	56.23	8.7	13
1999	67.93	8.8	69.36	11.7	2	66.93	8.3	10
2000	72.49	7.9	80.19	11.5	8	73.57	8.9	9
2001	80.3	6.9	90.46	12.2	7	81.59	10	10
2002	82.98	2.7	92.17	7	18	90.76	11.1	7
2003	72.48	－9.9	106.75	14.8	12	102.86	8.9	11
2004	93.56	8	122.01	10.6	17	109.53	10.8	14
2005	117.29	9.6	163.89	16.5	14	126.83	11.9	16

续表

年份	开封市一产增加值（亿元）	开封市一产增速（%）	开封市二产增加值（亿元）	开封市二产增速（%）	开封市二产增速在全省的位次	开封市三产增加值（亿元）	开封市三产增速（%）	开封市三产增速在全省的位次
2006	119.77	9	197.86	15.7	16	150.44	14.4	8
2007	130.98	3.9	240.03	15.6	15	184.43	17.1	7
2008	148.26	5.6	314.18	14.3	14	239.9	17.3	2
2009	163.05	4.1	345.8	14.3	3	269.87	14.4	8
2010	213.21	4.6	400.65	14.9	4	313.3	13.4	7
2011	230.7	4.1	470.27	18.1	2	371.45	12.3	12
2012	250.17	4.4	533.26	14.3	3	423.62	11	12
2013	271.81	4.5	573.04	14.1	4	518.69	9.9	10
2014	275.69	4.3	636.42	11.6	3	579.95	10	4
2015	283.9	4.4	667.09	9.1	5	666.2	12.2	6
2016	272.45	4.3	712.93	7.9	11	754.68	11	5
2017	279.12	4.5	759.95	7.4	10	848.48	9.5	11
2018	273.2	3.9	779.25	6.9	13	949.78	8.2	11
2019	318.24	3.6	949.24	8.6	5	1096.66	7	12
2020	363.62	2.5	897.27	2.1	—	1110.94	1.6	—

数据来源：历年河南省统计年鉴、开封市统计年鉴。

习近平多次强调制造业的重要作用、重要地位，明确提出发展实体经济，就一定要把制造业搞好，制造业是实体经济的重要基础。而作为经济最重要基础的制造业，不管是结构升级、规模扩张，还是创新能力提升、活力增强，开封的制造业一直都没有多大起色，主要表现为总量不大、实力不强、层次不高，传统制造业小、散、弱，而新兴制造业和高技术产业也未能形成集群。这意味着开封经济发展的基础尚不牢固，还未真正实现三次产业良性互动基础上快速、持续、稳定发展的状态。对于一个工业化阶段尚未完成，仍然处在工业化中期阶段的区域，如果没有工业的长足发展，该区域则很难跨越增长的瓶颈，同时也会给第三产业特别是生产性服务业的发展带来消极影响。2019年全市第二产业增加值为949.24亿元，总量仅居全省第13位（仅比济源、鹤壁、濮阳、漯河、三门峡高）。制造业要形成集群式的发展需要较长的时间和积累，而

▶ 报告 1　开封市高质量可持续发展战略规划

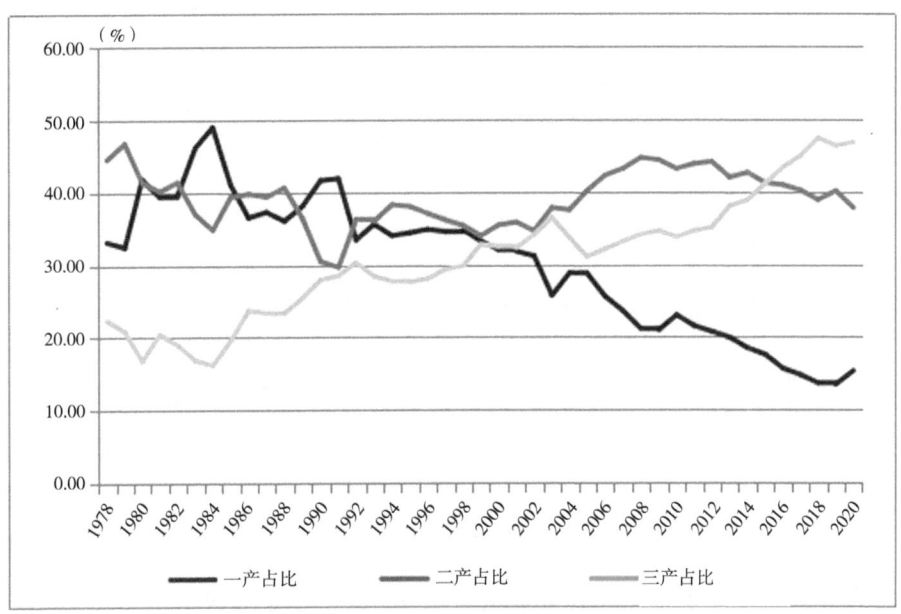

图 1-11　1978—2020 年开封市三次产业结构

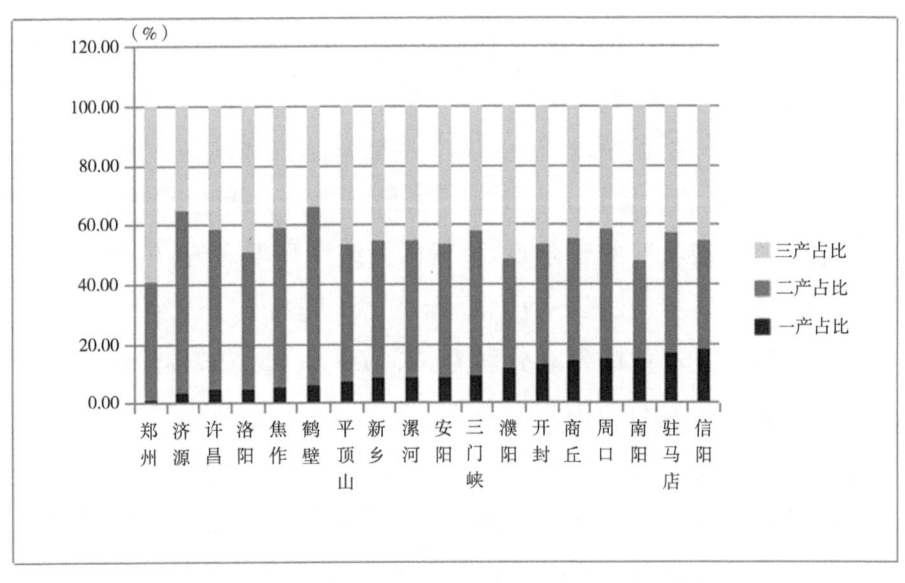

图 1-12　2019 年全省各地市三次产业结构

开封制造业发展历史欠账较多,也有些年份注重文化旅游业的发展,忽略了制造业的转型升级,这都是开封制造业发展滞后的重要原因。从 2018 年和 2019 年开封规模以上工业增长数据来看,开封工业的发展质量较之前已经有了明显的改观,但要形成对经济较大的促进力,形成真正的制造业集群,其规

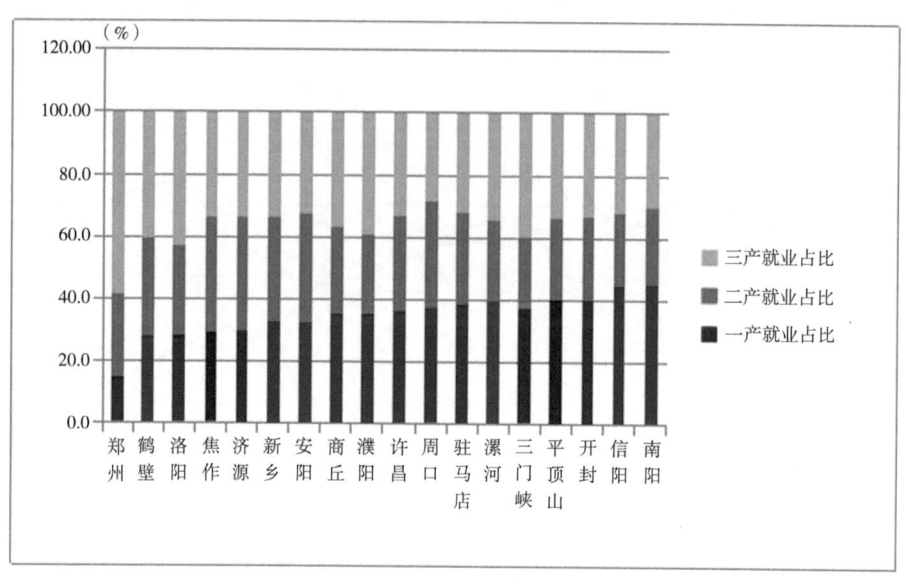

图 1-13　2019 年全省各地市三次产业就业结构

模还亟须快速膨胀。

第三产业对开封经济的巨大支撑和推动作用有目共睹,但从第三产业内部看,文化旅游是最主要的推动力量。近年来,旅游总收入占开封经济总量的比重快速提升,2015 年已达到 13%,2019 年旅游总收入达到 713.5 亿元,增长 18.5%,占经济总量的比重达 30.18%。如果从生产性和生活性服务业看,开封生产性服务业发展状况并不乐观,根据国家统计局发布的《生产性服务业分类(2015)》所提供的生产性服务业划分标准,可计算出 2019 年开封和河南生产性服务业占其第三产业的份额分别为 52.97% 和 65.29%,开封市生产性服务业占第三产业的比重与河南省相差 12.32 个百分点,明显低于全省平均水平。导致该情况最重要的原因是开封金融业发展缓慢,全省金融业增加值占第三产业的比重为 13%,而开封金融业增加值占第三产业的比重仅为 4.5%。此外工业发展滞后也是导致开封生产性服务业发展滞后的一个重要原因。

3. 城镇化水平不高,人口外流现象严重,中心城区对经济带动力不强的格局尚未得到根本转变

2009 年之前,开封市常住人口城镇化率高于全省平均水平(见表 1-7、图 1-14),2010 年之后开始低于全省平均水平。从户籍人口和常住人口绝对量来看,2005 年常住人口仅低于户籍人口 5.7 万人,2009 年也仅低于户籍人口

15.09万人,但2009年之后出现了常住人口持续减少、户籍人口持续增加的现象,常住人口与户籍人口的差距也逐渐拉大。2019年,开封市常住人口与户籍人口相差70.28万人,人口净流出现象明显。纵观全国乃至全球各地,经济发达程度高、经济活力强的地区都是人口净流入,这也是"人往高处走"的客观规律,人口的流入能够给一个地区注入新鲜血液,激发经济社会发展活力。而开封人口净流出也是其经济基础薄弱、城市缺乏吸引力、人员思想观念保守固化等多种原因带来的结果,这也恰恰成为制约高质量可持续发展的重要因素。

与此同时,开封市中心城区对全市经济发展的带动力较弱。从开封市区GDP总量与全市GDP总量对比情况(见图1-15)来看,市区占市域GDP比重自2001年到2015年总体呈现下降趋势,2015年之后有所上升,但比重仍低于30%(2020年为26.39%),远低于全省平均水平。经济集聚规模小、经济过于分散的空间格局,不仅反映出开封当前的产业以传统产业为主,创新型产业、高科技产业比重不高的产业结构问题,而且会导致其经济分工水平难以提高,经济效率难以提升,较为突出的负面影响就是难以为生产性服务业发展提供平台支撑。

表1-7　2005—2020年开封市人口、城镇化率及河南省城镇化率

年份	开封市户籍人口（万人）	开封市常住人口（万人）	开封市城镇化率（%）	河南省城镇化率（%）
2005	477	471.3	32.68	30.65
2006	480	469.28	34.2	32.5
2007	481.82	467.75	35.92	34.34
2008	484.06	469.35	37.73	36.03
2009	486.3	471.21	39.58	37.7
2010	504	467.69	36	38.82
2011	506.4	466	37.75	40.57
2012	508.85	465.29	39.7	42.43
2013	511.47	464.6	41.1	43.8
2014	514.04	454.9	42.58	45.2
2015	516.69	454.26	44.23	46.85
2016	519.85	454.67	45.88	48.5

续表

年份	开封市户籍人口（万人）	开封市常住人口（万人）	开封市城镇化率（%）	河南省城镇化率（%）
2017	523.04	455	47.42	50.16
2018	525.64	456.49	48.9	51.71
2019	527.77	457.49	50.28	53.21
2020	—	482.40	51.83	55.43

数据来源：历年河南省统计年鉴、开封市统计年鉴。

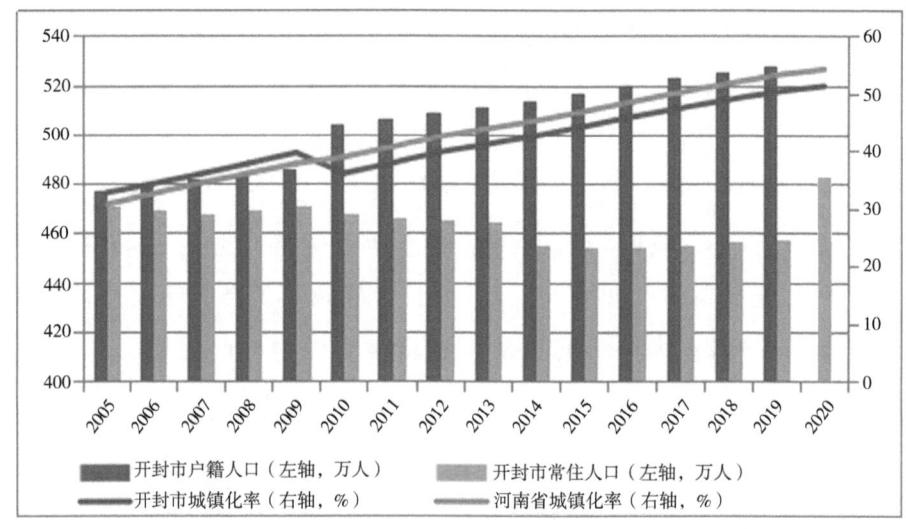

图1-14 2005—2020年开封市人口、城镇化率及河南省城镇化率

4. 人才流失严重，创新驱动能力弱，发展活力不足

创新是引领发展的第一动力，也是经济高质量可持续发展的关键支撑，我国经济发展由高速增长阶段向高质量发展阶段转变，主要表现就是由投资驱动经济转向创新驱动经济发展，因此，创新能力的强弱将直接影响着经济社会发展能否高质量可持续。前面已经提到，开封近年来的人口是净流出的，这其中也包括人才的流失。虽然开封有河南大学这样的知名学府，但由于开封经济基础薄弱且距离郑州较近，河南大学等高校毕业的学生往往会优先选择到郑州就业，郑州对开封的人才会产生虹吸效应。同时，开封制造业基础差，缺乏实力强的大型企业，企业也缺乏科研平台，无法为高技术人才提供好的发展空间，开封地区经济发展水平低、公共基础设施和公共服务体系不太完善、工

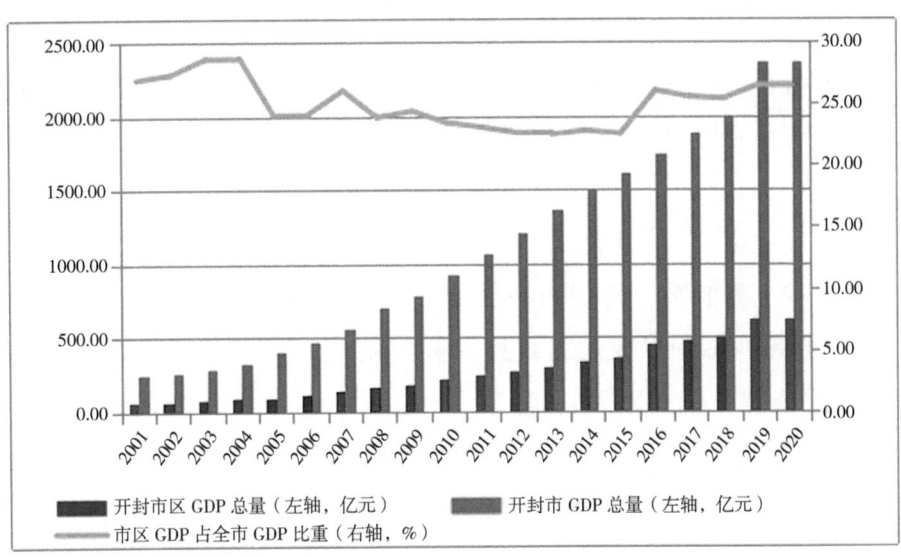

图 1-15　2001—2020 年开封市区 GDP 和市域 GDP 对比情况

资水平相对较低、福利待遇较差等因素的影响,都会在一定程度上制约着人才的流入。即使有愿意到开封发展的高技术人才,在工作一定时期,无法满足更高层次的发展需求时,也会逐步流失。2019 年开封市从业人员中,研发人员占比仅为 0.26%,在全省 18 个省辖市中居第 11 位,这也印证了开封人才资源流失严重的说法。(见图 1-16)

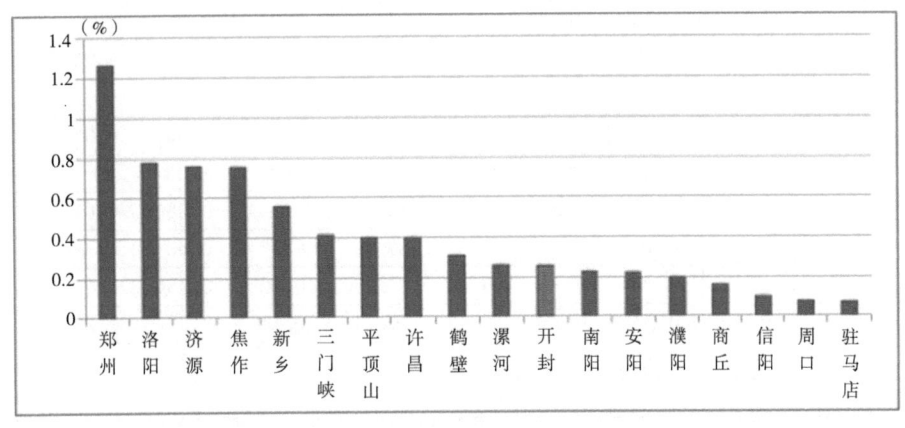

图 1-16　2019 年河南省各地市研发人员占从业人员的比重

人才流失严重直接导致的结果就是创新能力弱,无论是对创新的投入,还是创新产出的效率,开封市创新能力都处于较低水平。2019 年,开封市研发经费投入 24.13 亿元,占 GDP 的比重仅为 1.02%,低于全国平均水平 1.16 个百分点(全国研发经费投入占 GDP 的比重为 2.18%),居全省第 11 位(见表 1-8)。且从研发经费投入趋势(见图 1-17)来看,2010—2014 年,研发经费投入增加的幅度较大,但 2014 年之后,增加得非常缓慢,明显低于 GDP 增速,研发经费投入强度也由 2014 年的 1.28% 下降到 2019 年的 1.02%,而省内其他地市基本都呈现上升趋势。再以财政对知识产权方面的支持力度为例,2017—2019 年,开封市对知识产权的财政投入分别是 81.78 万元、61.26 万元、48 万元,而新乡分别是 517.9 万元、701.94 万元、1019.04 万元,濮阳分别为 375.73 万元、440.41 万元、369.09 万元,开封财政对知识产权的投入支持力度明显较小,这也不利于创新的发展。

表 1-8　2010—2019 年河南省各地市研发经费投入占 GDP 的比重

单位:%

城市	2010	2011	2012	2013	2014	2015	2016	2017	2018	2019
洛阳	1.57	1.45	1.66	1.59	1.61	1.76	1.76	2.01	2.14	2.37
新乡	1.57	1.59	1.9	1.92	1.95	2	1.96	2.04	2.02	2.14
郑州	1.34	1.46	1.45	1.53	1.56	1.6	1.75	1.73	1.83	2.04
济源	1.34	1.53	1.62	1.79	1.76	1.82	1.89	2.07	2.02	1.98
焦作	0.96	1.03	1.07	1.22	1.32	1.43	1.47	1.71	1.9	1.66
平顶山	1.13	1.12	1.24	1.38	1.49	1.4	1.39	1.52	1.54	1.61
许昌	1.2	1.28	1.46	1.52	1.59	1.66	1.74	1.84	2.06	1.56
三门峡	0.53	0.45	0.5	0.55	0.6	0.6	0.63	0.8	1.09	1.37
安阳	0.53	0.77	0.8	0.88	0.97	0.85	0.86	0.83	0.98	1.32
南阳	0.67	0.7	0.8	0.8	0.91	0.95	0.94	0.99	0.93	1.07
开封	0.78	0.98	1.13	1.2	1.28	1.12	1.08	1.06	1	1.02
濮阳	0.73	0.75	0.78	0.85	0.85	0.92	0.94	0.98	0.81	1.02
商丘	0.34	0.39	0.49	0.5	0.52	0.54	0.57	0.68	0.9	0.94
漯河	0.56	0.66	0.62	0.59	0.65	0.77	0.82	0.95	1.05	0.86
鹤壁	0.46	0.42	0.23	0.25	0.42	0.44	0.48	0.57	0.73	0.77
信阳	0.1	0.25	0.25	0.29	0.32	0.34	0.35	0.39	0.7	0.57
驻马店	0.34	0.28	0.29	0.32	0.35	0.39	0.4	0.46	0.45	0.52
周口	0.27	0.29	0.25	0.26	0.28	0.32	0.35	0.43	0.44	0.46

数据来源:历年河南省统计年鉴。

再以创新产出来说,2019 年开封市万人有效发明专利数为 2.17 件,远低于全省和全国平均水平(全省为 3.88 件,全国为 13.3 件),在河南省 18 个地

▶ 报告1 开封市高质量可持续发展战略规划

图 1-17 2010—2019 年开封市研发经费投入及其占 GDP 的比重

市中也仅居第 13 位(见表 1-9)。从技术合同成交额(见图 1-18)来看,2019 年开封市技术合同成交额为 1.53 亿元,仅是郑州市的 1.20%、洛阳市的 3.17%、新乡市的 8.51%。根据中原经济发展研究院发布的《河南省区域人才竞争力评价报告》,2018 年开封市人才效能竞争力(即人才产出水平)排名居全省第 13 位,属于第三方阵,这也说明开封的人才创新能力较弱。

表 1-9 2019 年河南省各地市万人专利申请、专利授权、有效发明专利情况

单位:件

城市	万人专利申请数	万人专利授权数	万人有效发明专利数
郑州	19.90	5.51	16.05
开封	2.11	0.75	2.17
洛阳	8.86	1.27	12.75
平顶山	2.95	0.35	4.03
安阳	2.58	0.55	3.27
鹤壁	2.37	0.18	3.08
新乡	9.32	2.12	7.74
焦作	8.77	2.25	7.94
濮阳	2.16	0.07	2.84
许昌	4.90	0.17	6.22

续表

城市	万人专利申请数	万人专利授权数	万人有效发明专利数
漯河	3.86	0.92	2.10
三门峡	2.24	0.12	2.35
南阳	2.59	0.47	2.86
商丘	1.94	0.48	1.49
信阳	1.48	0.60	0.99
周口	0.79	0.04	0.72
驻马店	1.06	0.11	0.83
济源	8.74	0.59	4.21

数据来源：历年河南省统计年鉴。

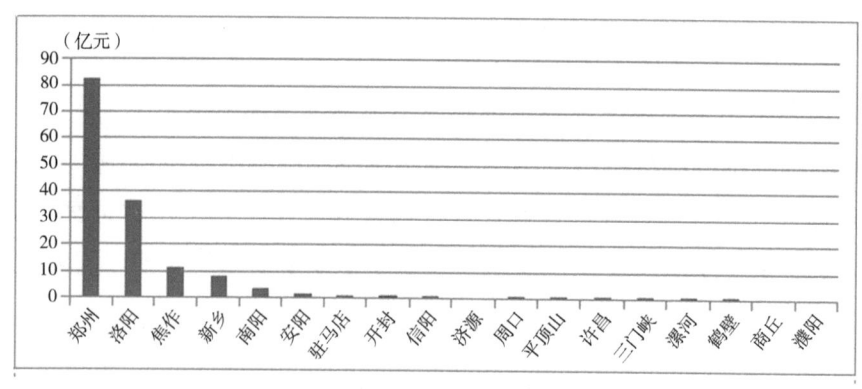

图1-18　2019年河南省各地市技术合同成交额

创新能力较弱，使得新旧动能转换减慢，会直接影响企业和产业的发展动力，进而影响经济发展的活力。前面也提到了开封的制造业发展比较滞后，主要也是由于创新能力不足，创新投入较少，导致创新型龙头企业不多，新业态、新经济发展严重滞后，反过来又会造成整个经济发展的动力较弱、活力不足，形成恶性循环。在高质量可持续发展阶段，创新能力非常重要，而开封恰恰在这方面存在着短板，需要在未来可持续发展中多加关注，努力增强创新能力。

5. 资源环境承载力较弱，公共基础设施和公共服务体系水平仍有待提高

环境承载力是经济社会持续发展的重要因素，可持续发展一个重要的考量指标就是环境的容量或者说承载能力，而环境的容量既与区域自然条件有关,也与公共基础设施完善水平、公共管理能力有关,完善的公共基础设施和较高的公共管理能力能够通过环境的修复提高承载力,促进经济的良性循环。根据中原经济发展研究院联合哥伦比亚大学地球研究院团队发布的《河南省城市可持续发展报告(2019)》,开封市与居民生活相关的环境指标可持续度相对较差,如人均生活用水、城市生活垃圾清运量、居民天然气消耗量分别居全省第12、11、11位;环境修复能力也有待提高,城市建成区绿化覆盖率、单位GDP能耗降低率、城市污水处理率等排名分别居全省第18、13、13位。这也直接反映出开封经济社会发展环境承载力不强,环境减耗水平和环境修复能力还比较弱。

除环境承载力外,一个区域的公共基础设施水平、公共服务体系保障能力也是高质量可持续发展的重要因素,高质量可持续发展势必对应着较高水平的公共基础设施和改革服务体系。根据《河南省城市可持续发展报告(2019)》,开封社会可持续发展排名居全省第14位,主要影响的指标就是公共基础设施和公共服务体系水平。其中,公路总里程和公路每公里货运量排名分别居全省第13位和第17位,文化类设施中健身场地设施数和公共图书馆个数分别居全省第14位和第15位;反映公共服务体系的指标中,人均教育经费居全省第10位,城镇人口失业率居全省第15位,工资房价比居全省第16位。上述这些指标在全省排名都比较靠后,也说明开封的公共基础设施承载力和公共服务体系保障能力较低,也是制约经济社会高质量发展的重要因素。此外,开封市教育资源、医疗卫生资源等也比较匮乏,数量和质量与经济社会高质量可持续发展的需要相比都还有很大的提升空间。从开封市各阶段学校生师比来看,小学、初中和高中阶段生师比较高,均高于全省平均水平(见表1-10),尤其是普通高中阶段教师资源紧张,远高于郑州、三门峡、洛阳等地,开封教育投入力度还需进一步加大。

表 1-10 2019年河南省及其各地市各级普通学校生师比

区域	普通小学	初中	普通高中
全省	17.84	14.28	15.52
郑州	19.80	14.14	13.04
开封	18.12	14.88	18.27
洛阳	18.69	13.16	13.53
平顶山	19.01	16.08	15.42
安阳	21.80	16.70	16.14
鹤壁	19.73	14.46	17.58
新乡	19.81	15.18	15.48
焦作	15.63	11.38	14.60
濮阳	17.80	14.08	15.68
许昌	16.62	14.18	13.56
漯河	18.20	13.85	14.98
三门峡	15.03	10.19	10.27
南阳	19.20	15.55	16.28
商丘	17.06	13.88	17.59
信阳	15.82	13.75	15.61
周口	15.01	13.78	16.88
驻马店	16.76	13.91	18.22
济源	20.46	12.60	13.23

数据来源：河南省统计年鉴。

(三)可持续发展现状的总体评估

通过上述对开封发展脉络、发展历程演变的梳理，可以肯定的是开封经济社会总体增长势头迅猛，在经历了"稳固－下滑－回升－放缓"的发展历程后，经济实力有了明显提升。但也不能忽视，新的发展阶段，在经济由高速增长向高质量转变的关键时期，开封经济社会发展仍存在一些短板，这是制约开封未来实现高质量可持续发展的重要因素。总体上来看，开封的发展主要有以下九个方面的特征:一是经济波动增长,但经济总量规模偏小,人均水平偏低;二是制造业波动发展,但总体质量水平较低,创新驱动能力较弱,集聚规模效益不高,将是未来高质量可持续发展最重要的短板之一;三是服务业发展迅速,但内部经济结构不优,传统服务业亟须升级,现代服务业发展还有很大的提升空间;四是三次产业结构逐步优化,但一产占比仍然较高,农业规模化经营程度低;五是多项国家及省域重大战略叠加,但原有战略独享优势减弱,应大力解放思想,释放发展活力,尽早落实郑开同城化发展,寻求新的战略优势,从国家和省级重大战略中分享更多资源、赢得更多红利;六是城镇化率不断提高,但人口外流现象明显,人均素质有待提升,缺乏可持续发展的高质量活动主体;七是公共基础设施和教育医疗等公共服务体系有了很大进步,但与经济高质量发展需求相比,还有很大的提升空间;八是社会保障水平不断提高,但公共服务历史欠账较多、水平偏低,社会治理能力还有待提升;九是资源能源消耗有所改善,但发展环境承载和修复能力还需加强。

四、机遇与挑战

当前,国内国际形势复杂多变,世界百年未有之大变局进入加速演变期,新一轮科技革命和产业变革深入发展,全球新冠疫情大流行带来巨大变量,经济全球化逆流涌动。而我国经济社会发展也进入新阶段,经济发展格局加快向"国内大循环为主体、国内国际双循环相互促进"转变;区域发展格局加快向全域统筹、跨区域一体化发展转变;产业转型升级加快向优化和稳定产业链供应链转变;城市发展加快向绿色、智慧、韧性、安全方向转变;公共服务加快向均等化、全覆盖、提质量转变,更多新的增长动力正在加快形成并不断蓄积力量。这一系列国内国际环境的变化都将对开封高质量可持续发展提出更高的要求。

新的发展阶段,开封高质量可持续发展也面临着一系列机遇和挑战。

就发展的机遇来看:一是国家战略叠加为开封发展拓展新空间。促进中部地区崛起、黄河流域生态保护和高质量发展、大运河文化带和古城保护、自贸区提质升级、郑州国家中心城市及都市圈建设等重大战略深入实施,有利于开封市发挥交通、产业和文旅优势,在重大政策、重大项目和重大生产力布局等方面得到国家和省更多支持。二是郑开同城加快推进重塑区域发展新格局。习近平做出郑开同城引领中原城市群一体化发展重要指示,郑开同城化上升为国家战略,有利于开封进一步发挥区位优势,拓展城市发展空间,加速集聚高端要素,提升城市发展能级。三是数字经济蓬勃发展为开封跨越晋升提供新动能。5G、人工智能、机器人技术、虚拟现实以及量子科技等新技术深度推广应用,在众多领域催生一批新产业、新业态、新模式,有利于开封紧抓数字经济发展机遇,为一些新兴领域同台竞技和赶超发展提供了重大窗口期。四是"双循环"下内需升级为开封发展注入新活力。居民收入水平的提高、人口结构的变化和消费结构的升级,将大大促进文化旅游、教育培训、养老健康、休闲娱乐、电子商务、信息服务等服务业加快发展,将进一步放大开封的历史文化、旅游、生态、人才等特色优势,促进全域旅游、文创、夜经济、新消费等加速发展。

就面临的挑战来看:一是总体发展阶段仍要赶超全国、全省平均水平。目前开封人均GDP分别为全国、全省的70%、90%左右,城镇化率分别低于全国、全省10个、3个百分点,在全省县域经济总量前20强中仅有尉氏1个,全市发展不平衡、不充分的矛盾较为突出。二是产业规模结构仍需契合高质量发展要求。现有产业结构与中高端发展水平不相适应,第一产业占比偏高;工业总量规模偏小,领军企业缺乏,带动作用不强;传统产业占比较高,高新技术和战略性新兴产业仍处于起步阶段;高新技术企业数量少,高能级创新创业平台不多,郑开科创走廊、自贸区等开放创新优势尚未得到充分发挥;文旅大而不强,商贸、房地产等传统服务业拉动力量逐渐减弱,现代物流、文化创意、商务金融等现代服务业尚未形成有效支撑。三是城市发展仍需在激烈的区域竞争中奋勇争先。随着郑州都市圈建设步伐的加快,高端要素短期内将加速向郑州流动,郑焦、郑许、郑新一体化加速推进,焦作、许昌、新乡等城市也纷纷搭建良好平台,加强与郑州融合,争夺人才、技术、资金、数据等资源要素的竞争将更为激烈,谁行动得慢,谁将处于落后位置,开封必须加快出台突破性的政策措施,打造更为优越的营商环境,才能实现弯道超车和换道超车。

综合研判,当前和今后一个时期,开封高质量可持续发展机遇和挑战并存,机遇大于挑战。我们必须准确把握开封发展的阶段性特征,增强机遇意识和风险意识,发挥优势,彰显特色,在危机中育先机,于变局中开新局,努力走出一条具有开封特色的高质量可持续发展之路。

五、总体思路与目标

2016年12月,国务院印发《中国落实2030年可持续发展议程创新示范区建设方案》,明确提出在"十三五"期间,创建10个左右国家可持续发展议程创新示范区,以实施创新驱动发展战略为主线,破解制约中国可持续发展的关键瓶颈问题,集成各类创新资源,探索完善体制机制,提供系统解决方案,对国内其他同类型地区可持续发展发挥示范带动效应,对外为其他国家落实2030年可持续发展议程提供中国经验。

开封市是我国第一批国家级历史文化名城,历史上著名的八朝古都,具有深厚的历史文化积淀和广泛的国内国际影响力。近年来,开封市主动服务和融入国家发展战略,抢抓国家、省重大战略机遇,伴随着黄河流域生态保护和高质量发展、郑开同城和郑汴港核心引擎区建设、大运河文化保护传承利用、宋都古城保护与修缮等一批新的重大战略机遇,开封市在全省的战略核心地位进一步增强。随着郑汴从一体化迈向深度融合的同城化发展新阶段,郑开同城示范区、大都市区郑汴港核心区和郑开创新创业走廊等一系列先行发展规划落地,发展基础更加坚实,意味着开封已经具有高质量可持续发展的良好基础。但是,古城深重的历史包袱,以及对改革开放体制环境和市场化机制的不适应,开封的发展轨迹也经历了"稳固-下滑-回升-放缓"的曲折过程,存在着持续性不强甚至不可持续的隐忧。

(一)指导思想

以习近平新时代中国特色社会主义思想为指导,全面贯彻党的十九大和十九届二中、三中、四中、五中全会精神,深入贯彻习近平视察河南和开封市时的重要指示批示精神,统筹推进"五位一体"总体布局,协调推进"四个全面"战略布局,坚定不移贯彻新发展理念,坚持以人民为中心的发展思想,依托独有的古都历史文化特质,依靠各种战略叠加所奠定的基础,顺应可持续发展时代趋势,抓住机遇,厘清思路,拉长优势,补足短板,倾力打造可持续发展示范城市。以经济可持续发展为龙头牵引,以社会和资源环境可持续发展为支撑和保障,以居民收入持续增长和幸福指数持续提升为诉求,实现经济长期连续增长,社会与环境和谐发展。实施制造立市、文旅强市、开放兴市,建设实力开封、文化开封、美丽开封、幸福开封、活力开封、开放开封、智慧开封、品质开封,使可持续发展的步伐走得更实更稳,为全国同类城市实现可持续发展提供可借鉴的模式。

(二)基本思路

顺应时代潮流,贯彻新发展理念,以全方位开放和市场化改革为根本指向,以效率和质量为基本遵循,以黄河流域生态保护和高质量发展重大国家战略,以及中原城市群、郑州国家中心城市及大都市区建设等国家区域发展战略落地实施为契机,以郑开同城化发展为切入点,推动开封全面融入中原核心增长极,带动开封进入河南全省乃至全国、全球发展的快循环体系。通过提升创新能力、优化结构,实现经济高质量可持续发展;通过释放优质充足的教育资源和医疗资源,吸引外来人口,留住本地人口,最大限度地缩小常住人口与户籍人口的差距,提升常住人口比例,保证人口规模,提升人口素质,促进人口向中心城市聚集,膨胀中心城市规模,提升中心城市辐射带动能力,实现社会可持续发展,同时为经济高质量可持续发展提供强有力的支撑;通过大规模开发地热资源逐步实现清洁能源替代,最大限度降耗减排,加大生态建设和生态补偿力度,打造宜居城市,实现环境可持续发展。

(三)战略定位

全国文化古城有机更新的现代化样板区。着眼于开封发展的历史方位和阶段性特征,加速膨胀新经济新业态市场主体聚集规模,通过大量人口畅通流动带动古城现代化发展,成为文化积淀深厚的古都城市现代化可持续样板区。

立足文化之都,打造工业新城。充分发挥开封文化古都的优势特质,以旅游为桥梁,以文化为纽带,集聚国内外优势资源,积极开展可持续发展交流合作活动,加大创新要素聚集,提升创新能力,加快结构调整步伐,聚焦郑开同城发展,促进先进制造业崛起,打造工业新城。

全域人口素质提升示范区。城市社会的可持续发展也体现为全域人口素质的全面发展,以城镇化提质增效为依托,以健康医疗与旅游融合发展为基石,加速促进人口回流与聚集,以实现人的全面发展为统领,以优质基础教育资源为抓手,制订人口素质提升计划,夯实撬动人口城镇化发展,努力建设全域人口素质提升示范区。

河南省率先实现碳达峰城市。积极推进能源清洁化转型和节约利用,围绕地热资源开发利用,大力减少碳排放,在省内率先实现碳达峰,争创省级先进市。

(四)发展目标

依据《中国落实2030年可持续发展议程国别方案》,参照对标全国先进城市,形成开封市可持续发展的指标体系。(见表1-11)

表1-11 开封市可持续发展规划主要指标体系

指标	2019年	2025年	2030年
经济可持续发展			
全社会研发支出占GDP比重(%)	1.02	1.6	2.5
每万人发明专利拥有量(件)	1.77	3	5
国家高新技术企业(家)	85	200	500
GDP(亿元)	2364.14	3500	4500
第二产业增加值(亿元)	949.24	1400	1900
第二产业从业人员数(万人)	84.14	100	120
全员劳动生产率(万元/人)	7.3	10.5	15
第三产业占GDP比重(%)	46.4	50	54
年旅游接待人数(亿人次)	0.8	1.5	2
社会可持续发展			
常住人口城镇化率(%)	50.28	58	63
新增劳动力平均受教育年限(年)	10.7	11.5	13
学前三年毛入学率(%)	89	91	93
高中阶段毛入学率(%)	91	93	95

续表

指标	2019年	2025年	2030年
社会可持续发展			
中等职业学校生师比	19.44	15.19	12.25
每年新增农村劳动力转移就业(万人)	2.12	4	5
居民人均预期寿命(岁)	76.5	78	80
每万人口专业公共卫生机构人员(人)	6.41	7	7.6
资源环境可持续发展			
河湖水质	80%二级以上	100%二级以上	60%一级以上
万元生产总值能耗(吨标煤/万元)	0.12	0.08	0.05
绿化覆盖率(%)	36	40	43
万元生产总值用水量(立方米/万元)	3.3	2.5	1.8
PM2.5年平均浓度	55	43	35
空气质量优良天数比率(%)	48.5	完成下达目标	完成下达目标
生活垃圾处理率(%)	96	98	100
城市生活污水集中收集率(%)	68	72	75
可再生能源比重(%)	7	13	20

六、经济可持续发展路径选择

(一)聚集市场主体是开封经济可持续发展的战略方向

中国已经由高速增长转入高质量发展新阶段,开封也会面临与过去不一样的发展环境。在高速增长阶段,经济发展主要依靠投资驱动、能源原材料和初级产品加工业支撑,进入高质量可持续发展阶段以后,经济主要靠创新驱动,新经济新业态是主要支撑。

自2005年郑汴一体化战略实施以来,开封始终处在省域重大战略的核心位置,先是郑汴新区规划,继而是中原经济区及航空港经济综合实验区,再就是中国(河南)自由贸易试验区、国家中心城市及郑州大都市区,现在正在着力推进的是黄河流域生态保护和高质量发展重大国家战略。这一系列重大省域

▶ 报告1　开封市高质量可持续发展战略规划

和国家战略的实施,从两方面为开封长期发展奠定了良好的基础:一是交通基础设施日益完善,郑汴之间便捷快速的交通通道自北而南有S312沿黄生态大道、连霍高速公路、东京大道对接郑州科学大道的双创大道、郑开大道、物流通道、G310新线、郑民高速公路、开港大道,以及郑徐高铁、郑开城际铁路、陇海铁路等10多条不同类型的快速通道;二是搭建了若干高层级改革开放和要素聚集平台,如郑州大都市区郑汴港核心区、航空港经济综合实验区(开封片区)、中国(河南)自由贸易试验区开封片区、城乡一体化示范区、郑开双创走廊、开港经济带以及多个产业聚集区等。交通基础设施和平台功能强化,在过去15年中带动了房地产和旅游服务两大产业快速发展,并引领开封经济走出低谷,成就了新一轮近15年中高速增长的辉煌。然而,随着这些战略和政策红利的逐步释放,再加上整个中国经济由高速增长向高质量发展转型,由投资特别是由房地产驱动的增长已经接近尾声,创新驱动和需求拉动增长的时代悄然而至,这需要具有创新能力的市场主体大规模聚集,而这方面,开封短板还比较突出,也是未来可持续发展的重要着力点。

从高质量可持续发展的视角来看,未来开封应该在现有交通基础设施和各类高规格平台奠定的良好基础上,加大创新要素聚集,提升创新能力,加速膨胀新经济新业态市场主体聚集规模,加快结构调整步伐,用现代技术改造传统产业,提升市场竞争力,迅速提升高新技术产业比重,促进先进制造业崛起。推动服务业现代化,加大文化创意产业培育力度。这也是开封经济高质量可持续发展的战略方向,具体可以分解为如下四个聚焦点:第一,创新要素为突破,促进创新平台和创新要素聚集,增加科技创新投入,激发创新活力;第二,增量聚集制造业发展,推动传统产业转型升级,加快培育新兴产业;第三,以现代服务业为切入点,大力推动文创产业发展,引领开封现代服务业发展的新方向;第四,深化改革开放,聚焦郑开同城发展。

(二) 创新是开封经济可持续发展的关键核心

新时期新阶段,应精准认识到开封科技创新与高质量可持续发展目标的差距,创新仍然是开封实体经济的最大短板,突出表现为科研投入强度弱、经费投入总量低、缺乏更多高层次的创新平台等问题。开封科研创新投入和万人有效发明专利拥有量均远低于郑州大都市区周边地市,连续多年增长缓慢,与全省战略核心地位的定位严重不符。2019年,开封研发投入占GDP比重为1.02%,低于全省平均水平(1.46%),远低于全国平均水平(2.4%);万人有效发明专利拥有量为1.77件,低于全省平均水平(3.5件)。(见表1-12)研发机构数与自身发展定位仍有很大差距,尤其是缺乏高层次的创新平台,导致机构数多但产出总量少。

表1-12 研发投入强度对比

2019年	研发经费内部支出(亿元)	研发经费总量省内排名	研发投入强度(%)	研发投入强度省内排名	万人有效发明专利拥有量(件)
全国(2020)	24426	—	2.4	—	15.8
深圳	1328	—	4.93	—	106
西安	481.76	—	5.2	—	47.6
济南	225.5	—	2.4	—	33.2
河南省	793	—	1.46	—	3.5
郑州	236.7	1	2.04	3	18.2
洛阳	119.2	2	2.37	1	11.63
新乡	62.6	3	2.14	2	5左右
许昌	53.1	4	1.56	7	5.1
开封	20.1	10	1.02	10	1.77

数据来源:各地国民经济和社会发展统计公报。

实现经济可持续发展目标,首先要坚持创新在现代化建设全局中的核心地位,实施科技创新、制度创新双轮驱动,积极争取国家和省重大创新平台在开封布局,大力引进培育创新型企业和人才,加快创新型人才在开封聚集,为可持续发展注入强大动能。

1. 加大高水平大学和高端研究机构培育和引进力度,打造创新文化元素聚集区

开封借助于厚重历史文化依托和核心区东部支点的位置,再加上相对宽松的空间和独特的黄河生态文化环境,是未来增量创新平台和创新元素比较适宜的聚集空间。开封应该利用正在启动的新一轮国土空间规划契机,留出足够的高水平大学和高端研究机构等创新平台和创新元素聚集空间,同时移植深圳虚拟大学园模式,提供必要的办公空间和生活服务设施,从引进某些创新元素和创新实验室开始,逐步牵引出高水平大学和高端研究机构的部分功能来此落地,并以整体引进高水平大学或高端研究机构为期望目标。为此,应该争取将增量创新元素空间纳入未来会启动的核心区城市详规,获得省委、省政府认可,并争取到省政府约束实施及引导落地的相应政策。

围绕谋划郑开科创走廊建设,大力度引进并促成国内外高水平大学和高端研究机构等创新平台在郑汴双创走廊开封一侧落地。布局综合性科研平台和区域性创新平台,培育战略性新兴产业集群。谋划建设基金小镇,吸引风险资本入驻,为新技术向新产品核心产业转化提供资本支持。谋划建设创业园,对创业者给予有效支持,加快新产业新业态成长步伐。依托创新元素聚集区,孵化高新技术产业,支撑郑开创新创业走廊建设,培育壮大先进制造业集群,推动开封制造业结构转型和高质量发展,形成国内有影响力的数字产业集聚区,打造全国重要的科技创新策源地。

2. 加大创新投入,提高科技成果转化能力

面对高质量可持续发展的要求,开封市迫切需要增加财政科研投入,大力引导企业增加创新研发投入。政府主导社会公共科技、基础研究、超前性重大项目等投入为主,营造充裕的研发投入创新氛围,强化科技创新成果推广应用,增强科研质量和效率。努力培育高科技、高附加值骨干企业,重点发展精细化工、新材料、新能源等主导产业,拉长精细化工产业链和培育新材料、新能源产业集群,并在此基础上拓展研发高端化、智能化,符合未来产业发展趋势、具有广阔市场前景的产品,力争培育形成2—3个在国内乃至国际上具有影响力、占据绝对市场优势的产品。以提高政府研发投入为切入点,引导激励全市更多资源进入创新平台,促进各类创新主体协同互动、创新要素顺畅流动,增强创新驱动力与产业竞争力。

提高科技成果转化能力,构建科技成果转化服务体系。鼓励实现知识和科技成果转化,对科研成果在开封实施科技成果转化并产生巨大效益的予以经济补助。推动产学研紧密合作,以引进高端研究机构和高水平大学作为战略重要任务,大力支持河南大学"双一流"建设,实现河南大学产学研全部在开封开花结果,实施市校产学研紧密合作计划,提升现有创新中心和重点实验室建设水平,加快重大关键共性技术引进吸收和产业化进程,加速科技成果产业化。

3. 出台"抢人"政策,加快创新型人才在开封聚集

出台具有极强吸引力的优惠人才和税收政策,增强对创新型人才的吸引力,加快创新型人才在开封聚集。发挥各类人才的积极性和创新性,为科技创新提供人才保障。重点引进高端急缺人才、优秀高校毕业生,实现每年吸引万名以上优秀年轻人到开封就业创业,逐步把开封变成人口净流入城市。

加大对商业、文化旅游、新型工业、教育培训等相关行业人才引进的资金和政策支持力度,吸引创新型、尖端型、技术型人才落户开封,提供便利的创业环境保障,调动创业积极性。适当建设高标准保障性住房,解决企业工程技术人才和具有一定技能的新就业大学生的住房问题。营造有利于产业人才之间交流、讨论的环境,引导创立俱乐部、联谊会、论坛等形式的沟通平台,为高层次人才的交流与合作提供契机。深化与河南大学等高校的合作发展,支持高校毕业生在开封实习、创业、落户发展。联合行业协会,制定各行业工作人员标准,建立规范化的人才培训机制,提高从业人员技能和素质,为相关产业的发展提供高质量的人力资源保障。

在城市"抢人"竞争激烈的大环境下,开封应主动创新人才引进方式,改变传统引才模式,树立"不为所有,但为所用"的用人理念,培养"不求常驻,但求常来"的思维,全力服务人才团队。通过加大与国内高端科研院所的合作,吸引更多院士、专家工作站到开封建立,吸引全国高端科研团队在开封开展项目。

(三) 壮大制造业,加快布局新兴产业

开封市经济进入转型发展、结构升级的关键阶段,受疫情影响,全国经济发展面临的挑战前所未有,跨省流动农民工锐减,省内就业的农民工将大幅增加,人口流动受阻势必带动产业向省内转移,这也就给开封制造业的发展带来一定的机遇。

开封市经济总量亟须快速膨胀。2020年开封市经济总体发展状况较好,发展速度较快,GDP达2371.83亿元,但相比省内18个省辖市而言处于第11位,经济总量偏低,经济实力较弱;相对于郑州大都市区周边城市,排名靠后,

处于相对劣势地位。(见表 1-13)

表 1-13　2020 年郑州大都市区周边城市 GDP 及其排名

城市	GDP(亿元)	全省排名
郑州	12003.0	1
洛阳	5128.4	2
许昌	3449.2	4
新乡	3014.51	6
开封	2371.83	11
焦作	2123.60	13

数据来源：各地市国民经济和社会发展统计公报。

开封市制造业始终不瘟不火，结构老、链条短、小散乱等状况未有明显改观，一直是开封市经济发展的明显短板。对于一个工业化阶段尚未完成，仍然处在工业化中期阶段的区域，如果没有工业的长足发展，该区域则很难跨越增长的瓶颈，同时也会给第三产业特别是生产性服务业的发展带来消极影响。截至 2020 年，开封市第二产业增加值仅为 897.27 亿元，与工业化发达地区相差甚远，包括二产从业人员数、国家高新技术企业数等多方面的欠缺。(见表 1-14)制造业特别是形成集群式的发展需要较长的时间和积累，从开封规模以上工业增长数据看，工业发展质量较之前已经有了明显改观，但要形成对经济较大的促进力，工业规模和从业人数也都还亟须快速膨胀。

表 1-14　郑州大都市区周边城市第二产业发展对比

城市	二产增加值 (亿元)(2020)	二产从业人员数 (万人)(2019)	国家高新技术企业数(家) (2019)
郑州	4759.5	171.55	2048
洛阳	2312.2	123.74	633
许昌	1818.9	84.81	190
新乡	1352.45	121.62	343
焦作	977	88.15	176
开封	897.27	84.14	84

数据来源：各地市国民经济和社会发展统计公报、河南省统计年鉴。

2019 年，开封市全员劳动生产率为 73259.11 元/人(见表 1-15)，说明开封市规模以上企业生产技术水平、经营管理水平、职工技术熟练程度和劳动积极性的综合表现与高质量可持续发展仍有较大差距。

表1-15 2019年省内全员劳动生产率及其排名情况

地区	全员劳动生产率（元/人）	全省排名
全省	82686.99	
郑州	182513.8	1
许昌	123058.1	3
洛阳	119379.1	4
焦作	117378.5	5
新乡	83338.25	9
开封	73259.11	11

数据来源：河南省统计年鉴。

实现经济可持续发展的核心在于确定制造立市的目标。夯实制造业基石地位，坚定不移推进制造业高质量发展，打好产业基础高级化和产业链现代化攻坚战，优先培育和发展一批战略性新兴产业，形成一批具有全国竞争力的特色制造业集群。

1. 借助于郑州大都市区的吸引力和聚合力，增量聚集制造业发展

随着疫情对我国产业链的影响不断深化，全省人口流出返工受阻，以及部分农民就业决策转向省内，尤其年龄较大的农民工可能会选择留在省内就业或者短期不再外出，以此次人口流出受阻为契机，组织本地劳动力承接东部地区的产业转移，探索就地工业化，吸引发展前景好、示范带动作用大的劳动密集型项目落地。

借助于郑州大都市区的吸引力和聚合力增量聚集到开封辖区内的制造业，积极与郑州汽车及零配件、智能手机零配件、医疗器械、纺织服装等产业对接，组成大郑州产业链条的有机组成部分，利用郑州产业链条辐射扩散效应，逐渐形成郑开同城产业体系，形成紧密互补关系，促使整个区域空间上的产业体系高端化、集群化发展。

主动承接产业转移是开封做大做强制造业的最佳捷径。以补产业短板为重点,坚持以大招商为载体,以大项目为支撑,加快基础设施建设为保障,通过积极推进精准招商引资,持续强化产业集聚区作为工业经济发展的载体平台作用,不断释放产业集聚效应,提升开封工业实力。

建设开港许高端制造业产业带,深度融入航空港区,培育壮大新一代信息技术、新能源及网联汽车等高新技术产业,大力发展先进生产性服务业,加快开封综合保税区建设,积极申报郑开内陆自由贸易港,打造全国重要的先进制造业基地。

2. 加快传统产业转型升级,培育龙头企业,提升发展质量

传统产业高质量可持续发展由追求速度和规模向质量转变。产业转型升级首先是转变思想、转变观念,坚持政府推动、市场引导与充分发挥企业生产活力相结合,推动资源密集型的高耗能、高污染产业向高端化、绿色化、智能化转变。

精细化工产业:延长产业链条,依靠技术创新和技术引进实现结构调整。开封化工产业的结构调整应最大可能地依托现有产业基础和基本条件,深入分析市场需求变化,尽快调整自身产品结构,延长产业链条,提高产品附加值,使产品供给和市场需求相适应,通过技术引进和技术创新来实现结构调整、链条延伸、附加值提高。从以大宗化工产品生产为主,逐步转向专用化学品、化工新材料、精细化学品等需求旺盛、附加值高的产品生产。

汽车和零部件产业:打造完整的产业链,提高产业组织水平。对于开封的汽车和零部件生产企业来说,要实现转型升级,需要打造以整车企业为龙头的产业链。以整车企业为核心,以产业链为纽带,促进兼并联合和纵向整合,全面提高产业组织水平。在汽车行业"微增长"的市场环境下,发展整车企业与零配件企业紧密结合的零库存精益生产模式。

农副产品加工产业:顺应食品消费个性化、多元化、营养化升级趋势,以"粮头食尾""农头工尾"为抓手,以龙头企业为带动,做大做强粮食制品、肉制品和饲料加工等行业,大力发展速冻食品、果蔬制品、休闲食品等,积极推进主食产业化和商品化供应,支持食品加工企业创造和开发品牌,培育全产业链。

培育重点企业,扶持高成长企业。通过简政放权、减少审批流程、提高办事效率等,着力做好企业服务工作。毫不动摇地支持非公有制经济高质量发展,引导民营企业聚集实业、做精主业。充分利用各产业龙头企业的名牌产品优势,通过兼并、重组、整合等手段,巩固龙头企业地位,支持龙头企业上市、升级改造等,推动龙头企业走出开封、走出河南,迈向全国和全球。

3. 培育壮大新兴产业,释放经济增长新动能

高新技术产业代表着未来开封增量制造业发展的方向,高新技术产业的发展需要政府持续推动创新要素聚集、资本聚集、产业孵化及产业化发展等,同时基于现代服务业所形成的聚集力和影响力,衍生良好的生活居住环境和文化氛围。

充分发挥自贸区、经济技术开发区、电子商务示范基地等国家级园区的作用,构建集群集聚发展、跨界深度融合、高端引领突破的新兴产业集群发展体系,培育一批科技含量高、市场潜力大、带动能力强、综合效益好的产业。引导制造业企业向生产性服务业和服务型领域延伸链条,培育一批服务型制造示范企业。推进新兴产业和先进制造业加速壮大,互联网、大数据、人工智能与实体经济融合持续深化,启动实施一批产业融合试点示范项目,涌现一批服务型制造示范典型。

大力发展数字经济,重点培育新一代信息产业、新能源及智能网联汽车、生物医药及节能环保等战略性新兴产业。推进新兴信息技术应用,以应用为导向、标准为牵引、创新为动力,深入开展智能制造及"互联网+工业"试点示范,推动制造业加速向数字化、网络化、智能化演变,全面提升企业的智能化水平,吸引集聚一批数字经济骨干企业,释放经济增长新动能。

(四)文创产业引领现代服务业发展新方向

新冠疫情对开封服务业形成一定冲击,特别是对旅游、餐饮、娱乐等造成严重的正面冲击,由于开封历史文化底蕴深厚,文化旅游产业占有国际化和高端化的先发优势,不会改变服务业发展长期向好的基本面。开封的文化旅游已有相当规模,周边地区的短途游客都愿意来开封休闲度假,在郑州大都市区乃至中部地区的"文化核"地位已初具规模。但与国内几大历史文化古都相比,不管是旅游接待人数,还是旅游收入,都有很大的提升空间,尤其是旅游内容比较单一。在提倡体验旅游、休闲旅游的今天,旅游不只是停留在以观光游览为主,而要突出体验功能,发展重点应聚焦现代服务业大力推动文创产业聚集。(见表1-16)

开封文化旅游业仍有很大的发展空间,传统服务业转型任务艰巨。传统服务业在开封市的产业体系中发展较为完善,但是,也应充分认识传统与现代的冲突和古城的发展规律,认识古城服务业现代化转型问题,逐渐将传统元素转变成引领城市现代化发展的有生力量,最主要的表现便是传统服务业向现代化服务业的转变。所以,未来一段时间内,开封以文创产业为代表的现代服务业必将成为引领开封发展的有生力量。

表 1-16 2019 年重点城市第三产业占比及年旅游接待人数情况对比

城市	第三产业占 GDP 比重(%)	年旅游接待人数(万人)
西安	61.9	24738
南京	61	13400
洛阳	50.3	12096
开封	47.6	7190

注:数据来源于各地市国民经济和社会发展统计公报。2020 年受疫情影响,数据可比性不高。

实现经济可持续发展要打造文旅强市。强化文旅产业柱石地位,大力推动文化创意产业发展,彰显宋文化,充分认识古城转型发展的规律,打造文化特色鲜明的国家级旅游休闲城市和具有国际影响力的旅游目的地。

1. 做大做强现代服务业

以现代服务业为切入点,以大型综合性商业文化体育艺术会议会展中心建设为抓手,激活并引领开封发展的新方向。以郑开同城为指引,在进一步完善交通基础设施和公共服务体系的基础上,讲好开封故事,谋划建设集文化演艺、体育竞技、会议会展、宾馆酒店、大型购物于一体的大型综合性商业文化体育艺术会议会展中心,并做好规划,促成尽早尽快在开封新区落地,分流郑州的部分功能,为整个郑州大都市区乃至整个中原城市群提供相应服务。政府在做好规划、做好选址供地保障的同时,应提供优质的项目服务,通过招商引入社会资本,并以银行贷款来筹集项目建设资金,建成后承包给专业化的运营商管理。围绕建设郑汴洛沿黄国际旅游精品带,强化三市文旅协作和基础设施联通,加快建设一批重大交通设施、标志性场馆和国际黄金旅游路线,打造黄河历史文化主地标城市,建设具有国际影响力的黄河文化旅游带。

2. 大力推动文化创意产业发展

抓住创意文化蓬勃发展的契机,加快引进文化创意项目,打造大都市区文化创意产业高密度聚集区,形成大规模文化创意产业集群。开封文化创意产业发展优势和前景被市场主体看好,规模宏大的恒大童世界文化旅游城建设工程已接近尾声,开园在即,另一个巨大的文化创意旅游项目勒芒赛车城也已急迫地在开封寻求落地空间了,其他如方特、华侨城等知名文创企业也都在开封谋划良久。政府应该乘势而上,加大工作力度,加快工作进度,筛选、引进、汇聚和培育现代增量创意文化元素。以推动勒芒赛车项目尽快落地为契机,进一步加大文化创意产业项目引进力度,尝试引进迪士尼等世界知名旗舰级企业,打造规模化文化创意产业集群。

规划引领开封市域文化创意产业的发展。政府统筹制订专门的发展规划,用高质量规划引领文化创意产业的高质量发展。通过优化文化创意产业功能区、文创小镇、文创街区、文创空间等的布局,实现集聚发展、错位发展。重点发展创意设计、文化传媒、文化金融、文化贸易等业态,催生出一批具有新技术、新业态、新模式、新产业特征的文化创意服务业,打造文创产业对外开放先行区。

3. 做大做强"文化核"

做大做强宋文化中心、黄河生态生活文化中心、创意文化中心和创新文化中心等四大文化中心支撑的"文化核"。一是深度挖掘宋文化,尽可能完整复原展现;二是深度挖掘黄河生态生活文化,谋划黄河文明博物馆,构建黄河文明展示体验区;三是抓住创意文化蓬勃发展的契机,加快引进创意文化项目,打造大都市区文化创意产业高密度聚集区,形成大规模文化创意产业集群;四是加大高水平大学和高端研究机构培育和引进力度,打造创新文化元素聚集区。

做大做强"文化核"需要从以上四个方面同时发力,从而培育出规模宏大的文化旅游产业,孕育孵化出极具活力的高新技术产业为主体的先进制造业集群,驱动开封形成螺旋上升的良性发展态势,与核心区的郑州东部主城区和航空港区一起,共同构筑起大都市区最具创造力和活力的核心,共同塑造出传统与现代、古典与时尚、本土化与国际化相互映衬的丰满亮丽的特色大都市核心区。

围绕建设宋文化传承创新展示带,深入实施宋都古城保护修缮,加快推进古城墙文化带、千年中轴线文化带、大运河及水系文化带等三条文化带修复展示和老旧小区改造,系统发掘展示最能代表华夏历史文化高峰的宋文化独特魅力,实施宋文化活化再现工程,建成全城一景、宋韵彰显的国际文化旅游名城。

4. 充分认识古城转型发展的规律

应充分认识到古都资源所带来的文化积淀,从都城发展的规律出发,将古都资源变为旅游资源,使其成为现代化推动的元素,进而推动古都的现代化。分领域、分层次挖掘整理大宋文化元素,对其进行科学系统的论证,推动以北宋为核心的文化产业发展,把开封打造成中华优秀传统文化重要承载区和中原古都市井文化休闲体验中心。

开封市古城内人群的主体部分是古城的遗存和繁衍,外来人口极少,这就导致本地居民形成与其相适应的原有思维方式和行为方式,在受到现代工业文明冲击以后,所有古城的思维方式和行为方式都受到了冲击,传统与现代相互之间碰撞、摩擦,现代对传统的替代要经历一个较长的时期。开封古城在无法通过大量外来人口带动现代化发展的情况下,亟须采取措施促成内部的变化,打碎传统思维方式和行为方式固有的结构,形成现代元素成长的土壤。

古城现代化转型的完成并不意味着传统的消失,而是传统元素成为推动甚至引领城市现代化发展的有生力量,最主要的表现便是传统服务业向现代化服务业的转变。同时,重视传统消费型服务业态空间由城墙内转移到城墙外的现象,提高规划理念,增强外围基础配套。

郑汴一体化实际上就是通过与区域现代化中心城市对接而人为制造的强刺激,效果从走出低谷走上快速发展的轨道显现出来。新一轮发展还是要借助于郑州大都市区和郑开同城建设的契机,通过深度融合,进一步加大外来冲击的力度。相信未来对传统思维方式和行为方式的改变将会更为彻底,开封古城的现代化转型也将完成。

5. 拓宽通道,建设外围休闲功能中心,优化城区交通运营方式

拓宽通道,建设外围休闲功能中心,增加星级酒店数量,提升服务水准,为现代服务业和文化休闲功能的释放创造足够空间。节假日拥堵已成常态,严重约束了人流增量,流动频率高、滞留时间短一直是开封旅游之痛。优化城区交通运营方式,多措并举,尽快破除制约现代服务和文化旅游业发展的瓶颈。一是加快高速公路出入口建设的进度,增加数量,提升标准,做到2—3年内具有应对各种可能出现人流峰值的能力。二是借助于特色小镇概念,在东、西、南、北四个方向规划建设以旅游集散、休闲消费为指向的,集吃喝玩乐于一体的特色功能区,为人流疏散提供空间,降低人流流速,增大外来人流在汴滞留时间。三是支持顺河回族区依托地热开发建设功能强大的温泉小镇,支持禹王台区依托马家河治理和城郊农村改造规划建设集旅游购物于一体的特色小镇,支持龙亭区和城乡一体化示范区建设滨河小镇。四是规划建设更多的星级酒店,迅速增大酒店供给,提升服务水准,缓解日趋紧张的住宿接待压力,增加旅游收入。五是谋划建设现代化酒店群和大型会议中心,增强接待各种大型团体和大型会议会展的能力,将古都既建成文化旅游休闲中心,又建成大型会议会展中心。六是加强对市民的文明教育,使市民语言和行为习惯充分与现代文明生活方式和人际交往方式对接,做到宾至如归,井然有序,增强对外来人群的黏合力和吸引力。七是提前谋划老城区封闭管理的可行方案,同时加开老城区公交线路,增大公交通行密度和频率;外围小镇及集散中心则开通与老城区之间的公共交通线路,并加大班次,提升频率,满足外来人流出入老城区和向外疏散的需要。

(五)深化改革开放,聚焦郑开同城发展

推动经济高质量发展要坚持深化改革、扩大开放,要跳出开封看开封,将开封放在全省核心乃至全国格局中谋划发展。以更为宽阔的开放视野深化改革开放,全面激发转型发展的动力和活力,既是顺应经济全球化潮流的战略举措,也是以开放促进经济转型升级、满足消费升级趋势的主动选择。

开封原有的战略优势正在被周边城市稀释。过去数年,在河南全省,在中原城市群中,除郑州之外,开封的战略优先位置基本上是独享的。从2005年的郑汴一体化到2017年郑州大都市区空间规划启动之前,10多年中虽然经历中原经济区、航空港经济综合实验区、中国(河南)自由贸易试验区等,开封的战略优势地位始终没有动摇过。但是2017年郑州大都市区空间规划启动

以来,逐步酝酿演变的发展新格局,使得开封独享优先的战略位置开始有所松动,甚至已经明显感觉到新格局对开封发展带来的负面影响。随着新乡、焦作、许昌等周边城市与郑州的深度融合,开封的战略优势自然会被稀释,区域竞争会更加激烈,这当然会给开封带来新的挑战。(见表1-17)

表1-17 近年来开封及周边地市的全省战略

城市	"十二五"	"十三五"	2020年	"十四五"
洛阳	洛阳副中心	①巩固提升洛阳中原城市群副中心城市地位;②河南自贸区洛阳片区;③郑洛新国家自主创新示范区	①洛阳都市圈建设;②郑洛新国家自主创新示范区;③河南自贸区洛阳片区	①洛阳副中心城市建设;②洛阳都市圈建设;③洛阳全国性交通枢纽;④郑洛新国家自主创新示范区;⑤推动洛济深度融合发展,深化洛阳与平顶山、三门峡、焦作合作联动;⑥打造郑州、开封、洛阳黄河历史文化主地标城市,打造郑汴洛国际文化旅游核心板块
新乡	—	郑洛新国家自主创新示范区	①郑汴、郑许、郑新、郑焦一体化融合发展;②郑洛新国家自主创新示范区	①加快郑许、郑新、郑焦一体化步伐;②郑洛新国家自主创新示范区
许昌	—	许港产业带	郑汴、郑许、郑新、郑焦一体化融合发展	加快郑许、郑新、郑焦一体化步伐
开封	①郑汴一体化;②郑汴新区	①开封建设新兴副中心城市;②郑汴港协同发展;③打造郑汴一体化升级版;④河南自贸区开封片区	①郑汴、郑许、郑新、郑焦一体化融合发展;②河南自贸区开封片区	①规划建设郑开同城化先行示范区;②郑开科创走廊;③打造郑州、开封、洛阳黄河历史文化主地标城市,打造郑汴洛国际文化旅游核心板块

材料来源:该年度河南省政府工作报告和河南省"十二五""十三五""十四五"规划。

以开放兴市引领开封经济可持续发展,聚焦郑开同城发展。营造市场化、法治化、国际化营商环境,坚持顶层设计、政府引导、市场主导、错位发展,以郑开同城化先行示范区为载体,以改革为牵引,以人民群众获得感为切入点,聚焦同城化体制机制障碍,先行推出一批重大改革事项、出台一批重大政策、实施一批标志性工程,打造中原城市群一体化高质量发展的引领区。

1. 高水准谋划郑开同城化发展,实现对外开放新格局

郑开同城化发展是国家对开封新一轮发展释放的重要信号,是郑州国家中心城市建设的重要组成部分,也是推进和引领中原城市群一体化发展的重要抓手。应尽快启动从战略层面进行研究,高水准谋划郑开同城示范区,并据此出台一系列举措和政策组合拳,实质性地推进郑开同城化发展。

依托郑开同城示范区,建立健全同城化体制机制,争取省委、省政府建立郑开同城领导小组,以打破地理和行政边界等壁垒为突破点,在土地政策、生态补偿、产值核算、财税分配、日常管理、规划编制等方面,加快政策创新和精准对接,健全完善交通互联、产业共建、服务共享、环境共治的同城发展长效机制。全面强化开放理念,全方位打造开放环境,更加主动地服务和融入国家开放大格局。深入推进郑开空间规划同城、产业空间发展同城、公交基础设施同城、生态空间同城、公共服务同城,实现高水平同城化。充分发挥自贸区开封片区对外开放"桥头堡"作用,全力打造河南省开放高地。加快建设开港经济带、郑汴双创走廊,促进郑汴港核心引擎区更大范围、高质量集聚高端要素,打造成高水准的国际交流平台。

2. 重大战略方向要有共识与合力

对开封而言,由于各种各样的原因,传统元素遗存过多,与现代化冲突的思维方式和行为方式仍随处可以遇到,对推进现代化战略的实施掣肘较多。也是因此,贯彻落实新发展战略时,形成共识与合力对开封来说就显得特别关键。一是初步方案一旦形成,就在较为广泛的层面充分讨论,推动最广泛人群的共识形成。二是组织专题宣讲,邀请高级别专家做专题报告,以知识的力量撼动传统观念。三是大规模引进受过高级专门性训练的高水平大学优秀硕士、博士毕业生,充实干部队伍,优化干部队伍的结构,将现代观念注入干部队伍,提高政府公务人员对外部政策信息变化的反应效率,全方位改变传统"等、靠、拖"思想,改变公务人员自我封闭、思考短视的现象,促使干部队伍思想观念发生化学反应,逐步走向现代化。四是有意识地打造一体化制度特区,推动高端人群规模聚集,形成现代意识发生源,带动更广大城市区域观念现代化。五是在发展中等待共识,不能等所有人意见都统一了再发展,而是认准了就发展,在发展中让事实教育更多的人改变观念,走向现代化思维。

七、社会可持续发展路径选择

社会是人的集合,社会发展就是人的发展。人的发展处在可持续发展体系核心的位置,经济和环境的可持续发展是人的思维和行为的结果,也以人的发展为目的,为了满足人的发展需要。城市是特定人群的集合,与一般意义上的可持续发展一样,城市社会的可持续发展也是体现为特定人群的全面发展,在当代背景下,这包括与人的发展密切相关的空间位移及城镇化、以满足人的求知欲和提高人的素质为指向的教育发展、以满足人的健康需求为指向的医疗体系发展等等。

就开封来说,涉及社会可持续发展的上述三个方面近年来都取得了前所未有的进展,但与周边城市区域比,与实现可持续发展目标的要求比,开封在上述三个方面都还存在较大的短板。在分析这三个方面短板的基础上,给出实施高质量可持续发展战略在社会方面需要努力的方向。

(一)优化人口结构,促进可持续发展

1. 人口流失制约城市可持续发展

(1)中心城区经济密度低导致人口外流

理论与实证数据均表明经济聚集与人口聚集高度相关。测算当前开封市区的经济密度为 2.9 亿元/km²,不及河南省城市经济密度平均水平的 60%。不同类型的经济活动间的技术和知识外溢效应是不同的,成熟的传统产业或标准化生产的产业,其技术外溢效应小于创新性或高科技产业。技术外溢效应显著的产业(如创新型产业、高科技产业或生产非标准化产品的企业)才会向城市集聚,而技术外溢效应较小的产业则更多地分布在小城镇或农村地区。由此可见,开封当前的产业以传统产业为主,创新型产业、高科技产业比重不高。经济活动的空间分布基本决定了人口的空间分布形态,相对分散的经济,

使得开封人口的空间分布也主要分布在县及县以下区域。

改革开放以来,虽然开封中心城区呈现人口缓慢聚集的趋势,但市域常住人口一直小于户籍人口,且差距不断拉大。2019年,开封常住人口与户籍人口相差70.28万人,人口净流出现象明显。2020年城镇化率仅为51.30%,低于全国10个百分点。说明开封市在城镇化水平提升的同时,人口外流现象严重,且中心城区对经济带动力不强的格局尚未得到根本转变。

如表1-18所示,2005—2019年开封市区常住人口数量始终大于户籍人口数量。图1-19显示人口净流入逐年增加,表明市区有一定的人口聚集效应。

表1-18 2005—2019开封市区人口数量结构

单位:万人

年份	开封市区户籍人口	开封市区常住人口	人口净流入
2005	82.89	89.11	6.22
2006	83.47	91.45	7.98
2007	84.23	92.66	8.43
2008	84.8	92.57	7.77
2009	85.56	92.73	7.17
2010	81.73	89.77	8.04
2011	82.1	89.39	7.29
2012	82.28	89.89	7.61
2013	82.57	90.8	8.23
2014	82.8	91.62	8.82
2015	83.1	93.7	10.6
2016	83.55	95.46	11.91
2017	84.01	96.34	12.33
2018	84.28	98.42	14.14
2019	84.50	99.40	14.90

数据来源:开封市统计年鉴。

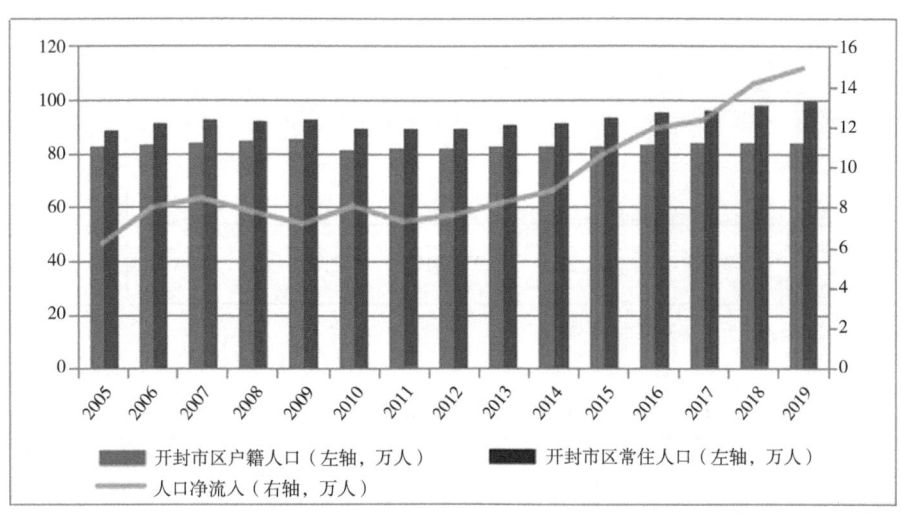

图 1-19 2005—2019 年开封市区户籍人口与常住人口变动情况

(2) 人口城镇化进程明显滞后于城市空间扩展的过程

通过对城市用地扩展的时空特征(见表 1-19、表 1-20)分析发现,开封市建成区面积由 1988 年的不足 30 平方公里增加到 2019 年的 177 平方公里,30 年时间里,扩展了将近 6 倍。分时段看,1988—2001 年,城市建成区面积扩展相对较慢,年均增长率为 4.8%;2001—2008 年,建成区面积扩展最快,年均增速 12.76%;2008 年以来,增速相对缓和,为 7.26%。然而,与建成区面积扩展不同的是,市区常住人口的年均增速在各时间段内相差不大,反而在 2001—2008 年增速相对更低,2008 年以来增速相对更高。这说明,政策(城市战略)效应对城市用地扩张的效应非常明显,但对人口集聚有滞后性。从建成区面积扩展速率与城市人口增长速率之间的关系,即扩展弹性系数来看,建成区面积年均增速始终高于人口增长的幅度,人口城镇化进程明显滞后于城市空间扩展的过程。弹性系数数值变化在三个时间段经历了倒 U 形变化,这表明在城市发展的某个阶段,用地扩张远远高于人口增长速度,人地关系不够和谐在某种程度上会增加有限建设用地的承载压力,城市发展战略和政策的出台将有力地改变城市人地关系的格局。

表 1-19　1988—2019 年开封市市区人口与建成区面积

年份	1988	2001	2008	2017	2018	2019
市区人口（万人）	66.16	78.09	84.8	96.3	99.4	162.4
建成区面积（平方公里）	29.69	48.22	91.31	151	163	177

数据来源：开封市统计年鉴。

表 1-20　1988—2017 年各时段建成区面积扩展弹性系数

时段	1988—2001	2001—2008	2008—2017
建成区面积年均增长率(%)	4.8	12.76	7.26
市区人口年均增长率(%)	1.38	1.22	1.51
建成区面积扩展弹性系数	3.46	10.4	4.82

数据来源：开封市统计年鉴。

2. 人口结构老龄化制约城市可持续发展

（1）人口年龄结构快速演变，劳动适龄人口持续下降

截至 2019 年底，河南省常住人口年龄结构中劳动年龄人口（15—64 岁）占比为 67.6%，开封市常住人口中劳动年龄人口占比为 64.7%。其中，全省 65 岁及以上人口占比 11.2%，开封市 65 岁及以上人口占比达到 13.5%。（见表 1-21）开封常住人口老龄化程度高于全省，在全省各地市中，开封市常住人口老龄化程度较为严重。2019 年数据显示河南省低于全国的人口老龄化水平，而开封市常住人口老龄化水平既高于河南省平均水平，也高于全国平均水平，开封正加速进入老龄化社会。

表 1-21　2019 年各地区人口年龄结构对比

单位:%

地区	0—14 岁占比	15—64 岁占比	65 岁及以上占比
全国	17.8	64	12.6
广东省	16.28	74.72	9
河南省	21.3	67.6	11.2

续表

地区	0—14岁占比	15—64岁占比	65岁及以上占比
开封	21.7	64.7	13.5
郑州	16.2	75.8	8

数据来源：各地市统计年鉴。

从2010—2019年开封市常住人口年龄结构变动情况（见表1-22）可以看出，开封市劳动适龄人口比重持续下降，老龄人口占比不断提升，社会人口老龄化速度持续加快。2019年开封市常住人口中0—14岁、15—64岁和65岁及以上人口分别为99.4万人、296.2万人和61.9万人，占常住人口的比重分别为21.7%、64.7%和13.5%。与2018年相比，0—14岁人口增加0.4万人；15—64岁人口比重下降1.1个百分点，减少3.8万人；65岁及以上人口比重上升1个百分点，增加4.9万人。2010—2019年15—64岁人口占比下降趋势明显，65岁及以上人口占比上升趋势不断加强。开封市近10年65岁及以上人口逐年增加，人口红利逐渐消失，这意味着人口老龄化程度深，创造价值的劳动力减少，医疗成本上升，给社会带来多方面的挑战。未富先老迹象显现，经济发展压力增强。

表1-22 2010—2019年开封市常住人口年龄结构变动情况

年份	常住人口数（万人）	0—14岁（万人）	15—64岁（万人）	65岁及以上（万人）	0—14岁占比（%）	15—64岁占比（%）	65岁及以上占比（%）
2010	468	100	329	39	21.37	70.3	8.3
2011	466	96	329	41	20.6	70.6	8.8
2012	465	98	324	43	21.1	69.7	9.2
2013	464	100	320	44	21.6	69	9.5
2014	455	97	312	46	21.3	68.6	10.1
2015	455	101	308	46	22.2	67.7	10.1
2016	455	98	307	50	21.7	67.5	11
2017	455	97	304	54	21.3	66.8	11.9
2018	456	99	300	57	21.7	65.8	12.5
2019	457.5	99.4	296.2	61.9	21.7	64.7	13.5

数据来源：开封市统计年鉴。

根据测算,2050年,中国职工的抚养比将从现在的3个职工养1个退休人员,变成1.5个职工养1个退休人员。人口老龄化的加速将加大社会保障和公共服务压力,减弱人口红利,持续影响社会活力、创新动力和经济潜在增长率,是开封市进入新时代人口发展面临的重要风险和挑战。

(2)劳动年龄人口外流加速人口结构老龄化

人口老龄化是人口年龄结构变化所产生的,而人口年龄结构的变化取决于出生、死亡和迁移3个因素。从国际上发达国家和地区的经济发展和人口结构变化来看,大部分国家都是在物质财富积累达到一定程度后才开始进入人口老龄化阶段,相应地,这些国家有足够的财力来解决老年人的养老问题。而开封市进入人口老龄化社会时,物质财富积累则相对不足。所以在探讨人口老龄化对策中,需要探讨人口老龄化的主要原因。

如果按照上述标准,我国目前有6个省市已经进入了"深度老龄化社会",老龄化程度由高到低分别是辽宁省、上海市、山东省、四川省、重庆市和江苏省。造成这些省市人口老龄化严重的主要原因有两方面:一方面是人口自然增长率低,特别是东部经济发达地区,如江苏省、上海市和山东省等地;另一方面是人口迁移,比如四川省和重庆市都是我国人口净迁出的省市,大量青壮年劳动力的迁出,导致老年人口占比的提高。河南省作为传统农区,一直面临着大量人口向外迁移的状况,人口老龄化程度持续加深。

开封市2003年人口出生率为11.77‰,自然增长率为5.9‰,2014年分别降至11.21‰和4.99‰,低出生率、低死亡率、低自然增长率的人口再生产形态明显,可以认为,开封市人口结构转变已经完成。2014年5月实施的河南省单独二孩政策和2016年实施的河南省全面放开二孩政策,使得2016年开封市人口出生率提高到12.52‰,自然增长率也一度攀升至6.09‰,出现一个生育小高潮。随着政策开放积累的生育能力的释放,生育行为重归理性,出生率开始逐年下降,2019年出生率降至10.86‰,自然增长率也回落至4.33‰,但高于全国同期水平。(见表1-23)

据此,如图1-20所示开封市人口出生率、死亡率和自然增长率,开封市人口自然增长率近年来出现下降趋势,但都高于全国水平,说明开封市人口老龄化趋势加重的主要原因在于劳动年龄人口外流。

表1-23　2005—2019年开封市人口自然变动情况

单位:‰

年份	出生率	死亡率	自然增长率
2005	10.09	5.15	4.94
2006	9.94	4.48	5.46
2007	10.67	5.35	5.32
2008	9.87	5.6	4.27
2009	10.33	5.7	4.63
2010	10.91	5.75	5.16
2011	11	5.86	5.14
2012	11	5.99	5.01
2013	11.23	6.08	5.15
2014	11.21	6.22	4.99
2015	11.16	6	5.16
2016	12.52	6.43	6.09
2017	12.08	5.95	6.13
2018	11.23	6.28	4.95
2019	10.86	6.53	4.33

数据来源:开封市统计年鉴。

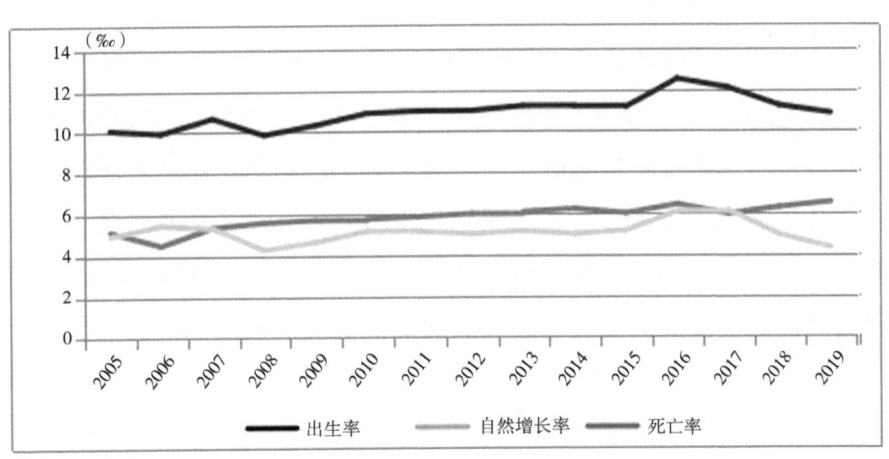

图1-20　2005—2019年开封市人口出生率、死亡率和自然增长率

开封市人口死亡率由1949年的12.2‰,逐步降到1964年的9.12‰、1978年的6.58‰、2018年的6.28‰,死亡率的下降促进了平均寿命的提高。根据2010年第六次全国人口普查资料计算,开封市人口平均预期寿命为75.05岁,已非往日的"人生七十古来稀"。

3. 优化人口结构,促进城市可持续发展建设方案

社会也就是人的全面发展是高质量可持续发展体系的核心。从高质量可持续视角来审视近代以来尤其是改革开放以来开封市发展的轨迹,我们看到,交通区位的改变和省行政中心的西迁是开封发展地位下滑的重要原因,但应该不是根本原因,因为不管是国内还是省内,都有区位条件和行政地位远不如开封的城市区域,发展状况却远好于开封。所以,越来越多的有识之士开始认识到,真正制约开封发展的因素还是人自身,是历史留给开封人的思维、行为方式与现代化、市场化的思维、行为方式摩擦系数较大带来的负效应。改变开封发展的轨迹,促使开封走上可持续良性发展的轨道,首先是要改变人,改变人的思维、行为方式,最有效的办法就是开放和交流。通过开放,本地人出去,外地人进来,这样就会形成思想碰撞,从而促使思想产生化学反应,从而改变思维、行为方式。就近面向区域中心城市郑州开放是最便捷、最有效的方式,这也是从郑汴一体化到郑开同城化对开封高质量可持续发展带来的持久效应,这条路不能堵,而只能越走越宽。这是推动开封高质量可持续发展不可动摇的底线,是第一位的战略方向。

(1)以城镇化提质增效促进人口回流

在不断提高开封城镇化水平的过程中,逐渐缩小常住人口城镇化率与户籍人口城镇化率之间的差距,逐步弥合流动人口与户籍人口之间的基本公共服务差距,使人的城镇化与土地城镇化相协调,更好促进城市治理体系和治理能力现代化。与之相适应,城市治理应进一步转变观念,促进已经长期生活在城镇的农民工及其家属、大学生和复转军人等新市民在城镇落户,提升户籍人口城镇化率。对于农民工,要帮助他们融入城镇,比如处理好农民工子女在城镇的入学教育问题,完成农民工"二代"市民化转型。一旦农民工定居城镇,其在城镇的消费潜力就会得到更多释放。对于大学生,要帮助他们自我发展,通过城镇产业升级创造更多、更优质的就业岗位,提升其收入水平。

提升开封新型城镇化水平,不仅要提升户籍人口城镇化率,还应注重城镇内涵式发展。开封市中心区与新开发区、老旧小区与新建居住区、日常生活区与工作区,在公共交通、教育、医疗等方面都存在资源配置不均衡现象。要促进开封内部均衡发展,需要建立更畅通、更便捷的交通网络,使要素流动更加便利、资源配置更加均衡。

夯实推进城镇建设,引导人口回流。城镇建设包含城镇软硬件建设,一方面需要增强城镇的科教文卫事业投入,从而创造良好的社会软环境,促进劳动力资源和人力资源的流入;另一方面需要加强社会硬环境建设,吸引人才、资金、技术,带动城镇化的健康快速发展,形成城镇化的良性循环。人口城镇化发展需要城镇中具有大量的就业机会吸引农村富余的劳动力向城镇的转移,而开封市作为中等城市,需要加快工业化的发展,为人口城镇化提供大量工作岗位,扩充就业容量,引导人口回流。

(2) 制订中心城区人口"倍增计划",加速人口城镇化

适时调整行政区划,扩大开封市区范围。城市规模扩大是一个城市提升发展层次的重要载体,城市建成区面积要扩大。开封承载劳动力就业要扩大,以城市制造业和新兴服务业就业为载体,以留住"十万大学生"(2018年开封普通高等学校在校生人数99813人,已接近10万人规模)为要点,加大城镇化发展力度,立足城镇化年均增长率更大提升。以中心城区百万人口规模为新的起点,制订中心城区人口"倍增计划"。届时,以主城区为重点推进城镇化建设,有200万常住人口在主城区则会让开封发展得更快。出台优惠的人才、税收政策,增强对创新型人才的吸引力,加快创新型人才在开封的聚集。

(3) 以优质基础教育资源撬动人口城镇化发展

优质教育资源具有强大的吸附作用,能够吸引以学生为中心的人口聚集。随着人口的逐步增加,必然带动其他社会资源的聚集。更大规模的社会资源和人口的聚集,会带动整个区域的繁荣。然后随着社会的全面发展,逐步优化整个区域资源的优胜劣汰,为城市聚拢更强大的优质资源。所以,大力推动教育、产业、城市融合发展,构建多层次教育体系建设,优化规划设计,进一步增加优质教育资源总量和优化教育资源布局,吸引更多高端人才落户,把开封教育城市品牌打响,吸引更多的人集聚扎根。开封应对就学需求的增加,应着力推动优质教育与城市融合发展,突出中心城区教育集聚效应。推动教育信息化,发展远程教育,实现各类学习资源开放共享。

(4) 积极应对人口老龄化,加快养老服务体系建设

加快构建多元养老和专业医养服务体系。从经济和社会服务方面采取政府主导、社会参与,积极构建居家为基础、社区为依托、机构为补充、医养相结合的多元化养老服务体系,增加养老服务和产品供给。促进形成老有所养、老

有所医、老有所为、老有所学、老有所乐的幸福和谐社会形态。加强人才队伍建设,提高服务质量。提高综合素质,健全职业体系,与养老服务业发达地区开展教育培训合作,增加养老行业就业,增加健康风险评估师、社会福祉咨询师、老年康复师、适老改造师等岗位;建立养老服务人才信息平台和信用评价体系,建立服务标准,建设养老专业人才数据库。加强社区养老服务供给。优化居家和社区养老服务体系,完善托老所、日间照料中心基础设施,允许有资质的养老服务机构进入社区提供服务,建立服务标准,进行价格监管;实施"互联网+智慧养老工程",建立医疗、养老、康复、临终关怀无缝衔接的养老服务信息系统,实现服务供需对接,实现服务质量标准量化和评价联网。

(二)优化教育,促进可持续发展

1. 教育短板制约劳动力的全面发展

(1)劳动力中受教育程度仍然偏低的现状没有改变,教育短板亟须补长

常住人口中劳动年龄人口的受教育所形成的人力资本对城市的发展至关重要。2019年开封市城镇与全体居民每百个劳动力的受教育情况如图1-21、图1-22所示。2014—2019年数据(见表1-24、表1-25)显示,无论是全体居民还是城镇居民,劳动年龄人口的受教育程度都在稳步提升,初中及以下学历的人口在缩减。开封市城镇居民与全体居民劳动力受教育情况相比,城镇居民劳动力受教育程度普遍高于全体居民劳动力受教育程度。但截至2019年,城镇居民劳动力受教育程度是初中及以下学历的占比达49.71%,即将近过半城镇居民劳动力受教育程度为初中以下,说明劳动力受教育程度较低;高中学历占比26.2%,大学专科及以上的高学历人才占比24.1%,城镇居民劳动力中高学历人才仍比较稀缺。综合来看,开封教育短板仍很突出,亟须补长。

▶ 报告1 开封市高质量可持续发展战略规划

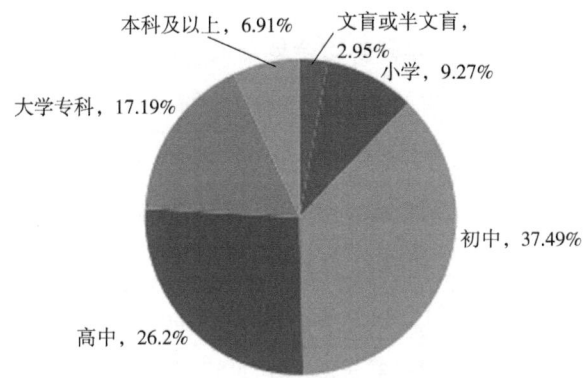

图1-21 2019年开封市城镇居民每百个劳动力受教育程度

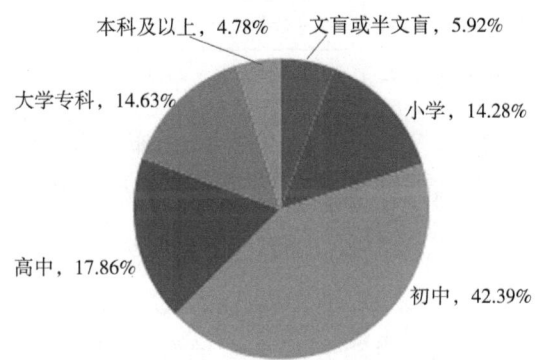

图1-22 2019年开封市全体居民每百个劳动力受教育程度

表1-24 2014—2019年开封市城镇居民每百个劳动力受教育程度

单位:%

年份	文盲或半文盲	小学	初中	高中	大学专科	本科及以上
2014	1.06	7.44	42.38	27.89	12.34	8.89
2015	1.32	7.98	40.72	27.05	13.53	9.41
2016	1.7	8.48	37.5	26.68	15.53	10.11
2017	1.48	8.25	37.46	26.77	15.77	10.26
2018	3.29	10.11	38.16	24.85	16.09	7.5
2019	2.95	9.27	37.49	26.2	17.19	6.91

数据来源:开封市统计年鉴。

表1-25 2014—2019年开封市全体居民每百个劳动力受教育程度

单位:%

年份	文盲或半文盲	小学	初中	高中	大学专科	本科及以上
2014	3.96	12.98	52.14	19.6	7.09	4.23
2015	3.56	12.78	51.75	19.51	7.55	4.86
2016	3.89	13.38	50.88	18.36	8.33	5.15
2017	3.76	13.3	50.87	18.72	8.12	5.23
2018	5.14	14.63	48.15	17.6	10.2	4.28
2019	5.92	14.28	42.39	17.86	14.63	4.78

数据来源:开封市统计年鉴。

(2) 教育资源仍然不足,优质教育资源分布不均匀

开封市教育资源总量不足,主要表现在:一方面开封市基础教育"大班额"仍未完全"消肿",优质小学、公办幼儿园供需矛盾突出。2019年开封市小学和初中毛入学率分别达到了100.9%和106.1%,高中阶段毛入学率为90%,学前教育三年毛入学率仅有88%,说明开封市学前教育需求量远远不能得到满足。另一方面,开封市人均教育经费在河南省较低,排名为第10位,同时,从开封市各阶段学校生师比来看,初中和高中阶段生师比较高,均高于全省平均水平,说明开封市教育资源仍然缺乏。与此同时,基础教育信息化设施建设滞后,全民健身场地设施供给不足,竞技体育尖子不尖、厚度不厚的问题依然严峻,体育产业发展基础还比较薄弱等。这些都需要统筹谋划,认真加以解决。

随着城镇化的不断推进,常住人口持续增多,开封市基础教育发展瓶颈主要集中在:一方面教育需求持续增长,另一方面常住人口基础教育需求得不到满足。主要表现是"城镇挤""乡村弱",优质教育集中于城镇和市区,大量教育需求流向城镇,造成了城镇和市区"择校热"得不到缓解。开封市基础教育中小学归区里管理,每个区保留一个中学,其余小学以上各级基础教育学校均为市里集中办学管理。虽然开封市基础教育需求量很大,目前的基础教育学校、教师难以满足需求,而开封市各区的基础教育都出现了萎缩状态,大量基础教育需求需要市里统一满足。2019年开封市新建、改扩建幼儿园、中小学共71个项目,其中市区项目18个(幼儿园9个,小学5个,初中3个,高中1个),占

全市建设项目的25%。18个项目中,已主体完工5个(幼儿园4个,小学1个),13个在前期准备阶段,由于前期手续烦琐、历时较长,进度也涉及教育以外的其他部门,现有项目进度比较缓慢,影响了常住人口基础教育需求的满足。2019年开封市招录教师1865人,其中市区招录教师735人(市属学校招教439人,招才引智41人,五区招教255人),占全市招教人数的39.4%,难以满足市区基础教育需求。

(3)教育经费总体投入比较低,生均教育经费投入严重不足

影响教育水平的因素中,教育经费投入是最为重要的因素之一。开封市教育经费投入不足,表现在两个方面:第一,教育经费总体投入与河南省其他地市差距甚大;第二,各级生均一般公共预算教育经费都低于全省平均水平。

与周边城市相比,开封市在教育上投入的经费较少,在河南省各地市中排名倒数第二。2019年河南省及其各地市一般公共预算教育经费情况(见表1-26)显示,开封市一般公共预算教育经费居全省第12位,同时一般公共预算教育经费占公共预算经费比例也较低。

表1-26 2019年河南省及其各地市一般公共预算教育经费情况

地区	一般公共预算教育经费(万元)	排名	一般公共预算教育经费占一般公共预算支出比例(%)	排名	一般公共预算教育经费本年比上年增长(%)	排名
河南省	17733939		17.45		9.40	
郑州	2319726	1	12.14	18	15.10	2
开封	657934	12	15.50	16	11.66	5
洛阳	1127048	6	17.40	11	4.13	15
平顶山	739416	10	18.27	10	7.35	12
安阳	779758	9	19.28	2	8.60	9
鹤壁	237630	17	16.45	13	5.73	13
新乡	851191	8	18.32	9	11.17	6
焦作	453800	14	15.25	17	5.07	14
濮阳	656230	13	18.75	7	11.06	7
许昌	680860	11	18.79	6	18.55	1

续表

地区	一般公共预算教育经费（万元）	排名	一般公共预算教育经费占一般公共预算支出比例（%）	排名	一般公共预算教育经费本年比上年增长（%）	排名
漯河	352995	16	16.41	14	3.83	16
三门峡	434937	15	16.28	15	10.82	8
南阳	1523764	2	21.69	1	14.52	3
商丘	926404	7	17.23	12	3.39	17
信阳	1130148	5	18.97	4	2.52	18
周口	1239185	3	18.88	5	7.80	11
驻马店	1169557	4	19.17	3	12.58	4
济源	144179	18	18.60	8	8.05	10

数据来源：河南省统计年鉴。

2019年全省地方一般公共预算教育经费（包括教育事业费、基建经费和教育费附加）为1773.39亿元，比上年增长9.4%。如图1-23所示，开封市各级教育生均一般公共预算教育经费除了幼儿园阶段略高于全省平均水平，其余各级（普通小学、普通初中、普通高中、中等职业学校、普通高等学校）教育的生均一般公共预算教育经费均低于全省平均水平，和郑州相比，差距更加显著，充分说明开封市生均教育经费投入严重不足。

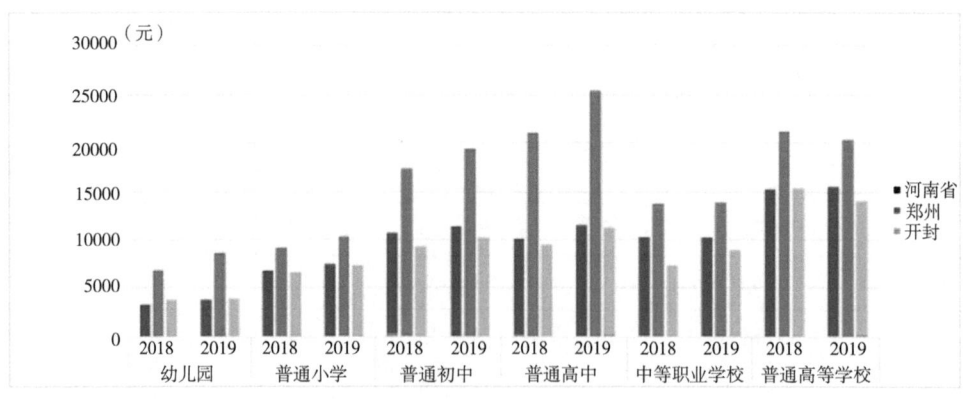

图1-23　2018、2019年河南省及郑州、开封各级教育生均一般公共预算教育经费情况

(4) 高等教育与职业教育欠账较多,发展缓慢,经费投入不足

2019年各级教育生均一般公共预算公共经费支出增长情况(见表1-27、表1-28、表1-29)显示,全省普通高中为11465.93元,比上年增长14.11%,其中开封市各级教育生均一般公共预算公用经费支出增长中,高中增长率出现了负增长;开封市各级教育生均一般公共预算教育经费增长均排名靠后,尤其普通高等学校的生均教育经费方面出现负增长。

表1-27 2019年各级教育生均一般公共预算教育经费增长情况

单位:%

地区	幼儿园增长率	普通小学增长率	普通初中增长率	普通高中增长率	中等职业学校增长率	普通高等学校增长率
郑州	26.45	12.34	11.91	20.65	0.96	−3.99
开封	3.84	11.07	9.72	18.74	21.57	−8.12

表1-28 2019年各级教育生均一般公共预算教育事业费支出增长情况

单位:%

地区	幼儿园增长率	普通小学增长率	普通初中增长率	普通高中增长率	中等职业学校增长率	普通高等学校增长率
郑州	29.72	11.9	9.96	10.7	1.91	7.19
开封	−6.58	11.99	9.63	8.09	9.56	−6.09

表1-29 2019年各级教育生均一般公共预算公用经费支出增长情况

单位:%

地区	幼儿园增长率	普通小学增长率	普通初中增长率	普通高中增长率	中等职业学校增长率	普通高等学校增长率
郑州	10.18	5.95	1.75	−2.78	−7.62	−2.18
开封	−46.63	−16.72	14.97	−17.74	11.82	19.02

高等教育发展缓慢。高等学校是在经济发展到一定程度之后、在城市产生之后由行会演变而来的一种社会组织,城市是高校得以产生和发展的必要条件。如今,伴随知识经济时代的到来,高校越来越成为城市发展不可缺少的

支持，因为高校具有培养人才、科学研究与直接服务社会三大职能。由于河南省各地市经济、社会、文化发展的不同，以及地理、空间和历史的影响，河南省各地市高等教育的发展也有一些差距。2008—2019年，河南省高等教育的急速发展大大提高了高中升学率，使更多的学生有机会进入大学深造，为河南省国民素质的提高及人力资源的扩充发挥了重要作用。假设以高校数量来衡量教育资源情况，以在校生数量来衡量教育影响程度，以高校教师数量来衡量对教育的投入情况，以高校教师中副高职数量来衡量教育的质量情况，那么对于河南省本科教育资源的发展情况，我们可以得出以下结论：

第一，郑州市、新乡市、商丘市、洛阳市、开封市几个地市各项排名都在前列，本科教育资源相对其他地市都比较丰富。鹤壁市、濮阳市、漯河市、三门峡市、济源市几个地市各项排名都在最后，本科教育资源几乎没有。

第二，郑州市、开封市、商丘市各项排名都在前4名。这几个地市无论是专科教育资源、专科教育范围，还是专科教育的质量，在河南省都是比较好的。

开封市高校的发展已经具有一定的历史，在城市经济社会发展过程中，各高校在人才培养、科学研究、直接服务社会等方面做出了巨大贡献。但开封市的高等学校一共5所，尤其综合性大学只有1所，与周边省份有竞争力的地市相比，在高校数量、招生人数和毕业生数量方面都有短板。（见表1-30）开封市高等教育处于缓慢发展阶段，高校带动地方的产学研体系没有形成，所以目前高等教育的学校数量和质量严重制约了开封市经济社会的可持续发展。

表1-30　2019年河南省各地市高等学校情况

城市	学校数（个）	教职工数（人）	招生数（人）	授予学位数（人）
郑州	62	70607	361435	122743
开封	5	8319	32683	13072
洛阳	7	9735	42490	22091
平顶山	6	5305	23998	9568
安阳	6	6765	35594	15806
鹤壁	3	1431	8619	—
新乡	10	12723	20545	28190
焦作	6	6890	35057	8010
濮阳	2	1631	9090	—

续表

城市	学校数（个）	教职工数（人）	招生数（人）	授予学位数（人）
许昌	4	3513	20827	5453
漯河	3	5806	15815	—
三门峡	2	1166	8575	—
南阳	6	7708	36570	12017
商丘	6	8031	40190	13294
信阳	6	6141	26041	12171
周口	3	3204	19253	5782
驻马店	3	2147	10872	4914
济源	1	928	6660	—

数据来源：河南省统计年鉴。

（5）职业教育校企合作、产教融合不够紧密

职业教育校企合作模式存在已久，种类很多。开封市的产教融合还处于初级发展阶段，存在许多问题。

第一，利益相关者的利益诉求不一致。确定型利益相关者、预期型利益相关者和潜在型利益相关者对产教融合的诉求不同，且在开封目前的经济条件下，这些诉求还不能充分得到满足，这种情况导致开封市的产教融合仅停留在表面，缺乏具体的规划、方案和突破点，企业参与高职院校人才培养的积极性不高。

第二，地方的配套政策措施不够具体。近年来，国家出台了一系列促进产教融合、校企合作的政策措施，但地方的配套政策或激励政策没有跟上，导致政策较难落地，实施效果不明显。同时，对企业的权责界定不够明确，也缺乏关于企业权益保障的相关规定，导致企业因看不到利益而不愿参与学校的应用型人才培养，不愿在产教融合中发挥主体作用，校企合作的短视化和浅层次化问题比较严重。如今，开封市的发展定位于新型工业化城市和国际文化旅游名城，教育是产业发展的重要人力资源和智力支撑，应该因地制宜，给予产教融合、校企合作相应的引导和大力支持，促进其健康发展。

第三，缺乏龙头企业及其示范带动效应。在应用型人才培养的过程中，生

产设备的投入和材料消耗是比较大的，因此，产教融合需要实力雄厚的企业参与并发挥龙头带动作用，需要一定的实力支持。开封市规模以上企业较少，企业涉及的行业门类虽多，但规模普遍偏小，实力不强。仅从服务行业看，2018年，全市营业收入上亿元的服务型企业仅30家，占规模以上服务型企业总数的8.2%。开封市现有的服务型企业，大部分规模较小、实力较弱，没有完成向集群化、规模化转型，市场竞争力不强，缺乏能够引领行业的龙头企业，无法有效保障产教融合的持续发展。

2. 教育撬动，促进可持续发展建设方案

开封是传统的教育强市，教育文化和教育资源积淀深厚，做大做强教育，不仅是提升开封存量人口素质的基本途径，更是营造良好的社会环境，吸引和留住外来人口的最好方式。1997年，课题组团队受开封开发区委托谋划发展战略时，就提出教育撬动的思路，说通过发展优质教育，吸引全省学生来开封接受基础教育和职业教育乃至高等教育，聚集人流，吸引家长，带动房地产业发展和城市扩张。虽然20多年过去了，我们认为，这一策略对开封高质量可持续发展战略实施仍不过时。尤其是现在在创新引领高质量发展阶段，高端人口聚集成为一个城市发展最重要的基础，而聚集高端人才除了高收入等条件之外，重要条件之一是优质基础教育对高端人才子女的吸引力。所以，开封应该下大力气发展基础教育和职业教育，大幅增加基础教育投入，扩大教育基础设施规模和学校数量，增大学生容量，扩大教师队伍，留住优质教师，提升教育质量，重拾教育优势，吸引外来子女来开封接受基础教育和职业教育，撬动学生家长来开封就业、创业、购房、购物，大规模聚集人口，推动城市规模扩张和经济总量迅速膨胀，为可持续发展奠定基础。

（1）制订人口素质提升计划，实现人的全面发展

从未来发展的角度，开封需要提升人口素质作为新一轮发展的重大战略切实加以推进，增强开封在区域发展中的竞争力，为全市经济社会高质量可持续发展提供不竭动力。提高人口素质是一项根本性的、长期的、巨大的战略任务，它包括人的体魄强健、文化修养良好、道德高尚、追求知识、勤劳勇敢。从幼儿到老年、从生理到心理、从自然物质基础到家庭社会环境，要全方位持续不懈地提高人口素质。提高人口素质固然要有好的教育制度，但同时应该从个人、家庭到社会各方面来抓，贯穿在整个生活和生产活动中，用正反两方面

的经验来教育市民。促进产业结构与人口素质的互动提升。坚持人口管理与产业结构调整相结合,发挥产业结构优化升级对提升劳动人口素质的导向作用。通过加快产业升级,改善劳动力需求结构;增强与开封功能定位和产业发展方向相配套的人力资源支撑,提升产业层次和企业发展水平。以发展高新技术产业、高端服务业为重点,以创新、创意、创业载体建设为依托,吸引各类人才到开封创业发展。努力营造人才成长、聚集人口的良好环境。注重知识和信息获取、社会沟通、生活休闲、个性发展、中介服务、司法公正、生态环境等软环境对人才的重要影响,加快营造有利于人才成长的竞争环境、符合人才个性化需求的创业和生活环境,鼓励创新人文环境,全面改善开封人才发展环境。建立健全多层次、多元化的终身教育和智慧教育体系。积极发展终身教育是提高人口素质的根本途径。开封市要着力健全教育体系,加快构建学习型社会,使学前教育、义务教育、高中教育、高等教育和职业教育水平不断提升。加强文教和科技普及力度,着力推进素质教育、基础教育、职业教育、高等教育,大力促进文化合作与交流,建设一批现代农民、外来人口教育培训特点的实训基地。提升发展"互联网＋教育",推进开封教育公共服务平台建设,扩大优质数字教育资源共建共享范围,构建数字教育公共服务体系。

(2) 高度重视和大力发展教育事业,提升办学水平

教育和科学技术事业是开发智力资源的伟大事业,是提高人口科学技术素质的基本途径。开封当务之急就是高度重视教育事业的发展,围绕打造一流教育的目标,大力推进教育事业全面发展。改革基础教育、创新高等教育与职业教育,从而使教育更好地为经济发展服务,适应经济社会高质量可持续发展的需要。同时强化可持续发展内涵,不断加大文化、健康等领域投入,优化资源配置,进一步增强经济社会发展的协调性。优先保障教育投入,提升办学水平。保障教育的优先投入地位。优先安排教育投入,是坚持优先发展教育的基本保障。同时还要科学规划教育经费支出,为教育事业发展提供坚实基础。开封要通过着力提高学前教育预算内生均日常公用经费标准、提高普惠性幼儿园生均经费财政补助标准等方式,加大学前教育投入,稳定公众对普惠性学前教育的预期。按照"一般公共预算教育支出逐年只增不减,按在校学生人数平均的一般公共预算教育支出逐年只增不减"等几个硬指标保障各级教育投入。开封市政府科学规划教育经费支出,首先对学校运转、教师(包括临

聘教师)工资、规划内的学校建设等基本性保障支出落实好,坚持"保基本、补短板、促公平、提质量"。大力改革基础教育育人模式,建立学校教育和实践锻炼相结合的开放式培养体系,探索并推行创新型教育方式方法,突出培养学生的科学精神、创造性思维和创新能力,为成长为好市民奠基,为培育成栋梁之材储能。加快构建现代职业教育体系,深化技术技能人才培养体制改革,为开封市经济社会高质量发展提供人才支撑和智力保障。

(3)促进高等教育内涵式发展,提升职业教育产教融合质量

首先,加大市校合作力度,在服务高校健康发展方面实现新突破。积极配合市委、市政府支持驻汴高校建设与发展,支持河南大学"双一流"建设,推进向研究型大学迈进,共同打造地方支持高校发展、高校助推地方建设的典范。支持黄河水利学院"双高"建设,支持开封大学、开封文化艺术职业学院争创河南省"双高",加快推进河南开封科技传媒学院建设一流应用型大学,加快开封工商职业学院、开封科技职业学院等18所职教院校新建和扩建,在校生达到10万人。支持商丘学院应用科技学院等民办高校发展,推动市校共建再上新台阶。全力配合市委、市政府激发驻汴高校的服务城市发展潜能,建立市校合作项目回访机制,大力实施"千名精英学子留汴工作计划"和"千名校友资智回汴工程",汇聚人才、智力资源,开创开封市"校友经济"新模式,为全市经济发展注入新动力。切实增强高等教育服务支撑引领开封经济社会发展能力。充分发挥高等院校学科人才优势和基础研究主力军作用,提升高等院校科技创新资源聚集能力,大力推动科教融合、产学结合,为师生创新创业提供支持与服务,以高水平的科学研究和原始创新支撑高质量的人才培养和产业创新,推动创新链、产业链与人才培养链的有机衔接,形成以城育校、以校兴城的共同发展的良好格局。规划建设开封国际科教城。其次,适当地引进国内甚至是国外相关的高水平院校到开封办分校。如吸引清华大学、中国科学院大学、北京师范大学等多所国内知名院校在开封办分校。开封高校已有与国内外优秀高校的很多合作,在这个基础上更进一步,吸引更多优秀的高等教育资源到开封,则能促进开封高等教育的发展,为整个开封的经济社会可持续发展提供智力支持。最后,探索适应开封市经济发展的产教融合模式,重点建设一批基于产教融合的实训基地、专业群,积极创建省级职业教育产教融合试点城市;不断扩大中等职业学校招生规模,提升职业教育吸引力;搭建人才培养"立交

桥",推动中、高职学校在专业、课程、师资和招生办法等方面的交流合作,为学生接受高等职业教育提供多种入学方式和学习方式。以实施全民技能振兴工程为抓手,开展面向城乡各类劳动者的大规模职业技能培训工作。围绕开封市提升"8+1"产业链水平推进转型发展的总体部署,提高职业教育服务地方经济发展的能力和水平。

(三)优化医疗卫生,促进可持续发展

1. 医疗卫生短板制约可持续发展

近年来,开封市卫生服务供给能力不断增强:一方面,医疗卫生资源不断丰富。2019年末全市每千人口执业(助理)医师2.77人、注册护士3.18人。另一方面,卫生事业经费投入不断加大,从2012年的18.99亿元增加到2019年的37.22亿元。

但是,开封市医疗卫生发展仍存在瓶颈:

第一,专业人才技术队伍亟须扩充。根据中国医师协会数据,截至2019年底,全市每万人口全科医生2.61人,每万人口专业公共卫生机构人员6.41人。卫生技术人员学历结构仍需要大力提升,其中2019年全市卫生技术人员本科及以上占39.2%,大专占39.1%,中专占20.6%,高中及以下占1.1%。虽然总体来说开封市医师数量发展比较迅猛,但与全国水平还有差距。按照《"健康中国2030"规划纲要》提出的目标,到2030年,每千常住人口拥有医师数将达到3人,目前开封市执业(助理)医师数与其相比,医师人才培养任重道远。(见图1-24)

第二,医疗资源配置亟须优化。目前,开封市先进医疗设备和优秀医护人员多数集中在城区公立医院,城区公立医院吸引了大量常见病、多发病患者,门诊、病房人满为患。民营医院、镇级医院机构就医人员普遍不多,基层卫生资源闲置,没有形成分层次的有序就诊和"大病"进医院、"小病"在社区的就医格局。

开封市卫生机构床位数由1978年的6072张增加到2019年的3.12万张。2019年,全市每千常住人口卫生机构床位6.48张,高于全省平均水平。开封市医疗卫生机构由1978年的679个增加到2019年的3431个。但截至2019年,开封市在全省各地市中排位为12,卫生机构数量仍处于落后状态。(见表1-31)

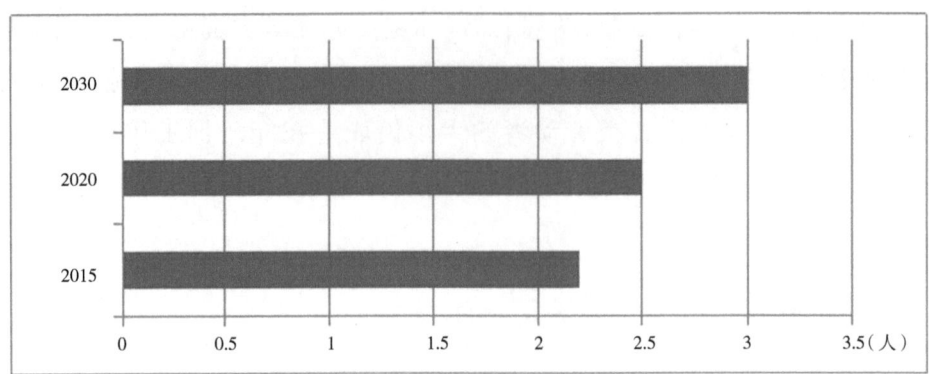

图1-24　2015、2020、2030年我国每千常住人口执业(助理)医师数

表1-31　2019年开封市卫生机构数量与省内其他地市对比

城市	总机构数	城市	农村	医院		基层医疗机构
				总数	公立医院	
郑州	4999	1618	3381	255	74	4649
开封	3431	568	2863	93	34	3215
洛阳	4570	759	3811	158	55	4291
平顶山	3715	426	3289	89	59	3551
安阳	5765	779	4986	100	32	5596
鹤壁	1340	182	1158	53	19	1264
新乡	4959	310	4649	128	58	4763
焦作	2671	212	2459	91	37	2509
濮阳	4086	461	3625	65	33	3967
许昌	3703	240	3463	103	22	3547
漯河	1824	280	1544	63	20	1723
三门峡	1802	143	1659	53	34	1718
南阳	6336	105	6231	164	53	6081
商丘	6084	138	5946	89	36	5916
信阳	4182	381	3801	118	37	3983
周口	7357	187	7170	205	48	7095
驻马店	3330	68	3262	138	34	3129
济源	581	—	581	9	6	564

数据来源:河南省统计年鉴。

2. 做大做强医疗，促进可持续发展建设方案

医疗是健康的保障，健康日益成为人们的第一需要，也是人们选择创业和居住空间的重要考虑。与做大做强教育一样，开封可以通过做大做强医疗，增强对外来人口的吸引力，汇聚优质人口资源，支撑创新创业，为经济可持续发展奠定基础。开封本身有比较好的医疗资源基础，现在又有河南省以郑州大都市区为依托建设六大国家级医疗中心的战略，开封市可以搭上省级战略的便车，与郑州相关医疗机构牵手，从做特色入手，做大做强开封的医疗体系。河南省人民医院已经与河南大学联手推动医疗教育的发展，对医疗体系在开封的发展也有很宏大的谋划，开封市应该抓住这一重大机遇，系统谋划，以市场化机制吸引社会资源进入，迅速推动医疗体系和医疗水平上台阶，扮演好医疗支撑市域高质量可持续发展的角色。

(1) 推进医养融合发展，提升基本医疗服务能力

积极促进医养融合发展，着力发展"银发经济"。构建医疗与养老有机融合的业务协作机制，鼓励养老机构和社会组织为老年人提供日间照料、全托、半托等多种形式的照料服务，不断提高老年护理、康复护理、家庭护理等服务质量水平。支持社会力量兴办医养结合机构，大力发展农村互助养老服务，探索实施符合实际的"住、养、医、护、康"五位一体养老服务模式。积极对外开放引入优质资源。加强与社会优质资本、先进医疗技术机构的交流，依托中国（河南）自由贸易试验区开封片区"健康乐谷"功能定位，做大做强健康服务领域，拓宽服务渠道，满足不同层次的需求。促进全市医疗系统积极参与自贸区"健康乐谷"规划的制订、实施，做好自贸区内多元化的医疗健康机构建设，满足群众不同层次的健康需求。强化人才建设，为卫生健康事业发展提供智力支撑。实施高层次人才培育工程，制订出台培养引进学科领军人才五年计划，采取引进和培养的双重渠道加大高层次卫生人才队伍建设，发挥引领模范作用。充分发挥各类人才在医疗健康领域的积极作用，促进健康事业发展。加强与编办、人社等部门的沟通协调，力争建立对引进落户开封市的医学全日制硕士及以上研究生、副高级及以上人员和其非在编人员实行备案制的长效机制，不断增强卫计系统高水平医疗卫生人才队伍。优化医疗服务，提高人民群众就医获得感、满意度。在巩固既往工作措施的基础上，建立预约诊疗、远程医疗、临床路径管理、检查检验结果互认、医务社工和志愿者等方面的工作制

度,在多学科诊疗、急诊急救、日间服务等10个方面进一步创新医疗服务,提升人民群众获得感。全面推进优质护理,落实责任制整体护理,规范护理服务行为。加强临床重点专科建设,提升有关疑难病诊治能力和专业发展水平。

(2)着力发展大健康产业,促进健康医疗与旅游融合互动,吸引人口集聚

在欧美发达国家,大健康产业在国民经济构成中均占据较高比重。据有关资料显示,美国健康产业占GDP的比重为17.6%,德国和日本分别占11.3%和10%,均为其支柱产业。据初步统计,目前我国健康产业占GDP的比重为10%左右,而开封市健康产业处于起步阶段,未来发展潜力巨大。借助于得天独厚的自然环境以及现有的产业基础,在大健康产业方面可以大胆改革创新、先行先试,破解阻碍医疗健康产业发展的体制机制障碍,大力推进产业、科技、管理、组织、商业模式的全面创新,加快培育和构建国内一流生命健康产业集群,为健康产业发展探索新路径、积累新经验,探索一条新旧动能转换的新途径。

大健康产业具有丰富的内涵,结合现状,开封应该着力发展康养、健康旅游、体育健身三大产业,构建完整的健康产业集群。借助于天然疗养资源,促进养老服务与医疗服务、健康管理的充分融合,建立慢病协作技术中心和健康老龄化研究中心,引进国际健康养老先进技术人才,大力发展高端养生养老休疗产业,形成全国知名的养老服务业品牌。充分利用环境、旅游、休疗、健康资源,坚持健康医疗与旅游融合互动发展,打造特色医疗旅游、健康管理旅游、健康体验旅游、中医药旅游、健康会议会展旅游等各业态耦合共生的健康旅游产业体系。

八、资源环境可持续发展路径选择

(一)资源环境发展整体情况

从20世纪90年代以来,开封市重点定位于文化旅游城市,因此工业产值比重低、企业数量相对少。河南整体还处于工业化中期阶段,许昌、济源、漯河、鹤壁等城市二产比重仍高达60%左右,2019年开封第二产业占比40.1%。

因此,开封市与生产相关的环境污染压力较小,以二氧化硫、氮氧化物、烟尘为代表的工业废弃物排放量相对低,空气污染主要来源于少数能源、化工等高排放企业、冬季供热排放和道路汽车排放,各类空气污染物中,颗粒物和臭氧污染相对突出。开封同郑州、新乡、焦作等城市距离近,空气污染部分多源于其他工业城市的区域传输,因此黄河沿岸各城市协同治理空气污染是解决问题的根本。开封市水污染带来的环境治理压力也较为显著,由于如电力、化工、食品等耗水型企业较多,污水处理设施相对缺乏,开封市废水排放量在全省居于中等偏上水平,废水治理是开封市环境保护的重点任务,降低黄河取水压力,提高工业废水循环利用水平是开封市环境保护的目标之一。开封市内河湖众多,水质差将影响城市居民的身心健康,不利于旅游城市的长期可持续发展,因此开封市"一渠六河"黑臭水体治理被列入国家和河南省重点工程,经过为期3年的建设,2020年工程已经顺利完工并实现全线通清水,城市水系质量改造给居民带来真正的实惠,成为国内城市水体治理的示范工程。

开封市能源消耗总量不高,由于近些年能源输送基础设施的改造提升,天然气供给量得到明显增加。但也存在强度偏高、供需结构矛盾的问题,且由于能耗量基数小、新技术应用相对不足,单位产值能耗逐年降低率明显落后于郑州、洛阳、新乡等城市。冬季供暖是耗能和排放的重要源头,目前城市冬季集中供暖还以煤炭为主,农村缺乏集中供暖设施,这种用能方式具有一定的不可持续性,风能、太阳能、生物质能源有待进一步开发。开封存在丰富的地热资源尚未开发利用,在能源技术不断提升、设施建设成本逐渐下降的背景下,地源热泵推广和应用将为能源结构优化带来光明前景。

开封市生态建设存在分布不均衡、投入相对不足的问题。2020年城市绿地覆盖率只有36%,居全省末位,离园林城市40%的目标还存在一定差距,尤其是旧城区绿地覆盖率需要进一步提高。近些年开封市在能源基础设施建设、废水处理设施改造方面投入明显增加,未来还需要将更多资金投入城市绿化、能源技改、水污染治理方面。除了财政资金投入,还可以采取各类金融、价格、法律政策推进开封市生态建设,例如创建环境交易市场、引进社会资本参与生态建设等。开封在持续秉持"绿水青山就是金山银山"的发展理念的前提下,应全面推动生态保护进程,生态资源本身就是经济价值,良好的生态环境对增进城市宜居宜业度、推进经济社会可持续发展都具有积极意义。

(二) 环境各领域发展现状与趋势

1. 空气污染相对突出，颗粒物和臭氧污染是管控重点

开封市空气污染主要来源于颗粒物即 PM10 和 PM2.5，尤其是近些年由于道路交通排放和化工、电力行业形成的细颗粒物污染受到广泛关注，开封市管理部门也通过提高机动车燃油品质、道路限行、淘汰小燃煤锅炉的方案实施空气污染控制，二氧化硫和颗粒物浓度从 2015 年后得到显著下降。总体来看，2020 年开封市空气质量达到二级以上的天数 237 天，同比增长 60 天。虽然在河南省内与人口多、工业比重高的城市如郑州、安阳、焦作相比，空气质量还更好一些，但是在 2020 年全国重点监控的 168 个城市中处于落后位置，尤其需要重点控制秋冬季空气污染。河南不临江海，空气流动性低，生态本底质量相对较差，同时省内人口众多，又存在多个工业城市，因此空气污染整体相对严重。河南受监控的几个城市中除三门峡由于生态旅游业的发展，空气质量相对较好外，其他都排名靠后。(见表 1-32)开封作为重要的文化旅游城市，空气污染治理和生态建设将提高城市的宜居度，增进旅游业的对外吸引力。因此，开封应加大城市空气污染治理力度，对省内其他城市起到引领和示范作用。

近些年来，开封空气污染主要体现在粗、细颗粒物和臭氧方面，其中臭氧是近些年新增加的空气污染监控指标，主要来源于汽车尾气、生产废气。由于气候变化及污染传输，近些年来夏季臭氧浓度有所上升，成为新的空气质量问题。因此，开封需要在继续控制扬尘污染的同时，加大对道路行车和生产排放的监控力度，重点防范含有机化合物的颗粒物浓度增加，阻断臭氧生成的前提路径。

报告1 开封市高质量可持续发展战略规划

表1-32 2020年河南各城市空气质量排名及主要污染物

城市	1月	主要污染物	3月	主要污染物	6月	主要污染物	9月	主要污染物	12月	主要污染物
郑州	138	PM2.5	148	PM2.5	134	O_3	149	O_3	128	PM2.5
开封	135	PM2.5	124	PM2.5	114	O_3	134	PM10	161	PM2.5
洛阳	125	PM2.5	146	PM2.5	122	O_3	151	PM10	108	PM2.5
平顶山	119	PM2.5	142	PM2.5	119	O_3	148	PM2.5	118	PM2.5
安阳	164	PM2.5	164	PM2.5	152	PM2.5	168	O_3	167	PM2.5
鹤壁	153	PM2.5	152	O_3	148	O_3	161	O_3	153	PM2.5
新乡	137	PM2.5	140	PM2.5	144	O_3	144	O_3	157	PM2.5
焦作	149	PM2.5	162	PM2.5	154	O_3	160	O_3	134	PM2.5
濮阳	157	PM2.5	130	PM2.5	127	O_3	135	O_3	160	PM2.5
许昌	116	PM2.5	125	PM2.5	115	O_3	136	O_3	140	PM2.5
漯河	130	PM2.5	125	PM2.5	96	O_3	126	O_3	138	PM2.5
三门峡	112	PM2.5	140	PM2.5	117	PM2.5	130	O_3	87	PM2.5
南阳	107	PM2.5	117	O_3	87	O_3	89	O_3	165	PM2.5
商丘	129	PM2.5	115	PM2.5	106	O_3	118	O_3	129	PM2.5
信阳	96	PM2.5	70	PM2.5	28	O_3	51	O_3	81	PM2.5
周口	119	PM2.5	121	PM2.5	82	O_3	110	O_3	129	PM2.5
驻马店	105	PM2.5	83	PM2.5	65	O_3	92	O_3	79	PM2.5

数据来源：中华人民共和国生态环境部网站。

2. 水资源消耗增长压力较大，污水处理能力有待提高

开封市水资源与周边城市相比，储量相对丰富，不仅市内河湖多、地下水充足，而且可以从黄河引水使用。如表1-33所示，2019年开封市水资源综合生产能力和供水总量在全省18个地市中排第7和第3位，其中供水总量为11862万立方米。开封市丰富的水资源吸引了冶炼、电力、化工等一批高耗水企业入驻，另外餐饮、商贸、医疗类企事业单位也是耗水大户，因此污水排放量也相对较高，2019年为11198万立方米，排全省第1位，人均排放居全省第5位。当前开封市污水处理率还低于周边几个地市，即还存在一部分污水没有得到适当处理和回用。2020年开封市重点生态环境项目中含有东、西两个污水处理厂的扩建，未来将显著提高开封市污水处理能力。源头管控也是开封市水资源保护的关键,2019年开封市污水人均排放量为113吨,居全省第5位,因此,有必要在全市号召建设节水型社会,从生产生活端严格控制水资源消耗,实施用水总量和用水强度"双控",实现城市用水同人口规模、产业结构之间的协调。

表1-33 2019年河南省城市水资源供应和消耗量

城市	综合生产能力（万立方米）	排序	供水总量（万立方米）	排序	居民用水比重	排序	用水人口（万人）	排序	污水排放量（万立方米）	排序	污水人均排放（吨）	排序
郑州	207	1	45647	1	0.53	1	670	1	44310	2	66	16
开封	64	7	11862	3	0.34	14	100	4	11198	1	113	5
洛阳	103	2	17450	2	0.41	9	225	2	17401	3	77	13
平顶山	70	5	10919	4	0.41	10	90	6	14029	4	156	1
安阳	90	3	10585	5	0.41	8	77	9	8236	8	108	7
鹤壁	33	13	5085	15	0.29	18	48	15	4184	16	87	11
新乡	51	8	10242	7	0.42	7	79	8	9013	6	114	4
焦作	90	4	8397	8	0.39	12	81	7	8359	7	103	10
濮阳	49	9	7579	9	0.42	6	61	12	6316	11	104	9
许昌	34	12	5111	14	0.52	2	56	13	4542	14	81	12
漯河	42	10	6523	12	0.31	17	62	11	6500	10	105	8
三门峡	20	18	3254	18	0.49	4	48	16	3580	17	75	14
南阳	68	6	10477	6	0.37	13	158	3	9711	5	62	18
商丘	41	11	6773	11	0.49	3	96	5	6150	12	64	17
信阳	26	14	4678	16	0.46	5	62	10	4218	15	68	15
周口	24	16	5599	13	0.33	15	44	17	5346	13	121	3
驻马店	24	17	7454	10	0.32	16	48.5	14	7302	9	151	2
济源	26	15	3785	17	0.39	11	31	18	3402	18	110	6

数据来源:中国城市统计年鉴。

开封市生产、公共服务、居民家庭用水大概比例为4∶2∶4。相对其他城市来说生产运营用水的比重较高,开封市存在一些高耗水行业如煤化工、冶炼、发电和食品加工等。居民用水的比重相对郑州、许昌、三门峡等其他城市偏低,除了城市居民消费水平相对较低外,开封市具有丰富的地下水资源可以利用。整体来说,开封市工业生产用水与产值相比还存在一定的节约空间,随着城市人口的增加和公共部门数量的扩张,开封市公共消费用水还存在增加的压力,需要进一步优化用水结构,综合采取总量管控和额度分配的方式,降低重点区县和行业的超额用水量。

开封水资源大致构成为:地下水约占60%,引黄水约占30%。地表水资源有河流、湖泊和引黄渠道,并且除黄河外,其他河流供水能力较弱。生产耗水是水资源消耗的重要途径,开封市规上企业水资源消耗以地表水为主,如图1-25所示,2019年规模以上企业水消费量中,地表水达到11824万立方米,其次是地下水1134万立方米,相对于省内其他城市,开封市工业地下水使用量的压力相对较小。整体来看,开封规上企业水消耗量全省横向比较相对较少,水资源重复使用的比例较高(见图1-26),但是还存在一定数量的中小企业和小规模经营的商贸、餐饮等服务业商户耗水显著,所以开封市需要着力推动分散型小企业的节约用水。具体到人均量,如图1-27所示,2019年,开封市人均日生活用水量为119.2升,在全省处于中等偏上消费水平,低于安阳、新乡等工业耗水多的城市,高于南阳、商丘、三门峡等农区城市;污水处理率为95.7%,与节水城市的目标相比还存在一定差距。

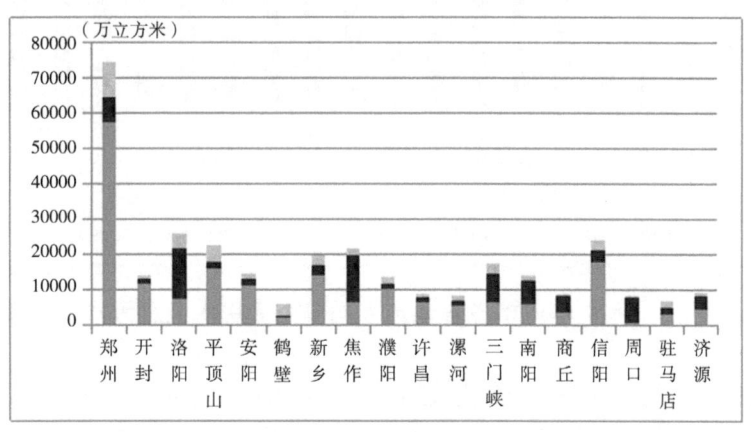

图1-25 2019年河南省各地市规模以上企业水消费量

3. 工业废弃物排放压力较小,土壤污染隐患不容忽视

开封市制造业比重低且结构偏轻,金属非金属冶炼、电力供应、建材等传统高污染型企业的数量较少,因此整体上工业排放总量和强度都排名靠后。2019年废水、二氧化硫、氮氧化物、烟粉尘4种工业排放物在河南排名靠后。

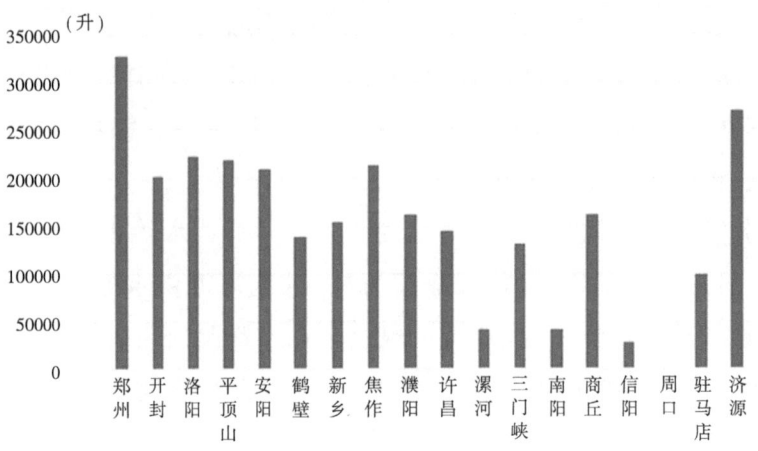

图 1-26　2019 年河南省各地市规上企业重复用水量

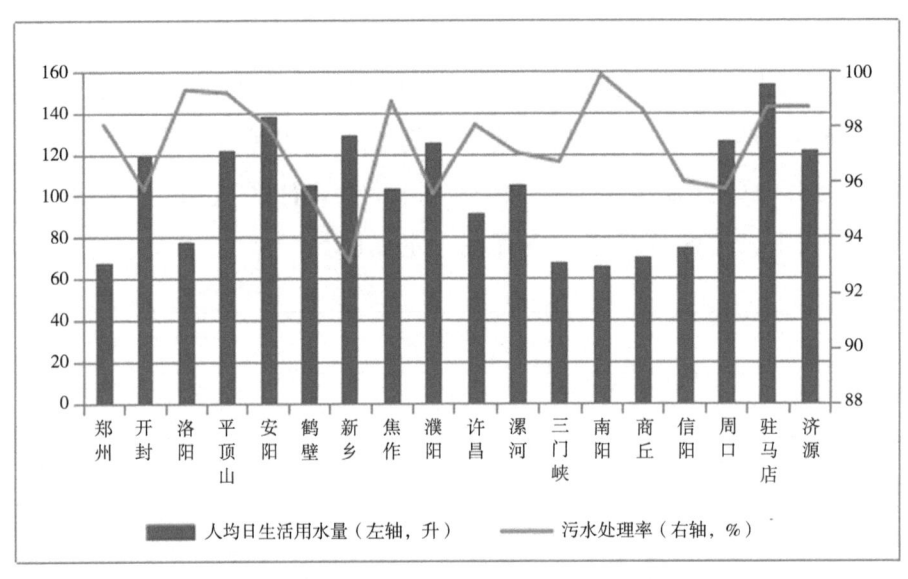

图 1-27　2019 年河南省各地市人均日生活用水量及污水处理率

但是需要注意到的是河南当前仍是工业污染大省,开封污染排放靠后并不完全代表在污染治理方面可以放松警惕,而且开封市临近郑州,区域间污染扩散也不容忽视,需要同郑州等周边城市形成协同共治的格局。

开封市工业固体废弃物基数小,近些年建设循环产业园、推行垃圾发电又利用了一部分工业废弃物。相对来说河南省的几个城市如安阳、三门峡、焦作、郑州的工业废弃物循环利用水平都较低,开封市未来可以凭借工业发展空间大、交通方便的优势开展规模化的工业废弃物回收利用,建设覆盖中原都市圈的静脉工业产业园,推进资源节约、环境友好的两型社会建设,实现环境和经济双重效益。与此同时,开封现有资源循环利用企业也面临着废弃物回收成本高、原材料品质不统一的困难,需要借鉴浙江、广东等地区的先进管理经验,引进资源回收利用新技术,提高资源的分拣能力和生产的精细化水平,建设形成先进和现代化资源综合利用产业。

开封市土壤污染主要来源于工业排放,城东老工业区、陇海路客运站一带是主要的土壤沉积污染区。原因在于东部老工业区曾经分布大规模的化工、空分、汽车零部件厂房,固废和废水对土壤造成污染并一直残留至今,陇海路一带的土壤污染主要来源于道路行车污染。开封市土壤污染以镉、锌、铜等重金属污染为主,其中镉污染超标最为突出,尤其是前些年城市郊区农民用化肥和重金属污染水灌溉农田,造成耕地土壤污染并引发了社会各界的关注。土壤污染造成土地减产、农产品不可食用,食物中的重金属在人体内沉积,对健康形成重大危害。土壤污染治理难度也非常高,必须用水洗、置换或多年种植吸附性植物的方式消除降解污染物,因此土壤一旦受到污染就得付出高昂的经济社会代价。开封市近些年关停了一部分具有土壤污染风险的企业,也对城郊荒地进行了一系列生态修复工程,但是仍然存在为数不少的化工厂、汽车配件厂、油料加工厂形成潜在的土壤污染风险,以往沉积型土壤污染也依然存在。因此需要从源头开始,将土壤污染防控同水污染、固体废弃物污染防控相结合,禁止用污染水灌溉农田,开展污染耕地净化修复工程,保障农产品安全。

4. 能源消耗相对集中,能源结构有待进一步优化

开封市工业能源消耗相对集中,化工和电力热力供应两个行业工业能耗占80%。当前能源消耗以煤炭和电力为主,能源自足率不到50%,一次能源消耗中煤炭占比73%,高于全国58%的平均水平;可再生能源比重只有7%,低于全国15%的平均水平,在全国可再生能源目标不断提高的背景下,开封市可再生能源发展的压力也将不断增大。煤炭消费比重高的原因是存在大型煤电和煤化工企业,并且开封市冬季取暖以燃煤为主,产生了大量的直接消耗。用万元工业增加值能源消耗为单位衡量开封市能源消耗强度(见图1-28),可以发现开封市能源强度2012—2014年维持在较高水平上,其中2014年为1.04吨标准煤/万元。2014年以后由于节能技术应用和落后产能淘汰

不断加速,老旧国有企业关停并转取得一定成效,单位产值能耗出现递减现象,到 2019 年单位产值能耗是 2014 年的 38%。

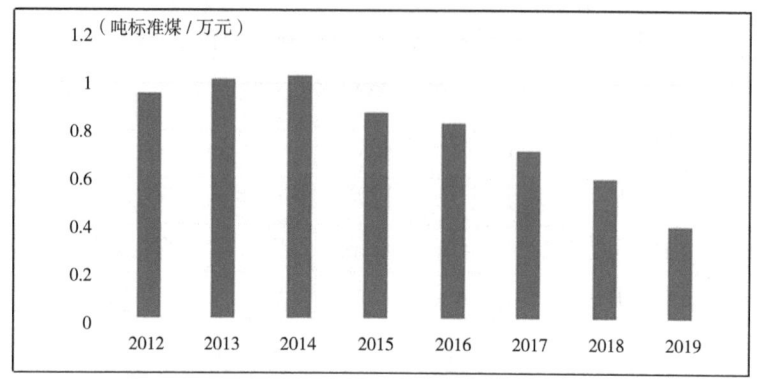

图 1-28　2012—2019 年开封市万元工业增加值能耗
(以 2010 年为基期)

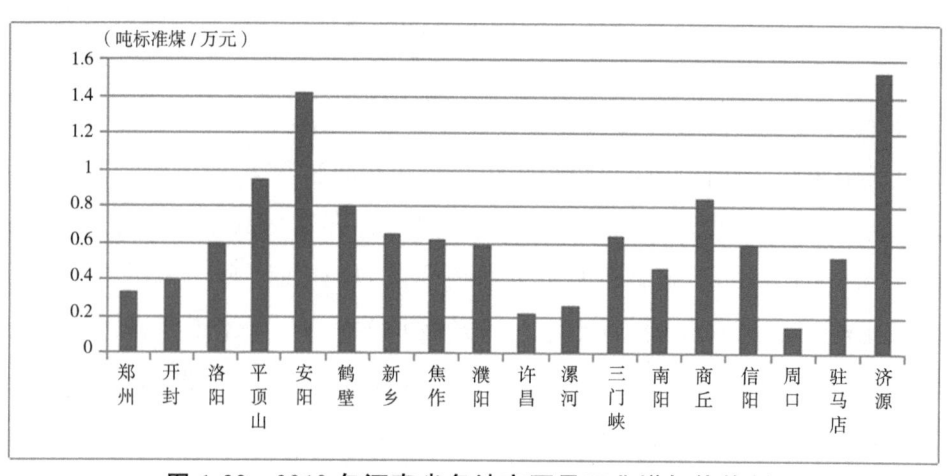

图 1-29　2019 年河南省各地市万元工业增加值能耗
(以 2010 年为基期)

但是对标其他城市,开封企业能耗强度还处于较高水平。如图 1-29 所示,开封消耗强度低于平顶山、安阳、济源等资源和工业城市,然而省内许昌、漯河等轻工产业相对发达的城市,以及技术水平先进的省会郑州,能源消耗强度都低于开封。因此开封工业企业还存在进一步节能降耗的空间,在推进产业结构转型升级的同时,需要重点完成煤化工、电力热力生产、金属冶炼等行业的技术和管理改造升级。

从单个企业分析,开封市年耗能万吨标准煤以上的企业从 2005 年的 21

家下降到 2019 年的 10 家,然而其中在 2010—2012 三年中由于金属冶炼和电力生产行业的扩张,高耗能企业数量超出 30 家。开封市高耗能企业数量变化规律和郑州、焦作等高速发展城市类似,在各级能源环境政策的约束下,从 2012 年开始都出现高耗能企业显著下降的趋势。(见图 1-30、图 1-31)整体来看,开封市高能耗企业的数量虽然呈下降趋势,但重点耗能企业规模大也是不

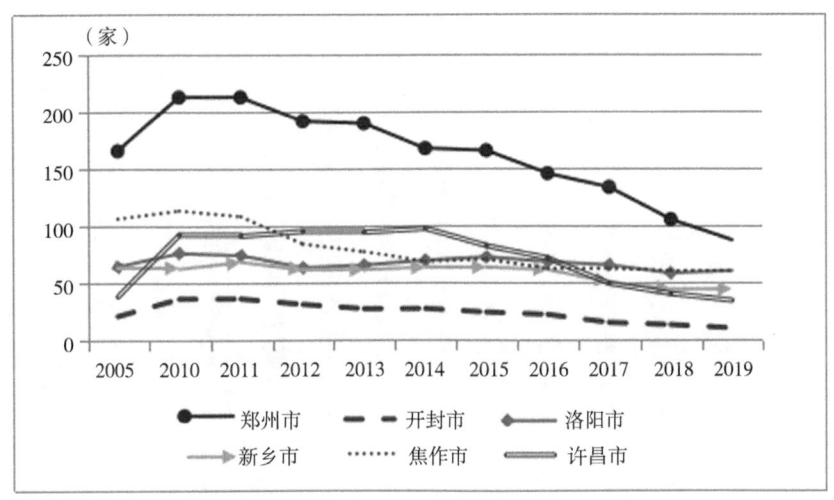

图 1-30　2005—2019 年河南省各城市耗能万吨标准煤以上企业数量(一)

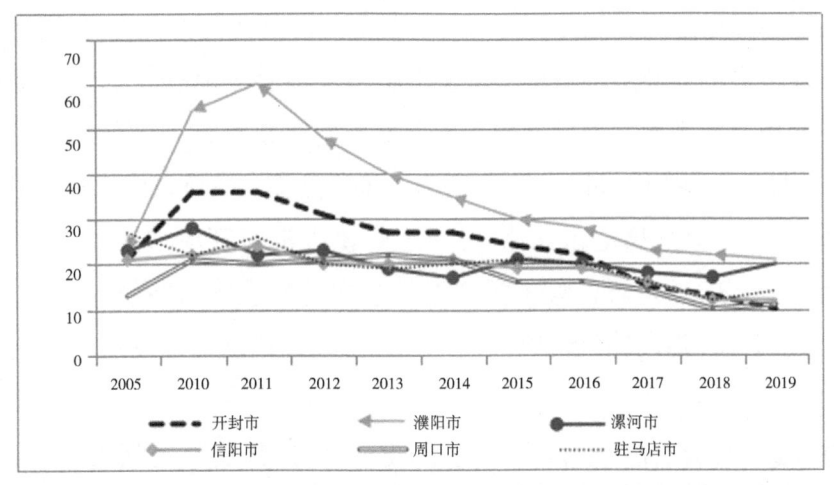

图 1-31　2005—2019 年河南省各城市耗能万吨标准煤以上企业数量(二)

容忽视的,因此需要针对当前分布在化工、电力、金属冶炼的10家高耗能企业进行监督管理,督促这些企业减少不必要的能耗。

开封市全社会用电量从2007年的40亿千瓦·时增长到2019年的120亿千瓦·时,12年时间增长了3倍(见图1-32)。工业用电量超过60%,生活

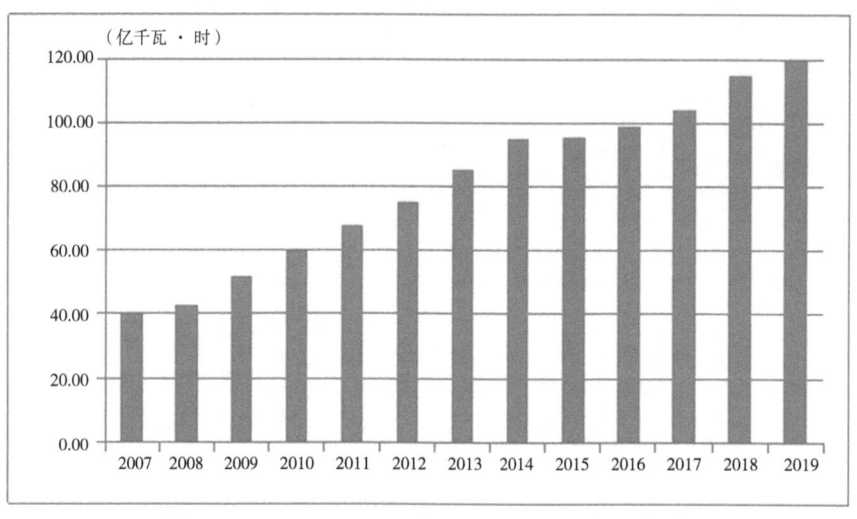

图1-32　2007—2019年开封市全社会用电量

用电在25%左右,近些年由于开封商业和旅游业发展较快,第三产业的用电增长速度超过第一、二产业。未来随着开封市服务业的加速发展和居民消费的升级,开封市的用电结构将向第三产业和生活消费倾斜,拓宽能源供给渠道、发展分布式能源和开发地热资源是缓解能源供需矛盾的有效途径之一。2019年开封市人均用电量0.26万千瓦·时(见图1-33),在全省位于较低的水平(第13位),但是煤电占比高,冬季燃煤供暖都对环境造成了不利影响;为减少散煤消费量,开封农村集中实现电供暖和地热供暖,该举措会进一步提高电力消费水平,因此,发展清洁电力和提高农村电网设施建设水平将是未来电力发展的主要任务。

农村地区生物质能开发是国家"十四五"新能源发展规划的重要内容,作为农业大省,河南生物质能开发潜能突出,各地市农村在政策支持下纷纷开展沼气工程。沼气对节约能源和保护环境都具有显著作用,但是沼气工程和沼气池建设一方面需要持续的技术支撑,另一方面需要有充足的秸秆、粪便等原料物质,对于规模化种植户和养殖户来说沼气利用更容易实现。开封市当前

▶ 报告 1　开封市高质量可持续发展战略规划

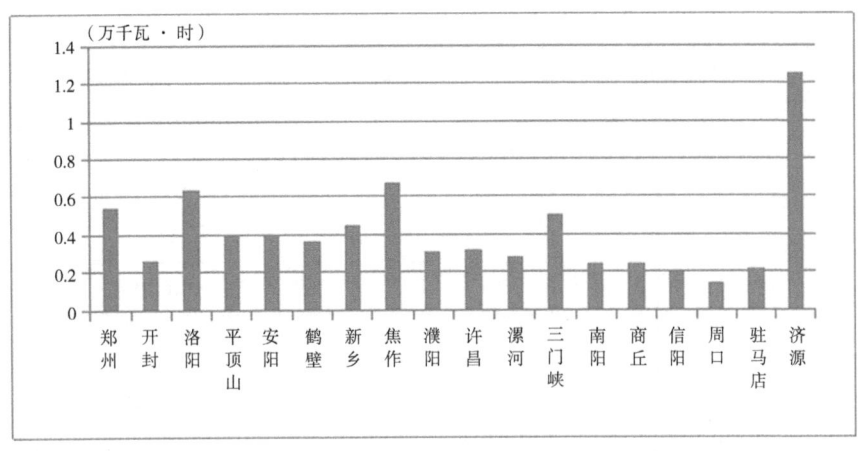

图 1-33　2019 年河南省各地市人均用电量

生物质能利用水平偏低,沼气池用户数和沼气工程都排在全省靠后的位置(见表 1-34),需要在生物质能利用条件好的村庄开展示范工程,全面提高沼气设施建设、技术服务指导水平;结合生物质燃料生产、生物质能和光能互补工程,实现开封市农村由点到面生物质能的广泛利用。开封市农村新能源开发利用水平较高的是太阳能热水器,如表 1-34 所示,2019 年面积达到 42.65 万平方米,排全省第 5 位。太阳能具有随季节变化、不稳定的缺陷,开封市存在丰富的地热资源,因此可以在太阳能不足的情况下,开发地热资源作为补充,以实现清洁能源的可持续利用。

表 1-34　2019 年河南省各地市农村生物质能源发展情况

城市	户用沼气池		沼气工程		太阳能热水器	
	数量(万户)	排位	数量(个)	排位	数量(万平方米)	排位
郑州	18.08	9	312	7	7.6	17
开封	9.3	16	30	18	42.65	5
洛阳	23.21	6	57	17	29.01	11
平顶山	21.17	7	144	11	54.93	3
安阳	17.97	10	1171	1	36.97	7
鹤壁	6.03	17	95	12	9.34	16
新乡	40.26	2	685	3	44.16	4

续表

城市	户用沼气池 数量（万户）	排位	沼气工程 数量（个）	排位	太阳能热水器 数量（万平方米）	排位
焦作	12.78	13	387	5	29.84	10
濮阳	9.59	15	159	9	26.57	12
许昌	13.67	12	66	14	31.96	9
漯河	16.92	11	93	13	21.15	14
三门峡	10.47	14	60	16	13.2	15
南阳	37.22	3	621	4	94.52	1
商丘	48.07	1	64	15	23.44	13
信阳	19.95	8	812	2	33.61	8
周口	35.68	4	369	6	70.73	2
驻马店	25.58	5	221	8	38.94	6
济源	2.56	18	151	10	3.37	18

数据来源：河南省统计年鉴。

开封市地热资源相当丰富，开封城区地热资源主要分布在顺河回族区、龙亭区和开封新区，并且兰考、尉氏等县城也存在大量可利用的地热资源（见表1-35）。当前地热资源的应用领域有供暖制冷、温泉洗浴、温室大棚、地热发电等。开封市由于存在大规模煤化工企业，冬季供暖也是以煤炭消耗为主，因此在省资源环境统筹管控下，从2018年开始燃煤指标已经严重不足。未来随着人口的增长和新居民区建设的加快，城乡居民冬季供暖增加将遇到煤炭供应天花板，这项民生工程的完成将依赖于清洁能源和可再生能源的开发利用。地热资源具有清洁无污染、后期成本低、供热稳定的优势，如果开封市所有居民区和商业区实现地热供暖，每年可替代燃煤消耗57.56万吨，减少煤炭成本3.5亿元，减排二氧化碳123.58万吨。

表 1-35　开封市各县区地热资源开发利用结构

县区	顺河回族区	龙亭区	开封新区	鼓楼区	兰考县	尉氏县
比重(%)	6.49	7.99	3.04	0.60	55.61	26.27

目前兰考县已经开展地热供暖示范工程,尉氏和通许也有部分小区和公共场所安装了地源热泵。全开封地热供暖面积当前是430万平方米,实际上共有2100万平方米的建筑可以实现地热供暖,也就是安装面积不足四分之一。地热资源具有可再生、后期成本低的特点,在应用技术不断改进的前提下,未来开封地源热泵还存在广阔的市场空间。地热资源开发应该是规模化的,探明储量和环境风险后再立项开发,但是当前开封市存在一些小散地热资源利用点没有实施科学的开采办法,例如地热水使用后没有采取净化回灌措施,造成地下水超采。与此同时,地热资源供暖虽然是清洁环保的能源消耗途径,但也存在初装设备成本高、居民用户难承受的问题,因此开封市地热资源利用还需要管理部门统筹规划,实施一定的资金补贴,引进先进技术和管理经验,克服地热资源实际应用中的困难。

5. 城区绿化覆盖率相对低,节能环保投入呈明显增长趋势

开封市建成区绿化覆盖率只有36%,低于河南省其他地级市。省内绿化覆盖率最高的城市商丘为46%,其他城市在40%左右,虽然从数据上看差距并不明显,但城市绿化对于涵养水源、净化空气、调节气候具有重要作用,在拥挤的城市里以平方米计量绿化面积,高出或低于1个百分点也意义重大。按国家森林城市标准要求城区绿化覆盖率要达到40%以上,街道树冠覆盖率达到25%以上,一些发达国家的学者认为,城市绿化覆盖率达到50%以上才能够保持良好的环境,因此提高开封市绿化覆盖率是当务之急。另外,开封市绿地面积呈现明显的不均衡性,北部多于南部,集中于风景旅游区而居民生活区绿化面积偏少,老旧街区的树冠覆盖率也偏低。因此,加大城市绿化投入力度,进行更均衡合理的城市生态规划是面临的重要任务。

开封市节能环保支出近些年总体在2亿－9亿元之间,大约占全市财政总支出的1%－2.5%,且基本呈现上升趋势,尤其在2019年节能环保支出增长显著,达到13.62亿元,在全省排第8位。(见图1-34)虽然整体排名靠前但

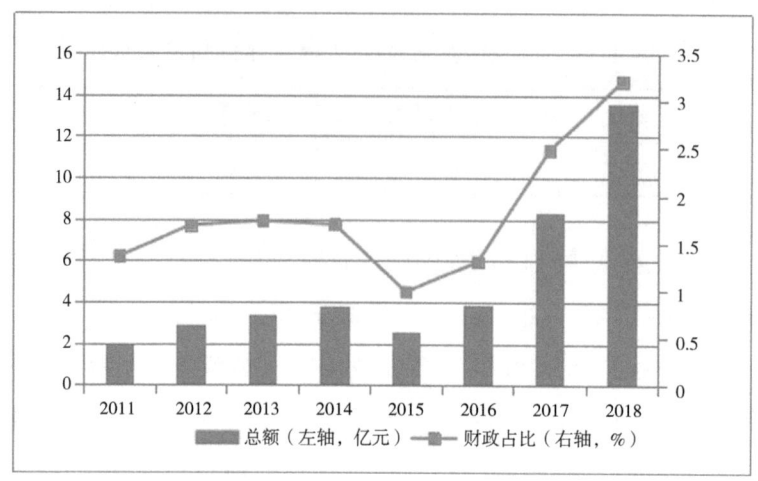

图 1-34　2011—2019 年开封市节能环保投资总额及财政占比

是相对于郑州及周边的几个城市,节能环保支出比重还显得较低。郑州、新乡都是节能环保支出力度较大的城市(见图 1-35),其中 2019 年郑州支出比重超

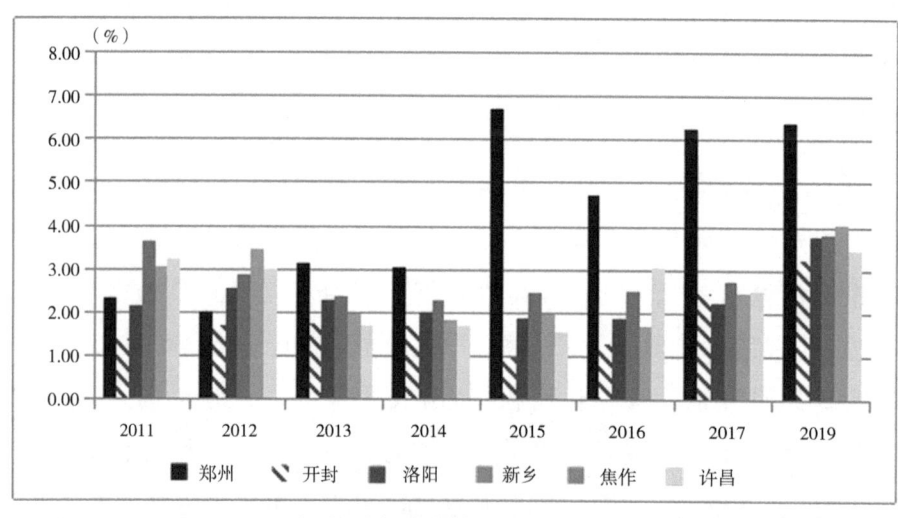

图 1-35　2011—2019 年郑州都市圈各城市节能环保资金投入财政占比

过 6%,新乡也近 4%,由于空气污染治理要求不断提升,城市环卫建设也是文明和现代化的标志,近些年省内城市在这两方面的投入显著增加。虽然当前开封高耗能高排放的制造业企业数量相对较少,但生产耗水量大,城市污水处理率较低,因此水污染治理应该是未来的重点投入方向。能耗强度降低率也是城市环保投入和技术进步的重要标志,开封市近些年能耗强度降低的速度也慢于省内其他城市,总体在 10—15 位之间,需要进一步引导企业优化管理

流程、加大节能技改投入力度。

(三) 资源环境可持续发展建设方案

1. 推进城乡多途径综合减排,为碳达峰、碳中和目标的实现做贡献

为推动实现国家碳达峰、碳中和目标,从能源基础设施建设、能源技术创新、新能源项目落地入手,提高清洁能源生产消费比重,实现农村生活能源现代化转型、城市高耗能企业节能减排、交通和生活排放协同治理。积极融入郑州都市圈氢能项目工程,为氢能技术创新和开发利用做出实际贡献。推进落实森林固碳工程,沿黄河滩区增加植树种草面积,加强国道省道、铁路两侧的防护林带建设。在农村推行循环农业,通过种养一体化建设,引进优良品种,改善养殖、种植大棚环境,降低温室气体总体排放量。积极参与区域内外碳减排、碳交易项目,鼓励单位和个人通过参与生态银行等工程为减排固碳做贡献,在市内开展高耗能企事业单位减排交易试点,通过市场化的手段实现鼓励先进、惩罚后进、降低整体碳排放量的目标。

2. 优化城市用水结构,整体推进水污染治理

深入落实"节水优先、空间均衡、系统治理、两手发力"的治水方针和水资源、水生态、水环境、水灾害统筹治理的治水新思路,以全面保障水安全为目标,将"三大流域四大灌区"水资源均衡配置作为总体布局,显著提升开封市水资源供给和保障能力。首先,科学利用黄河水,多渠道收集非常规水资源。加大引黄蓄水工程建设力度,丰水期引水储水,补充河湖灌溉储水和生产生活用水;枯水期开挖湖底泥沙,提高河湖储水能力,用泥沙农田培土。增建城市雨污分流管道降低污水处理压力,收集苦咸水、矿井水、再生水,逐级净化后用于生产生活领域,重点推进城区中水回用、污水厂尾水、马家河、杏花营湿地水资源净化再利用。争取到2025年,全市再生水利用率达到25%,供水管网漏损率降至9%以下,工业用水重复利用率达到82%左右。其次,提高对地下水的探测能力,科学实施开采点调整和水资源回补。开封市地下水资源利用量较高,超出全部用水的一半,尤其是地下热水资源具有更高的经济价值,存在一些超量采用、抽取方法不科学的现象。长期存在将导致地下水资源枯竭、地表沉降等问题,因此需要定期探测地下水的位置和存量,及时调整抽水点和抽水量,对部分地下水位明显下降,存在水层断裂、土地塌陷风险的地区进行水资源回补,保证开封市地下水资源的可持续利用。最后,推动城市生产生活污水循环利用。推进化工、冶炼、食品加工、造纸等耗水型企业的节水改造,安置水循环利用设施,促进中水回用和废水无害化处理。在产业园区中建设专门化的污水处理设施,对污水进行分级沉淀降解,净化水回用或进行园区绿化,禁止不达标污水直排。在农村地区全面推广使用自来水,建设形成污水集中收集处理系统,为农村厕所改造和生态旅游创造条件,降低生活污水对土壤和人居环境的负面影响。扩容城市综合污水处理厂,提高污水日处理能力;建设形成污水自然循环净化系统,沿城市湖泊、荒滩区建设人工湿地,借助于湿地植被实现对污水的自然净化。

3. 从生产、生活、道路交通等领域入手,实施空气污染源头管控

首先,严格管控生产生活废气排放。督促高耗煤、耗油企业安装脱硫脱硝设备,对减排设施运行情况进行在线监管,防止设施闲置发生。号召市内餐饮企业安装使用除油烟设施、在线污染监控系统,相关管理人员对餐饮企业和店铺进行在线监管和定期现场抽查,建立常态化城市餐饮油烟管控机制。其次,严格管控道路交通污染排放。以油气消费品质提升为突破口,以规范道路运输方式为重点,推进城市交通领域节能减排,以增进节能减排效率、提高减排精准性为目标,实现 PM2.5 和 O_3 协同共治。鼓励大宗货物和长途运输货物优先采用铁路运输方式,衔接商品物流园区和铁路站点间的交通设施,降低交通换乘时间。对市内交通实施限行管理方式,在缓解道路拥堵的同时降低交通排放压力;对于粉尘类货物,采取密闭运输、密闭仓储的方式,减少经营过程中的粉尘排放。最后,促进城乡、行业联动,降低秋冬季颗粒物排放。严格管控建筑和道路扬尘,严禁直接焚烧秸秆,通过城市绿化改善城市空气质量。对建筑工地进行科学规范化管理,在沙场和裸露空地上铺设塑料网或保护膜,控制建筑扬尘;禁止现场搅拌沙石和水泥,定期对在建房屋和道路洒水除尘。禁止农村地区在田间地头直接焚烧秸秆,提高秸秆综合利用率,通过秸秆还田、秸秆发电、制造固体燃料等形式推进农村秸秆科学使用。

4. 科学实施土壤污染防控,逐步改良盐碱地和受污染土地

首先,防控城市区域重点企业土壤污染风险,监控化工、建材、汽车配件、毛皮加工等行业有害固体和废水的存放和流向,在厂区内部和周围安置在线土壤质量监控系统,安排政府及社会组织的环保工作人员不定期对厂区周边的土壤进行监测。建立规范的土壤污染评估和使用审批制度,废旧厂区拆除建造民房或公共建筑前要进行土壤污染程度核查,污染超标地块不能直接建造房屋,须先植树种草吸收分解有害物质,土壤达标后再规划建设。其次,完善地下管廊设施,提高城市污水处理能力,防止污水造成二次土壤污染。建设完善城市雨污分流系统,重点防范污水向居民区、农田、河湖渗漏。推进存在污染风险的企业退城进园,安置公共污染治理设施,实现园区污染综合防控。最后,改造提升农村生活污水处理系统,防止含有洗涤剂、过量盐分的污水对土地产生面源污染。集中保护农村耕地,增加有机肥、生物农药的使用份额,实现化肥农药零增长,使用秸秆还田、轮作休耕的办法提高土壤肥力。大力开发生态农业、有机产品,提高土地资源的产出效率。采取科学的土壤污染去除和修复措施,对现有盐碱地、受污染土地实施水洗、土壤置换、添加降解物质、栽种高吸附性植被等净化处理方式,补充开封市可利用建设用地和农用地面积。

5. 提高城市绿地覆盖率,建设海绵城市

提高城市绿化覆盖水平和均衡度。将城市街道和居住区绿化作为城市生态建设的重点,在顺河回族区、禹王台区拆迁部分废旧厂房,增建公园、城市道路绿化带;开挖人工河湖补给城市水资源。以黄河生态带为主线,建设中心城区、兰考、杞县、通许、尉氏城区、朱仙镇镇区绿环,建设骨干道路、主要河流生态廊道,构建"一带、六环、多廊"绿色生态格局。增加城市郊区和黄河滩区培育园林观光区面积,提高城市的绿化覆盖均衡度,通过植树绿化增进植被和水域的气候调节作用,争取到2025年,全市林木覆盖率达到30.5%,其中,城区绿化覆盖率达到42%以上,村庄林木绿化率达到32.3%。逐步提高城市生态宜居性,建设连通清明上河园、包公湖等市内景区和城郊区域的环城绿道,为城市居民提供节假日休闲出行、健身的慢行道路和场所。以建设海绵城市为目标,提高城市蓄、排水能力,增加城市地面透水砖的铺设面积,路面以下铺设沙石为主的储水层;为增进生态调节功能,尽可能种植蓄水能力强的乔木,更新老化地下排水设施,清理各类排水管道,提高管道通行能力,降低城市雨天内涝风险;制订并实施长期性地下设施规划,推进城市新旧建筑的地下管道协调利用。

6. 加大可再生能源开发力度,实现能源结构清洁化转型

优化能源消费结构,推进可再生能源、清洁能源有序利用。首先,依托本地资源优势,全方位发展地热、风能、光伏、氢能等可再生能源。在大型商超、酒店、小区推行地源热泵供暖;鼓励有条件的居民安装屋顶光伏,多余电量可以通过分布式能源互联网向国家出售。挖掘风电资源利用潜能,规范推进黄河滩区百万千瓦风电开发,探索发展多能互补、"风电+储能"等智慧能源新模式。参与郑州大都市圈氢能基地建设,积极推进氢能开发利用,加强储能商业模式探索。其次,推进农村地区能源消费转型,实施"气化农村"工程,加快乡镇天然气站、燃气管网、调压设施等建设,推动天然气管网向农村延伸覆盖,全市天然气基本实现"村村通"。建造公共沼气池,实施原材料有偿供给、沼气有偿使用政策,安排专门的管理人员、技术人员进行运营维护。最后,将降低城市能源强度作为重点任务,整合小散化工、造纸、食品制造企业,实现产业集群化、规模化发展,淘汰散烧小锅炉,整体推进煤改气、热电联产工程。以新能源产业发展和节能企业建设为重点,推进城市产业结构优化升级,实现能源消耗减量化。

地热资源是开封市当前最有开发前景的可再生能源之一,地热资源也具有分布不均匀、受地质条件影响大的特征,如果不进行科学的勘测与规划,而是分散独立开发,就可能造成对地热资源的破坏。因此应先探明开封各区域地热资源的储备情况,根据地热层深度、开采难易程度统一规划地热资源的开采方案。重点在地热资源较为丰富的龙亭区和较少存在地下文物资源的开封新区推进地热资源有序利用;对已存在燃煤、天然气供暖的小区可逐渐改造为地热供暖,商业区、医院、学校等公共场所根据地质条件尽可能采取地热供暖的方式,对地热资源不充足的区域可以实施热电互补供暖。当前地源热泵初装价格还相对较高,为减轻居民负担可在予以财政补贴的同时,实施地热供暖费分期付款政策;采取合同能源的方式,由企业和住户共同承担设备安装成本、分享清洁能源收益。挖掘农村地区地热资源的开发潜能,利用地热资源发展特色农业,推广集中地热供暖及地热种植、养殖大棚,依托资源优势更新种养品种;引入合作社、龙头企业、"公司+基地+农户"等经营模式,促进农业附加值的提高。对于地热资源丰富的区域还可以实行地热资源发电,与此同时也需要注意及时、精准回灌地下水,以免造成地下水环境、地质风险。除此之外,地热资源还可以为开封市旅游业助力,以温泉假日酒店等方式为开封市历史文化、观光农业增添新内容,提高开封旅游产业对外吸引力;拓展旅游业务范围,将健康和生态概念作为旅游业发展的新亮点,逐渐提升开封市生态康养旅游的规模和品牌效应。

7. 重点监管高污染高耗能企业,推进城市节能减排建设进程

首先,从生产端管控各类污染排放。定期监督检查高排放企业的环保措施实施情况,及时排查风险隐患,防范重大环境风险事故的发生。重点监控煤化工、金属冶炼、建材等行业的废气排放,淘汰35蒸吨以下燃煤锅炉,强制企业安装先进的脱硫除尘设备。推进高污染企业向城外搬迁、向园区搬迁,企业在进入园区以前要制订并上报污染减排方案,组织相关部门对入园企业进行过程监管,对不执行环保方案的企业依法依规处置。其次,鼓励采用新技术和管理方法进行城市节能环保改造,重点监管高耗能、高污染企业,督促当前仍存在的10个年耗能万吨以上的生产企业采用节能技术,实施智能化生产改造,促使更加集约节约地利用能源。加快晋开煤化工公司煤制油、煤制气工程的探索实践,逐渐降低直接燃煤供能的比重,增加油气资源的生产消费份额。最后,提高生活端污染的管控和废弃物回收能力。加强对建筑、道路扬尘的治理力度,采取绿化、洒水、敷设塑料保护网和保护膜的形式控制粉尘。提高对生活废水和生活垃圾的回收利用率,为节约土地资源,可考虑建设地下污水处理厂,在城市郊区增建生活垃圾无害化处理厂;推进新技术实践应用,开展垃圾焚烧制砖、发酵制沼、发电工程,实现环境保护和经济发展双重目标。

九、保障措施

(一)加强组织领导

加强宏观顶层设计,将高质量可持续发展理念融入政治建设、经济建设、文化建设、社会建设各方面和全过程,定期召开专题会议,研究制定重大政策,统筹解决可持续发展建设工作中的重大问题。建立开封高质量可持续发展推进工作领导小组,对关键问题进行统筹处理,协调各个部门分工,实施目标任务分解，明确责任分工，加强监督，保证各项工作协调有序推进。

建立强有力的郑开同城推进机制。积极呼吁省政府统筹编制《郑开同城化"十四五"发展规划（2021—2025 年）》，详细列出同城化的重点项目、时间表、责任部门、保障措施，确保同城化得到持续性的实质推进；推动两地建立完善郑开同城化党政联席会议制度、市长联席会议制度、分管副市长协调会制度等多层面的协调机制，协调指导、督促推动同城化各项工作的落实；将同城化工作进一步下沉，推动祥符区、龙亭区、尉氏县与郑州各个县区从交通、产业、生态、招商引资、文化旅游、金融、科研等多个方面探索开展深度合作；依托郑开产业带、郑开双创走廊、开港经济带等现有基础，深化在两市汽车零部件、文化创意、鲲鹏产业等重点领域的产业合作，探索共建同城化示范区，提升区域经济整体能级和效率，实现共生共享共荣。

（二）建立综合决策机制

开封市高质量可持续发展是一项全方位的立体工程，结合开封实际以及创新驱动、科研教育、低碳环保、社会民生等领域，加强法规的监督执行，做好相应的配套制度建设和标准制定工作。将市委、市政府推动高质量可持续发展的政策以行动工作计划的形式固定，探索建立多主体参与的可持续发展综合决策机制，建立重大决策征求意见制度和决策听证制度，将社会公众、非政府组织等纳入政府决策咨询系统，实现各主体在决策中拥有的权利程序化、制度化，构筑起一个可操作的、多元主体广泛参与的协商决策平台。

（三）健全科学的评估体系

研究制定开封市高质量可持续发展评价指标体系，纳入年度目标责任制考核中，重点将科技创新、教育质量、人才引进、生态环保、产业转型、民生事业作为高质量可持续发展的重要指标，参考河南省城市可持续发展报告的评价指标，结合开封市实际，并通过广泛征求社会公众建议，促使开封市高质量可持续发展评价体系科学化。将可持续发展目标落实到具体单位，建立新型常态化动态考核机制，分别对标事前、事中、事后实施力度和效果进行监测，对重点项目和工程进行重点评估，确保开封市高质量可持续发展的实施落地。探索引入第三方评估，作为可持续发展规划考核的重要参考，增强规划考核的客观性和科学性,并积极引导公众参与到开封市高质量可持续发展评估的动态监测中。

(四)完善多元化的政策支持

探索完善高质量可持续发展的科技支撑政策,围绕影响规划重点任务推进的技术难题,设立支持高质量可持续发展的重大科技专项计划,重点支持在社会发展领域具有自主知识产权的高新技术成果示范推广和产业化,强化科技创新对可持续发展的支撑和引领作用。积极争取国家和省级财政经费投入,加大财政资金对高质量可持续发展的支持力度。加强财政资金和金融手段的协调配合,综合运用创业投资、贷款贴息等多种方式,充分发挥财政资金的杠杆作用,积极引导和推动金融和社会资本更多投向高质量可持续发展。规范运用政府和社会资本合作模式,引导社会资本参与重大项目和关键基础设施建设。

(五)倡导公众参与

定期开设可持续发展专题研讨课,树立环保绿色的可持续发展理念。拓宽民众参与开封市高质量可持续发展的渠道,强化融媒体对高质量可持续发展理念的宣传力度,综合运用传统媒体和多种新媒体,营造全社会积极参与高质量可持续发展的浓厚氛围,使高质量可持续发展的理念深入人心,为开封市实现高质量可持续发展提供坚实的人文和群众基础。

报告 2　开封市地热资源综合开发利用总体战略规划(2019－2029)*

一、规划概要

地热能是蕴藏在地球内部的一种清洁低碳、安全优质的可再生能源,相应的开发利用具有功能持续稳定、高效循环利用、可再生等诸多优点,在减少温室气体排放、改善生态环境等方面能够发挥重要的作用。据调查,开封市全境蕴藏了丰富的地热能,具有分布广、埋藏适中、水温高且稳定等特点,在全国范围内比较看来都属于易于开发、高经济价值的优质地热能。当前开封面临严峻的资源环境约束:一方面禁煤后清洁供暖形势严峻,另一方面开封能源利用量已达到限额,严重制约了开封经济社会发展。在清洁能源利用大方向与开封面临的严峻形势下,对于利用蕴藏的地热资源解决上述问题这一战略方向,目前已基本达成共识,关键在于如何利用。

长久以来,开封地热资源开发利用始终处于一种低层次状态,各种温泉洗浴、居民生活用水等利用方式导致开封地下水位明显下降,对地热资源造成破坏的同时,也没有为地区经济发展提供支撑。近年来,部分地热开发企业开始采用回灌技术,通过利用深层地热水为开封冬季供暖提供清洁热源,但由于缺乏明确的市场准入与严格的监管机制,开封地热资源利用的市场处在一种无序的状态,不利于地热资源的合理利用与保护。导致上述现象的关键是目前开封缺少关于地热资源开发利用的顶层设计。因此,开封市地热资源综合开发利用总体战略的编制,对于保护和合理开发开封地热资源、调整能源结构、

---

* 该项目为开封市政府主导、中石油宝石花地热公司委托,完成于 2019 年 3 月,主持人:耿明斋;项目组成员:杨新、乔晗、刘珂卿、郭少硕、张森、宋依纯。

报告 2　开封市地热资源综合开发利用总体战略规划（2019—2029）

支撑产业培育、改善大气环境、推进社会节能减排工作等诸多工作都具有重大意义。

基于上述背景，规划以 2019—2029 年为区间，力图在充分调研的基础上制订开封市地热资源综合开发利用总体战略规划，具体包括以下 6 个部分：①引言，主要介绍规划的背景与意义、规划目标、总体思路与框架；②国内外地热资源开发利用的基本情况；③开封市地热资源禀赋与目前开发利用情况；④开封市地热资源冬季供暖规划；⑤开封市地热资源产业培育规划；⑥开封市地热资源开发利用的政策建议。

通过规划我们得出以下基本结论：第一，开封市地热资源储量丰富、易于开发，具有较高的经济价值。第二，当前受资源环境约束，开封市有必要通过合理开发利用地热资源，改变能源结构，为高质量发展奠定基础。第三，目前开封市冬季供暖供给结构复杂，且主城区目前集中供热的热电联产的供热模式难以持续，需要通过基于回灌技术的深层地热开发利用解决冬季供暖这一民生工程。但目前开封地热开发市场较为复杂，不利于地热资源的保护与合理开发。第四，除冬季供暖外，地热资源还可以通过温泉旅游康养及地热农业等途径，带动开封相关产业的发展，为经济增长带来支撑作用。

基于上述结论，结合开封发展实际，提出以下政策建议：第一，建议委托权威机构，进一步加强地热资源勘查，查清更深层地热储层发育状况和地热资源开发利用条件，编制地热资源开发利用详规。第二，建立高标准的地热资源开发利用领导小组，牵头引导各个相关部门，明确职能分工，有效推动发展，落实监督责任。第三，将地热资源开采开发利用的权利统一管理，由实力雄厚的国有企业科学规划，政府统一布局，实现全面综合有效的开发利用。第四，针对地热资源的开发利用，建立政府专项基金，大力推进地热供暖的广泛应用，促进地热资源的合理开发、循环利用，充分调动地方、企业开发地热资源的积极性，加快地热供暖产业化、商业化步伐，带动地方经济的发展。第五，鼓励传统供暖企业与地热供暖企业的全方位合作，可以由政府牵头引导，将传统供暖企业的组织运营优势与地热供暖企业的热源技术相结合，共同推进清洁能源的全面替代。

二、引言

长久以来,受能源禀赋限制,我国一直维持以煤为主的能源消费结构。虽然近年我国大力开展能源结构调整工作,但最新数据显示,煤炭消费占比仍高达62%,远远超过发达国家的平均水平。我国煤炭的过度开发利用带来了严重的环境问题。习近平在党的十九大报告中指出,推动绿色发展,要推进能源生产和消费革命,构建清洁低碳、安全高效的能源体系,其核心任务就是要严格控制新增煤炭消费,大力发展非化石能源等绿色低碳能源。

开封作为一个以文化旅游为品牌,现代服务业为发展目标的城市,2018年煤炭能源消耗已逼近限额,对环境造成较大影响的同时,也与其提出建设国际文化旅游名城,打造中原现代服务业之都、生态宜居魅力古都的目标与定位严重不符。因此,如何发展非化石能源,并实现对传统煤炭能源的逐步替代,是开封落实能源结构调整与高质量发展目标需要解决的核心问题。

对于开封而言,地热能是目前最理想的非化石能源。据调查,开封市全境蕴藏着丰富的地热资源,具有分布广、埋藏适中、水温高且稳定等特点,在全国范围内看来都属于易于开发、高经济价值的优质地热资源。但长久以来,开封对地热资源的开发利用都在以一种低层次、掠夺性的方式进行,对环境资源造成较大破坏的同时,也未对开封经济社会发展及能源结构转换提供支撑。目前社会各界对于利用地热资源实现能源转换这一战略方向已基本达成共识,关键在于如何利用。

基于上述背景,项目组力图从战略角度出发,在摸清开封地热资源赋存情况的基础上,通过梳理国内外地热资源开发利用现状的基本情况,结合开封实际,从冬季供暖与产业培育两个方面,论证开封市地热资源开发利用的可行性及面临的主要问题,并从全局角度给出未来10年开封地热资源开发利用的战略实施方案,最后给出规划的主要结论及相应政策建议,为开封实现能源结构转换及高质量发展提供决策参考。本部分作为引言,首先介绍规划提出的背景与意义,明确规划目标,并在此基础上确定规划的框架与总体思路,最后给出主要结论与政策建议。

▶ 报告 2　开封市地热资源综合开发利用总体战略规划（2019—2029）

（一）规划背景与意义

冬季供暖现已成为我国北方城市大气保卫战中一项艰巨的任务。目前大部分城市开始推行冬季清洁供暖工程，通用做法是强制推行集中供热，并利用天然气代替燃煤作为供暖热源。但天然气价格相对较高，且集中供热在长距离送热过程中存在能量损耗、供热不稳定等问题。上述问题都有可能引发冬季供暖的民生问题。2018—2019年冬季郑州曾出现部分区域供热温度不达标的问题，引发了一系列民生问题。而开封市得天独厚的地热资源与近年来我国地热开发利用技术的日趋成熟，可能为本市清洁供暖提供了一条更加高效的途径。但在调研中发现，地热供暖技术虽然较为成熟，但在具体开发中存在诸如管理归口不清、市政供暖管线规划配合不到位等诸多突出问题，为开封作为北方地区冬季清洁取暖试点城市相关工作的推进带来了困难。

国家发展改革委、国家能源局在 2016 年联合发布了《能源生产和消费革命战略（2016—2030）》，明确到 2020 年，"能源消费总量控制在 50 亿吨标准煤以内，煤炭消费比重进一步降低，清洁能源成为能源增量主体，能源结构调整取得明显进展，非化石能源占比 15%；单位国内生产总值二氧化碳排放比 2015 年下降 18%"。新能源替代化石能源的要求已经显现，是高质量发展的重要趋向，各方也都在寻求经济发展的突破点，我们同各方接触了解到，开封地热资源的赋存量是非常丰富的，地热资源开发的潜力很大，地热资源的开发利用是最有效、最经济的，未来的发展方向非常清晰，地热资源的开发是具有重要意义的，可以综合性解决很多问题，这是从全国能源替代发展方向大局角度来说。

从开封作为郑州大都市区的重要支点城市来说，符合开封市的发展定位。城市的发展主要依靠制造业和服务业，通过创新来实现产业的升级、质量的提升，现代服务业是开封市不可替代的优势，强化现代服务业借助于开封传统的文化优势能够有所突破，地热资源的开发可以为现代服务业的发展奠定良好的基础。

地热资源的开发对开封未来的转型发展、现代服务业的发展是非常有意义的。地热资源从 20 世纪八九十年代开始陆续开发，当时是粗放的、简单的、低质量的发展，这样的开发方式和高质量发展的诉求是相矛盾的。现今回灌技术已经高度成熟,已经可以做到可持续利用,这不是顺河回族区的事,也不是某一个开发主体的事,应该是政府有序的开发,避免整体规则不清楚的情况下走弯路。从这样一个角度,我们作为一个外行介入这个行业。对开封来讲,合理地开发地热资源是一件非常有意义的事。

本文写作的目的,除了以开封地热资源冬季供热为切入点,从全局及长远角度规划未来冬季清洁供暖方案,并在此基础上提出合理化建议,解决城市发展与环境保护的矛盾以外,还肩负着利用开封得天独厚的地热资源,实现相关产业培育的重任。这是因为,随着开封传统工业企业的萎缩及搬迁退出,城市产业发展需要寻求新的突破方向。而地热资源作为开封一种尚未被充分重视,但又极具价值的潜在优势资源,能否为其产业培育提供新的机遇,是一个值得研究的课题。

(二)规划目标

对开封市地热资源综合开发利用做出战略部署,解决地热资源保护与利用的矛盾问题,实现支撑开封经济社会发展的重任。具体而言,分三部分实现:第一,摸清开封地热资源赋存情况,为制订地热资源综合利用开发战略提供依据。第二,论证开封市实施地热供暖的可行性,从战略高度全盘谋划开封市冬季供暖综合改革方案,妥善处理供暖市场不同主体之间的关系,为开封打赢冬季大气保卫战提供决策依据。第三,开封地热资源综合开发相关产业培育规划,通过对地热资源的合理开发利用,支撑开封产业发展。

(三)总体思路与框架

1. 指导思想

深入贯彻习近平新时代中国特色社会主义思想和党的十九大精神,决胜全面建成小康社会,全面加强生态环境保护,把地热能高质量发展作为提升生态文明、推动能源革命、构建绿色能源体系的重要内容,实现人民对清洁用能、美好生活的向往。以"绿水青山就是金山银山"为引领,以优化能源结构、防治大气污染、应对气候变化、发展绿色产业为导向,立足国情和地热资源禀赋,坚持面向未来、面向现代化、面向市场,主动融入郑州大都市区协同发展,全面统筹地热能产业链高质量发展,优化产业整体规划和布局,着力增强市场微观主

▶ 报告2 开封市地热资源综合开发利用总体战略规划(2019—2029)

体活力,着力形成完善的地热资源调查评价与科学开发利用技术支撑体系,着力推进与其他能源等产业深度融合,着力建设技术先进、环境友好、经济可行的地热能产业集群,加快推动产业健康可持续发展,助力建设美丽开封。

2. 基本原则

一是坚持因地制宜原则。以助力大气污染防治为核心任务,在开封生态环境形势比较严峻,浅层与水热型地热能开发利用并重,有效替代燃煤锅炉,解决好农村散煤使用问题,助力推进北方地区冬季清洁取暖。在夏热冬冷地区积极推进浅层地热能开发利用,满足人民温暖过冬、清爽度夏的需要,助力开封经济绿色发展。

二是坚持循序渐进原则。从开封地热资源禀赋与市场需求匹配度的实际情况出发,近中期,以供暖(制冷)为主,加大政策支持力度,理顺体制机制,提升社会各界对地热能产业的认知度和认同感,加快地热能高效开发利用,着力建设绿色产业链。抓紧攻关深部地热能勘探开发利用技术,为未来地热能大规模开发奠定基础。先行先试发展以地热能为基础的绿色产业,形成示范工程,逐步向全国推广。2035年之后,随着勘查开发利用技术的逐步成熟、市场体系的不断完善,努力把地热能培育成为绿色发展新动能,为中国能源结构优化调整发挥重要作用。

三是坚持高质量发展原则。加快推进地热能由单一、粗放、低效的传统产业增长方式转变为多元、集约、高效的现代产业发展方式。推广地热田精细勘查和地热能梯级利用,提高资源利用效率,提升地热能项目效益水平。倡导"地热能+",推广多种清洁能源深度融合,因地制宜实施多能协同发展。加快科技创新,驱动产业转型升级和提质增效,加速人才培养,促进产业可持续发展。

(四) 主要结论与政策建议

经过课题组成员的充分调研与仔细论证,得出如下结论,并在此基础上提出相应的政策建议,为开封市地热资源开发利用工作提供决策参考。

1. 主要结论

第一,通过多方调查与国内外横向比较发现,开封市地热资源储量丰富、易于开发、分布广泛,具有极高的经济价值。经测算,开封市地热资源储量完全能够提供未来10年主城区与各县城区冬季供暖所需的全部热量,能够支撑供暖普及率95%条件下4000亿元的经济总量及300万城镇常住人口的冬季供暖需求;地热资源大都分布于地下2000米左右,出水温度普遍在70—90℃,且广泛分布于主城区和各县城区,因此具有极高的经济价值。

第二,受能源消耗约束与环境保护任务的双重压力,当前开封市有必要充分、合理地开发利用地热资源,并用于冬季供暖,为推进城市现有能源结构转型及高质量发展提供一条切实可行的方案。得到上述判断,是基于以下四点原因:一是根据未来社会经济发展趋势,目前为主城区集中供暖提供热源的"热电联产"模式,在今后10年中会处于一种逐步被替代的趋势;二是作为一种清洁可再生能源,地热资源是未来能源发展的方向,测算结果也表明开封地热资源赋予供给能力可以支撑未来10年开封经济的发展与冬季供暖能源替代任务;三是开封已引入诸如中石油等实力较强的央企,技术储备与开发经验均能有效支撑开封地热资源冬季供暖开发;四是地热资源开发企业更有条件承担对老旧小区的供暖改造,提高了民生工程落实的可能性。

第三,开封地热供暖开发市场目前尚不规范,急需相关规划与管理规范。具体包括:政府管理部门出台相关政策,规范市场准入门槛与监管机制,并制订相应的具体实施方案,逐步、有序开发,并用于冬季地热供暖,处理好与承担主城区集中供热的金盛热力公司与地热开发企业的关系。

第四,除冬季供暖外,地热资源还可以用于培育开封相关产业的发展。经过初步探讨,认为开封地热开发除用于冬季供暖外,还可用于温泉旅游、康养系列产业以及地热农业的产业培育与发展,为开封经济增长带来一定的支撑作用。

2. 政策建议

基于上述结论,结合开封发展实际,提出以下政策建议:

第一,建议委托权威机构,进一步加强地热资源勘查,查清更深层地热储层发育状况和地热资源开发利用条件,编制地热资源开发利用详规。

第二,建立高标准的地热资源开发利用领导小组,牵头引导各个相关部门,明确职能分工,有效推动发展,落实监督责任。

第三,将地热资源开采开发利用的权利统一管理,由实力雄厚的国有企业

▶ 报告 2　开封市地热资源综合开发利用总体战略规划(2019—2029)

科学规划,政府统一布局,实现全面综合有效的开发利用。

第四,针对地热资源的开发利用,建立政府专项基金,大力推进地热供暖的广泛应用,促进地热资源的合理开发、循环利用,充分调动地方、企业开发地热资源的积极性,加快地热供暖产业化、商业化步伐,带动地方经济的发展。

第五,鼓励传统供暖企业与地热供暖企业的全方位合作,可以由政府牵头引导,将传统供暖企业的组织运营优势与地热供暖企业的热源技术相结合,共同推进清洁能源的全面替代。

三、国内外地热资源开发利用的基本情况

我国地热资源开发与利用的时间并不长,但各地区地热资源开发利用方式、效益等方面的差异却十分显著,雄安依靠地热供暖成为全国冬季供暖无烟城,重庆、天津等地被誉为中国温泉之乡;美国、日本及欧洲等地的国家,地热资源禀赋同样十分优越,且开发时间较长,已经形成比较成熟的地热资源开发制度、技术等。充分吸收和借鉴国内外地热资源开发利用的经验对开封市地热资源的开发与利用有十分重要的意义,本部分首先对地热资源进行分类,介绍不同类型的地热资源的自然特征和经济价值,随后对地热资源开发利用的一般技术和典型方式进行梳理;在对地热资源进行一般性描述后,对国外发达地区地热资源开发利用的成功经验进行介绍和总结,并对我国地热资源开发利用现状进行梳理;在综合考虑地热资源的自然特征、技术水平、国内外地热资源开发利用的成功经验后,获得一些关于我国地热资源开发利用的启示。

(一) 地热资源种类与相应的开发利用技术

1. 地热资源分类

地热能是一种绿色低碳、可循环利用的可再生能源,具有储量大、分布广、清洁环保、稳定可靠等特点,是一种现实可行且具有竞争力的清洁能源。我国地热资源丰富,市场潜力巨大,发展前景广阔。加快开发利用地热能不仅对调整能源结构、节能减排、改善环境具有重要意义,而且对培育新兴产业、促进新型城镇化建设、增加就业均具有显著的拉动效应,是促进生态文明建设的重要举措。

从定义上来说,地热资源主要是指岩石中的热能量和地热流体中的热能

量及其伴生的有用组分。按照不同的分类标准,针对地热资源得到的分类结果也有所不同;按照不同的赋存状态,地热资源可以分为水热型、干热岩型及地压型;按照温度高低的不同,地热资源可以分为高温地热能(温度高于150℃)、中温地热能(温度在90—150℃之间)、低温地热能(温度低于90℃);按照地热区或地热田形成要素的不同,地热资源可以分为岩浆型、隆起断裂型、沉降盆地型三类。本部分按照埋藏深度、温度对地热资源进行分类,将地热资源分为浅层地热资源、水热型地热资源及干热岩地热资源,对不同类型的地热资源的自然特性、主要用途、在我国的分布做出概括性描述。(见表2-1)

表 2-1　我国地热资源分类

资源类型			特性	主要用途	分布
浅层地热资源			浅层地热能(亦称地温能)指自然界江、河、湖、海等地表水源、污水(再生水)源及地表以下200米以内、温度低于25℃的岩土体和地下水中的低品位热能	采暖	东北地区南部、华北地区、江淮流域、四川盆地和西北地区东部
水热型地热资源	高温		t>150℃	发电、烘干	京津冀、华北平原、河淮盆地、四川盆地、松辽平原、渭河平原
	中温		90℃≤t<150℃	工业利用、烘干、发电	
	低温	热水	60℃≤t<90℃	采暖、工艺流程	
		温热水	40℃≤t<60℃	医疗、洗浴、温室	
		温水	25℃≤t<40℃	农业灌溉、养殖、土壤加热	
干热岩地热资源			一般温度大于200℃,埋深数千米,内部不存在流体或仅有少量地下流体(致密不透水)的高温岩体	发电、烘干	西藏、青海

水热型地热资源目前在我国已探明的地区存量较大,在供暖、农业等领域应用较为广泛,根据构造位置、热源、水源等地理指标,水热型地热资源的进一步分类如表2-2所示:

报告 2　开封市地热资源综合开发利用总体战略规划(2019—2029)

表 2-2　水热型地热资源分类

资源类型	隆起山地对流型		沉积盆地传导型		
	火山岩-岩浆岩型	断裂-深循环型	中、新生代断陷盆地型	中、新生代塌陷盆地型	中生代坳陷盆地型
构造位置	板块边缘、板块碰撞边缘	区域性深大断裂	板内裂谷型盆地	板内造山型盆地	板内克拉通型盆地
盖层	安山岩、沉积岩	多数无盖层,少数为第四系	新生界碎屑沉积岩	新生界碎屑沉积岩	中生界碎屑沉积岩
热储岩性	安山岩、沉积岩、变质岩	花岗岩为主	砂岩、碳酸盐岩	砂岩	中生界沉积岩
热源	上地壳火山岩囊传热	深循环对流传热	正常增温传热,局部有热水对流	正常增温	正常增温
水源	大气降水为主	大气降水,近海地区有海水	大气降水、古沉积水	大气降水、古沉积水	大气降水、古沉积水
矿化度(g/L)	1—12	一般小于1,近海岸3—10	新近系1—3,基岩热储1—10	10—20	2—50,少数大于100
载热介质	高温热水、蒸汽	高温热水、蒸汽	中、低温热水为主	低温热水	低温热水
利用方向	发电利用为主	供暖	供暖	提取化工原料	
典型代表	台湾地热带、喜马拉雅地热带、藏南羊八井等	北京小汤山、陕西临潼、福建漳南	华北地热田、苏北地热田、渭河地热田	准噶尔盆地、塔里木盆地、柴达木盆地	四川盆地、鄂尔多斯盆地

2. 地热资源开发的一般技术

无论是何种类型的地热资源用于何种用途都需要勘查、钻井、回灌,接下来将对地热开发过程中的一般技术进行技术性与经济性相结合的描述。

(1) 地热资源勘查

不同地区、不同类型的地热资源勘查工作是在全国范围内统筹全面推进地热资源开发利用的前提。国土资源部(2018年改为自然资源部)、中国地质调查局和国家标准化管理委员会在2010年发布了《地热资源地质勘查规范》(GB/T 11615—2010),自2011年2月1日起实施。《规范》规定了地热资源勘查评价的目的、任务、基本工作内容及勘查工程控制程度、勘查质量要求、地热能资源计算与评价、地热流体质量评价、地热能利用的环境评价和经济评价，以及勘查资料整理和报告编写等基本要求，为地热资源的勘查提供了规范标准。

地热资源勘查的主要内容包括以下6个方面：①地质测量。在充分研究利用工作区以往石油勘查资料和地质调查资料的基础上，查明地热田的地层时代、岩性特征、地质构造、岩浆活动，阐明地热田形成的地质条件。②地球化学调查。采取具有代表性的地热流体、常温地下水、地表水、大气降水等样品进行化验分析，对比分析它们与地热流体的关系。进行温标计算，推断深部热储温度。测定稳定同位素和放射性同位素，推断地热流体的成因与年龄等。③地球物理调查。圈定地热异常范围和热储体的空间分布，确定地热田的基底起伏及隐伏断裂的空间展布。对获得的物探资料，应结合地热地质条件、地热流体特征进行分析，提出综合解译成果，作为勘探井的布置依据。④钻探。勘探井的设计、施工以及勘探井内各种测试应满足查明地热地质条件，取得有代表性的计算参数和评价地热资源的需要。主要查明热储的压力、水位、温度、流量和地热流体质量。⑤地热流体、土、岩实验分析。系统采取水、气、岩土等样品进行分析鉴定，以获得热储的有关参数。⑥动态监测。建立地热流体动态监测网，以掌握地热流体的天然动态和开采动态变化规律。

为全面推进地热资源的开发利用，需要在全国范围内开展地热资源勘查和经济价值评价工作，但到目前为止尚未进行过由相关部门统一领导的地热资源勘查，这是当前地热资源开发利用过程中需要首要解决的问题。目前对地热资源的勘查大部分由各省市勘查院或勘查公司自发完成，尚未进行全国范围内统一的地热资源勘查。各地区对本地区地热资源的禀赋状况不明确，难以发挥地热资源在能源转型与经济升级中的作用，这与我国大力发展清洁能源、治理环境污染的要求不相符合，不利于地热资源的整合利用。地热资源在全国范围内的存量、分布亟须明确。

（2）钻井工艺

地热钻井的主要目的是勘探以及开采地热流体。由于地质结构的复杂多样，不同类型的地热资源适用不同的钻井工艺。现阶段，高温地热井钻井面临着高温、地层坚硬、钻速低和成井质量不高等问题，高温地热钻井工艺有待于

报告2 开封市地热资源综合开发利用总体战略规划(2019—2029)

进一步提高;中低温地热钻井工艺较为成熟。一般情况下,地热钻井的深度高于500米,低于4000米。在地热钻井工程中包含着很多分项施工工程,比如石油钻井工程和水文钻井工程,因此,地热钻井工程中蕴藏着高含量的施工技术,施工难度比较大。

地热钻井设备是由两种钻井设备组合而成的,一种是石油钻井设备,另一种是水文钻井设备,这两种设备的生产加工过程并不是很严格,而是经过简单的加工之后就进入市场,所以无论是质量方面还是安全方面都存在较大隐患。随着地勘行业市场的不断扩大,水文钻井设备也被广泛利用,但由于钻井深度的不断增加,水文钻井设备无法满足市场的需求。所以,为了适应行业的发展,企业对水文钻井设备继续进行改造,从而保证地热钻井工程的顺利进行,由于这些地热钻井设备标准不符合要求,给人们的生命安全带来了隐患。

钻井工艺是水热型地热资源开发利用的重要制约因素。目前,国内地热资源开发利用的钻井工程主要由钻井公司实施,由于国家尚未出台地热钻井的技术标准,钻井质量参差不齐。在国内的钻井行业中,中石油凭借多年在油气开发积累的技术、设备与经验,掌握了在国际范围内领先的钻井技术。

(3) 回灌工艺

地热水的回灌是将地热尾水回灌到地层深部的过程。回灌到热储层的低温地热水可以吸收岩层中蕴藏的巨大热量,然后在渗透作用下通过地层岩性特征(裂隙或孔隙)形成的地热水运移补给通道,使地热水得以补给。地热水回灌可以有效地维持热储层地热水的压力,实现地热水可再生、可循环的利用过程。《地热能开发利用"十三五"规划》明确提出:"提升地热资源勘查与资源评价、地热尾水经济回灌技术水平,形成有中国特色的地热能开发利用技术体系。"由于地热水回灌直接关系到地热资源的可再生性,部分省市已出台相关政策,要求地热水开发以"以灌定采""取热不取水"为前提。但由于企业技术良莠不齐,在实际的施工中又缺乏有效监管,是否实现"同层回灌"往往难以有效核实,这对地热资源的可持续利用及地质结构形成巨大威胁。

3. 地热供暖技术

地热供暖在目前地热资源应用中占据主导地位,地热供暖所带来的经济效益、生态效益十分显著。根据地热资源深度,可分为浅层地热水采暖、中深层地热水采暖,下面分别对其工作原理进行简要说明。

(1)浅层地热水采暖

浅层地温能相较于传统意义上的地热资源在开发利用方面有一个明显的特点,即它使用了热泵技术,属于节能项目的范畴。根据热源可主要分为地热水源热泵、地埋管地源热泵。

①地热水源热泵工作原理(见图2-1)。

地热水源热泵的热源可以是地下热水,亦可以是其他热水源,部分工厂排出的高温污水便是重要热源之一,这样的地源热泵称为污水源热泵,污水源热泵可以为部分工厂提供充足的热力供应,同时污染物也变废为宝,经济效益和生态效益十分显著。

地下水源热泵系统主要由地下水换热系统、热泵机组和末端系统组成。根据热泵机组的布置,地下水源热泵系统的地下水系统可分为集中式系统和分散式系统。集中式系统是将地下水供给集中设置的热泵机组,分散式系统是将地下水供给分散设置的热泵机组。国内应用最多的是集中式系统。

地下水换热系统主要由抽水井、回灌井、水泵和管路组成。对于闭式地下水系统还包括地下水与中间介质间换热的换热器,其功能是将地下水从地下含水层中提取出来,输送给热泵机组进行热交换,完成换热后再回灌到地下的取水含水层中。水泵一般采用潜水泵或深井泵,用以输送井水在热泵机组和水源地循环,将井水中的能量置换出作为热泵系统的冷热源。

热泵机组主要由压缩机、冷凝器、蒸发器、膨胀阀、调节控制系统组成,其通过输入一定的动力,通过压缩机做功,使机组内部的制冷剂进行循环,从而将地下水源系统中的能量传送到末端系统中去。

末端系统是指建筑物内的供暖、通风、空调系统,供暖、通风、空调系统主要由热媒流动动力设备(水泵或风机)、管道和末端装置[风机盘管,空气处理机组,辐射供暖(冷)装置、散热器等]组成。其功能是按建筑物各房间(或区域)冷热负荷的大小,合理地将冷量和热量分配到各个房间或区域,并组织空气合理地流动。

②地埋管地源热泵系统工作原理(见图2-2)。

地埋管地源热泵系统主要由地埋管换热系统、热泵机组和用户末端系统组成。地埋管换热系统主要由地埋管换热器、循环水泵和充有水或防冻剂的水溶液的循环水管路组成。与地下水源热泵系统不同的是用土壤热交换器代

报告2 开封市地热资源综合开发利用总体战略规划(2019—2029)

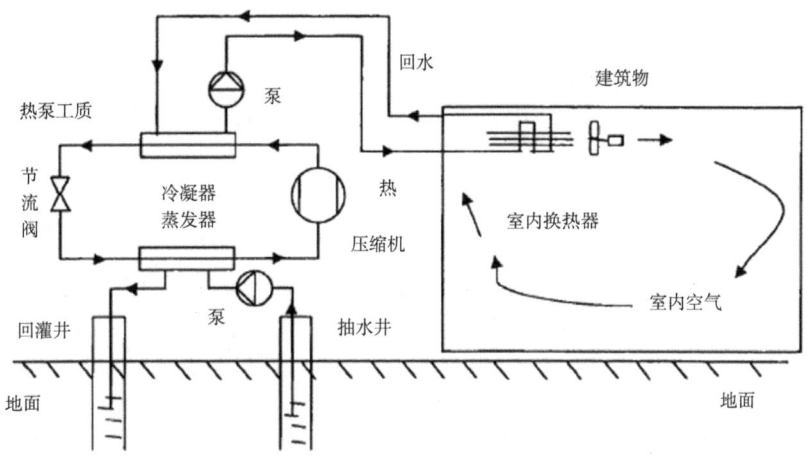

图2-1 地热水源热泵工作原理

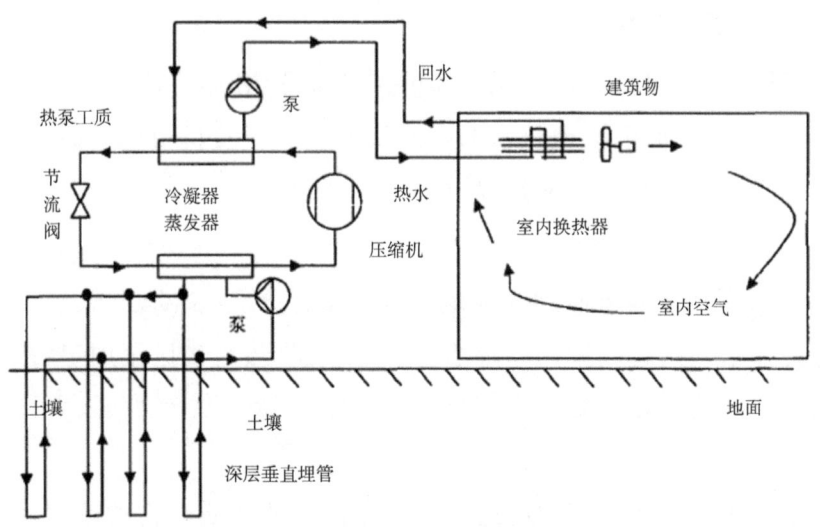

图2-2 地埋管地源热泵系统工作原理

替抽水井和回灌井。土壤热交换器一般是垂直或水平埋设在土壤中的高密度聚乙烯(HDPE)管。水平埋管是指在浅层土壤中挖沟渠,将HDPE管水平埋置于沟渠中并填埋的施工工艺,投资低于垂直埋管,但占地面积大,温度稳定性也较差,现已很少采用。垂直埋管是指在地层中垂直钻孔,然后将地下热交换器(HDPE管)以一定的方式置于孔中,并在孔中注入填充材料,与土壤交换热量后,进入地面上的热泵,与制冷剂交换热量。地埋管地源热泵系统是传热介质(主要是水或乙二醇)作为冷热源的载体,在密闭的地埋管中循环,冬季把岩土体中的热量取出来,供给室内采暖;夏季把室内热量取出来,释放到岩土体中。

(2) 中深层地热供暖原理

在前期勘查的基础上,在中深层地热资源丰富的区域上打钻地热井,将中深层地下热水提取出并通过热交换装置将热量传递给暖气管道中的循环水,循环水通过暖气管道将热量输送至住户,实现集中供暖。中深层地热供暖可以满足住宅小区、写字楼、大型商场等用户的供暖需求。在中深层地热供暖整个过程中最关键的环节是中深层地热水的回灌,即提取热量后的地热水的处置,回灌关系到中深层地热资源是否能够实现可持续利用,并对地质结构造成难以观测的影响,关系到生产生活的安全,较为安全的回灌模式是"同层回灌",即同深度、同成分回灌。

4. 地热资源的应用

地热资源作为一种可再生、无污染的矿产资源,分布广泛,存量巨大,开发利用潜力十分巨大,但由于地热水的自然特征以及开发利用技术的约束,目前地热资源的开发利用集中于地热发电和直接利用。

(1) 水热型地热供暖

水热型地热供暖是指通过开采地热井抽取地下热水,地下热水流经换热站将热量传递给供热管网中的循环水,循环水再将热量输送至用户,最终实现供暖。水热型地热供暖热量稳定,供热面积大,可满足住宅小区、大型场馆或人群密集场所的供暖需求。

水热型地热资源开发利用的最大威胁是潜在的地质结构的改变而引发的地质灾害。地质结构的改变不易观测、难以察觉,且破坏性大、持续时间长。为预防地质灾害,水热型地热资源开发利用应在事前做好全面的资源勘查和评估工作,设置地热资源开发利用红线,在保证资源可持续利用和生产生活安全的前提下,对地热资源进行开发利用;事中应严格执行地热资源开发利用标准并进行严格的尾水回灌,确保地下水水位、地下水水质不发生显著变化;事后加强对地热项目的监察,及时纠正不达标项目。

(2) 浅层地热供暖(制冷)

浅层地热供暖(制冷)主要通过热泵系统来实现。热泵是一种可以实现蒸发与冷凝器之间的功能转换的机械,实质上是另一种形式的制冷机。浅层地

▶ 报告2　开封市地热资源综合开发利用总体战略规划(2019—2029)

热资源开发利用实质上就是采用热泵系统,利用地下浅层地热资源(也称地能,包括地下水、土壤或地表水等),通过输入少量的高品位能源(如电能),实现低位热能向高位转移。浅层地热供暖(制冷)可满足单个住户的供暖(制冷)需求,适宜在住宅相对分散的区域推广利用。

(3) 地热发电

地热发电就是以地热资源作为一次能源生产电能的过程,是地热利用最重要的方式。地热发电一般不需要燃料,发电成本较低,且发电稳定,不受天气、气候影响,对环境污染少。高温地热资源是地热发电主要利用的资源,发电后所排出的热水还可进行多用途利用。1904年在意大利的拉德瑞罗地热田建立了世界上第一座蒸汽地热发电站。我国高温地热资源主要分布在滇西、藏南和川西地区,我国兴建的第一座地热发电站就是著名的羊八井地热田。

(4) 温泉康养

地下热水蕴藏在地表下,在地球地质活动过程中,经过较高温度和压力的作用下,溶解了地质中丰富的矿物质,如偏硅酸、偏硼酸、硫化氢、氧、镭、氟等成分,这些矿物质具有各种不同的医疗效果,因此含有此类矿物质的地热水形成了医疗热矿水。传统的地热温泉洗浴医疗是中低温地热资源最常见的利用方式,在市场经济的今天,温泉洗浴的方式更加多样,常见的有健身运动、美容护肤、娱乐观光等,温泉开发商更将温泉洗浴推向温泉养生、温泉文化的高度,让温泉洗浴更成为品位休闲的一种方式。温泉洗浴所带来的经济效益造就了近年来我国地热温泉业的蓬勃发展,温泉洗浴和医疗也成为地热资源常规利用方式中比例较大的组成部分,平均增长率约10%。

(5) 地热农业

温室大棚可以改变反季节蔬菜、高档花卉的种植环境,常规燃煤的温室大棚,不仅运营成本较高,而且会造成空气污染。中低温地热资源可以弥补上述两种缺陷,直接利用于温室供暖和温水养殖。反季节蔬菜、高档花卉和喜温鱼类的市场价值提升了地热直接利用的经济价值,因此地热温室种植和水产养殖的技术水平不断提高,应用比例逐年增加。但是,地热温室种植和水产养殖的增长速度近年均小于地热供暖和洗浴医疗利用的增长速度,约为3%左右。

(二) 国外地热资源开发利用的基本情况

世界地热资源丰富,分布广泛但不均衡。地热资源开发利用量逐年增加,效率不断提高,主要用于直接利用(供暖、制冷、工业干燥、康养、旅游、种养殖等)和发电。地热资源开发利用技术不断创新,为规模化合理开发利用地热资源提供了有力支撑。了解国外地热资源开发利用基本情况,有利于加深对地热资源开发利用和地热产业发展形势的整体认识。世界主要资源国促进地热产业可持续发展的许多激励政策和具体做法,对中国具有重要的借鉴意义。

1. 北美地区

美国是当今世界头号强国,能源消耗量很大。20世纪70年代以来,在能源危机的背景下,美国对地热能这种清洁能源越来越重视。根据美国地热学研究人员的测算,美国地热发电潜力在300万兆瓦以上,而且品位较高。自90年代起,美国就开始利用地热进行发电。

(1) 美国地热利用的成功经验

美国政府对地热产业发展给予了有效的政策支持。联邦政府和各州政府都能够主动打破体制、行业和地区的限制,通过建立国家地热数据中心来促进地热信息资料共享,在税收优惠、地热人才培养等方面也非常积极。根据美国政府的规定,地热土地使用费及相关税收50%归各州政府,25%归相关县市,其余25%作为联邦地热资源技术研究和开发利用基金。在市场的推动和政策的刺激下,美国出现了地热资源投资热潮。根据美国地热能协会(EGA)发布的数据,2015年美国地热发电量为168亿千瓦·时,也借此成为世界上最大的地热发电生产国。

美国地热产业的蓬勃发展,还离不开美国地热能协会的大力推动。长期以来,美国地热能协会积极呼吁政府针对地热产业实现优惠政策,推动地热能发电入网,促进地热新技术的研发。此外,美国地热能协会对美国不同地区、各个层级的地热资源进行综合评价,提倡在合理规划的前提下进行开发利用。在美国地热能协会的推动下,美国能源部在2014年向地热学前沿技术增强型地热系统(EGS)的研发提供了3100万美元的财政专项补贴。美国地热能协会执行董事卡尔·格威尔曾指出,地热能已经成为美国可再生能源开发和长期可持续发展的重要因素。

▶ 报告2 开封市地热资源综合开发利用总体战略规划(2019—2029)

（2）美国地热集中供暖的障碍因素分析

与装机容量世界第一的地热发电产业形成鲜明对比,美国地热集中供暖产业却一直不瘟不火。美国地热集中供暖产业发展相对缓慢,一方面是由于美国特殊的能源供给条件,造成地热集中供暖相对于冰岛等国家缺少发展动力;另一方面,进入21世纪以后,美国地源热泵发展迅速,装机量保持世界第一,这种兼具供暖制冷的分散式供热方式侵占了部分地热集中供暖市场,对其产业发展形成一定影响。但是,除此之外,就地热集中供暖产业本身来看,复杂的法律与监管手续、资源评价工作缺失、工程设计与运营经验不足、初期投资成本较高、政府与民众对于地热缺乏基本认知等问题,亦是导致美国地热供暖发展缓慢的阻碍因素。

2. 东亚地区

日本是一个资源相对贫乏的国家,对能源资源的开发利用被提升到了国家战略高度。出于对新型清洁能源的重视,日本在太阳能、风能、潮汐能、地热能、生物能等方面都有所应用。

自20世纪70年代起,日本就开始兴建地热发电项目。但是,受核电项目及石油价格回落的影响,地热发电没有得到充分开发。1985—1999年,日本政府在地热发电方面的投资规模达到18亿美元,开发了11个地热田,地热资源在农业和养殖业方面得到了广泛应用。2003年,日本政府发布《新能源特别措施法》,地热发电的选址限制有所松动。2006年,日本地热发电量达到53.5万千瓦,在世界地热发电总量中所占的比例达到了惊人的6.5%。2007年,日本地热发电量超过了太阳能发电与风能发电总量之和。2008年,日本18座地热电站的装机总容量达到50万千瓦,在日本电力市场上所占的份额达到0.2%。由日本经产省牵头,日本政府组织成立了由电力公司和相关学者专家组成的地热研究会,为地热发电科研开发提供对口支持。2009年4月,日本政府开始对地热发电项目进行前期资金投入支持。

2011年的福岛核危机事件引发了日本的地热发电开发热潮,地热发电开始向商业化、市场化的方向发展。为了普及地热发电,日本政府非常注重资金和技术上的直接支持,不仅向地热开发项目提供20%的补助,还将地热发电设备的财政补助上升到前期开发投资成本的35%左右。由于政策的大力支持,日本地热企业在发电设备研制、耐腐蚀材料开发等方面取得了出色的成绩。2010年,日本地热发电设备生产能力在国际市场上所占份额达到70%以上,地热资源利用率达到了2.6%。在日本政府制订的新能源开发计划中,2020年和2030年日本地热发电的装机总量将分别达到120万千瓦和190万千瓦。

3. 欧洲地区

欧洲地区的地热资源储量十分丰富,冰岛、意大利、希腊和土耳其都是地热资源大国。根据欧盟委员会联合研究中心(JRC)发布的数据,2015年世界地热能装机总容量最高的前15个国家中有10个国家分布在欧洲,所占比例达到85%以上。欧洲地热能源主要技术的效率和容量因子(实际发电量与额定最大可发电量的比率)如表2-3所示：

表2-3 欧洲地热能源主要技术的效率和容量因子表

单位:%

地热能源技术	效率	容量因子
地源热泵(平均)	3.5	19—30
地源热泵(较高)	6.0	25
水热发电	7—20	90
EGS发电	7—12	90
热力供应		37
洗浴或游泳池		52
工业热加工		70

欧洲许多国家在地热技术方面都有核心竞争优势,例如:英国在地热工程技术方面有独特优势,同时也和冰岛、以色列等国家有深入的地热项目合作;法国积极探索地热开发尖端技术,如"断裂热岩石"型深层(5000米以下)地热开发技术等;意大利拥有超压地热储存运转技术;德国在深孔钻探和回灌热储技术方面较为领先;等等。

(1)地热资源开发利用方式与技术

欧洲的地热利用方式主要有地热发电、直接利用和地源热泵。

欧洲地热资源的利用技术主要为:利用分布式热力网络系统,向建筑物供暖或制冷;洗浴、康复和游泳池的温水供应;温室大棚农业或露天提高地温促

▶ **报告 2　开封市地热资源综合开发利用总体战略规划（2019—2029）**

进农作物生长；水产养殖业；工业热能利用，包括水的纯化或脱盐、食品加工、皮革加工、奶制品的杀菌、水或碳酸饮料的装瓶、硼酸盐的生产等；冰雪融化和新型利用，包括公路和机场跑道除雪、CO_2 分离和室内空气制冷等。

（2）地热资源开发利用的政策支持

欧盟"研究和创新框架计划"及其他鼓励机制为欧洲地热事业的发展提供了有力的政策支持。具体来说，欧盟各国在地热领域的政策支持主要体现在投资补助、减税、碳排放税减免等几个方面。在产业发展组织方面，欧洲也是遥遥领先。2010 年，欧盟启动地热联合计划，对地热资源勘探及相关生产技术提供大力支持。2012 年，欧盟可再生能源供热和制冷技术平台（RHC-Platform）发布《地热科技的研究重点》，为地热产业发展的方向和目标提供了有效的决策参考。同年，为期 4 年的欧盟研究区域联络网（ERA-NET）计划正式启动，欧盟各国在地热领域的研究合作进一步深入。2014 年，"欧洲地热创新奖"计划出炉，对地热科研创新起到了有力的推动作用。

4. 东南亚地区

东南亚地区与我国毗邻，在基本国情、发展水平等方面与我国有较深的渊源。印度尼西亚、菲律宾等国家地热产业的发展对我国地热资源开发利用具有重要的参考价值。

（1）印度尼西亚地热资源开发的现状

印度尼西亚是地热资源极为丰富的国家之一，其地热资源占全球的 40% 左右，地热发电潜力接近 3000 万千瓦。但是，长期以来，由于印度尼西亚同样有着丰富的石油、天然气资源，加上地热发电风险高、周期长，其地热资源开发利用率仅为 5% 左右。只是在近几年来，由于地热资源利用成为一种国际潮流，加上印度尼西亚本国石油、天然气资源消耗过大及环境污染、生态破坏等问题，印度尼西亚对地热资源开发重拾热情。2014 年，印度尼西亚通过了《地热法》，为加大地热资源开发奠定了法律基础。印度尼西亚财政部也专门拨出 2 万亿盾（约合 2.1 亿美元）来支持地热项目勘探及研究论证。同时，相关部门提出了一系列鼓励扶持政策，如：提高地热电力的价格；增加地热项目的补贴；减免地热项目相关机械、工具和材料的进口税；银行为地热项目开发商提供便利；减免地热项目净利所得税的 30% 和外资支付红利所得税的 10%。根据印度尼西亚矿物与能源部制定的《地热能资源开发利用规划》看,到2025年,印度尼西亚地热发电要达到9500兆瓦,在全国电力中所占比例要达到12%,力争成为全球最大的地热利用国。

(2)菲律宾地热资源开发的现状

从体量上来说,菲律宾的国家规模并不大。但是,在地热资源开发领域,菲律宾却是一个"地热大国"。根据巴黎21世纪再生能源政策组织(REN21)发布的数据报告,2014年菲律宾地热总容量达到1.9亿瓦,排在世界第2位。早在1977年,菲律宾就已经开始利用地热进行发电。1998年,菲律宾积极引进外资和技术进行地热资源开发。日本住友商事公司和富士电机公司投资兴建了菲律宾规模最大的地热发电站。在政策的大力支持下,菲律宾地热资源开发事业蓬勃兴旺,甚至可以和智利等发展中国家进行地热发电项目合作甚至是技术输出。目前,菲律宾的电力构成中,地热发电占比达10.3%,远超其他类型的可再生新能源。根据菲律宾能源部制订的规划,2030年之前要将现有发电量增加到1.7倍左右,这为地热发电事业提供了宝贵的政策窗口。

5. 澳洲地区

澳大利亚位于南半球,是一个资源丰富的国家。澳大利亚具有广泛的干热岩分布,并且有异常高的放射性元古代花岗岩。澳大利亚南部的平均大地热流为92 ± 10兆瓦/米^2,是全球平均数的两倍。从20世纪80年代起,澳大利亚就开始了地热在养殖、发电等行业的应用。2008年,澳大利亚开始着手建立本国的增强型地热系统,不遗余力地进行地热尖端科技的研发,走上了应用清洁能源的高科技道路。2014年7月,澳大利亚公布了"到2020年,清洁能源占能源结构20%"的目标。

在地热国际市场上,澳大利亚地热企业十分活跃,在获取采矿权、勘探并报告地热储量、开发供热和发电项目等方面有着优异表现。澳大利亚地热能源协会曾经指出,各方对澳大利亚地热项目开发的兴趣渐增,目前已有24家在澳大利亚证券交易所上市的地热牌照持有者。到2025年,澳大利亚与地热勘探活动有关的工作方案将超过60亿澳元。

(三)我国地热资源开发利用的现状

我国地热资源丰富,但资源探明率和利用程度较低,开发利用潜力很大,

▶ 报告2 开封市地热资源综合开发利用总体战略规划(2019—2029)

前景广阔。近年来,中国地热能勘探、开发及利用技术持续创新,地热能装备水平不断提高;浅层地热能利用快速发展,水热型地热能利用持续增长,干热岩型地热能资源勘查开发开始起步,地热能产业体系初步形成。

1. 我国地热资源存量

"十二五"期间,中国地质调查局组织完成全国地热能调查,对浅层地热能、水热型地热能和干热岩型地热能分别进行评价。

结果显示,中国大陆336个主要城市浅层地热能年可采资源量折合7亿吨标准煤,可实现供暖(制冷)建筑面积320亿平方米,其中黄淮海平原和长江中下游平原地区最适宜浅层地热能开发利用。中国大陆水热型地热能年可采资源量折合18.65亿吨标准煤(回灌情景下)。其中,中低温水热型地热能占比达95%以上,主要分布在华北、松辽、苏北、江汉、鄂尔多斯、四川等平原(盆地)以及东南沿海、胶东半岛和辽东半岛等山地丘陵地区,可用于供暖、工业干燥、旅游、康养、种植、养殖等;高温水热型地热能主要分布于西藏南部、云南西部、四川西部和台湾,西南地区高温水热型地热能年可采资源量折合1800万吨标准煤,发电潜力7120兆瓦,地热能的梯级高效开发利用可满足四川西部、西藏南部少数民族地区约50%人口的用电和供暖需求。据初步估算,中国大陆埋深3000—10000米干热岩型地热能基础资源量折合856万亿吨标准煤,其中埋深在5500米以浅的基础资源量折合106万亿吨标准煤。鉴于干热岩型地热能勘查开发难度和技术发展趋势,埋深在5500米以浅的干热岩型地热能将是未来15—30年中国地热能勘查开发研究的重点领域。

2. 我国地热开发利用方式

我国地热资源存量巨大、分布广泛,各类型地热资源在全国分布差异较为显著,可结合不同地区自然特征和经济社会差异,统筹规划全国范围内的地热资源开发利用,提高地热资源开发利用效率。综合地热资源的自然特征和现有的技术条件,目前地热资源的开发利用集中在地热发电和直接利用两方面,其中地热资源的直接利用包括地热供暖、地热农业、温泉康养等方面,最重要的是地热供暖。目前,全国已经基本形成了以西藏羊八井为代表的地热发电、以天津和西安为代表的地热供暖、以东南沿海为代表的疗养与旅游和以华北平原为代表的种植和养殖开发利用格局。(见图2-3、表2-4)

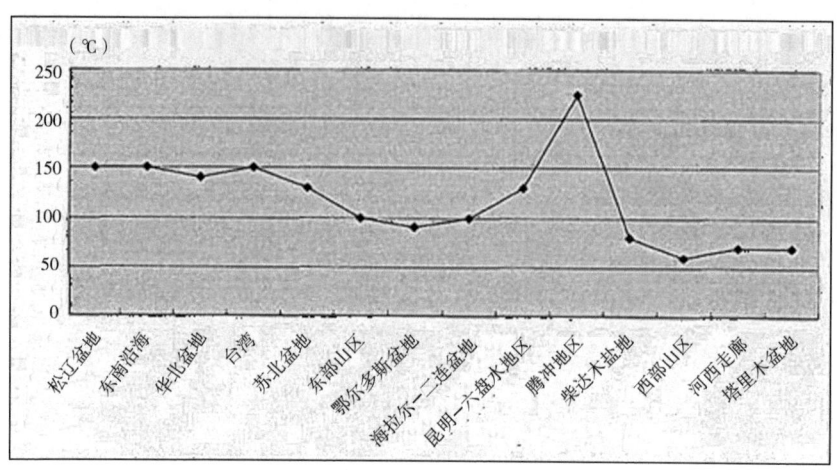

图 2-3 我国地热资源分布特征图

表 2-4 我国地热能开发利用现状(截至 2015 年底)

地区	浅层地热能供暖/制冷面积 (10^4 平方米)	水热型地热能供暖面积 (10^4 平方米)	发电装机容量(兆瓦)
北京	4000	500	0
天津	1000	2100	0
河北	2800	2600	0.4
山西	500	200	0
内蒙古	500	100	0
山东	3000	1000	0
河南	2900	600	0
陕西	1000	1500	0
甘肃	400	0	0
宁夏	250	0	0
青海	0	50	0
新疆	300	100	0
四川	1000	0	0
重庆	700	0	0
湖北	1200	0	0
湖南	200	0	0

报告 2 开封市地热资源综合开发利用总体战略规划(2019—2029)

续表

地区	浅层地热能供暖/制冷面积 (10^4 平方米)	水热型地热能供暖面积 (10^4 平方米)	发电装机容量(兆瓦)
江西	600	0	0
安徽	1800	50	0
江苏	2500	50	0
上海	1000	0	0
浙江	2200	0	0
辽宁	7000	200	0
吉林	200	500	0
黑龙江	300	650	0
广东	500	0	0.3
福建	100	0	0
海南	100	0	0
云南	150	0	0
贵州	800	10	0
广西	2200	0	0
西藏	0	0	26.58
全国	39200	10210	27.28

(1)地热发电

我国利用低温地热水发电的小型试验电站始于20世纪70年代末,广东丰顺邓屋(92℃,300kW)、湖南宁乡灰汤(98℃,300kW)、河北怀来后郝窑(80℃,200kW)、山东招远汤东泉(98℃,300kW)、辽宁营口熊岳(90℃,200kW)、广西象州热水村(79℃,200kW)和江西宜春温汤(67℃,100kW)这7个中低温地热是中国低温地热发电史上具有里程碑意义的发电站,它们开了我国低温地热发电的先河,但是由于地热勘探、发电、规模、设备和利用效率等方面存在诸多问题,均因被认为没有经济效益而在短时间内停运。

高温地热发电的代表是羊八井地热站,羊八井地热田是我国正在开发利用的第一个湿蒸汽型高温热田。作为我国目前仅存的一个高温地热发电站,虽然几近停运,存在较大的环境影响问题,但是不可否认的是,羊八井地热站在一定程度上促进了拉萨地区各项事业的发展,产生了一定的经济效益和较好的社会效益,被称为世界屋脊上的一颗明珠而盛誉全球。但是,自20世纪末,我国地热发电站建设尚未有重大的发展。近期在福建省的干热岩发电研究取得了一定效果,但是其目前的科研效果更大于经济效果。

(2) 地热供暖

目前,浅层和水热型地热能供暖(制冷)技术已基本成熟。

我国浅层地热能利用起步于20世纪末,2000年利用浅层地热能供暖(制冷)建筑面积仅为10万平方米。伴随绿色奥运、节能减排和应对气候变化行动,浅层地热能利用进入快速发展阶段,2004年供暖(制冷)建筑面积达767万平方米,2010年以来以年均28%的速度递增。截至2017年底,中国地源热泵装机容量达2万兆瓦,位居世界第一;年利用浅层地热能折合1900万吨标准煤,实现供暖(制冷)建筑面积超过5亿平方米,主要分布在北京、天津、河北、辽宁、山东、湖北、江苏、上海等省市的城区,其中京津冀开发利用规模最大。

近10年来,我国水热型地热能直接利用以年均10%的速度增长,已连续多年居世界首位。1990年全国水热型地热能供暖建筑面积仅为190万平方米,2000年增至1100万平方米,2017年底超过1.5亿平方米,其中山东、河北、河南增长较快。天津市供暖建筑面积为2100万平方米,居全国城市首位,占全市集中供暖建筑面积的6%;河北雄县供暖建筑面积为450万平方米,满足县城95%以上的冬季供暖需求,创建了我国首个供暖"无烟城",形成了水热型地热能规模化开发利用"雄县模式"。

(3) 地热农业

地热资源在农业中的应用可以分为地热种植、地热养殖两方面。山东和福建主要用于鱼类养殖,北京和河北等地用热水灌溉农田来种植水稻,西藏主要用于温室种植。地热温室以地热能和太阳能作为热源,因而生产成本低,在各种能源温室中占据十分有利的地位。目前,利用地热温室进行栽培已成为调节农作物生产周期和减少环境污染,为人们生产优质农产品的重要途径。地热作为复合型资源具有适合生物反季节或异地养殖与种植的优势。利用地热能不仅可以为温室供暖,还可以利用地热水进行温带水生物养殖,以及从地热水中提取矿物质为生物提供所需的养分。地热在我国北方地区主要用于种

▶ 报告 2　开封市地热资源综合开发利用总体战略规划(2019—2029)

植高档的瓜果蔬菜、食用菌和花卉等,在南方则主要用于农作物的育秧。据相关资料统计,全国目前共有地热温室和大棚面积达133万平方米。

地热水产养殖和鱼苗越冬是地热直接利用项目中的重要内容。这是因为水产养殖所需的温度不高,一般地温地热水都能满足需要,同时它又可将地热温室种植、地热室内采暖以及工业利用之后排出的地热水再次综合梯级利用,从而使地热利用率大大提高。对于地热的养殖,天津、北京、广东和福建等地起步较早。全国因水产养殖而产生的耗水量约占地热水总用量的5.7%,主要经营养殖的鱼类包括鳗鱼、罗非鱼、青虾、甲鱼、观赏鱼和牛蛙等。因为目前各地温泉养殖业发展迅速,大批新鲜的成鱼畅销海内外,使得企业取得了丰厚的经济效益。除此之外,涉及的领域还包括利用地热温度帮助蔬菜脱水、禽类解化、牲畜洗浴池与加温沼气池等,同样都取得了良好的效果。(见表2-5)

（4）温泉康养

地热温泉在我国开发利用的历史源远流长。地热水具有较高的温度,还富含多种对人体有益的矿物质以及一些特殊的化学元素,如锂、氟、氡、偏硼酸、偏硅酸等,在一些地热区附近还常常积有矿泥,具有一定的医疗和保健作用,这些地热水称为医疗热矿泉水。其中还有一些地温地热水,因其来源较深,未受污染,并含有锂、锶、溴、碘、锌、硒等微量元素,可作为饮用天然矿泉水开发利用。如果可以经常用地热水进行洗浴,对关节炎、高血压、冠心病、神经衰弱及皮肤病等有一定的治疗效果;如果饮用含有碳酸或铁的矿泉水,可以调节胃酸、平衡人体酸碱度或治疗缺铁性贫血。依托地热资源这一特有的医疗保健功能,在地下热水出露地区常常建立疗养院或矿泉理疗机构,同时这些地区伴有特殊的地质、地貌景观,具有很大的旅游开发价值。在我国有不少既有医疗矿水资源,又有温泉旅游资源的地区,已成为著名的矿泉旅游疗养胜地,如北京小汤山、广东从化、江西庐山、重庆南温泉等地。

四、开封市地热资源禀赋与开发利用情况

开封市地热资源丰富,统筹推进开封市地热资源的开发利用、编制开封市地热资源综合利用战略规划需要建立在对开封地热资源的自然特征和经济特征有充分认识的基础上。本部分围绕开封市地热资源自然禀赋和开发利用现

状,从地热资源存量、分布、质量等方面对开封地热资源的自然禀赋进行描述,从用途、区位、企业等角度对开封地热资源开发利用现状进行梳理,对开封地热资源的自然特征和开发现状做出全面的描述。

表 2-5 地热农业利用方式

地热农业利用	地热温室种植	利用地热流体作为热源建造温室,把建筑物供暖后排放的 25—40℃的地热尾水导入地下加温管道,为土壤加温,使地温保持在 20—25℃,促进农作物早熟,使喜温作物叶片加快分化和生长
	地热养殖	罗非鱼类(14℃以上,16—20℃); 淡水白鲳(12—35℃,以 25—30℃为宜); 鳗鱼(18℃以上,常年控制在 24—28℃); 鳖(15℃以上,26—30℃); 河蟹(30℃以下,18—25℃); 对虾(8—8.5℃); 罗氏沼虾(18℃以上,最适宜的水温为 28—31℃); 金鱼(在低温 20—21℃孵化,高温 20—23℃育大苗,低温 18—19℃亲鱼暂养); 胡子鲶(最适宜的水温为 24—30℃); 牛蛙(18℃以上,30℃以下); 蛇(最适宜的温度为 18—30℃,湿度>50%); 蚯蚓(最适宜的温度为 15—25℃)
	地热孵化家禽	孵化时供热水温度为 48—65℃,最佳水温为(55±5)℃;降水温度为 20—37℃,最佳水温为 20—25℃
	地热烘干	地热烘干的辣椒色泽鲜艳,大蒜粉味道浓郁,能显著提高商品品级和价值
	地热制冷	用地热能为冷藏库的冷却装置提供能源,可保鲜蒜薹、苹果、猕猴桃等蔬果,成本低廉,经济划算
	地热水宰杀畜禽	70℃左右的地热水,代替燃煤锅炉,不仅可免去烟尘废渣对环境的污染,而且地热水不含菌群,可使肉类新鲜干净,不易腐烂,立竿见影

(一) 开封市地热资源禀赋

1. 开封市地热资源构造与形成条件

开封市地处开封凹陷区,新生代以来地壳下沉,接受巨厚层的沉积,沉积

报告2　开封市地热资源综合开发利用总体战略规划(2019—2029)

物一般厚3000米左右,凹陷区厚达6500米左右,凸起区也有2000余米。古近系和新近系以沉降为主,岩性为黏土岩、砂质黏土岩、砂岩、砂砾岩。其层位和厚度受古地形影响,产状近于水平。区内地热类型主要为沉积盆地埋藏型和地质构造型。

盆地埋藏型地热田主要依靠沉积物在固结成岩过程释放的能量和岩层自身传导热能供热,地热增温梯度受地层岩性、围岩压力、物质组成影响,同一沉积单元变化不大,具有分布稳定、厚度大、热储温度随深度增加而升高的特点。据开封市区已开发地热井资料统计,井深1300米,1000—1300米段取水,井口水温52—55℃,地热增温率为每100米3.2—3.8℃。构成了典型的覆盖型层控低温地热田。

地质构造型地热田受构造断裂控制,其分布具有局限性,其地热资源温度高、流量大,常以高温热水、高温气流体出现,在其埋藏区上覆地层热储温度常产生地热异常。开封市区地下构造活动强烈,基底深大断裂、活动性断裂十分发育,主要为西北—东南向,形成于燕山晚期,近期仍在活动,具压扭性质。深大活动性断裂常是地壳深处地热能上升的通道,深部地热流体与上部冷水对流混合形成高温地热流体,在其断裂破碎带、盖层覆盖区形成地热异常。

垂向上存在3个热储含水层,热储按地层时代划分为第四系热储、新近系热储和古近系热储。(见图2-4)

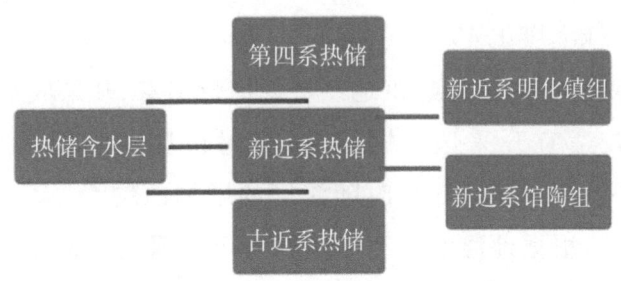

图2-4　开封市地热资源构造图

(1) 第四系热储

第四系厚度200—400米,热储岩性以细砂、粉细砂、中细砂为主,井口温度25—27℃左右。

(2) 新近系热储

根据温度和地层埋深可划分为两个热储亚层:

①新近系明化镇组。地层厚度在600—1000米,热储岩性以细砂、中砂、粉细砂为主,井口水温29—40℃。该热储层是目前主要的开采层段之一。

②新近系馆陶组。地层厚度200—800米,热储岩性以粉细砂岩为主,少量中砂岩和砂砾岩,井口温度65—80℃左右。此段热储层目前开采不多。目前地热井资料极少,应是下一步主要开采利用的层段。

新近系热储的成因模式:开封凹陷区地热系统是传导和对流双重影响的结果。地球内部的热经传导至中元古界下部;中元古界至新生界古近系经历了多次构造运动,其间断裂、裂隙发育,来自西部和西南部山区并赋存于灰岩中的地下水经加热增温,沿着断裂和裂隙上升至古近系顶部,此时对流起主导作用;古近系顶部的热水受弱透水层的阻碍而又以传导的形式对新近系及以上地层施加影响。因此,开封凹陷区新近系地热系统的成因模式是传导—对流—传导。

(3)古近系热储

该段埋藏深度大,厚度约3000米,热储岩性以细砂岩、砂岩为主,孔隙度和渗透率低,出水温度高,涌水量低。

2. 开封市地热资源存量及分布

开封市区热储面积530平方公里,热储层为上第三系明化镇组、馆陶组砂岩,热储层埋深一般为600—2000米。根据有关公式计算,开封市区上第三系地热资源量折合标准煤$1.45×10^9$吨。

从资源禀赋角度来看,开封市地热资源储量丰富、开采成本较低。开封市属于地热资源较适宜开采区。据统计,开封市区的地温梯度为每100米3.366℃,热储层埋深小于500米时随深度的增加而增大,大于500米时随深度的增加而减少。根据地温的梯度估算开封市各深度的地温,其中埋深1200米时的温度如表2-6所示:

报告 2　开封市地热资源综合开发利用总体战略规划(2019—2029)

表 2-6　开封市区的地温特征

地热井名称	井深(m)	水温(℃)	地温梯度(℃/100m)	1200m 温度(℃)	地表热流值(mW/m²)
小北岗	1302	51.5	3.19	53.54	56.272
水利局	1254	53.5	3.46	56.73	—
节水办(西)1#	1231	49	3.13	52.83	55.848
节水办(东)	1205	53	3.38	55.78	60.456
汴京饭店	1200	50.5	3.39	55.9	60.545
155 医院	1200	52	3.45	56.61	61.617
隆氏公司	860	40.5	3.19	53.64	56.176
电业局 1#	803	39	3.4	56.02	59.821
节水办(西)	595	30.5	3.25	54.25	54.746
电业局 2#	550.7	30	3.25	54.25	54.779
玻璃总厂	524	30	3.42	56.26	57.56
宋城食品厂	451.58	28	3.29	54.72	—
啤酒厂	450	29	3.78	60.5	
针织厂	440.63	27	3.6	58.38	
色织厂	443.5	27	3.31	54.94	

其中市区内有明确地热资源相关记载的有顺河回族区和汴西新区,县区内是通许县。

(1) 顺河回族区

顺河回族区拥有丰富的地热资源。2017 年 4 月 5 日,位于六四六基地的探采一井顺利完钻,地热水出水温度超过 80℃,出水流量高达 120 立方米/小时,具备较高的利用价值。根据测算,2017 年采暖季六四六基地供暖系统年总供热量折合标准煤炭 8061 吨,减排二氧化氮等氮氧化物 71.3 吨、二氧化碳 10257 吨。未来伴随着顺河回族区地热资源开发利用的不断深入,开封市地热资源储量可以实现全市供热利用全覆盖,预计全市每年可以减少 500 万吨标准煤的使用量,符合当前国家大力倡导的绿色生态的发展理念。

(2) 汴西新区

汴西新区位于开封凹陷区的西南部,地热类型属沉积盆地传导型,热储类型为层状热储,热储结构完整,热储层、盖层齐全。热源供给主要为大地热流传导,深部古近系热储层存在沿断裂通道对流的热传导形式。

(3) 通许县

通许县地处通许隆起中部,成热地质背景有利。地热资源类型属盆地传导型,地温梯度为每 100 米 3.2－3.8℃,1000 米埋深地温为 48－54℃。主要热储层有新近系明化镇组和馆陶组孔隙热储及寒武-奥陶系溶隙-裂隙热储,热储结构组合分为单一、双层、多层 3 种类型,地热流体主要是沉积水。

通许县寒武-奥陶系碳酸盐岩热储在河南东部平原乃至华北盆地埋藏相对较浅,属经济型开采资源,成热地质条件有利,储量较为丰富。

3. 开封市地热资源勘查与评价

(1) 地热资源勘查

《地热资源地质勘查规范》(GB/T 11615－2010)规定:地热资源勘查指为查明某一地区的地热资源而进行的地质、地球物理、地球化学综合调查以及钻探与试验、取样测试、动态监测等地质工作。根据勘查工作程度,可分为调查、预可行性勘查、可行性勘查和开采等阶段。开封市目前还没有进行过全面的地热勘查,相关记录不足,可供参考的资料较少。

具体来说,开封市区中有地热资源相关记录的只有顺河回族区和汴西新区,但也仅仅介绍了地热资源的形成条件与一些简单的指标,并不能算标准的地热资源勘查。相比之下,县区中通许县做过较为明确的勘探记录及评价,但并未做到动态监测。总体来说,开封市的地热资源勘查仍处于起步阶段,前期准备不足。未勘明却先开发,这就很容易导致开发利用的不合理,造成资源浪费,降低钻井成功率。各区域需要尽快对本区域内的地热资源进行系统勘查,协调各部门做好记录和动态监测,强化前期勘查工作,加强前期地质论证工作,为后续的开发方案提供参考。

(2) 地热资源评价

《地热资源地质勘查规范》(GB/T 11615－2010)规定:地热资源评价指在综合分析地热资源勘查成果的基础上,运用合理方法对地热资源蕴藏量、可采

报告 2 开封市地热资源综合开发利用总体战略规划(2019—2029)

量及质量进行的计算与评价。由于开封市还没有进行过全面的地热勘查,因此对于地热资源的评价也是欠缺的。

对地热资源进行综合评价,可以降低开采风险以及开发利用中的不确定性,实现经济、社会、环境效益的统一。开封市各区域应在勘探的同时,着手地热资源评价工作,综合运用各种评价方法进行准确计算,确保开发利用的可持续。

(二) 开封市地热资源开发利用的基本情况

1. 开封地热资源利用结构

(1) 使用结构

开封地热水开发利用目前集中于温泉洗浴和地热供暖两方面,目前的开封利用格局基本呈"小型温泉洗浴为主、中深层地热供暖面积增长迅速"的态势。(见图2-5)

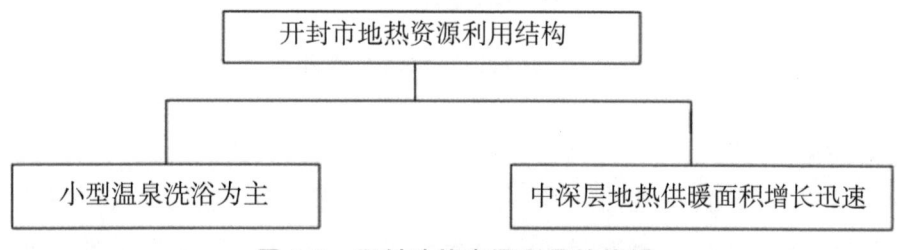

图 2-5 开封地热资源利用结构图

传统开封地热资源的开发利用主体集中于小型温泉洗浴中心,目前开封市自备地热井数量在 300 口左右,通过打钻 800 至 1600 米的中深层地热井,抽取地下中高温热水并直接用于温泉洗浴。小型温泉洗浴中心分布分散、缺乏统一筹划、经济效益较低,且利用后的地热水被当作废水直接排出,无回灌环节,长期以来,造成地下水水位显著下降,并对地质结构造成不可估量的影响,不利于地热资源的可持续利用,严重影响生活安全。开封市水利局已经加强对温泉洗浴用地下水的审批,对于中深层地热水只允许取热不取水以确保地热资源的可持续利用和生产生活安全。

除温泉洗浴外,开封市的中深层地热供暖正在飞速发展,仅 2018 年,开封各县区新增已完工地热供暖面积 174.6 万平方米。目前,开封市地热供暖行业呈现出投资主体多元化、地区分布广泛、地热供暖面积增长速度飞快的特点。从投资主体看,国企和私企纷纷涉足开封地热供暖产业,已有宝石花热能开发有限公司河南分公司、中石化新星河南新能源开发有限公司、尉氏县万江新能源供热有限公司、河南三联科技工程有限公司、陆特(开封)新能源科技有限公司5家地热开发企业在开封布局。从地热供暖地区分布来看,在开封管辖的10个县区内已有顺和回族区、龙亭区、开封新区、鼓楼区、尉氏县、兰考县6个县区布局中深层地热供暖。(见图2-6)

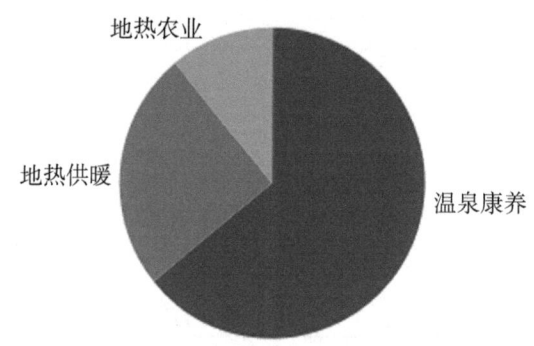

图2-6 开封地热水使用量占比

(2) 地区结构

目前已知开封自备地热井在300口左右,主要用于小型温泉洗浴,由于尚未对温泉洗浴用地热水消耗量进行全面统计,无法对温泉洗浴用地热水进行数字描述;而中深层地热供暖作为重要的能源开发利用项目,具有较高的经济效益和生态效益,每个中深层地热供暖项目在各县区的发改委均有备案,故各县区地热资源开发利用结构以中深层地热供暖为依据。

目前开封市中深层地热供暖总建设面积为431.6万平方米,其中县区地热供暖面积为343.4万平方米,市区地热供暖面积为78.2万平方米,地热供暖在区位上呈现出"县区包围市区"的特点。在开封的各县区中,兰考县中深层地热供暖面积最大,预计建设240万平方米,占开封市区地热供暖总面积的55.61%;在开封市区中,龙亭区地热供暖面积最大,预计建设34.5万平方米,占开封市区地热供暖总面积的7.99%。(见图2-7)

(3) 竞争结构

开封市地热开发投资主体呈现出"国企与私企共同参与,投资主体多元

▶ 报告2　开封市地热资源综合开发利用总体战略规划(2019—2029)

化"的特征。开封市参与地热供暖建设的公司共有5家,分别为宝石花热能开发有限公司河南分公司、中石化新星河南新能源开发有限公司、尉氏县万江新能源供热有限公司、河南三联科技工程有限公司、陆特(开封)新能源科技有限公司。

陆特(开封)新能源科技有限公司所占地热供暖市场份额最大,占总地热供暖面积的35%,达到150万平方米。中石化新星河南新能源开发有限公司所占份额次之,占总地热供暖面积的28%,达到120万平方米。这两家地热供暖企业的布局主要集中于兰考县,与兰考县政府达成《兰考县城区地热资源综合开发利用合作协议》,兰考县政府授予中石化新星河南新能源开发有限公司和浙江陆特能源科技股份有限公司对地热能源综合开发利用的权利,并对

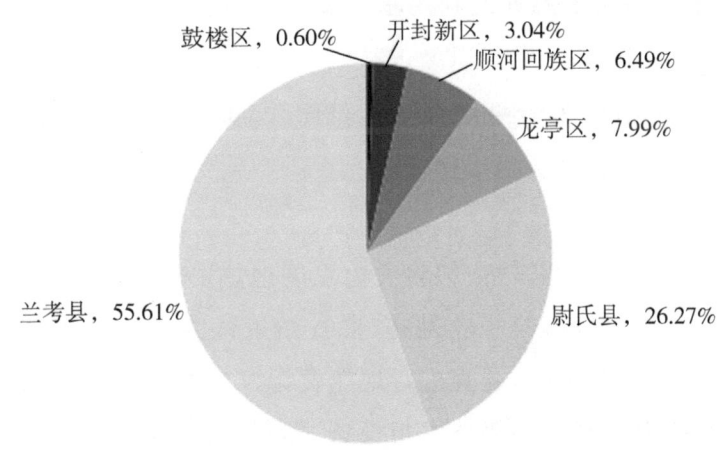

图2-7　开封各县区地热资源开发利用结构图

各自授权区域的地热资源进行统一规划、有序开发、合理利用和有效保护,建设地热能综合应用示范基地,各自完成供热面积120万平方米的任务。尉氏县万江新能源供热有限公司所占市场份额为22%,为尉氏县提供95万平方米的地热供暖。河南三联科技工程有限公司所占市场份额为9%,地热供暖面积为38.6万平方米,布局集中于开封新区。宝石花热能开发有限公司河南分公司所占市场份额最小,仅为6%,地热供暖面积为28万平方米,布局集中于开封顺和回族区。(见图2-8)

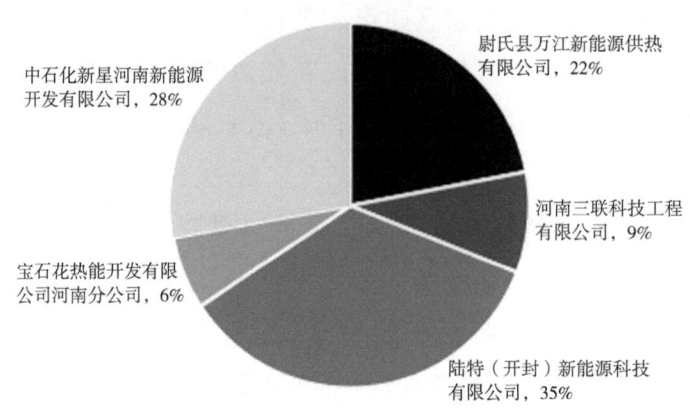

图 2-8 开封地热供暖公司市场占比图

2. 开封市区地热资源开发利用基本情况

（1）龙亭区

2018年预计30万平方米实现地热供暖，与浙江陆特能源科技股份有限公司达成合作，共同实施地热供暖项目。

（2）顺和回族区

顺和回族区地热资源丰富，拟将大力发展地热资源。中石油于2010年对顺和回族区地热资源进行第一轮勘查，勘查结果认为顺河回族区地热资源在水温、水量方面均非常优越，适宜进行地热资源开发利用。中石油凭借在石油勘查与钻井业务中积累的多年技术与设备，拥有领先的地热勘查与钻井技术，并在地热水回灌技术上积极创新，严格按照"以灌定采""同层回灌"的原则进行地热资源的开发利用。2018年，中石油宝石花地热能开发有限公司河南分公司在汴东产业集聚区注册成立。目前宝石花已在开封六四六社区、御景湾小区进行地热供暖试点，可满足38万平方米的供暖需求，水温稳定，效果显著。

3. 县区地热资源开发利用基本情况

（1）尉氏县

尉氏县与河南万江新能源开发有限公司达成合作，签约供热面积达到95万平方米。2018年预计实现供暖面积28万平方米左右。尉氏县的开发特点关键在于原先地热井的整合利用，在原先开发得不达标的地热井基础上，重新改造，实现既有资源的充分利用。

▶ 报告 2 开封市地热资源综合开发利用总体战略规划(2019—2029)

(2) 兰考县

兰考县 2017 年计划实现 240 万平方米的集中供暖,240 万平方米的集中供暖区域全部采取地热供暖,根据《兰考县城区地热资源综合开发利用合作协议》,授予中石化新星河南新能源开发有限公司和浙江陆特能源科技股份有限公司对地热能源综合开发利用的权利,并对各自授权区域的地热资源进行统一规划、有序开发、合理利用和有效保护,建设地热能综合应用示范基地,确保 2017 年各自完成供热面积 120 万平方米的任务。

(三)目前开封市地热资源开发利用中存在的问题

1. 政府主管部门职能不明确,审批环节效率低

地热资源由于埋藏在地下深处,被自然资源部界定为矿产资源,但地热资源的利用又必须经过对浅层地下水的间接利用才能实现,这又涉及水利部门的审批。水利部门和国土部门在审批上的矛盾导致地热开发企业的手足无措,大大降低了地热资源开发利用的效率。为进一步提高地热资源的使用效率,必须对水利部门、国土部门的职能进行明确和约束。

2. 市场准入混乱,急需合理的统一规划

目前地热资源的开发利用仍是一片蓝海,各家企业争先恐后地争夺市场,这一方面推动了地热资源开发利用的快速发展;但另一方面,对地热资源自发性的开采利用必然会引起不可预估的地质威胁,不利于地热资源的可持续利用,同时也形成了企业间的恶性竞争,不利于企业长期发展。政府需要在对辖区内的地热资源有充分认识的基础上,综合考虑环境、效益、企业等因素,在保证地热资源可持续的前提下,制订地热资源开发利用统一规划。

3. 地热资源开发利用在设计、施工等方面缺乏监管,施工质量得不到充分保证

地热资源开发利用过程中的钻井工艺和回灌工艺对地质构造有不可预估的影响,关系到生态安全和地热资源的持续利用。但在施工过程中,钻井深度是否在合理区间内、是否实现同层回灌等问题都得不到有效保证,给日后的生产生活埋下重大隐患。

五、开封市地热资源冬季供暖规划

冬季清洁供暖现已成为我国北方城市大气保卫战中的一项艰巨任务。开封市坐拥得天独厚的地热资源,能否将其作为未来冬季供暖的主要热源,地热供暖模式当前面临哪些困难,其对原有开封供热市场主体有哪些影响,以及如何从全局角度合理规划进而实现开封冬季清洁供暖目标等,都是摆在决策面前的需要解决的问题。

基于上述背景,本部分从开封现有冬季供暖市场现状出发,在充分调研与具体测算的基础上,对开封市未来10年利用地热资源冬季供暖的可行性进行分析,最后结合城市发展实际与国家政策导向,从战略角度整体规划开封未来10年冬季供暖实施方案,并提出相应的政策建议。

(一)开封市冬季供暖市场现状

本部分首先从需求与供给双重视角,对开封市主城区和各县城区冬季供暖市场现状进行描述,并在此基础上分析当前开封冬季供暖存在的主要问题,探究在能源消耗约束与大气环保要求的双重压力下,开封未来实现清洁供暖目标可能面临的困境与风险,为从战略角度制订开封未来冬季供暖整体规划提供基础性参考。

1. 开封市冬季供暖市场的需求主体

开封市从1994年就启动了主城区冬季集中供暖工程,目前已经建成了覆盖范围比较广泛的供暖网络。从需求端来看,如图2-9所示,无论是供暖总面积还是用户总量,2011—2018年都呈现出持续高速增长的趋势。尤其在2017冬季供暖禁煤的条件下,开封市集中供暖增速并未受到影响,为开封市民生工作做出了重要贡献。截至2018—2019年供暖季,开封市主城区已实现集中供暖17万户,供暖面积达2757.2万平方米,供暖普及率达78.4%,位居全省中上游(见图2-10)。在销售价格方面,开封市供暖主要以流量计费,在全国处于领先水平;换算成面积后与全省其他地市对比来看,价格属于较为便宜的位置(见图2-11)。

从覆盖范围来看,目前开封冬季供暖范围基本已经覆盖城墙以西的全部

▶ 报告2　开封市地热资源综合开发利用总体战略规划(2019—2029)

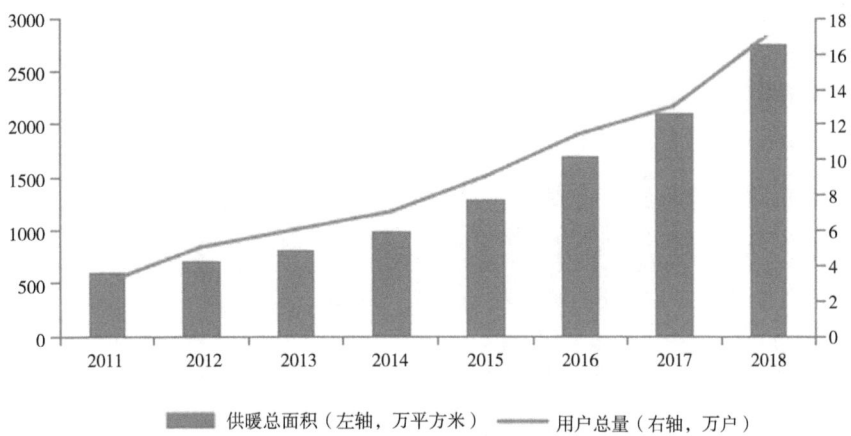

图 2-9　2011—2018 年开封市主城区供暖总面积与用户总量

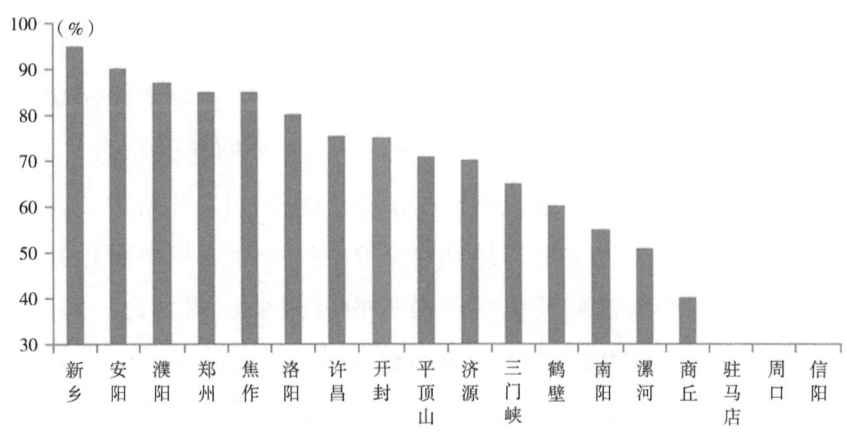

图 2-10　2018 年河南省各地市集中供暖普及率

区域,以及城墙以东的部分区域。而城墙内主城区、城墙南部区域及开封东南区域只有部分主管网,覆盖还不全面。分行政区划来看,目前金明区和开封新区覆盖率较高,而顺河回族区和禹王台区的覆盖还不全面,祥符区更是还未开始接入集中供暖体系。

形成这种供暖覆盖分布的主要原因是开封市新城区在基础设施配套上能够保证统一规划建设,而已建成小区由于施工不便等其他因素制约了集中供暖体系的覆盖,但随着部分街道的改造,供热管网对已建成小区的覆盖率正在逐步增加。

在各县城区,杞县已经开始集中供暖,到 2018 年底,杞县集中供暖普及率

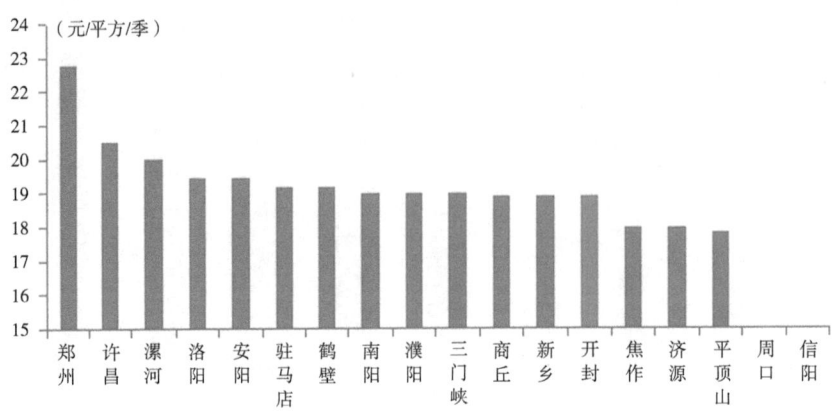

图 2-11　2018 年河南省各地市集中供暖价格

达到 28.17%,处于各县领先位置。另外,杞县正在积极推动热电联产,计划到 2020 年,新增供暖面积 350 万平方米。尉氏县供暖主要以地热供暖为主,尉氏县与尉氏县万江新能源供热有限公司签订《尉氏县清洁能源集中供暖项目合作框架协议》,目前尉氏县已实现 123 万平方米的地热供暖,并且未来规划建设 140 兆瓦容量的供热站,供热站房设计约 20 座,可新增 400 万平方米供暖面积。兰考县供暖也主要以地热供暖为主,兰考县与中石化新星河南新能源开发有限公司和浙江陆特能源科技股份有限公司两家公司签订《兰考县城区地热资源综合开发利用合作协议》,到 2018 年底已实现 240 万平方米的地热供暖面积,计划 2019 年新增 160 万平方米的地热供暖面积。通许县目前还没有实现集中供暖,2018 年,通许县生物质热电项目工程开始启动,该项目完成后至少可提供 60 万平方米的供暖需求。

2. 开封市冬季供暖的供给主体

根据供暖技术及市场角色的差异,开封主城区目前参与冬季供暖的主体可分为两类:一是通过购买电厂余热以热电联产模式进行集中供暖,二是通过对地热能开发进行分布式供暖。各县城区方面,目前除杞县外都没有集中供暖设施,主要由几家地热开发公司参与冬季供暖。下文分别进行简要描述。

(1) 开封市主城区供暖主体:热电联产模式

开封市目前主要以热电联产的模式进行集中供暖,截至 2017 年 12 月,开封市集中供热面积为 2100 万平方米,一级供热主管网 273.2 公里,集中供热普及率 62.87%,供热用户 12.97 万户。2018—2019 年供暖季,热电联产模式

▶ 报告 2　开封市地热资源综合开发利用总体战略规划(2019—2029)

新增供热面积 400 万平方米,开封市主城区集中供热普及率达到 74.8%。由图 2-12 可知,开封市集中供暖自 2011 年开始,供暖面积数量逐年增加,为开封市民生工程做出了重要贡献。

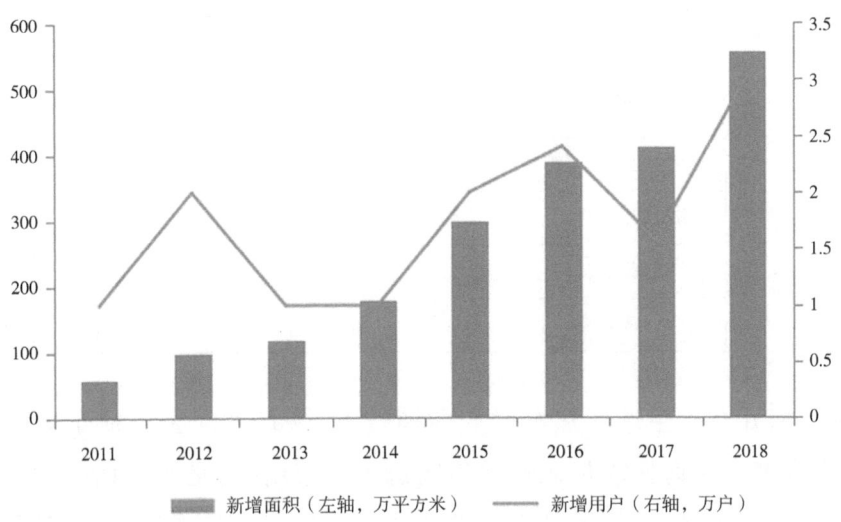

图 2-12　2011—2018 年开封市集中供暖新增面积和用户

2017 年冬季,围绕北方地区清洁取暖试点城市工作任务,推进清洁取暖建设步伐,取缔散煤燃烧的总体要求,开封市原有的集中供暖模式在开封市委、市政府的指导下,一方面进行煤改气、煤改电的双替代;另一方面,为了降低电、气成本上升带来的压力,提高能源利用率,供暖公司与开封发电公司合作,通过购买其热电联产提供的热量,作为开封市冬季供暖的热源。具体在合作中,开封发电公司通过热电联产提供热源,并负责建设换热首站;供暖公司购买热源并建设管道将其输送至供热主管网并对全市实施供暖。双方商定每年签订合同,确定当年供热总量及价格。供热总量及具体价格如表 2-7 所示。与双方第一年合作相比,第二个供暖季的供热单价从 31 元上升至 34 元。

表 2-7　热电联产合同中的供热总量及价格表

合同时间	供热总量(万吉焦)	供热单价(元)
2017—2018 年供暖季	420	31
2018—2019 年供暖季	—	34

从表 2-8 可以发现,在集中供暖中燃气锅炉供暖的边际成本要远远大于

燃煤锅炉和热电联产,并且燃气锅炉的供热成本要高于市场的供暖价格,所以在目前的情况下燃气锅炉只能作为热电联产的后备供暖方式使用。在实际运营中虽然采用热电联产的成本在2018—2019年供暖季有所上涨,但与原先的燃煤供暖相比,其运营的边际成本依然有所降低。

表2-8 集中供暖三种供热成本比较表

供热方式	固定成本①(元/米²)	边际成本(元/吉焦)
热电联产	74	34
燃煤锅炉	12.6	45.6
燃气锅炉	51.7	141.8

在当前开封市主城区热电联产的模式下,开封发电公司成了集中供暖的唯一热源,因此如何保障热源稳定地输送至全市用户,是当前面临的重要任务之一。在这一背景下,除了已经具备的一条沿东京大道铺设的主管网,负责供汴西湖以东区域以外,2018年沿复兴大道铺设完成了第二条贯穿东西的主管网,主要供汴西湖以西区域供暖。因此,在2018—2019年供暖季中,热电联产的热源将能够供给到开封新区,解决新区供暖难问题。此外,城区建设的部分燃气锅炉也将作为备用热源。

目前开封市的集中供暖计费方式有按热量和按面积两种方式。开封集中供暖用户中绝大部分的比例都是按热量计费。据了解,这一模式在全国都处于领先地位。这一计费方式的优点很明显,即能够充分调动用户的主动性,根据自身需求及温度变化及时进行节能工作。但存在的问题也很突出,就是全市每日的热量需求会发生较大幅度的变化。由于末端用户的流量使用情况存在滞后性,因此集中供暖在实践中很难根据实际用热情况及时调整产热量。2017年冬季开始采用热电联产供热后,这一问题变得更加突出。集中供暖主体可能难以完全控制每日对热量的输出,导致其成本上升。

---

① 固定成本=投资/取暖面积。

▶ 报告 2 开封市地热资源综合开发利用总体战略规划(2019—2029)

(2)开封市主城区供暖新加入者:地热资源开发公司

开封市拥有优质的地热资源,近年来在环境压力越来越大的同时,随着地热开发技术的发展与国家政策的扶持,多家地热开发公司看好开封地热市场,开始逐渐布局项目。其中,中石油宝石花地热能开发有限公司河南分公司已在开封汴东产业集聚区注册成立,主要依托顺河回族区,目前已建成并成功运营六四六基地和御景湾两个地热冬季供暖项目,并已与东信公馆、北大培文学校以及申华汽车文化产业园达成合作意向。河南三联科技工程有限公司是一家致力于可再生能源综合开发利用的科技公司,2008年至今承接开封市中层地热能综合利用与开发示范项目,2018年在开封承接开封市武警花园小区、河南大学第一附属医院和九郡上河商务酒店等6个地热供暖项目,总供暖面积20.2万平方米。2017年,河南三联科技工程有限公司引进浙江陆特能源科技股份有限公司,并与其共同成立陆特(开封)新能源科技有限公司,公司宗旨是致力于地热能综合开发利用的高科技新能源企业,为城镇打造"多能互补+地热"的多种能源优化组合供能模式,并迅速开始占领开封市场,2018年在开封市承接圳宇花园小区和金帝新生活小区地热供暖项目,总供暖面积30万平方米。具体项目情况如表2-9所示:

表2-9 开封主城区目前已经开发的地热项目概况

开发区域	开发企业	项目名称	建设规模(万平方米)
顺河回族区	中石油宝石花地热能开发有限公司	开封市顺河回族区开封基地管理处	15
顺河回族区	中石油宝石花地热能开发有限公司	开封市顺河回族区夏寨保障房	13
龙亭区	中石油宝石花地热能开发有限公司	御景湾小区	23
示范区	河南三联科技工程有限公司	开封市武警花园小区	3.6
示范区	河南三联科技工程有限公司	开封市第二人民医院	5
示范区	河南三联科技工程有限公司	九郡上河商务酒店	2
示范区	河南三联科技工程有限公司	芳邻一品	2.5

续表

开发区域	开发企业	项目名称	建设规模（万平方米）
龙亭区	河南三联科技工程有限公司	河南大学第一附属医院	4.5
鼓楼区	河南三联科技工程有限公司	宋韵名都	2.6
龙亭区	陆特（开封）新能源科技有限公司	圳宇花园小区	16
龙亭区	陆特（开封）新能源科技有限公司	金帝新生活小区	14

数据来源：开封市发改委。

在目前的市场占有率方面，据估算，虽然2017—2018年开封冬季供暖季中，主城区地热供暖面积只占到市场存量供暖总面积的3.67%，但在2018—2019年供暖季的增量市场中，地热企业已经拿下了约20%的市场份额。具体在各地热开发企业的市场占有率与其他指标而言，可参见表2-10，目前各地热开发公司对热电联产的集中供热覆盖不到的区域进行了部分开发。至少3家地热开发利用公司在短短2年时间就各自以区为单位，迅速开始抢占市场。

表2-10 开封主城区目前已经开发的地热项目指标

企业名称	企业类型	进驻时间	竣工项目数（个）	在建项目数（个）	主要建设区域	建设规模（万平方米）	市场占有率（%）
宝石花	国企	2018	1	1	顺和回族区	28	35.8
三联科技	本地企业	2002	5	1	示范区	20.2	25.8
陆特	浙江企业	2017	0	2	龙亭区	30	38.4
中石化	国企	2018	0	0	龙亭区	0	0

与热电联产模式中的"集中产热＋主管网输送集中供热"的技术与运营模式不同，开封市地热供暖开发企业通常采用同层回灌技术，即原水同层回灌，以灌定采的模式，是可持续无污染的清洁能源。更为重要的是，地热开发公司通常只需要在供暖区域内打井，可以实现分布式供暖，不需要在主城区内建设输送管道，可以减少管道输送过程中的热能损耗，提高能源利用率。例如：开封御景湾小区实现地热供暖，该小区采取一供一回的采水模式，实现100%同

▶ 报告2 开封市地热资源综合开发利用总体战略规划(2019—2029)

层回灌,与原有的供暖模式相比,每年减少废气排放1540万立方米,减排二氧化硫0.882吨,减排氮氧化物4.76吨。

(3)开封市各县城区供暖主体

杞县的供暖主要由开封市圣火热力有限公司提供,以燃气锅炉供热为主。目前杞县正在积极推进热电联产,开始投产运营热电联产生物质发电项目,到2020年,计划新增采暖供热能力350万平方米。2018年杞县已完成供热面积160.01万平方米,其中燃气锅炉供热128.55万平方米,地热水供热31.46万平方米,目前集中供热普及率28.17%,新建热力站10座,新建管网长度57千米。另正在铺设热力管道小区面积49万平方米。2018年杞县热力在县委、县政府的大力支持下,按照统一规划、分步完善的原则,加快推进热力管网工程建设,进一步完善供热网络,扩展城区集中供热覆盖面,逐步普及清洁、环保、安全、优质的城区集中供热,为优化投资环境、提高群众生活质量、促进全县经济社会发展提供有力保障。

尉氏县近年来由于经济的不断发展和城区框架的不断拉大以及人民生活质量的提升,供暖面积的需求持续增加。为了满足民众需求,2017年,尉氏县政府与尉氏县万江新能源供热有限公司签订《尉氏县清洁能源集中供暖项目合作框架协议》,由该企业为用热用户提供供热服务,目前建设总规模达到了95万平方米,2018年实际供暖面积28万平方米。该企业未来计划建设供热站容量为140兆瓦,计划设计供热站房20座,可满足尉氏县400万平方米的供暖需求。尉氏县的开发特点关键在于原先地热井的整合利用,在原先开发的基础上,重新进行改造,以实际改造为主。

2017年,兰考县与中石化新星河南新能源开发有限公司和浙江陆特能源科技股份有限公司两家公司签订《兰考县城区地热资源综合开发利用合作协议》,授予两家公司对地热能源综合开发利用的权利,由这两家公司负责满足兰考县供暖需求,到2018年底两家公司共计完成了240万平方米的地热供暖。兰考县根据合作协议,继续授予两家对地热能源综合开发利用的权利,计划2019年地热供暖面积达到400万平方米。

3. 开封冬季供暖市场当前面临的困境与风险

上文分别从市场需求和供给两个视角,对开封市主城区和各县城区当前冬季供暖市场的现状进行了描述。概括而言,即在主城区集中供暖在传统化石能源供暖的稳定模式被冬季清洁供暖目标要求下打破后,市场自发地出现了两种新的热源及其配套的供热模式:一是以热电联产的方式生产热源,利用城市集中热力管道输送至用户端。二是以地热资源为主的清洁能源,其中多家地热开发公司以开封得天独厚的地热资源与国家政策补贴为优势,在各区集中供暖无法覆盖的区域范围内,通过回灌技术提取地热能,以小区为单位利用分布式供暖方式将热源输送至用户端。最终由集中供暖主体主导的垄断市场,演变成了如今的冬季供暖多方主体的复杂局面。在各县城区,由于原先几乎没有集中供暖,因此目前主要由地热资源公司负责冬季供暖情况。

当前开封复杂的冬季供暖市场,从某种程度来讲,表面上逐步在实现开封市冬季清洁供暖目标,也一定程度上缓解了政府环保要求与市场成本压力之间的矛盾,暂时达到了一种平衡的局面。但如果依目前形势继续自由发展,也可能会出现一些新的困境和风险,过去存在的历史问题依然没有得到妥善解决,总结来看具体包括以下3个方面:

第一,主城区目前"热电联产+主管网输送"的集中供热模式,难以承担未来开封未来冬季清洁供暖的重任。热电联产模式虽然能够提高工业能源利用率,为开封市集中供暖拥有和建设的集中供热系统提供清洁、低成本热源,暂时缓解其禁煤后成本陡增的巨大压力,但这一模式在将来显然难以为继,更不会成为开封主城区冬季供暖长远规划的主要热源。得出上述结论主要基于以下4个原因:①热电联产本质上依靠化石能源。从根本来讲,开封热电联产提供的热源并非真正清洁环保,它的生产依然完全依靠化石能源,在此过程中需要排放大量污染气体。虽然热电联产的热源是发电的剩余热量,但联产目标的实现要以降低发电效率为代价(大约降低20%的效率)。更为重要的是,2018年开封市发电公司的燃煤指标已达到极限,难以继续扩大联产热源,即开封电厂提供的热源是有限的,电厂基于热电联产的冬季供热能力已经没有再提高的空间。即使通过技术改造提高能源利用率,降低排放量,也很难支撑开封市继续提高主城区集中供热普及率的民生目标以及未来城市发展的重任。②热电联产不符合我国城市未来的长期发展方向。虽然目前国家政策依然鼓励以热电联产模式实行冬季供暖,但我国未来城市与经济的发展方向是环境友好型的,因此发电公司的发展趋势应是逐步搬离城市甚至关停。短期内热电联产虽然是开封冬季供暖的核心热源,但未来总体趋势是逐步下降而

▶ 报告2　开封市地热资源综合开发利用总体战略规划（2019—2029）

不是加大投资。热电联产增产提效工程投资较大，如果目前加大热电联产投资，即使不考虑成本因素，将来如果政策发生转变，则有可能造成较大浪费，主管道投资也是如此。③热电联产的独立热源对稳定供热可能造成风险。开封发电公司热电联产提供的热量是独立（单独）热源，且需要利用热力管网进行输送。目前供热主管网为单回路。当单独热源或单回路管网出现问题时，可能导致全市供热系统瘫痪。虽然开封市区还配有5台燃气供热锅炉，但成本较高。2017—2018年冬季出现的开封部分面积供热不足则是这种风险的一个案例。④基于热电联产的合作供暖模式可能存在不稳定的情况。表面来看，两家企业目前在合作中互利共赢：一方面，开封发电公司为集中供暖的供热主体提供低成本的大量热源，解决了其煤改气带来的成本压力；另一方面，开封发电公司通过热电联产暂时解决了不被关停或搬离的风险。但实质上，双方合作中开封发电公司具有更高的话语权，与供暖主体每年单独签订合同，其具有较强的涨价意愿与议价能力；而开封市集中供暖的供暖主体也一直希望解决热源单一化的问题。因此，这一合作模式并不稳定，且很有可能造成开封冬季供暖成本上升，最终成本可能转嫁给消费者。

第二，受成本等诸多因素限制，开封市老城区及各县城镇区域供暖工程始终难以大面积实施。冬季供暖是民生工程，但根据前文图2-7可知，开封主城区中还有大片区域没有接入集中供暖，集中于顺河回族区、禹王台区等老城区以及新设立的祥符区。尤其是祥符区撤县设区后，始终没有启动冬季集中供暖工程。形成这种局面的原因上文已经进行了详细分析。除技术因素以外，高成本、高风险是集中供暖及部分地热供暖始终没有开发的核心原因。企业的逐利行为无可厚非，但作为政府而言，保民生也是基本职能。这成为当前开封供暖市场的一个有待解决的难题。开封各县情况类似，受经济条件所限，开封所有县域城镇都没有集中供暖工程。虽然这在河南来讲是普遍现象，但正如党的十九大报告中指出的，人民日益增长的需求还有空间继续得到满足。因此，如何在上述背景下推进老城区和各县域城镇的集中供暖工程也是开封当前面临的另一个重要问题。

第三，主城区供暖市场供给侧结构复杂，缺少顶层设计，容易造成重复及无序建设，且可能因监管难度大而带来环境风险。由前文分析可知，当前开封市主城区存在多家不同类型的企业参与冬季供暖，包括进行集中供暖的供热主体和只负责提供热源的开封电厂,进行分布式供暖的多家大小规模不一的地热开发企业,且不同地热开发企业在开封的运营模式也存在差异。供暖市场的供给侧结构复杂是当前开封供暖市场的一大特点。究其原因,一方面是因为近两年国家对大气环保的要求越发严格,有燃煤指标限制和对煤炭的强制消除。另一方面,多家地热公司受相关政策鼓励,快速进入开封市冬季供暖市场。对于一个自然垄断行业而言,缺少顶层设计和有效监管,可能会导致重复性建设或无序建设。尤其对于地热开发而言,缺乏相应的监管措施可能会导致对地下水资源的破坏。作为一个自然垄断型行业,政府顶层设计不可缺失。

(二)开封地热供暖实施的可行性分析

如果是从开封地热资源禀赋优势、现有地热水开采与回灌技术的成熟度,以及环境保护的迫切性来看,地热资源都非常适合用来作为开封市冬季供暖的主要热源。但一项重要规划的落地仅考虑上述方面是远远不够的,还需要得到市场的认可,这其中既包括供暖的现有供给方,也包括作为供暖需求方的城市居民。

从目前各家地热开发企业积极抢占开封冬季供暖市场的趋势来看,可以大体判断这一开发模式可能具备较高的利润空间。但开封市目前以及未来10年的冬季供暖市场到底有多大?能否容纳如此之多的地热开发企业?当国家补贴取消后是否还具备一定的盈利空间?如何处理这些企业与原有集中供热企业的关系?是否会造成重复建设与环境风险?诸如此类的问题,都关系到开封地热资源的开发利用。因此,本部分在上文开封市冬季供暖现状研究的基础上,主要从市场角度分析开封市冬季地热供暖方案的可行性,并提出当前地热供暖开发利用面临的问题。

1. 地热供暖市场空间分析

下文从现有市场空间出发,测算今后10年开封市主城区和各县城区的供暖增量市场,分析地热供暖可供开发的市场空间。

(1)主城区地热供暖市场测算

开封市主城区冬季供暖市场已经持续多年且较为稳定。为了有效衡量市场空间,下文从供暖面积和供暖户数两个指标入手,测算主城区的存量与增量

报告2 开封市地热资源综合开发利用总体战略规划(2019—2029)

供暖市场。为方便起见,这里将存量市场界定为2018—2019年供暖季中已经建成使用的住宅小区,而增量市场仅指新建住宅小区。

在存量市场方面,已经实施供暖的包括集中供暖与地热供暖两部分。目前地热供暖主要是以通过改造存量市场中未集中供暖的小区为主。这部分存量市场前文已经阐述,这里主要是对现有主城区(包括祥符区)未实施供暖面积和户数的预测。

在增量市场方面,根据开封市每年新增住房面积测算。

上文对当前以及未来10年开封主城区冬季供暖市场空间的测算,并非完全是地热开发供暖的市场空间,其大小还有赖于热电联产供暖模式的市场占有情况。因此,下文将根据热电联产供暖模式未来的发展,分两种情况测算开封市主城区未来10年总计可供地热资源冬季供暖的市场空间。

假设1:热电联产保持现有规模不变,剩余市场全由地热供暖承担。

假设2:地热资源全面承担未来10年开封冬季供暖能源结构转换任务,逐渐至完全替换现有热电联产产热方式,全部采用地热供暖模式。

具体测算结果如表2-11所示:

表2-11 未来10年(2019—2029年)地热资源冬季供暖市场存量空间测算表

假设情景	所需热量(万吉焦)	供暖户数(万户)	供暖面积(万平方米)
假设1	882.2	27.5	5461
假设2	1302.1	40.6	8061

数据来源:根据历年开封市统计年鉴数据和各企业提供数据计算。

由表2-11可知,如果未来10年地热资源逐渐承担至完全替换现有热电联产产热方式,开封市主城区市场供暖面积将达到8061万平方米。

(2)各县城区供暖市场空间测算

各县城区供暖市场空间测算依然采用供暖面积和供暖户数两个指标。开封县域基本没有集中供暖设施,所以从理论上来讲该区域的城镇住户基本都可以视为地热供暖可开发的市场空间。由于不掌握具体的家庭户数以及平均家庭面积数据,这里假设开封县域城镇家庭平均人口数为4人,住房平均面积为100平方米。根据相应区域城镇常住人口,即可大致推算不同县域的城镇户数及居民住房总面积。此外,政府机关与企事业单位办公用房也是供暖需

求的主体之一。情况如表2-12所示:

表2-12　2017年开封各县域供暖市场空间测算表

县域名称	城镇常住人口数（万人）	住宅建筑总面积（万平方米）	商业建筑总面积（万平方米）	剔除率（%）	供暖总面积（万平方米）
杞县	33.3	523.7	224.4	15%	635.9
通许县	19.2	301.9	129.4	15%	366.6
尉氏县	31.6	496.9	213.0	15%	603.4
兰考县	25.4	399.4	171.2	15%	485.0

数据来源:根据历年开封市统计年鉴数据和各企业提供数据计算。

通过表2-12可知,2017年杞县供暖总面积为635.9万平方米,通许县供暖总面积为366.6万平方米,尉氏县供暖总面积为603.4万平方米,兰考县供暖总面积为485.0万平方米。加总后得到2017年开封县域城镇供暖需求总面积为2090.9万平方米。可得出2013—2016年开封县域城镇供暖需求总面积的实际值,结合经济增速下行趋势,推算其2018—2030年供暖需求总面积的预测值,推算结果如图2-13所示:

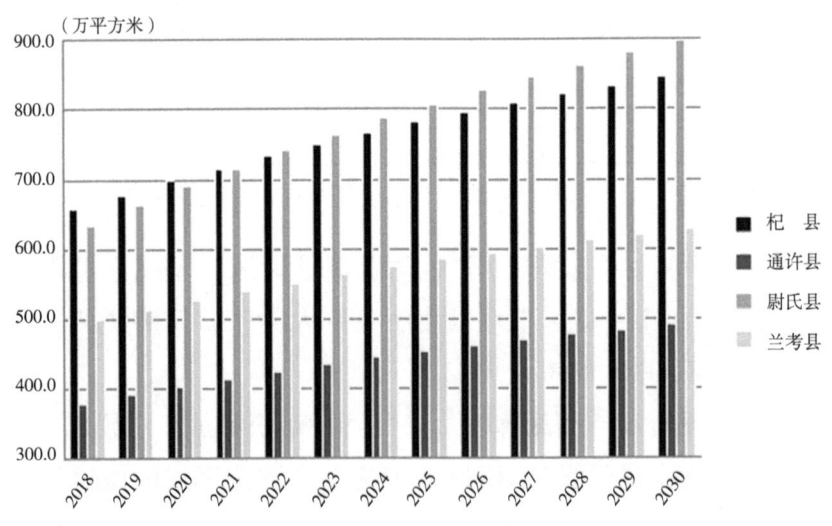

图2-13　2018—2030年开封市县域城镇供暖需求总面积推测图

可以测算开封市县域城镇现有供暖需求总面积及至2030年间历年供暖

▶ 报告 2　开封市地热资源综合开发利用总体战略规划(2019—2029)

需求总面积的增量,具体数据如表 2-13 所示:

表 2-13　2017—2030 年开封市县域城镇供暖市场存量与增量推测表

单位:万平方米

县域	2017	2018—2020	2021—2025	2025—2030	市场空间总量
杞县	635.9	61.6	84.3	63.8	845.6
通许县	366.6	36.6	50.2	38.0	491.4
尉氏县	603.4	86.1	118.0	89.3	896.8
兰考县	485.0	41.9	57.4	43.5	627.8

通过上述分析可以发现,开封市县域冬季供暖市场存在巨大的市场缺口。这一缺口是目前开封主城区已有供暖的 5 倍。但是,上述推算数据只是理论上的市场空间,如果要估计有效需求,还需要了解县域城镇居民对冬季供暖的意愿以及能够接受的价格水平。目前已有资料难以对上述问题进行衡量。为此,规划项目组通过问卷调查的方式得到相应数据,调查问卷内容请参见附录。

2. 地热供暖供给能力测算

开封地区有效可利用的地热水资源,深度约在 1000—3000 米,温度在 60—100℃,具有埋深浅、产量高、温度合适、单井出水量大等特点。初步估算地热水储量在 300 亿吨,如以完全回灌方式利用,覆盖全开封市区供暖需求,并可以实现永久利用。以现有成熟的利用开采方式开采利用,年采水量可达到 15 亿吨,利用热量达到 500 万吨标准煤,可为 1 亿平方米以上的住宅面积实现供暖,解决 100 余万户的供暖问题,实现全开封市清洁绿色无污染的采暖供暖,且储水层温度基本不变,实现可持续开发利用。

3. 地热供暖效益核算

通过以上分析可知,地热供暖在开封当前以及未来 10 年都具备较大的市场空间,且开封地热资源的承载能力完全可以负担。本部分分为经济、社会与环境效益分别核算。

(1) 经济效益

地热供暖可以带来可观的经济效益,主要表现在地热资源的开发利用、减少环境污染及带动相关市场需求方面。例如:开封宝石花在六四六小区开发的地热供暖项目,共 17 万平方米,每年可替代燃煤消耗 4660 多吨。若开封市 2017 年集中供暖面积 2100 万平方米全部实现地热供暖,每年可替代燃煤消耗 57.56 万吨,每吨标准煤按 600 元计算,则仅 2017 年就可为开封减少直接能源费用 34536 万元。由于清洁能源的推广使用,可减少大量的环境污染,从而减少环境污染产生的治理费用。

其中,"成本回收 1"表示没有补贴条件下的回收周期,"成本回收 2"表示存在补贴条件下的回收周期。由此可以发现,目前的补贴方式对于企业一次性投入的成本回收有着重要作用,根据表 2-14 中的数据,我们按照每平方米固定投资 110 元,运营成本 14 元,有补贴的回收周期为 3.6 年,其他条件不变的情况下,探讨了不同假设条件下的成本回收周期。如下所示:

假设 1:当补贴由一次性支付改为按实际供暖面积逐年支付时,每平方米每季补贴金额为多少时,能够保证企业成本回收周期一致?

当每平方米每季补贴金额为 16.8 元,把补贴平均到成本回收周期 3.6 年内,可以在保证企业成本回收周期不变的情况下促进企业更加平稳地运营,防止出现拿补助不供暖的情况。

假设 2:当补贴消失后,企业回本速度?

在当前条件下,当补贴消失后,企业的成本回收周期大概为 8.6 年,之后企业每平方米每季大概能够有 7 元的净利润。

假设 3:假设供暖价格提价 10%,回本速度如何变化?是否还需要补贴?

若供暖价格提高到 23 元,企业此时的净利润为 9 元,成本回收周期为 6.7 年,相比在有补贴情况下的 3.6 年还是有差别的。

表 2-14　三家主要地热开发企业项目每平方米投资成本收益核算表

公司名称	固定投资(元)	配套费(元)	运营成本(元/年)	收费(元/年)	净利润(元/年)	成本回收1(年)	成本回收2(年)
陆特	108	50	14	21	7	8	3
宝石花	112	50	13	21	8	8	3
万江	117	50	15	21	6	11	5

数据来源:根据各企业提供的相关数据推算得到。

▶ 报告 2　开封市地热资源综合开发利用总体战略规划（2019—2029）

另外，相比传统燃煤锅炉，地热供暖、热电联产和燃气锅炉在"蓝天保卫战"中的优势更为突出，其中燃气锅炉的成本要远远高于前两者，而且气源的稳定性也存在一定的问题，地热供暖和热电联产的成本虽然看起来相近，但从长远来看，地热供暖更具有成本优势和环保优势。（见表2-15）

表 2-15　主要供暖方式成本对比

成本对比	地热供暖	热电联产	燃气锅炉	燃煤锅炉
元/m²/季	10	11.2	42	11

（2）社会效益

地热供暖有利于提升城市功能、改善城市面貌、美化城市环境，能为把开封建成布局合理、产业发达、功能完善、生态环保、文明和谐、生态宜居的现代化区域性中心强市做出贡献。地热供暖是构建实力开封、文化开封、美丽开封、幸福开封的重大战略举措，有助于带动相关技术、金融、清洁能源、节能环保等领域的发展，为社会创造更多就业机会。地热供暖是清洁高效的供暖方式，可以替代燃煤锅炉取暖，改善城市面貌，美化城市环境。地热供暖是一种供暖稳定、费用低廉的供暖方式，可以满足居民的热需求，提高区域内供热水平，改善人们的居住环境。

目前开封市热电联产的供热面积为2656万平方米，如若全部用地热能源代替，按照市场的一般投资情况，能够为开封市带来一次性投资约30亿元，如果将运营及相关产业的带动考虑在内，市场规模将接近百亿级，将为开封经济发展提供全新动力。

由此可见，地热资源的合理开发利用，既能解决现有的发展障碍，更有助于推动开封抢占先机，向着更高标准的环境质量和更先进的发展模式迈进。将地热资源的全面合理开发利用作为开封发展的战略方向，有着重要的意义。

（3）环境效益

开封市通过地热供暖，仅2017年就节约57.56万吨标准煤，减排二氧化碳123.58万吨，减排二氧化硫1.06万吨，减排氮氧化物0.073万吨，减排烟尘0.525万吨。

目前开封市热电联产的热源产量达到了420万吉焦，供2656万平方米的面积,如不考虑未来的进一步发展,仅目前地热能源替代热电联产每年就能够节约14万吨标准煤,减少二氧化碳排放0.037万吨,减少二氧化硫排放0.347万吨,减少氮氧化物排放0.101万吨。

4. 地热供暖开发当前面临的问题

通过上述分析可知,地热资源作为开封冬季供热项目,既是一项冬季保温暖的民生工程,也符合环境保护与经济效益的双重发展目标,具有较高的开发利用价值。但正如上文所述,目前开封市地热资源供暖开发利用处于一种起步与无序状态,如果将该技术在开封全面推广,现阶段还可能面临如下风险与困境:

第一,目前开封市地热资源供暖市场缺少明确的准入条件与监督机制,可能造成地热资源无序开发、过度开发等风险。开封得天独厚的地热资源与较大的供暖市场空间,近年来已经吸引了多家企业参与开发,并有多个项目已经开始落地运行。这是市场逐利的自发行为,但相应的政府管制和相关制度并未跟上。作为一种开采地下资源的自然垄断型行业,显然需要政府规制,包括设定较高的准入机制、严格的监督机制,以保证自然资源开发利用过程中对环境的影响可控。尤其是后者,如何防范企业违规开发,如企业在开发利用时是否达到了其宣称的技术标准等,都已经严重滞后于市场发展,亟须开封市政府从全局层面上出台相应政策,有效监管。政府管理部门对地热资源开发归口不清,缺少正规合法程序。开封市地热资源开发究竟如何定位,缺少一个权威的说法。

第二,开封市地热资源供暖开发利用缺少顶层设计与长远规划。目前仅开封市主城区就有中石油宝石花热能开发有限公司河南分公司、河南三联科技工程有限公司、陆特(开封)新能源科技有限公司三家企业同时开发,加上开封市原有的集中供暖模式,涉及管网铺设等诸多工程项目。开封市应提早谋划,提前布局,坚持"规划先行"的原则,在中国未来能源转型的战略背景下依靠自身的优势走在前列。

第三,地热供暖相关补贴与税收定价的合理性还有待进一步提升。通过调研发现,目前地热供暖的补贴与税收都是基于国家政策的直接定价,并且在回灌与否的不同定价还不是很明确,而一次性的补贴可能会导致存在规划面积与实际供暖面积不符的情况,可能并不符合开封发展实际与企业自身情况,

▶ 报告2 开封市地热资源综合开发利用总体战略规划(2019—2029)

会为整个市场的发展带来不利影响。

第四,如何处理地热资源开发企业与集中供暖主体之间的关系,也是目前地热资源开发冬季供暖工作面临的一个问题。从目前来看,地热开发公司主要以分布式供暖和建成小区的改造为主。虽然其与集中供暖的模式还未构成直接的竞争关系,但如何处理二者的市场行为与规范,显然是今后工作中难以回避的问题。

(三) 开封市冬季供暖战略规划

基于前文分析测算结果,本部分给出关于开封市冬季供暖的核心观点与基本原则,并在此基础上提出相应的具体实施方案。

1. 核心观点

首先,目前作为主城区集中供暖主要热源的热电联产,应是开封冬季清洁供暖的一种过渡热源,在今后10年中应处于一种逐步被替代的趋势。开封市应对供暖市场进行统一规划,建议逐步控制热电联产的规模,在已完成主管网周围继续实行热电联产模式的集中供热,而开封市的新建小区应该尽可能使用清洁能源供暖。

其次,开封具有得天独厚的地热资源,而地热资源在清洁能源中又是最具有优势的,开封市对地热资源应实行统一管理、有序开发、加强监督,关注增量市场的规划开发与存量市场的能源替代。

最后,开封地热资源冬季供暖开发不能走特许经营的道路,更不能任其自由发展,应在政府引导下,设定一定的准入门槛,通过招标形式圈定开发范围有序开展。

2. 基本原则

首先,现有供暖方式存在局限性,应加快发展清洁能源,推进冬季供暖能源转型。

其次,政府管理部门加强管理和监督机制,有效规范市场行为,监督企业环保问题。

最后,坚持民生保障,保证开封市冬季供暖稳定,让有能力、有责任的企业发挥作用。

3. 实施方案建议

开封市利用自身地热资源的现有优势加快推进冬季供暖能源转型,重点建设国家级或省级地热开发冬季供暖示范区,主城区供暖普及率达到90%,各县城区根据自身条件供暖普及率达到60%以上,明确各部门职责,组织开展开封市区及各县城区的地热供暖专项规划与具体实施方案。第一阶段:建议逐步控制热电联产的规模,在管网已建成的区域继续使用现有的供暖方式,而开封市的新建小区应该全部使用清洁能源供暖。第二阶段:探讨现有供暖方式全部转变为清洁能源供暖的可行性,完成开封市冬季供暖能源转型。明确市场准入门槛与管理标准,规范市场行为,建立有效的监督机制,主管部门就地热行业相关标准进行讨论、研究、制定,设立相应的准入门槛,坚持让有资质、有能力、有责任的企业对地热资源进行开发,保证冬季供暖的长久稳定,规范市场行为,让满足条件的企业公平竞争,使市场充分发挥效率。注重地热资源的可持续开发,加强对地热开发企业的后期监管力度,尽可能使用远程流量表对出水量和回灌量进行监督,解决现有回灌技术监管难的问题。就水资源税和清洁供暖补贴进一步进行探讨,界定"取水"和"取热"的税收标准,增加企业回灌动力,采用对"实际供暖"面积的连年补贴方式,而不是一次性补贴,防止"骗补"问题的出现,保证冬季供暖的稳定。就报备发改委的供暖项目进行监督,要求企业保证施工质量和施工时间,对不能按时完工的供暖项目加强关注。

六、开封市地热资源产业培育规划

开封是一座历史悠久、底蕴丰厚的千年古城,坐落于中原腹地,黄河之南,水系穿城围绕,路网四通八达。随着郑州大都市圈的兴起、郑汴一体化的深度融合,这座千年古城迎来了前所未有的发展机遇,也更加渴望新型复合产业能够让厚重的人文积淀焕发新的光彩,重新展现国际名城的风范。埋藏千年的地热,与沉淀千年的文明结合,更有助于全面凸显开封的特殊魅力,实现与郑州错位发展,交相辉煌。

文化旅游是开封的一大比较优势,开封的性质定位和发展方向无疑要把文化旅游放在优先的位置来考虑。但是外部经验和开封的实际都告诉人们,

▶ 报告 2　开封市地热资源综合开发利用总体战略规划(2019—2029)

文化旅游再有优势,也不能单靠文化旅游来发展。单靠文化旅游发展肯定难以支撑城市做大做强的目标。而不管是从新时代新阶段经济发展的动力由投资转向消费和创新驱动的宏观趋势、中原城市群和郑州国家中心城市及大都市区建设的需要来看,还是从开封的历史现状、资源条件所形成的比较优势和功能定位来看,服务业无疑仍然是最具前景的产业发展方向,主城区尤其如此。

近年来,以文化景点为支撑、以门票和住宿餐饮服务为主要收入形式的传统服务业发展态势良好,以文化创意、康养休闲为特色的现代服务业发展高潮还处在酝酿过程中。恒大童世界项目未来无疑是这一领域的航空母舰和龙头,但作为整个城市乃至整个郑州大都市区范围内服务业发展的高地,现代服务业一定是需要广域空间布局、多点开花和多业态相互支撑的,也一定是要全面彰显城市魅力、凸显特色的。这就对开封现代服务业的发展提出了更高的挑战。要充分结合自身的优势,将传统文明与现代化生活的方方面面结合起来,在金山银山不如绿水青山的当下,储量雄厚的清洁可持续的中低温地热资源,将为开封现代服务业的发展提供强劲的动力,也将为开封打造生态宜居魅力古都贴上一张最闪亮的标签。

本部分写作的目标,除了以开封地热资源冬季供热为切入点,从全局及长远角度规划未来冬季清洁供暖方案,并在此基础上提出合理化建议,解决城市发展与环境保护的矛盾以外,还肩负着利用开封得天独厚的地热资源,实现相关产业培育的重任。这是因为,随着开封传统工业企业的萎缩及搬迁退出,城市产业发展需要寻求新的突破方向。而地热作为开封一种尚未被充分重视,但又极具价值的潜在优势资源,具备基础能源和清洁环保的双重属性,如何利用才能最大限度地发挥其价值,在可持续发展的基础上,促进多种相关产业的协同发展,从而获得更大规模的经济与社会效益,能否为其产业培育提供新的机遇,是一个值得研究的课题。

基于此,本部分提出开封市基于地热资源开发的相关产业培育规划,旨在通过充分调研,给出产业培育方向,作为开封市地热资源综合利用的展望与参考。

（一）温泉旅游康养系列产业培育规划

下文从开封实际出发，提出以温泉（地热水）为基础的旅游与康养两大产业培育规划。

1. 开封温泉旅游康养产业规划提出的背景与意义

文化旅游是开封的一大比较优势，开封的性质定位和发展方向无疑要把文化旅游放在优先的位置来考虑。2018年，开封市委书记侯红在市委十一届六次全会上指出，开封要"以创新为驱动建设新型工业化城市，以开放为引领建设国际文化旅游名城，打造中原现代服务业之都、生态宜居魅力古都、郑汴港核心重要支点"，如何进一步推动文化旅游的深度发展，打造出属于开封独具魅力的特色底蕴，还要在许多方面夯实基础。

近年来，开封已经通过挖掘历史文化极大带动了旅游业的发展，但是作为开封另一项宝贵资源的地热，则仅仅作为小型洗浴场所开发。一方面没有充分挖掘地热潜在的旅游价值，更为重要的是，这种分散的小型浅层地热钻井取水在很大程度上破坏了地下水资源。

虽然近年来开封政府部门已经意识到这种地下水开采利用对于环境的破坏，在限采区范围内原则禁止新审批此类项目，原有项目在5年期满后逐步消化关停，但总体来讲，对浅层地下水资源的开发利用，尚未有科学系统的规划，管理方式方法也较为保守。因此，如何科学合理、充分有效地利用开封丰富的浅层地热水，为开封旅游经济发展带来新的增长点和拉动力的同时，尽可能保护地下水资源，是摆在决策者面前的一个难题。解决了上述问题，则可进一步推进引领开封建设国际文化旅游名城的目标，让游客能够在开封体验到更为丰富的旅游项目，最终达到玩得好、住得下的目标。

基于此，本节提出，在全面提高管理及开发水平的基础上，以地热水资源为基础，开发以"特色小镇＋旅游集散中心"为载体的温泉旅游度假区，以及建设康养休闲的大型服务中心。具体而言，就是要逐步淘汰现有的粗放式的浅层地热水资源开发利用方式，在保护生态环境、可持续发展的基础上，由政府引导逐步推动浅层地热水资源开发利用的科学化、系统化、高端化，以综合开发、梯级利用的方式，打好地热这张牌，将独特的清洁能源优势与高端现代化服务业的发展充分结合起来，结合高质量城市建设的推动，以现代化、宜居化、

▶ 报告 2　开封市地热资源综合开发利用总体战略规划（2019—2029）

特色化的基础设施建设和清洁能源利用为基础，打造独具开封特色和魅力的现代服务业产业体系，充分带动高端温泉旅游、康养、会展、房地产等相关系列产业的飞速成长，为开封的发展注入新的活力。具体可以从以下 4 个方面入手：

第一，充分发挥开封得天独厚的地热资源，借助于温泉概念将地热资源与旅游业和康养业结合起来，丰富开封旅游品牌，为旅游业的进一步发展提供强有力的支撑作用。

第二，将具备旅游集散中心功能的特色小镇与温泉旅游度假区概念结合起来，重点突出现代化、宜居化、特色化的基础设施建设和清洁能源利用方式，打造高标准的生活服务环境。既能够突出小镇的"特色"，从而强化游客吸引作用，实现游客集散中心的功能，更能够疏解开封节假日市区人流，为治堵提供合理的解决方案。在主城区周边发展此类性质的康养为特色的现代服务业，还能在城市外围形成吸纳滞留外来旅游人口的重要区块，大规模分散市区热点地区人流，符合治理市区拥堵的大思路。

第三，在大量聚集人流的特色小镇的基础之上更进一步，建设高标准的康养基地，提供完善的医疗检查、康复、养老等相关服务，打造康养度假相结合的休闲健康旅游模式，进一步丰富开封旅游文化的内涵，延伸产业链条。

第四，在以上基础上，不断丰富完善各种配套设施建设如五星级酒店、大型现代会展中心、高端房地产社区等项目，全面提升区域综合价值，实现共同带动，一体化深度发展。

温泉旅游及康养产业概述：温泉旅游是利用温泉资源在现代旅游领域开创的一种新型的原生态的旅游模式，将温泉养生寓于旅游活动中，达到休闲养生的目的。这种现代旅游模式其实并不是现代生活的产物，在很久以前就已经有温泉旅游的雏形，但是随着人们生活水平的不断提高、消费观念的逐渐升级，以休闲、放松、疗养、文化为主题的生活理念越来越被消费者们认可，温泉旅游的发展也迎来爆发性增长的时期。康养产业是人口老龄化加速背景下，为满足老年人养、医、护、康、疗、健、终等多元化需求，通过医疗资源和养老资源有机结合形成的新型养老服务供给模式，是持续性、专业性的服务供给方式。随着康养产业实践经验的增加，其概念和内涵不断延伸和丰富。康养产业是医疗和养老两个领域在管理理念、服务能力和专业人才多重层次的深度融合,在康复、养老过程中实现医疗服务可及性和连续性,扩展医疗和养老的共融发展模式。

2. 开封温泉旅游及康养产业培育的现实基础

(1) 温泉旅游产业

①开封市有着丰富的浅层地热水资源,将其统一规划,实现科学合理的开发利用,就能够为温泉旅游行业发展提供充足的水资源,且深层、浅层地热水资源搭配合理,有利于温泉旅游行业实现长期可持续发展。

②开封深厚的文化底蕴,为打造高质量、沉浸式的服务体验提供了良好的助力和支撑。

③广大开封区域在高端温泉旅游布局尚属空白,开封作为旅游名城,旅游热点项目内容、形式多样化不足,框架过于紧凑。

④六四六地热项目及宝石花康养项目与温泉旅游项目既相辅相成,形成综合吸引力,其背后的一系列大型国企及相关企业的职工度假、疗养、会议、培训等需求,又可提供相当程度的消费基础。

⑤开封东部新城高标准的生态环境与城市基础设施建设,也为营造高端温泉旅游行业提供了环境基础。

(2) 康养产业

①开封有天然的区位优势。

功能定位和空间布局是实施中原城市群发展的基本遵循,功能定位是核心,空间布局是功能定位在空间上的具体体现。开封市作为中原城市群发展中的重要节点城市,一定要找准自身在空间布局中的位置,科学进行功能定位,才能大有作为。在国家发展重心由东部向中西部地区转移、郑州被定位为国家级中心城市的大背景下,在郑州龙头带动中原城市群乃至中部六省的发展目标的指引下,开封在中原城市群的空间布局中作为一个重要存在,毗邻郑州,水资源丰富,劳动力充足,文化旅游资源优良,面临着产业结构调整、转型升级、聚集发展的良好机遇,亟须提高综合承载能力和服务能力。从比较优势出发,充分挖掘整合社会养老资源,在开封布局发展高端康养产业集群,主动承接中原城市群社会服务功能,具有重要意义。

报告 2　开封市地热资源综合开发利用总体战略规划(2019—2029)

②开封有良好的复合产业发展空间。

"康养"是健康、养老的统称,康养产业是围绕社会养老这一中心工作形成的综合性产业,其特点是覆盖范围广,产业链长,主要涉及医疗康复、养生保健、休闲旅游、绿色农业、金融保险等多个领域、多个方面,这些或竞争或合作的不同产业高度集中地聚集在一起,形成区域市场竞争优势,既降低了交易成本,又能提高规模经济效益,这就是"康养产业集群"。以丰厚的文化积淀与充沛的水资源而闻名的开封古城,毗邻中部地区最大城市郑州,周边人口稠密,经济活动旺盛,具备充分发展以上相关复合产业的空间与基础。

③人口老龄化不断加剧,康养产业发展愿景可期。

依据国务院《社会养老服务体系建设规划(2011—2015年)》,我国1999年进入老龄化社会,之后人口老龄化便呈现出基数大、增长快的趋势。

2011年全国第六次人口普查数据显示,我国60岁以上人口达1.78亿,占全国总人口的13.26%;2013年底老年人口已突破2亿,占比达14.9%;2014年老年人口达2.12亿,占比15.5%;预计2020年将达2.43亿,约占17%;到2053年将达4.87亿,约占全世界老年人口的1/4。老龄化加剧是一把双刃剑,在带来诸多社会问题的同时,也催生了一个新的产业业态——康养产业。目前人民群众不断增长的养老服务需求与我国落后的社会养老服务水平之间的矛盾凸显,我国的老龄化又是"未富先老",即社会保障制度还不完善,社会养老水平比较低,培育和发展康养产业已是刻不容缓,康养产业的发展也因此具有巨大的市场潜力和广阔的发展前景。据估算,我国养老产业规模到2020年和2030年将分别达到8万亿元和22万亿元,对GDP的拉动分别达6%和8%。由此可见,在当前我国经济发展新常态下,发展康养产业必将成为产业结构调整、持续扩大内需、积极培育经济发展新业态的一个重要突破口。

④近几年,医养结合产业不断深入推进,通过政府政策引导,激发社会参与活力,发挥市场决定性作用,基本形成多方互利共赢的发展格局。

自2011年以来,养护型、医护型养老服务设施建设被列入社会化养老服务体系建设规划。2013—2014年,中央着力推动市场化、商业化、社会化养老服务业发展,初步探索养老服务和医疗服务融合。2015年,卫生计生委、民政部、发展改革委等多部委联合发布《关于推进医疗卫生与养老服务相结合的指导意见》,明确未来五年医养结合发展目标、重点任务以及发展模式。2016

年，卫生计生委办公厅印发《医养结合工作重点任务分工方案》，并遴选医养结合试点单位和长期护理保险制度试点。关于医养结合的各项工作进入具体操作层面。在实践探索中，医养结合的内涵和操作方式愈加丰富，从初级的医疗卫生机构与养老服务机构对接，向"医中有养，养中有医"的多层次融合发展。至2017年，通过"规划—探索—制定目标和任务—试点—政策支持"等工作的落实，医养结合产业的政策体系初步搭建起来。医养结合相关的标准规范和管理制度初步建立，准入门槛进一步降低，养老机构内设诊所实行备案制，各级卫生计生部门负责督导和监管。社会力量进入医养结合领域，医疗服务供给更加多样化、多层次化。目前，医养结合养老服务业在全国范围内大面积开展，并向法治化、规模化、网络化过渡，逐步实现覆盖城乡、服务合理、综合可持续的医养结合养老服务。而地方政府也积极推动医养结合产业发展，初步形成基本发展模式。各级政府按照中央政策要求积极探索实践医养结合模式，通过宣传引导、政策扶持、资源整合、服务保障等举措，有效促进医养结合养老服务业发展。2016年确定的国家级医养结合试点城市经过一年的探索发展，积累了有效的实践经验。随着医养结合养老服务业的不断发展以及医疗准入门槛的降低，更多社会力量进入医养结合养老服务领域，一系列医养结合养老服务机构创建模式涌现，多主体竞相发展。

综上所述，温泉旅游及康养产业有着庞大的现实需求基础，也已经发展探索出了形式丰富多元的发展模式，具备了进一步发展的可能性。其未来的发展空间、发展潜力都十分巨大，结合开封地区的定位，充分发挥深层地热供暖带来的清洁环保无污染的优越环境条件，结合浅层地热水资源的有序开发，将在最大程度上发挥资源优势，实现温泉、旅游、康养、会展、高端房地产等一系列产业生态的全面发展。

3. 开封温泉康养产业培育的可行性分析

地热资源开发技术已经完全成熟，在河北雄县及雄安新区、霸州等地已经大规模开发和大面积推广使用。位于顺河回族区的中石油下属机构东方地球物理公司开封基地（六四六）也于2017年冬实现了地热供暖。而东方地球物理公司拥有几乎全部国内地热资源的地质资料。顺河回族区已经与东方地球

▶ **报告2 开封市地热资源综合开发利用总体战略规划(2019—2029)**

物理公司达成了共同开发开封地热资源的明确意向。

拥有突出的资本优势和产业发展优势。开封丰富的地热资源已经引来了众多企业进入开发,中石油下属一级机构宝石花集团拥有整个系统80多家医疗机构,掌握庞大的医疗资源,且资本实力雄厚。该公司已经与同属中石油下属一级机构的东方地球物理公司达成合作发展医养结合项目的明确意向,而且要从开封率先突破。

随着以"一渠六河"为骨干的市区水系体系日益完善,以及沿黄生态带建设和其他环境整治项目的推进,开封市将拥有布局合理的水生态体系。七大水系、护城堤绿带、沿黄生态带,形成纵横交错的水生态绿带。所有这些都为康养休闲产业发展提供了优越的外部环境条件。

拥有广域的空间和适宜的环境。开封北临黄河,西向郑州,在北部、东部、南部均有大量需要深度开发的城乡接合部,更有广大待城市化的农村地区,从而拥有发展康养产业的广域空间,土地资源储备丰富。

4. 设计案例:顺河回族区温泉康养休闲特色小镇

依据特色小镇建设的内涵属性及开封市顺河回族区特色小镇建设的功能定位、特色产业定位,立足顺河回族区经济社会发展实际情况,在参照开封市城市总体规划、开封市土地利用总体规划、开封市汴东产业集聚区发展及用地规划等相关规划的基础上,建议顺河回族区特色小镇建设在空间布局上可分为核心区和拓展区两个部分。其中,核心区位于汴东产业集聚区内,大致范围为西起工农路、东至青年路,北起新曹路、南至新宋路,总面积约7.5平方公里。核心区又可以东平路为界,分为启动区和发展区两部分,启动区约4.5平方公里,是特色小镇建设的起步区域;发展区约3平方公里,是在启动区布局相关产业后的延伸区域。拓展区位于沿黄生态带范围内,大致范围为黄河大堤以南、连霍高速以北,青年路以西、齐边线以东,总面积约5平方公里。

顺河回族区温泉康养休闲特色小镇的空间布局分为核心区和拓展区,主要基于顺河回族区现有特色资源及其在开封市及郑州大都市区经济社会发展中应发挥的功能定位来考虑。核心区的7.5平方公里,包括启动区的4.5平方公里和发展区的3平方公里。其中,启动区主要包括六四六、申华(开封)汽车文化产业园、东湖及其周边区域,重点以地热资源为核心延伸特色产业及相关项目(如文商旅住温泉综合体、医养结合高端康养院、高端住宅小区、高端温泉酒店、大型购物中心等等),配以文化元素,延伸文化产业(尤其是汽车文化产业),凸显实体产业的支撑;发展区是核心区与开封市区对接的重要桥梁,在核心启动区特色产业发展的基础上,布局与启动区相关度较高的延伸产业,特别是现代服务业,如康养院、星级酒店、写字楼、高端商住小区、商业街、大型商场、综合旅游集散服务中心等等。核心区内部南北向主干道有宏达大道、东昌路、东平路,东西向主干道是汴京路,特色小镇核心区产业将服务并辐射周边其他区域,带动特色小镇拓展区及整个开封市甚至郑州大都市区的相关产业发展。

拓展区是配合核心区丰富服务功能的重要区域,该区域以文化为主线,重点发展生态休闲观光旅游,展现优美的生态环境及独特的传统文化。依据拓展区内现有基础和特色,拓展区又可分为南部沿黄磐石庙湿地文化公园、北部白天鹅湖休闲风景区、西部齐砦烧酒民俗个性化温泉休闲中心、东部菊花花卉造型体验区4个发展片区。整个拓展区域内湖渠相连,不仅有生态湿地、花鸟鱼虫,还有文化传承(磐石庙、传统村落等),并且还是休闲体验的最佳去处,与核心区现代化城市生活相互辉映。(见图2-14、图2-15、图2-16)

综合以上特色小镇发展内涵及顺河回族区经济社会发展实际情况,基于其产业功能及空间布局,其总的定位应该是郑州大都市区特色康养休闲基地。通过布局的特色产业将辐射整个开封市乃至郑州大都市区,形成郑州大都市区乃至整个中部地区特色小镇建设的典范。由此,我们认为开封市顺河回族区特色小镇的产业规划应以地热资源为核心,融合汽车文化、生态休闲等特色元素,延伸各类相关特色产业,形成特色产业聚集区,建设真正意义上的特色小镇。

▶ 报告 2　开封市地热资源综合开发利用总体战略规划（2019—2029）

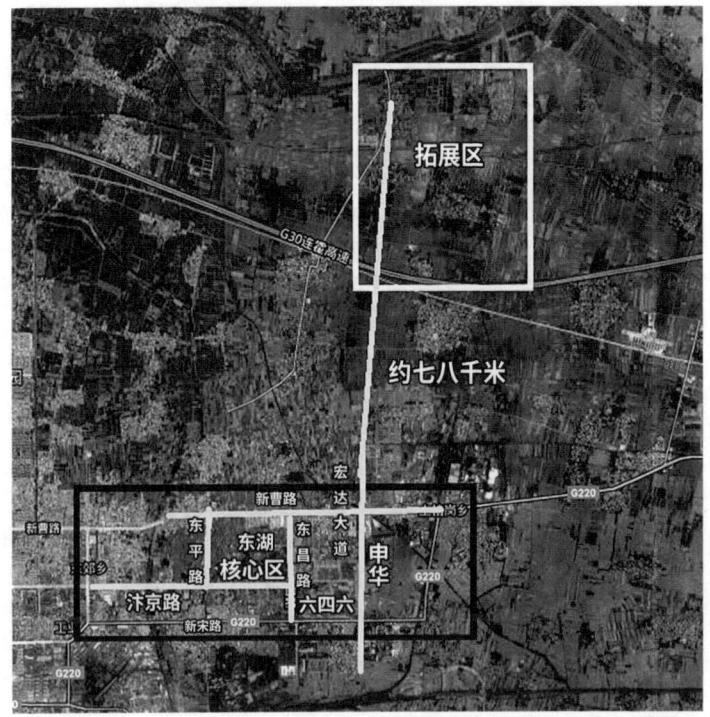

图 2-14　顺河回族区温泉康养休闲特色小镇空间示意图
（核心区＋拓展区）

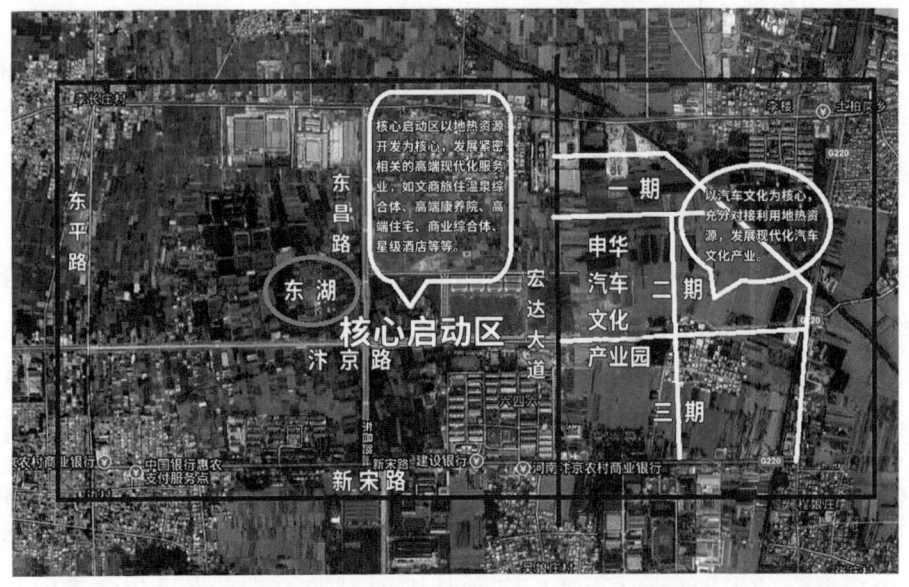

图 2-15　顺河回族区温泉康养休闲特色小镇核心启动区空间示意图

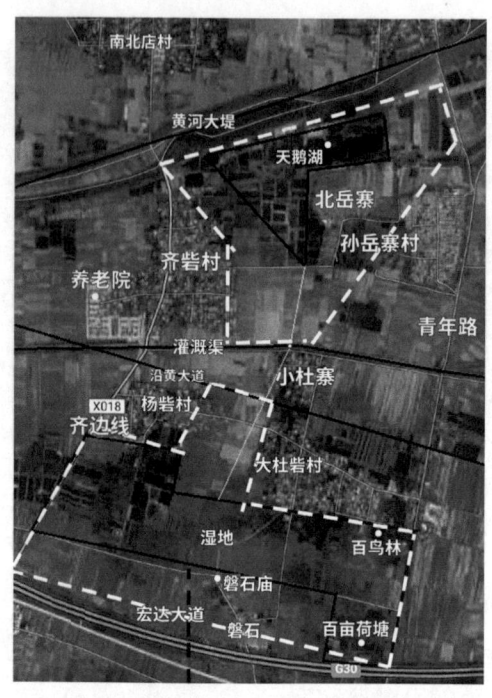

图 2-16 顺河回族区特色小镇北部拓展区示意图

(二)地热农业产业培育规划

1. 全国地热农业开发现状

中国的地热农业起步很早,早在 20 世纪 70、80 年代,就涌现了地热种植与养殖热潮。到了 21 世纪,由于地热行业本身的再度升温,地热农业又逐渐回暖,与其他地热项目配合,综合发展起来。

地热农业是利用地热能来控制农业作物、水产品等自然生长的农产品生产过程的一种资源利用方式,在地热的温室种植、优良农作物品种培育、跨季节蔬果和花卉、鱼苗越冬、家禽孵化等方面都能带来良好的经济效益。

在地热种植方面,北京某地利用地热能种植甘蓝生菜等优良品种的蔬菜,为社会提供高品质蔬菜,获得可观的利润。北京的温室花卉基地也利用地热能生产鲜花,年产 800 多万枝,不仅创造了丰厚的经济利益,也为美化人们的生活环境做出了贡献。福州市则侧重地热温室农业技术上的提升,用计算机控制地热温室的温湿度,从而适应各种从国外引进的花卉水果和名贵香料、菌类的培植。在地热养殖方面,福州地热农业科研部门也利用计算机控制鱼池

▶ 报告2 开封市地热资源综合开发利用总体战略规划(2019—2029)

温度,促进热带鱼的正常孵化。湖北省某地利用百亩①地热渔场,养殖罗非鱼、鲳鱼、鲶鱼、甲鱼、牛蛙等,年收入丰厚。云南昆明利用地热水养殖甲鱼,养殖周期短,资金周转快,其利润是普通养殖的40倍。中国北方冬季较长,温度很低,更加适合开发地热农业,在陕西省西安市附近有很多大规模的地热养殖场,促进了当地经济的发展,而北京的小汤山鸵鸟养殖场,每年300多只鸵鸟,收益也有900多万元。在河北某地,有着北方最大的越冬育苗场,养殖虾、蟹、甲鱼,效益逐年上升,每年有100多万元的收益。

2. 开封市地热农业培育的优势与困难

(1)优势

①生态旅游优势。开封是一座千年古城,有着丰厚的旅游资源和人文历史积淀,水系发达,名胜众多,地热农业作为一种生态、环保、清洁、高效的现代农业方式,依靠周边旅游资源,带动产业发展,基础良好。

②农业技术支撑优势。地热农业的核心竞争力应该在于注重规模效应和环境品质的同步提升,从科技性、生态性和景观性出发,具体体现在特色的产业选择、高科技农业技术的运用、景观化的视觉效果。河南是产粮大省,有着悠久的种植历史和大量的熟练技术农民,为农业现代化的发展提供了必要的人力资源,而河南大学、郑州大学、河南农业大学、河南省农业科学院等高等院校和科研机构,将为开封发展地热农业、助力农业转型提供良好的智力支持。开封水产养殖、花卉种植的传统,也将为地热农业的发展打下坚实的基础。

③政策优势。党的十八大报告对推动城乡发展一体化做出了重要部署,明确指出要加快发展现代农业,完善城乡一体化体制机制,国家将大力支持农业尤其是现代农业的发展。地热农业作为现代农业的一部分,丰富了现代农业的功能及内涵。党的十八届五中全会通过的《中共中央关于制定国民经济和社会发展第十三个五年规划的建议》对大力推进农业现代化提出了明确的要求。把农业传统文化融入现代农业建设的各个领域,各种创意文化与农业的结合也越来越多,跨界合作成为新常态。农业是全面建成小康社会、实现现代化的基础,必须坚持把解决好"三农"问题作为全党工作重心,加大政策力度加强农业发展,改善农村环境,保障农民利益,提高农民收入,大力推进农业现

---

① 1亩约为667平方米,全书以下同此,不再进行换算。

代化进程。

④地理区位优势。开封市毗邻郑州,处于大郑州都市圈的核心地带,与郑州共享"米"字形高铁和航空港区的枢纽资源,交通极其便利。良好的区位优势为地热农业产业的发展提供了高效的要素流通路径和广阔的市场资源。

(2) 困难

①地热农业属于新兴产业,发展尚不均衡。由于地热农业属于新兴的农业形式,国内外对于将地热资源用于发展农业这一认知还不够充分,导致地热农业发展势头不足。目前只有我国台湾和日本的地热农业发展相对比较成熟,我国大陆虽然有地热农业的案例崭露头角,但是其开发仍处于初级阶段,且地区分布极不均衡,只有屈指可数的几个,大部分地区对这一新型农业模式仍欠缺了解。

②国内地热农业发展不全面。对比日本和我国台湾多形式的地热农业模式,我国大陆地热农业仅仅停留在建立温室大棚上,对地热水资源利用不足,缺乏多形式的利用模式。以我国现有的青龙湾地热农业科技观光园以及商河地热农庄为例,两个园区的规划均主要是用温泉的热能建立生产型温室大棚及观光型温室大棚,缺乏与其他相关产业的深度融合与联动发展。这样就导致地热农业发展模式单一,资源利用不充分。

③初期资金投入规模大,财政补贴力度不足。地热农业是一种利用清洁能源的高新技术设施农业,初期对地热井和农业设施的投资规模较大,回报周期较长。从历年的中央一号文件可以看出,我国对于"三农"问题尤为重视,农业问题关系到民生问题、农民问题,财政对于农业的支持力度也很大,但是关于地热农业几乎没有涉及。缺乏政府的财政支持,私人投资者就显得尤为谨慎,在以利益为重的前提下,担心市场的接受度不高。目前不论发展创意地热农产品,还是发展地热农业观光园,资金来源都主要是村镇或企业自筹,难以形成规模效应和示范效应,对地热农业的大力发展与推广造成了阻碍。

④缺乏专业人才队伍。发展地热农业并非易事,我们需要专业的人才队伍进行研究和指导。

⑤地热农业作为地热资源综合开发利用中的一个环节,需要科学规划、系统开发。

▶ 报告2　开封市地热资源综合开发利用总体战略规划(2019—2029)

3. 开封市地热农业培育的相关建议

其一,科学规划、梯级利用、合理开发,引入实力雄厚的农业企业,充分利用地热资源优势,发展高新技术设施农业,培育高端花卉基地、名贵水产养殖基地、育种育苗基地等项目,增加农业产品附加值。随着我国物质水平的不断提高,人们越来越注重生活品质,对花卉的需求量也不断增大,促使花卉产业迅猛发展。温室种植作为现代花卉的主要生产方式,温室花卉生产面积及规模正在不断扩大,每年呈递增之势。地热农业的发展实现了将地热和花卉种植联系起来,可以利用地热资源,使温室达到四季恒温。地热花卉的建议品种有红掌、蝴蝶兰等。

种苗对蔬菜今后的生长发育起着关键作用。可以充分利用地热资源在温室大棚内进行蔬菜穴盘育苗,培育出健壮的秧苗,并在此基础上打造观光农业、采摘农业、有机农业。温室种苗的建议品种有生菜、丝瓜、黄瓜、番茄等。

鱼类等生物在温暖的条件下能够快速生长,使用过后的地热尾水温度仍能保持在30℃以上,将尾水处理之后可以用来养殖鱼类等海产品,并且利用地热不断地为养殖池蓄水,保证养殖池处于恒温状态,帮助鱼类健康快速成长,实现了非原产地就可吃到原汁原味的鲜海产品,从而提高经济效益。

除此之外,还可以利用地热优越的水温特征,培育养殖热带观赏鱼,建议选择品种为优质罗非鱼、南美白对虾、石斑鱼、白鲳、观赏鱼、甲鱼等。甲鱼喜欢栖息在温水中,冬季水温降低至15℃即不进食,藏在土中冬眠,停止生长。用地热水调节秋冬季节的养殖池水温,可以创造出夏天的生长环境,使甲鱼生长迅速,达到更大的经济效益。

也可以把适宜的养殖品种进行标准化生态养殖,形成规模后还可以满足养殖地周边地区的市场需求,即可达到长期的经济效益。

一个100平方米的养鱼池,可放养鱼苗7万-8万尾,长成后每池可产成鱼8万千克,每千克按5.5元计算,每个养殖池效益可达40万元以上。

其二,结合旅游定位,充分与地产、康养等相关项目结合,打造观光园、种植园、生态园、温室公园各种类型、各具特色的项目群,发挥复合优势,全面带动开封旅游、康养、高端房地产项目的增长。通过规划建设农业科技观光展览厅、规模农业生态温室、露天采摘园等,同时加上田园生态别墅、乡村风情的农家小院、地热度假酒店等各类配套服务项目,最终建成集有机农业生产、生态农业观光旅游与休闲度假相结合的复合型项目。

例1：青龙湾地热农业科技观光园。

青龙湾地热农业科技观光园位于天津市武清区河北屯镇,基地大力发展生态观光旅游业,建立大型地热农业科技示范园,园区占地面积约为43.33万平方米。旨在以天津市河北屯镇为中心,大力发展生态休闲观光旅游业。

基地不仅拥有丰富的地热资源,而且还有湿地保护区以及森林公园,开发者利用基地得天独厚的自然环境优势,建立大型地热农业科技示范园区,发展休闲旅游。多功能的农业观光园使游客在美丽的自然环境中回归自然,感受现代农业的魅力。

例2：商河地热农庄。

商河地热农庄位于山东省济南市商河县,地热农庄处于占地333.33万平方米的现代农业科技示范园内,是集餐饮住宿、地热疗养、休闲垂钓、农业观光、旅游度假于一体的景观园林式酒店。园区内有超过3000平方米的垂钓湖,有近百个有机蔬菜大棚,种植有千余亩的柿子、葡萄等水果,可提供有机无污染纯绿色瓜果、蔬菜,同时让广大游客参与农业活动,体验采摘的乐趣。园区开发了生态观光旅游、农家采摘旅游、民俗文化旅游、地热养生旅游等四大休闲旅游观光项目。乡村绿洲地热假日花园以及现代农业科技示范园已经成功落地,被评为国家级旅游景区,其中还包含省农业旅游示范点的旅游景点30余处。

例3：日本九州岛东北部著名地热城市,东临别府湾,属大分县,以别府八汤最为驰名。

九州岛有九州大学地热治疗学研究所,专门进行地热农业的研究,探索如何利用地热发展农业等。城郊利用地热发展温室蔬菜、花卉栽培。

其中,名为"鬼山地狱"的是日本著名的鳄鱼养殖场,养殖了3种不同种类且数量庞大的鳄鱼,总量超过100头。鳄鱼生长的最佳温度为28—30℃,鳄鱼池通过地热水为鳄鱼创造一个四季恒温的环境,保证鳄鱼的健康生长。鳄鱼的养殖并不容易,即使到了寒冷的冬夜,也需要鳄鱼饲养员定期巡视,周期为3个小时,防止鳄鱼从池中爬出来。

日本的别府地热对地热资源的运用很充分,如发电、种植地热蔬菜以及其他的热带植物花卉等。此外,还养殖热带观赏鱼、河马。红鹤养殖也是相当别

▶ 报告2 开封市地热资源综合开发利用总体战略规划（2019—2029）

出心裁的利用方式。

七、政策建议

（一）精准评价，摸清家底

地热总能量虽然巨大，但其分布并不均匀，要想加以经济合理的有效利用，进行清晰的地热资源成因模式研究、准确的地热资源储量评价研究，不断开辟新的资源储备，是地热资源规模化可持续利用的基础。因此，建议委托权威机构，进一步加强地热资源勘查，查清更深层地热储层发育状况和地热资源开发利用条件，编制地热资源开发利用详规。

（二）加强领导，政策扶持

地热资源的开发利用是关系到开封市未来发展、关系到绿色城市建设的重要工作，推动清洁的地热资源有效合理利用，逐步取代传统能源，减少环境污染，是地方政府的责任与义务。对地热资源的开发利用，要明确"稳定存量，配置增量"的原则，打消企业对政策方面的顾虑。要建立高标准的地热资源开发利用领导小组，牵头引导各个相关部门，明确职能分工，有效推动发展，落实监督责任。要采取必要政策措施与资金扶持，加大推广力度，出台优惠政策，鼓励企业积极参与，提升开发效率和水平，逐步形成和发展绿色地热能源产业。为实现更快的技术进步和更大范围的推广应用，建议将地热资源利用纳入大气污染防治的总体规划之中。同时，建议结合顺河回族区特色小镇相关规划，推动开封申报"中国温泉之乡"。

（三）统筹规划，整体开发

地热资源的利用，存在投资大、回报周期较长、开发利用需要科学规划的特点，一哄而上的开发利用，既无法充分实现系统性的综合利用，更易造成水资源的污染，在更长远的范畴，是对地热资源的无意义损耗及浪费。雄安、开封等开发利用地热资源较早的城市，均出现过上述问题。因此，为了开封地热资源的有效利用，建议出台相关政策，清理无序开发，收回利用不充分、存在浪费等情况的原有开发项目,将地热资源开采开发利用的权利统一管理,由实力雄厚的国有企业科学规划,政府统一布局,实现全面综合有效的开发利用。

(四) 合理补贴,逐步推动

针对地热资源的开发利用,建立政府专项基金,大力推进地热供暖的广泛应用,促进地热资源的合理开发、循环利用,充分调动地方、企业开发地热的积极性,加快地热供暖产业化、商业化步伐,带动地方经济的发展。基金不以营利为目的,而是通过推动合理开发、循环利用地热资源,促进当地经济增长作为回报。重点支持地质条件成熟、技术水平高、经济效益好,能促进地区经济发展,具有较大规模的地热供暖项目。不进行地热尾水回灌的地热供暖工程,专项基金不予支持。项目实施单位应制订实施计划,认真组织项目按进度实施,专款专用,接受上级部门的监督检查,按要求提供项目预算执行情况和有关财务资料。

(五) 政府引导,共同开发

鼓励传统供暖企业与地热供暖企业的全方位合作,可以由政府牵头引导,将传统供暖企业的组织运营优势与地热供暖企业的热源技术相结合,共同推进清洁能源的全面替代。

附 录

开封市县域城镇居民冬季供暖需求意愿调查问卷

尊敬的先生/女士,您好,我们来自河南大学中原发展研究院,目前接受开封市政府的委托,正在进行《开封市地热发展战略规划》的编制,感谢您在百忙之中完成问卷的填写,您所提供的信息对我们有十分重要的意义,再次感谢您对本次调查的大力支持!

第一部分 基本信息

1. 年龄:

2. 性别:A. 男性 B. 女性

3. 职业:A. 机关、事业单位工作人员 B. 商业、服务业人员 C. 专业技术人员 D. 农林牧渔从业人员 E. 个体经营户 F. 离退休人员 G. 学生

报告 2　开封市地热资源综合开发利用总体战略规划（2019—2029）

H. 自由职业　I. 其他职业

4. 同居人数：

5. 平均每月纳税额：

A. 0—200 元　B. 200—400 元　C. 400—600 元　D. 600—800 元

E. 800—1000 元　F. 1000 元及以上

6. 您现有的采暖模式是：

A. 由热力公司集中供暖

B. 住宅小区自建换热站

C. 未参与任何集中供暖，依靠自购设备（空调、电暖器等）采暖

D. 未参与任何集中供暖且没有购买任何采暖设备

（若选择 C 或 D，请回答第 7 题；若选择 A 或 B，请跳过第 7 题）

7. 您未参与任何集中供暖的原因是：

A. 觉得集中供暖的采暖效果不理想

B. 住宅内没有暖气管道

C. 每日在住宅内平均停留时间较短，没有必要采取集中采暖

D. 可以接受寒冷天气

E. 其他原因（请说明：_____）

8. 您所处房屋的建筑面积（请在最接近您房屋建筑面积的刻度处打钩，单位是平方米。若房屋的建筑面积超过 280 平方米，请在下面的括号中写出建筑面积）：

A. 60　B. 80　C. 100　D. 150　E. 200　F. 250

若建筑面积大于 280 平方米，您的建筑面积是（　　）平方米。

9. 您近些年每年总采暖费用平均为（请在最接近您平均总采暖费用的刻度处打钩，单位是元。若平均每年采暖费用超过 3300 元，请在下面的括号中写出平均每年采暖费用）：

A. 800　B. 1000　C. 1500　D. 2000　E. 2500　F. 3000

若平均每年采暖费用超过 3300 元，您平均每年的采暖费用为（　　）元。

第二部分　采暖满意度

（此部分由"由热力公司集中供暖或住宅小区自建换热站的居民"填写）

请对每个项目进行慎重评估，并将对每个项目的满意程度在相应的单元

格内打钩。

满意程度	项目			
	采暖价格水平	供暖温度	温度稳定水平	总体
非常满意				
比较满意				
一般				
比较不满意				
非常不满意				

第三部分　地热采暖使用意愿

1.您是否希望通过地热集中供暖来代替目前的采暖方式：

A.非常希望　B.比较希望　C.无所谓　D.比较不希望　E.非常不希望

2.您认为影响您选择地热集中供暖的最主要的因素是：

A.供暖效果

B.供暖价格

C.暖气管道等配套设施不完善

D.大部分时间在外,不常在住宅内停留

E.其他原因(请说明：＿＿＿＿＿＿＿＿＿＿＿＿＿＿＿)

3.如果采取地热集中采暖,每个采暖季您愿意支付的最高费用为(请在与您愿意支付的最高费用最接近的刻度处打钩,单位是元。若您愿意支付的最高费用超过3300元,请在下面的括号中填写您愿意支付的最高价格)：

A.1000　B.1500　C.2000　D.2500　E.3000

若您愿意在每个采暖季为地热集中采暖支付的最高费用超过3300元,则您愿意支付的最高费用为(　　)元。

报告3　都市化背景下重塑鼓楼商圈结构功能思路与方案*

一、鼓楼商圈的起落与困境

开封鼓楼商圈作为开封发展最早、最为成熟、影响最大的商圈,以古都开封的文化地标——鼓楼为中心,形成了以鼓楼街、寺后街、马道街和书店街分割的"田"字地块特色商业街区。这里聚集着开封优秀的历史遗存,保留着浓重的商业气息,是开封商业发展的起点,也见证着开封商业的历史变迁。但随着经济社会的发展,尤其是城市现代化生活消费方式的转变、城市发展格局的调整,鼓楼商圈的地位和影响也发生了重大变化。

(一) 鼓楼商圈的兴起和发展

所谓商圈主要是聚集商业活动的区域,以聚集大量各种经营性商家为主要表现,吸引消费人群聚集消费。开封自古就是中原地区重要的商业城市,并在很早就形成了一些商业功能区。其中,鼓楼商圈是开封发展最早、最为成熟、影响最大的商圈,其范围主要是以鼓楼广场为中心的"田"字块,东至解放路,西至中山路,北至东西大街,南至自由路,包括鼓楼街、寺后街、马道街、书店街等4条特色商业街,东西长约800米,南北长约1100米,商业经营占地面积约0.58平方公里,营业面积19.3万平方米,聚集了又一新、京古斋、王大昌等老字号、名品名店、全国连锁酒店、大型商业和休闲娱乐场所比比皆是,2014年1月被中国步行商业街工作委员会命名为"中国著名商业街"。

---

* 该项目受开封市鼓楼区人民政府委托,项目时间:2019年9月—2020年5月;主持人:耿明斋;项目组成员:李燕燕、李少楠、柴森、罗振华、黄卓。

鼓楼商圈最早的兴起要从马道街说起,马道街的历史可追溯至千年前的北宋,时为大相国寺的一部分,明代初称"寺东门大街",后称马道街。清光绪年间,大清银行、老字号绸布店、百货店、照相馆等纷纷进驻马道街,在商会的带动下,外地商户也纷纷落户马道街。民国初年,马道街作为开封市的商业中心已渐成雏形,并逐渐发展成为全国著名的商业街。一直以来,马道街均保持着18世纪欧洲巴洛克建筑风格,外形追求动感,喜好富丽的装饰和雕刻,与对应的书店街东方小阁楼风格形成了鲜明对比,成为开封一道独特的风景线。然而,随着时代变迁、风雨侵蚀以及人为改造,马道街传统的民国巴洛克风格建筑出现了不同程度的毁坏现象,更有一部分彻底消失。2015年7月21日,开封市委、市政府全面启动了马道街综合整治和改造提升工作,最终按照民国风情的建筑设计方案进行了重新修整。马道街全长约440米,宽10—17米,共有26栋楼体及12个楼体间过道,112户沿街门店。

与马道街相连的为书店街,全长620米,宽18米,北起东西大街,南至鼓楼广场,东西走向的徐府街、河道街从中部穿越,将其划分为北书店街与南书店街。书店街是开封古城历史风貌保存较为完整的典型街道,是与日本东京神田书街齐名的世界两大古街之一,也是唯一一条没有进行大拆大建的历史老街。开封的书店街,起源于千年前北宋的高头街(交易的商品主要有书籍、字画、古玩、衣物以及中药等),当时是东京城里最繁华的街市,店铺云集,明代易名为大店街,清朝乾隆年间正式命名为书店街。书店街大部分建筑为明末清初的阁楼式建筑形式,朱栏雕窗、坡顶花脊,古朴典雅;部分为中西合璧建筑,精巧别致,异趣横生,中西文化的完美结合彰显着开封文化的独特魅力。

东西向的主干商业街道为鼓楼街和寺后街,鼓楼街因明洪武年间修建开封鼓楼而得名,东西走向的鼓楼街,全长790米,被落座当中的鼓楼一分为二,东侧是鼓楼街,西侧是寺后街。寺后街在明代称鼓楼西街和察院东街,为商业集中地;清代时因该街在相国寺之后,称为相国寺后街,简称寺后街。民国时期,寺后街和鼓楼街统称省府路东段。1949年后,仍称鼓楼街、寺后街至今。历史记载,从有鼓楼街开始,鼓楼夜市就伴随其间,各种开封小吃叫卖声彻夜不绝。鼓楼街、寺后街作为河南省历史最为悠久的商业街区,至今仍保留着一批清末、民国时期的老字号、老建筑,有百年老店第一楼、又一新,百年茶庄王大昌、正大祥,"中华老字号"之一、经营中国书画的"八大斋"之一的京古斋。

▶ 报告3 都市化背景下重塑鼓楼商圈结构功能思路与方案

无论是历史文化的影响力,还是商业发展及其知名度,鼓楼商圈在开封乃至全省经济社会发展中的地位和影响都非常大。20世纪八九十年代,以马道街为代表的鼓楼商圈商业街商铺林立,聚集了大批品牌服饰店。马道街是当时开封最时髦的购物一条街,并且当时开封三大商业地标①中的两个(人民百货大楼、模范商场)都在鼓楼商圈内。尤其是当年的模范商场是开封商业之首,拥有6000多个品种的商品,涵盖日用百货、鞋帽服装、家用电器、烟酒食品等多领域,可谓是应有尽有,那时去商场不一定要买什么,就只为饱一下眼福,坐一下上上下下的电梯就足矣。如今模范商场早已消失不见,先是改为玉祥大酒店,而后又变为苏宁易购和华联购物广场,再难重现往日辉煌。除了三大商业地标,老开封商业最值得一提的大相国寺市场也在鼓楼商圈内。20世纪80年代大相国寺市场拥有商户5000余户,是全国八大小商品市场之一,商业经济异常繁荣,大相国寺市场的命运也同三大商业地标一样,随着业态更新演化,因硬件设施老化、建筑密度高、购物环境差及经营模式僵化等,最终完成了自己的历史使命。

目前,除了上述4条特色商业街道之外,鼓楼商圈还坐落着振河商业城、鼓楼地下商业街、鼓楼新天地、万宝行宫商厦、鼓楼里等商业经营区域,以及鼓楼、复兴坊、大相国寺、刘少奇在开封陈列馆、山陕甘会馆、老省府大院等文化旅游区域,是开封市老城区内文商旅资源最为集中的区域。直到2010年左右,鼓楼商圈仍是开封的商业消费中心,无论是本地居民、外来游客,还是周边县市区居民,到开封消费购物的必选之地都是鼓楼商圈内的商业街及商场。从最能代表商业消费发展状况的社会消费品零售总额数据来看,2003年,鼓楼区社会消费品零售总额达到13.56亿元,占整个市区的52.4%,且2005—2012年鼓楼区社会消费品零售总额增速一直保持在15%以上,2012年社会消费品零售总额仍占全市区的34.07%,从这些数据也能反映出鼓楼商圈地位的重要和商业经济的繁荣。然而,随着经济社会的发展和收入水平的提高,人们的消费理念、消费方式逐渐发展变化,加上郑汴一体化战略的实施,开封向西发展,城市框架不断拉大,尤其是2010年以来,开元广场、星光天地、万达广场等新兴商业综合体兴起,出现了多元化的商业核,使得鼓楼商圈的商业地

---

① 开封三大商业地标为人民百货大楼、模范商场、南关百货大楼。

位逐渐下降。2013年以来,鼓楼区社会消费品零售总额增速逐渐下降,其占市区的比重也逐步降低,这从侧面也直接说明了鼓楼商圈商业地位的滑坡。

(二)鼓楼商圈的困境和乏力

随着人们生活水平的提高,满足必需品和耐用品需求的传统消费已经基本完成了普及,消费者更加在意消费的服务和质量,更加注重消费的过程,新兴消费由于更加关注消费休闲体验而逐渐被大众接受。然而,鼓楼商圈却仍停留在以满足本地居民生活需要为主的中低端零售消费业态,新兴体验式、休闲式消费业态没有形成,加上位于老城区内,道路交通等基础配套设施滞后,无法吸引聚集人流滞留,使得商圈严重缺乏活力,商业经营惨淡,发展陷入困境。

鼓楼商圈作为支撑鼓楼经济社会发展的重要引擎,其发展变迁直接影响着鼓楼全区的经济社会发展状况。从最能直接反映商业经营状况的社会消费品零售总额数据(见图3-1、图3-2)来看,鼓楼区社会消费品零售总额在开封市5个区中位居第一,其占市区的比重最高时超过50%,但2012年以后,无论是占市区的比重,还是增速,都逐渐降低,到2017年,鼓楼区社会消费品零售总额占市区比重降低为11.6%,2018年增速也降到了7%,2019年鼓楼区社会消费品零

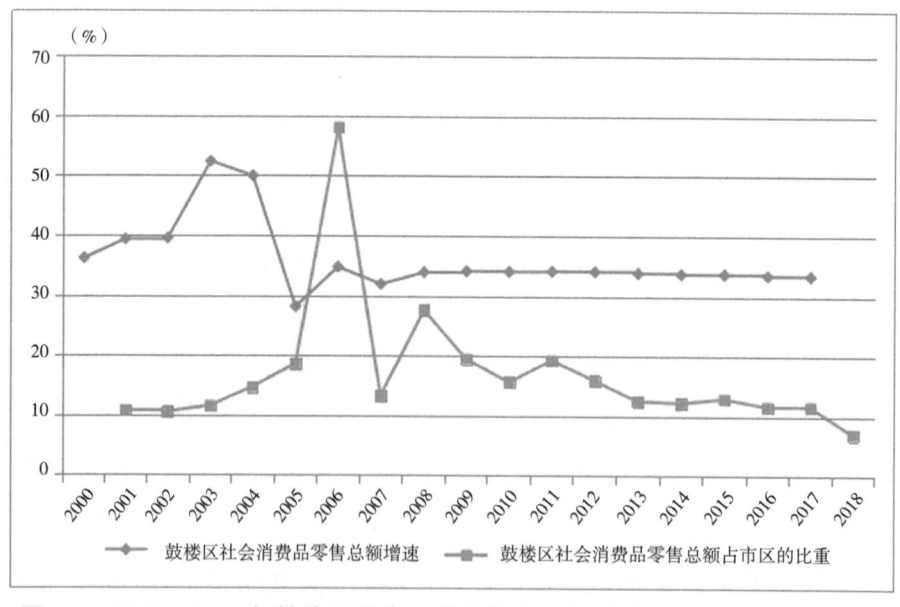

图3-1 2000—2018年鼓楼区社会消费品零售总额增速及其在市辖区的占比

▶ 报告3 都市化背景下重塑鼓楼商圈结构功能思路与方案

售总额增速在市辖10个县区中位居倒数第一。① 这都反映出了鼓楼区商业经营状况的衰落,也是鼓楼商圈商业地位下降、缺乏发展活力的直接结果。

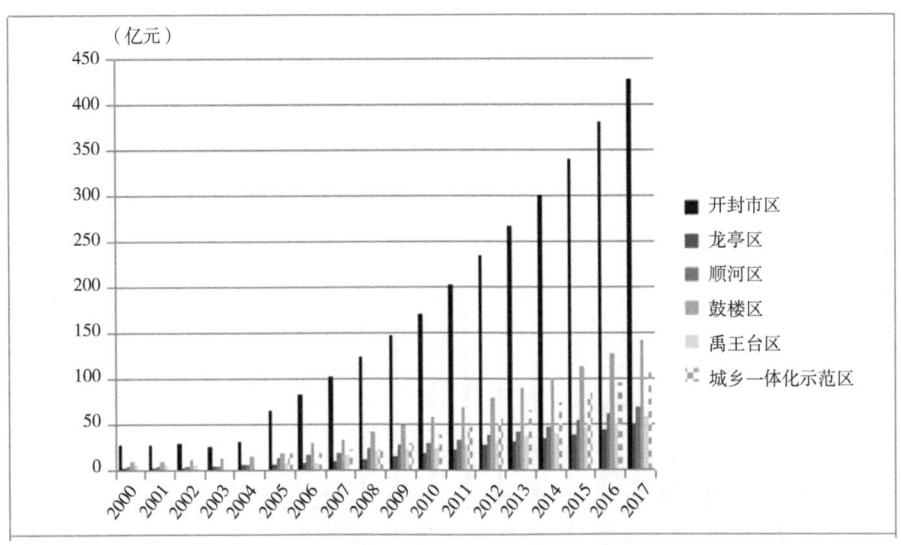

图3-2 2000—2017年开封市各区社会消费品零售总额

鼓楼区作为开封市区的重要组成部分,其主要建成区及发展核心区域基本都集中在城墙以内的老城区范围内,主要包括以鼓楼商圈为核心的商业区和包公祠、开封府、大相国寺等文化旅游区。从鼓楼区近年来在市辖5个区的发展演变来看,其经济实力有所下降,如图3-3可知,鼓楼区GDP占市区比重总体呈现下降趋势,由2006年的19.11%下降到2018年的17.34%,最高时达到26.02%(2007年),最低为15.83%(2016年);GDP增速下滑也比较严重(见图3-4),2018年鼓楼区GDP增速在开封市辖5个区中仅比龙亭区高,低于城乡一体化示范区3.7个百分点。作为开封市辖区的中心城区,鼓楼区产业发展一直以第三产业为主,2005—2018年,鼓楼区第三产业增加值由11.39亿元增长到70.31亿元,增长了5倍多,且2005—2015年,其第三产业增加值总量都位居市辖5个区中的第一,占市区比重也基本在23%—25%之间(最高于2013年占比达到24.39%)。但随着开封西区的发展,尤其是现代服务业

---

① 社会消费品零售总额自2018年以来只公布增速,不统计总量了,所以本处2018、2019年也没有计算鼓楼区占市区的比重。

在西区的布局落地,2016年城乡一体化示范区第三产业增加值超过鼓楼区成为市区第一,2018年鼓楼区第三产业增加值占市区的比重下降为21.64%。(见图3-5)

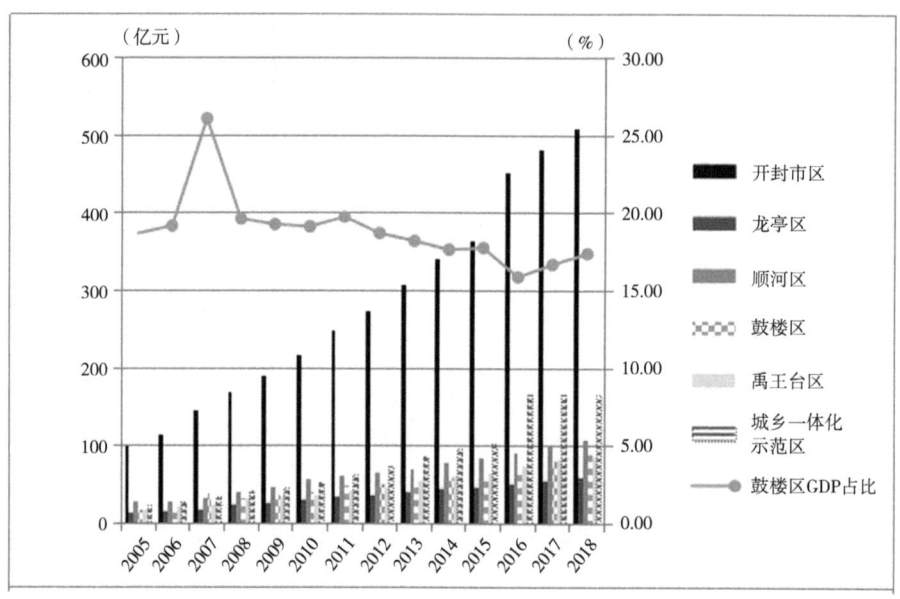

图3-3 2005—2018年开封市各区GDP及鼓楼区GDP占市区的比重

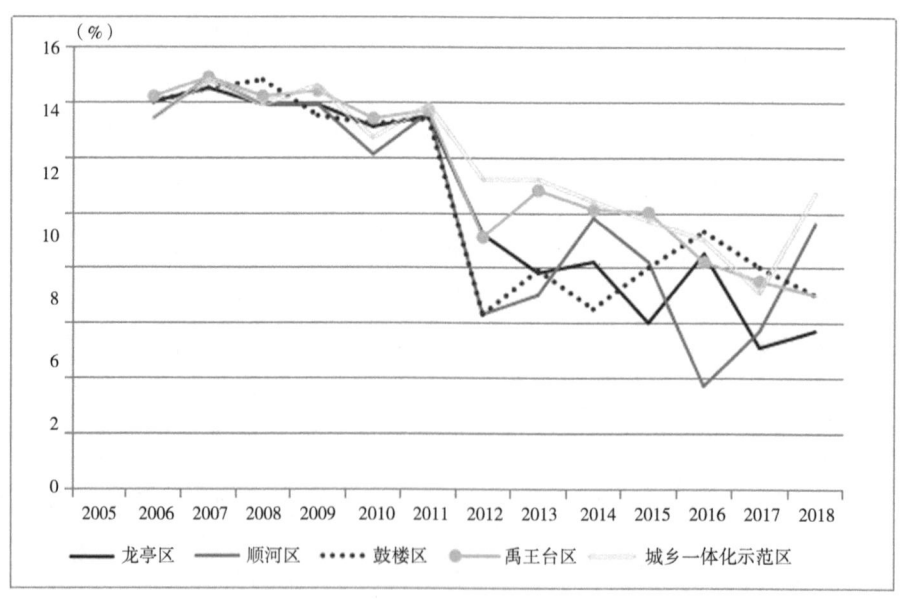

图3-4 2005—2018年开封市各区GDP增速

▶ 报告 3　都市化背景下重塑鼓楼商圈结构功能思路与方案

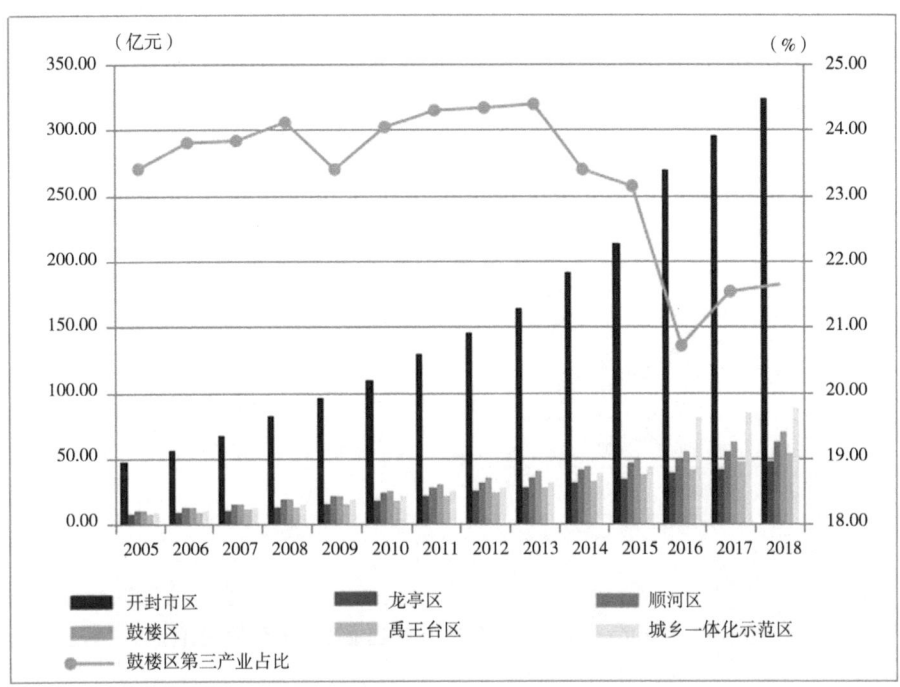

图 3-5　2005—2018 年开封市各区第三产业增加值及鼓楼区占市区的比重

就固定资产投资（见图 3-6）来看，2013 年以前，鼓楼区固定资产投资增速都在 20% 以上（2006—2013 年固定资产投资增速平均为 35.4%），2014 年以后，随着经济衰退，固定资产投资增速迅速下降，2017 年和 2018 年更是出现了负增长，分别为 -35.9% 和 -52.6%。就一般公共预算收入（见图 3-7）来看，2001—2008 年，鼓楼区一般公共预算收入占市辖 5 个区总和的比重基本都在 20% 以上，2009—2018 年开始逐步下降，2015 年以后占比下降到 10% 以下。从图中也可以明显看出，自 2009 年以来，城乡一体化示范区一般公共预算收入增速迅速提升。这也印证了开封近年来的发展轨迹，即自郑汴一体化战略实施以来，开封向西发展的势头猛劲，各类基础设施建设、制造业和现代服务业的发展，以及人口等要素都逐渐向西布局、集聚（见图 3-8）。而老城区由于老的城市格局的限制，道路交通等基础设施比较滞后，与现代城市生活的需求有些错位，也加速了现代化的教育医疗、消费娱乐等各类要素资源外迁向西集聚。

通过上述对鼓楼区近年来经济社会发展数据的梳理，可以明显看出鼓楼区及鼓楼商圈总体发展形势不容乐观。根据实地调研，鼓楼商圈内除了寺后

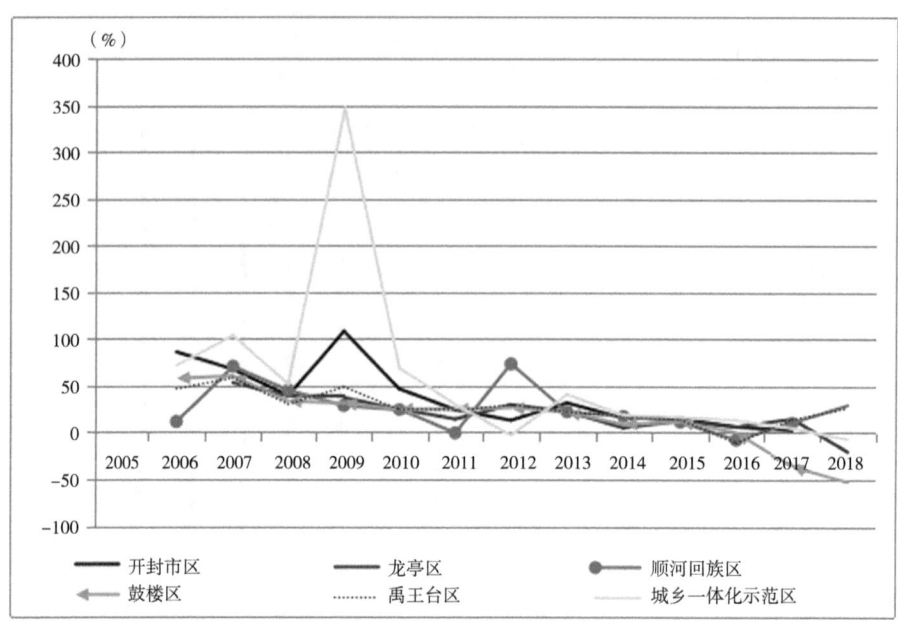

图 3-6　2006—2018 年开封市各区固定资产投资增速

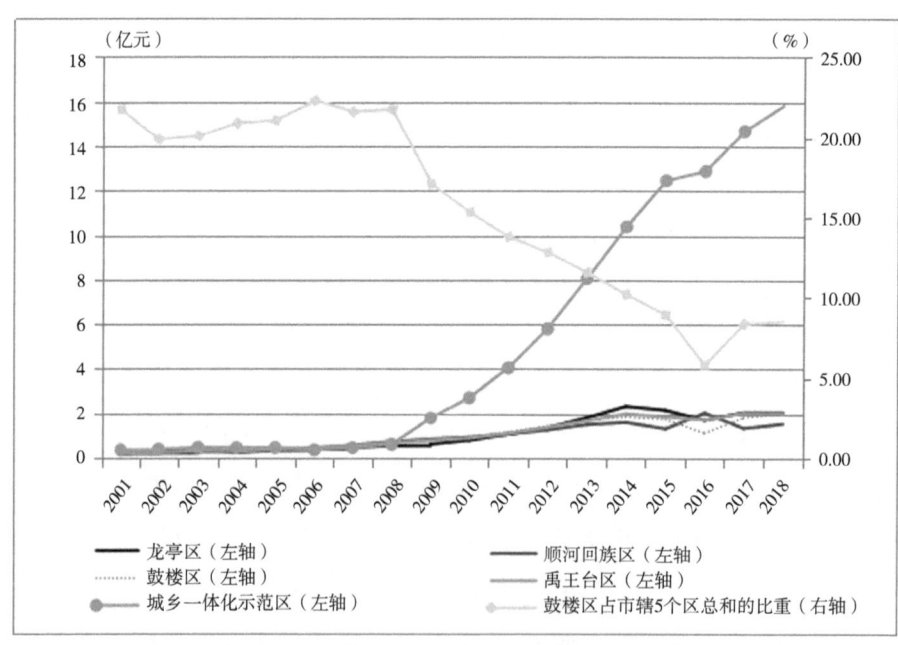

图 3-7　2001—2018 年开封市各区一般公共预算收入及鼓楼区
占市辖 5 个区总和的比重

街、书店街夜市及鼓楼夜市小吃聚集一定人流之外,马道街、鼓楼街及振河商业城、鼓楼新天地、鼓楼里、鼓楼地下商业街等区域人流十分有限,商铺经营非

▶ **报告3 都市化背景下重塑鼓楼商圈结构功能思路与方案**

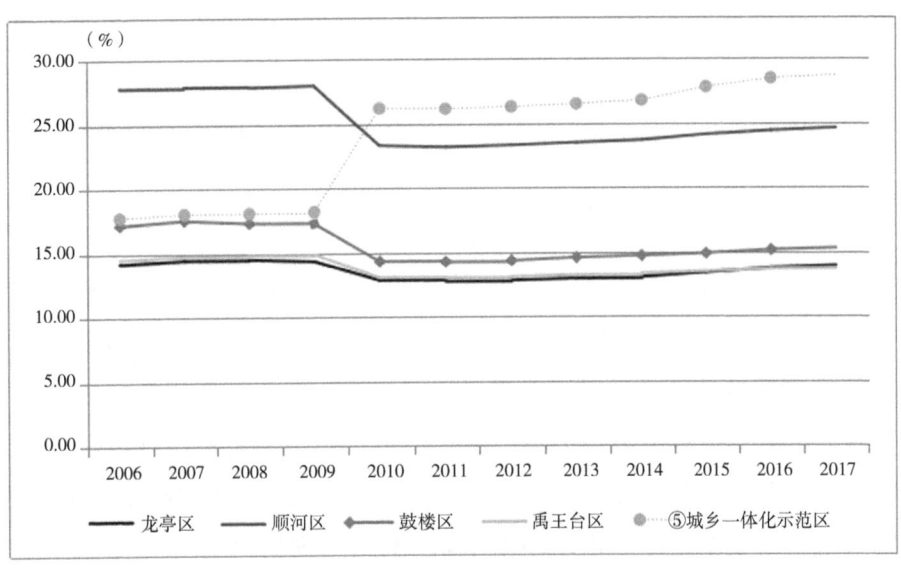

图3-8 2006—2017年开封市各区常住人口占比

常惨淡,昔日鼓楼商圈的繁华景象荡然无存。以马道街为例,20世纪八九十年代至21世纪初,作为商业中心,沿街店铺生意火爆、一铺难求,现如今,沿街门店112户,已营业门店100户,闲置门店12户,马道街房屋总面积约46642平方米,其中已使用面积(包含仓库、办公、营业、住房等)约22033平方米,未使用面积约24609平方米,占比高达52.76%。再如,振河商业城总营业面积5.1万平方米,目前空置率达到27%,现有商铺经营状况比较差,客流量较2010年左右下降40%以上,每天客流人均消费不到20元;鼓楼地下商业街、万宝行宫商厦等人流也非常有限;鼓楼新天地店铺几乎都面临着关门。这也都直接反映了鼓楼商圈已经陷入发展困境,失去了昔日商业繁华的影响力和商业活力。

鼓楼商圈陷入困境最根本的原因还是人流减少,缺乏聚集人流的吸引力。前面已经提到,随着人们生活水平的提高,人的消费理念、消费模式已经发生了巨大的变化,传统单一的实体门店消费生活必需品的时代已经过去,网上购物、休闲体验式消费越来越盛行,人们对消费品质的追求逐渐增强。并且随着城市现代化的发展,在大都市区及城市群的辐射带动下,整个区域的商业结构和开封城市内的城市结构已经发生了重大变化,商业消费单一商业核心转向了多元商业中心。然而,鼓楼商圈商业经营模式却没有发生变化,商圈内的商业仍以满足本地生活基础性消费为主，显然与现在的消费理念、消费需求出现了错位。

首先，我国经济发展阶段的变化，也带动着消费的升级、消费模式的变化，而鼓楼商圈商业业态传统、低端，没有跟上新消费理念、消费模式的变化。我国经济发展已由高速增长阶段转向高质量发展阶段，经济发展方式的变化直接带来的是消费模式、消费理念的转变，新的阶段，线上消费、高端消费、休闲体验消费接踵而来，越来越多的人对消费需求、消费要求越来越高，直接冲击着传统的消费模式和理念。目前，鼓楼商圈的商业业态仍以满足生活基础性消费为主，主要包括两大类：一是生活用品类，书店街夜市、马道街、地下商业街、振河商业城等商铺主要以经营中低端品牌服装、鞋帽、家居用品等为主。万宝行宫商厦、苏宁电器主要以经营手机、电脑及家用电器等为主。二是住宿餐饮类，鼓楼夜市小吃、鼓楼里、鼓楼新天地、第一楼、又一新等都是以经营开封特色小吃为主，此外，以快捷酒店、民宿为代表的住宿酒店也逐渐增多。这些商业业态都是传统消费的支撑，如今网上消费的便捷直接冲击着实体门店的发展，加上人们生活水平的提高，对产品品质、品牌的追求，鼓楼商圈传统中低端生活用品类消费的衰落就成为必然。开封作为著名的旅游城市，特色餐饮小吃是吸引游客的一张名片，且历史传统悠久，然而以鼓楼夜市小吃为代表的特色餐饮小吃由于品质较差、管理服务混乱，口碑已经严重遭到破坏，小吃的名片也正在走向衰落。

其次，随着整个区域发展格局的变化，开封整体商业地位下滑，加上开封城市框架不断拉大，向西发展的战略驱动，促使满足现代化消费需求的大型综合性商业广场向西集聚，直接分流了鼓楼商圈的人流。前面梳理鼓楼商圈发展历程时也提到，20世纪八九十年代之前，以鼓楼商圈为核心的开封商业在河南省乃至中部地区都有着很重要的地位，省内郑州的商品批发很多都来源于开封，但随着郑州经济发展、地位提升、交通物流便捷，逐渐代替了开封在河南乃至中部作为商品中转、商业购物中心的地位，直接冲击着开封商业的人流。同时，自郑汴一体化战略实施以来，开封向西发展的趋势不可逆转，发展势头也非常猛，各类高端的资源要素都在向西集聚，现代化商业消费自然也会向西发展。20世纪八九十年代直到21世纪初，开封没有大型商场，商业消费则主要集中于鼓楼商圈的几条特色商业街道，而如今，随着消费水平的提升、

▶ 报告3 都市化背景下重塑鼓楼商圈结构功能思路与方案

消费方式的变化,大润发、大商新玛特、开元广场大商、黄河路星光天地、中山路万博广场、西湖万达广场等现代化综合性商场陆续出现,使得开封商业消费由单一核心转向了多元选择,对鼓楼商圈传统商业的发展造成了巨大的冲击。①

再次,开封做实在郑州大都市区及郑汴港核心区中文化核的定位,使得老城区整体功能要以文化旅游为主,老城区内原有居民外迁成为必然趋势,这在一定程度上分散了鼓楼商圈的本地消费人群,而鼓楼商圈现有商业业态和模式主要面对本地人群,尚未及时对消费人群定位做出改变。根据开封城市发展战略及宋都古城保护与修缮规划,开封老城区人口外迁是必然趋势,且主要外迁至开封西区,截至目前,开封城墙以内老城区人口不到10万人。开封西区作为现代化商业消费中心,已经逐步形成几个大型综合商场,本身就吸引着开封本地人群的消费,制约着鼓楼商圈对本地消费的吸引。鼓楼商圈现有业态主要为以日常生活为主的中低端消费品,除了夜市小吃以外地人消费为主,其他消费本地人群占比在80%以上,而鼓楼甚至整个开封本身人口有限、消费有限,作为非常知名的文化旅游城市,应该以吸引外地游客消费为主,但现有业态不适合外地游客消费,也就是现有业态没有定位好消费群体。这也是鼓楼商圈商业地位逐渐衰落的重要原因之一。

最后,受老城区城市格局的影响,道路交通、停车等基础配套滞后,一定程度上制约了人流的集聚。鼓楼商圈位于老城区的中心区域,城市格局基本已经形成,但随着经济社会的发展,私家车越来越多,原有道路交通承载力有限,已经远跟不上时代发展的需要,每逢周末、节假日及人流车流高峰期时,道路拥堵现象频繁出现。原本为了缓解交通压力,鼓楼街、寺后街及自由路都设置了单向行驶,书店街只允许非机动车行驶,马道街被严格控制为步行街,只允许行人通过,但由于鼓楼商圈缺乏大型停车场,解决停车问题的基础配套没有跟上,就使得限制交通也在很大程度上限制了人流。

总之,鼓楼商圈商业地位及影响力的衰落已成为客观现实,鼓楼商圈陷入

---

① 鼓楼商圈以外的综合性购物广场或大型商超都是2010年以后开业的:大润发于2011年12月2日开业,大商新玛特于2011年12月24日开业,开元广场大商于2013年1月31日开业,星光天地于2016年9月30日开业,丹尼斯于2017年12月29日开业,万达广场于2018年9月28日开业。

发展困境归根到底就是吸引不来人流,致使商业发展缺乏活力。这既有整个经济发展和区域格局等外部环境变化的客观因素,也有自身商业业态没有及时转型升级、发展规划理念和基础配套滞后、没有及时有效应对新兴商业模式冲击等主观因素。

(三)鼓楼商圈亟须通过转型再现辉煌

前面已经提到鼓楼商圈曾经作为开封乃至全省最为重要的商业中心,其商业地位和影响力非常大,但由于没有跟上新时代的消费需求,鼓楼商圈的地位已经明显衰落,缺乏增长活力。然而作为开封历史最悠久、影响最大的商圈,无论是在鼓楼区经济社会高质量发展中,还是在开封新的城市发展定位及郑州大都市区和国家中心城市建设中,都应当发挥重要的作用,承担应有的功能。鼓楼商圈转型升级、创造活力、集聚吸引人流已经迫在眉睫。

首先,随着我国经济发展阶段的变化,消费结构和供给方式都在转变,传统消费理念、模式不变必然会衰落甚至消亡,影响经济的高质量和可持续发展。线上消费的多样性、便捷性已经直接冲击着实体门店的消费,不改变消费理念和模式必然会消亡。消费需求的变化,休闲体验消费的盛行,带来的是对传统买卖消费的直接打击。这两点在鼓楼商圈的发展历程演变中已经非常明显。鼓楼商圈的衰落是受到新的消费模式冲击,而没有及时做出改变的结果。并且,鼓楼商圈现有买卖消费市场主要是面向本地居民尤其是老城区内的居民,而随着老城区内居民外迁,消费多元化发展,并没有及时做出消费升级去应对市场的变化。如果任由传统消费模式发展下去,势必会与新的消费需求越走越远,消亡是必然。要改变这一结果,使得经济能够可持续、高质量发展,适应新的集聚发展阶段,其商业业态、消费理念和模式的转型升级就是必然选择。

其次,在中原城市群、郑州大都市区及国家中心城市建设背景下,开封作为郑州大都市区核心区、郑汴港核心区重要支点的功能定位,势必要放大文化旅游优势,做实文化核。开封处于郑州大都市区核心区,是郑汴港核心区的重要支点,是其中的"一翼",要真正支撑起核心区的"一翼",势必要发挥开封古都文化的影响,吸引消费人流,提升经济竞争力和影响力。最能代表开封古都文化的元素主要集中在老城区城墙以内的13.8平方公里范围内,而老城区内又包括龙亭、清明上河园、古城墙、铁塔、鼓楼等若干个具有文化元素的点,这些点中除以鼓楼为核心形成了商圈以外,其余点均以旅游观光为主,吸引的人流流动性较大。而鼓楼商圈则不同,其以"鼓楼"为核心,由马道街、书店街、鼓楼街、寺后街分割形成的鼓楼商圈"田"字地块既保留传承了历史文化遗存,又持续以商业业态展现着历史文化的活力,是休闲消费的典型,具备吸引人流滞留的功能,是真正做实做活文化核的重要支撑,也是提升开封经济实力支撑郑州大都市区、郑汴港核心区重要支点的必然保障。鼓楼商圈转型升级迫在眉睫、势在必行。

再次,就开封新的城市发展定位及高质量可持续发展来说,无论是建设以开放引领的国际文化旅游名城,还是打造中原现代服务业之都、生态宜居魅力古都,鼓楼商圈都是不可或缺的一部分。开封作为著名的文化旅游城市,其文化旅游业能否可持续、高质量发展,关键就在于是否可以持续地吸引外来游客来休闲消费,这就需要有吸引力强的且可以休闲驻留的空间。实际上,鼓楼商圈目前吸引的人流更多的也应该是到开封旅游的游客,而非本地消费人流,鼓楼商圈的商业也应是配套开封古城文化旅游的附属消费,是文商旅融合发展的典范。因此,在建设国际文化旅游名城、中原现代服务业之都和生态宜居魅力古都,推动开封文化旅游业可持续、高质量发展,鼓楼商圈厚重的历史文化及其影响力都应作为重现"大宋"繁华景象的重要支撑。而鼓楼商圈目前的发展现状显然不足以支撑在开封新的城市定位中应发挥的作用,鼓楼商圈的转型升级极为迫切。

最后,就鼓楼区的发展来说,作为开封中心城区的重要组成部分,其产业主要以第三产业为主,而全区的第三产业又主要集中于鼓楼商圈及其周边鼓楼辖区范围内,可以说鼓楼商圈是鼓楼区经济社会发展的重要引擎。鼓楼商圈商业经营状况不断恶化将在很大程度上影响着全区第三产业的发展,进而造成经济总体状况的下滑。因此,必须通过鼓楼商圈的转型升级,激发市场活力,带动全区第三产业及经济社会整体的高质量发展。

二、鼓楼传统商圈转型重塑:休闲体验消费

"城市更新"正成为城市商业圈的发展主线,面对充满机会和挑战的传统商圈,如何应时规划及调整自身商业布局,走好未来的路,这是每个传统商圈

都亟待解决的战略问题,鼓楼商圈同样面临着战略转型问题。

经过前述总结鼓楼商圈的现状,跟踪商圈的发展趋势,结合开封在都市区的定位,鼓楼商圈主体业态应以"文化+商业+旅游"为发展模式,以大宋文化为背景,宋风元素为主线,体验消费为特征,历史与现代相融合,处处透视出独特的文化情景主题的体验休闲商圈。

(一)将鼓楼小吃改造升级为最为亮丽的夜市名片

鼓楼夜市是鼓楼商圈的一大亮点,也是开封市的名片。随着收入水平和生活水平的不断提高,人们对夜生活的需求强烈,发展夜经济有很大的市场。然而,目前鼓楼夜经济以地摊购物餐饮等形式居多,仅仅停留在低端吃吃喝喝或者物质消费的层面,业态比较单调,层次比较低,质量不高,外部环境不优,供给适应不了需求。这是传统夜市面临的基本状况。

1984年,中国首个灯光夜市——西湖夜市在广州市越秀区的西湖路上出现,小吃、百货摊位摆满了整条路,成为一代广州人的记忆,但由此带来的占道经营、污水排放、噪声扰民等城市管理难题亟待解决。2001年,以西湖夜市为代表的传统夜市在广州退出。但夜市并没有消失,而是转向室内化和街道化。室内化,将商家转移到了可以遮风挡雨的室内;街道化,将商家聚拢起来以吸引更多客流。这种集聚发展的趋势在成都、杭州、长沙等地也很明显,串联了夜购、夜食、夜秀等种类。

目前国内夜市除了食、游、购,"夜秀""夜展""夜读""夜跑"等新兴业态正日益受到消费者追捧,集美食、购物、运动、音乐、文艺、酒吧、观光等服务业业态于一体的夜间经济示范街、特色消费商圈、社区消费新场景等综合性夜经济模式逐渐呈现,推进了产业结构优化,促进了消费增长。这些专注于精神需求满足和健康品质生活供给的业态创新,正在成为夜经济的新增长点。

基于此,开封鼓楼夜市的改造升级也迫在眉睫。鼓楼夜市主要由三部分组成:马道街、书店街和鼓楼广场。马道街以服装商店为主,书店街以地摊杂货及门店为主,鼓楼广场以小吃为主。马道街的状况最为糟糕,到了人流极为稀少的地步;书店街夜市过去以服装为主,现在以小商品杂货为主,消费水平降级;鼓楼小吃成名较早,但目前问题同样比较突出。由于地摊经营的方式长期以来没有改变,造成大量中等收入群体流失;小吃品种没有改变,甚至质量下降,造成外来与本地的回头客大量减少;而且小吃沿街摆放,占道经营,甚至摆到了街道两边的商场门口,直接影响商场的夜间经营,减少了商场的营业收入。此外,夜市地摊小吃带来的油浸清扫等卫生环保费用每月达10余万元之多,而财政只收取摊位费,维持成本较高。

鉴于国内夜市的成功案例以及鼓楼现有的空间布局,小吃街可考虑布局在鼓楼的东南片区,与鼓楼里连成一片,类似成都的宽窄巷以街道—园区布局。固定门店的小吃街,门面不大,鳞次栉比,卫生保障,且品质精致,样样好吃,使游客边走边吃,处于游玩状态。小吃街与马道街有通道连接,人流互动,门庭若市,也可给马道街夜市带来人气。同时,也可引入时尚潮玩酒吧,迅速点燃年轻人的消费热情。

(二)让书店街处处散发着浓郁的书香文化创意气息

开封最大的优势资源在于深厚的文化底蕴和丰富的文化内容,开封的发展一定要发挥文化的优势,发展知识密集型、文化密集型、科技密集型的新兴产业,这些产业集中体现在文化创意产业。文化创意产业主要包括艺术和文物交易、手工艺品、出版、互动性娱乐软件、广播影视、动漫、音像、传媒、视觉艺术、表演艺术、工艺与设计、雕塑、环境艺术、广告装潢、服装设计、电脑软件及电脑游戏、计算机服务等方面。书店街这个名字听起来就蕴含着丰富的文化品位,文化创意类的活动可布局在书店街。

1. 形成文化艺术品交易市场

按艺术品的表现形式分类,艺术品可分为绘画、书法、篆刻、雕刻、雕塑、摄影、陶瓷、玉器等。在中国艺术品拍卖市场成交数据中,占总成交份额80%以上的艺术品有三大类:中国书画、瓷器杂项、油画及当代艺术。开封在整个都市区的功能定位体现在文化核上,艺术产业的发展是开封的主攻方向之一。

书店街现有的京古斋就是古玩书画老字号,应积极引入古玩书画店,书法、美术等工作室,加强与各种文化协会(行业龙头)联谊,聚集各种艺术品交易平台和拍卖行(定价权),与全国各地的文化艺术品形成供应链和价值链,在开封书店街一旦形成交易市场,财富生成机制便被创造出来,会进一步吸引更多的全国最优秀的批评家、艺术家、收藏家在此集聚和往返,更多的画廊、画店、艺术家工作室或展示中心等艺术创意元素在此落户。同时,也就意味着聚集了高净值人群和资金量。

2. 聚集各种工艺设计体验店

休闲体验与观光最大的不同就在于:观光游客往往考虑的是多去几个景点,其动机在于增长见识,回头率低;休闲体验的游客则倾向于在同一目的地停留多日,重在体验,重复消费,其动机在于体验娱乐。据鼓楼实地调研发现一家由大学生开设的制作各种模型的手工作坊店很受年轻人欢迎。在手工作坊里,许多年轻人都在制作自己喜欢的作品。有人想亲手做礼物送给亲友或爱人,更多的人则是为了来这里放松心情。

此外,还有雕塑、刺绣都具有强烈的体验价值;服装定制设计目前也深受中等收入人群接纳,很有市场需求。

3. 充分认识到新媒体的重要作用,加强与文化新媒体的合作

随着互联网的普及,跨界融合的趋势不断加强,产生出强大的市场容量,鼓楼具有与新媒体合作的基础内容。如《三联生活周刊》创作的《我们为什么爱宋朝》成了三联生活周刊的主打产品。2018年7月出版,9000册起印,截至当年年底已加印3次×3000册。总序主讲人为北京大学历史系教授邓小南,2019年曾邀请她作为"两宋论坛"大会主讲人,该书的领读者是著名主持人董卿。《三联生活周刊》2014年营收1.28亿元,利润5800万元,利润达到巅峰,随后开始下滑。新媒体对传统媒体的冲击甚至是颠覆性的。到2018年新媒体收入达到6500万元,占比超过40%。

西安在近年来全国主要历史文化名城的旅游营销宣传中也充分利用新媒体,2018年,抖音、头条指数与清华大学城市品牌研究室联合发布的《短视频与城市形象研究白皮书》显示:以"摔碗酒""西安人的歌""大雁塔"等元素走红网络,西安以89.1亿次播放量位居抖音之城第二名。在"摔碗酒"的热度过去后,"毛笔酥"和"蛋黄肉夹馍"又掀起第二轮风潮。其市场反响正如我们看到的那样,西安在旅游体量已经很大的情况下仍然保持了33.5%的高速增长。

开封拥有众多的老字号和历史遗存,每一个老字号和历史遗存背后都有一部历史画卷,很适合生产具有互联网特性的内容产品,与新媒体的合作或成立传媒公司,利用新媒体平台生产知识服务产品,通过互联网式生产与销售,迅速上升的影响力定能带来回报率。而回报率的核心则是把故事变成集体记忆和认同，做到讲故事可以让大家相信，然后把故事展现出来，让大家去现场体验，再让现场体验的游客去体验周边产品，然后为体验产品进行付费，形成线下内容与新媒体结合的产品链。固存的内容不传播出来就淹没了，通过传播介质的变革，转变为创意产品，产生经济效益和社会效益。

总之，创意产品要有主题，主题的创作、制造、加值、流通到消费端等所有方面，是从参与制作、创造到分享、传播、推广的过程，是生产、生活和生态相互有机结合促进的环境。而这种创意环境是开封最为需要的，带来的直接效应是围绕文化主线打造创意性项目，实现人气聚集，引爆区域，引致对开封古都的持续吸引力。

4. 让书店街真正成为带有"纯真书香"味道的一条街

鼓楼书店街极具记忆符号，但是目前的书店规模小，经营模式老化，已不能适应现代人对阅读的需求与体验。所以，代表着一种文化气质和生活方式的体验丰富的书店已然成为新标配。书店街应有一家标志性的书店或引进一家连锁书店，装修特征鲜明，创造最佳阅读体验。

全方位营造开封阅读书香味道：①用情怀增加消费者黏性。任何一样产品只要赋予了故事性，便会勾起特定人群的情怀从而引发共鸣。只有真正有生命力的东西才是经久不衰的。而书店的生命力正是源于其背后的故事和情怀。开封有讲不完的大宋故事。书店以开放的姿态为每一位顾客提供免费阅读的服务，兼具阅读功能和装饰功能。可开展高频率活动，比如书吧经常举办夜间文化沙龙，例如读书分享会、观影会、科普类学术讲座、周末诗歌朗诵会等等。②用"名人效应"作为营销手段。"名人效应"是营销中的制胜法宝，书店如果能善用"名人效应"，那一定能在营销上取得巨大的反响，例如请文化界名人站台，邀约电影、电视剧组在店内取景。③用"藏书"提升书店调性。书是书店的本质，要吸引更多的图书爱好者，可以收纳更多经典的书籍，例如限量版的世界名著、作者亲笔签名的图书等等。"藏书"二字与鼓楼极其吻合。④用主题式体验形成差异化优势。如今，主题式体验正在席卷商业地产各大业态，形成主题式体验感的根本目的就是要形成竞争中的差异化，形成差异化的主题就是要形成长久的品牌优势。书店也可以根据消费者的兴趣、爱好、年龄以及社会角色等因素来定位。

总之，鼓楼书店街不仅要提供舒适惬意的阅读环境，更要打造一种集人文创意、文化活动、艺术展览、生活休闲等于一体的文化生活空间和情景式体验消费。鼓楼书店街应成为市民休闲以及游人必去的地方。

（三）鼓励开设酒吧、茶馆等休闲场所，让游客有处可闲

酒吧、茶馆是一个城市的时尚元素，能使人身心放松。无论是休闲旅游还是商务活动，酒吧、茶馆的互动交流往往能够让人产生特殊的感受，留下美好的印象和回忆。著名的丽江酒吧已经在全国享有盛名，逐渐发展成为一种艳遇文化。同样，鼓楼的酒吧、茶馆要注入开封特有的宋文化，尤其是茶文化。宋代茶风炽盛，京都开封曾是全世界茶文化的中心，孟元老的《东京梦华录》以及张择端的《清明上河图》中都描述了东京汴河两岸茶坊生意兴隆的繁荣景象。

大宋贡茶应成为鼓楼代表性的休闲品牌。随着社会经济的发展、人们生活水平和文化品位的提高，环境优雅、富含品位的茶馆、茶楼、茶舍兴起增加。开封具有良好的宋文化品牌，但具有宋文化特色的大宋贡茶却没有得到很好的挖掘。鼓楼商圈的休闲景象在不能或缺的茶文化上，需要找准历史与现实、经济与文化的契合点，使其具有饮用、观赏、收藏价值，又具有典型的大宋文化特色，高、中、低档各色茶馆成为开封休闲、体验、旅游的新亮点。

再现宋代斗茶技艺，在国内独树一帜。煌煌五千年来，茶从药用、食用演变到后来的饮用，不仅使用价值被充分挖掘，而且围绕茶的饮用也形成了独特的茶文化。那就是"唐煮""宋斗""明冲泡"，分别体现了唐代的古典之饮、宋代的浪漫之饮、明清时期的自然之饮。但唯有宋代的斗茶文化上升到了由"品"到"玩"的至高境界，为当时的优雅生活注入了情趣，并且由"玩"的性情衍生出各种各样的杂耍。

如今，以汉唐文化为主流的西安和以明清文化为依托的北京分别于几年前再现了大唐宫廷茶文化和满清宫廷茶礼，并在国内茶艺界得到了很高的评价，成为当地旅游文化的一个亮点。只有大宋的斗茶文化仍然沉寂于历史的书本上。政府可成立宋茶文化研究机构，组织一些茶文化专家、学者进行挖掘、整理，使大宋的斗茶文化从史料中走出来，增强开封的宋韵特色。

特别需要关注的是，近年来茶叶消费市场稳步扩大，消费人群接近4.7亿人，同时消费人口向低端化、年轻化发展，茶文化已经不是传统的代名词，而是

融入了现代体验的时尚元素。以苹果体验店设计师设计茶体验店为例,苹果体验店的设计师——Tim Kobe,全球知名的策略设计公司Eight Inc.的创始人,当年他和乔布斯合作,共同设计打造了苹果全球第一代体验店,开创了苹果全新消费体验。如今,他在中国再次出手,选择了与小罐茶合作,一家与中国传统茶企完全不一样的中国现代茶品牌。

整块的玻璃门、金属货柜、时尚吧台,古老的茶叶店终于脱下了"汉服"。从远处看,大面积的黑色的外墙立面,简洁现代,配上四块整体的玻璃门,感觉特别有苹果风格,吸引了很多顾客进去一探究竟。置身店中,香槟色的整体金属货柜,一排排的金属小罐,疏密有致地摆放着,货柜中嵌着LED显示屏,在这样的茶叶店中,顾客不用因为过于传统而感觉疏离。时尚吧台是最吸睛的,一线型吧台配上高脚椅,光线恰好的吧台吊灯增添了几分生活气氛,选完茶坐上吧台或休息,或试饮,或交流,一切都那么自然,或有种奢侈品店服务员提供高级服务的感觉和享受。

可以考虑在振河商业城西侧布局酒吧、咖啡馆、茶馆、特色主题餐厅和一些雅致的特色小店。这些酒吧、咖啡厅、茶馆环境优美,可设置露天桌椅被郁郁葱葱的花草环绕,客人要么三三两两地坐着聊聊天,要么一个人静静地坐着,看着窗外来来往往、有着不同故事的游客,感受着悠闲情趣。休闲文化,甚至能让那些原本打算暂时逃避纷扰心绪的人,最后决定在这里定居,享受开封悠闲的生活。

(四)改善环境,打造优质的民宿和精品酒店

民宿是文化产业的重要组成部分。民宿以"慢节奏生活、体验式家居"取胜,不同于一成不变的旅馆房间、千篇一律的酒店服务,民宿能够使人体验到特色风情、独有的故事,能够在旅途中有更多与人邂逅的机会。民宿的核心是依托于当地有特色的人与故事,一个有着丰富阅历、独特人生经验与一技之长的"老板"或"老板娘"为客人提供亲情服务,如同一位老朋友展示自己家乡一般展现当地风俗文化特色,可以为民宿带来无数回头客。

民宿在整体设计和日常运营中趋于个性化,但房间内基本的物品功能布置渐趋标准化;注重一种生活形态和生活理念的输出,注重体验式的环境营造;越来越注重休闲度假属性的植入,为住客打造一个舒心的休憩空间;类似

青年旅社般的交流和社交氛围,注重民宿与住客、住客与住客之间的交流和互动,使民宿形成一定的社群文化。

民宿依赖于周边景观空间设计,不仅使周边环境整治建设良好的街区景观,维护历史街区整体景观形象,突显宋风宋韵;而且充分利用开封本地慢节奏的休闲生活方式与浓厚的人文底蕴,将书画、梵乐、夜市、美食、文化表演等元素与民宿融合,丰富民宿人文景观特色与体验式游览,带动整个文化产业发展,进而形成整个产业链的良性循环。

特别值得一提的是,很多地方开发旅游,卖点做得很足,但是现代化的设施不到位,现代化的服务不到位,人来了旅游体验非常差,住宿环境恶劣,随意被宰,这样的地方旅游不可能有很大的发展空间。所以,建设民宿,要进行现代化的生活配套,保障卫生、网络、通信、供水、排污、交通等的便利,包括老街道道路、排污管道、电力线路、广电、电信等基础设施改造项目,最大限度地修复古民居建筑,改善老城的基础设施。虽然是民宿,但基础设施是现代化的。内部用品,如抽水马桶、床单被罩的卫生等都要得到保障,安全、卫生、舒适的现代化基本生活配套是留住客人的基础。

此外,还要开展老城环境整治工程,重点是绿化、亮化、美化、净化项目。游客走在街头,郁郁葱葱、各式各样的绿化小景让人惊喜连连,不仅可以增加街道的生活气息,还能使空间变得丰富生动。

民宿及精品酒店的空间布局可考虑放在复兴坊及鼓楼东西大街两侧。

为了让各种游客都能在鼓楼住得舒适惬意,吸引客人在此长时间停留,可采取高中低档混合开发,既有环境优美又价格低廉的民宿,也有精品度假酒店,形成多种结构和层次兼备的住宿业态,满足不同层次、不同消费能力的度假者的需求。

(五)打造工艺美术博物馆群及文化艺术品中心

鉴于开封西区已有一个较大规模的历史博物馆,可考虑在鼓楼布局工艺美术博物馆群和文化艺术品中心。工艺美术博物馆群以汴绣、年画、柳(草)编及其他手工艺和工艺美术传统文化为主题特色,通过历史文物和当代艺术精品的收藏陈列、工美大师及非遗传人的展示传承、丰富新颖的公共参与活动,努力打造工艺美术与非遗保护的"展示窗口""交流平台"和"行业桥梁",使之成为集工艺与民间艺术传承、非物质文化保护、社会公共文化服务于一体,具有专业特点、开封特色、历史特征、平民特性的专题类博物馆群落,是民俗文化的创新载体,也是读懂开封城市文明记忆的鲜活读本。工艺美术博物馆群和文化艺术品中心可考虑布局在鼓楼新天地一带。

(六)将振河商业城打造成现代商业综合体,马道街为精品一条街

鼓楼商圈是老城的核心区域,也是传统的中心商贸区。城市传统商业区都有着良好的地理区位,但是在城市化的推进过程中,不能满足人们随之增长的新型购物休闲的需要,所以商业综合体模式的注入可以使传统商区恢复老区的活力。从商业业态上看,振河商业城除了原有商业业态外,将电玩娱乐城、影城、大歌星KTV等休闲类业态整合到其中,成为老城具有标志性的城标。商业综合体可以带动周边的发展,这也是使得潜在的城市副中心迅速转变成城市多中心发展布局的关键点。

马道街是传统商业一条街,但目前经营不景气。旁边的振河商业城发展为商业综合体,而马道街则走差异化方向,专攻专业品牌一条街。

(七)鼓楼商圈未来的竞争力:打造融合价值链

鼓楼商圈与其他传统商圈以及旅游景点不同,其内容丰富,各种元素紧凑嵌套,呈现出"景点+特色商业+休闲体验+情景居住"的融合状态,这在国内是不多见的。但游客人均消费低是长期以来的顽疾,这与资源点状分散,互相分割,没有形成产业链和价值链有密切的关系。迪士尼在这方面是成功的案例,形成了讲故事、动漫、电影、主题公园、衍生产品等完整的产业链条。鼓楼商圈作为一个整体,高举休闲体验品牌,而这些休闲体验不是简单的吃喝玩乐,其背后有雄厚的文化底蕴和综合完备的商业业态的支撑。这是鼓楼商圈休闲体验经济的最大优势所在。

上述休闲体验功能区不是割裂地存在,而是完全融合在"文化+商业+旅游"价值链中。宋文化门类繁多、包罗万象、故事性强,不仅涵盖天文、地理、科学技术,以及众多民间技艺,在科学、诗词、音乐、书画、市井民俗等方面都有卓越成就。这些故事可以依附在大相国寺-鼓楼-书店街-双龙巷等实地展示体验,将传统文化、历史故事及各种传说物理化,每一处都有可以让游客增加

见闻、普及文化知识的内容;以老省府大院—山陕甘会馆—刘少奇在开封陈列馆等遗迹了解中国近现代历史演变。这些与七大休闲体验功能区嵌套融合,衍生出大量流量,最终将鼓楼商圈转型升级为以文商融合、业态整合、产品复合为特征的创意化、人性化、精致化和生活化新型商圈。

三、"围城"的开放和便捷化

开封市作为一座古城,景点集中于城墙内,且老城区道路狭窄,机动车与非机动车道区分不清晰,节假日大量游客涌进古城,堵车严重,鼓楼商圈内尤其严重。拥堵会导致鼓楼商圈无法提供让游客满意的服务体验,从而重创好不容易树立起来的口碑,造成恶性循环,道路越拥堵,游客越不愿意来鼓楼。鼓楼商圈目前面临的最大困难是人流量的大幅下降,只有保障古都内旅游开放高度和交通便捷化,人随时进出、车随时流动,人车顺畅起来,才能保障旅游客流量稳定增长。

古城墙内景区的连片封闭发展是趋势,鼓楼商圈应创新理念、适应需求、超前发展,范围内尽快做好区域封闭管理规划,重点促使交通顺畅,积极推崇慢行游览方式,完善旅游公共基础设施及街巷复古彰显古都风貌,推动智慧鼓楼发展,促进鼓楼商圈"文化+商业+旅游"新发展模式有序开展。

(一)重点促使交通顺畅,推动交通便捷化

鼓楼商圈作为古都老城核心区,空间有限的情况下,集中了商业、旅游景点、服务业、休闲中心等多功能,而城市路网密度非常低,拥堵现象日益严重。其路网和交通设施满足不了日益增长的交通需求,现阶段已经不仅仅是节假日拥堵。鼓楼商圈应坚持开放,将交通顺畅作为重点任务,将鼓楼周边作为旅游景区重要区域封闭起来,禁止机动车进出,与宋都皇城旅游度假区连片发展,同时在周边建立大型停车楼。

现阶段阻碍鼓楼商圈内交通顺畅的最大因素便是主干道岔口太多,造成人车区分不明显、行人任意穿行马路,大大降低了车流顺畅率。短期内,鼓楼商圈内主干道应坚持车流优先的原则,尽可能通过顺畅的交通带动人流量的增加,将拥堵分散到主干道以外。封闭主干道岔口可以将鼓楼街、寺后街等主

▶ 报告3 都市化背景下重塑鼓楼商圈结构功能思路与方案

干道打造成快速通道,形成机动车不拥堵、行人不穿行马路、非机动车红绿灯穿行的效果。同时,对人行横道进行整改,实现人车各行其道,互不干预,引导过街人流从地下商业街、红绿灯路口穿行。将鼓楼广场等重点区域作为停放公交车、出租车的区域,通过交通系统改造,推动便捷化,解决区域内拥堵问题。书店街、马道街应在所有路口加设两排错开的石墩,禁止一切非消费性非机动车进入主干道,节假日以及周末禁止一切机动车、电动车、自行车进入。

长远期,鼓楼周边作为旅游景区重要区域进行封闭管理,禁止机动车进出。近年来,鼓楼商圈道路长时间无新增主干道,老城道路已无法满足日益增长的交通需求,而旅游的需求与日俱增。长远期规划应对周边区域汽车和人流通行都进行管控,引导公共交通、自行车等出游的慢游发展模式,强化智慧交通建设,制定更为精细化的管控策略。通过道路规划政策,优化主干道布局,实施严格的封闭管理,同时开通区域内部旅游观光车,促使交通更加便捷化。

鼓楼商圈大型停车楼的修建迫在眉睫。通畅的交通最基础的保障便是停车方便,而鼓楼商圈由于历史发展的原因,停车难问题非常突出,所以,应尽快解决停车难问题。短期内,先行开放万象城停车场;尽快启动落实新天地内部改为大型停车场;在大相国寺南侧、鼓楼里二期等空闲项目处先行设置大型停车场,待项目实施后再开发他用。长远期规划中,新建项目包括旅游景点、大型综合商贸中心在政府监督下必须建立合理的停车位;在鼓楼商圈四周合理布局修建大型现代化多层式的停车楼;政府未来规划的主要道路中建立成复式,上层交通主干道,下层大型停车场。同时,引导区域内停车场采取错时停车、社会停车资源共享、级差式计时停车收费等措施,缓解停车难问题。促使停车场实现全域智能化、现代化电子收费标准,停车场门口设立剩余车位个数,坚持出入口合理规划,保障交通顺畅,坚持最少的小路开口。

在确保交通顺畅、停车场满足需求的前提下,也应呼吁市内大型轨道交通引入鼓楼、建立电瓶车旅游专线、旅游专线与宋都皇城旅游度假区公交合并,加强与龙亭、清明上河园等景区互动,与宋都皇城旅游度假区发展步调协同一致,积极主导融入开封市总旅游游览线中。

（二）推崇慢游形式，打造慢游路线

旅游市场空前繁荣的今天，越来越多的游客更注重强调旅游的慢节拍，希望体味一座古城，感受古都市井文化和风土人情，自主控制旅行速度和游览时间。慢游便是充分实现个体创造、发展和自由的新型旅游形式，同时也是未来开封旅游业能够经久不衰的发展趋势。

就鼓楼区而言，作为开封市旅游目的地重要支点，应顺应开封市旅游思路转变趋势，推崇慢行游览方式，构建街巷胡同慢行交通系统，使游客穿梭于开封古老街巷间，感受古都市井文化和风土人情，领略佛缘广渡和中华珍艺，串联鼓楼区域内各要素，打造鼓楼特色游览路线，既突出了各区域业态形式，又缓解了汽车拥堵带来的困扰，同时为人流增加了停留的要素。

开封传统的街巷胡同尺度宜人、疏密有致，具有深厚的文化底蕴，营造出宁静闲适的生活氛围、慢行空间。同时，鼓楼内部街巷胡同大多历史悠久，古老典雅，具有深厚的文化积淀，展示着鲜活的市井风情。近年来，鹁鸽市街、复兴街、生产后街等提升整体风貌的同时保留了原汁原味的开封胡同建筑，又在提升功能属性上开始融入商业增添活力。但全域道路网络仍不健全，鼓楼商圈应构建街巷胡同慢行交通系统，支撑承担起大量游客的集散、游览、参观及休闲等活动，同时拓展大相国寺景区商业化开发，打通寺庙后门，以鼓楼为中心，以街巷游览带动古城文化发展，开拓引领开封新游览方式。

鼓励共享单车大批量进入鼓楼商圈。共享单车的日益活跃，能够缓解城市拥堵、降低堵车率。创新型的智能共享单车大量进入鼓楼区域后，势必为城市出行结构、城市环境、城市生活方式带来改变，更为开封古城游览方式的改变添砖加瓦，能够缓解城市拥堵问题。所以，加大共享自行车投放力度，建立完善的共享单车体系，顺应开封古城新旅游方式，先行适应古城内慢行游览，呼吁开封古城全域封闭，车辆规范化运行，社会车辆禁止进入古城。同时高标准建设慢游步道、自行车道路，引导人流适应慢游方式。

旅游者旅游活动的开展往往集中在特定的多个或一个项目，因此需要通过合理安排旅游线路，将游客在旅游目的地内部分流，减轻超载的旅游项目的游客压力。充分利用鼓楼商圈空间，拉开服务半径，统一调整，合理导向，避免游客的过度集中，解决局部人满为患的现象。

▶ 报告3 都市化背景下重塑鼓楼商圈结构功能思路与方案

鼓楼游览圈作为开封市旅游的最终目的地,是集鼓楼夜市、书店街、马道街、大相国寺等传统景点和复兴坊、鼓楼里等体验休闲新业态于一体的区域,缺乏明确突出的游览方式,造成游客无目的地,而人流散乱。鼓楼商圈应串联各功能区形成闭合循环的游览方式,通过街巷慢行游览,打造鼓楼特色游览路线:书店街—鼓楼广场—马道街—大相国寺(中山路、宋都御街)—复兴坊—鼓楼里—刘少奇在开封陈列馆—刘青霞故居—宋都御街。慢游系统贯穿游览路线,营造了自然和人文悠闲的良好氛围,舒缓综合交通拥堵,增加游客游览目的地。

(三)完善旅游公共基础设施,推进街巷彰显古都风貌

鼓楼商圈现有公共基础设施不足以支撑"文化＋商业＋旅游"新发展模式,应积极创建开放式4A级旅游景区,以此为契机,完善旅游公共基础设施,推进街巷彰显古都风貌。

鼓楼区建设"城市双修"过程中,通过以文化城、以业兴城、老城区改造、历史文化保护与传承等作为加快老城区转型发展的重要抓手,已在复兴坊周边提升了功能品质、完善了功能设施、强化了功能配套。借此提质改造契机,应积极依托现有景点资源,申报开放式鼓楼4A级旅游景区,以此为抓手,持续强化完善旅游公共基础设施。

现阶段,鼓楼商圈内公共基础设施基础差,需要依靠旅游发展的建设来支撑。应按照4A级景区要求的标准,系统完善景区介绍牌、历史古迹、景点标识牌、旅游交通指示牌、旅游地图广告牌等旅游标识,打造大型停车场、厕所等保障旅游发展的基础配套设施,严格管理建筑店铺广告牌摆放,避免遮挡建筑或与建筑风貌不符,同时做到涉及旅游场所基本实现免费Wi-Fi、通信信号、视频监控全覆盖,为游客提供优质旅游体验,提升公共服务基础设施。

基础设施打造的同时,在整治旧街巷街景的过程中,应延续街区特色模式,控制新建建筑高度和风格与古城风貌协调,并持续开展历史风貌保护与整治工作,严格保护文物与历史建筑,传承书店街、马道街、复兴坊等历史建筑风貌。通过提升沿街风貌、修缮传统建筑、协调建筑风格,促进街区格局环境的提升。

在棚户区改造方面,应重点依次实施开展传统民居改善项目,以保持外部

环境为主，有序开展。并鼓励混合功能与传统院落的融入，延续并融入文化休闲旅游主题，推进区域内的街巷未来实现古都风貌。

（四）充分利用大数据，重点推进"智慧鼓楼"发展，建设智慧旅游新高地

通过运用城市大数据平台，利用云技术、人工智能等现代信息技术，实现信息资源有序汇集、深度共享、关联分析和高效利用，促进鼓楼资源优化配置最大化。在信息化高速发展的今天，大数据可以对城市的人口以及经济等相关数据进行全面的掌握，对市场的历史数据等进行有效的分析，能够及时了解市场的新动态，并且对其进行预测分析。

具体而言，在鼓楼商圈构建以各类传感器、视频监控社交网络、智能手机、智能卡等数据为主体的大数据分析平台，通过大数据分析找出商圈在市场导向、人流方向、消费方式、公共服务、运行效率、社会空间、生态环境等方面存在的关键问题，从而明确合理的智慧鼓楼发展方向。智慧鼓楼的建设应以智慧景区、智慧交通、智慧商场、智慧基础设施为抓手，以此提升鼓楼旅游公共服务体系。

开封市的旅游基础服务水平相对较低，特别是公共信息服务能力不强，旅游信息化、标准化、数字化建设相对滞后，大部分旅游企业没有开展网络经营和网络宣传，不能很好地满足旅游者自助游、自驾游的需求。鼓楼区委、区政府近年来建设了一些游客集散中心、旅游信息咨询服务中心等，但与旅游强市相比，还有很大差距。因此，鼓楼商圈应率先推出鼓楼智慧旅游服务平台，整合全域公共资源，提高旅游服务水平。推动鼓楼夜市、大相国寺、鼓楼里、复兴坊开展智慧景区建设，打造一批智慧旅游景区、智慧酒店、智慧旅行社，逐步实现智能导游、智能电子讲解、智能在线预订、智能信息推送等功能全覆盖，最终实现全域智慧景区。

智慧鼓楼的建设是一项系统工程，既需要顶层设计，又需要为旅游建设提供软硬件条件。应在旅游信息咨询服务中心充实完善的同时，在鼓楼广场和主要旅游集散地建设更多的游客集散中心、旅游信息咨询服务中心和志愿者服务站，为游客提供游览图、景区坐标、商户好评度、交通、气象、安全、医疗急救等必要信息和咨询服务。围绕宋文化做足文章，通过"硬件实力"的提升，带动旅游公共服务体系的发展。

四、新商业环境下的营销策略

根据第二部分鼓楼商圈各部分的定位,鼓楼商圈目前要做的就是各功能区的建设及营销。鼓楼商圈应采取政府经营环境、企业经营市场、民众经营文化的模式。政府经营环境:在开封市确立了鼓楼商圈改造的定位及方向后,开封市鼓楼特色文化商业区管理委员会(以下简称鼓楼管委会)需要强化综合管理和综合执法。鼓楼管委会根据实际情况建章立制,对鼓楼商圈的布局、公共设施和商业经营日常监督管理、行政执法部门集中执法、便捷服务等方面做出规定,实现综合管理规范化、制度化。企业经营市场:为确保项目的正常运营,可以考虑成立专门的公司,引进社会人才,按照市场化运营,全面负责商圈的商业定位、招商规划、市场营销。同时,为商家提供安保、保洁等工作。民众经营文化:"招商引智",引进具有文化创新力和号召力的商户,允许商户根据自身的业态和资源结合商圈的历史文化进行文化创新,呈现丰富多元的文化创新局面。

(一)部分融资方式介绍

1. 引进龙头品牌商业集团

鼓楼商圈所谓要转型升级,其原有的业态已无法满足市场需求,业绩下滑。所以,引进龙头品牌商业集团,在于通过引进行业具有影响力的项目以及先进的商业运行模式来改造传统业态。比如,引进建业集团,其下设的建业新生活商业管理有限公司,定位为精品品质型商业运营企业,依托建业品牌优势,集建业大服务体系优势资源于一体,全面整合建业所辖项目商业资源,塑造了"凯旋广场""凯旋汇""百城天地"自有商业品牌,打造了行业内别具风格的核心竞争力。这些恰恰与鼓楼商圈转型升级的目标比较吻合,如果类似建业这样的品牌公司进入,就会带来与设计中的业态相匹配的书店、餐饮、休闲等旗舰项目,而这些旗舰项目作为引爆点,会直接注入和带动人流。有了龙头品牌商业公司和旗舰项目的进驻,投资公司便可根据市场及业务评估进行跟进。

2. PPP融资模式

PPP项目是政府与非政府主体就提供公共基础设施或服务签订长期合同,非政府主体在其中承担重要的融资及项目管理责任。PPP项目的特点包括:第一,风险转移。公共部门和私营参与方共同分担风险。政府通过PPP项目将项目建设、融资、运营等风险转移给有管理和承担能力的社会资本参与方(投资方)。值得注意的是,风险最终的承担者仍是政府,因为最终项目归政府所有,所有权是政府的。第二,合作双方通过合同进行风险分配,如果有具体的法律规定,也可作为依据。一般PPP项目合同周期是25—30年。第三,社会资本合作方为公共基础设施提供资金,或运营该基础设施,或提供公共服务。第四,社会资本合作方希望收回投资并获取合理回报。第五,政府保留承担财产、服务的责任以及终止合同的权利。某些情况下,政府从维护公共利益出发,可以终止合同,当然提前终止合同需要给予社会资本合作方一定的赔偿。第六,可提高公共服务供给效率。

3. 充分利用资本市场——发行债券,为商圈改造升级进行直接融资

目前中国实行积极的财政政策,地方发债力度越来越大。截至2018年末,河南省政府债务余额6537.95亿元,较财政部规定的债务限额(2018年末为8284.50亿元)低1746.55亿元,余额与限额之间的空间较大,河南省可进一步发行政府债券,用于省内相关项目的建设。

4. 采用BOT模式融资

BOT模式作为公共基础设施建设与私人资本的特殊结合方式也是政府职能与私人机构功能互补的历史产物,已适应了现代社会工业化的城市化进程中对基础设施规模化、系统化发展的需要并引起世界各国的广泛关注。BOT模式是对一个项目投融资建设、经营回报、无偿转让的经济活动全过程典型特性的简要概括。具体而言,即建设—运营—转让,是指基础设施建设融资的一类方式,通常是指承建者或发起人(非国有部门,可以是本国的、外国的或联合的企业财团),通过契约从委托人(通常是政府)手中获得某些基础设施的建设特许权,成为项目特许专营者,由私人专营者或某国际财团自己融资、建设某项基础设施,并在一段时期内经营该设施,在特许期满时,将该设施无偿转让给政府部门或其他公共机构。

5. 借贷模式——银行贷款

银行贷款,是指银行根据国家政策以一定的利率将资金贷放给资金需要者,并约定期限归还的一种经济行为。一般要求提供担保、房屋抵押、收入证明,或者个人征信良好才可以申请。

(二) 各功能区的改造建设及资金来源

目前鼓楼商圈有一部分需要内部改造即可使用,还有一部分则需重新建设。无论是内部改造还是重新建设,都需要资金支持。

1. 小吃街的改造

根据前文对小吃街的规划,小吃街位于鼓楼的东南片区。这里基础设施较为完善,鼓楼管委会首先弄清该位置房屋的产权及使用权,然后从全市范围内寻找具有开封特色的地道小吃,与其商量让其入驻该位置,并根据其需要提供相应的帮助,如铺面的租赁、铺面装修的资金等。如果房屋的产权和使用权属于政府或政府部门所有,这部分房屋租给小吃商户时前期可适当给予租金的优惠。如果房屋的产权和使用权属于私人,一可以由政府统一租下来,面对商户招租;二可以由政府提供平台,由房屋的所有者和商户自行商量,签订租赁合同。

2. 书店街的改造

书店街可以整体招租给宋城演艺发展股份有限公司以及中原出版传媒投资控股集团有限公司。由上述两家公司共同开发书店街,根据鼓楼管委会的定位,进行招商引资。

3. 酒吧、茶舍等休闲场所的建设

根据第二部分对其的功能定位,可将此处作为一个整体,由鼓楼管委会面向市场进行招商。鼓楼管委会可采取 PPP 模式或者 BOT 模式,用此处的土地所有权作为资本,出让该地若干年的使用权进行招商。由招商来的企业进行基础建设,然后由该企业自主招商。若干年后,此地的基础设施归鼓楼管委会所有。在招茶舍这一块,鼓楼管委会应充分挖掘开封本土的茶文化,最好是能体现大宋文化的茶艺传人或者茶舍。

4. 民宿及精品酒店的升级

民宿及精品酒店这一块一是可由目前鼓楼商圈的酒店接手,最好由它们形成酒店联合体,根据定位进行民宿建设,并对现代化酒店进行相应的改造,满足不同群体的不同需求;二是进行招商引资,将民宿整体打包对外招商,精品酒店则由现有酒店自行改造升级。

5. 工艺美术博物馆群及文化艺术品中心的新建

此功能的实现应由政府来主导,尤其是博物馆群的建设,这一块的资金可由政府发行债券进行融资。把知名的工美大师及非遗传人吸引到此处,鼓励其在此处开设工作室,吸引游客现场体验制作工艺品。

6. 振河商业城——综合购物中心的升级

振河商业城改造成高端的综合购物中心,有两种选择:第一,振河商业城是港资企业,可以参考香港的综合购物中心,由振河商业城一家进行内部的改造升级。第二,与万达、苏宁、融创等集团合作,对振河商业城进行改造升级。政府可以考虑在振河商业城设立免税店,与开封其他综合购物中心有所区别,并吸引游客前来购物。

7. 马道街——精品一条街的形成方式

马道街基础设施完善,只需招商引资即可。马道街毗邻相国寺,可以和相国寺进行合作,打造成佛教文化的精品一条街;抑或打造成上海田子坊那样的网红景点;抑或一侧为佛教文化的精品一条街,另一侧打造成上海田子坊那样的网红景点。

(三) 政府的作用

鼓楼商圈若想呈现鼎盛的繁华,不仅需要市场主体的努力,也需要政府的支持。首先,政府要厘清鼓楼商圈内所有房屋的产权以及使用权,为升级改造打下坚实的基础;其次,政府在商户前期经营中要给予商户优惠政策,比如减免税收,根据商户的营业额进行奖励,给予租金上的优惠等;最后,在鼓楼新天地建立一个临时停车场,因为鼓楼新天地空置的地方较多,而且有两个口,一个口进,一个口出,可以缓解鼓楼商圈停车难的问题。

(四) 打造鼓楼文化产品新 IP

近几年,在互联网和新商业模式的推动下,中国 IP 的商业化运作如火如荼,IP 版权的高价抢购、IP 影视的持续热播、IP 衍生品的火爆销售等等,使得中国的 IP 商业化之路进入了快车道。

1. IP 的定义

IP 是 Intellectual Property(知识产权)的缩写,是指权利人对其智力劳动所创作的成果享有的财产权利。随着 IP 在中国文化产业的实践和发展,它被赋予了更丰富的内涵,用来泛指那些具有一定影响力、粉丝基础和商业价值,并且可以被重复开发和利用的创意性知识产权。目前,在中国文化产业界和资本界备受关注和青睐的 IP 主要包括文学类、影视类、游戏类、音乐类、动漫类、历史文化类等。

2. 打造鼓楼商圈 IP

(1) 民俗节庆活动

以鼓楼历史文化街区为载体,体现开封最原汁原味的民俗文化、传统艺术,并融入国际、国内的现代艺术形式,打造鼓楼艺术节品牌。通过鼓楼每年常态化的艺术节活动,分四个季度、重大节日(春节、元宵节等)举办相应的文化艺术主题盛会,吸引更多全国、国际的文化名人、艺术家、民俗传统手工艺者、时尚人士、大众消费群体等的到来,将鼓楼历史文化街区打造为一个全国知名的旅游目的地。如元宵观灯是宋人最主要、最热闹因而也最有吸引力的娱乐活动。东京城被装扮成灯的海洋,大内宣德楼前搭山棚彩灯,"灯山上彩,金碧相射,锦绣交辉"(《东京梦华录》卷6)。《醉翁谈录》记载东京东华门外灯市上的灯有灯球、灯槊、绢灯笼、日月灯、诗牌绢灯、镜灯、字灯、马骑灯、凤灯、水灯、琉璃灯、影灯等,琳琅满目;元宵节食品市场最为丰富多彩等。

(2) 蹴鞠

作为朝廷盛宴表演节目的蹴鞠,叫筑球,比赛的人分为两队,每队 12 人或者 16 人。球门用两根三丈高的长竿搭成,竿上面"杂彩结络,留门一尺许"(《东京梦华录》卷9)。比赛开始,抓阄儿决定,由球头开球,按一定的顺序踢,最后传给球头,球头射门。双方以过球门多者为赢。

宋代另一种蹴鞠的方法叫白打场户,这是一种自我娱乐的户外活动,深受各阶层人物喜爱。比赛方法是采用两人对抗、三人对抗、四人对踢、十人对踢等形式进行较量,根据所踢花样难度高低来定胜负。比赛可以使用拐、搭、臁对球进行处理。每个部位有多种变化。多种花样动作连接在一起叫解数。

鼓楼商圈可以在鼓楼新天地中间的广场上再现上述两种蹴鞠形式,表演给游客看,时机成熟以后,可向全国发出邀请函,进行蹴鞠比赛,如与河南建业进行友谊赛,或者借助于国外著名足球俱乐部(皇家马德里、巴塞罗那等)中国行,与其交流,提升鼓楼商圈的知名度与影响力,从而将鼓楼与蹴鞠文化推向全国。并且鼓楼商圈可以考虑以蹴鞠为中心,延展到蹴鞠文化、蹴鞠产品等,丰富蹴鞠的内涵。

(3) 两宋论坛

两宋时期在中国历史长河中处于承上启下、继往开来的重要地位,两宋对世界文明的影响举足轻重。为传承和弘扬两宋优秀文化,经浙江省、河南省及杭州市、开封市有关部门协商,两宋论坛每年一届,从 2016 年起,在杭州和开封轮流举办,目前已举办 4 届。努力在 8 到 10 年内将其办成具有一定国际影响力的专业论坛。

目前论坛以专业论坛为主、百姓知识普及为辅,在论坛的召开期间通过与整个街区的营销活动进行结合,将会形成超过"秦淮灯会"的人气与效果,并为街区的运营注入"正能量"。

(4) 文化大赛

中国上下五千年的悠久历史和博大精深的传统文化为创造和挖掘优秀的 IP 提供了大量素材,只要善于开发和利用,它们将会带来巨大的商业价值。最近深受观众欢迎和好评的文化综艺类节目《中国诗词大会》和《国家宝藏》就是典型的代表。《中国诗词大会》以中国上千年的诗词文化为基础,节目以"赏中华诗词、寻文化基因、品生活之美"为基本宗旨,带动全民重温古诗词,让人们重新体验中国诗词的美。《国家宝藏》以中国九大重点博物馆内的珍贵藏品为中心,讲述了它们的前世传奇和今生故事,让观众通过这些文物走进博物馆,了解文物的美,解读中华历史和文化。

开封作为八朝古都具有丰富的文物资源,有足够的文物资源向全国展示;"宋词"作为古代文化顶峰的形式之一,一直深受全国人民喜爱。鼓楼商圈可借助于这两档优质的节目,通过与其合作,把自己推向全国。

(五)"内容+新媒体"的营销方式

宣传营销是提高鼓楼商圈知名度、激发人们出游愿望的一种行之有效的手段。鼓楼商圈应大力开发"注意力经济",创立品牌营销理念,创新营销机制,实施"整合营销",注重鼓楼商圈宣传营销的针对性和独特性。

1. 新媒体营销

新媒体营销是利用新媒体平台进行网络营销的方式。随着 Web 2.0 带来的巨大革新,营销方式也随之产生了巨大变化,客户对沟通性、差异性、创造性、关联性、体验性等方面的需求,促使互联网进入了新媒体传播的新时代。新媒体营销借助的营销渠道或平台主要包括但不限于门户、搜索引擎、微博、微信、博客、播客、BBS、手机、移动设备、APP 等。

(1) 短视频营销——以抖音为例

短视频行业的急速发展,带来了互联网社会化传播的又一热潮,商业传播也随之跟进,很快吸引了巨大流量。据统计,2016 年 9 月,抖音上线;2017 年 7 月,抖音的用户就超过了 1200 万;2018 年 7 月,抖音官方正式宣布,全球月活跃用户数超过 5 亿。鼓楼商圈可利用抖音拍摄特色活动,比如元宵灯节、相国寺庙会等民俗活动,以及蹴鞠表演或比赛,吸引大家的眼球。

重庆洪崖洞就是利用抖音进行营销,进而成功的典型案例。洪崖洞的设计特色鲜明,但其发展并没有想象中顺利,开街初期几乎每个月都要亏损百万,这样不瘟不火的状况持续到 2016 年 9 月,抖音正式上线,随着抖音、微信等自媒体对洪崖洞的持续追捧,洪崖洞的旅游才逐渐有了起色。据抖音联合清华发布的《短视频与城市形象研究白皮书》显示,重庆有 21 条视频进入抖音城市形象热门视频 TOP 100 的榜单,是唯一一个城市形象相关视频播放量过百亿的城市。2018 年"五一"小长假期间,洪崖洞游客量破 8 万,仅次于故宫。而早在假期前,洪崖洞的相关视频就已在抖音上获得疯狂点赞,评论区热度一直不减。小长假后,有关洪崖洞的视频播放更加频繁,截至 2018 年 6 月,抖音上的"重庆洪崖洞"挑战有 28406 人参与,总点赞数高达数千万。洪崖洞犹如藏在深闺中的少女,在 2018 年一展芳华,成了非去不可的"网红"打卡地。

（2）网络直播

打造"互联网＋休闲体验"模式，利用网络直播拓展旅游市场，能够有效地激发旅游者的休闲体验，扩大鼓楼商圈的知名度，提升鼓楼商圈的品牌价值。鼓楼商圈可以请网络红人来鼓楼商圈进行网络直播，对鼓楼商圈的各功能区进行详细的介绍，突出亮点，吸引全国游客前来消费。

永嘉旅游投资集团有限公司与上海润韬文化传播有限公司共同于2016年12月21—23日在温州市楠溪江风景旅游区筹办网络直播活动"女神驾到山水楠溪江"，直播视频累计观看量超过100万，单次视频观看实时峰值高达10万。2016年5月中旬，去哪儿网联合斗鱼直播推出一系列旅游直播节目，10余名网红主播赶赴八大热门景区景点直播，活动前后持续10天，直播16场次，每场3小时以上，最多同时在线人数为81万人，最少也达到近10万人，估计全部直播影响人数接近1000万人次。

（3）微信营销

微信营销主要是指通过微信服务号进行营销，微信公众号必不可少，通过微信公众平台一对一或者一对多的信息推送，方便快捷，目的明确，还可以利用微信里的好友关系来进行口碑营销。在微信营销中，鼓楼商圈注册微信公众号，在公众号里尽可能地提供用户所需的全方面信息，而用户通过关注公众号订阅浏览所需的旅游信息或产品服务等，进而实现信息的传播和服务的推广。

三清山寻找了一批写作水平高、综合能力高、责任心强的运营官来管理微信平台，每天结合当地热点，对当地多姿多彩的节目、赛事、活动更新报道。"三清山旅游"吸引了大批用户的关注，2015年共推出343篇文章，超过418万人阅读，总的点赞数超过8.5万，平均点赞数在旅游类的官方微信里高居榜首，传播影响力值达到1378。另外，在第三方旅游新媒体观察机构"候鸟公社"发布的54次"全国5A级景区双微使用排行榜（周榜）"上，"三清山旅游"每次都名列前茅。

（4）微博营销

微博营销就是博主通过发布或分享事件，将信息传递给微博浏览者。好的微博营销可以借助于博主个人的专业知识、丰富的情感和生活体验吸引众多浏览者及转发者，从而让事件发酵，达到传播旅游企业产品、服务和品牌的目的。

2016年12月13日,由三清山管委会和新浪网共同策划的微博活动"全球发现三清山"正式启动,吸引了10多位微博旅行达人以及知名的媒体前来参加,其中旅行达人陆建华的粉丝就超过了50万名。此次活动自9月份通过网络招聘的方式发起以来,"全球发现三清山"这一微博话题带来了一阵阅读讨论的热潮,超过300多万人参与了进来,多达万人报名,热情空前高涨! 最后三清山从多个国家和地区中挑出多位旅游达人,一起欣赏三清山的唯美景色,感受三清山的文化魅力。这一成功的微博营销活动充分宣传了"三清天下秀"的美誉,提高了三清山的国际知名度。

2. 传统媒体营销

公交广告:选择途经多个城区的公交路线,做公交车身广告,凸显鼓楼商圈的亮点。

电视广告:选择一家媒体,开辟一栏节目,进行软性报道。

电台广告:选择电台品牌型栏目,以新闻报道和游记体验的形式结合进行软性宣传,吸引市民到街区消费体验。

景区广告:在开封市各大景区出入口张贴鼓楼商圈的介绍,吸引游客旅游完以后到鼓楼商圈进行体验消费。

五、保障措施

(一) 加强组织领导,完善规划衔接

建立和完善由鼓楼商圈规划与各类专项规划等构成的鼓楼商圈和经济发展规划体系,进一步完善规划编制的协调衔接机制。明确各类规划功能,增强规划的整体协同性。一是加强鼓楼商圈规划与其他各类规划的横向衔接。妥善处理鼓楼商圈规划与城市规划、土地规划之间的关系,确保其在空间配置上相互协调、时序安排上科学有序。加强鼓楼商圈经济发展规划与人口、综合交通、环境保护和生态城区建设等专项规划的有机衔接和协调。二是鼓楼商圈的战略规划与中长期规划的纵向衔接。要把重塑鼓楼商圈的战略规划与年度计划,以及相关重大项目建设计划紧密结合,将规划目标、任务的完成情况和

相关措施等分解到季度、年度,形成长效的规划实施机制。

(二)健全政府管理,提高服务效率

组建鼓楼商圈建设管理委员会,负责商圈规划的组织实施、有关政策的拟定、制度性措施的监督执行、重大商业设施项目的组织审批;负责鼓楼商圈规划与城市规划的协调、鼓楼商圈在重塑过程中出现的争议和矛盾的协调、鼓楼商圈规划的修订和调整以及其他建设的相关重大决策工作。设立鼓楼商圈建设管理办公室,作为区政府的派出机构,由区委、区政府的主管领导担任主任,下可设行政、规划、建议、招商等职能科室,负责商圈的建设与管理的日常具体工作。

(三)完善配套政策,优化公共服务

加强对文化创意产业、休闲消费产业的政策引导,出台加快新兴产业发展的政策,促进产业的转型升级,通过法治化的程序来保障规划的实施。不仅如此,先进、完善的市政基础设施是鼓楼商圈得以发挥和实现可持续发展的基本保证。像排水设施的建设、电网的建设以及燃气供热、电信电缆的建设都要考虑未来的发展目标需求,可结合鼓楼商圈的建设和道路施工一次铺设完毕;同时还应改善鼓楼商圈周边地区的交通条件,解决交通不便和环境瓶颈的制约,加强鼓楼商圈内停车场和其他市政设施的配置、改造和升级。只有坚持市政基础设施建设并优先发展完善,才能有效提高中心鼓楼商圈的承载能力和服务现代化水平。

(四)完善资金投入,提高要素保障

加强鼓楼商圈的改造发展必须有财政资金的保障。一是加强资金的需求管理。根据鼓楼商圈优化的建设时序,可开展建设项目资金需求动态测算,适时筹措资金,有力保障项目顺利实施。二是加强资金的来源管理。完善资金投入,统筹各种渠道的建设资金,包括财政拨款、鼓励民间的资本进入以及充分利用鼓楼中心的区位优势,与银行等金融机构签署战略合作协议,来支持鼓楼商圈品质提升,支持现代服务业等重点领域项目建设和龙头企业、中小微企业等实体经济发展,形成资金的良性循环,并建立财源动态调查工作机制,优化融资结构,力争融入资金的效益最大化。

(五) 优化人力资本结构,吸引高素质人才

鼓楼商圈健康持续的发展需要紧紧依靠人才。一是鼓楼区还需加大对商业经营、文化旅游等相关行业人才的引进,吸引创新型、尖端型、技术型人才落户鼓楼区,并提供便利的创业环境保障。二是人才的成长离不开学习,鼓楼区可积极引进一系列学习讲座、组织商圈座谈学习,帮助商圈从业者拓宽视野、提升能力。

(六) 加强宣传推介,打造品牌服务

加快鼓楼商圈的建设,要进一步创新理念、创新内容、创新方式,提高舆论宣传、活动策划、项目推介水平,不断提升和扩大中心鼓楼商圈的品牌形象。一是依托媒体,营造氛围。以节日旅游或重大项目开工开业为契机,利用国内主要媒体,甚至上热搜的形式全方位多层次地宣传鼓楼商圈的开发,为加快鼓楼商圈的建设营造良好的舆论环境,提升鼓楼商圈在河南省甚至全国的知名度。二是加强文化建设。鼓楼商圈与开封西部新兴商圈最大的优势在于历史文化的传承,在商圈的建设。无论是外部景观的打造还是内在的格调品质,都可显示出北宋的文化气息。

(七) 倡导诚信经营,营造优质商业环境

鼓楼商圈内各类营业网点尤其是涉及吃、住的商业店铺,可以加强监督,对于食物的卫生以及住宿的安全没有商量的余地。引导企业和商户进行依法经营、公平竞争,杜绝假冒伪劣商品的出现,构建"商圈+信用"的管理模式,打造信用应用服务区域,促进鼓楼商圈现代服务业的发展,助力优化鼓楼商圈的营商环境建设。

报告4 尉氏县国民经济和社会发展第十四个五年规划和2035年远景目标纲要*

《尉氏县国民经济和社会发展第十四个五年规划和2035年远景目标纲要》,根据《中共尉氏县委关于尉氏县国民经济和社会发展第十四个五年规划和2035年远景目标的建议》编制,本规划纲要是政府履行宏观调控、市场监管、公共服务、社会管理和保护环境等职责的重要依据,是今后五年乃至更长时间全县经济社会发展的宏伟蓝图和全县人民共同奋斗的行动纲领。

一、开启全面建设社会主义现代化尉氏新征程

(一)"十三五"时期取得的发展成就

"十三五"时期,尉氏县以新发展理念为引领,以供给侧结构性改革为主线,坚持稳中求进工作总基调,推进县域经济平稳健康可持续发展,经济社会呈现良好发展态势,全面建成小康社会奋斗目标胜利在望。

第一,综合经济实力迈上新台阶。面对经济下行压力,尉氏县狠抓"六稳"工作落实,稳的基础不断巩固,进的态势不断延续,经济总量逐年平稳增长,增速在全市的位次也保持在十县区前两位。2020年全县生产总值完成431.8亿元,年均增长6.6%,其中规模以上工业增加值年均增长7.1%,服务业增加值年均增长8%;固定资产投资完成150.7亿元,年均增长12.2%;社会消费品零售总额完成142.5亿元,年均增长9.4%;一般公共预算收入达到26.7亿元,年均增长15%。综合经济实力进入全省县域经济前20位、中部六省第49

---

* 该项目受尉氏县人民政府委托,项目时间:2020年10月—2021年4月;主持人:耿明斋;项目组成员:李燕燕、王永苏、刘涛、张建秋、张国骁。

▶ 报告 4 尉氏县国民经济和社会发展第十四个五年规划和 2035 年远景目标纲要

位,继续保持在全省第一方阵。

第二,现代产业体系构建取得新突破。产业结构持续优化,三产结构由"十二五"末的 16.5∶53.1∶30.4 进一步优化为 12.5∶48.5∶39,高新技术产业增加值达到 20.88 亿元,占地区生产总值的比重上升至 4.5%。以对接服务空港为导向,以产业集聚区和各类专业园区建设为抓手,不断加快产业转型升级步伐,现代化的产业体系初具雏形。围绕延链、补链、强链,坚持扩规模和优结构并重,持续做大做强纺织服装、现代家居、健康医疗三大主导产业。围绕"三大改造",持续推进有色金属、农副产品加工、橡胶制品、皮革加工、机械制造五大传统产业提质增效,居全省县域制造业 30 强第 19 位。累计培育高新技术企业 14 家,国家级星创天地 2 家,省级工程技术研究中心 12 家,省级智能工厂 1 家,省级制造业双创平台 1 家。现代农业基础更加稳固,粮食作物播种面积达 165.2 万亩,粮食总产量稳定在 60 万吨以上,实现"十七连丰","尉氏小麦"成功申报为国家地理标志农产品,"三品一标"农产品基地达到 40 万亩,现代农业示范区基础设施和综合生产能力不断提升,现代农业产业化集群培育、生态畜牧养殖和生态农业发展工程成效显著,全县省级农业产业化龙头企业达到 8 家,初步形成了"一乡一业一园区、一村一景一基地"的农业产业发展新格局。

第三,改革开放不断进入更深领域。积极稳妥推进机构改革,全面完成县乡机构改革任务,统筹推进事业单位改革。全面深化"放管服"改革,"一证通办""只进一扇门""最多跑一次"的"一站式"尉氏政务服务品牌成效日益彰显。疫情防控期间,创新开展服务企业复工复产"一米团"活动在全省推广,被央广网、学习强国、《河南日报》等新闻媒体广泛报道。全面落实民营经济发展政策措施,不断优化营商环境,推动民营经济持续健康发展。农村综合改革和财税、水利、交通、科技、教育、医疗、文化等领域改革取得积极进展,从创新体制机制入手,深入挖掘潜力、激发活力,推动尉氏轻装上阵加快高质量发展。持续实施开放带动战略,积极适应招商形势新变化,建立健全招商引资激励奖惩措施,进一步明确招商重点区域,组建长三角、珠三角、京津冀及福建沿海四大招商分队,派驻人员常驻招商。探索实施市场化招商新模式,深度参与了中国(河南)投资贸易洽谈会、厦门国际投资贸易洽谈会等重大节会招商活动。招商引资项目建设工作连年保持全市领先位次,全县累计签约引进项目 278 个,总投资 2753.68 亿元。

第四,新型城镇化持续健康发展。紧紧把握全省百城建设提质首批启动县机遇,持续完善城市基础设施,加强市政精细化管理,城镇化率由 2015 年的 33.57% 提升至 2020 年的 48.65%,顺利通过省级园林县城、省级卫生县城、省级文明城市验收。加强市政精细化、数字化管理,建立"一中心四平台"网格服务系统,实现网格服务全覆盖,顺利实施"四馆两中心"等重点项目建设,完成了开港大道、国道 G107、机西高速二期尉氏段等重大交通项目建设工作,累计对城区 40 余条道路进行了升级改造,先后建设了滨河广场、史庄广场、城东广场和人民广场,对北三环水系公园进行改造提升,满足城市居民休闲娱乐需求,城市功能得到进一步完善与提升。铺设雨水管网 18 公里,污水管网 40 公里,全面增强了地下管网的疏通连接,初步形成了雨污分离。建设完成第二水厂,改造自来水主管网 35 公里、支管网 170 公里,供水量较 2015 年提升 25%。全面完成农村饮水安全工程建设,农村居民自来水普及率达到 98.73%,县城及周边乡镇自来水普及率达到 92%。加强天然气铺设安装,实现所有乡镇通气用气。持续加大集中供暖面积,实施集中供暖面积共计 288 万平方米,有效改善人民群众居住环境。乡村振兴战略成果显著,提升 121 个村基础设施和公共服务设施,创新实施"1351"模式,成功创建省级森林乡村 10 个,市级森林乡村 7 个,大力开展农村环境综合整治,被省委、省政府授予改善农村人居环境工作先进县称号。

第五,公共服务不断完善。不断加大教育投入,义务教育稳步发展,高中阶段教育逐步扩大,学前教育快速发展,教育质量不断提升。学前三年毛入园率达到 93%,普惠性幼儿园覆盖率达 85%;小学、初中适龄人口入学率达到 100%,小学教育巩固率保持 100%,初中教育巩固率达到 97.24%;高中阶段教育毛入学率达到 92.2%;职业教育毕业生就业率达到 100% 以上。卫生健康事业实现新突破,医疗资源总量稳步增加,医疗布局框架相对完整,医疗服务水平显著提升,急救应急网络逐步健全,公共卫生服务体系和基层卫生服务体系不断完善,传染病防治能力全面提升,实现了除新冠疫情以外重大传染病多年零发生率的目标。公共文化服务体系逐渐完善,已经形成了县、乡、村三级免费开放的公共文化服务网络,文化活动丰富多彩,人民群众精神文化需求逐渐得到满足。非物质文化遗产保护与传承工作取得了阶段性成果,多个文

▶ 报告4 尉氏县国民经济和社会发展第十四个五年规划和2035年远景目标纲要

旅项目获得省级旅游扶贫示范户、乡村旅游特色村、生态旅游示范镇称号。体育设施建设全面提升,全县体育场地面积共计128.75万平方米,体育活动形式丰富,发展社会体育指导员450余人,满足了30万人次参加健身活动,人民健康水平明显提高。持续健全社会保障体系,保障范围不断扩大,保障水平逐步提高;建立商品房预售资金监管制度,全县房价基本稳定,保障了人民群众的住房需求。公共安全体系逐步完善,深入开展安全生产和食品药品专项整治,持续加强社会治安综合治理,大力推进扫黑除恶专项行动,扎实开展"扫黑除恶治乱逐村行"活动,群众安全感指数持续提升。

第六,人民福祉持续改善。以人为本破解"八需八难"持续推进,民生支出占财政支出比重始终保持在65%以上。居民收入稳步提高,2015—2020年,全县城镇居民人均可支配收入、农村居民人均可支配收入分别由20662元、10830元提升至29578元、16458元,年均分别增长6.8%和8.6%。脱贫攻坚成果得到全面巩固提升,扶贫工作成效显著。累计脱贫10871户34536人,截至2020年末贫困发生率降至0,城镇新增就业累计超过4.7万人,年均近20万人实现转移就业,城镇登记失业率降至2.9%,基本消除零就业家庭。社会救助体系日益完备,救助政策不断完善,城乡低保、农村五保对象补贴补助标准逐步提高,建立了以城乡低保、特困供养、医疗救助、救灾救济、孤儿救助及事实无人抚养儿童救助、残疾救助、困难群众的临时救助等覆盖面更广的救助体系,有效保障了困难群众的基本生活。老年人口生活保障更加丰富,高标准建成了尉氏县老年养护中心、尉氏县老年康复中心,加快社区养老设施建设步伐,完成乡镇敬老院综合改造提升,建立了以社会办养老机构、乡镇敬老院、村级爱心院、日间照料中心为主的养老服务体系。强力实施蓝天、碧水、净土保卫战,始终坚持"绿水青山就是金山银山"的发展理念,把"生态立县"作为全县高质量发展的首位战略,持续推进"国土绿化""四水同治""三散治理"。近五年完成国土绿化面积11.89万亩,森林覆盖率达9.9%,林木绿化率达28.3%,地表水达标率达100%,用水总量、万元GDP耗水量、万元工业增加值用水量均完成管控目标,空气质量优良天数逐年增加,2020年空气质量优良天数达246天。(见表4-1)

"十三五"时期,经过全县上下齐心协力、攻坚克难,经济社会发展有了显著成效,为"十四五"时期经济社会更好发展奠定了坚实基础,特别是面对突如其来的新冠疫情,仅用52天就实现了确诊病例和疑似病例"双清零",并持续保持无新增病例的良好局面,充分展现了伟大抗疫精神的尉氏风采。但我们也必须清醒地认识到,当前全县面临的内外发展环境依然复杂严峻,转型发展方向需进一步明确,产业升级任务艰巨,体制机制改革亟待深化,城市功能尚待更加完善,公共服务体系有待进一步健全,需要继续付出艰巨的努力。

表4-1 尉氏县"十三五"时期经济社会主要发展目标完成情况

	指标类别与名称	单位	2020年目标值	2020年完成值	年均增长(%)	指标属性
一、经济发展						
1	地区生产总值	亿元	500	431.8	6.6	预期性
2	固定资产投资	亿元		150.7	12.2	预期性
3	一般公共预算收入	亿元	27	26.7	15	预期性
4	社会消费品零售总额	亿元	175	142.5	9.4	预期性
5	五年累计引进各类资金	亿元	1300			预期性
6	五年累计实际利用外资	亿美元	3.0	2.64		预期性
7	外贸进出口总值	亿美元	1.4			预期性
8	城镇化率	%	≥40	48.65		预期性
二、创新驱动						
9	三次产业结构		15:50:35	12.5:48.5:39		预期性
10	科技进步贡献率	%	60左右			预期性
11	互联网普及率	%	70			预期性
三、绿色生态						
12	非化石能源占一次能源消费比重	%	≥13			预期性
13	单位GDP值能耗降幅	%	20			约束性
14	林木绿化率	%	26	32.2		约束性
15	空气优良天数	天	255	246		约束性
16	地表水质劣V类水体比	%		0		约束性

报告4 尉氏县国民经济和社会发展第十四个五年规划和2035年远景目标纲要

续表

指标类别与名称		单位	2020年目标值	2020年完成值	年均增长（%）	指标属性
17	主要污染物排放总量 化学需氧量	万吨	10060	8845.28		约束性
	二氧化硫	万吨	3270	2882		
	氨氮	万吨	746	624.5		
	氮氧化物	万吨	2088	1805		
四、民生福祉						
18	城镇居民人均可支配收入	元	35000	29578	6.8	预期性
19	农村居民人均可支配收入	元	18000	16458	8.6	预期性
20	城镇登记失业率	%	≤4	2.9		预期性
21	农村贫困人口脱贫人数	万人	2.4	3.4		预期性
22	人均预期寿命	岁	76.5	76.5		预期性
23	九年义务教育巩固率	%	97	97.6		预期性
24	高中阶段教育毛入学率	%	≥92	92.2		预期性
25	城乡基本养老保险参保率	%	98	98		预期性

（二）"十四五"时期面临的发展形势

从国际发展环境看，当今世界正经历百年未有之大变局，国际环境日趋复杂，大国竞争愈加激烈，不稳定性、不确定性因素明显增强，对我国继续扩大开放、参与国际协作带来巨大挑战。新冠疫情全球蔓延加剧，供应链短期难以修复；国际市场收缩和发达国家制造业回流对我国国际环境造成的负面影响短期内难以消除；单边主义和保护主义加剧，对我国参与多边贸易体系造成严重冲击。

从国内发展趋势看，我国发展仍然处于重要战略机遇期，但机遇和挑战都有新变化，正在加快形成以国内大循环为主体、国内国际双循环相互促进的新发展格局。具体来看，一是以云计算、大数据、人工智能等为代表的新经济将成为我国"十四五"期间的重要经济增长点，成为引领创新和驱动转型的先导力量，或将重塑全球经济版图；二是在新经济的驱动下，传统产业链将逐步瓦解，以平台经济、智能经济、分享经济和跨界融合等为代表的新业态、新模式将不断涌现,产业结构优化升级将进入更深层次;三是消费升级呼之欲出,旅游、文体、健康、养老、教育培训等服务消费需求日益增长,消费需求高端化、个性化、定制化特征日趋明显;四是区域发展格局调整步伐加快,区域间竞争更加激烈;五是绿色发展迫在眉睫,绿色产业层次亟待提升。

从尉氏面临的机遇和挑战看,发展机遇主要表现在:一是黄河流域生态保护和高质量发展、郑州航空港经济综合实验区建设、郑州都市圈建设、郑开同城化发展等战略推进,为尉氏县高质量发展提供更多战略支撑;二是郑汴港尉加快融合重塑区域发展新格局,尉氏县通过产业配套、功能对接将实现与郑汴港的全面融合发展;三是国家制造业转移重点进一步向内陆地区深入,为尉氏县承接产业转移助力转型升级带来新的突破口;四是以数字经济和工业互联网为代表的新经济、新业态将为尉氏高质量发展带来新的机遇,尉氏县立足区位优势进行系统谋划、积极推进将大有作为;五是新发展格局下内需升级将为尉氏高质量发展注入新活力,释放新的发展空间;六是我国"三农"工作重心转向全面推进乡村振兴、加快农业农村现代化新阶段,为实现尉氏县乡村振兴与县域经济高质量发展有效融合、互促共进提供强大势能。困难挑战主要表现在:一是短期内经济下行压力大,传统产业拉动力量逐渐减弱,新兴产业尚未形成有效支撑,推动新旧产业转换任务艰巨;二是区域间竞争愈发激烈,伴随着经济转型发展的深入,尉氏面对的同水平区域间的竞争将进一步加强,对尉氏的高质量发展能力提出更高要求;三是自主创新能力与高层次人才相对不足,促进创新的体制架构尚未成熟,推动创新驱动发展任务艰巨;四是营商环境与市场机制不够完善,市场活力和内生动力仍需进一步激发,推动经济体制改革任务艰巨;五是城市的综合承载力和带动力不强,推动城乡发展一体化任务依旧艰巨;六是未来发展面临的资源环境约束将进一步加剧,推动绿色低碳发展迫在眉睫;七是干部思想转变需加快跟上时代变革的步伐,对贯彻新理念、构建新格局,部分党员干部的认识还不够深刻,思路还不够开阔,举措还不够创新,推动干部思想转变提升时不我待。

综合研判,当前和今后一个时期,尉氏仍正处于战略机遇叠加期、风险挑战凸显期、调整转型攻坚期、蓄势跃升突破期。面向未来,危中有机、变中有势,形势逼人、使命催人。我们要胸怀"两个大局",全力做好自己的事,持之以恒固根基、扬优势、补短板、强弱项,凝聚全县人人尽力、人人出彩的磅礴伟力,

▶ 报告4 尉氏县国民经济和社会发展第十四个五年规划和2035年远景目标纲要

育先机、开新局,走好高质量发展之路,奋力开创现代化尉氏建设新局面。

(三)总体要求

1. 指导思想

高举中国特色社会主义伟大旗帜,深入贯彻党的十九大和十九届二中、三中、四中、五中全会精神,坚持以马克思列宁主义、毛泽东思想、邓小平理论、"三个代表"重要思想、科学发展观、习近平新时代中国特色社会主义思想为指导,深入贯彻落实习近平视察河南、开封及尉氏时的重要讲话精神,全面贯彻党的基本理论、基本路线、基本方略,统筹推进"五位一体"总体布局,协调推进"四个全面"战略布局,坚定不移贯彻新发展理念,坚持稳中求进工作总基调,深入落实"四个着力",持续打好"四张牌",深入践行县域治理"三起来"、做好乡镇工作"三结合",以推动高质量发展为主题,以深化供给侧结构性改革为主线,以改革开放为根本动力,以满足人民日益增长的美好生活需要为根本目的,统筹发展和安全,加快建设现代化经济体系,全面融入以国内大循环为主体、国内国际双循环相互促进的新发展格局,着力推进治理体系和治理能力现代化,持续营造学的氛围、严的氛围、干的氛围,以党建高质量推动发展高质量,确保全面建设社会主义现代化尉氏开好局、起好步,奋力谱写新时代中原更加出彩尉氏绚丽篇章。

2. 基本原则

一是坚持党的全面领导。坚持和完善党领导经济社会发展的体制机制,坚持和完善中国特色社会主义制度,不断提高立足新发展阶段、贯彻新发展理念、构建新发展格局的能力和水平,为实现高质量发展提供根本保证。

二是坚持以人民为中心。坚持人民主体地位,坚持共同富裕方向,始终做到发展为了人民、发展依靠人民、发展成果由人民共享,维护人民根本利益,促进社会公平,增进民生福祉,激发全体人民积极性、主动性、创造性,不断实现人民对美好生活的向往。

三是坚持新发展理念。把新发展理念贯穿发展全过程和各领域,以保促稳、稳中求进、进中蓄势,服务构建新发展格局,切实转变发展方式,推动质量变革、效率变革、动力变革,实现更高质量、更有效率、更加公平、更可持续、更为安全的发展。

四是坚持深化改革开放。坚定不移推进改革,坚定不移扩大开放,加强治理体系和治理能力现代化建设,破除制约高质量发展、高品质生活的体制机制障碍,强化有利于提高资源配置效率、有利于调动全社会积极性的重大改革开放举措,持续增强发展动力和活力。

五是坚持系统观念。加强前瞻性思考、全局性谋划、战略性布局、整体性推进,全面融入双循环发展新格局,着力固根基、扬优势、补短板、强弱项,注重防范化解重大风险挑战,实现发展质量、结构、规模、速度、效益、安全相统一。

六是坚持抓纲带目。抓纲带目是推动工作的重要经验。必须抓住主要矛盾和矛盾的主要方面,找准高质量发展、高品质生活、高效能治理的突破口和着力点,发挥一举求多效的综合带动作用,实现全局工作的整体跃升。

七是坚持干字当头。树立真干、实干、苦干的导向,大力学习和弘扬焦裕禄"三股劲"精神,带头干、带领干,用自己的辛苦指数提升群众的幸福指数,以"踏石留印、抓铁有痕"的作风,一步一个脚印,一件一件落实,确保上级各项决策部署落到实处。

3. 发展思路与战略定位

加快融入以国内大循环为主体的国内国际双循环发展新格局,狠抓"一带一路"、中部崛起、黄河流域生态保护和高质量发展、"五区一群"、国家中心城市和郑州都市圈建设等重要战略机遇,以郑开同城化示范区建设为契机,继续按照"西融北接、产城融合"发展思路和"1366"总体工作布局,创新驱动,三链融合,夯实基础,加大招商引资引智力度,做大做强先进制造业,做优现代服务业,做精现代农业,构筑高质量发展现代产业体系;持续推进西融北接,完善提升便捷快速交通体系,加大重大基础设施建设力度,以中心城区为重点,高标准配置教育、医疗、文化、商业综合体等要素,增强支撑能力,完善城市功能,提升城市品位,优化发展环境,力争2025年综合实力进入全国百强县(市)行列,全力推进尉氏县域经济高质量发展。

"十四五"时期,尉氏县的发展定位是:全力建设智慧创新的活力开放之城、文化休闲的生态宜居之城,打造现代综合物流产业中心、高端智能制造产业中心,建成郑开同城化重要战略支点的"田园都市、临港新城"。

▶ 报告4　尉氏县国民经济和社会发展第十四个五年规划和2035年远景目标纲要

4. 重点任务

以工业转型升级为抓手，以承接港区和郑州都市圈功能外溢为导向，以创新发展为动能，调优存量，做优增量，推动经济规模和质量同步提升，不断增强可持续发展能力。

一是积极对接港区，打造临港产业"链"式发展新高地。采取"三链同构"驱动发展战略，围绕现有产业体系链式谋划产业项目，积极向产业链下游、价值链上游、供应链高端方向延伸。通过实施"三链同构"一体化招商，不断增强产业韧性，实现产业"增量崛起"与"存量提质"并举。坚持扩大规模和优化结构并重，通过建链、延链、补链、强链，不断做大做强纺织服装、现代家居、健康医疗三大主导产业。以培育现代企业家队伍为引领，以"三大改造"为抓手，以提质增效为核心，加快橡胶制品、皮革加工、机械制造、有色金属、精细化工、农副产品加工六大传统产业转型升级步伐，着力打造尉氏传统产业升级版。以承接港区"摆不下、离不开、走不远"的产业为引领，以服务和承接港区、郑州都市圈相关功能为目标，着力布局和培育发展电子信息、生物医药、高端装备、文旅康养、现代商贸物流、教育科创六大新发展产业和现代农业，促使现代服务业、现代农业和先进制造业跨界融合发展。

二是激活创新要素，培育壮大新经济、新业态。强化科技支撑作用，围绕产业链部署创新链，积极以"高精尖"技术打通产业整体创新链，推动创新链高效服务产业链，实现创新成果快速转移转化，并推动产业结构持续转型升级。持续深化供给侧结构性改革，进一步优化营商环境，弘扬企业家精神，激发市场活力，形成良好的创业氛围。以推进工业数字化、网络化、智能化为主线，提升产业能级。筹建集跨境电商、中小企业孵化、互联网产业、冷链仓储、跨境物流等于一体的新型电商产业园。聚焦科技前沿、产业高端和未来发展，持之以恒追踪港区新兴产业发展趋势，围绕新能源、新材料、5G应用、大数据、人工智能、航空航天等领域，超前谋划，精准布局，通过引入一批产业链核心企业和龙头企业，全面夯实新旧动能转换根基。

三是进一步提升城市规模与品质，建设郑开同城化示范区先导区。按照"西融北接"的发展方向推进要素向中心城区、临港经济区等地进一步聚集，加速推进行政区划调整进程，优化行政区域设置，全力配合郑开同城化示范区建设，深度融入郑州都市圈，实现港尉协同发展。加快中心城区扩容提质步伐，重点以向西、向北扩展为主,向东、向南进行结构性优化,结合国土空间总体规划修编机会,超前规划,做好土地预留和储备工作,为中心城区扩展奠定基础;着力提高土地的集约高效利用,为尉氏经济社会高质量发展提供更多余地。按照适度超前、整体优化、协同融合的要求,围绕公共服务设施提标扩面、环境卫生设施提级扩能、市政公用设施提档升级、产业培育设施提质增效,加快提升中心城区综合承载力。进一步完善提升对接港区、郑州与开封的便捷快速交通体系,推动尉氏至郑州高铁南站快速路、开港城际铁路、迎宾大道东延、开尉路拓宽等重大项目建设,在商登高速和开港大道交叉口处新增高速公路出入口。加快临港经济区建设步伐,支撑开封先进制造业转型升级,依托并协同航空港区及新郑、长葛,打造郑州都市圈先进制造业基地与郑开同城化示范区发展重要战略支点。

四是以实施乡村振兴战略为抓手,进一步加快城乡融合发展步伐。积极探索具有尉氏特色的乡村振兴新道路,切实把"三结合"政治资源转化为发展动力,坚持农业农村优先发展,把工业和农业、城市和农村作为一个有机整体,充分发挥工业和城市对农业和农村的辐射带动作用,以工业化、城镇化带动农业现代化,引领城乡发展一体化,大力实施乡村建设行动,深化农村改革,大幅提高农业质量效益和竞争力,实现巩固拓展脱贫攻坚成果同乡村振兴有效衔接,加快形成"以工促农、以城带乡、工农互惠、城乡一体"的新型工农城乡关系。

5. 2035年远景目标

根据党的十九大提出的到2035年基本实现社会主义现代化目标要求,综合考虑尉氏的发展基础和面临的形势任务,未来15年要坚持以党建高质量推动发展高质量,基本实现社会主义现代化,实现新时代全面振兴、全方位振兴,建成"四个强县、一个高地、一个家园"。

一是经济强县。县域经济实力、综合实力大幅提升,发展质量和效益大幅提升,创新能力显著提升,在全国百强县(市)中保持良好竞争态势,基本实现新型工业化、信息化、城镇化、农业现代化,建成现代化经济体系。

二是生态强县。生产空间安全高效,生活空间舒适宜居,生态空间天蓝、地绿、水清,绿色发展方式和生活方式基本形成,基本实现人与自然和谐共生的现代化。

▶ 报告 4 尉氏县国民经济和社会发展第十四个五年规划和 2035 年远景目标纲要

三是开放强县。立足构建新发展格局,突出郑汴港核心引擎区和郑开同城化示范区先行区战略地位,持续提升对外开放竞争力,积极成长为郑州都市圈重要经济增长极。

四是文化强县。社会主义精神文明和物质文明协调发展,公民素质和社会文明程度达到新高度,文化事业繁荣,文化产业发达,传统文化、生态文化和红色文化地区影响力更加广泛深远,文化软实力显著增强。

五是郑州航空港经济综合实验区东部创新高地。创新创业蓬勃发展,科技创新对经济增长的支撑作用大幅提升,创新型县(市)进入全国先进行列。

六是幸福美好家园。治理体系和治理能力现代化基本实现,人民平等参与、平等发展权利得到充分保障,"平安尉氏"建设达到更高水平,"法治尉氏"基本建成;城乡居民收入迈上新的大台阶,基本公共服务实现均等化,城乡区域发展差距和居民生活水平差距显著缩小,文明健康生活方式全面普及,人的全面发展、全体人民共同富裕取得更为明显的实质性进展。

6. "十四五"时期发展目标

"十四五"时期,尉氏县发展的总体目标是经济发展质量更优、改革开放力度更大、绿色发展颜值更美、社会文明程度更高、社会治理效能更强、人民生活品质更好,力争进入全国百强县(市)。

一是经济发展质量更优。主要经济指标增速位居省、市前列,地区生产总值达到 620 亿元,形成一批特色突出、竞争力强的产业集群,产业基础能力和产业链水平显著提升;循环经济发展强劲,税收贡献率显著提升;文旅产业提质升级,国际影响力显著提升;中心城区辐射带动能力显著提升,乡村振兴取得决定性进展;创新创业支撑作用更为突出,科技创新水平显著提升。

二是改革开放力度更大。政府效能持续提升,信用体系全面完善,基本形成市场化、法治化、国际化营商环境,高质量融入国内国际双循环体系,全县实际到位省外资金、外商直接投资稳定增长。

三是绿色发展颜值更美。"绿水青山就是金山银山"理念深入践行,生态文明制度体系基本建成,资源利用效率显著提高;生态环境质量根本好转,突出环境问题基本消除,形成生产空间高效、生活空间宜居舒适、生态空间天蓝水绿的国土开发格局,生态保护和环境质量走在全省前列。

四是社会文明程度更高。社会主义核心价值观普遍践行,文化影响力和号召力显著增强,"三起来""三结合"等精神引导力进一步增强,全民素质和社会文明程度明显提升。

五是社会治理效能更强。政府绩效管理体系持续完善,市场配置资源能力显著增强,"平安尉氏"和"法治尉氏"建设取得新成效,形成高品质、高绩效的公共治理和政府服务的"尉氏标准",治理体系和治理能力现代化迈上新台阶。

六是人民生活品质更好。城乡居民收入和经济发展保持同步增长,人民生活更加富裕,基本公共服务均等化水平显著提升,人均预期寿命和国民受教育程度高于全省平均水平,人民群众获得感、幸福感、安全感显著增强。(见表4-2)

表4-2 尉氏县"十四五"时期经济社会主要发展目标

	指标类别与名称	单位	2020年完成值	年均增长(%)	2025年预测值	年均增长(%)	指标属性
一、经济发展							
1	地区生产总值	亿元	431.8	6.6	620	7.5左右	预期性
2	固定资产投资	亿元	150.7	12.2	220	8	预期性
3	一般公共预算收入	亿元	26.7	15	47	12	预期性
4	社会消费品零售总额	亿元	142.5	9.4	225	9.5	预期性
5	五年累计实际利用外资	亿美元	2.64		5	13.6	预期性
6	城镇化率	%	48.65		55		预期性
二、创新驱动							
7	研发经费投入强度	%			2		预期性
8	每万人拥有高价值发明专利数	件			3		预期性
9	全员劳动生产率	%				>5.5	预期性
10	三次产业结构		12.5∶48.5∶39		9.8∶48.5∶41.7		预期性
三、民生福祉							
11	城镇居民人均可支配收入	元	29578	6.8	42400	7.5	预期性
12	农村居民人均可支配收入	元	16458	8.6	24200	8	预期性
13	城镇登记失业率	%	2.9		4		预期性
14	每千人拥有执业医师数	人	1.47		2		预期性
15	每千人拥有医院床位数	张	2.51		3.24		预期性
16	人均预期寿命	岁	76.5		78		预期性

▶ 报告4 尉氏县国民经济和社会发展第十四个五年规划和2035年远景目标纲要

续表

	指标类别与名称	单位	2020年完成值	年均增长（%）	2025年预测值	年均增长（%）	指标属性
17	九年义务教育巩固率	%	97.6		99		预期性
18	高中阶段教育毛入学率	%	92.2		94		预期性
19	城乡基本养老保险参保率	%	98		98		预期性
四、绿色生态							
20	单位GDP能源消耗降幅	%			按市下达目标		约束性
21	单位GDP二氧化碳排放降低	%			按市下达目标		约束性
22	林木绿化率	%	32.2		36		约束性
23	空气优良天数	天	246		255		约束性
24	地表水质劣Ⅴ类水体比	%	0		0		约束性
25	主要污染物排放总量 化学需氧量	万吨	8845.28		7700		约束性
	二氧化硫	万吨	2882		2540		
	氨氮	万吨	624.5		520		
	氮氧化物	万吨	1805		1560		
五、安全保障							
26	粮食综合生产能力	万吨	60		60		预期性

二、构建高质量发展产业新体系

（一）产业发展总体思路

"十四五"尉氏产业发展总体思路是：把制造业高质量发展作为主攻方向，坚持龙头带动、港尉互动、三产联动、市场牵动、"三链同构"驱动，着力构建以现代农业为基础、先进制造业为支撑、服务业全面发展的现代产业体系。

龙头带动。坚持以龙头带集聚、以协同促集群，鼓励行业龙头企业整合资源做大做强，着力打造一批主业突出、核心竞争力强、品牌影响力大、发展后劲足的行业龙头。按照竞争性强、成长性好、关联度高的原则，重点做好对立邦涂料、优德控股、大宋药业、鑫旺纺织、昊昌机械、久龙橡塑、金久龙实业等企业的扶持工作，积极推进符合条件的企业在主板上市。以龙头企业为引领推动现代商贸物流、文旅康养等高成长性服务业进行产业链垂直整合和集群化发展。

港尉互动。充分发挥毗邻航空港的区位优势,积极承接港区和郑州都市圈功能外溢,推动产业跨区域链式延伸、集群化发展,形成优势互补、错位发展、特色明显的协同发展格局。以开港经济区(尉氏片区)为载体,积极承接港区和郑州都市圈的电子信息、高端装备、生物医药等高端智能制造产业,同步推进现代商贸物流、文旅康养等产业融合对接。

三产联动。以新型城镇化和乡村振兴融合发展为契机,促使现代服务业和现代农业、先进制造业跨界融合发展,积极推动纺织服装、现代家居、健康医疗等制造业发展模式由制造环节为重向"生产＋研发＋营销＋物流"并举转变,推动农业与旅游、康养、产品加工等领域有机融合,最终实现"三产联动、多业融合"的良好发展态势。

市场牵动。以产业供给侧结构性改革为主线,坚持创新引领、主动转型,减少和停止低效、无效投资,增加和扩大适应市场需求变化趋势的投资。积极推动纺织服装、现代家居、健康医疗向具有丰富社会需求的下游、终端方向延伸,鼓励有色金属、农副食品加工、橡胶制品等产业开展以市场需求为导向的产品结构转型升级,大力发展市场需求广阔的电子信息、生物医药、高端装备等新兴产业和文旅康养、现代商贸物流等现代服务业。

"三链同构"驱动。采取"三链同构"驱动发展战略,围绕现有产业体系链式谋划产业项目,积极向产业链下游、价值链上游、供应链高端方向延伸。做好顶层设计,试点推行"链长制",实施"三链同构"一体化招商,通过引入一批产业链核心企业和龙头企业全面夯实新旧动能转换根基,最终实现产业"增量崛起"与"存量提质"并举。

(二)持续推动制造业转型升级再上新水平

坚定持续转型不动摇,积极推动制造向创造、数量向质量、产品向品牌"三个转变",加快实现产业结构优化、创新能力增强、规模总量提高和质量效益提升"四项目标",着力构建"3＋3＋6"工业体系,着力将尉氏县打造成郑州都市圈先进制造业基地。

▶ 报告4　尉氏县国民经济和社会发展第十四个五年规划和2035年远景目标纲要

1. 做优做强主导产业

加大建链、延链、补链、强链力度,着力打造纺织服装、现代家居、健康医疗千亿级产业集群,培育6个产值超百亿元的龙头企业。

纺织服装。紧紧抓住新一轮产业转移的重大机遇,瞄准长三角、珠三角、闽东南等纺织服装产业重点区域,依托鑫旺纺织、尉氏纺织、福甬服装等龙头企业进行链式招商,不断吸引产业链上下游企业来尉创业发展。持续巩固纺纱、织布、印染、制衣产业链竞争优势,逐渐增加花布印染、色纺、化纤纺、蚕丝纺等产业链环节,进一步补齐纺织研发、纺织机械生产、服装加工制造等产业。着力推动纺织优势向服装下游延伸,以纺织增加产业厚度,以服装提升产业高度。以引入高档名牌服装企业为突破口,积极吸引知名品牌在尉建设生产基地,大力引导成衣制造企业进行著名品牌服装的贴牌代工。加大与科研单位、大专院校的合作力度,不断强化生产工艺、款式设计、技术和品牌的开发创新,全面提升企业的技术水平和创新能力。面向航空港,积极发展高档服装研发、设计、制造、展销等航空偏好型的纺织服装产业,在开港经济区(尉氏片区)规划建设高档服装创意产业园和大型购物中心,吸引国内及国际著名纺织服装企业入驻。力争到2025年,努力将纺织服装产业打造成为中部地区规模最大、产业链最完整、竞争力最强的产业集群。

现代家居。充分发挥开封市板材加工的产业优势,依托龙头企业大力整合开封市域板材资源,促进板材产业在尉集聚发展。以大营为中心,加快建设板材综合加工项目,重点发展中高档胶合板、多层板、木塑复合胶合板、实木厚芯复合板以及办公家具和厨房橱柜用刨花板等产品。提升现有企业的技术水平和研发能力,推进中、高密度板行业优化升级,降低产品耗胶量和吸水厚度膨胀率,研制发展无醛、阻燃、防潮密度板。积极推动板材加工向下游家具产业延伸,以尉氏为突破口补齐开封家具链条短板。以邦瑞家具、盛世华瑞等为纽带大力引进知名品牌企业,重点引进板式和实木家具优势企业和市场营销龙头企业,把家居产业园打造成集群式承接转移的家具制造产业园。着力补齐现有家具产品短板,主攻珠三角高档家具、长三角办公家具、京津冀钢木家具、东北实木家具,大力进行"一对一""点对点"推介对接。顺应"短周期"和"多品种小批量"的市场需求,积极发展定制家具,提高定制家具生产和服务能力。构建立体化的家具产业配套体系,着力引进皮革、布面、填充材料、油漆涂料、玻璃制品、饰品及装饰材料、家具五金等辅助原材料生产企业，全力打造集家具材料、沙发材料及真皮面料、布艺面料、家具五金及辅料的购销、展示于一体的一站式专业家具材料交易平台。大力完善和提升家装材料产业链，强化重点项目带动，加快推进碧桂园智能产业园、立邦配套产业园等项目建设。以立邦涂料、金盛达石材为依托，大力招引厨具、卫浴、防水等硬装龙头企业，并积极向饰品、布艺、灯饰、家电等软装产品拓展。力争到2025年，现代家居产业形成板材加工、家具、软硬装材料一体化发展的新格局。

健康医疗。围绕养生养老、健康服务、保健品、化妆品、医药制剂、医疗器械等方面不断延伸产业链条，通过在不同环节招大引强持续提升产业链竞争力。着力发展特色原料药、高端仿制药和现代中药，重点推动优德控股、大宋医药等龙头企业加快提质、增效、升级步伐，尤其是要加快双优科技园、豫优健康产业孵化园、大宋医药产业园等项目建设进度。充分发挥毗邻港区的区位和物流优势，积极构建集研发、生产与流通于一体的健康医疗产业链。以优德控股、大宋医药、牛氏健康等龙头企业为依托，以中西药研发为抓手，以自营生产为基础，以贴牌加工和委托加工为纽带，以代理运营为核心，大力培育和完善集"自营研发＋自营生产＋贴牌加工＋委托生产＋代理运营"于一体的业务集成新模式。以加快创建河南省健康医疗器械产业知名品牌示范区为抓手，以豫港国际健康医疗器械产业园为载体，积极发展大型医学检验仪器以及适合基层医疗机构和家庭的医疗器械，重点发展支架、导管等微创介入医疗器械和制造介入医疗器械的高分子材料、金属材料、新型生物纳米类材料等科技含量高、附加值高的医疗器械及材料。到2025年，力争把尉氏县打造成为集家用医用医疗器械、康复设备、药品和健康服务管理培训于一体的中国中部最大的国家级生态花园式健康医疗器械产业基地。

▶ 报告4　尉氏县国民经济和社会发展第十四个五年规划和2035年远景目标纲要

专栏1:"十四五"时期主导产业重点项目
大宋制药生物医药与生物制剂项目。总投资20亿元,主要建设内容为生物制药、医用高分子材料、特医食品、中药配方颗粒、职工公寓等。 　　天捷生物体外诊断试剂生产项目。总投资15亿元,建设项目包括办公和研发楼、生产车间和仓储厂房、职工宿舍及厂区配套工程,约7万平方米。 　　金盛达国际建材产业园(三期)项目。总投资10亿元,占地218亩,建筑面积10万平方米,建成后可实现年加工建材5万吨。 　　尉氏纺织有限公司改建项目。总投资5亿元,包括网络建设、平台建设、设备投入、研发投入等内容。 　　昊晖建材加工厂项目。总投资3.2亿元,建成后可实现年产60万立方米预拌干混砂浆、40万立方米石料、6000万块建筑材料等。 　　瑞腾管业二期项目。总投资3亿元,占地110亩,建筑面积20万平方米,建成后年产值4亿元。

2. 大力发展新兴产业

以承接港区"摆不下、离不开、走不远"的产业为引领,持之以恒追踪郑州和港区新兴产业发展趋势,着力推动电子信息、生物医药、高端装备成长为接续产业。前瞻布局总部经济、新一代人工智能、虚拟现实、区块链、量子信息等未来产业发展,着力构建"3+N"新兴产业体系。

电子信息。以提升与港区电子信息产业配套能力为抓手,以产业集聚区现有配套产业为基础,以长三角、珠三角等沿海发达地区为招商重点,大力引进科技含量高、投资强度高、项目产出高和辐射带动能力强的产业链项目。重点发展手机关键零部件,着力吸引光电、机械、电子、材料等零部件厂商特别是面板、存储器等高附加值零部件配套厂商入驻,延伸发展平板电脑、智能电视等零部件,形成智能手机、平板电脑、智能电视等触屏类消费电子产品零部件的完备产业链条。

生物医药。借势借力港区产业辐射,积极吸引国内外大中型生物医药企业和机构入驻,重点寻求与中生集团、上海莱士、利德曼、中信国健等国内龙头企业以及辉瑞、拜耳、礼来、罗氏等国际巨头之间的合作。抓住生物医药制造环节外包的历史机遇,引进生物医药产业的标准化生产环节,通过标准化生产环节向生物医药产业链上下游延伸。以科研成果转化引领产业发展,积极与中国科学院、中国医学科学院、清华大学、兰州大学等具有较强生物医药研发实力的高等院校、科研院所和院士、博士后工作站展开合作,努力把尉氏县打造成生物医药类科技成果转化基地。根据市场急需,重点发展血液制品、新型疫苗、高等级抗生素产品、核苷系列产品等,尤其是预防重大疾病的新型高效基因工程疫苗,用于心脑血管疾病、肿瘤、血友病等重大疾病以及其他单基因遗传病治疗的基因工程药物等。

高端装备。在开港经济区(尉氏片区)谋划"工业4.0"产业园,高标准规划、高标准建设,把尉氏县打造成"中国制造2025"与德国"工业4.0"融合发展的高端装备制造产业新高地。顺应建筑产业绿色化、信息化和工业化的发展趋势,大力发展绿色高端装配式建筑装备制造产业,加快推进福建六建装配式建筑工业化产业基地、中航装配式建筑绿色产业基地等项目建设进度。推动现有机械装备制造企业走生产智能化、产品高端化路线。积极承接郑开汽车产业辐射,鼓励有条件的企业向汽车和零部件制造转型。立足打造港区休闲后花园目标,积极推动高端装备制造向汽车博览、赛车比赛等维修领域以及机械化的物流制造等环节延伸,打造后汽车时代产业新高地,引领港区乃至整个河南省汽车休闲生活新方向。顺应航空经济发展趋势,在开港经济区(尉氏片区)超前谋划飞机维修和零部件制造产业发展蓝图,围绕机载设备、LED机载显示系统、高可靠光电连接器、特种阀门、标准紧固件以及中高端液压气动元件等产业链条招引一批具有航空制造发展基础的企业集团。

专栏2:"十四五"时期新兴产业重点项目

年产3亿只功率器件和功率集成电路的封装、测试项目。总投资1.15亿元,占地面积43亩,将使用净化车间4000余平方米,其他配套设施3500余平方米。

年产50套智能化中药提纯、年产30套智能化饮料罐装、年产100套商用一体化啤酒成套设备柔性制造生产线项目。总投资1.05亿元,建成后主要承接工厂型精酿啤酒设备、饮料灌装设备、中药提纯设备设计及安装服务。

金盛达建材工业园5G云产业建设项目。总投资1800万元,联合腾讯、中国移动建设中原建材产业云端服务系统工程,包含5G建材云软件系统开发等。

---

3. 改造提升传统产业

以"三大改造"为抓手,以"绿色、减量、提质、增效"为导向,强力推进有色金属、农副产品加工成长为新兴主导产业,积极推动橡胶制品、皮革加工、机械制造、精细化工等特色优势产业提质增效,最终形成张弛有度的"2+4"传统产业发展新格局。

有色金属。充分发挥生态环境保护机制的倒逼作用,以洧川为中心,不断整合、聚合全县有色金属企业。以争创省级循环经济示范园区为目标,规划高标准,定位高科技,严把项目准入关,把尉氏再生资源循环利用示范产业园建设成资源循环化再利用的绿色化新园区。扩大废旧资源利用的品种和类别,提高废旧资源再加工、再利用深度,用高新技术改造提升废旧金属的整理、熔化、精炼、连铸、加工生产工艺。重点发展铜材、氧化锌、铝板、铝带、氧化铝球、镍钼等金属化合物产业项目,大力引进精深加工项目,加快稀有金属项目、铜材项目、金属资源交易平台项目的落地实施,着力打造中原地区最大的废旧催化剂处置、再生资源循环利用、生态环保型有色金属产业示范基地。

农副产品加工。加快传统食品产业向绿色高端化转型升级,着力提升冷链和休闲食品、功能性食品、绿色健康食品、高附加值食品比重。以深度开发利用为原则,切实提高农产品加工转化增值能力。以天源面业等企业为依托,着力推出一批高档面粉、面制品、杂粮制品等。以中原皓月、大红门等企业为依托,大力推动畜牧业向下游加工业链条化发展。以三峰食品、圆梦生物等企业为依托,积极发展绿色保健型的功能性、个性化饮料等新产品。以开心仁食品等企业为依托,积极发展营养化、保健化、特色化的休闲食品产业。以尉氏烩面、洧川烩豆腐、席苏辣子鸡、大李庄辣子兔、牛舌锅盔、双黄鸭蛋等地方特色美食为依托,积极研发和生产能够适应现代生活节奏的快销产品。以尉北食品科技园为依托,积极发展航空偏好型的休闲食品、航空食品及配餐体系。

橡胶制品。进一步强化橡胶制品的优势地位,支持企业进行绿色化改造,加快推进耐驰绿色橡胶科技园建设进度,推进建设行业炼胶中心。鼓励久龙橡塑、金久龙实业等龙头企业加强上下游企业密切合作,促进产业链纵向延伸和横向联合。普通用途V带要进一步提高使用寿命,重点是提高疲劳寿命,材质上要扩大氯丁橡胶、丁苯橡胶、异戊橡胶、乙丙橡胶、顺丁橡胶、溶聚丁苯橡胶、氢化丁腈橡胶等高品质、抗老化通用型合成橡胶,特别要重视发展切边式普通V带和热塑性弹性体V带。顺应农业收割脱粒机械化的使用需求,进一步优化农机V带产品结构,重点是改善产品的弯曲性能、产品的尺寸稳定性等。积极推动V带制品向高附加值产品延伸,围绕与郑开汽车产业配套,积极向汽车V带领域拓展,适时开发尺寸精度要求严、技术含量高、加工制造难度大的办公和精密机械用特种用途传动带。

皮革加工。进一步整合淘汰落后产能,引导企业加强技改投入,加大排污治理力度,推动绿色生态循环发展。鼓励企业调整产品结构,不断提高中高档产品比重,以靴鞋手套皮革、服装皮革为主导产品,适度发展包袋皮革、家具皮革和汽车坐垫皮革等。促进龙头企业规模扩张,提升自主创新能力和品牌建设力度,支持凯华皮革、金城皮毛等持续扩大规模、加强技术改造和质量管理。加大与海宁、辛集等地皮革产业对接力度,不断拓宽上下游产业链。

机械制造。以化解过剩产能为核心,鼓励企业实施兼并重组,倒逼一批规模小、生产设备和技术工艺落后的企业退出。全力推动机械制造企业集聚发展,以朱曲镇为依托积极筹建铸造产业园区。以完善软硬件设施为基础,以"三大改造"为抓手,以"高效、清洁、绿色、智能"生产为导向,着力开展产业整体提升工程。以农用机械、阀门、钢圈等传统优势产业和千里机械、瑞发阀门、凯乐实业等龙头企业为基础,着力构建机械制造全产业生态体系,通过招大引强,积极向汽车及零部件、工程机械、矿山机械、电气机械等领域拓展。

精细化工。围绕"高附加值"和"高端技术"两条发展主线,抢抓江苏、浙江等东部沿海化工园区做减法的历史机遇,围绕农药生产、农药中间体、油漆等重点领域着力引进一批高附加值、高新技术和高社会效益的精细化工企业,培育若干家核心、领军企业。

专栏3:"十四五"时期传统产业重点项目

宏强面粉厂改建项目。总投资5亿元,建设内容包括网络建设、平台建设、设备投入、研发投入。

凯华皮革扩建项目。总投资5亿元,建设内容包括网络建设、平台建设、设备投入、研发投入。

中原复兴再生资源项目。总投资1亿元,一期年处置废钢100万吨、废金属10万吨、钢材压延30万吨,二期年加工20万吨废旧塑料,三期年拆解报废汽车5万辆,四期年加工废旧纸张10万吨。

康沟河酒业扩建项目。总投资5000万元。

(三)积极开创现代服务业新局面

围绕服务和承接港区、郑州都市圈相关功能为目标,着力发展现代商贸物

▶ 报告4 尉氏县国民经济和社会发展第十四个五年规划和2035年远景目标纲要

流业、文旅康养产业、教育科创产业三大核心服务业,加快培育金融服务、商务会展、文化艺术、创意经济、时尚休闲、楼宇经济等特色服务业,努力构建"三业支撑、多点突破"的"3+N"现代服务业体系。

1. 现代商贸物流业

现代物流业。将现代物流业作为现代服务业主要发展方向,强化与港区物流产业配套,着力打造对接航空港融入郑州都市圈的智慧物流产业发展高地和区域性现代综合物流产业中心,谋划建设区域性物流总部中心、电商平台区域集散分拨中心、区域性快递物流中心、区域现代化冷链物流中心,全力打造现代综合物流产业基地。在西部临港区域打造现代综合物流产业园,瞄准顺丰、中通、圆通、申通等物流类龙头企业,实施招大引强计划,大力发展涵盖酒、花卉、古玩字画、电子产品等高端轻质冷链物流类奢侈品项目,积极对接或加快建设CWT物流港、盈石物流产业园、满帮智慧物流港等重点项目。健全农产品物流和冷链体系建设,加快推进河南万汇龙三期冷链物流产业园项目建设进度。加快构建县、乡(镇)、村三级农村物流配送及综合服务网络,实施乡镇综合物流服务平台建设工程,积极推动各乡镇客运站向农村物流功能延伸。

现代商贸业。加快完成老厂区"退二进三"相关工作,抓好老旧集贸市场提升改造与外迁工作,规划建设农产品、五金建材、水果批发、汽贸汽配等各类专业市场,进一步引进建设高标准酒店、城市综合体等能提升城市品位和承载力的高端项目。加快特色商业区建设,开展沿街商业提升为商业街区行动,商业街区建设要突出尉氏文化内涵与民俗风情。推动老城区商贸业与旅游业融合发展,积极推动将"大上海"更名为"中州民俗园",规划建设特色小吃区、特色民俗文化商贸区和特色文化娱乐区。进一步完善"北部万汇龙商圈"和"中部主城区商圈",加快推进尉州新天地大型商业综合体等项目的建设进度。完善农村商贸网络,加快推进乡镇商贸中心、供销系统服务网点建设。

电子商务。以"互联网+流通"行动计划为重点,促进互联网与商品流通深度融合、电商企业与实体经济抱团取暖。以申报国家级电子商务综合示范县为抓手,进一步完善电子商务产业园运营机制。鼓励电商企业提高物流、设计和传播能力,引导县内骨干企业建设行业电商平台,重点搭建农产品电商、食品工业电商、文化旅游电商、跨产业融合电商、新零售电商及跨境电商六大重点电商平台。强化电子商务进农村宣传,加快县级电子商务运营中心、乡镇电商服务中心和村级电商服务站建设。进一步探索县域性农产品电商发展新模式,鼓励支持各类农业新型主体借助于拼多多等电商平台开展网上营销,重点做好桃、鸭蛋等特色农产品的线上销售工作。

专栏4:"十四五"时期现代商贸物流业重点项目

智能物流港项目。总投资70亿元,建成后能够吸引运输业、高端制造业和现代服务业集聚发展,力争打造成中国中部最大的现代化物流港。

未来城商业综合体项目。总投资24亿元,该项目融合商业零售、商务办公、五星级酒店餐饮、综合娱乐、特色步行街、高端住宅等核心功能。

CWT物流港项目。总投资20亿元,占地450亩,总建筑面积50万平方米,可实现180万吨冷链物流交易。

G107两侧冷链物流园项目。总投资11.2亿元,规划建设二种温度分区的可调节冷库,并配备可控温的国际标准冷藏车。

鑫宏豫东汽车交易大市场项目。总投资6亿元,该项目致力打造集汽车4S店、二手车交易、汽车金融、租赁等功能于一体的汽车交易服务综合市场。

农贸市场项目。总投资1.2亿元,建筑面积5万平方米,含相关交易摊位、设施等。

---

2. 文旅康养产业

以深挖历史文化资源为导向,以多元文化融合为内容,以特色主题体验为目的,把旅游和文化、科技、城镇、农业、康养等产业有机融合,大力发展文化体验、休闲度假、保健养生等旅游产业新业态。

打造全域旅游新格局。加快制订全域旅游规划,以打造品牌高地、培育特色空间、提升竞争能力为统领,着力构建"一心一轴、三点三带"全域旅游发展大格局。"一心"是指在中心城区建设旅游集散中心,把旅游集散中心建设成集旅游咨询服务、旅游交通集散等旅游功能要素于一体的一站式旅游集散服务综合体。"一轴"是指以G240为主要旅游发展轴,贯穿刘青霞故居、洧川古镇、贾鲁河湿地风景区等主要旅游资源。"三点"是指依托中心城区、洧川、大营建设重要旅游节点,联动开封市、朱仙镇、港区等区域,形成区域文化旅游线路。"三带"是指精心设计打造以"豫商精神文化""三贤文化""北宗禅文化"为依托的传统历史文化旅游带,以焦裕禄、"三结合"为依托的红色文化旅游带,以贾鲁河生态湿地公园、郭家万亩桃园等为依托的滨水休闲和乡村生态旅游带。

▶ 报告 4　尉氏县国民经济和社会发展第十四个五年规划和 2035 年远景目标纲要

擦亮文旅名片。以开展千年古县品牌打造为核心,谋划建设占地 1100 多亩的尉氏古城,高标准打造千年古县的城市会客厅。围绕加大国家级、省级文物保护单位开发力度这条主线,立足尉氏历史名人和名胜古迹两个定位,通过产品整合、业态创新、服务提升、环境营造,全面提升文化旅游产业化水平。考证最具本土代表性的文化资源,精心打造独具魅力的"龙头"文化旅游品牌,重点打造"豫商精神""三贤文化之乡""名人故里"等城市名片。举办一批特色鲜明、构思新颖、制作大气的主题文化节,以古琴文化节、阮氏文化交流会、啸台诗词大会为抓手,开发研学旅游、休闲旅游、定制旅游等,吸引游客在尉氏驻足、停留。重点打造代表豫商精神的刘青霞故居、北宋宗教园林艺术的太平兴国寺风景区、魏晋特色的啸台风景区、古典文化的蔡文姬文化传承中心、古镇文化的洧川古镇风景区五大旅游品牌,积极谋划并推动建设洧川古城保护与利用项目、非遗博物馆、青霞文化行馆与东院项目,力争把刘青霞故居打造成 5A 级旅游景区。

打响乡村生态旅游品牌。建立乡村旅游重点村名录,支持资源禀赋好、基础设施完善、公共服务体系健全的乡村旅游点积极申报星级旅游景区、星级乡村旅游经营单位和星级酒店、省级市级乡村旅游特色村(庄园)和旅游示范村(庄园),新培育三个省级乡村旅游特色村、两个省级特色生态旅游示范镇。进一步提升乡村旅游规范化水平,制定完善民宿、农家乐等乡村旅游服务标准,完善乡村旅游行业信用体系。持续做好乡村振兴试点村的乡村旅游建设工作,根据省市政府相关乡村旅游扶贫村的扶持政策,积极争取旅游扶贫项目。以"1+6"乡村振兴示范带建设为依托,推动乡村生态游观光园区加快集中连片发展,集中打造集林果采摘、民俗体验、休闲观光、康养等于一体的乡村生态休闲观光旅游新体验。

做活"红色尉氏"研学游新文章。将"三结合"与焦裕禄精神、将军林贯穿融合,持续提升尉氏红色文化的知名度和影响力。按照"豫见红乡·桃源张市"的总体定位,集全县之力,把"三结合"发源地张市镇高标准打造成红色教育培训基地。在张市镇万亩桃园中心高标准规划建设县委党校,让乡镇工作"三结合"课件成为县委党校的标配课件和特色课件。积极融入焦裕禄红色文化旅游板块,充分挖掘焦裕禄在尉氏工作 6 年的珍贵精神财富和先进事迹材料,对焦裕禄事迹展览馆和大营焦裕禄展览馆进行再包装、再提升。积极对接焦裕禄干部学院，推动在尉氏县新建焦裕禄干部培训分院，争取将尉氏县打造成焦裕禄干部学院的教学实践基地。加快推进冯玉祥千亩柏树林生态景区建设步伐，打造一条红色旅游闭合环线。

打造文旅康养融合发展新模式。依托丰富的文旅资源，深度推动文旅与健康、养老、旅居等多元素融合，着力招引文旅康养产业龙头企业，高标准建设一批独具尉氏特色的文旅康养小镇、文旅康养社区等。瞄准郑州都市圈乃至整个河南省有文旅康养需求的高收入群体大力推广尉氏文旅康养环境和文化，把文旅康养当作一张新时代的名片进行推介。

专栏 5："十四五"时期文旅康养产业重点项目

火车旅游项目。总投资 10 亿元，建设内容包括包装不同类型、不同等级的旅游火车包厢，满足不同层次人群的需求。

宋文化综合体项目。总投资 7.5 亿元，占地 1000 亩，依托"一河两带"，打造中原民风、民俗园、宋文化高端论坛等。

金沙沃休闲娱乐项目。总投资 1.5 亿元，建设内容涵盖农产品加工、观光旅游、休闲娱乐等综合体。

宋皇宴酒业三千桃林藏酒文化园项目。总投资 8000 万元，项目集特色种植、农业休闲观光、传统酒文化体验于一体。

---

3. 教育科创产业

紧密对接产业链、创新链，深化职业教育产教融合与校企合作，突出抓好文化教育产业提档，积极发展文化创意、教育培训、科技研发等产业。把发展高等教育产业放在更加突出的位置，推动高等教育与现有产业尤其是临港高端制造产业融合发展。积极协调用地指标，争取中原大学城建设有实质突破，着力引进中原工学院、河南经贸职业学院、黄河水利职业技术学院、郑州轨道工程职业学院、北京商鲲教育集团、江苏教育集团等高校和教育集团入驻。

（四）努力推动现代农业迈上新台阶

以打造全国一流的高标准农田示范带和郑州都市圈不可或缺的绿色食堂为统领，充分挖掘和拓展农业的多维功能，推动农业与农副食品加工、乡村旅游、电子商务、康养等融合发展。

▶ 报告4 尉氏县国民经济和社会发展第十四个五年规划和2035年远景目标纲要

1. 加快现代农业产业基地建设

以争创国家现代农业示范区为目标,按照"六高六化"总体要求,深入实施"十链百园千基地"建设,着力打造一批高品质、高效能、高产能的优势特色农产品生产基地和现代农业产业园,着力构建"633"现代农业产业架构。"6个主导产业链",即以优质小麦、食用菌、生猪、优质花生、蜜蜂、辣椒等为主导产业的全产业链,全链挖潜带动效能,着力打造6个基础稳固、链条完整、辐射有力、专班推进、龙头带动、可复制推广的高效种养业主导产业链条。"33个产业园",即各乡镇立足区域资源禀赋,选定1—2个特色主导产业,围绕全产业链打造,对原有县乡带贫企业及带贫基地进行有机融合并规范提质,着力建设种养、加工、研发、展销、电商等板块齐备的33个产业园,积极创建省级、国家级现代农业产业园,力争创建1个国家级现代农业产业园。"300个产业基地",即依托地区特色产业,在原有乡村带贫基地的基础上,通过产业链打造、产业园创建和基地建设,打造规模化、规范化、品牌化的300个产业基地。

2. 培育壮大新型农业生产经营主体

实施新型农业经营主体培育工程,开展农民专业合作社规范提升行动,启动家庭农场培育计划,规范引导各类农民专业合作社和家庭农场创建示范、组建联合,新增国家级示范社5家以上、省级10家以上、市级20家以上,新增省级示范家庭农场10家以上、市级30家以上,引导同行业或跨行业联合,构建产业主导农民专业合作社联合社5家以上。鼓励新型农业生产经营主体通过土地流转、土地入股等形式发展适度规模经营,流转面积达到60万亩。充分发挥新型农业生产经营主体的示范带动效应,探索"农民专业合作社+农户""家庭农场+农户""农业产业化龙头企业+农民专业合作社+家庭农场+农户"等多种利益联结机制,积极引导促进"合同农业""订单农业"深入发展。

3. 强化龙头带动集聚发展

大力扶持和培育竞争力强、联农带农紧密的农业产业化龙头企业,充分发挥大红门、耕耘农业、中种联丰等农业产业化龙头企业的带动作用,支持鼓励企业做大做强,加快推进思念集团"千味央厨"等项目的建设进度,力争新增省级农业产业化龙头企业6家以上、市级15家以上。立足农业资源优势对接外地龙头企业,以发展订单、形成市场等打通销路渠道,以市场引导群众跟种跟养,形成连片成方的产业布局。实施农业产业化延链行动,以农产品加工企业为引领,各类农民专业合作社、家庭农场、种养大户为骨干,大力发展农业产业化联合体,督促联合体完善内部联结机制,促进联合体生产主体持续增长。

4. 持续优化种养结构

坚持底线思维,牢记粮食安全重托,坚决遏制耕地"非农化"、防止"非粮化"。坚定不移地发展特色农业,以"五优六化"为重点,以"优质、高产、高效、生态、安全"为导向,加快农业结构调整步伐,创新发展都市农业、休闲农业、生态观光农业。全面推广农业标准化生产,指导完善农产品生产记录,加速推进"三品一标"基地认定和产品认证工作。探索高产优势栽培技术,扎实展开栽培实验,把推广包衣技术、病虫害综合防治技术与适宜的高产优质栽培技术结合起来。

5. 推动环保型畜牧业发展

按照"稳生猪、家禽,大力发展牛、羊等草食家畜"为总体思路,以畜禽良种化、养殖设施化、设备智能化、生产规范化、防疫制度化、粪污无害化、场区环境园林化为建设标准,支持全县畜牧企业设施、设备管理、技术升级上档、提质增效。结合美丽乡村建设、扶贫开发等项目,鼓励畜禽产品向特色肉制品精深加工业延伸,实现畜牧业和食品加工业融合链式发展。支持畜禽良种体系建设,建立配套完善的畜禽良种繁育体系。

专栏6:"十四五"时期现代农业重点项目

景观农业项目。总投资20亿元,占地面积1.5万亩,涵盖景观农业、设施农业、循环经济园区等。

盛丰现代生态农业园项目。总投资8.4亿元,计划建设3700亩农业科技大棚。

高标准良田建设项目。总投资5亿元,新建或提质改造建设高标准农田36万亩,实施土地平整、灌溉与排水等项目。

全自动化控制温室大棚蔬菜种植项目。总投资5亿元,占地150亩,计划建设全自动化控制温室大棚7500多座,种植菜薹、芥蓝等20多个蔬菜品种。

优质小麦现代农业产业园项目。总投资4亿元,重点建设优质小麦良种繁育基地、生产基地、高标准农田、小麦精深加工生产线等。

农业信息综合服务平台项目。总投资3亿元,计划建设农业信息综合服务大数据平台,融合农、林、牧、副、渔动态监测系统。

耕地质量保护与提升项目。总投资1亿元,新建10个耕地质量监测点,对已建成的3个监测点进行升级改造。

（五）培育壮大产业发展新动能

坚决淘汰落后动能，坚决改造提升传统动能，坚决培育壮大新动能，推动产品向高附加值延伸、产业向高端化发展。

1. 强力推进创新

搭建创新平台。围绕产业链部署创新链，积极融入郑开科创走廊建设，争取省市创新研发平台在尉氏县布局、省市重大科研成果在尉氏县转化应用。进一步加大对工程技术研究中心、新型研发机构、院士工作站、智能车间、星创天地等研发平台建设的扶持力度，筛选一批研发活动良好的企业作为省市工程技术中心进行重点培育，引导现有企业成立产业技术创新战略联盟等新型研发机构。扎实做好平台项目申报工作，紧盯政策，做好国家级高新技术企业、省级工程技术研究中心、省级星创天地、市级科技重大专项、市级"科技创新券"和市级各类平台的申报工作。到2025年，省级工程技术研究中心达到20家以上，市级工程技术研究中心达到50家以上，新型研发机构达到5家以上，孵化器和众创空间达到2家以上。

培育创新主体。强化企业创新主体地位，深入推进创新型企业培育工程，实施高新技术企业、科技型企业培育计划。聚焦优势产业集群，坚持以应用型创新和创新成果转化应用为主攻方向，在纺织服装、现代家居、健康医疗等重点产业和技术领域培育一批技术创新龙头企业和科技含量高、产出效益好的高新技术企业，在橡胶制品等传统产业领域培育一批开展产品创新、品牌创新、模式创新的科技型企业。对初创期的科技型中小企业，要进行政策引导，加大帮扶力度。到2025年，创新龙头企业达到10家以上，高新技术企业达到20家以上，科技型中小企业达到60家以上，科技"小巨人"企业达到15家以上。

深化创新合作。围绕平台建设、人才培育等方面，积极推动本地优势产业领域的优势企业与全国、全省、全市范围内的科技型企业、科研院所、科技成果转化中心等进行深度创新合作，持续探索新形势下合作新机制、新模式，共同推进产学研无缝对接、深度融合，加快应用技术开发和成果转化，为全县创新发展崛起提供有力的科技支撑。

强化创新政策引导。建立健全有利于创新创业的体制机制，研究出台激励奖励措施,更好地运用公共政策性工具和普惠性举措鼓励支持创新。结合重点产业,依托企业、高等院校、科研院所等各类创新主体落实河南省"十百千"转型升级创新专项和开封市转型升级创新专项计划,力争每年滚动实施5个重大科技专项。强化人才支撑,加快县域创新体系建设,推动更多创新资源向尉氏集聚。实施"归雁"行动,吸引尉氏籍企业家、技术骨干等返乡创新创业。设立创新创业发展扶持资金,为大学毕业生、外出务工返乡人员等重点人群创新创业提供必要的资金支持。积极推动和呼吁开封市加大对县区科技创新工作的支持力度,强烈建议市财政科技项目资金拨付渠道由市财政直接拨付到企业账户和开封市科技计划项目要继续保留对企业一般科技攻关项目的支持。

2. 全面完善产业平台功能

按照"四集一转"的总体要求,不断加大对产业平台基础设施建设的投入力度,通过优化资源配置、产业链延伸和相互配套,着力打造"两区五园"发展平台。

强力推进产业集聚区建设提质增效。以创建省级高新技术产业开发区为总抓手,持续完善基础设施,挖掘土地资源,扎实做好存量低效用地盘活工作,积极主动探索推进"标准地"出让,切实向"盘活存量、优化增量"要效益,不断提升承载能力和发展水平,争取晋升为河南省三星级产业集聚区。加快推动产业集聚区"二次创业"和高质量发展,打好体制机制改革和市场化运营两大攻坚战,持续探索推进"管委会(工委)+公司"发展模式。牢固树立"亩均论英雄"理念,落实"三提两改"重点任务,争取率先在全省产业集聚区"百园增效"行动中绽放出彩。探索"区中园"运营新模式,高标准规划和建设一批高端产业园、生产性服务业专业园、专业孵化园、返乡创业园、中小微企业园等,积极培育现代物流、健康医疗、教育科创和特色优势产业等产业集群,不断提升产业协作与配套能力。

快速启动开港经济区(尉氏片区)建设。积极与开封市进行对接,尽快完成详细规划编制,争取早日启动建设,在土地、资金等要素保障方面加大政策支持和投入力度。

3. 扎实推进"四大工程"

推进飞地经济建设工程。充分利用临港区位优势,积极发展飞地经济模

报告4 尉氏县国民经济和社会发展第十四个五年规划和2035年远景目标纲要

式,尝试谋划飞地经济试验区,使之形成开封对接港区发展的"桥头堡"。围绕港区高端战略规划目标,调动整合资源,引入国内国际顶尖产业入驻。要积极对接"长三角一体化发展战略",认真谋划承接一批项目,提高全县的产业层次、人才档次。鼓励和支持县域内企业与长三角地区的企业加强合作,或者对其优质企业、知名品牌、关键技术进行收购或并购,促进县域内企业与先进地区的先进技术和成熟商业模式有效对接。

推进反向飞地经济建设工程。借鉴已有成功案例,在人才、资源、项目集聚的沿海发达城市设立"反向飞地""孵化飞地",借力发达城市的科研技术、高端人才资源,不求所有,但求所用,引进新技术、培育新业态,实现"研发孵化在外、生产在内"的新型发展模式,打通尉氏对创新资源的迫切需求和发达地区高端资源充沛供给的通道,实现高端要素资源的有效对接。

推进企业家群体素质提升工程。以增强企业现代化管理理念为目标,以适时举办尉商论坛、总裁研修班为抓手,不断邀请国内知名专家、学者为企业家们分析经济发展新形势、企业转型升级新路径,消除企业家队伍中存在的"小富即安、小步即满"、资本运作能力相对较弱等问题,提升企业经营管理人员的分析能力、决策能力、创新能力、实战能力和个人综合素质。完善企业治理结构,以聘请企业经理人为抓手,鼓励"家族企业""草根企业"逐步向现代企业转变。

推进腾笼换鸟工程。加大对全县僵尸企业的清理力度,促使落后产能尽快出清。对于高能耗、低产出、污染大、市场竞争力不强,无望通过智能、技术改造的企业进行果断淘汰。对于未能按照投资协议开工建设,或分期投资不到位的"圈而不建"项目,要学习借鉴先进县市土地使用评价体系,对达不到约定投资强度或亩均税收不合格的,该收回土地的坚决予以收回。同时,以推动土地等资源高效利用为导向,大力引进一些货真价实的高税收、无污染、高成长性的高端企业,推动工业不断迈向中高端。

4. 深入实施"三大改造"

实施绿色化改造。紧紧围绕污染防治、节能降耗和提高资源利用率等方面,加强节能环保技术、工艺、装备的推广应用,加快形成高效、清洁、低碳、循环的绿色发展体系。建立工业绿色发展协调和环保督察机制,财政部门设立专项资金,对循环经济园区和工业园区环保投入予以必要的资助。尽快制定并出台最严格的绿色发展标准,发挥水耗、能耗、环境、质量、安全以及绿色产品、绿色工厂、绿色园区、绿色供应链和绿色评价及服务等标准的引领作用。支持和培育金久龙实业、鑫旺纺织、久龙橡塑、优德控股、立邦涂料、凯华皮革等企业申报绿色工厂以及水效、能效"领跑者"等项目。到2025年,力争建成2个国家级绿色工厂、6个省级绿色工厂。

实施智能化改造。坚持培育智能化理念,组织智能制造主题论坛、深度行、培训班等活动,分期分批组织县内企业赴先进地区和标杆企业观摩学习。邀请智能制造专业机构技术人员,深入企业"把脉问诊",引导、帮助企业对老旧生产线和生产工艺实施智能化改造。突出生态构建,要积极引入发达地区运行成熟的平台和方案,结合尉氏实际开展创造性复制。引导龙头企业发展行业级工业互联网平台,支持解决方案提供商提供云端服务,引导企业将基础设施、业务系统、设备产品、制造能力向云端迁移。重点推进关键岗位"机器换人"、生产线智能化改造、建设智能车间和智能工厂、培育工业互联网平台、实施"企业上云"、开展"两化融合"贯标、创建"智慧园区"。到2025年,新培育10个智能工厂、智能车间,上云企业达到300家。

实施技术改造。实施新一轮技术改造专项行动计划,加强政策引导,主动靠前服务,加大对企业科技创新、技术改造和转型升级的支持力度,引导和推动企业以市场为导向实施更大范围、更高层次的大规模技术改造。建立工业企业技术改造名录库,重点围绕纺织服装、现代家居、健康医疗、有色金属、橡胶皮革、装备制造等产业,加大技术标准提升建设力度,推动设备更新和工艺升级。

三、打造城乡协调绿色发展新格局

围绕建设"田园都市、临港新城"的城市建设目标,按照"西融北接"的空间总体发展战略,加快对接航空港区步伐,充分发挥尉氏郑开同城化发展"桥头堡"作用,推动区域融合发展,扎实推进新型城镇化,推进中心城区扩容提质,进一步完善城乡空间格局,打造现代高效立体交通网络,高品质建设市政基础设施,切实改善生态环境,构建城乡协调绿色发展新格局。

▶ 报告 4 尉氏县国民经济和社会发展第十四个五年规划和 2035 年远景目标纲要

（一）加快城乡融合发展进程

进一步推进以中心城区为主要载体的新型城镇化建设，提升城市规模与品质，促进农业人口有序转移，加快形成城镇紧凑、乡村疏朗、城乡融合、功能配套的一体协调发展新格局。

1. 优化空间发展格局

加快构建"一带两轴三区"的空间发展新格局，其中"一带"指贾鲁河滨水休闲旅游带。依托贾鲁河滨水景观优势和沿线森林生态资源，积极建设贾鲁河湿地公园，推动贾鲁河湿地公园与城区联动建设开发，重点发展滨水体验、郊区休闲、康养运动等滨水活动，建设贾鲁河沿线绿道，加强与上游和下游地区的联动发展，协同建设成为郑州都市圈环城游憩带的重要廊道，将贾鲁河滨水休闲带打造成尉氏的特色和城市名片。"两轴"为连接港区与尉氏中心城区的西向城镇发展轴和连接开封与尉氏中心城区的北向城镇发展轴。"三区"是指中心城区、临港经济区和都市田园区。中心城区是尉氏建成区及周边融合区；临港经济区是未来尉氏县"西融北接"的先行示范区和产业发展、城市扩张及建设临港新城的重点区域；其余区域为都市田园区，瞄准郑州都市圈对优质农产品和都市农业的巨大需求，打造环境优美的都市生态休闲观光农业区，重点发展都市农业、乡村旅游、花卉苗木种植等业态，加快乡村振兴战略实施步伐。

2. 构建现代城镇体系

进一步提升中心城区发展规模与质量，打造宜居韧性智慧城市。按照"西融北扩，南限东控"的中心城区发展方向持续扩大规模，"十四五"时期尉氏县中心城区重点以向西、向北扩展为主，向东、向南进行结构性完善，结合国土空间规划修编机会，积极争取建设用地指标，做好土地预留工作，为中心城区扩展奠定基础。优化城市功能布局，构建"四区一城"的城市发展新格局，加快建设智慧西区、宜居北区、活力南区、生态东区，打造魅力古城。加快提升城市品质，实施城市更新行动，开展城镇化补短板、强弱项工作，推进城市生态修复，加大要素保障和政策扶持力度，推进中心城区环境卫生设施提级扩能、市政公用设施提档升级、公共服务设施提标扩面、产业配套设施提质增效。推动老旧小区改造与城市更新相结合,全面完成老旧小区改造工作。完善提升城市公共服务功能,顺应人口聚集趋势,以基础教育和医疗卫生为抓手全面提升中心城区公共服务供给能力。加快临港经济区建设步伐,助力全县经济转型升级与城市规模提升,与中心城区联动发展支撑临港新城建设。

加快各乡镇与特色小(城)镇建设。科学编制完成各乡镇与特色小(城)镇"多规合一"发展规划,构建相互协调的职能定位与各乡镇总体发展思路;以张市镇、洧川镇、永兴镇等扩权镇为主要节点,其余各乡镇为补充,推进周边农村人口相对聚集,对建设用地指标进行总量控制并保留适度弹性,根据发展年度评估结果进行动态调整;开展重点镇功能设置试点,部分下放事权、扩大财权、改革人事权。加快规范发展特色小镇,谋划一批特色小镇项目,以张市桃源小镇、洧川旅食小镇为试点加快特色小镇建设,突出"一镇一业",差异化打造具有本地特色和文化内涵的特色小镇,严格节约集约利用土地,严守生态保护红线,严防地方债务风险,杜绝"房地产化"倾向。

3. 推进乡村振兴战略

加快推动乡村产业、人才、文化、生态、组织等全面振兴,构建"工农互促、城乡互补、协调发展、共同繁荣"的新型城乡关系,全力打造河南省乡村振兴示范区、样板区。

因地制宜引导村庄差异化发展,推动城乡要素资源互融互通,重点建设乡村振兴"东线""西线"两条示范带,加快乡村振兴工程建设二期、三期工程进度。依据村庄分类结果,有序编制村庄规划,推进城郊融合类村庄与周边城镇融合发展,村民居住点逐步转变为城镇居民小区,实现生产生活方式现代化;特色保护类村庄在保持村庄原有特色风貌的基础上,加强综合整治建设力度,将传统文化开发保护与村庄改造相结合;聚集提升类村庄应规划产业发展用地,积极发展特色经济作物种植和高效养殖、种植业,加大农业与二、三产业融合进度;整治改善类村庄,合理适度安排村庄整治内容,加快村庄整治改造进度,全面提升和改善人居环境;搬迁撤并类村庄,制订搬迁计划,逐步完成村庄搬迁安置工作。

实施乡村建设行动。持续开展农村人居环境整治行动,推进乡村美化、绿化工程,推广绿色生产,减少农药、化肥、地膜等面源污染,扎实推进美丽宜居乡村建设,培育创建20个市级以上美丽乡村示范村。推进城乡一体化供水,实现供气、环保、电力、物流、互联网等基础设施全面提档升级。深入推进城乡道路提升工程,深入开展"四好农村路"建设工作。科学规划农村办学点,改善农村办学条件,加强农村师资队伍建设。全面开展城乡居民大病保险,加强农村基层基本医疗、公共卫生能力和乡村医生队伍建设。支持建设多种农村养老服务和文化体育设施。整合利用现有设施场地和资源,构建农村基层综合公共服务平台。

夯实基层党建,释放新活力。将基层换届与基层治理结合起来,借助于"村(社区)两委"换届时机,各乡镇(街道)、各行政村要将换届工作与软弱涣散党组织整顿有机结合,坚持"高线选人",选出带动有力的好"头雁"、团结务实的好"两委";以县委党校建设为契机,全力打造"三结合"教育示范基地,全域启动乡镇工作"三结合"示范乡镇创建行动、观摩行动,巩固、深化、包装以张市镇为代表的典型实践经验,总结形成尉氏经验并在全省、全国推广。

实现巩固拓展脱贫攻坚成果同乡村振兴有效衔接。严格落实"四个不摘"要求,保持现有帮扶政策、资金支持、帮扶力量总体稳定。健全防返贫监测帮扶机制,确保已脱贫人口不返贫、边缘人口不致贫。加强扶贫项目资金资产管理和监督,确保持续发挥效益。持续发展壮大扶贫产业,拓展产品销售渠道,做好脱贫人口技能培训和稳岗就业,确保群众持续增收。落实农村社会保障和救助制度。保持产业扶持、科技帮扶、普惠金融、就业服务等各项支持政策与乡村振兴稳定衔接,不断增强农村内生发展动力。

4. 加快新型城镇化步伐

促进农业人口向中心城区有序转移。持续强化"一基本两牵动三保障",推动城镇基本公共服务面向全体常住人口均等化、全覆盖,完善居住证制度,保障农业转移人口随迁子女平等便利地享受教育的权利,整合城乡基本养老保险和基本医疗保险,拓宽住房保障渠道,逐步将进城农业转移人口纳入城镇住房保障体系。健全农业人口转移激励机制,保障进城落户农业转移人口的农村土地承包经营权和宅基地用益权,探索实行宅基地有偿退出制度,有序推进农业规模化经营,有效实现进城落户农业人口的土地价值。

提升城市管理水平。加快建设新型智慧城市,搭建以城市大脑为中枢,部门数字枢纽为节点,乡镇、社区数字应用场景为支撑的智慧城市管理应用体系,加快建设智慧城管、智慧监管、智慧交通、智慧公安、智慧环保、智慧消防、智慧应用、智慧信用、智慧扶贫、智慧住建，推进城市运行"一网统管"。提升城市安全管理能力，建立健全城市医疗卫生与灾害监测预警与应急行动方案，构建资源共享、信息集成的应急指挥系统；全面打造地上"海绵"、地下"管廊"的城市立体管理系统，着力解决城市"脏、乱、差"等顽疾，努力提升城市整体形象和精细化管理水平；全力推进数字化城管系统建设，完成城市管理和综合执法体制改革，逐步理顺城市管理体制推进城市转型提质发展；通过典型示范、专题活动、展览展示等形式，抓好社区、企业、学校、农村、政府机构和媒体等渠道推进城乡建设，广泛动员全社会参与城乡建设与管理。

扩宽城乡建设投融资渠道。积极应对土地指标、资金等不足的制约，主动向上级争取各种政策和指标，破解资源要素瓶颈。抢抓国家加快新型城镇化发展政策扶持及百城建设提质试点县机遇，加快推进尉氏新型城镇化进程，探索经营城市的模式创新，充分发挥融资平台的作用，探索企业债券、中期票据、短期票据、资产证券化、债券发行、PPP 融资等方式筹集建设资金，进一步提高城镇化发展的质量和水平。积极包装基础设施项目，努力争取中央和省市政策性资金，加强与国开行、农发行、豫资公司对接协调。探索开展市政公用事业特许经营权、冠名权、有偿使用权、广告设置权筹资融资方式，吸引社会资本参与城市公共服务设施建设管理。

加大住房保障力度。制定符合房地产健康发展的政策措施，及时定向微调，加强房地产市场监督，积极推进房地产市场综合调控，保障房地产市场健康有序运行。进一步推动棚户区改造，实施西护城河周边棚户区改造项目和啸台周边棚户区改造项目，积极谋划老旧小区改造项目，全面完成 2000 年前建设的老旧小区改造工作。

▶ 报告4 尉氏县国民经济和社会发展第十四个五年规划和2035年远景目标纲要

专栏7:"十四五"时期城乡融合建设重点项目
康平港湾续建项目。总投资2.4亿元,项目位于建设路与水系南路交叉口东南角,东临经一路,西临建设路城市绿线,南临纬九路,北临水系南路。该项目占地51.49亩,建筑面积128975.76平方米,拟建设12栋614套,用于安置房372套。 　　尉氏县村庄公共基础设施建设工程。总投资14.6亿元,项目包括村内道路硬化和党建综合服务中心建设等内容。 　　尉氏县农村产权交易平台配套设施项目。总投资5000万元,计划建设农村产权交易中心(大厅)及软硬件系统。 　　尉氏县城乡产业协同发展平台配套设施。总投资5000万元,建设内容包括标准化厂房、共用设备中心、检验检测中心、创业孵化中心、生活服务公共场所、展示交易中心及软硬件系统等。

(二) 高标准建设城乡基础设施

伴随着郑开同城化发展进入更深层次,尉氏县基础设施建设同郑州相对滞后问题进一步显现,亟须加快突破基础设施瓶颈制约,以都市圈建设标准高水平建设完善基础设施,加快构建现代高效立体的交通网络,高品质建设市政基础设施和新型基础设施,提高新型城镇化和经济高质量发展的保障支撑能力。

1. 构建现代综合交通体系

按照"开放协调、优化衔接、适度超前"的原则构建"枢纽型、开放型、网络化、快速化、立体化"综合交通体系,充分发挥交通对经济社会发展的先行引领作用,拉大城市框架,更好地服务地方经济建设,协调区域、城市、城乡交通发展,加快完善公路网络交通网络布局,提升铁路、水路运输的支撑作用,推进与郑州都市圈交通网络融合发展,优先发展公共交通,打造内捷外畅的现代立体交通网络体系。

完善公路交通网络布局,加快构建以高速公路为骨架、以国省干线公路网为主体、县乡公路网为补充的现代化公路网络,形成高速绕城和国省干线绕城"双环线"①。加快建设尉氏南绕城高速,于门楼任乡和南曹乡连接机西高速

---

① 高速绕城环线由机西高速、商登高速、日南高速和南绕城高速组成,国省干线绕城环线由G230、G240、S317、S223、S102组成。

与日南高速,与现有机西高速、商登高速和日南高速共同组成高速互通绕城公路;建设尉氏至开封快速通道,进一步提升与开封市区连接便捷程度;新建商登高速与 G230 线出入口、机西高速与 G240 线出入口、日南高速与 G230 线出入口、机西高速与 S318 出入口。加快推动以省道 S102 郑刘线为依托新建尉氏至郑州高铁南站的城市快速路改建工程,推动迎宾大道向东延伸至杞县。继续做好"四好农村路"建设工作,新改县乡道 100 公里、村道 200 公里。深入开展公路提质工程,实现所有国道和城市快速路升级为国家标准类型一级以上公路,省道、县道升级为国家标准类型二级以上公路,全县乡道升级为三级以上公路。

提升铁路、水路运输对综合交通体系的支撑和县域经济发展的带动作用。加快推进"郑州南站一尉氏一开封"的城际铁路建设前期工作,实现与现有郑开城际铁路形成闭合城际铁路环线,推动高铁南站货运编组站向东延伸至尉氏货运专线、郑州城市轨道城郊线东延至尉氏县临港经济区,进一步发挥尉氏在郑开同城化发展中的纽带作用,提升尉氏综合竞争力;对现有密杞窄轨铁路进行升级加宽改造,与新郑市铁路进行并轨,对门楼任以东铁路线进行绕城改线建设,在大马乡新建铁路运输物流基地;加快实施贾鲁河河道疏浚工程,提升河道桥梁桥下净空,达到通航要求,与郑州市境内贾鲁河通航工程相衔接,于县城东南部大桥乡周庄村附近规划建设尉氏港水运枢纽。

优化城区交通体系,打造畅通尉氏。延伸北三环和西环路,打造城市新外环,新建纬八路、纬七路、水系南路东段等 11 条道路,共计 14.2 公里,全面梳理打通城区断头路,加大停车场建设力度,建设 27 处停车场,形成以配建停车场为主、社会公共停车场为辅、路内临时停车场为补充的停车供给系统。优先发展公共交通事业,新增尉氏至开封、航空港区市际公交线路,优化公交线路、加密公交班次,将目前全部城乡客运班线逐步升级转型为公交线路,加大客运场站建设,规划建设尉氏县新西站。

▶ 报告4 尉氏县国民经济和社会发展第十四个五年规划和2035年远景目标纲要

专栏8:"十四五"时期现代交通体系建设重点项目

S102东段道路工程。总投资1.03亿元,建设路至尉扶路段,长4219米,宽60米。
  纬八路道路工程。总投资1亿元,西祥北路至行政东路,长1800米,宽40米。
  尉氏县金运公交公司公交场站。总投资9129万元,总用地面积49.33亩,总建筑面积1.18万平方米,设置建筑设施含办公检修用房等;场地设施含公交车停车区、小车停车区、景观绿化等;主要设备含公交车充电设备、安全消防设备、清洁清洗设备和监控信息系统等。
  西祥路北段道路工程。总投资6750万元,尉州大道至邢甄路段,长2451米,宽45米。
  尉州大道综合提升工程。总投资6000万元,西三干渠至开许路,长4000米,宽60米。

2. 高品质建设市政基础设施

积极推进"郑开同城东部供水工程"引水入尉和地表水调蓄工程建设,逐步完成城乡饮用水水源置换工作,完成尉氏第三水厂建设工作,推进农村饮水巩固提升工程,对113处农村供水工程进行改造,配套完善消毒净化和水质检测设施,更新供水管网,划定水源保护区,建设1处地表水源工程。在中心城区和各镇区全面推进雨污分流排水改造,实现新老城区管网有效对接,全面消除中心城区道路积水点,于新尉产业区规划建设第二污水处理厂。

以纬八路、建设路、人民西路为重点加快新建地下综合管廊,制订后续尉州大道、北三环、国兴路等综合管廊建设规划。新建220千伏变电站2座,110千伏变电站11座,完成全县所有行政村煤改电工作,加快风电、生活垃圾发电建设进度,提升清洁电力能源在全县电力能源供应中的比重。新建燃气高压管线1.5公里、中压管线30公里、管网改造10公里,实现中心城区居民燃气气化率98%以上、乡镇居民燃气气化率95%以上。新建3座以上集中供热区域锅炉房,实现中心城区集中供热率达60%以上。

进一步采取政府购买公共服务形式创新环卫作业,在城区人口密集路段及主要住宅小区建设引导性垃圾分类收集站,推广"郭佛模式",健全城乡一体化垃圾收运体系,实现垃圾分类全域覆盖,加快推进生活垃圾发电厂项目建设,实现生活垃圾无害化处理,高标准建设河南省农村生活垃圾分类和资源化利用省级示范县,新建14座垃圾中转站和10座公厕。

> 专栏9："十四五"时期市政基础设施建设重点项目
>
> 国家电投尉氏80兆瓦风电场项目。总投资6.6亿元，项目位于尉氏县西南部，占地17亩，项目运行期20年，年平均上网电量约16779.2万千瓦·时。
>
> 尉氏县城区及港尉新区分布式供暖项目。总投资6.53亿元，供热面积500万平方米，采用分布式地源热泵式供热方案，打井102眼，购置设施设备850套。
>
> 尉氏县南三环西延、福星大道雨污水管网配套建设项目。总投资2.18亿元，建设污水管网4030米，建设雨水管网8060米及配套雨污水设施，实施道路、绿化、照明、强弱电等配套设施建设。
>
> 尉氏县贾鲁河城区引黄调蓄工程。总投资1.87亿元，新建水域面积2520亩的调蓄水库。
>
> 尉氏县西部沙区引调提水工程。总投资1.45亿元，连通尉氏县邢庄乡、大马乡、岗李乡主要河道。
>
> 尉氏县第三水厂项目工程。总投资1.04亿元，建成后总建设规模达到每日6万立方米供水能力。

3. 加快建设新型基础设施

加快信息基础设施建设，大力推进以5G网络为核心，涵盖农村宽带通信网、移动互联网、数字电视网等领域的信息基础设施建设，确保中心区全覆盖和乡镇以上区域连续覆盖，提升公共活动区域免费Wi-Fi覆盖率，完成重点网络设施IPv6改造；到2025年底，光纤入户及网络硬件普及率100%，5G用户普及率达到60%。加快推进新型智慧城市建设，推进政务服务全面"一网通办"，提升公共服务效率与便利度；加快城市运行"一网统管"建设力度，提升政府管理效率；以城市的智慧化推动产业的数字化，全面赋能数字经济建设；推进智慧城市与数字乡村融合发展；全面拓展教育、养老、就业、文化、体育、旅游、气象等领域的智慧应用；加强网络安全保障体系建设，建立网络安全应急系统，加大网络不良信息治理力度，创新发展网络安全产业。

（三）建设生态宜居美丽尉氏

深度融入黄河流域生态保护和高质量发展战略，大力发展绿色低碳经济、循环经济，加快建设森林尉氏、绿色尉氏、美丽尉氏，以生态高质量扮靓发展高质量。

1. 深入打好污染防治攻坚战

实行最严格的环境保护制度,加强山、水、林、田、湖、草生态保护治理,强化环境风险防控,形成政府、企业、公众共治的环境治理体系。

强化大气污染精准防治。加快实施智慧环保工程,加强联防联控、协同治理。全面开展二氧化硫、氮氧化物、颗粒物、扬尘、工业烟粉尘、挥发性有机物以及城市面源等多污染物协同控制。实施涉气工业污染源全面达标排放计划,持续开展"散乱污"企业"动态清零"工作,持续加大"散乱污"企业排查力度,确保"散乱污"企业全部取缔到位。严格项目环评把关,对所有工业企业实施标识管理,全面落实污染"后督察"机制。加大工地扬尘监督管控力度,确保全县建筑工地务必达到"6个100%"。积极调整交通运输结构,大力推广新能源货车和达到国六排放标准的清洁能源汽车,引导新增公交、出租车辆使用清洁能源汽车,继续引导重型柴油货车绕行,建立"天地车人"一体化柴油车排放监控系统,确保空气质量达标。推进集中供暖尚未覆盖的区域"电代煤""气代煤"供暖和可再生能源供暖,争取做到清洁取暖全覆盖。强化餐饮油烟管控,严格把关各餐饮单位、饭店定期清洗净化设施,对排放超标的实施停业整顿并严格处理。

深化水污染综合治理。加快推进水系生态修复工程,充分发挥好河长作用,扎实做好河湖"清四乱",确保断面水质达标。加快推进河道治理。全面实施化学需氧量、氨氮、总氮、总磷等多污染物协同控制和涉水工业企业全面达标排放计划,系统推进水污染防治和水生态保护,新建尉北食品科技园污水处理厂。加强水源地整治与保护,加快推进尉氏县集中式饮用水水源地环境保护项目,全力排查集中式饮用水水源保护区划定情况、保护区边界标志设立情况和保护区内存在的排污口、违法项目等违法违规问题,开展保护区环境风险隐患综合整治和保护区规范化建设。加快开展黑臭水体整治,重点整治南护城河、刘麦河等水系,全面消除黑臭水体现象,建立长效监管机制,巩固提升整治成果,确保长治久清。完成尉氏县贾鲁河重点河段治理工程,确保贾鲁河扶沟摆渡口断面水质达到或优于Ⅳ类标准目标;涡河百邸沟石槽李断面水质稳定达到市下目标标准。加强医疗废水污染防治,全县医疗机构全面完成单独的污水处理设施建设,确保医疗废水100%得到及时有效收集、转运、处理、处置。

保障土壤环境安全。开展土壤环境质量监测网络建设,实现土壤环境质量监测点位全覆盖;在工矿企业及其周边、集中式饮用水源地保护区、果蔬菜种植基地等设置土壤环境风险监测点位,定期开展监测,健全城乡一体化垃圾收运体系,加速推进尉氏县餐厨垃圾和污泥综合处理项目。实施农用地土壤环境分类管理,按照污染程度采取相应管理措施,实施化肥、农药零增长行动,支持规模化畜禽养殖场开展标准化改造和建设,深入开展秸秆资源化利用。

强化环境风险防控。坚持预防为先,着力消除污染隐患,妥善处置环境突发事件,维护生态环境安全。定期对生态风险开展全面调查评估,对化学品、危险废物、持久性有机污染物等相关行业实施全过程环境风险管理,强化重污染天气、饮用水水源地、有毒有害污染物等关系公众健康的重点领域风险预警。健全生态环境事件应急网络,完善突发生态环境事件预案备案管理、信息报告和公开机制,建立突发环境事件预防和预警体系。

专栏10:"十四五"时期污染治理重点项目

尉氏县农村生活污水治理一期工程。总投资3.13亿元,主要建设农村生活污水管网收集系统及终端处理设施,其中新建农村污水处理站10座,服务村庄31个。

尉氏县两湖湖水治理工程。总投资3亿元,对占地约156.81亩的东湖、南湖湖水进行控源截污、生态修复。

尉氏县北康沟河县城段河道提升项目。总投资3000万元,主要内容为北康沟河史庄桥至拐杨段清淤疏浚。

---

2. 加强生态系统建设

推进绿色低碳发展。坚持调结构与促发展并行,以节能降耗为抓手深入推进节约型社会建设,推行绿色生产生活方式。制订碳达峰行动方案,实施以碳强度控制为主、碳排放总量控制为主的制度。全力推进尉氏县静脉产业园和尉氏县生活垃圾焚烧发电PPP项目建设,引导生活垃圾、建筑垃圾、餐厨废弃物等集聚化、规模化和资源化利用,发展"资源—产品—再生资源"的循环经济,缓解资源约束矛盾,提升城市生态文明水平。在重点行业领域,实施节能审核与改造工程,创建一批循环经济示范企业,实施能效"领跑者"制度,鼓励企业开展低碳体系、低碳产品认证试点,推进低碳城市、社区和产业园区试点建设。严格产品能耗标准,新建、改扩建项目应当制订节水、节能措施方案,配套建设节水、节能设施。到2025年,实现全县生活垃圾焚烧处理率达到

▶ 报告 4 尉氏县国民经济和社会发展第十四个五年规划和 2035 年远景目标纲要

95%,餐厨垃圾处理率达到 100%,污泥资源化利用率达到 100%,病死畜禽无害化处理率达到 95% 以上。

改善生态体系与人居环境。贯彻落实河南省主体功能区规划,开展尉氏生态城市规划建设,加强生态保护、生态涵养、生态修复和生态屏障等重要生态功能区建设,打造"全域生态"名片,重点推进贾鲁河尉氏段综合整治工作,大力实施闫家水库改造升级工程,着力打造"一河两路"重点生态廊道,加大公园广场和小游园建设改造力度,持续深化森林尉氏建设,建成省级森林城市。到 2025 年,实现中心城区绿地率达到 38%、绿化覆盖率达到 45%、公园绿地服务半径覆盖率达到 95%,城乡居民每万人拥有绿道长度达到 0.55 千米,全县森林覆盖率达到 11.7%,林木覆盖率达到 32.2%。

加快生态文明制度建设。顺应国家与省、市生态文明建设理念,健全自然资源资产产权和用途管制,全面实施生态保护红线管理,严格贯彻落实生态文明考核、责任追究与生态补偿机制,把生态文明建设和全域旅游结合起来,突出尉氏"水"的特色,发挥"绿"的优势,建立比较完善的行业环境保护机制与管理体系,健全尉氏县生态文明建设法规与规章制度,发展与生产同步的生态恢复建设工程,切实加强特色化生态文明制度建设与制度保障。

专栏 11:"十四五"时期生态系统建设重点项目
尉氏县贾鲁河生态区项目。总投资 20 亿元,主要建设内容为改造现有贾鲁河滩地,打造集生活居住、运动休闲、商务会展、水上娱乐、生态观光、休闲度假等多功能于一体的滨水城市新区。 尉氏县贾鲁河县城段提升改造项目。总投资 4.02 亿元,该项目北起康沟河入贾鲁河河口处,南至张市镇簸箕李村,主要为河道两侧地方范围内,项目总长约 8.5 千米,项目面积约 2500 亩。 河南尉氏县生活垃圾发电 PPP 项目。总投资 6.6 亿元,日焚烧处理生活垃圾 1200 吨,年处理 43.8 万吨,年发电 1.13 亿千瓦·时,配置 2 台 600 吨/天的机械炉排焚烧炉、2 台中温次高压余热锅炉和烟气净化系统、1 台 25 兆瓦高速凝汽式发电机组。 尉湖生态公园项目。总投资 5.6 亿元,依据尉湖周边林地、坡地,打造一个集生态、休闲、旅游等于一体的大型生态公园。 尉氏县人居环境整治建设工程。总投资 4.9 亿元,项目建设内容主要为下水道和污水处理站建设。 尉氏县秸秆、林废综合利用发电供热多联产项目。总投资 3.2 亿元,新建 3 台 35 吨/小时生物质热电多联产锅炉,可解决当地企业用热问题,并配备 5.9 兆瓦发电机组并网发电,并向周边居民提供供暖服务。 尉氏县静脉产业园基础设施建设项目。总投资 1.62 亿元,项目包括道路工程(全长 3500 米)、景观工程(15.98 万平方米)、给排水工程、电气工程、供热工程等。

四、释放改革开放新红利

坚持把深化改革作为促进发展的根本动力,消除体制机制障碍,激发创造活力。坚持对外开放,提升开放的层次和水平,不断开创对外开放新局面。

(一)构建改革发展新体制

发挥改革牵引作用,提高改革精准化、精细化水平,加快形成有利于创新发展的制度环境。

1. 持续优化营商环境

以对标一流营商环境深化改革为抓手,充分发挥好营商环境评价、服务机制优化的督促、保障作用,打造一流营商环境。积极落实《河南省优化营商环境条例》,制定出台《尉氏县营商环境报告》,深入开展营商环境评价和以评促改。深化"放管服"改革,深化政务公开,推行政府数字化转型,强化"云上尉氏"政策服务功能。全面实行政府权责清单制度,推进政务服务标准化、规范化、便利化,全面实现政务服务"一网通办"前提下最多跑一次。积极构建亲清政商关系,持续开展"中梗阻"问题专项整治,全面推行"双随机、一公开"常态化市场监管模式。加快推进社会信用体系建设,全面建立市场主体信用记录,深入开展失信联合惩戒,积极构建以信用为基础的新型监管机制。深化商事制度改革,探索以承诺制为核心的极简审批,实施涉企经营许可事项清单管理,完善投资项目"多凭证合一""容缺受理"等审批机制。

2. 深化农村集体产权制度改革

稳妥推进农村集体经营性建设用地使用权入市改革,全面推行农村"三变"改革,盘活农村存量资产,壮大集体经济,增加农民财产性收入,推动实现新时代农业全面升级、农村全面进步、农民全面发展。

3. 支持民营企业改革发展

全面落实放宽民营企业市场准入的政策措施,进一步落实完善支持非公有制经济、中小微企业发展的各项减税政策措施,破除各种隐性壁垒,保障各类市场主体依法平等使用资源要素、公开公平公正参与竞争。完善涉企政策

▶ 报告 4 尉氏县国民经济和社会发展第十四个五年规划和 2035 年远景目标纲要

制定和执行机制,保护民营企业和企业家合法财产。

4. 扎实推动其他改革

深化地方财税金融体制改革,加强应急管理体制机制改革,推进教育体制机制改革,推动医药卫生体制改革,深化供销社综合改革,推行生态环境制度改革,探索自然资源资产产权制度等改革。

(二) 构建全面开放新格局

坚持全领域对外开放,深度融入"一带一路",积极对接全省"五区联动、四路协同"发展战略,着力以开放促招商、以招商促发展。

1. 进一步强化招商引资工作

强力实施招商引资"一号工程",实行"二分之一"工作法,明确一名县级领导专职抓招商引资项目建设,形成党政领导"一把手"亲自抓,分管领导具体抓,全体干部共同抓的工作格局。继续加强对签约或对接项目的跟踪服务,依托纺织服装、现代家居、健康医疗、现代物流等 14 个重点产业招商专班和项目推进专班,全面负责产业招商工作的谋划、部署和组织实施。建立健全重大项目建设推进委员会机制,全面实施招商项目决策前置,避免项目盲目上马。对所有项目实行清单化管理,坚持挂图作战,顺排工序,倒排工期,不断完善定期观摩、月度通报等项目推进机制,打通项目建设痛点、堵点,彻底解决项目落地难的问题。

2. 创新招商引资新模式

强化驻地招商,选派精干人员外出开展招商工作,依托长三角、珠三角、京津冀及郑州四大招商分队,开展定向定位招商。狠抓主题招商,围绕重点产业、重点园区、产业集群配套服务、临港经济、城市综合体建设等主题概念,力争每季度外出举办一次主题招商活动。突出平台招商,要积极走出去利用各种节会平台搞好尉氏宣传推介,深度参与中国(河南)投资贸易洽谈会、河南省长三角地区经贸合作交流会、中国(开封)菊花文化节等节会平台招商活动。聚焦以商招商,以"结识新客商,巩固老客商"为原则,充分发挥在尉企业的联络效应,加强与已落地企业的沟通联系,主动牵线上下游合作伙伴、商界朋友,大力宣传推介尉氏。积极推进线上招商,充分利用新媒体、互联网等第三方平台,在线对接海内外客商,推进"云推介""云洽谈""云签约"。创新飞地招商,积极与港区、郑州及省外产业优势地区建立飞地协作,紧盯主导产业建立"飞地园区",完善落实财税收入、经济指标统计、安全环保等方面的合作分担机制,助力飞地招商落地出成效。

3. 积极实施招大引强行动

以世界500强、国内500强和行业百强为主攻方向,深入研究其战略布局和投资方向,找准与尉氏县资源优势和产业优势的结合点,重点谋划对经济发展有较大影响的重大招商项目,有针对性地开展定向定点招商,集中力量引进一批在产业链构建中起关键作用的旗舰型企业和基地型、龙头型、创新型项目,达到"引进一个、带动一批、辐射一片、配套成链"的效果。深化与央企、省内外大企业的战略合作,扩展合作领域,支持国外、省外的优势企业和资本参与尉氏企业兼并重组。抓住央企改革重组和布局调整的机遇,促进央企在尉投资。以争创全市开放招商工作先进县为目标,深入研究国家产业政策和投资导向,争取更多政策性资金落户尉氏。

4. 开创利用外资新局面

鼓励外资投向三大主导产业、六大传统产业、六大新发展产业、现代农业,以及"互联网+"、大数据、云计算、物联网、大健康、电子商务等新经济新业态,支持外资参与基础设施建设,采取同等适用政策支持外商投资企业以特许经营方式参与能源、交通、水利、环保、市政公用工程等基础设施建设。

5. 打造对外贸易新格局

深入挖掘外贸出口潜力,培植外贸新增长点。鼓励引导企业开拓国际市场,抓好兴开木业、金孔雀纺织、豪泰纺织、嘉禾木业等龙头企业的扶持培育,精心组织企业参加广交会、中国国际进口博览会等国内外展销活动。积极落实上级鼓励外贸出口的优惠政策,做好支持外贸中小企业开拓国际市场项目资金申报工作。引导鼓励县内外贸出口企业把目光更多地投向"一带一路"沿线国家,立足全县区位交通和特色产业优势,积极融入中欧班列外贸出口行列。

(三)推动社会治理体系和治理能力现代化

以大抓基层、大抓支部、大抓治理为导向,大力推进基层治理体系和治理

▶ 报告4 尉氏县国民经济和社会发展第十四个五年规划和2035年远景目标纲要

能力现代化。

1. 坚决维护政治安全

把维护国家政治安全特别是政权安全、制度安全放在第一位,坚决防范和打击各种渗透颠覆破坏活动、民族分裂活动、宗教极端活动和邪教活动。持续强化网络管控和舆情引导力度,加强学校思想教育和依法管理,牢牢守住意识形态主阵地。加强国家安全执法,开展国家安全宣传教育。

2. 确保经济领域安全

加强经济安全风险预警、防控机制和能力建设,建立健全地方金融监管和风险防控体系,坚决守住不发生区域性、系统性金融风险的底线。加强产业链供应链安全保障,常态化开展断链断供风险防控。构建统一高效的粮食和重要农产品供应保障体系,确保粮食安全。维护重要基础设施安全,提高水资源集约安全利用水平。严控地方政府债务增量,妥善处理存量债务风险。

3. 完善突发事件应急处理机制

坚持人民至上、生命至上,把保护人民生命安全摆在首位,全面提高公共安全保障能力。完善和落实安全生产责任制,加强安全生产监管执法,强化安全生产宣传教育培训,不断深化安全生产双重预防体系建设,扎实推进安全生产专项整治行动,有效防范危险化学品、建筑施工、道路交通等重点行业领域一般事故、较大事故,坚决遏制重特大安全事故发生。

4. 推进平安尉氏建设

以提高公众安全感、司法公信力、群众满意度为根本,加强平安尉氏建设的统筹协调,严厉打击各类违法犯罪行为。依法做好信访稳定工作,完善信访工作机制,加强矛盾纠纷调处化解,确保社会和谐稳定、人民安居乐业。加大投入保障,融合资源力量,将"一中心四平台"与大数据中心深度融合,打造尉氏智慧城市大脑,提高基层社会治理能力和水平,不断增强人民群众的获得感、幸福感和安全感。

5. 加强基层社会治理

创新社会治理体制机制和方式方法,健全党委领导、政府负责、社会协同、公众参与的社会治理格局。全面推进社区建设,加强网格化和精细化管理。

着力补齐基层党建弱项短板,提升基层党支部"五个标准化"建设水平,扎实推进省市农村基层党建"百村引领、千村争先、万村提升"示范行动。深化村民自治实践,提高乡村治理效能,以优化村两委班子成员年龄结构和知识结构为抓手,出台更有效的工资、社保、编制等激励措施,不断吸引外出的年轻党员和优秀村民返乡,初步建立起报酬工薪化、岗位公职化、管理规范化、发展持续化为特征的村干部职业化管理机制。发挥好工会、共青团、妇联等群团组织作用,促进社会组织、专业社会工作、志愿服务健康发展。

五、全面共享发展新成果

坚持民生优先、全民参与、共建共享,更多发挥市场和社会的作用,强化政府托底保障职责,坚持底线思维,织密民生保障网,扩大公共服务供给,满足居民对美好生活的需求。

(一)加快公共服务提标扩面

1. 加快教育现代化建设

根据人口流动的规律、趋势,科学预测和超前规划学校建设布局,确保城区学位供给与学龄人口增长相适应,全面消除城镇学校大班额。大力发展普惠性学前教育,巩固义务教育均衡发展成果,提高普通高中教育办学水平,推进现代职业教育改革发展,加强新时代教师队伍建设,加快教育信息化建设,加快构建终身学习制度体系。

大力发展普惠性学前教育。继续实施第三批学前教育行动计划,完善公益普惠、政府主导、社会参与、公办民办并举的办园体制。鼓励支持街道、村集体、事业单位举办公办园。鼓励社会力量办园,加快普惠性民办园认定,落实补助标准及扶持政策,引导支持民办园提供有质量的普惠性服务。加强学前教育管理机构和专业化管理队伍建设,建立健全学前教育教研网络,构建幼儿园保教质量评估体系,规范幼儿园课程和教学管理。加强对各类幼儿园准入、安全、师资、收费、卫生保健及教学质量等方面的指导和监管。深入开展学前教育结对帮扶行动,推进县域、镇(乡)域一体化发展。

巩固义务教育均衡发展成果。进一步改善全县中小学办学条件,巩固义

▶ 报告 4 尉氏县国民经济和社会发展第十四个五年规划和 2035 年远景目标纲要

务教育均衡发展成果,实现全县中小学校各项建设标准在义务教育均衡发展基础上全面巩固提升。实施农村寄宿制学校建设工程,无寄宿制小学或不能满足寄宿需求的乡镇,每乡镇新建或改扩建 1—3 所农村标准化寄宿制小学。完善管理和治理体系,推动义务教育学校依法办学、科学管理,提高教学质量。完成义务教育"县管校聘"改革、校长职级制改革。统筹县域内公办民办义务教育协调发展,坚持义务教育免试就近入学。改进义务教育学校管理模式,健全城区学校帮扶机制,发挥优质学校示范辐射作用。实施优质学校建设培育工程和义务教育教学提升工程,丰富教育内涵,提升办学品位。提升义务教育巩固水平,构建更为严密的控辍保学机制,健全控辍保学工作责任体系,落实政府、学校和监护人责任,让适龄儿童都能完整接受义务教育。

提高普通高中教育办学水平。实施普通高中特色提质计划,启动实施普通高中办学条件改善工程,继续改善尉氏三中等普通高中的办学条件。贯彻落实《关于新时代推进普通高中育人方式改革的指导意见》,围绕课程改革主要任务,聚焦学生核心素养提升,推进普通高中教育教学管理改革,提升普通高中学科教学水平。主动适应新高考招生变革需要,切实加强初高中衔接,细化学生培养方式,加强学生选课指导和生涯规划教育。认真组织实施高考综合改革基础条件改善攻坚计划,增加满足走班教学要求的在编教师或政府购买服务的教师;分学科建立县级教改指导组,有序推进选课走班;加强备考研究和综合科目研究;抓好关键节点,强化复习研讨和达标诊断检测,提高备考效益,继续保持尉氏高招成绩在市属县区领先位次。

推进现代职业教育改革发展。深化产教融合校企合作,实施职业教育深化产教融合与校企合作计划。探索建立政府、行业、企业、学校、社会协同推进的产教融合校企合作工作机制。深化校企"双元"育人,推动校企共同研究制订人才培养方案,鼓励、支持企业深度参与职业教育人才培养全过程,紧密围绕产业升级和企业生产需求,优化职业学校专业布局,明确学校定位和办学特色,建立紧密对接产业链、创新链的专业体系,大力开展"订单式"培养、现代学徒制、企业新型学徒制等"双培型"培养模式。推进普通高中与中等职业学校成绩互认、学籍互转,继续探索在中等职业学校开展综合高中班试点。加快引进高水平职业教育步伐,推动尉氏职业教育向更高层次、更大规模发展,完成尉氏县职教中心港区分校、尉氏县职教中心产教融合实训基地和尉氏县大学城建设项目。支持中原工学院在尉氏县开港经济区(尉氏片区)建立中原工学院国际校区,积极引进省内外高等院校入驻尉氏。

加强新时代教师队伍建设。优化教师资源配置,做好农村特岗教师招聘工作。建立教师补充长效机制,采取公开招聘、考核招聘相结合的方式,落实人才引进"绿色通道",积极争取公费师范生培养指标,继续深化城乡教师交流。实行乡镇中小学回调聘用制度,通过"政府购买服务"的方式,逐步解决代课教师问题。积极探索和创新幼儿园教师补充机制,加大幼儿园教师补充力度。强化教师培训培养。建立健全以国培、省培计划为引领,以校本研修为基础,以名家讲堂为载体的国培、省培、市培、县培、校培五级联动机制,实施全员轮训。落实教师待遇,确保中小学教师平均工资收入水平不低于当地公务员平均工资收入水平。深入贯彻落实教师职业道德规范,全面落实师德一票否决制。

加快教育信息化建设。加快推进智慧教育创新发展,建设"互联网＋教育"大平台,着力构建"互联网＋"条件下的人才培养新模式、发展基于互联网的教育服务新模式、探索信息时代教育治理新模式。促进信息技术与教育教学深度融合。支持学校充分利用信息技术开展人才培养和教学方法改革,逐步实现信息化教与学应用师生全覆盖。构建线上线下混合式学习、课内课外各学科互相融通的学习新生态。推进"1＋N"或"N＋N"的网络直播课堂方式,构建强校带弱校、优秀教师带其他教师的长效机制,促进城乡教育高位均衡。实施"互联网＋教育"示范引领工程。重点培育一批智慧校园示范校、中小学数字校园建设标杆校。实施新周期中小学教师信息技术应用能力提升工程,实施教育管理人员信息素养提升工程,全面提升各级各类学校管理者信息化规划力与执行力。

加快构建终身学习制度体系。实施继续教育推进工程,加快发展社区教育、老年教育,健全社区教育和老年教育办学和服务网络,创建社区教育示范区。加强继续教育师资队伍建设,实施社区教育、老年教育、农村成人教育专干培养培训工程。重视继续教育专家团队建设,着力培养一批社区教育和农村成人教育专家队伍,推动全县继续教育健康、快速发展。建立促进继续教育发展机制,健全职责明确、统筹协调、规范有序的继续教育管理体制和运行机制。以拓宽知识、提升能力和丰富生活为导向,办好网络教育、继续教育。依

▶ 报告 4 尉氏县国民经济和社会发展第十四个五年规划和 2035 年远景目标纲要

托职业学校建设继续教育基地,面向企业职工、农民工、新型职业农民、退役军人等重点人群开展培训。

"十四五"时期,县城新建 2 个较大规模的幼儿园,每个乡镇建成 1-2 所公办幼儿园,实现全县幼儿学前三年毛入园率超过 98%,普惠性幼儿园资源覆盖率达到 80%。全县中小学各项建设标准在义务教育均衡发展的基础上实现全面提升。保持义务教育毛入学率 100%,义务教育巩固率提升至 99% 以上。建设 1 座在校生规模万人以上的高水平高等职业学校,建成 3 个以上省级高水平专业,实现尉氏高职院校零的突破。

专栏 12:"十四五"时期教育事业重点项目

尉氏县洧川镇洧阳书院(示范初级中学)建设工程。总投资 1 亿元,建设 1 座占地面积约 60 亩、建筑面积约 1 万平方米的明清风格仿古书院(示范初级中学)。

尉氏县第三高级中学北校区建设项目。总投资 5400 万元,建设餐厅、实验楼、宿舍楼、教学楼、运动场地,总建筑面积 3.2 万平方米。

尉氏县第三高级中学南校区建设项目。总投资 5100 万元,建设餐厅、宿舍、教学楼、教师周转房,总建筑面积 2.98 万平方米。

尉氏县职业技术教育中心产教融合实训基地建设项目。总投资 3300 万元,建设实训楼及配套设施。

尉氏县城北幼儿园。总投资 2000 万元,建设综合楼及运动场。

尉氏县第一所高职院校。总投资 10 亿元。

---

2. 加快健康尉氏建设

深入贯彻实施健康中国战略,把人民健康放在优先发展的战略地位,将工作重心放在构建布局更加合理、结构更加科学、层次更加分明、服务更加全面的大卫生、大健康体系。

持续深化医药卫生体制改革。建立健全现代医院管理制度,全面落实公立医院独立法人制度,健全符合医疗行业特点的人事薪酬制度。进一步降低药品、医用耗材费用,提高公立医院医务性收入占比。切实做好公立医院改革效果考核工作,建立以公益性为导向的公立医院改革效果考核制度和指标体系。抓好县域医共体建设,发挥好龙头医院带动作用,构建合理的县乡村分级医疗服务体系。巩固完善国家基本药物制度,积极推进 DRGs 医保支付制度改革，有效控制医药费支出，减轻患者就医经济负担。

加快提升县域医疗资源服务能力和水平。按照"优化存量，做大增量"思路，增加优质医疗资源供给，推动各项重点卫生项目建设。以县级医院为龙头持续推进县域医疗中心建设，推动医疗高质量发展。大力发展社会办医，引导社会办医向高水平、品牌化、规模化发展，推进非营利性民营医院和公立医院享受同等待遇。认真落实《关于推进卫生人才发展的十项措施》，建立健全人才招聘机制，做好"51515"卫生人才工程，通过外引内育，逐步建立医疗专家和学科带头人的高素质人才团队；通过县招乡用、乡聘村用、订单定向、全科特岗和规范化培训等方式，不断加强基层医务人员队伍建设。加大医疗卫生行业行风建设力度，严肃查处违法违规和违反医德医风的执业行为。认真落实改善医疗服务行动计划和患者满意提升工程，持续改善群众就医感受。

强化疾病预防控制体系建设，强化妇幼健康服务，推动健康养老体系发展。强化医防合作，落实传染病和地方病综合防治措施，不断提高严重精神障碍患者和慢病患者健康管理率。加强预防接种工作管理，维持尉氏无脊灰状态。全面提升职业病防治能力。进一步完善妇幼健康服务体系建设，全面落实"以保健为中心，以保障生殖健康为目的，保健与临床相结合，面向群体，面向基层和预防为主"的妇幼卫生工作方针，按照全生命周期和三级预防的理念，以一级和二级预防为重点，为妇女、儿童提供从出生到老年、内容涵盖生理和心理的主动、连续、动态的保健服务与健康管理，切实做好全县托幼、托育机构卫生保健业务指导和卫生评价。深入推进医养结合发展，鼓励社会力量积极参与，进一步完善12349养老信息服务平台，健全居家为基础、社区为依托、机构为补充、医养相结合的养老服务体系，更好地满足老年人健康养老服务需求。

促进中医药发展，全面开展健康教育，大力开展爱国卫生运动。持续加强县、乡两级中医医院能力建设，发挥中医在常见病、多发病和慢性病防治中的独特作用，推进基础医疗机构中医馆等中医综合服务设施建设，满足基层群众对中医药服务的需求。广泛开展"全民健康素养促进行动""全民健康生活方式行动"等活动，引导群众树立正确的健康观，养成科学的生活方式。积极推进公共场所全面禁烟工作，深入实施医疗机构"一病两方"制度。进一步巩固河南省卫生县城创建成果，积极推进国家卫生县城创建、病媒生物防制工作，

▶ 报告 4　尉氏县国民经济和社会发展第十四个五年规划和 2035 年远景目标纲要

广泛开展健康社区、健康村镇、健康单位、健康家庭等健康细胞培育工作,利用爱国卫生月,创新开展丰富多彩的爱国卫生活动,加大农村人居环境治理力度,持续开展农村改厕技术指导,不断提高人民群众健康水平。

专栏13:"十四五"时期健康事业重点项目
尉氏县人民医院病房综合楼建设项目。总投资1亿元,总建筑面积4.2万平方米。
尉氏县妇幼保健院整体搬迁项目。总投资1.1亿元,总建筑面积2.9万平方米。
尉氏县人民医院公共医学中心项目。总投资2600万元,总建筑面积2360平方米。
尉氏县邢庄乡医养结合项目。总投资1.6亿元,总建筑面积2.3万平方米。

3. 加快推进文化事业繁荣发展

推进文化事业和文化产业双轮驱动,高质量建设公共文化服务体系,深化文化体制改革,加强优秀历史文化保护、传承与传播,全面提升社会整体文明程度,提高人民群众的文化获得感、幸福感。

高质量建设公共文化服务体系。以满足人民群众对文化的需求为导向,构筑全覆盖、高品质的公共文化服务体系。加快完善公共文化基础设施,提升公共文化服务水平,高标准完善乡镇文化站、基层综合性文化服务中心建设,不断提升文化馆(站)、图书馆等公共文化场馆服务项目和服务水平。加强文化阵地建设,让"送文化"变成"种文化"。引导和培育一批公益性文化能人,以示范带动的方式推动文化广泛传播。加强"数字化"公共文化服务能力建设,建立线上线下互动平台,让群众更加便捷地享受文化服务。

深化文化体制改革。发挥政府市场监管、市场引导和政策调节职能,继续放宽对文化市场的管控。推进执法制度改革,落实综合执法责任制,加强综合执法信息化建设。深化文化事业单位分类改革,引导文化产业多元化融合发展,促进文化与科技、金融、教育、旅游、体育等产业融合发展。鼓励社会资本投资文化产业,丰富文化产业主体。完善文化市场监管机制,建立公正、公平和保护原创知识产权的市场体系。积极探索创新公共文化基础设施投入机制,鼓励引导社会力量参与文化基础设施建设,逐步形成以政府投入为主,多渠道筹资,多主体投入,多种所有制并存的城乡公共文化设施建设机制。

加强优秀历史文化保护、传承与传播。进一步加强刘青霞故居、青云禅寺、阮籍啸台、太平兴国寺塔(东关塔)、紫铜钟、洧川城隍庙等历史文化古迹的保护。进一步加强对非遗项目的抢救、保护、传承、发展,采用数字化手段,全面记录、梳理非遗项目资料。做好非遗项目的传承工作和"老字号"品牌的保护与发展,定期举办非遗传承人和"老字号"品牌传承人培训班,充分发挥老艺人的"传、帮、带"作用,培养新一代的后继人才,让更多的项目进入省、市保护名录,争取国家级名录上有新突破。

全面提升社会整体文明程度。以社会主义核心价值观为引领,以德育人、以文化人,弘扬传统美德和时代新风,倡导科学精神和人文精神,全面提高公民素质和社会文明程度。深入开展文明城市、文明村镇、文明社区、文明单位、文明校园、文明家庭等群众性精神文明创建活动,广泛开展志愿服务活动。加强诚信制度建设,形成守信光荣、失信可耻的氛围。充分利用大数据等技术,建立全县信用体系,提升群众信用意识,打造文明、守信尉氏。

(二)持续增进人民福祉

1. 实施就业增收优先战略

把就业作为第一位的工作和重大政治任务,进一步强化政府促进就业的主体责任,更大力度实施就业优先政策,狠抓重点群体就业,加大创业扶持力度,完善就业服务体系,着力提高居民收入水平。

大力实施积极就业、创业政策。扎实推动实施就业、创业"四大工程",大力推进全民技能振兴工程。鼓励和规范多种灵活就业形式、大力发展劳务输出、建立健全公共投资带动就业增长的机制。大力推进全民创业,扶持发展有市场潜力的劳动密集型企业和就业容量大的服务业,大力开发公共卫生、城镇环保、各类社区、家政服务等就业岗位。加强人力资源市场及公共就业服务信息化建设,建立健全就业监测体系,整合信息资源,增强就业信息服务能力。

狠抓重点群体就业。重点做好农村转移劳动力、下岗职工、农民工返乡人员、高校毕业生等群体就业工作。持续开展就业指导、技能培训、创业培训等就业服务活动。积极组织开展线上线下招聘活动,促进农村劳动力就地就业和有序外出就业。实施高校毕业生就业创业促进计划和基层成长计划,鼓励和引导高校毕业生到基层工作。做好退役军人就业促进工作。加强对就业困难人员的就业援助,确保零就业家庭动态清零。

完善就业服务体系。进一步明确公共就业服务工作职能,统一规范公共

▶ 报告4 尉氏县国民经济和社会发展第十四个五年规划和2035年远景目标纲要

就业服务机构,加强公共就业服务队伍建设,进一步完善乡镇(街道)、村(社区)基层公共就业创业服务平台。建立健全和谐劳动关系,完善人力资源市场机制。完善"互联网＋就业创业"信息系统,实现就业业务全覆盖、就业经办全天候、就业服务零距离。加大基层调研力度,深化就业领域"放管服"改革,优化公共就业服务流程,不断提高公共就业服务整体效能。加强就业失业形势预警分析,密切监测重点行业、重点企业、重点群体,及时发现风险隐患,精准采取措施,守住不发生规模性失业风险底线。

着力提高居民收入水平。全面贯彻落实《保障农民工工资支付条例》,进一步完善根治拖欠农民工工资制度体系,加大农民工工资支付监管系统推广应用力度,尽快覆盖所有在建工程项目。建立健全企业工资决定机制及正常增长机制,全面落实最低工资保障制度、企业工资指导线制度、企业薪酬调查和信息发布制度,完善企业工资收入分配制度。企业工资集体协商制度全面推进,与经济社会发展水平相适应的最低工资标准确定和正常增长机制更加完善,企业工资支付保障机制逐步健全。深化事业单位人事和工资制度改革,公务员工资制度和事业单位收入分配激励机制进一步完善,机关事业单位人员工资正常增长机制逐步健全。促进实现居民收入增长和经济发展同步,劳动报酬提高和生产率提高同步。"十四五"期间城镇居民人均可支配收入年均增长8%左右。

"十四五"期间,全县新增城镇就业3.5万人以上,城镇登记失业率控制在4%以内,高校毕业生总体就业率90%以上,扶持万名以上返乡农民工创业,下岗失业人员、进城务工人员、高校毕业生等免费接受职业技能培训实现全覆盖,实现更充分、更高质量就业。

2. 加快完善社会保障体系

坚持全民覆盖、保障适度、权责清晰、运行高效,稳步提高社会保障统筹层次和水平,建立健全更公平、更可持续的社会保障制度。

完善社会保险体系。加大政策宣传力度,引导符合条件的参保人员积极参保和已参保人员积极主动缴纳保险费,做到应保尽保;进一步加强银行账户管理,加强对基金的管理,按有关规定实现基金的保值增值;配合市社保经办示范点建设工作,加强县、乡、村三级经办平台建设,进一步提高经办管理和服务水平。完善被征地农民养老保险政策,加强与基本养老保险制度衔接,严格做好失地农民参保、转保工作。切实维护广大被征地农民合法权益,促进社会和谐稳定。"十四五"期间,全县城乡居民基本养老和失业保险参保率达到98%以上,工伤保险参保人数达到3.5万人。

完善基本医疗保险制度。加快医保基金监管平台建设,引进人脸识别、智能监管系统,在医保经办、审核和监管上实现智能化,实现医保基金安全;加快医保改革推进力度,积极推进按病种付费、DRGs按病组付费、"4+7"集采药品政策落地,实现医保基金集约化使用;继续推进一站式结算,更好地服务患者。

完善社会救助体系。构建分层分类的社会救助体系,加快推进社会救助制度城乡统筹,完善基本生活救助标准自然增长机制,大力发展慈善和志愿服务事业;深化社会救助"放管服"改革,将低保、特困人员、小额临时救助等社会救助审核确认权限下放至乡镇(街道),建立完善的社会救助资源库,推动实现救助事项"掌上办";强化动态管理,精准确定保障对象,确保救助资金真正用于困难群众;加大临时救助力度,开展"急难"救助,抓好重大困难临时救助;进一步做好残疾人两项补贴发放工作,严格程序,精准数据,确保资金按时准确发放。做好孤儿年度巡访工作、孤儿助学项目,确保孤儿生活、教育、医疗等得到保障;做好事实无人抚养儿童的核实调查及生活费发放工作;进一步完善农村留守儿童关爱保护和困境儿童保障工作;完善儿童养护中心各项设施,适时推出儿童康复项目。

完善社会事务管理服务体系。加大流浪乞讨救助力度,协调相关部门及各乡镇(街道)继续做好流浪乞讨人员的救助工作,确保流浪乞讨人员得到及时有效救助安置;提升殡葬服务水平,建设城市殡葬服务园区,每个乡镇建成一处农村公益性公墓;完成殡仪馆火化设施升级改造,落实惠民殡葬政策,倡导文明殡葬新风。

专栏14:"十四五"时期社会保障事业重点项目

城市公益性墓地项目。总投资3500万元,占地117亩,包括殡仪服务中心、办公楼、停车场、配套完善内部道路和绿化。

▶ 报告 4 尉氏县国民经济和社会发展第十四个五年规划和 2035 年远景目标纲要

六、强化规划实施保障

保障规划有效实施,围绕规划确定的目标任务,要在党的坚强有力领导下,更好地履行各政府职能部门的职责,举全县之力,集全县之智,落实"十四五"规划提出的目标和任务。

(一)充分发挥党的领导核心作用

牢固增强"四个意识"、坚定"四个自信"、做到"两个维护",始终在政治立场、政治方向、政治原则、政治道路上同党中央保持高度一致。围绕规划确定的目标任务,坚持党对经济社会全面协调发展的领导,坚持依法行政,坚持高效理政,确保规划确定的发展目标和任务顺利完成。

发挥党的领导核心作用。坚持党委总揽全局、协调各方,加强制度化建设,强化决策和监督作用。全面从严治党,强化政治保障,为实现"十四五"规划提供坚强保证。完善党委研究经济发展战略、制定重大政策、定期分析经济形势、推动任务落实的工作机制,健全决策咨询机制,提高决策科学化水平。发挥基层党组织战斗堡垒作用和党员先锋模范作用,更好地带领群众实现"十四五"规划的各项目标和任务。

坚持依法行政。强化法治思维,全面推进依法治县,创造有利于经济社会发展的法治环境,确保"十四五"规划始终在法治轨道上运行。加强法治政府建设,依法设定权力、行使权力、制约权力、监督权力,依法调控和治理经济,推行综合执法。健全依法科学民主决策机制,严格执行重大行政决策法定程序。全面推进政务公开,加强政策宣传解读,主动回应社会关切。全面落实行政执法责任制,严格规范行政执法,切实防止任性用权,坚决纠正粗暴执法。严肃查处违法行政、不讲诚信的人和事,以政府诚信带动社会诚信。自觉接受人大及其常委会的法律监督、工作监督和市政协的民主监督,主动接受社会公众、新闻媒体监督,全面提高政府依法履职能力。健全自治、法治、德治相结合的城乡基层治理体系,构建共建、共治、共享的社会治理新格局。

加快建设高素质专业化干部队伍。大力弘扬焦裕禄同志的"三股劲"精神,强化干部效率意识,不断谋求惠民之策、创新之举。继续深化干部人事制度改革,健全人才评价、选拔任用和激励保障机制,聘请优秀企业家作为政府经济参谋顾问,参与重大经济决策。完善干部选拔任用机制,树立正确用人导向,着力解决一些干部不作为、乱作为等问题。优化领导班子知识结构和专业结构,注重培养选拔政治强、懂专业、善治理、敢担当、作风正的干部。

(二)广泛调动各方面积极性

"十四五"规划是未来5年经济社会发展的蓝图,具有科学性和法定的强制性。健全规划体系,加强规划衔接,强化规划的权威性和约束性;加强规划考核,建立领导负责制,把规划的目标逐年分解,作为硬指标落实到基层;实施重大项目带动,以重大项目带动要素集聚、服务提升、作风改进、工作落实,确保规划项目的落实。

健全规划体系。强化国民经济社会发展规划与其他各类规划的横向衔接,建立以国民经济和社会发展规划为统领,总体规划、区域规划和专项规划定位清晰、功能互补的分级分类规划管理体系,妥善处理经济社会发展规划与城市规划、土地利用规划之间的关系,建立健全规划衔接机制和互动一体的规划体系,确保其在空间配置上互相协调,在时序安排上科学有序。确保各项专题规划既能与总体规划指向一致,又能明确各专项领域的发展方向、发展目标、工作重点和政策措施安排。各级各部门要按照职责分工,将规划纲要确定的相关任务纳入本单位年度计划,落实责任,明确进度,抓好落实,确保年度经济和社会发展各项任务的顺利完成。

加强规划考核。制定"十四五"规划实施考核体系,确定合理的考核办法和评估方式,强化对结构优化、民生改善、资源节约、环境保护和基本公共服务等目标任务完成情况的综合评价考核。把"十四五"规划的目标和任务列入年度考核体系,加强对各级领导干部"十四五"规划执行情况的监察监督,考核结果作为各级各部门领导班子调整和领导干部选拔任用、奖励惩戒的重要依据,为规划实施提供持续的动力。围绕规划提出的主要目标、重点任务和政策措施,组织开展规划实施情况中期评估,全面分析检查规划实施效果及各项政策措施落实情况,找出规划实施中的问题,提出解决问题的对策建议,并根据中期评估结果和环境变化情况依法适度修订规划内容,调整相关指标。

实施重大项目带动。把实施重大项目带动贯穿于全县经济社会发展的全

▶ 报告4 尉氏县国民经济和社会发展第十四个五年规划和2035年远景目标纲要

过程,以重大项目带动要素集聚、服务提升、作风改进、工作落实。以更高的站位和更宽的视野,谋划实施事关经济社会发展全局、技术含量高、经济效益好、带动能力强的重大项目,以高质量重大项目带动落实重大战略布局,促进投资增长,增强经济综合实力和发展后劲。发挥财政性投资导向作用,优化要素资源配置,确保规划重大项目顺利实施。进一步完善重大项目协调推进机制,落实项目建设条件,切实加快重大项目建设进度。加强项目储备,推进更多的项目进入国家、省、市规划布局。

动员全社会共同参与。本规划提出的预期性指标和产业发展、结构调整等任务,主要依靠市场主体的自主行为实现。要加强对规划的宣传,增强公众对规划的认识和了解,激发全县人民参与规划实施的主人翁意识。要充分发挥各级政府、社会各界的积极性、主动性和创造性,尊重基层首创精神,汇聚人民群众的力量和智慧,形成全县人民群策群力、共建共享的生动局面。

实现"十四五"时期发展目标,前景光明,任务艰巨。全县上下要更加紧密地团结在以习近平同志为核心的党中央周围,自觉做到"两个维护",进一步解放思想、抢抓机遇,攻坚克难、砥砺奋进,为实现"两个一百年"奋斗目标、向全面实现社会主义现代化迈进而不懈奋斗!

报告 5　关于郑开同城化若干基本问题的认识和思考*

一、为什么要推动郑州与开封同城化，引领中原城市群一体化发展？

我们认为可以从 3 个角度来认识：

第一，需要打造规模和功能都足够强大的中原城市群及郑州都市圈核心，以支撑和引领中原崛起、河南振兴。

推动郑州与开封同城化，引领中原城市群一体化发展，既揭示了事物发展演化的客观规律与方向，又提出了顺应规律积极主动作为的要求和期待。

说揭示了事物发展演化的客观规律与方向，是因为由效率驱动，以工业化、城镇化为基本内容的现代化进程，必然会导致要素在特定空间持续聚集，结果是城市数量不断增多和城市规模持续增大，并以城市群和都市圈的形态呈现。已经完成了工业化、城镇化的国家是如此，仍处在快速工业化、城镇化过程中的中国也是如此。日本仅东京都市圈聚集的人口和 GDP 就超过了全国总量的三分之一，包括名古屋、大阪在内的三大都市圈囊括了全国绝大部分经济活动。美国人口和经济要素则高密度聚集在波士顿—纽约—费城—巴尔的摩—华盛顿，以及洛杉矶—旧金山—西雅图等大西洋和太平洋沿岸都市连绵带。中国京津冀、长三角、粤港澳大湾区等三大世界级城市群和都市圈已经成型，成渝双城正在成长为第四极，以武汉为中心的长江中游、以郑州为中心的中原、以济南—青岛为轴心的山东半岛、以西安为中心的关中等城市群和都

---

* 该项目是根据开封市李湘豫市长要求撰写并提交参阅的决策咨询报告，完成于 2021 年 7 月，撰稿人：耿明斋；王永苏、李燕燕等参加讨论并提出了有价值的意见和建议。

报告 5　关于郑开同城化若干基本问题的认识和思考

市圈,正日益彰显出其对区域发展的带动力和影响力。其他还有辽南、哈长、太原、呼包银、兰西等大大小小城市群和都市圈,也已具雏形。总之,要素在特定空间集聚发展是工业化、城镇化为核心的现代化发展演化的规律和方向。内部一体化则是城市群和都市圈发展演化的基本规律和方向。大区域尺度的聚集和城市群与都市圈尺度的一体化,都是源于效率驱动。理论和实践都能证明,这几乎是一个无止境的过程。

以郑州为中心的中原城市群和郑州都市圈也不例外,大区域尺度上的聚集和城市群与都市圈尺度上的一体化并行。这里需要指出的是,中原城市群是个张力很大的城市区域概念,可以涵盖多个层级,第一层级涵盖中原经济区范围内河南、安徽、山东、河北、山西等5省30个省辖中心城市;第二层级涵盖河南全省18个省辖中心城市;第三层级涵盖2003年《河南省全面建设小康社会规划纲要》划定的9个省辖中心城市(郑州、开封、洛阳、焦作、新乡、许昌、漯河、平顶山、济源);第四层级涵盖2011年《中原经济区规划》所指郑州、开封、洛阳、焦作、新乡、许昌等6个核心城市,再加上济源共7个省辖中心城市;第五层级涵盖郑州都市圈所涉郑州、开封、许昌、新乡、焦作等5个省辖中心城市全部辖区(面积31126平方公里,2020年GDP总量22960亿元,2019年常住人口2879万人);涵盖郑州辖区全境及开封、许昌、新乡、焦作4市主城区和部分县域的郑州都市圈,可视为中原城市群第六层级(1.6万余平方公里,2019年常住人口1920万人,GDP1.8万亿元);而郑开同城化区域则可称为中原城市群的第七层级(涵盖开封全域,面积13890平方公里,第七次全国人口普查时约1720万人,2020年GDP14374亿元)。

一般来说,城市群内层级越高,要素聚集密度就越大,一体化程度越深,效率越高,功能及辐射带动能力也就越强,这是客观规律。中原城市群及郑州都市圈内郑开同城化区域层级最高,也是要素聚集密度最大、效率最高、功能及辐射带动能力最强的区域,理应成为带动都市圈、河南全省乃至整个广域中原城市群区域发展的核心区域。要让其发挥此种作用,就必须有更深度的一体化和更高的效率。这就是郑开同城化发展最深层的逻辑。至于说为什么不是对整个都市圈同时提出同城化要求,从而不是同步达到同样的一体化深度,而需要郑开同城化来引领都市圈一体化?我们认为原因不外两个:一是财力约束需要梯次推进;二是制度屏障壁垒复杂牢固,需要局部突破,创造经验,然后影响全局。

总之,一体化是城市群及都市圈发展演化的基本趋势,而核心区深度一体化或同城化又是城市群及都市圈一体化的原动力,是发动机和驱动器。我们应该在尊重规律和顺应趋势的基础上,采取措施,主动干预,加快这一进程,构造更强大的核心,加速城市群演化,加快中原崛起、河南振兴步伐。

第二,国家需要构造同城化核心,为中原城市群注入强大动力,遏制南北差距扩大趋势蔓延,实现区域均衡发展。

21世纪以来,西部大开发、中部崛起等区域平衡发展战略的实施,使得国家区域经济演化格局有所变化:以东、中、西三大区域比较,差距有持续缩小的趋势;但南、北两大区域比较,差距则呈现先缩小后扩大的趋势,而且2013年经济进入新常态以后南北差距急剧扩大,其形态如图5-1所示:

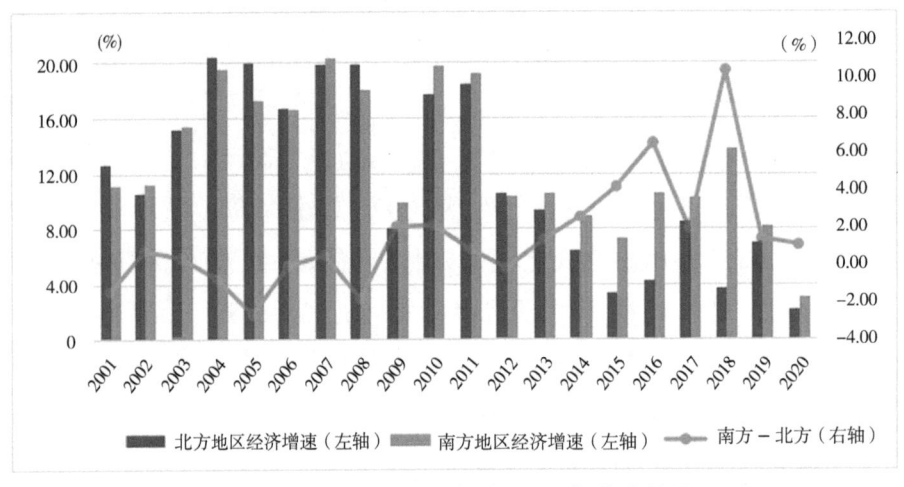

图5-1　2001—2020年南北经济增速差异

由图5-1可以看出,不管是柱状图还是比值曲线图,都清晰地标示出,从2009年开始,南方地区GDP增速都明显大幅度超出北方,2013年后这种差距进一步加剧。

由图5-2可以看出,不管是柱状图还是比值图,南北经济总量差距都出现持续扩大的趋势,也是2009年开始加剧,2013年后迅速加剧。另一个重要的佐证是,2020年全国GDP总量排在前10位的城市(①上海38700亿元;②北京36000亿元;③深圳27600亿元;④广州25000亿元;⑤重庆25000亿元;⑥苏州20000亿元;⑦成都17700亿元;⑧杭州16000亿元;⑨武汉15600亿

▶ 报告5 关于郑开同城化若干基本问题的认识和思考

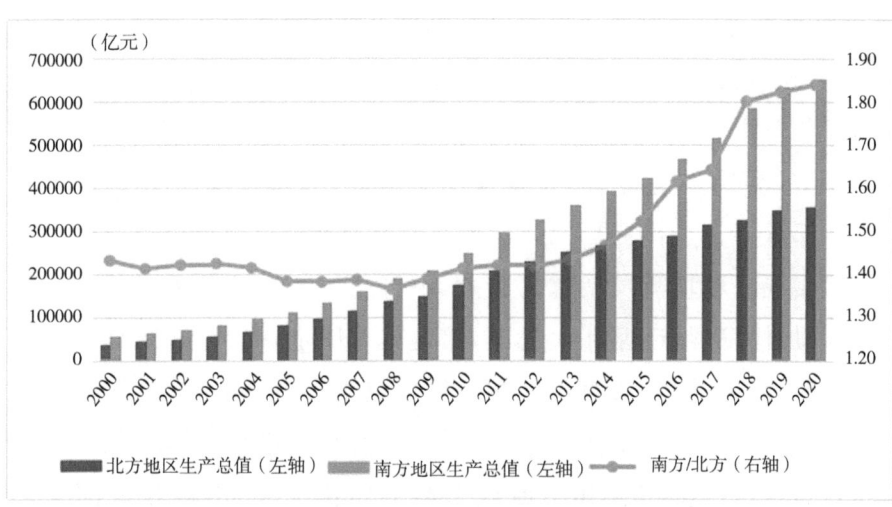

图 5-2 2000—2020 年南北经济总量差异

元;⑩南京 14800 亿元),北方城市只剩北京 1 个(天津退出),9 个在南方。南方/北方经济总量比值 2020 年已达 1.84,也就是南方经济总量已是北方经济总量的将近 2 倍。

由图 5-3 可以看出,2003—2009 年,南北经济在总量中的比重差距还一度有缩小趋势,也是 2009 年以后比重差距开始扩大,2013 年后急剧扩大,2015 年南方比重突破 60%,2020 年已经达 64.78%,北方比重则急剧下降至 35.22%!

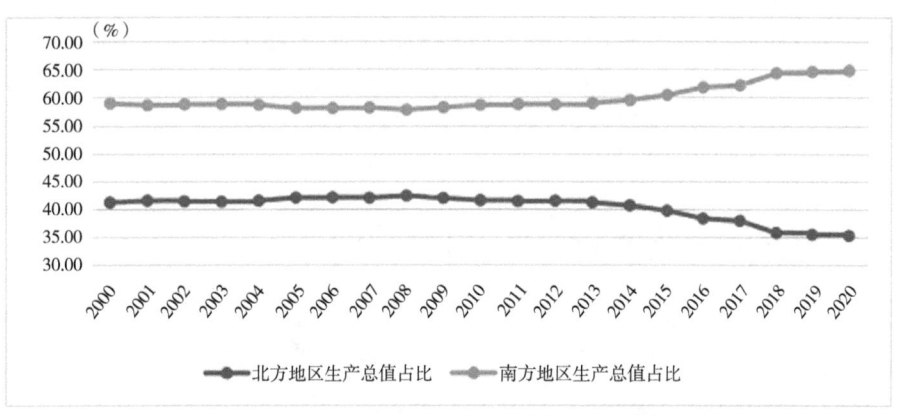

图 5-3 2000—2020 年南北地区生产总值占比差异

南北经济差距的这种演变趋势,显然与中国经济发展阶段转换以及不同区域资源禀赋特点差异有关。进入新常态之前,是投资驱动和资源依赖发展阶段,北方能源原材料等自然资源禀赋条件优势凸显,支撑了经济高速增长,导致南北差距缩小。进入新常态之后,是创新驱动和技术依赖发展阶段,南方的创新活力和市场化禀赋优势凸显出来,新经济新业态支撑了新一轮快速增长,导致南北差距迅速拉大。

河南不东不西、不南不北,也是既东又西、既南又北,是东西和南北过渡区域,也是中部重要支点,中原崛起、河南振兴对遏制南北差距蔓延、平衡南北和东西发展、实现区域均衡发展意义重大,不可替代。这就要求以郑州为中心的中原城市群加快发展,迅速壮大规模,快速提升质量,提高经济活动效率,扩大影响力、辐射力、带动力,从而对内在一体化提出了更高的要求,构造郑州都市圈郑开同城化核心,就显得更加重要。换句话说,通过郑开同城化构造都市圈强大核心,引领整个都市圈和中原城市群一体化发展,迅速壮大河南经济体量,提高质量,释放能量,具有遏制南北差距蔓延、平衡区域发展的重大意义。

第三,构造郑开同城化核心,也是落实中部崛起、黄河流域生态保护和高质量发展、"一带一路"等重大战略的重要抓手。

这方面的逻辑十分简单。在以工业化、城镇化为核心的现代化背景中,在聚集发展演化趋势下,不管是中部崛起、黄河流域生态保护和高质量发展等重大国家战略的落实,还是"一带一路"开放战略的实施,都必须以城市群和都市圈为支撑,城市群和都市圈中核心城市和核心区域的驱动引领作用尤其重要。中原城市群和郑州都市圈是中部崛起,也是黄河流域生态保护和高质量发展的重要支点,还是依托"一带一路"打造内陆开放高地的重要平台。要是这样的支点和平台强大起来,通过郑开同城化构造郑州都市圈核心区,当然是重要抓手。

二、郑开同城化的政策红利是什么?

第一,同城化凸显了郑州与开封关系的特殊地位:更优先的顺序、更深的程度、更核心的地位。

应该说,郑开之间这种特殊的地位自 2005 年启动郑汴一体化时,就以省域发展战略的形式确立起来了。但是,随着郑州和周边其他城市关系的加强,尤其是 2012 年《中原经济区规划》提出城市核心区、2016 年底国务院提出建设郑州国家中心城市和大都市区,以及随后提出和规划的郑州都市圈,郑开特

▶ 报告5 关于郑开同城化若干基本问题的认识和思考

殊关系所蕴含的政策红利逐渐有所稀释。同城化的提出意味着郑开特殊关系的回归甚至加强,进一步明确了在郑州都市圈一体化建设中的优先与核心地位。当然也意味着要承担引领都市圈和中原城市群发展的更大历史责任。然而,不管是地位的重要性还是责任的重要性,都是对郑开同城化区域,尤其是开封辖区发展的驱动。

第二,进一步明确了郑州都市核心区发展的方向,为郑州中心城区发展打开了广阔的空间——就是向东向南,不必再纠结。

郑州都市区到底向哪个方向拓展,一直就有不同认识,向北跨河发展和向西面向郑州辖区腹地发展,是两种有代表性的意见。2005年郑汴一体化实施以来,尤其是2013年航空港经济综合实验区设立以来,向东向南为郑州发展主导方向,无论理论认识还是实践操作上都已经无可动摇。但即使在这种背景下,仍有人执着于向北跨河和向西面向腹地的观点不放,甚至时不时地对郑汴一体化确立的向东发展方向,以各种方式释放出一些攻击性言论。郑开同城化对于向东向南发展方向的最终确立,起到了一锤定音的作用。

第三,可以借此加快郑开创新创业示范带建设步伐,并以此为切入点和抓手,谋划高水平大学、国家重大科学装置、国家重点实验室等高端人才聚集和创新研究平台在郑州都市圈落地,谋划重大工业项目、重要龙头企业落地,尽快补上创新能力不足和产业层次不高的短板。

进入创新引领和技术依赖为标志的高质量发展阶段以后,河南,突出表现在郑州创新能力不足的短板更为凸显,这也严重影响了河南经济增长的速度和质量。可以借贯彻落实习近平郑开同城化发展指示之机,谋划建设和引进高水平大学、国家重大科学装置、国家重点实验室等一系列高端人才聚集和高水平创新研究平台在郑州都市圈郑开同城化核心区域落地,尽快补上创新能力不足短板。可以由主要领导出面,以省委、省政府名义,向教育部提出在郑开同城化区域建设一所国家直属高水平大学的要求,向中国科学院提出在此区域建设一所国家直属研究所,建设黄河国家重点实验室和相关重大科学装置。当然也要学习广东、浙江和江苏等发达地区经验,大力度引进国内国际高水平大学和高端研究机构,推动这些机构在同城化区域建设全功能或部分功能分支机构。

修订2018年与郑州大都市区同步规划并公布的252平方公里郑开双创

走廊规划,并引导谋划建设引进的高水平大学和高端研究机构在此落地。

也可以借推动郑开同城化之机,谋划推动具有创新能力和引领产业结构升级的重大项目和头部企业在同城化区域落地,尤其是具有重要影响的央企和央企项目落地,尽快补齐郑州都市圈产业层次不高的短板。

第四,可借此争取国家相关部委支持,突破资源尤其是稀缺的建设用地资源约束。

建设用地资源短缺是区域发展和项目落地的最大约束,以落实习近平指示,推动郑开同城化名义谋划的重大项目,尤其是得到国家认可的项目,比较容易获得自然资源部等相关部门在用地指标等方面的支持。

第五,可将开封古城打造成都市圈核心区文化高地,高扬开封古城文化品牌优势,据此联手联合洛阳和安阳,四大古都捆绑,打造国际旅游目的地核心城市。

在郑州都市圈体系中,开封最突出的优势是厚重的历史文化积淀和保存相对完好的古城,这也是对郑州最大的互补因素。当年推动郑汴一体化,就是以功能互补为诉求的。同城化意味着开封古城对于郑州都市圈的真正内在化,成为都市圈核心区真正的有机构成部分。这对于突出品牌优势,高扬古城龙头,联手打造国际旅游目的地城市,无疑是重大契机。

第六,推动内陆自由贸易港,打造内陆开放高地。

建设内陆开放高地一直是河南的重要诉求和努力实现的目标,将内陆自由贸易港纳入郑开同城化概念中,将会更容易得到国家层面的支持。

三、如何认识和推进郑开同城化?

(一) 同城化的三大模式

同城化可以有很大张力,从现在各种文献中或各种规划方案中对于同城化概念的使用来看,同城化有多种不同含义,现实中也有多种不同层次。但不管哪种含义和哪种层次,概括来说,都可以涵盖在深度一体化这一表述中。也就是说,同城化就是城市之间的深度一体化。

从理论和实践来认识,同城化大概有如下三大模式:一是两城变一城,彻底融合,如合肥合并巢湖、济南合并莱芜,即是这种模式;二是名义行政管辖权保留,实质管辖权变更,也就是托管模式,西安托管咸阳部分辖区,深圳托管汕尾辖区,即是这种模式;三是行政管辖权不变,但两市制度屏障最大限度拆除,这是京津冀、长三角、珠三角追求的模式,走在最前面的应该是长三角嘉善、青浦、吴江一体化示范区。

(二) 同城化的五大任务

不管哪种模式,同城化要解决的不外五大问题,或者说,同城化有五大任务:

一是交通基础设施和生态水系、历史文脉的互联互通。就郑开同城化来说,郑汴一体化战略实施以来,成就最大的是交通基础设施的互联互通,现在郑开之间已有郑开大道、物流通道、城际铁路、郑徐高铁、连霍高速、郑民高速、312省道等多条各种通道,还有即将建成通车的东京大道连接科学大道、开港大道连接机场等通道,可以说基本实现了人流、物流无障碍通达。但从更高标准要求来说,仍有较大提升空间,其中最主要、最紧迫的是郑开大道及其他道路的快速化改造,还有以 K2 快线为基础的郑开城际铁路完善方案,也可以考虑谋划建设由兰考至菏泽高铁引出绕行开封南侧直达郑州南站的新城际高铁。包括开封机场的军民两用改造,建成都市圈第二机场,与新郑机场形成互补协作运行格局。

按照郑州标准,加快 312 省道为基础的沿黄生态带开封段建设,并一直延伸至兰考东坝头。

按照"三百里、三座城、三千年"理念,以隋唐大运河永济渠为基础,以贾鲁河、运粮河为骨干,联通郑开之间的水系,打通历史文脉,为建设同城化美丽核心区添彩。

二是规划统一。无论是城市规划还是正在进行的国土空间规划,都要由两张图变成一张图,这需要在发展战略思路和战略方向研究的基础上,加快加强两个城市规划部门的协调,切实把规划统一落在前头,落到实处。

三是产业协同。在推动郑开两市现有产业协调对接的基础上,可以考虑重新调整完善现有开发区和产业聚集区规划,明确各自产业定位和发展方向,在同城化区域内特定产业向特定空间聚集,并使得产业空间规划具有法律约束力。

四是制度对接。公共产品供给尽可能多地共享，一个城市内不具有排他性的纯公共产品也在两个或多个城市之间不排他，比如老人乘公交车免费、城市游园和公园景点免费开放等。还有普惠性均等化供给的公共产品在城市之间完全拉平，比如医疗领域网点布局、就医制度和保险报销、电话区号和收费水平同一、银行服务同城化等一系列制度对接。还有居民最低保障水平、公务员工资水平、住房保障水平和方式、养老保障水平和方式等，几乎所有由政府向同一城市居民提供的福利和服务统统放在一个水平上。

总之，是由两个城市面向本辖区内市民供给的非排他性纯公共产品，应该最大限度地由两地市民相互共享，比如上面说过的老人免费公交卡、免费公园景点、文化馆、科技馆、博物馆、最低保障标准等。由各城市面向本辖区居民供给的具有一定程度排他性的准公共产品，排他性标准尽可能统一，比如教育医疗设施标准、报销标准、结算方式、养老保障标准、转移方式、住房保障方式等。

制度层面的统一对接是最难的，因为在财政仍然分灶吃饭，公共产品的创造和供给以中心城市为基础供给的条件下，财政来源是个大问题，如何避免对税源争夺和在此目的下的项目产业落地竞争就是个难题。

还有一种解决方案，就是低水平供给城市向高水平供给城市靠拢所造成的缺口，由省级政府来补足。

有一种观点认为，同城化要以两个城市发展水平相当为基础，或者发展水平相当是同城化顺利推进的重要条件。比如广佛同城化做得较好，就与佛山发展水平与广州相当有关。由此说来，郑开同城化需要以开封发展水平提升为前提条件，所以，同城化优先次序应该是项目布局同城化先于公共产品均等化。这有一定道理。

五是范围问题。是局部示范区，还是全域，或者是主要市域，比如主城区？兰考进入就意味着全域，全域同城化还需要示范区吗？如果需要，示范区和全域是何种关系？我建议全域，不要示范区，如果要，可以考虑全方位对接试验，把税源和公共产品供给完全均等化放进去！

如何确定郑开同城化的空间尺度，一直就有不同认识，有人主张尺度小点，有人主张尺度大点。大致上来说，有三种可选择的尺度：小尺度、中尺度和大尺度。小尺度就是从两个城市相接的地方各切出来一块，合起来叫作同城化区域。中尺度应该把开封主城区包含在内，这是我们一直主张的。道理是同城化既然是一体化的深化,一体化的初衷又是功能互补,开封能与郑州互补的功能就是文化,文化在中心城区承载,如果一体化不包含中心城区,那就是忘记了一体化的初衷,没有了互补的价值,同城化也就没有意义了。大尺度是把开封全域涵盖进去。按照楼阳生把兰考纳入郑开同城化进程的思路,实际上就是把开封辖区全域纳入同城化的方案。因为兰考在开封主城区东边50公里,兰考进入同城化区域,主城区肯定要进入。兰考南面就是杞县,杞县西面是通许和尉氏县,通许和尉氏县不仅与开封主城区相接,而且要么紧挨航空港区,要么离得很近,既然兰考进入,那也不差开封辖区的其余部分了。

从开封角度看,同城化区域越大越好,因为越大,意味着开封进入都市圈核心发展区的面积越大,发展的机遇越多。

四、郑开人民群众对郑开同城化的具体期盼项目是什么?

这个问题在前面"制度对接"部分已经阐释得较为充分,这里不赘述。

五、借鉴浙江省共同富裕示范区、济南新旧动能转换先行区、山西能源综合改革先行区等主题,郑开同城化的主题切入点是什么?

可以"郑开同城化创新引领发展实验区"作为同城化主题和切入点。这有两个层次的含义或理由:一是创新引领发展是时代主题,是进入高质量发展阶段以后区域发展的重要支撑和基本要求,而中原城市群及河南省最大的短板是创新能力不足,首先表现在郑州及其都市圈这个核心部分创新能力不足,补上这个短板应该是郑开同城化发展的内在要求、基本诉求,也是谋划相关高水平大学和高端研究机构等创新平台的重要契机。所以,以创新引领发展为主题,以郑开同城化区域为切入点进行创新引领实验,推动和引领整个都市圈、城市群乃至全河南省的创新发展,是题中应有之义。二是同城化要涉及非常复杂的公共产品创造和供给制度对接,这是国家现代化发展的全局问题,需要深化改革,推动制度创新来解决。同城化本身就是一种制度改革和创新实验。

报告6 开封市推进制造立市的产业路径和保障措施[*]

一、引言——从认识自己的短板开始

把制造业作为一个整体,如果你已经站在前沿,欲知未来路径,必须了解支撑制造业前进的技术和需求演化趋势。如果你是站在后面尾随,欲知未来路径,就只要知道别人是怎么走过来的、走的什么路、走了多远,检讨自己在哪条路径掉队了、掉了多远、为什么掉队、短板在哪里、怎么补上。

实现技术重大突破,开拓新的产业发展路径,探索和引领未来,基本上是站在产业发展前沿的国家和地区的使命,在后面尾随的国家和地区,技术探索和产业发展基本上都是学习、跟进和模仿。这大致也是改革开放40年中国产业现代化发展的路径。在新一代信息技术领域走在世界前沿的华为、腾讯、阿里等巨头崛起,再清晰不过地对这种路径做了诠释。同样,尾随在东部后面的中西部地区近年来现代产业的进步,不仅是对国外,更多的是对沿海发达地区学习、跟进和模仿的结果。所以,欲知开封未来产业发展路径,捷径是要知道在哪儿掉队了、短板在哪儿。

---

[*] 该项目受开封市人民政府委托,项目时间:2021年8月—2021年11月;主持人:耿明斋;项目组成员:王永苏、李燕燕、陈广西、廖海敏、张建秋、赵志亮、刘岱宁、何荣静。

▶ 报告 6 开封市推进制造立市的产业路径和保障措施

二、制造业拖了开封发展的后腿

(一)开封经济在全省的地位是 20 世纪 80 年代中期以后随改革和市场深化而跌下来的

计划经济时期,开封经济在河南省各区域中是位居前列的,直到 20 世纪 80 年代初还是如此,是 20 世纪 80 年代中期以后迅速跌下来的。

从图 6-1 可以看到,1980 年开封 GDP 总量在河南省居第 7 位,人均 GDP 居第 5 位;2020 年总量跌到第 11 位,人均跌到第 9 位。20 世纪 90 年代中期至 2018 年 GDP 总量长期徘徊在第 12—13 位,人均甚至跌到第 14 位。

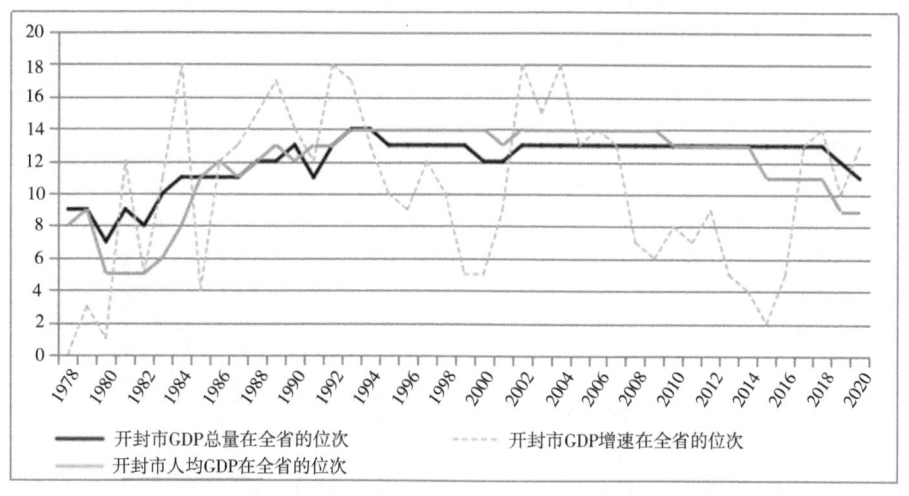

图 6-1 1978—2020 年开封市 GDP 及其增速、人均 GDP 在全省的位次

开封 GDP 总量在全省占比及人均 GDP 占全省人均比值,也是 20 世纪 80 年代中期以后迅速跌下来的(见图 6-2、图 6-3)。

图 6-2 表明,20 世纪 80 年代中期以前,开封 GDP 总量占全省比重在 6% 以上(1982 年达 6.33%),2020 年跌到 4.31%,最低点 2007 年只有 3.69%。图 6-3 表明,人均 GDP1980 年是全省均值的 126.93%,2020 年跌到 90.97%,最低点 2007 年只有 73.78%。

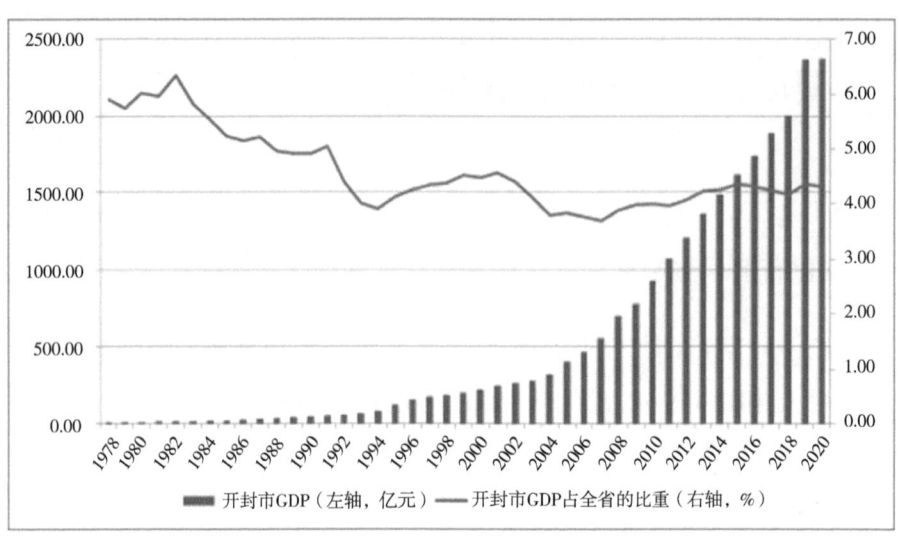

图 6-2　1978—2020 年开封市 GDP 及其占全省的比重

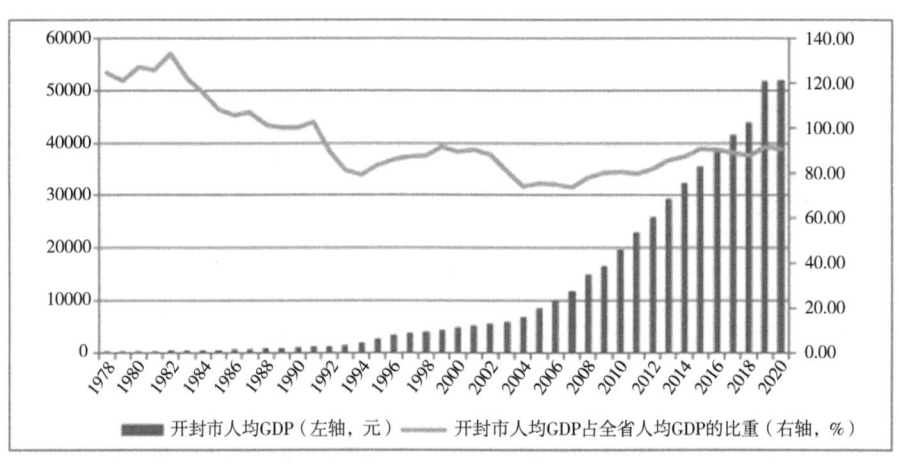

图 6-3　1978—2020 年开封市人均 GDP 及其占全省人均 GDP 的比重

（二）开封经济在全省地位下滑主要是制造业相对地位下滑所致

图 6-4 表明，20 世纪 80 年代中期以后，随着 GDP 总量在全省占比下滑，三次产业各自在全省占比与总量占比走势开始分化：第一产业上升，且递次走高，与总量占比偏离度有越来越大的趋势，2020 年达到 6.79%，比总量占比 4.31% 高 2.48 个百分点；第二产业下降，且递次走低，与总量占比偏离度在较长时期内呈现越来越大的趋势，近几年虽有收敛，但 2020 年仍只有 3.92%，比总量占比 4.31% 低 0.39 个百分点；第三产业占比走势与总量占比走势基

报告6 开封市推进制造立市的产业路径和保障措施

本重合(4.15∶4.31)。这说明,开封经济总量在全省占比下降主要是受到第二产业比重下降拖累所致。这个结论也可以被图6-5佐证。

图6-5表明,20世纪80年代中期以后,开封市三次产业结构中,二产比重就跌破了40%,除了2010年前后一个短暂的时间回升至40%以上之外,长期徘徊在30%－40%之间,一产持续下降与三产持续上升相吻合,说明一产下降的部分未被二产更多地吸纳,而是直接被三产吸纳,与常规的从"一、二、三"到"二、三、一"再到"三、二、一"的产业结构演化过程不太契合。

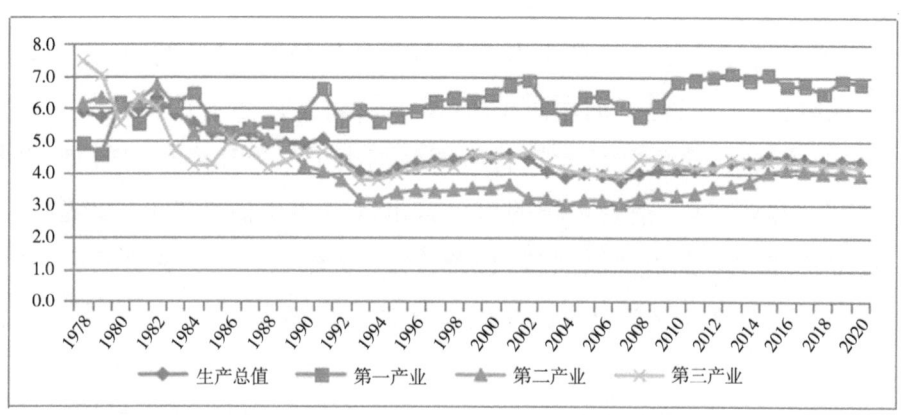

图6-4 1978－2020年开封市三次产业占河南省比重变化趋势

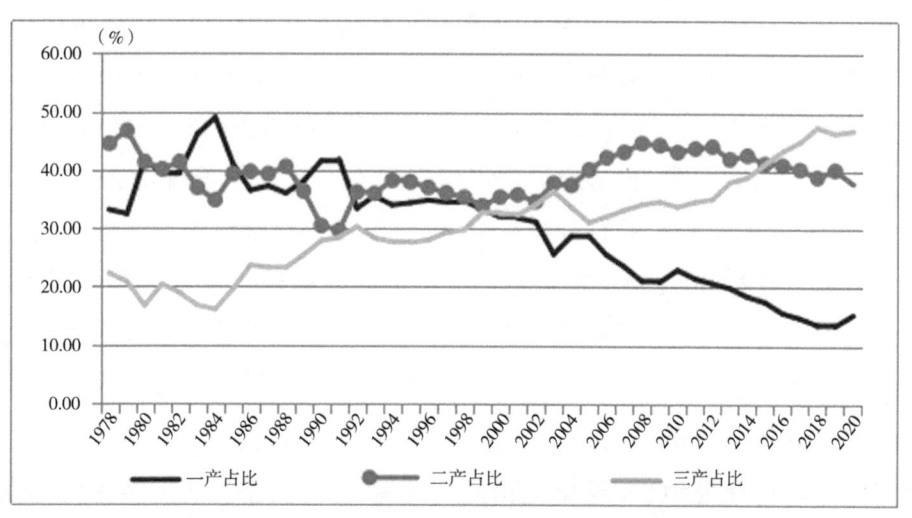

图6-5 1978－2020年开封市三次产业结构

三、导致制造业地位下滑的原因

(一) 直接原因是传统存量制造业没能做大做强

20世纪80年代中期以前,开封在河南省也属于典型的工业城市,传统工业基础比较雄厚。20世纪80年代中期以后,这些存量的传统制造业一部分随着企业倒闭直接消失了,少量留存下来的部分也没能做大做强。

直接消失的部分如当时在业内著名的联合收割机、高压阀门、拖拉机电机电器、常规电机、工业锅炉、通用机械等,要么随着生产企业倒闭产品直接退出了开封工业体系,要么经过转卖折腾后逐渐消失了。更让人遗憾的是,曾经属于新兴行业和有着巨大消费市场的白色家电和日用生活必需品,如缝纫机、电冰箱、电视机、啤酒、家用洗涤剂等,也都在20世纪80年代中期以后,至迟在20世纪90年代以后,随着企业倒闭而在开封工业体系中彻底退出了。

留存下来的部分主要是化工和空分设备,就全国来说,过去40年,这两个行业和两大类产品都有巨大的膨胀空间,尤其是化工行业,但开封这两个行业膨胀的速度和规模要比同行慢得多和小得多。

化工产业可用多、小、散、短来概括。开封化工自20世纪50年代起步,产业发展历史悠久,基础优势雄厚,也是存量产业持续发展最好和最大的一块。自20世纪90年代以后晋煤、平煤两大资源型集团企业入驻、整合、投入再造,从老企业脱胎出来的晋开、东大、兴华、华瑞等骨干企业重现活力,但步伐不大。截至目前,规模最大的晋开年销售额也不过70亿元,东大、兴华、华瑞等年销售额都不超过30亿元,整个化工行业140多家规上企业(2万人就业)年销售也只有230亿元,尚不及位于襄城县的首山化工一家规模大。国内化工行业过百亿企业随处可见,数百亿甚至上千亿也不稀奇,位于舞阳县的金大地小苏打产量已经世界第一,2021年销售额可达120亿元。在中国亿吨计产品和数万亿元销售规模中,开封化工市场占有率已经微乎其微。各骨干企业多为初级化工产品,产品链条未展开,且晋开化工的合成氨、东大化工的烧碱及液氯、华瑞化工的光气、兴华化工的糖精等基本上各自独立,相互关联度较低,化工园区基础设施和公共服务体系也不完善,共享度很低,从而未形成良好的产业生态。

医药和纺织也算是存量产业中留存下来,至今还延续发展的行业,但医药一路磕磕绊绊,始终在生死线上挣扎,缺乏亮点。纺织经过短暂的辉煌后迅速被赶超。开封制药厂曾经是在业内很有地位的老企业,被民企辅仁兼并后好景不长,随即随辅仁一起陷入困境,新入局的泰丰药业显现出活力,但整个行业企业数量少,企业规模小,没有展现出很大的发展潜力。纺织行业因郑州几大国棉企业入驻尉氏县而得以在开封延续,也曾经是省内与南阳新野并驾齐驱的两大纺织业聚集地之一,虽然现在仍有充满活力的企业存在,但产业发展势头已经被新野尤其是被商丘夏邑200多万锭规模甩开。

(二)增量产业规模有限,且多为传统领域

开封制造业增量产业发展大致上是21世纪以后才起步的,最具代表性的是汽车和食品两个产业,也都是速度不快,规模有限。

汽车产业总规模不过120亿元。龙头开封奇瑞年销售刚过百亿元,产量徘徊在10万台级,也是开封唯一整车制造企业。汽车零配件规上40家,企业总数70家,数量较少,远没有形成较为完整的产业链条和产业生态体系。企业规模较小,其中发展势头较好的零配件企业广佳,今年销售额也不足2亿元。不说质量、品牌和研发能力,单纯以规模论,与上海、广州、重庆、武汉、长春等动辄数百万台产量和数千亿销售规模相比自然是微不足道,就是与合肥、南昌、成都、郑州、芜湖、保定、青岛、沈阳等百万台和千亿级汽车产业城市相比,规模也不及其十分之一,差距甚大。

食品产业是近几年发展较快的产业,多分布在相关区县,以肉类、粮食及花生、大蒜等土特产品初级加工为主。其中规模最大的企业尉氏县的大红门销售额已过百亿元,祥符区华夏幸福产业园区聚集的中小食品企业有一定规模,正大、益海嘉里等品牌食品企业虽然也开始谋划布局若干投资规模较大的项目,但目前开封食品产业总规模大概也不过两三百亿元销售额,与漯河、郑州等食品工业聚集度高的城市相比差距巨大,在河南超过万亿的食品产业规模中没有什么地位。

(三) 民营经济发育程度低

民营经济是典型的市场经济形态,与市场经济具有天然的高契合度。改革开放以来,随着市场经济的发展,民营经济迅速崛起,就体量来说,早已成为中国经济的主体。人们常常用5、6、7、8、9来说明民营经济在整个国民经济中的地位,即贡献了50%以上的国家税收、60%以上的GDP,吸纳了70%以上的农村转移劳动力,提供了80%的城镇就业岗位和90%以上的新增就业。国内经济发达的长、珠三角地区,主要是靠民营经济支撑,省内工业发展水平较高的郑州、许昌、漯河、新乡、焦作等,也都崛起一大批民营企业,黄淮四市(周口、驻马店、信阳、商丘)及南阳等典型农业区,也都是民营经济活跃,形成了一些品牌企业和有影响的产业集群。但是,开封没能跟上时代的步伐,除了尉氏县之外,亮点不多。前述化工、装备等存量主导产业存续下来的企业仍以国有为主(平煤、晋煤和能化都是标准国企),汽车产业龙头奇瑞也是国企,本地民营经济鲜见像长垣起重机械、许昌假发、长葛超硬材料、漯河食品、虞城钢卷尺、睢县鞋业那样有影响的产业集群,更没有像宇通、双汇、瑞贝卡、黄河、森源、卫华那样的品牌企业,以及汤玉祥、万隆、郑有全那样的优秀企业家群体,没有能够成为本地经济的重要支撑。

(四) 缺乏高新技术产业和新经济

进入21世纪以来,尤其是2008年金融危机之后中国经济进入高质量发展新阶段以来,由高技术支撑的新经济发展迅速,成为各地经济持续发展的主导力量,在电子信息及互联网领域和生物医药领域表现最为突出。国内最耀眼的深圳、杭州,就是靠华为、腾讯、阿里等电子信息及互联网高技术企业支撑,郑州以富士康为代表的电子信息产业在过去10年间也异军突起,并迅速崛起成为河南超过万亿规模的最大产业。但高技术支撑的电子信息和生物医药等新经济在开封几乎是空白。最近几年在科创中心聚集的几个高科技项目产业化还在孕育中,开封碳素孕育的全钒液流电池大规模产业化虽在推进中,但要成为支撑产业还要假以时日,氢能源电池大规模产业化还有一些技术和经济的门槛要迈过。

四、开封市推进制造立市的产业路径

(一) 依托现有骨干企业和关联项目打造 4 个千亿级产业集群

改革开放 40 年,虽然开封工业丢失了太多的地盘,仅存的化工、空分等也没能跟上时代的步伐,在行业内早已风光不再,地位跌幅较深。但它们毕竟是开封传统工业的精华,能留下来续存并持续增长已属不易,时间已经证明了其旺盛的生命力,必能成为下一轮开封工业复兴的依靠力量;虽然汽车、碳素、食品等增量产业发展不及人们期望的规模,但它们毕竟是在开封工业处在困难时期逆势成长起来的,且一直保持较好的势头,为开封工业持续发展开辟了新地盘,提供了新支撑。

总之,化工、空分、汽车、碳素、食品等传统续存产业和增量产业仍是开封工业的基础,各行业中的骨干企业都谋划储备有不错的项目,且从全国乃至全球来看,这些行业都有巨大的发展空间。所以,依托现有行业中的骨干企业及其关联项目,作为开封制造立市的基础支撑还是优先选项。综合多种信息,我们认为,可以在新能源、化工、汽车及零配件(含空分装备)制造和食品制造等领域打造 4 个千亿级产业集群。

一是依托开封碳素公司打造以全钒液流电池储能系统为核心的新能源千亿级产业集群。近年来,开封碳素通过引进人才,建立研究院,培育了 3 个新材料新能源类高科技项目,分别是全钒液流电池、氢能电池和石墨烯散热板。

石墨烯本身就是碳素材料的新类型,与开封碳素公司现有产品关联度很高,石墨烯散热板是使用石墨烯材料开发出来的第一个产品,依托的是清华大学深圳研究院的成熟技术,产业化分两期推进,一期可以有 4 亿元产值,二期做下来产值可以达到 40 亿元。以石墨烯材料为基础的系列产品开发也在快速推进中,技术已经成熟的是与央企东方电气合作用于氢能源电池的石墨双极板,计划产业规模可达到 2000 亿元。与中石油六四六合作的石墨管道项目也在推进中。

氢能源电池技术上已经没有障碍,产业化推进的主要障碍是成本和经济合理性,这方面一旦突破,产业化空间不可限量。

新材料新能源千亿级产业集群最有效的支撑是全钒液流电池项目及其储能系统。全钒液流电池是中国科学院大连化学物理研究所成熟技术支撑的直接产业化项目，已经在建，首期投资 6 亿元，大部分使用外协件，能孵化 20—30 家配套企业。"十四五"总投资可达 200 亿元，仅全钒液流电池就能形成 3 吉瓦产能规模和 600 亿元产值，加上其他配套产业，总产值可以达到 1000 亿元。中远期到 2035 年可以达到 3000 亿元。

全钒液流电池是新能源前沿领域储能系统建设的基础支撑，储能系统技术突破对于解决电力发供平衡及产能充分利用、避免能源无效损耗意义重大，在"双碳"背景下，有着广阔的市场前景。开封碳素全钒液流电池属于国内首批启动的此类项目，已经占得先机，现在各种条件均已具备，关键是要加快实施步伐，也要政府加大支持力度，尽快形成配套产业集群。

二是依托东大、华瑞、兴华、晋开等骨干企业打造千亿级精细化工产业集群。化工产业是个非常庞大的体系，其基础层面就是石化、煤化、盐化三个头，然后各自向下延伸，过程中互有交叉融合，越往下走交叉融合越充分。链条很长，每个环节又有多种不同类型的产品。随着经济社会发展链条不断拉长，产品不断增多，产业体系也就越来越庞大。化工产品用途十分广泛，是现代生产生活中须臾不可离开的物品，是永远的朝阳产业，发展前景十分广阔。按基础分类，开封化工属于煤化和盐化，且链条都很短，基本上停留在基础化工层面。晋开以煤炭为原料生产合成氨，终止于化肥和氢气，东大以盐为原料生产纯碱、液氯、氯乙酸等主打产品，华瑞以一氧化碳和液氯为原料合成光气，兴华主打产品是糖精。四大骨干企业相互独立，自成体系，只是略有交叉（华瑞使用东大及晋开的液氯和氢气），尚未形成较长的链条和完整的体系。

关于化工产业发展的方向，业内人士的共识是，不能在基础化工层面打转，只能是延伸链条，向精细化工方向拓展，通过深度交叉融合，发展专精特新产品，完善体系，形成良好生态，做大做强。因为基础化工拼的是规模，现在不管是石化、煤化还是盐化领域，省内外同行中早就不乏庞然大物了。不说石化龙头，千万吨级炼油规模早已稀松平常，浙江舟山四千万吨规模石油炼化企业也已拔地而起；就说省内煤化龙头平煤控股的襄城县首山煤化工企业，焦炭产量超过 320 万吨，销售超过 200 亿元，位于舞阳县的金大地盐化工企业，纯碱和小苏打产量位居中国和世界前列，各种产品加总数百万吨，年物流量超过

700万吨,年销售超过120亿元。开封要想在基础化工层面拓展规模,不但企业资金、设备无力支撑,即使硬着头皮做,也无法与现有巨头竞争,而且"双碳"环境各种外部约束也无法突破。

近期,开封化工向精细方向延伸链条可抓住两条线:一条线是以东大化工为龙头,从初级产品烧碱、液氯、氯乙酸等延伸至环氧树脂,然后再向下延伸出风电风叶+电路板+油漆涂料。这样既可以使东大等基础化工企业不断向下游拓展新的项目,或者吸引新的企业入驻,也可以支撑下游具有比较优势的五一、立邦等油漆涂料企业进一步做大做强。另一条线是以华瑞为龙头,承接东大的液氯及东大和晋开的氢气,做大光气,然后向洗涤剂+除草剂及HDI(六亚甲基二异氰酸酯)高档油漆涂料延伸,借助于华瑞宝贵的光气特许生产经营权及其不准异地运输,必须就地消化使用的特性,把所有使用光气为材料的企业都聚集过来,就可以比照上海金山化工园区,迅速做大光气产业体系。远期不断加大研发力度,进入化工产业发展技术前沿,不断引进、孵化新产品并加速实现产业化,也要在洗涤剂等日用化工产品领域做出更多专精特新产品,并在保证质量的基础上加大广告宣传,提升知名度,打造有影响力的地域品牌。

从政府角度,打造千亿级化工产业集群,最紧迫的是要在两个方面加大推进力度:首先,加大化工园区基础设施建设的力度,尽快打破企业各自为战、自成体系的局面,实现道路、管道、供水、供电、供气、供热等的互联互通和统一调度配置,实现废弃物排放和环境统一治理,最大限度地实现共治共享;其次,建立起高水平的产业研发平台,迅速形成研发能力,提升研发水平,及时为企业提供新的技术解决方案,保持产业活力和竞争力,提高产业持续发展的能力。

三是依托奇瑞等骨干企业打造汽车及零配件和装备制造千亿级产业集群。汽车是个大产业,覆盖面宽,辐射带动能力强,进入21世纪以后中国经济的持续高速增长,在很大程度上得益于汽车产业驱动。在汽车产业大发展过程中,开封也算是抓住了个尾巴,不仅有几十家零配件企业,还有奇瑞这样的整车企业,有了100多亿元的产业规模。

开封汽车产业的问题:首先是产业相对规模小,在现有基础上要实现千亿规模发展目标,需要几个翻番;其次是企业数量少,不仅整车企业只有一家,用业内人士的话说,开封化工产业一聚就是一群,汽车产业从来就是独自跳舞,而且零配件企业也少得可怜,无法满足整车企业配套需要,难以形成完善的配套体系和良好的产业生态,说是芜湖仅奇瑞就有配套零配件企业 900 多家。

就全球和国内汽车产业目前的发展状况来说,总体产能已趋于饱和,市场多为更新换代需求,纯粹增量需求有限。但在"双碳"背景下,结构调整步伐在加快,传统燃油汽车迅速萎缩,新能源汽车快速增长,再加上要素成本变化驱动的产业空间配置调整,所以,就开封而言,汽车产业发展还是孕育着机会。开封汽车产业发展的优势:首先是地处中原交通枢纽强辐射圈内形成的市场和物流成本优势;其次是相对欠发达地区固有的劳动力和土地等要素成本优势。开封应该发挥上述优势,抓住汽车产业结构调整的机遇,迅速做大汽车产业。除了支持现有整车及零配件企业做大规模之外,快速做大规模的捷径是承接产业转移,加大整车和零配件企业引进的力度。要聚焦整车及零配件聚集度较高的长、珠三角地区和西南重庆、成都地区,引进更多的整车生产线,并带动零配件企业大量聚集。

空分装备产业首先要通过深化改革和重组,尽快解决龙头企业债务包袱,恢复活力;其次是推动有活力的几家民营企业尽快做大规模。空分产业结构演化的趋势,是从传统的设备制造与气体供给分离,向设备制造与气体供给一体化转换,也就是制造企业从卖设备向设备与气体供给一条龙服务转变。综合起来国内也有数千亿的市场规模,但多被国外巨头控制。按照设备制造和气体供给一体化路线,实施进口替代战略,国内空分产业仍有巨大的发展空间,这也是开封空分产业发展的方向。

四是依托农牧产品优势和品牌企业打造千亿级食品产业集群。食品是永远的朝阳产业,开封作为农业优势比较突出的地区,又与全省规模最大的商丘、周口等黄淮农业区毗邻,拥有丰富的农牧产品,也就是食品工业原料供给。花生、大蒜等特色优势产品尤其突出,牧原等龙头企业在通许等地发展的生猪饲养,拥有相当大的规模。最新的信息是,掌握了非洲猪瘟防疫技术的豫泰生物,正在与中粮集团等食品企业巨头合作,在兰考、尉氏等地推广小规模农户聚集养殖模式,从而可以迅速扩大生猪存、出栏数量。

虽然开封农产品加工及食品产业原有基础薄弱,但最近几年发展势头比较好,不但本土成长起来的花生、大蒜加工企业充满活力,而且国内一些知名品牌企业也纷纷在开封落户。落户尉氏产业聚集区的北京大红门的肉类加工项目已有 100 多亿元的规模,华夏幸福在祥符区的食品产业园发展迅速,正大、雨润、嘉吉饲料、益海嘉里等大公司也正在谋划实施一批成规模的大项目。

总之,依托农牧产品资源优势和品牌企业,持续谋划实施大项目,不断推出能够符合市场需要的产品,是开封食品产业做大做强的方向。

(二)做大本土民营经济和大规模承接产业转移并举,倾力打造若干个百亿级特色产业集群

进入21世纪以后的20年,在外出务工、收入回流、农民进城、房地产扩张、土地升值、基础设施和城市功能完善提升等机制的共同作用下,县城对产业的承载能力大幅提升。省十一次党代会提出要县域"起高原",要求县域在整个省、市域经济中起到基础支撑作用。做到这一点最有效的方式,是依托县城打造特色制造业产业集群,途径无非有二:一是加大现有产业的培育力度,做大本土民营经济;二是承接产业转移。在这方面,我们的邻居商丘、周口两市已经做出了榜样。它们辖区内很多县域,也就是在过去10年内,尤其是"十三五"期间,就完成了诸多特色产业集群的构造。民权的"冷谷"、睢县的"鞋都"、柘城的人造金刚石、虞城的钢卷尺、夏邑的纺织、沈丘的造纸网等等,都已成为知名品牌。

就开封主城区之外五县区而言,兰考和尉氏的家居、尉氏的纺织和橡胶带、杞县的铝材和粮食机械、通许的电动车、祥符区的农产品加工等都有一定基础,应进一步加大整合培育力度。

郑州都市圈最大的优势是内陆枢纽地位和庞大的市场规模,必然对日用消费品有巨大需求,会长期吸引此类产品生产企业在都市圈内外聚集。开封处在都市圈核心偏外位置,既便于对接枢纽和市场,又有空间、要素供给与成本优势,最适合劳动密集型日用消费品制造业在此聚集。所以,开封应该面向长、珠三角劳动密集型日用消费品制造业转出源头地区,加大招商引资力度,力争相关劳动密集型日用消费品制造业集群式在开封县区落户,支撑数个百亿级特色产业集群发展。

(三)加大扶持引导力度,推动高科技产业和新经济爆发式成长

中国经济已经进入高质量发展新阶段,该阶段最突出的特征是创新引领。创新是党的十九大特别是十九届五中全会以来中央经济政策的主旋律,省十

一次党代会更把创新放在十大战略之首。开封要推动制造立市,探索产业快速发展的路径,重铸工业辉煌,创新是无论如何也不能回避的议题。

实际上,中国经济发展由资源依赖和投资驱动向创新引领、技术依赖和消费驱动的转换,早在2008年金融危机过后就已经开始了。区域经济发展的实践经验证明:哪里有创新,哪里就有发展;哪里创新能力强,哪里就发展得快。长、珠三角地区及湖南、湖北、江西、安徽诸省近年来之所以再现辉煌,就是因为其超强的创新能力。中国南北差距迅速拉大的原因也在于此。在新一轮区域经济竞赛中,河南因创新能力不足已经严重落伍了,这也是新一届省委、省政府高度重视创新引领的原因。相对于都市圈其他城市,开封有河南大学支撑,在基础创新方面或许还说得过去,但在应用创新及产业化方面则更显薄弱,高科技企业数量少,基本没有成规模和较有影响力的高科技产品和产业。

令人欣喜的是,在面上暗淡的背景下,却有一个引人注目的闪光点,那就是2016年设立的科创中心,在仅有的21亩土地空间上,短短5年间,吸引了30多家高科技企业、7个研究院。与清华大学、天津大学、中国矿业大学、哈尔滨工业大学、河南大学、牛津大学等国内国际高水平大学有实质性合作。其中不乏位居世界前沿的技术和项目。

来自牛津的郝国梁博士领办的斯高电生理研究院,掌握世界顶尖的心脏电生理技术,拥有相关高端实验室仪器研发销售、新药心脏毒性检测服务、新药开发3项主营业务,年收入数千万元,已进入赢利状态和拥有较强的造血功能,达到了自我滚动发展的良性循环状态。其主打产品高灵敏度心脏病变监测仪器也已进入申报审批程序,一旦大规模上市,企业规模扩张能力不可限量。

启源研究院的高性能激光器和射线源技术,已成为河南省政府与清华大学签约建设的中原之光大科学装置项目的重要组成部分,其高性能激光器产品也是可以和美国比肩的世界顶尖产品。

由河南大学试验专家创办的北京中镜科仪公司发展演化而来的微数集团,主打电子显微镜销售、检测和实验人才培训3项业务,与开封化工技师学院共办了电镜专业,向中国科学院、北京大学、清华大学等高水平大学和高端研究机构输送了大批实验人才。利用杏花营1500亩富士康培训中心创办的实验学校,也已通过了有关部门的审批程序。属于卡脖子技术的透视电子显微镜制造也已提上了日程,一旦制造成功推向市场,将成为全世界仅次于美国和瑞士的第三家生产商。从 2019 年开始,他们一直在谋划在开封打造电镜产业园。

拥有原创性乳腺癌药物的锐达医药,核心团队来自美国贝勒中心,现已进入二期临床,预计 5 年内上市。依托河南大学许启泰教授的生物技术设立的豫泰生物公司,其非洲猪瘟防治药物有效率达 95%,与首农、北大荒等著名农业公司合作兰考 300 万头生猪饲养项目,正在加快实施步伐。其以槟榔提取物为添加剂的系列食品项目,已具备大规模产业化的条件。

所有上述高科技企业和高科技项目,都属于无中生有性质,是开封工业的前沿增量,应该高度重视,加大培育引导力度,使之尽快做大做强,以引领开封制造未来的发展方向。办法有四:一是市政府以研发项目经费或股权资本等方式加大投入;二是加大协调力度,推动有条件的企业及研究机构升级为省级或国家级研发平台,争取中央财政和省级财政的支持;三是抓紧纳入河南省"十四五"重点推动的郑汴科创走廊规划,谋划在该走廊上的西湖组团或运粮河组团批出地盘,满足这些项目产业化所需空间,也吸引更多类似企业和项目入驻;四是推出相应的人才支持政策。

(四)深化改革,释放骨干企业的市场活力

晋开、碳素、东大、兴华、华瑞、空分等传统优势产业领域续存的骨干企业,分属晋煤、平煤和河南能化三大国有煤业集团,也几乎都是集团百分之百控股,属于标准的国有企业。但这些企业的主营业务也都属于典型的竞争性领域。按照改革开放以来中国经济学界的共识,具有垄断性质的领域,不管是自然垄断,还是关系国计民生的重大基础设施与重要能源原材料,从而需要国家垄断的领域,属于国有企业的活动空间,竞争性领域更适合民营企业。一来因为竞争性领域需要企业对迅速变化的市场做出更敏捷的反应,而不能信息和指令上下来回传递;二来因为需要更严格的成本收益控制和对经营者更大的利益激励。所以,竞争性领域的国有企业中都需要按照市场化的要求,进行更为深化的民营化改革。

比较稳妥的改革方式是走混合所有制的路子,同时要管理层持有相当比例的股份。在这方面,平煤神马集团所属的首山化工提供了很好的案例。首

山化工管理者持股40%以上,且拥有充分的经营决策权,集团主要是技术支撑、方向引导与财务控制。三大煤业集团所属开封相关企业可以按照首山化工模式,进行以管理层持股为目标的混合所有制改革,同时赋予管理者充分经营决策自主权。当然,这需要市委、市政府主动与相关集团进行协调。

(五)强化企业家培训,造就庞大的现代企业家群体

产业靠企业支撑,企业都是企业家做出来的,这是很直白的道理。阿里因为有马云,华为因为有任正非,就像双汇是因为有万隆,宇通是因为有汤玉祥一样。一个区域的经济规模最关键的因素在于企业家规模和优秀程度,这是开封制造业发展的短板,也是实现制造立市的关键,开封亟须造就一个庞大的企业家群体。

企业家是个把做企业当事业,渴望成功,不怕风险和失败,倒下去能再爬起来,敢于担当,有强烈信念和扩张欲望的特殊人群。他们当然是在市场风浪中锻造出来的,但是政府的引导和社会的包容支持也是不可缺少的。所以,政府和社会在企业家队伍培育形成过程中可以发挥重要作用。一是加强组织,加大企业家培训力度,帮助其获取新知、开阔视野;二是将更大比例的人大代表、政协委员名额向企业家队伍倾斜,提高企业家群体的社会地位,同时通过企业家参政议政提高施政的科学性和有效性;三是在全社会营造尊重企业家的良好氛围。

(六)加大工业基础设施建设力度,打造适合企业发展的功能完善的空间,拓展产业聚集区、工业园区和各类开发区发展空间

首先是化工产业园区,要在统一规划的基础上,打破各自为战、自成体系的格局,加大道路、地下管廊及废弃物处理设施建设力度,加快园区绿化美化,完善园区功能和服务体系,为入驻企业提供良好的运行环境和经营条件。其次是以开封碳素为核心的东部工业区,亟须加快周边环境整治和居民拆迁搬迁,并在此基础上加大硬件基础设施建设力度,满足以全钒液流电池为主体的新能源产业发展扩张需要。最后是以省委、省政府将产业聚集区改建为省级经济技术开发区为契机,调整原产业集聚区规划,扩大规模,完善基础设施和服务功能,为新一轮开封工业大发展提供足够的空间。

五、保障措施

(一) 统一思想,制造立市不动摇

改革开放以来,开封曾经在城市功能定位和发展方向上几经摇摆,长期没有处理好工业与商务服务业及旅游服务业之间的关系。20世纪80年代是在工业和商务服务业之间摇摆,90年代以后又在工业和旅游服务业之间摇摆,进入21世纪以后逐渐达成工业、服务业并重的共识。现在提出制造立市,应该说是对工业和服务业两者之间的关系有了更深一层的认识。

还是那句话,一个拥有较大规模的城市,强大的制造业永远是其整个经济体系的基础,开封必须把这个已经严重弱化的基础给补上来。由此,整个战略要明确向工业发展倾斜,包括资金、土地和人才资源投入都要向工业领域倾斜,这要作为市域经济社会发展的根本战略方向,在最广大的层面达成共识,毫不动摇地长期坚持下去。

(二) 要有科学的战略谋划和规划,以及规划谋划落地的激励机制和约束机制

应该聘请具有战略眼光,又熟悉开封情况的高端智库,以第三方身份,在吸取国内外区域发展经验,深入研究区域及都市化发展规律和开封实际的基础上,对开封工业定位、发展方向做出战略性判断,并对发展策略和政策激励措施做出系统谋划。

(三) 土地资源保障

在耕地、生态和建设三线划定的情况下,加大农村土地整合力度,最大限度地将零星建设用地向聚集区和开发区集中,保障工业项目的土地使用。

(四) 创新投入、平台打造和人才保障

加大创新投入是提升创新能力,推动技术依赖阶段实现高质量发展的基本保障。要按照省十一次党代会确立的目标,切实加大创新投入,在较短时间

内将创新投入强度提升到全省平均增速水平（2020年是GDP的1.62%），然后再达到全国平均水平（2020年是GDP的2.4%）。

创新能力提升，靠的是创新要素高密度、大规模聚集，这要有能够让创新要素聚集的平台，包括高水平大学和高端研究机构、产业和企业研究机构等，这也是开封比较缺的。要紧紧抓住郑州都市圈建设郑开科创走廊的重大机遇，尽快实质性启动规划中的运粮河组团和西湖组团谋划建设，为各种高端研发平台落地留出聚集空间。在此基础上，探索河南大学及其他在汴高校各种实验室和研究机构与开封产业发展对接的方式，同时谋划推动国内外高校和高端研究机构引进落地的方案和行动。以省委、省政府大力推动产业研究院建设为契机，争取开封优势产业设立更多的省级产业研究院，更多的优势企业申报设立省级甚至国家级实验室、工程研究中心和企业技术中心等高层次研发平台，争取规上企业市级以上研发平台全覆盖。

平台是载体，人才是根本，提升开封创新能力，最重要的是聚集更大规模的创新型人才。捷径是学习郑州等地吸引人才的经验，对"双一流"以上高校来汴就业的本、硕、博毕业生给予相应的生活补贴和住房补贴。对更高层次的创新创业人才，仿照沿海发达地区的做法，降低个人收入所得税征收标准（15%个人收入所得税，先征后奖），同时给予更优惠的住房、子女入学入托和个人及家属医疗保障。

（五）利用资本市场和设立引导基金，畅通融资渠道，为工业项目提供资金保障

资金是经济活动的血液，必要的资金保障是工业良性发展的基础。

资本市场是企业融资的重要渠道，也是规范企业经营行为，提升企业信用度和知名度，吸引高端经营管理和技术人才，推动公司治理现代化，实现企业快速扩张的重要途径。所以，培育企业上市应该成为制造立市战略中的一项重要举措。要由市主要领导或主管领导牵头，以市金融办为工作平台，成立工作专班，制订计划，投入专项资金，加大协调力度，有针对性地及时解决推进过程中的相关问题，加快推动企业上市步伐，争取在"十四五"期间能够形成一定规模的上市公司群体。

扩大政府过桥资金规模，满足个别企业短期大额资金需求。不少企业由

报告6 开封市推进制造立市的产业路径和保障措施

于行业特点,生产经营过程中往往会有大额短期资金需求。比如经营形势不错的天元装备工程股份有限公司就反映,因为项目启动前需要购置材料,所以有短期资金需求,一旦项目启动,资金就会迅速回流,可以很快偿还垫付资金。为解决公司短期流动资金不时之需,可以考虑在前几年已经设立的政府过桥资金的基础上,增加投入,扩大规模,完善经营机制,在对企业和项目信用评估的基础上,用市场化信用借贷方式,满足企业经营活动中的短期资金需求。这样不仅可以为企业增加市场化融资渠道,而且可以帮助企业实现以小博大,快速扩大经营规模。

加大在汴各类金融机构的协调力度,帮助金融机构在最大限度降低风险的前提下,敦促其扩大贷款规模,优化对公司企业的服务措施,利用主渠道放大开封工业企业资金流,当然还是满足企业融资需求的首选。

中原发展研究报告集
（2021—2023）

耿明斋 主编

ZHONGYUAN FAZHAN YANJIU
BAOGAO JI

（下）

河南大学出版社
HENAN UNIVERSITY PRESS
·郑州·

目 录

第二部分　漯河市政府委托项目

报告 7　漯河市创新之城发展规划 …………………………… 311
 一、规划背景 …………………………………………………… 311
 二、总体要求与发展目标 ……………………………………… 315
 三、主要任务 …………………………………………………… 318
 四、重大工程 …………………………………………………… 323
 五、保障措施 …………………………………………………… 343

报告 8　漯河市现代化食品名城发展规划 …………………… 345
 一、发展基础 …………………………………………………… 345
 二、发展形势 …………………………………………………… 349
 三、内涵与定位 ………………………………………………… 351
 四、总体要求 …………………………………………………… 351
 五、重点任务 …………………………………………………… 357
 六、保障措施 …………………………………………………… 376

报告 9　漯河市融入郑州都市圈一体化发展专项规划 ……… 378
 一、规划背景 …………………………………………………… 378
 二、总体要求 …………………………………………………… 379

三、打造都市圈复合型次级交通枢纽 …………………………… 383
　　四、打造郑州都市圈综合物流副中心 …………………………… 384
　　五、建设都市圈国家级食品产业创新中心 ……………………… 385
　　六、促进制造业跨区合作联动 …………………………………… 387
　　七、促进更高水平的开放合作 …………………………………… 390
　　八、推进公共服务便利共享 ……………………………………… 392
　　九、保障措施 ……………………………………………………… 394

报告10　漯河市中心城区内涵式发展思路与方向 ………………… 395
　　一、为什么要强调中心城区内涵式发展？ ……………………… 395
　　二、漯河市中心城区内涵式发展趋势和水平基本判断 ………… 396
　　三、发展经验 ……………………………………………………… 412
　　四、中心城区内涵式发展的思路与方向 ………………………… 414
　　五、推动中心城区内涵式发展的政策建议 ……………………… 417

报告11　舞阳金山盐化工产业创新发展研究报告 ………………… 419
　　一、联碱产业的国内外发展简况透析 …………………………… 419
　　二、金山化工发展环境与战略布局 ……………………………… 431
　　三、金山盐化工产业发展面临的制约因素 ……………………… 437
　　四、金山化工联碱产业升级对策与建议 ………………………… 439

报告12　漯河市未来食品产业发展研究报告 ……………………… 442
　　一、食品科学的现状及未来食品发展趋势 ……………………… 442
　　二、河南省食品产业发展着力领域 ……………………………… 445
　　三、漯河食品产业发展现状及问题 ……………………………… 447
　　四、漯河未来食品产业的重点突破口 …………………………… 453
　　五、构建漯河食品产业生态体系 ………………………………… 473
　　六、保障措施 ……………………………………………………… 475

报告 13 双汇集团第三工业园发展建议 477
  一、双汇集团第三工业园概要 477
  二、双汇集团发展环境分析 478
  三、双汇集团第三工业园发展建议 479

第三部分 襄城县政府委托项目

报告 14 襄城县总体发展定位和方向 487
  一、襄城县经济发展阶段及水平评估 487
  二、发展定位及总体思路 506
  三、重点举措 509

报告 15 襄城县制造业发展问题研究 515
  一、襄城县制造业发展现状 515
  二、当前煤化工产业发展前景广阔 517
  三、煤化工产业发展方向 522
  四、襄城县其他主要产业及其发展前景 525
  五、襄城县制造业发展过程中存在的问题 526
  六、对策建议 528

第二编 专题研究报告

第一部分 国家与河南省相关部门委托项目

报告 16 做优国家综合立体交通运输体系中间支点 为中原崛起和国家现代化提供强支撑 537
  一、河南在国家综合立体交通运输体系中具有举足轻重的地位 537

二、以新一轮高铁建设为抓手,陆桥廊道为重点,全面提升河南综合立体交通网能级 …… 542

三、以提升郑州枢纽地位为中心,超前谋划,进一步完善河南现代综合立体交通运输网络体系 …… 543

四、发展多式联运,提升综合立体交通运输体系运行的效率 …… 546

五、若干建议 …… 549

报告 17　以"四路"先行先试为重点　创新我省高水平开放体制机制研究 …… 552

一、河南"四路"开放经济的内核:枢纽、物流和产业 …… 552

二、体制机制是维护开放经济生态圈的重要保障 …… 554

三、河南"四路"开放通道运营状况 …… 556

四、全球各国开放的体制机制的实践与探索的一般规律 …… 570

五、先进经验借鉴 …… 574

六、河南"四路"建设中面临的突出问题 …… 579

七、河南"四路"进一步深化推进体制机制创新 …… 582

报告 18　以改革体制机制促协同　提升郑州大都市圈建设影响力、辐射力、带动力研究 …… 593

一、引言 …… 593

二、城市功能演化及都市和都市圈 …… 594

三、深化行政体制改革,提升郑州城市能级 …… 604

四、科学设计郑开同城化制度,打造郑汴港核心区 …… 610

五、构建空间平台和支点,推进郑许、郑焦、郑新一体化 …… 614

六、创新项目建设体制机制,进一步提升完善枢纽功能 …… 616

七、创新规划体制机制,合理布局产业发展空间,促进要素自由流动和资源优化配置 …… 618

八、大都市圈统一实施激励创新和成果转化机制与政策 …… 619

九、携手洛阳和西安,打造北方内陆地区最大的都市连绵带 …… 624

十、保障方案落地的措施 …… 626

目 录

第二部分　自选调查研究专题报告

报告 19　区块链、Libra 与基础创新 ·················· 631

报告 20　把创新摆在现代化河南建设的核心位置 ·················· 635
　一、为什么要把创新摆在现代化河南建设的核心位置？ ·················· 635
　二、如何把创新摆在现代化河南建设的核心位置？ ·················· 637

报告 21　转换赛道　构造河南高质量发展新格局 ·················· 639
　一、河南发展需要转换赛道 ·················· 639
　二、在新赛道上如何实现突破？ ·················· 640

报告 22　对航空港区发展现状评估与未来发展对策建议 ·················· 643
　一、对港区发展现状的评估 ·················· 643
　二、港区下一步发展的思路与对策建议 ·················· 647

报告 23　关于引进大型液晶显示面板项目，构筑超大规模电子信息
　　　　产业集群的意见建议 ·················· 655
　一、河南亟须引进大型液晶显示面板项目，构筑超大规模电子信息
　　　产业集群 ·················· 655
　二、液晶面板显示技术演化趋势和行业竞争态势 ·················· 655
　三、引进一定以 OLED 技术为优先选项 ·················· 657
　四、公司选择应该考虑的风险因素 ·················· 659

报告 24　郑州机场货运现状及提升建议 ·················· 662
　一、10 年发展基本评价：运量高速增长，在国内各大机场中的地位
　　　持续提升 ·················· 662
　二、本轮增速陡升陡降原因：疫情冲击、需求暴涨、运力结构特点及
　　　调整变化 ·················· 663
　三、郑州机场竞争态势评估：短期严峻，长期压力大 ·················· 666

四、应对短期冲击与长期提升运力和运量的途径 ……… 673
　　五、两点建议 ……………………………………………… 678

报告25　乡村振兴路径与改革深化 ………………………… 680
　　一、必须把乡村振兴放在现代化的背景中来审视 ……… 680
　　二、乡村振兴是乡村有机更新的过程 …………………… 681
　　三、乡村振兴的路径与节奏 ……………………………… 682
　　四、改革深化与新乡"三变五合作"探索的价值 ……… 683

报告26　平舆——走在传统平原农区工业化前沿 ………… 684
　　一、县域现代化有许多问题值得研究 …………………… 684
　　二、平舆县工业化基础薄弱到可怜 ……………………… 684
　　三、平舆县走到了县域工业化及现代化前沿 …………… 686
　　四、平舆县域经济发展的经验 …………………………… 689
　　五、几点理论思考 ………………………………………… 693

后　　记 ………………………………………………………… 697

第二部分
漯河市政府委托项目

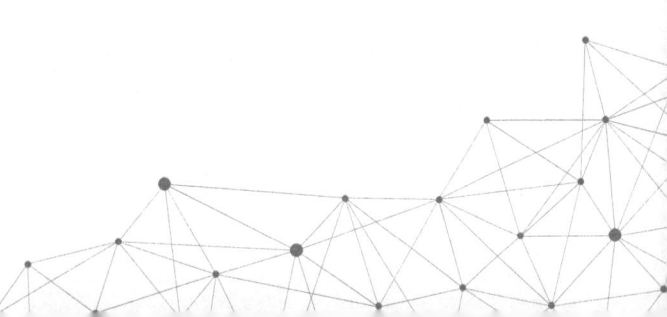

报告 7　漯河市创新之城发展规划[*]

创新型城市是创新型国家的重要支柱,是区域创新体系的中心环节。创新之城建设是漯河市委、市政府深入贯彻中央、省委新发展理念,立足漯河市实际的重大战略部署,是实现高质量发展的必然选择。为加快漯河市创新之城建设,全面提升城市创新能力,依据《河南省人民政府关于实施创新驱动提速增效工程的意见》《河南省"十百千"转型升级创新专项实施方案》《河南省深化科技奖励制度改革方案》《河南省加快培育创新型企业三年行动计划(2020—2022年)》《河南省国民经济和社会发展第十四个五年规划和二〇三五年远景目标纲要》《漯河市国民经济和社会发展第十四个五年规划和二〇三五年远景目标纲要》《中共漯河市委 漯河市人民政府关于加快科技创新推动高质量发展的实施意见》等,编制《漯河市创新之城发展规划》。本规划是政府履行创新职责的重要依据和全市创新发展的行动纲领。

一、规划背景

(一)现实基础

"十三五"期间,漯河市大力实施创新驱动发展战略,着力构建区域创新生态体系,围绕创新主体、创新基础、创新资源、创新环境持续用力,创新对全市经济社会高质量发展的驱动引领作用日益凸显。

创新驱动能力持续提升。全市研发投入由 2015 年的 7.69 亿元增长至

---

[*] 该项目受漯河市政府委托,时间:2021 年 8—11 月;统筹人:耿明斋;主持人:刘涛;项目组成员:刘涛、张建秋、李甜、韩瑞川;李燕燕、王永苏等参加讨论。

2020年的17.93亿元,全社会研发投入强度由0.77%提升至1.14%。发明专利拥有量由2015年的每万人0.8件增长至2020年的每万人1.93件。科技进步贡献率超过60%,全员劳动生产率超额完成"十三五"既定目标。成功创建"全国主食产业化工程示范市",全产业链、全价值链、全供应链的食品产业生态圈初步形成。

创新主体数量快速增长。全市国家级高新技术企业由2015年的25家增长至2020年的101家,较"十三五"初期提高了逾3倍。截至"十三五"末,全市市级以上高新技术企业共236家,省级创新龙头企业1家,省级"科技小巨人"培育企业11家。国家级科技型中小企业入库数量由2018年的63家增长至2020年的152家,年均增幅达55.33%。

创新平台建设成效显著。经济开发区成功创建国家级农业科技园区,沙澧产业集聚区成功创建省级高新区。新建2家省级新型研发机构,新增1家省级重点实验室。组建中原学者工作站1家,河南省国际联合实验室1家,河南省技术转移示范机构2家,河南省产业技术创新战略联盟2家。工程技术研究中心总数达197家,其中省级55家;市级以上创新型科技团队56家。与中国科学院老专家技术中心共建漯河工作站,与江南大学共建江南大学技术转移中心(漯河)分中心,漯河市食品产业公共研发平台、休闲食品加工技术河南省协同创新中心、河南省休闲食品工程技术研究中心建成运营。"河南省肉品技术创新中心"获得省科技厅批准筹建,省级技术创新中心取得"零突破"。新培育省级众创空间4家,省级星创天地8家。

创新政策环境不断优化。出台了《中共漯河市委 漯河市人民政府关于加快创新驱动发展的实施意见》《漯河市创新型试点企业培育实施方案》《漯河市加快研发中心建设实施方案》《漯河市重大科技创新专项项目和资金管理办法》《漯河市科技创新券实施管理办法》《漯河市人才引进培养激励暂行办法》等一系列政策文件。实施了"五大产业"提升工程和产业集聚区科技创新提升行动,开展了"基层一日"科技服务行动,组织开展"漯河企业家高校行""高校院所专家漯河行""走进中科院,直面科学家"等活动,解决企业技术难题近百项。

(二) 面临形势

转型速度和发展质量差异,正在重构中国区域间经济新格局。2008年全球金融危机以来,中国区域间经济发展格局悄然改变,原本东中西之间的经济差距已转化为当下的南北经济差距问题。2008年之后,河南一改20世纪90年代中期以来经济发展长期走在前列的态势,GDP增速持续较大幅度低于湖南、湖北、江西、安徽等中部靠南省份,也时常低于东部靠南的江苏、浙江、福建等省份,2020年甚至低于全国均值1个百分点,2021年上半年更低于全国均值2.5个百分点。河南目前正处于调整转型的攻坚期、风险挑战的凸显期,肩负着发展转型的艰巨任务,面对着更多逆风逆水的外部环境。如何走出低谷,实现"十四五"时期经济社会发展主要目标和2035年基本建成社会主义现代化河南的远景目标,无疑是摆在全省人民、各级政府面前一个亟待破解的问题。这对漯河也是一份沉甸甸的责任。

国家创新型城市建设成效斐然,已成为创新型国家建设的重要支撑。在建设创新型国家的大背景下,创新型城市的建设成为很多地方发展的重要遵循。2008年,深圳成为全国首个国家创新型城市建设试点。2010年,国家发展改革委发布《国家发展改革委关于推进国家创新型城市试点工作的通知》。2016年,科技部和国家发展改革委联合制定了《建设创新型城市工作指引》,进一步加快了全国创新型城市建设步伐。截至2020年,科技部和国家发展改革委共支持78个城市(区)开展国家创新型城市建设,包括72个地级市、4个直辖市城区和2个县级市。历经10多年的发展,创新型城市建设交出了抢眼的成绩单。2020年统计数据显示:全国78个创新型城市以占全国不足10%的国土面积、33%的人口,孕育了全国80%以上的高新技术企业,占据全国85%以上的有效发明专利,以及全国77.2%的研发经费投入和70.4%的地方财政科技投入,国家创新型城市已经成为建设创新型国家的重要支撑。全省已有郑州市、洛阳市和南阳市先后迈入国家创新型城市行列,新乡市也与郑州市、洛阳市共同成功申报国家自主创新示范区,开封市与郑州市之间的郑开科创走廊已正式纳入河南省"十四五"规划,漯河市如何在河南建设国家创新高地的目标下走好自己的创新之路亟待破题。

创新之城建设是漯河市委、市政府深入贯彻中央、省委新发展理念,立足全市实际的重大战略部署。中共十八届五中全会明确了"创新、协调、绿色、开放、共享"五大发展理念,"创新"排在第一位。十八大以来,习近平就创新发展发表了一系列重要讲话和论述:"把创新摆在国家发展全局的核心位置……让创新贯穿党和国家一切工作,让创新在全社会蔚然成风。""要着力实施创新驱动发展战略,抓住了创新,就抓住了牵动经济社会发展全局的'牛鼻子'。""抓创新就是抓发展,谋创新就是谋未来。"《中华人民共和国国民经济和社会发展第十四个五年规划和2035年远景目标纲要》首次专章部署创新篇,并摆在各项规划任务首位。河南省第十一次党代会提出"两个确保"发展目标,实施"十大战略",也是把创新放在首位。楼阳生在报告中特别强调要"把创新摆在发展的逻辑起点、现代化河南建设的核心位置"。漯河市建设创新之城既是落实中央和省委要求的重大部署,也是破解发展难题的重要举措。

漯河市经济下行压力逐年递增,亟须加快新旧动能转换。2010年以来,漯河市GDP增速逐渐由两位数滑向个位数,2013—2015年漯河市GDP年均增速达9%以上,2016—2018年以及2018—2019年则分别下滑至8.15%和7.6%。2020年受新冠疫情的影响,漯河市GDP增速跌至1.5%。与全国正在逐渐摆脱以往要素驱动的发展模式形成强烈反差的是,漯河市要素驱动的经济发展模式不仅没有改变,反而在不断强化。漯河市固定资产投资占经济总量的比重,由2010年的51.90%上升为2020年的96.34%。究其原因,是创新对漯河新旧动能转换的贡献不足,新旧动能转换迫在眉睫。

综合研判,漯河市已经到了转变经济发展方式的关键节点,创新之城建设无疑是转变经济增长方式的重要途径和不二选择。站在新的历史起点上,漯河市必须顺势而为、乘势而上,抢占创新制高点、把握创新主动权,使创新成为经济社会可持续发展的第一动力。

与此同时,还应清醒地看到,漯河市在创新之城的建设上还存在一些突出的问题:首先,创新基础薄弱。漯河市每万名就业人员中研发人员数量为14.45人年,远低于全国和全省每万名就业人员中研发人员数量62人年和29.19人年。高水平创新平台少,国家级重点实验室、工程技术研究中心还没有实现零的突破。据测算,漯河市城市创新综合能力位于全省18个地市的第13位,与全国72个国家创新型城市相比差距显著。其次,研发投入强度低。2020年漯河市全社会研发投入强度只有1.14%,低于河南省平均水平

(1.64%),与全国平均水平(2.23%)差距更大。再次,企业创新能力尚处于低端水平。漯河市规模以上工业企业研发经费支出占主营业务收入比重,2019年仅有0.68%。按照学术界的研究成果,企业研发经费投入强度达2%以上是企业生存发展的界限,5%以上才具备行业竞争力。最后,创新市场活跃度低,技术转移服务体系亟待完善。从2017—2019年全省各地市技术市场成交合同和金额看:连续3年漯河的两项指标均处于全省第15或16位,其中2017年成交合同和金额均为零。反观郑州、洛阳、新乡等城市,该指标都呈现出井喷式增长态势。此外,城市对高端人才吸引力不强、创新文化尚未成为城市文化的有机构成、金融对创新的支撑力度弱、有利于创新的体制机制尚不健全、产学研合作成效有待进一步提升等依然是漯河市创新之城建设的制约因素。

二、总体要求与发展目标

(一)指导思想

坚持以习近平新时代中国特色社会主义思想为指导,深入学习贯彻习近平关于创新驱动发展的重要论述和关于河南工作的重要指示批示精神,锚定确保高质量建设现代化漯河、确保高水平实现现代化漯河"两个确保",全面实施"十大战略",紧紧围绕现代化食品名城建设,坚持"四个面向""两个更加",以世界眼光,突破惯性思维,打破路径依赖,加强顶层设计,突出工作重点,下非常之功,用恒久之力,打造一流的创新生态,切实增强创新对经济社会高质量发展的支撑引领作用,实现直道冲刺、弯道超车、换道领跑,向着大而优、大而新、大而强和高又快、上台阶不断迈进,力争在全面建设社会主义现代化漯河新征程上奋勇争先、更加出彩。

(二)基本原则

坚持创新核心地位不动摇。强化创新在全面建设社会主义现代化漯河新征程中的核心地位,支撑碳达峰、碳中和,加快完善创新体系,加强创新治理能力建设,增强创新驱动发展能力,为经济社会高质量发展提供高水平创新供给。强化创新要素保障,加大创新投入,建立健全研发投入稳定增长保障机制。

坚持国内国际双循环相互促进。强化全球视野、区域联动、协同创新，坚持"引进来"和"走出去"相结合，深度接轨长、珠三角和"一带一路"沿线国家及地区，加强跨国界、跨区域、跨领域整合优化创新资源配置，加速嵌入全球创新版图，汇聚国内国际优质创新资源，推进关键核心技术攻关，抢占技术制高点。

坚持创新研发与产业对接"零距离"。围绕经济社会发展重大需求，完善"企业出题、政府立题、协同联动解题"的创新体系。把创新研发与成果转化紧密结合，将促进创新成果转化作为突破口，推进重大科技成果商业化应用。打通创新全链条，促进创新链、产业链、供应链、要素链、制度链"五链"深度耦合，采取超常规措施为创新打通"堵点"、解决"难点"、消除"痛点"。

坚持有效市场、有为政府有机统一。在充分发挥市场配置资源决定性作用的基础上，突出政府视野宽、统筹协调能力强的优势，着力破除体制机制障碍，强化创新体系和治理能力建设，促进创新全市域联动、全领域覆盖、全链条布局、全主体协同，进一步提升创新供给的质量和效益。

（三）总体思路

把创新摆在发展的逻辑起点、现代化建设的核心位置，保持不进则退、慢进亦退、不创新必退的警醒，坚定走好创新驱动高质量发展这个"华山一条路"。围绕全球一流现代化食品名城建设目标，以政府强力主导、社会协同为保障，以市场为依托，以企业为中心，以成果转化为导向，坚持走以自下而上为主、上下结合的应用性创新之路，努力构建"政产学研金服用"互相支撑、协同创新、共生演进的融合创新生态。强力实施创新驱动发展战略，着力推进五大任务、八大工程，全面建设创新之城。加快构建产业链上下游、大中小企业融通创新机制，实现主导产业、规上企业创新全覆盖。完善"微成长、小升高、高变强"梯次培育机制，形成更多的专精特新"小巨人"企业和单项冠军企业。探索建立重大创新需求与财政投入保障衔接机制，持续加大财政科技投入，撬动全社会研发投入水平增加。牢固树立"人才是第一资源"的理念，聚天下英才而用之，构建一流人才政策体系，为创新创业者提供最优质的竞技场。提高站位，扩大视野，全方位扩大开放，以"不求所有，但求所用"的理念，在全球范围内汇聚创新资源。加快形成一流的创新链条、创新平台、创新制度、创新文化，让全市创新活力充分涌流、创业潜力有效激发、创造动力竞相迸发。

(四) 发展目标

至"十四五"末,创新对经济社会发展的引领和支撑作用进一步增强,初步实现发展观念、发展方式、体制机制、发展环境等领域达到创新之城建设要求,城市创新体系基本完善,企业创新能力明显增强,成为全省创建国家创新高地的重要节点城市。产业创新水平持续提高,科技进步贡献率达到70%以上,高新技术产业增加值占规模以上工业增加值的比重达到50%以上。科技创新投入逐年增加,全社会研发投入强度超过2%,规上工业企业研发经费支出与主营业务收入之比超过2%。

至2035年,创新成为经济社会发展的根本驱动力,全面实现发展观念、发展方式、体制机制、发展环境等领域的创新统领,创新投入、创新应用、创新成效、创新环境等主要创新指标达到全国同类创新型城市先进水平,成为豫中南地区的创新"活力城"和重要的创新策源地。创新关键指标持续提升,科技进步贡献率达到80%以上,高新技术产业增加值占规模以上工业增加值的比重迈入全省先进行列,全社会研发投入强度超过3%,规上工业企业研发经费支出与主营业务收入之比超过8%。(见表7-1)

表7-1 漯河市创新之城主要建设指标

序号	指标	2025年	2035年
1	财政科技支出占一般公共预算支出比重(%)	4	8
2	全社会研发投入强度(%)	2	3
3	基础研究经费占研发经费比重(%)	1	5
4	万名就业人员中研发人员(人年)	25	60
5	规上工业企业研发经费支出与主营业务收入之比(%)	2	8
6	高新技术企业数(家)	200	500
7	万人发明专利拥有量(件)	3	8
8	技术合同成交额(亿元)	5	30
9	新培育国家级工程技术研究中心(个)	1	3

续表

序号	指标	2025年	2035年
10	新培育国家级重点实验室（个）	1	3
11	科技型中小企业数（家）	300	700
12	规模以上工业企业研发平台比例（%）	全覆盖	
13	科技领军人才（人）	3	10
14	公民具备基本科学素质比例（%）	13	20
15	全员劳动生产率（万元/人）	5.5	8
16	科技进步贡献率（%）	70	80
17	高新技术产业增加值占规模以上工业增加值的比重（%）	50	迈入全省先进行列
18	单位地区生产总值能源消耗降低（%）	按省下达目标	
19	城市空气质量优良天数比例（%）	按省下达目标	

三、主要任务

（一）发展理念创新

①确立创新统领发展全局的理念。不断深化对高质量发展阶段特征、演进趋势、内在规律的科学认识，以清醒的头脑、科学的态度、务实的精神，洞察产业变革走向，转变发展理念，准确识变、科学应变、主动求变。全市上下务必要达成"不在创新发展上迎头赶上，就没有出路、没有前途"的高度共识并真正付诸行动，真正把创新摆在发展的逻辑起点、现代化建设的核心位置，树立不创新必退的危机意识，对标创新平台、创新人才、创新课题、创新生态、创新体制机制、创新试点等找差距、补短板，开展大讨论大比武，把创新观念的提升与具体工作的落实紧密结合起来，创造性地开展工作。

②营造创新氛围。倡导鼓励创新、追求成功、敢冒风险、富有激情、力戒浮躁的创新文化，以更加包容的胸怀宽容创新失败，积极营造创新之城建设的良好舆论氛围、文化氛围和社会氛围。做好舆论引导，充分利用党校讲台及各种媒体作用，加大对创新之城建设中涌现的典型事例、典型项目、典型人物的宣

传,充分调动广大群众创新创业的积极性与创造性,提高干部群体、企业及社会大众对创新的认识,减少创新阻力,增加创新动力。面向优秀创业团队和在校学生等重点人群开展具有示范性和导向性的创新创业大赛,高水平举办好"'豫创天下'漯河选拔赛暨青年创业创新大赛""乡村振兴职业技能大赛"等漯河创新创业系列赛事活动,谋划开展"漯创汇"大赛,持续举办好漯河青少年科技创新大赛。设立"漯河创新大讲堂",适时举办"创新漯河"论坛,把漯河打造成为豫中南地区创新理论与创新观念的重要策源地和传播中心。

③完善以创新为导向的干部考核评价机制。形成"一切围绕创新,一切推动创新"的鲜明干部考核任用导向,压实主体责任,将创新发展目标任务分解纳入市对县区、部门领导班子和干部年度政绩考核。建立跟踪问效机制,根据创新之城建设总体目标,制定实现程度指标体系和监测方案,将创新之城建设落实推进情况纳入巡察重点、审计范围。强化"激励作为,倒逼不作为"的工作导向,切实转变创新"说起来重要,做起来次要,忙起来不要"的工作作风。建立通报表彰制度,尤其是要对创新之城建设做出突出贡献的单位和个人给予表彰奖励。

(二) 发展方式创新

①推动发展动力向创新驱动转变。以聚集高端生产要素为抓手,提高应用创新能力,实现经济发展从主要依靠资源消耗向依靠科技进步、劳动者素质提高、组织管理创新转变。着力强化企业创新主体地位,支持和培育重点企业根据自身发展需要,依托市场需求,在全国乃至全球范围内遴选适用技术项目,汇聚顶尖专家协同攻关,突破关键技术,占据技术链和价值链前沿,拉长链条,放大规模,促进产业化,形成企业与市场良性互动的内生创新机制。加大政府对研发的投入,实现从技术引进和应用研发为主向原始创新、集成创新、引进消化吸收再创新相结合转变。

②推动发展路径向生态循环转变。坚定不移走以生态优先、绿色发展为导向的高质量发展新路子,制订漯河市碳达峰、碳中和行动实施方案,持续提升绿色竞争优势。大力推进资源节约型、环境友好型社会建设,不断加强节能降耗监督考核,严格控制高耗能行业发展。加强绿色化节能技术改造,优化产品设计和生产工艺,降低单位产品能耗、水耗、物耗和废物排放,提高单位资源

的产出水平。大力发展循环经济,促进资源利用由"资源—产品—废物"线性模式向"资源—产品—废物—再生资源"循环模式转变。

③推动发展空间向多维领域拓展。破解城市发展的空间瓶颈,创新城市建设运营模式,系统推进智慧城市建设,加快新型基础设施建设,不断拓展城市发展的虚拟空间。强化招商引资补产业链短板,促进产业技术相互渗透融合,催生新产业和新业态发展,拓展发展的产业空间。坚持开放合作、互利共赢,积极融入国内国际双循环,深度参与国内国际交流合作,拓展城市发展的合作空间。创新社会治理方式,坚持依法治理、系统治理、智慧治理、精准治理,提升城市治理体系和城乡基层治理效能,拓展发展的公共空间。创新生活服务方式,注重保障改善民生和社会全面发展,提升公共服务的覆盖面和可及性,构建布局合理、功能完备、优质高效的公共服务体系,拓展发展的生活空间。提高改革精准化、精细化水平,加快形成有利于创新发展的制度环境,拓展发展的政策空间。

(三)产业发展创新

①构筑完整而有活力的食品产业生态体系。持续做大肉类加工、粮食加工、果蔬加工、饮料制造内层核心圈,完善提升食品机械、食品辅料、宠物食品、食盐及盐化工、生物医药、物流包装、造纸、物流中间支撑圈,优化研发平台、人才培养、食博会、城市广告、食品街外部生态圈。以"六个打通"链接核心圈和支撑圈,以全方位共享实现对核心圈和支撑圈全覆盖,促进内、中、外三个圈层的有机衔接,形成互动互补、相互激励、相互支撑,既相互合作又相互竞争、充满活力的食品产业良性生态体系,共同托起超大规模食品产业集群。

②促进产业链、价值链、供应链高端化。围绕现有产业体系链式谋划产业项目,试点推行"链长制",实施"三链同构"一体化招商,增强产业韧性,实现产业链上下游多元、互动、无缝发展。加大研发力度,向价值链高端延伸,不断提升食品产业价值链。创新产品种类,横向拓宽食品产业体量。引导有条件的本地企业,同时也通过招商引进更多更有实力的企业,进军成长潜力较大的中央厨房领域,向市场提供新鲜优质的半成品食材,满足消费时代迅速增长的此类需求。鼓励本地企业通过创新推出更多专精特新食品品种,打造更多像周黑鸭、哈根达斯之类的强势品牌,努力造就像雀巢、菲利普·莫里斯集团等世

界级综合性食品品牌企业,支撑食品产业高质量持续扩张。支持光电子、医疗器械、生物医药、智能制造等领域企业将创新端布局于漯河,搭建并充实研发平台,尽快形成自主创新能力,推动这些产业迅速做大做强。

③创新产业融合发展路径。以城乡融合发展为契机,促使现代服务业和现代农业、先进制造业跨界融合发展,不断激发产业新动力,释放产业新活力,形成产业新合力。积极推动食品、精细化工、高端装备、生物医药等制造业发展模式由制造环节为重向"生产＋研发＋营销＋商贸物流"并举转变,推动农业与旅游、康养、农产品加工等领域有机融合,最终实现"三产联动、多业融合"的良好发展态势。

(四) 科技发展创新

①提升应用创新研发能力。支持和鼓励各县区联合科研优势突出的高校和科研院所、创新型领军企业等,集聚整合科研力量和创新资源,带动上下游优势企业、高校和科研院所等共同参与,谋划创建国家和省级重点实验室、工程技术研究中心等研发平台,推动重点产业集群、标志性产业链和细分关键技术领域跨区域、高水平协同创新。面向食品产业、盐化工、新材料、生物医药等重点领域,支持龙头企业申请设立不同层级的产业研究院和企业技术中心等创新平台,建设一批既能解决应用基础研究的关键核心问题,又能为产业创新提供科技支撑的高水平新型研发机构。

②加强创新成果转化。打造各类创新创业服务机构集聚,线上线下融合,集信息发布、技术交易、技术评估、询价拍卖等功能于一体的技术交易平台,着力培育一批专业化、服务能力强的技术经纪人和技术转移机构,完善科技成果转移转化产业化创新服务链。建立成果转化激励机制,支持头部企业、高校院所共建科技成果熟化中试基地,加快高级技术成果转化,推动全社会由享受科研成果向成果享受、风险承担并进转变。围绕关键技术、前沿科技和重大应用研究等领域与各类研究机构开展合作,打造"研发创新在外地、成果转化在漯河"的良好创新创业生态。

③推进创新链与产业链、服务链高效衔接。抢抓"双循环"发展格局新机遇,持续优化产业链,同步部署创新链,全力提升服务链。围绕产业链部署创新链,积极以"高精尖"技术打通产业整体创新链,推动创新链高效服务产业

链。围绕创新链布局产业链,实现创新成果快速转移转化并推动产业结构持续转型升级。围绕产业链、创新链畅通服务链,积极推动服务业由提供单一服务向提供全过程服务转变、由提供一般服务向提供综合性服务转变。

④完善知识产权服务体系。加强知识产权的行政保护与司法保护,有效维护创新主体的合法权益。完善知识产权中介服务体系,加强知识产权的申请代理、评估投资、推广应用、信息检索咨询、纠纷代理和服务体系建设,促进市场对知识产权资源的优化配置。

(五)体制机制创新

①创新经济技术开发区等产业发展平台运营管理体制机制。逐步剥离经济技术开发区的社会职能,强化其开发和产业聚集、经济发展职能。支持具备条件的开发区等产业发展平台实行政企分开、政资分开,探索构建政府引导、市场化运作、企业化运营的开发运营模式,支持以各种所有制企业为主体,按照国家有关规定投资建设、运营,或者托管现有园区,享受相关政策。推进"园中园"开发管理模式,设立或引进与行政管理机构分离的投资开发公司,统筹负责土地开发、基础设施建设、招商引资等服务,促进开发效率和亩均产出的提升。

②创新重大科技项目组织实施机制。聚焦绿色食品、智能装备、生物医药、数字经济等领域重大科技需求,建立面向产业需求的科技项目形成机制,完善"企业出题、政府立题"的科研攻关模式,鼓励企业围绕解决生产经营中的核心技术和共性技术提出需求。加快推动"三评"(项目评审、人才评价、机构评估)改革和科研领域放权赋能改革,赋予高校、科研机构更大的创新自主权及创新领军人才更大的技术路线决定权。改革完善财政科研经费管理,提高科研项目间接费用比例和科研费用中用于"人"的费用,给予科研人员更大的经费管理自主权,探索建立项目经费包干制、基于信任的科学家负责制,强化以科研成果来兑现的科研经费投入体制。实行"揭榜挂帅"、"赛马制"、PI制(学科带头人制)等新兴科研组织方式,调动全社会力量攻克漯河市重点产业亟待解决的关键核心技术。持续提升食品产业公共研发平台、休闲食品协同创新中心和河南省休闲食品工程技术中心等三大公共研发平台功能,整合优势资源联合攻关,力争取得一批重大标志性科技转移成果。

③创新成果转化收益合理分配机制。深化技术要素参与股权与收益分配,落实以增加知识价值为导向的收入分配政策,赋予科研人员职务科技成果所有权或长期使用权,提高职务发明人进行科技成果转化的积极性。开展职务科技成果权属混合所有制改革,打造良好的科技成果转化制度生态,支持在漯科研院所争取开展赋予科研人员职务科技成果所有权或长期使用权试点。

④创新投入支持机制。加快形成政府投入为主、社会多渠道投入为辅的支持机制,推动财政创新投入持续增长,引导企业和金融机构以适当方式加大支持,鼓励社会以捐赠和建立基金等方式多渠道投入,用好省创业投资引导基金和新兴产业投资引导基金。探索实行"预算+负面清单"管理模式,创新财政科研经费支持方式。建立完善覆盖创新型企业全生命周期的信贷产品体系,发挥多层次资本市场对创新型企业的直接融资作用,发挥政府创业引导基金和成果转化基金的带动作用。

⑤创新人才评价机制。加快构建以创新价值、能力、贡献为导向的科技人才评价体系,确立以质量、贡献、绩效为核心的评价导向,实行与不同类型的科研活动规律相适应的跟踪和分类评价制度,优化创新奖励项目。深化职称制度改革,进一步下放职称评审权限,扩大自主评审范围,有序推进职称社会化评价,减少不必要的政府性评价活动,坚决破除"唯论文、唯职称、唯学历、唯奖项",落实代表作制度。统筹各类人才评价,避免多头、频繁、重复评价人才,减轻科研人员事务性负担,尤其是要减少各类科研评估、检查等工作,引导广大人才静心做学问、搞创新,多出好成果、大成果。逐步完善急需紧缺和高层次人才职称评聘绿色通道,持续开展高层次人才认定,壮大高层次人才队伍。

四、重大工程

(一)产业创新能力提升工程

咬定转型不动摇,聚焦创新不散光,积极推动制造向创造、数量向质量、产品向品牌"三个转变",加快实现产业结构优化、创新能力增强、规模总量提高和质量效益提升"四项目标",着力构建"1+8+N"产业体系。

①促进食品产业创新性重构与提升。坚持以"三链同构"为引领,持续完

善肉类加工、粮食加工、饮料生产、果蔬加工四大产业链,在继续保证肉类加工和粮食加工稳步增长的同时,进一步扩大饮料生产规模,提升果蔬加工层次。加快传统食品产业向高端化转型升级,推动食品产业从数量扩张向素质提升转变,从提供能量为主向满足能量、营养、功能甚至情感和文化等多种复合需求转变。加快补齐高价值食品产业链条短板,提高产业链供应链的稳定性和竞争力。前端向基于安全和保障供给的食材种植养殖环节延伸,推动食品龙头企业产业链向原材料端延伸,加快养殖种植基地建设,实现生产加工与种植养殖无缝对接,广泛建立优质农畜产品原料基地,保证食品工业原材料稳定安全供给,谋划依托万邦等大型物流企业和光明等农业产业化龙头企业在漯建设直供上海、北京、武汉等超大城市的食品与农产品物流园区。后端向厨房餐桌特医延伸,积极发展潜力较大的中央厨房型生鲜食品加工配送、药食同源类大健康功能性特异性食品、具有普适性或可以满足特殊人群需要的特色食品等,重点围绕宠物食品、特医食品、天然色素、益生菌、人造肉等新型食品细分类别持续发力、精准用力,促使其在漯河迅速发展壮大。强化招商引资和项目建设,积极对接产业链薄弱环节的专精特新头部企业,实现倍增工程,壮大食品企业群体。推广"头部企业+专业园区"发展模式,谋划建设一批高端食品产业园,全力推动"益生菌+产业园"、宠物食品科技产业园等专业园区建设加快升温、快见成效,力争双汇第三产业园早落地、早投产、早见效。深刻认识食品产业智能化改造的重要意义,重点推进关键岗位"机器换人"、生产线智能化改造,建设一批智能车间和智能工厂,推广使用高位高速码垛机、套标机、贴标机、理瓶机、装车机等智能化输送包装机械。强化数字赋能,实施"企业上云"计划,引导食品企业将基础设施、业务系统、设备产品、制造能力向云端迁移。充分利用国家区块链与工业互联网协同新型基础设施"星火·链网"骨干节点的作用,促进中国食品云建设提质增效,加快推进腾讯云(漯河)工业云基地建设进度,搭建面向食品行业的融网上展示、供采对接、产品追溯、监管服务等多功能于一体的云上服务平台。

> **专栏1：食品产业创新能力提升重点方向**
>
> **肉类加工**：肉类加工扩规模、丰类型并重，鼓励肉类加工企业创新现代精深加工技术，积极发展精分割产品、低温肉制品、生鲜调理肉制品、速冻调理肉制品等适应消费市场需求的产品，拓展卤制品、营养快餐等终端消费市场。加快推动召陵区正大漯河现代食品全产业链项目、召陵区宝能食品产业园项目、四川德康农牧食品集团100万头生猪腌制加工产业化项目等的实施。
>
> **粮食加工**：粮食加工要向精、深方向发展，着力推出一批高档面粉、面制品、杂粮制品等，不断提高花生、大豆油脂深加工转化等能力。加快经济技术开发区中粮粮谷面粉全产业链、郾城区想念全产业链食品智慧工厂、临港粮食物流产业园等项目的建设。
>
> **饮料生产**：饮料生产要突出个性化、时尚化和多元化，创新性研发各类功能性饮料、个性化饮料等，鼓励发展低热量饮料、健康营养饮料、冷藏果汁饮料、活菌型含乳饮料等。加快建设郾城区健康饮品产业园、佳益安科技有限公司食品益生菌生产项目、召陵区福瑞德食品饮料有限公司、河南箭牛维他命饮料有限公司维他命饮料生产项目、首钢集团大健康产业园项目、品汇生物科技有限公司年产10万吨饮料生产项目等。
>
> **果蔬加工**：果蔬加工要拓展产品应用领域，创新果蔬储藏和加工技术，强化果蔬罐制品、果蔬糖制品、果蔬速冻食品、果蔬干制品等高附加值产品开发，依托生鲜超市、生鲜电商，积极拓宽净菜加工、水果产品的市场销售渠道。

②放大特色优势，创新发展通道物流产业。加快推动豫中南地区性现代物流中心建设，完善"通道＋枢纽＋网络"现代物流运行体系，构建形成多层次、立体化、广覆盖的"1＋4＋N"区域物流枢纽设施体系。推进区域物流信息服务平台建设，提升现代物流专业化、信息化、标准化、智慧化水平。同步鼓励物流企业广泛应用信息技术、应用互联网思维等开展供应链管理，引导和支持物流企业进行经营和服务创新，打造具有较强竞争力的市场主体，进一步培育创新动力。围绕食品、港口和区位等特色优势，充分放大特色优势物流的集疏服务能力，重点发展冷链物流、临港物流和快递物流。围绕现代化食品名城建设，重点培育冷链集成商，力争为供需双方与第三方冷链提供全面的供应链解决方案，支持双汇冷链物流积极开展第四方冷链物流平台建设筹备工作。依托漯河临港产业园，加快浙江传化集团漯河公路港等项目建设进度，力争把其打造成豫中南地区公、铁、水多式联运与物流集聚的示范中心和样本运营体系。

> **专栏 2：通道物流产业创新能力提升重点方向**
>
> 冷链物流：围绕现代化食品名城建设，加快实施冷链物流专业园项目，聚合政府、企业、行业机构和社会力量，打通生产、采购、流通、分销和金融等生态产业链节点，打造跨界融合、开放共享、共生共赢的冷链供应链生态圈，构建集全链条、网络化、新模式、可追溯、严标准、高效率的现代冷链物流体系，推动全市冷链物流产业联动发展，迈上新台阶，实现新突破。
>
> 临港物流：依托漯河港和舞阳港高标准建设临港产业园，积极培育内河航运市场，重点发展港口偏好型的仓储物流、仓储加工、临港商贸、临港制造业，形成以港带产、以产润港的良性循环关系。积极发展集装箱河海联运，加强与东部沿海各大港口合作的力度和深度，全面畅通南下"上海港"、北上"连云港"的通道，为河南全面对接海上丝绸之路贡献漯河力量。
>
> 快递物流：加快建设龙江现代物流产业园和舞阳县金山物流产业园，推动快递物流产业集群化发展，提升对豫中南地区的快递物流的辐射能力。

③以创新引领特色产业转型升级。推动特色产业集群加快向智能、绿色、服务转型升级，鼓励企业运用先进生产技术和装备实现生产过程全密闭，鼓励企业开展以"设备换芯、生产换线、机器换人"为主的智能化改造，实施新一轮技术改造专项行动计划。围绕优势比较明显的液压科技、装配式建筑、精细化工、电力装备、精密制造、智能食品装备制造、生物医药和高性能医疗器械、现代家居等特色产业细分领域，促进产业基础高级化和产业链现代化，淘汰落后产能，实施品牌战略，增强产品开发能力。

> **专栏 3：特色产业创新能力提升重点方向**
>
> 液压科技：大力发展高性能液压软管、连接件，加快引进液压泵、马达、控制阀、液压油等液压全系统零部件及整机应用制造。加快建设久隆液压科技项目、福沃液压件有限公司项目、利道液压科技有限公司力道高分子材料项目、伯爵液压科技发展有限公司年产1000万标米高压胶管项目、力顿液压胶管项目、汇龙液压流体智能制造产业园、漯河流体产业园三期项目、漯河液压精密连接件产业园项目等。
>
> 装配式建筑：以发展混凝土预制构件制造、钢结构制造、部品部件制造、绿色建材为主，加快装配式建筑设计、装配施工、产品检验检测等配套发展。加快推进临颍县邢庄工业园建设项目、召陵区天大农业装配式建筑项目、源汇区装配式建筑和新型建材物流园项目、三一筑工装配式建筑产业基地项目、锦城装配式建材项目等的建设。

> 精细化工：延伸拉长盐、碱、氯产业链条，向精细化工产品、食品和饲料添加剂、高分子聚合物、成品药、新材料等精细化、高端化发展。加快推动舞阳县己内酰胺项目、舞阳小苏打国际合作产业园、河南福奇药业有限公司年产2000吨兽用原料药项目、漯西工业集聚区化学医药产业园建设项目、美迪康生物科技有限公司二期项目等的建设。
>
> 电力装备：大力发展输变电高低压开关柜、通信杆塔、电线、电缆、传感器等电力装备关键零部件，积极引进输变电成套装备、多元电力供给装备。加快建设电力科技产业园、召陵区电气新能源电力装备制造项目、召陵区电力装备产业园建设项目、上海聚仁电力科技有限公司隆源电力设备生产项目、源汇区科吉电器有限公司项目、河南中森电力装备有限公司电力装备制造项目等。
>
> 精密制造：聚焦"高精特新"，围绕精密金具、精密机械、智能制造发展方向，积极承接沿海产业转移。加快推动召陵区凯尔迈精密机械及配件生产、河南（广东）精密制造产业园、临颍县精密科技产业园、临颍县长三角区域精密制造企业中部生产基地、临颍县长三角区域精密制造企业中部生产基地等项目的建设。
>
> 智能食品装备制造：大力发展大型成套食品生产包装设备、智能食品装备。加快推动召陵区装备制造产业园项目、经济技术开发区中国（漯河）智能食品装备产业园项目等的建设。
>
> 生物医药和高性能医疗器械：聚焦医药中间体、创新药、体外诊断产品、中高端医用耗材等重点领域，加强产品创新研发。推动漯河市健康医疗设备产业园项目、郾城区医疗用品产业园建设项目、郾城区生命科技产业园建设项目、奥凯医药工程技术中心建设项目、河南远东生物科技医药中间体项目、示范区健康医疗设备产业园项目等的建设。
>
> 现代家居：推动由木材加工、家具制造向智能家居、集成设计、绿色家装、家居配件、装饰配件等现代家居延伸。加快建设摩械智能科技漯河生产基地项目、临颍县红澄·崧崴智能家居项目、临颍县现代家居产业集聚区智能家居生产基地、柏怡斯家居装饰有限公司家具加工项目等。

④加快培育新兴产业。聚焦科技前沿、产业高端和未来发展，持之以恒追踪新兴产业发展趋势，前瞻布局未来产业发展，积极对接融入全省十个战略新兴产业链建设。抢抓"双碳"带来的多重机遇，研究编制重点新兴产业供应链全景图，组织实施未来产业孵化与加速计划，深入梳理各产业国内外领军企业、代表产品、核心技术、重点团队等，培育一批智能装备、节能环保、生物医药、5G、绿色低碳等有可能在漯河集聚壮大、形成支撑的新兴产业，争取更多项目、企业进入全省"四个清单"笼子。聚焦更健康、更营养、更安全、更美味的未来食品，围绕植物基蛋白肉、新一代代糖产品、益生菌、绿色食品添加剂等领域，前瞻布局未来产业。持续开展"上云用数赋智"行动推动产业数字化和数字产业化，打造数字生态。

> 专栏4：新兴产业创新能力提升重点方向
>
> **新兴制造业**：电子信息、高端智能装备、大健康、节能环保等。加快推动漯河市新材料产业园建设项目、召陵区达实智能装备生产项目、深圳拓斯达自动化设备生产基地项目、临颍高端装备制造（东莞）产业园项目、召陵区保罗大健康产业园项目、郾城区生命科技产业园建设项目、示范区健康生态食品产业园项目、召陵区德力西智能电气工业园项目等建设落地。
>
> **新兴服务业**：现代金融、科技服务、人力资源服务、商务会展、文化艺术、创意经济、总部经济、数字经济、时尚休闲、楼宇经济等。加快推动人民科创——漯河经济技术开发区科技创新平台建设项目、经济技术开发区科技创新服务中心——中科创新（漯河）科技服务平台、郾城区五星级酒店及商业综合体建设项目、棕榈园林许慎文旅田园综合体项目、漯河市58集团智慧生态圈项目、龙塔创客中心建设项目、猪八戒网创业孵化示范基地、绿地会展中心项目、商务中心区服务业总部经济楼宇项目、南威数字科创小镇、召陵区颐高集团数字文创产业园项目等建设落地。

（二）企业创新能力提升工程

①加强企业研发机构建设。围绕产业发展需要，引导、鼓励和支持有条件的企业加快建设研发机构，重点支持企业布局建设企业研究院、重点实验室、工程技术研究中心、企业技术中心、工程研究中心、博士后工作站、院士工作站等研发平台，推动有条件的企业创建省级及以上研发机构。推动现有企业研发机构再上新台阶，支持双汇、卫龙、重大生物、际华三五一五、利通科技等"头雁"企业加快建设国家级工程技术研究中心、企业技术中心，国家级重点实验室等"国字号"研发平台和正宇电器等企业创建省级工程技术研究中心等"省字号"研发平台。全面挖掘中小企业创新资源，开展跟踪辅导服务，支持科技型中小企业利用重大科研基础设施和大型科研仪器共享平台等开展研发活动。到2025年，新培育国家级工程技术研究中心1个、国家级重点实验室1个，填补漯河市"国字号"研发平台的空白。

②鼓励企业加大创新投入。认真落实国家和省有关企业研究开发经费投入的规定，认真贯彻落实研发费用加计扣除、增值税留抵退税、高新技术企业所得税优惠等政策，制造业企业研发费用加计扣除比例提高到100%，对重点扶持的高新技术企业减按15%的税率征收企业所得税。支持企业采用创新券等方式向新型研发机构购买研发服务。加大对创新优惠政策的宣传解读，广而告之，使企业全面掌握创新优惠政策。要把研发投入和企业研发中心建

设作为企业申请政府科技经费支持的重要条件,刺激企业创新投入积极性。到 2022 年底,力争实现规上工业企业研发平台全覆盖;到 2025 年,力争实现 35 家倍增企业研发经费投入年均增长 30% 以上,大中型工业企业研发投入占主营业务收入比重达到 1.5% 以上,高新技术企业研发投入强度达到 3% 以上,科技型中小企业研发投入强度达到 4% 以上。

③支持以企业为主体开展技术攻关和成果转化。鼓励企业参与制订重大技术创新计划和规划,扩大企业创新决策话语权。推动企业与高校、科研机构建立长期稳定的产学研合作关系,支持企业主动吸纳高校、科研机构重大创新成果在漯转移转化,激励企业委托高校、科研机构实施研究开发项目。支持大中型企业参与和承担国家和省级重大科技专项,围绕全市重点产业领域开展基础性、前沿性科学研究,实施若干战略目标明确、产业带动作用强、具有一定风险的重大科技创新项目,争取率先突破关键核心技术,形成产业化。鼓励有条件的企业引进国际先进技术,消化吸收再创新,开发新产品,突出抓好金大地与比利时索尔维在食品级、医药级、注射级小苏打上的合作。鼓励中小企业围绕上下游产业链和价值链,在细分领域和细分市场掌握一批关键核心技术,加快推动具有较强竞争力和市场前景的微康益生菌、叮当牛零添加燕麦奶、中大恒源天然色素、豫鼎源即食粉条等的产业化进程。

④推进创新型企业培育工程。围绕"1+8+N"产业体系,大力发展科技型实体,厚植全社会创新根基,提升全社会创新的"浓度"与"厚度"。实施创新型企业树标引领行动、高新技术企业倍增计划、科技型中小企业"春笋"计划,加快培育创新龙头企业、产业链领航企业、单项冠军企业、专精特新"小巨人"企业、瞪羚企业和雏鹰企业。建立市、区(县)与开发区(专业园区)三级联动培育体系,设立创新型企业培育专项资金,同步优化政策支持和资金使用机制,每年在食品等重点产业和技术领域遴选培育一批技术创新龙头企业和高新技术企业进行重点扶持、精准服务,促使其创新能力上新台阶。力争在"十四五"期间培育若干个食品细分行业的头部企业和独角兽企业,在相关细分领域形成一批"小巨人"企业,从而形成企业引领和支撑创新之城建设的基本格局。

⑤创新企业管理。以增强企业现代化管理理念为目标,加快建立常态化、制度化的企业家培训制度,重点是抓好短平快培训。制订企业家培训年度工作计划,依托国内知名高校和专业培训机构,科学设置培训课程,创新培训方

式,让企业家边干边学、以学促干、以干促学。组织开办"漯河企业家大讲堂",邀请有关专家或知名企业家,重点讲解宏观形势、经济政策、行业发展趋势、商业模式创新、实践操作体验等内容,推动企业家开阔思维、拓宽视野,消除企业家队伍中存在的"小富即安、小步即满"、资本运作能力相对较弱等问题。推动中小企业建立现代企业制度,以聘请企业经理人为抓手,推动"家族企业""草根企业"向现代企业转变。引导中小企业树立现代企业经营管理理念,加强财务、质量、安全、用工、风险等基础管理,强化精益管理、现场管理,鼓励中小企业利用信息化手段提高管理水平。

⑥鼓励自主创业。出台细化措施鼓励科研人员按规定兼职或离岗创办科技型、创新型中小企业,大力引进国内外优秀科研人才尤其是院士团队携带项目来漯创业。持续推进大众创业、万众创新,充分发挥创业"倍增器"效应,加大对返乡农民工、高校毕业生等重点群体自主创业的扶持力度。实施"创响沙澧"行动,强化乡情纽带,积极引导在外有成人士回漯发展,适时开展"创业成果展""创业故事"专题活动,集中宣传展示全市近年来的创业成果,着力打造"创响沙澧"创业工作新格局。进一步优化创业政策体系,围绕来漯回漯创业人员,提升在创业培训、项目培育、赛事辅导、贷款扶持、资金奖励、典型引领等方面的服务能力,着力营造全域创业浓厚氛围。持续完善创业培训、创业担保贷款、创业孵化和创业服务"四个体系"建设,实施"创业培训马兰花计划",加大创业融资担保政策支持,重点培育一批具有漯河特色的"省字号""市字号"协同发展的创业孵化平台,适时组建漯河市大众创业导师服务团。

> 专栏5：企业创新能力重点建设清单
>
> 郾城区微康微生态产业园和食品微生物研究院项目。利用微康的产业优势在益生菌领域精耕细作,项目建成后,能迅速开展益生菌食品应用、产品研发、科技创新、检验检测等配套服务,为漯河广大食品企业转型保健性、功能性食品提供有力支撑,让益生菌成为漯河的一个新亮点,为漯河打造"五基地五中心"现代化食品名城赋能。
>
> 沪源医疗器械产业园项目。总投资25亿元。以创始实业(集团)有限公司为龙头,入驻医疗器械生产企业30家以上,拟培育10家以上国家高新技术企业,建设20家以上省级研发平台。
>
> 舞阳县绿色食品添加剂产业园项目。重点依托丰富的氯气资源,发展氯化钙(稳定剂)、氯化镁(凝固剂)、三氯蔗糖(甜味剂)、二氧化氯(防腐剂)等中下游食品添加剂产品,不断拉伸产业链条,推动产业集群发展。
>
> 迪信通5G智能制造产业园平台建设项目。总投资20亿元。项目建成后,可引进延链补链企业35家以上,建设3家以上国家级研发平台,30家省、市级研发平台,建设北京大学机器人研究院和博士后工作站。
>
> 鲁明医疗器械产业孵化园平台建设项目。总投资15亿元。项目建成后,可同时入驻医疗器械相关产业企业30家以上,分别建设3家国家级研发平台和27家省、市级研发平台,逐步构建区域创新生态"小气候",培育储备一批科技型中小企业、高新技术企业,为区域科技创新高质量发展提供活水源泉。
>
> 河南金大地化工公司年产60万吨小苏打项目。总投资56亿元。主要设备有空分装置1套、气化炉2台、变换炉2台、低甲装置1套、液氮洗装置1套、合成装置1套、冰机1台、碳化塔、湿分解塔、离心机6台、干燥器6台、包装机6台等。

(三) 公共创新平台搭建工程

①牵手大院名校共建创新平台。充分发挥全市产业基础优势,吸引国家级和省级科研机构建立分院、分所、分中心及联合实验室、创新中心等研发和成果转化机构,争取重大创新载体在漯河建立中试基地、独立研发机构或分支机构,力争中国科学院化学研究所生化食品实验室合作项目在漯河尽快落地。深入开展市校合作,支持35家倍增工程企业、20个细分领域专业园区与国内外高校、科研机构深化产学研合作。深化与河南工业大学、郑州轻工业大学等食品专业优势院校合作,联合大连工业大学食品学院朱蓓薇院士团队,集聚省内外优势企业、单位,建设漯河特色食品研究院,共建河南省食品产业实验室,推进特色食品的研发,重点围绕食品深加工、食品安全、行业标准等方面展开务实合作,推动行业共性关键技术的攻关和人才的优质化培养。加快江南大学(漯河)食品科技园、漯河创新食品与生物工程研究院、漯河食品产业公共研

发平台(漯河食品职业学院产学研基地)建设,完善原始创新在外、应用创新在漯的新型研发平台建设机制。加快工业设计中心建设和发展步伐,开展"工业设计进园区进企业"活动,推动工业设计与优势产业链制造企业融合发展。

建设提升新型创新机构。加快推进食品微生物研究院建设,力争2022年底前建成投运;拓展三大公共研发平台功能,提升科技创新能力,加快创新成果转化,赋能食品产业转型升级。抓住"智慧岛"双创载体省辖市全覆盖契机,按照建设规模合理适度、管理体制灵活高效、产业发展路径明晰、双创基础支撑有力、配套服务能力突出的要求,加快编制智慧岛建设方案,尽快落地实施。

②鼓励企业走出去共建创新成果孵化转化平台。要主动跳出漯河、跳出河南,鼓励创新型企业走出去,在京津冀、长三角、珠三角等科技资源"富集区"与同类型企业共建离岸孵化器和飞地科研成果育成平台,构建"就近就地孵化、成果漯河转化"的"空中走廊",实现"异地筑巢""借鸡生蛋"和"借船出海"。

③搭建以互联网为基础的开放性公共科研平台。推动现有科研平台由封闭向开放转变,在全球、全国范围内组织资源联合攻关。借鉴成都等地区经验,联合政府、企业、机构等多主体搭建O2O线上线下深度融合的"科创通"漯河创新创业云孵化服务共享平台,采用O2O线上线下模式,对创新创业团队、创新创业企业、创新创业服务机构、创新创业载体提供"集聚、撮合、交易、孵化"等专业化、差异化、精准化服务,推动国内外顶尖资源、创新要素通过该平台实现互联互通、为我所用,打造创新创业漯河版的零距离的"天猫商城"。

④进一步拓展现有公共创新服务平台的服务功能。持续促进创新资源高效整合,通过政策引导和资金支持,促使创新平台提升服务能级,重点推动食品产业公共研发平台提升服务能力。通过创新体制机制,盘活内部资源,引进外部资源,重点构建提供研究开发前沿性技术、重大关键技术和共性技术服务的技术研发平台,提供检测、实验条件服务的检测实验平台,提供技术扩散与科技成果转化服务的技术转移平台以及面向中小科技企业创新活动的公共平台。促进公共创新资源使用的公平性、开放性和社会化,重点要建立大型仪器设备开放共享机制,搭建仪器设备、研发设计、检验检测共享服务平台,以市场化方式运营共享服务平台,提升科研仪器设备的有效使用和价值性。积极搭建创新人才共享平台,打通创新人才流通渠道,真正实现"人岗适配,专才专用"。

⑤鼓励建设众创空间、科技企业孵化器、"双创"基地等创新创业孵化平台。政府要加大帮扶力度,在市场准入、税收、信贷、融资、财政专项资金扶持等方面落实措施,把清理出来的闲置非办公类资产优先配置用于孵化平台建设。充分发挥财政资金的导向作用,对首次通过省级认定(备案)的科技企业孵化器、众创空间等创新创业载体,市财政分别给予不少于30万元、20万元一次性奖励;对首次通过国家级认定(备案)的科技企业孵化器、众创空间等创新创业载体,市财政分别给予不少于50万元、30万元一次性奖励;对省级以上孵化器、众创空间每培育一家国家高新技术企业,奖励运营单位不少于5万元。鼓励社会资本参与建设,在全市构建一批全要素、低成本、便利化、开放式孵化平台,提供从原始创新到产业化的全流程服务,探索能够自我盈利和可持续发展的标准化模式,形成创新生态小气候。到2025年,新培育省级科技企业孵化器5个、省级众创空间5个。

专栏6:重点创新平台建设清单

漯河市召陵区创新平台建设项目。设立召陵区电力装备产业公共服务中心等公共服务平台,新培育建设省级金属检测研究中心、焊接结构研究中心和信息化应用中心等技术平台,设立召陵区电力装备产业发展基金等金融支持平台。

舞阳县新经济发展产业园项目。主要规划建设创新创业大厦,重点引进新型网络经济、平台经济、总部经济、互联网经济等,打造舞阳最大的集科技研发、企业孵化、金融与商业服务于一体的产学研孵化基地。

江南大学(漯河)食品科技园。由政府、江南大学、社会资本等多方共同出资建设,以无锡江南大学国家大学科技园有限公司法人化、市场化运作,具备企业孵化、创新平台、人才集聚、产业集聚、综合服务等五大职能。

沙澧产业集聚区中小企业科技创新孵化园平台建设项目。总投资10亿元,占地面积350亩,一期规划占地面积90亩,新建中小企业创业园标准厂房,总建筑面积约10万平方米;二期规划占地面积约260亩,建设中南智能制造产业学院,主要入驻智能制造成套装备研究开发、技术推广应用,开发机器人等企业。

漯河市食品产业公共研发平台建设项目。以漯河食品职业学院为依托,打造集应用研发、成果转化、孵化创业、检验检测、实训培训、食品新业态呈现于一体的国家级融合创新平台。

漯河云基地孵化产业园。利用大数据特点,发挥专业技术人才团队优势,整合各类信息资源,汇集各类企业优势,建设成以资源共融、数据共享、协同共治、价值共创为核心的线上+线下数字经济产业园,为企业或个人提供集招商引资、政策解读、综合服务、企业孵化于一体的综合服务。

（四）创新人才集聚工程

①实施创新人才和团队引育行动。积极对接"中原英才计划"，严格实施"百千万"引才育才计划等一系列相关人才政策，尽快构建贯通高层次人才"引、育、留、用、管"全链条政策体系。以培育能突破关键技术、发展高新技术产业、带动新兴产业发展的领军人才为重点，每年在全市认定一批具有较强科研和技术创新能力、市场应用前景广阔的沙澧创新团队，市财政以项目方式分别给予不少于150万元、80万元、50万元的创新扶持。每年认定一批具有重大技术突破和较强产业化能力的沙澧创业团队，市财政以项目方式分别给予不少于200万元、120万元、80万元的创业扶持。开展"万雁入漯"引才行动，进一步畅通本地行业企业与全国学会、院士专家等高层次人才的联系渠道，综合运用柔性引才、靶向引才、专家荐才等招才引智机制，构建集成式、智慧化、全流程的"人才生态圈"。聚焦重点领域、重点产业，重点引进一批高端专家团队、创新创业领军人才团队和境外高层次人才团队，持续组织好"院士专家企业行"，适时举办"专家院士漯河行"活动。加强本土创新型人才的发掘和培养，制定本土创新型人才成长的激励政策，根据人才专业、行业特点，充分利用市内外高等院校、科研院所、院士工作站、企业技术研发中心等产学研合作平台，形成政、校、企联合培养模式。

②建立高效的创新人才供需机制。聚焦主导产业和新兴产业，引导组织创新型人员服务企业，支持市内外高校、科研院所根据企业需求选派"科技专员"或"科技副总"帮助企业创新。主动向企业推送人才，以科技型中小企业和高新技术企业为重点，聚焦疫情防控、复工复产和保障经济平稳运行的关键技术难题，实时征集企业技术创新需求，并与科技人才、创新团队专业方向关联匹配和对应推送，引导科技人员帮助企业解决技术难题。

③打造一流的创新人才安居乐业环境。持续加大青年人才的补贴力度，严格落实《关于实施"百千万"人才计划助力漯河"十四五"高质量发展的意见（试行）》，对入漯就业的博士、硕士和"双一流"高校本科毕业生分别给予的收入补贴水平不低于郑州。尤其是要出台高层次人才个人所得税优惠政策或财政补贴政策，补贴范围是其在漯河缴纳的个人所得税已缴税额超过其按应纳税所得额的15%计算的税额部分，且该部分补贴免征个人所得税。实施"梦

想·家"创新人才安居乐业工程,精准摸查企业的安居需求和市场的房源供给,坚持政策配套和实物供给同步保障。在高端人才子女教育、就医等方面开辟专门的"绿色通道",市(区、县)人才办要主动"牵线搭桥"、帮忙办理具体事宜。突出人文关怀,着力消除引进人才的"孤独感",成立高层次人才发展促进会,倾听高层次人才心声,为其落地生根卸下心理包袱。

④加强技能人才队伍建设。着力提高技能人才培训能力,充分发挥企业主体作用、职业院校技能培训主阵地作用和社会培训机构补充作用,努力构建完善的技能人才培养体系。立足食品产业特色、职业院校食品学科优势,着力擦亮"漯河食品"技能人才培养特色名片,力争进入全省十大品牌。要积极谋划技能培训项目,积极争取人才培训基地项目,谋划推广校企合作、订单办学等模式。实施"实习漯河工程",鼓励高等学校学生来漯河企业实习,引导企业在高等学校设立奖学金或者共同建立实习基地,支持企业与河南工业大学漯河工学院、漯河食品职业学院、漯河职业技术学院等高校联合培养急需的职业技术人才。以打造全省技能人才标杆城市为目标,加快实施"人人持证、技能漯河"建设行动,围绕"1+8+N"现代产业体系和食品产业、智能制造、冷链物流、乡村振兴等重点领域,深入开展"全劳动周期、全工种门类"职业技能培训,提高技能人才的培训、就业、持证、评价、技能竞赛、信息收集水平,建立适龄人口持证档案制度,做到精准识别、精准指导、精准培训。充分发挥技能竞赛的引领作用,以竞赛促练兵、促提升,持续高标准组织参与全省职业技能大赛,常态化举办市、县(区)级各类职业(工种)技能大赛。打好感情牌,充分激发本地技能人才的乡情,综合利用资金支持、政治荣誉等政策提升本地技能人才的认同感、荣誉感、归属感,激励本地技能人才争先"为本地所用",使技能人才留在漯河、用在漯河、扎根漯河。

专栏7:打造创新人才蓄积集聚高地
实施更加积极开放的人才政策,编制覆盖全球顶尖人才的"人才地图",通过实施"百千万"引才育才计划以及开展"万雁入漯"引才行动,构建完备的人才梯次结构。到2025年,人才资源总量达到50万人。其中,海内外顶尖人才20人,领军型团队30个,高层次创新创业人才1000人,青年领军人才50人,青年科研人才500人。

(五)投融资体系创新工程

按照创新创业阶段特征和企业成长规律,引导银行、担保、创投、保险等各类金融机构与漯河市创新之城建设展开深度合作,鼓励企业拓宽融资渠道,有效降低融资成本,加快建立财政资金与社会资金、直接融资与间接融资、股权融资与债权融资有机结合的创新投融资体系,构建满足不同需求的创新资金服务链。

①确保财政对创新投入的稳定增长。完善财政创新投入稳定增长支持机制。把创新投入作为预算保障的重点,创新经费预算要与创新之城建设的目标考核要求相匹配,确保财政创新投入增幅要高于财政经常性收入增幅,逐步提高财政创新投入占GDP的比例。"十四五"期间,市、县区两级财政科技投入年均增长15%以上,研发经费支出占财政科技投入的比重达到15%以上。积极扩大财政创新资金来源。努力争取中央和省级财政支持的创新项目资金,时刻关注中央和省的政策动向,研读上级资金扶持政策,全面准备好各项资金的申报材料,千方百计争取上级项目支持资金最大化。设立创新之城建设专项资金,扩大创新资金使用范围,为重大工程实施提供资金保障。每年在本级政府债券额度中安排一定比例的资金用于创新之城建设,积极呼吁省级层面增设创新型城市建设专项债券,全力补创新短板。

②优化财政创新资金支出机制。进一步深化财政创新资金预算绩效管理。以提高财政创新资金使用效益为导向,优化创新型项目绩效评价机制,加快建立既符合预算绩效管理要求,又适应创新规律的项目绩效评价体系,着重建立以创新质量和对经济社会发展的实际贡献为主的评价体系。优化创新资金支出结构。对现有各类支持创新的专项资金进行梳理,加强各专项资金的管理部门之间的沟通、协调,能整合的进行整合,进一步提高资金的使用效率。增加市重大科技等专项资金规模并调整使用范围,加大扶持力度,重点加大对区域重大创新资源布局、重大应用研发平台、重大共性关键技术研究、重大应用示范工程等公共创新活动的资金支持。对承担国家级重大专项、重要计划和项目的企业和科研机构,给予资金配套。对落户漯河的国家实验室、国家工程实验室和国家、省的重点实验室、工程(技术)研究中心给予资金支持。对具有关键技术的攻关项目、对外开放科研实验设施的企业和科研院所、对建立技

术转移中心的高校和科研机构给予奖励。对新认定的国家级、省级创新龙头企业,市财政分别一次性给予不少于100万元、50万元奖励。完善创新资金分配机制。建立健全竞争性分配与普惠性支持、直接资助与间接资助、事前资助与事后补助"三个结合"的经费分配机制。尤其是要完善财政创新支持资金事后奖励机制,不断优化企业研发投入后补助支持方式,以企业创新性投资产生的效益多寡来评价创新成果并给予与效益挂钩的奖励。

③加快发展科技信贷。鼓励政策性银行、商业银行加强和改善对企业自主创新和知识产权质押贷款等"科技贷"的支持力度,建立健全银行资本与保险资本、风险投资基金的"投保贷联动"机制,通过引导基金的跟投,鼓励银行加快投贷联动机制研究,积极推动股权投资与信贷投放相结合的投贷联动、选择权信贷等新型融资财团的方式发展。建立政府引导、多方参与、市场化运作的科技企业信贷风险分担机制,搭建针对中小型高新技术企业的贷款担保平台,政府性担保机构要对符合条件的企业研发中心建设项目给予重点关注。

④推动风险投资发展。尽快出台认定或者备案制度,对风险投资基金进行资格界定,规范风险投资行业。制定"漯河市创投风投"政策、细则及市(区)配套政策,不断引导大企业、优质的民营企业,以及金融机构、头部基金公司来漯河发起设立各类创投风投机构。鼓励风险基金联合投资降低投资风险,重点支持风险投资基金与符合条件的专业化众创空间、孵化器等合作,共同发起设立风险基金,投资在孵创新型初创企业。完善风险投资基金退出机制。落实国家促进风险投资发展的税收优惠政策,制定投资收益的税收减免制度和投资风险的税收抵扣制度。

⑤充分发挥政府资金作用。充分发挥政府资金在撬动社会资本中的杠杆作用,着力为符合漯河高成长性企业完成信用背书,积极发展财政资金与风险投资、银行资本、社会资本有机结合的风险投资基金,实行差异化的财政资金出资比例和多样化的投资方式,培育包容审慎的风险投资生态。充分借鉴"敢为天下先"的"合肥模式",以尊重市场规则和产业发展规律为前提,以打造完整创新产业链、营造创新创业生态圈为目标,由政府发起组建或参与投资产业基金、政府天使投资基金、PE基金等各类基金,由市场化的专业管理机构进行管理,以股权投资等多种形式反哺支持漯河新兴产业发展,最终实现国有资本"筹集—投入—退出—再投入"的良性循环。借鉴北京、上海、深圳等城市的做

法,谋划设立漯河市科创母基金,重点支持成果转化及高端科技产业化项目培育。积极争取与国家级基金展开合作,尤其是要积极争取国家科技成果转化引导基金及其创业投资子基金在漯河合作成立基金公司,重点支持实施重大科技成果转化项目。

⑥积极利用资本市场。实施上市公司倍增计划,全方位多渠道推进企业上市挂牌融资,尤其是要对在科创板、北交所、港交所、新三板等创新型企业适宜板块上市挂牌的企业加大政策支持力度,确保卫龙、利通上市计划正常落地,积极推进双汇冷链物流上市进程。建立完善上市挂牌企业后备资源库,凡是运营良好、有上市挂牌意愿的企业皆须纳入资源库管理。深入推进债务融资工具运用。优先支持符合条件的创新创业企业发行公司债、项目收益债等债务融资工具,募集资金用于研发活动。积极探索知识产权证券化融资,增强知识产权的变现能力。

(六)智慧城市打造工程

①加快新型基础设施建设。以拓展智慧城市创新应用场景为导向,加速构建高速泛在、天地一体、云网融合、智能敏捷、安全可控的新型数字化综合基础设施网络,为现代化漯河建设提供新平台、新支撑。加速推进5G网络规模部署,探索6G等未来网络布局。大力推进以5G网络为核心,涵盖农村宽带通信网、移动互联网、数字电视网等领域的信息基础设施建设,确保乡镇以上区域连续覆盖。加快光纤入户工程普及力度,将光纤入户与乡村振兴有效结合,同步推动城乡居民网络普及。提升公共活动区域免费Wi-Fi覆盖率。完成重点网络设施IPv6改造,逐年推进企业内部网络、生产管理系统支持IPv6,依托大视频业务、千兆宽带业务对现网仍不支持IPv6的自有固定宽带终端逐步实施设备替换。

②加快建设智慧城市运行系统。强化城市运行系统数字赋能,以"实时、鲜活"的多维、多源、多态数据为基础,以海量智能算法为支撑,着力破解城市管理过程中"看不清楚、管不过来、处理不了"的"老大难"问题。积极对接腾讯、南威软件、河南信产投等投资方,加快推动中国食品云和数字小镇等智慧平台建设进度,全面向智慧产业、智慧社区、智慧政府、智慧城市等领域赋能。搭建交通信息综合采集系统技术环境、数据应用共享平台和交通运输管理控

制系统,推动物联网技术在交通信息采集、信号控制、指挥调度、交通诱导等方面的示范应用。建设和完善城市数字城管信息系统平台,逐步整合环卫、执法、照明、道桥管理等信息系统,优化城市管理流程。建立和完善水、电、气等公用事业的管理和控制信息系统,提高管理和服务的智能化水平。全面拓展教育、养老、就业、文化、体育、旅游、气象等领域的智慧应用。

③创新城市发展新理念。牢固树立"经营城市的理念",促成市场行为和政府行为的有机结合,以经营的手段建设城市,以经营的方式管理城市,以经营的谋略推销城市。着重完善和提升城市功能,优化产业空间布局,处理好产业发展和城市空间布局的关系,着力打造多元化、富有活力的发展创新空间。按照"精心规划、精致建设、精细管理"的原则,在提高土地管理利用率上下功夫,算好经济账、平衡账和长远账,实现城市发展投入产出的良性循环和高质量发展。本着对历史、对人民负责的态度,千方百计把城市建设各项工作做到位、做出彩。在管理过程中要紧紧把握"硬件"管理和"软件"管理两个方面,建立健全长效管理机制,形成规范的城市管理模式。创新社区治理方式方法,厘清责任主体,列出责任清单,完善管理制度,切实把社区治理工作抓细、抓实、抓出成效。要积极稳妥解决历史遗留问题,坚持问题导向,切实以担当的精神依法依规解决问题,不断提高群众的满意度。

④促进时尚食品文化与城市建设深度融合。推动现有食品产业借力时尚谋求融合发展,着力打造"食全食美"的时尚之城。用时尚创意打造城市品牌,利用广告等形式加大城市形象包装宣传力度,彰显食品名城特点,促进产城深度融合。以"领动时尚编织美好生活"为导向,积极推动现有企业在产品升级、业态创新等方面开展"时尚先锋·转型标兵"创建主题活动。提升食博会的时尚化举办水平,着力把其打造成集智能制造、创意设计、高端展销等于一体的时尚产业发展新平台。老旧集贸市场提升改造与外迁要突出时尚化元素,加快由零售为主的单一商业功能向品牌集聚的复合时尚功能转变。拓展时尚消费承载空间,规划建设一站式时尚购物体验区,打造一批时尚艺术商圈和时尚专业市场。瞄准时尚目标人群打造一批网红打卡地,在基础设施建设和服务产品提供上要积极融入"新、奇、特、异"等时尚元素。依托沙澧河"两河四岸"水景,加快漯河食品文化小镇(漯湾古镇)建设,打造漯河城市会客厅、中国美食文化发源地、中原旅游集散地,引领美食与时尚融合发展的新潮流。加快推

进双汇总部大厦、卫龙总部大厦等一批彰显漯河食品特色的地标建筑规划建设,以头部企业时尚化引领漯河现代化食品名城迈向时尚新高度。

(七)创新惠民提升工程

①强化创新支撑民生改善。持续加大民生领域的创新投入力度,实施智慧医疗、智慧教育、智慧生活等民生创新发展计划,支持高校院所承担民生科技基础设施建设任务,加快医疗卫生、文化教育、公共安全等民生领域研发机构建设,强化关键技术攻关和成果集成示范。推进卫生与健康领域的技术创新、制度创新和机制创新,组织实施一批重点研发计划项目,实施健康漯河行动、公共卫生提升行动、健康脱贫攻坚行动、医疗卫生机构综合监管行动,建成开放式全民健身活动中心,继续免费为群众提供国民体质监测服务。进一步完善医疗服务体系,促进医疗资源合理分布和均衡发展,推进分级诊疗制度建设,着力打造具有区域领先优势的区域医疗中心,通过顶层设计、加大投入,加快推进区域医疗中心的专科发展、大型设备购置、技术引进、人才梯队、信息化等方面建设,提升心血管区域医疗中心、妇产区域医疗中心、骨科区域医疗中心三个省级区域医疗中心的服务能级。不断扩大优质教育资源,科学预测和超前规划学校建设布局,确保学位供给与学龄人口增长相适应,大力发展普惠性学前教育,持续创新义务教育均衡发展手段,提高普通高中教育办学水平。尽快补齐高等教育短板,确保漯河食品职业学院早日升本,加快推进漯河医学高等专科学校升本工作,积极引进河南农业大学、河南中医药大学在漯河设立分校。漯河食品职业学院升本工作要紧紧围绕服务于现代化食品名城建设,积极吸引双汇、卫龙等龙头食品企业注资,并联合北京工商大学等共同创办中国食品大学,将其建成集人才培养、应用技术研发、成果转化、孵化创业、食品新业态呈现于一体的"产学研转创用"融合发展联合体。提升社会保障水平,提高退休人员基本养老金、城乡居民最低生活保障标准。扩大社会保障覆盖面,持续实施全面参保登记计划,对快递小哥、网约车司机、电商主播等新业态从业者及时纳入社会保障覆盖范围,实现"应保尽保"。加强特殊群体关爱保障,继续实施符合条件的妇女免费"两癌""两筛"项目,持续开展残疾儿童和孤独症儿童康复救助。加强公共安全保障,坚决维护政治安全,确保经济领域安全,完善突发事件应急处理机制,尤其是要开展全市窨井设施隐患排查,强化

消防安全保障。

②强化创新支撑乡村振兴战略实施。实施创新支撑乡村振兴战略行动计划,深入落实县域治理"三起来",破除城乡二元机制体制弊端,畅通城乡资源要素双向流动渠道,推动城乡公共基础服务协同发展。全面盘活农村资源要素,重点要深化农村集体产权制度改革和农村宅基地制度改革试点。深化农业供给侧结构性改革,积极拓展农业的多维功能,大力发展"智慧农业""休闲农业"等新型农业业态。加大涉农创新投入,引领和支持农业转型升级和提质增效。提高农业科技自主创新水平,加大农业科技园区建设力度,鼓励农业产业化龙头企业提升研发,推进农业科技成果转化,促进生物技术、现代农业装备技术、信息技术在高端种业、生态有机农业、农产品精深加工和农产品质量溯源等农业领域的应用推广。实施农业科技孵化器(星创天地)建设工程,深化农村科技特派员制度,推进团队科技特派员改革。聚焦富民、惠民、安民,实施低收入百姓增收攻坚战,提升农村硬件设施建设水平,加快推进通村入组工程和农村电网提档升级等民生重大关切工程。

③强化创新支撑绿色低碳转型。突出"双控"倒逼,构建绿色屏障,坚定践行"两山"理念,完善低碳转型、碳达峰、碳中和三个阶段性目标的顶层设计,推进山水林田湖草沙综合治理、系统治理、源头治理,全方位增强固碳能力。创新绿色技术,聚焦能源脱碳供给、工业绿色制造、终端零碳消费等领域,加强技术攻关,探索科技创新引领绿色崛起的路径。倡导绿色生活,推进低碳城市、低碳园区、低碳社区等试点创建,加快建设无害化资源化利用的垃圾分类处理体系,全面禁止不可降解一次性塑料制品,倡导绿色出行、绿色消费,让绿色低碳成为全市人民的自觉行动。加快实施综合能效提升等节能工程,深入推进工业、建筑、交通等重点领域节能降耗,持续推广公共交通、冷链配送新能源化。强化大气污染精准防治,加快实施智慧环保工程,加强联防联控、协同治理。深化水污染综合治理,加快推进水系生态修复工程,充分发挥好河长作用,扎实做好河湖"清四乱",确保断面水质达标。保障土壤环境安全,开展土壤环境质量监测网络建设,实现土壤环境质量监测点位全覆盖。强化生态环境风险预警防控,提升生态环境智慧监管能力,构建天空地一体化的生态环境监测体系。

④加强和创新社会治理。健全党委领导、政府负责、社会协同、公众参与

的社会治理格局,扎实推进法治漯河、平安漯河建设。加强城乡社区治理和服务体系建设,构建网格化管理、精细化服务、信息化支撑、开放共享的基层管理服务平台,形成从"城市大脑"到"社区细胞"的"大数据＋网格化＋铁脚板"治理模式。发挥群团组织和社会组织作用,完善基层民主协商制度,实现政府治理同社会调节、居民自治良性互动,建设社会治理共同体。着力补齐基层党建弱项短板,提升基层党支部"五个标准化"建设水平,扎实推进省市农村基层党建"百村引领、千村争先、万村提升"示范行动。深化村民自治实践,提高乡村治理效能,以优化村两委班子成员年龄结构和知识结构为抓手,出台更有效的工资、社保、编制等激励措施,不断吸引外出的年轻党员和优秀村民返乡,初步建立起报酬工薪化、岗位公职化、管理规范化、发展持续化为特征的村干部职业化管理机制。

(八)创新环境优化工程

①创新政府服务机制。强化政府在创新过程中的引导作用,充分发挥市场在创新资源配置中的决定性作用,进一步促使政府部门从创新资源配置的主体转变为创新资源配置方式的制定者、配置过程的监督者、配置绩效的评估者和公共服务的提供者。推进政务服务标准化、规范化、便利化,持续深化"放管服"改革,提升"互联网＋政务服务"水平,推进"豫事办"漯河分厅建设,努力实现"跨省通办"业务全程网办。建立跨部门信息发布平台,在科研项目申报、高新技术企业认定、研发机构认定、人才引进、成果登记等事项实现"一网通办"前提下"最多跑一次"向"一次不用跑"转变。以降低创新创业的隐形门槛和各类制度性交易成本为导向,出台务实管用的改革举措,要进一步梳理、调整和取消不利于创新创业的政策,重点要破除限制新技术、新产品、新模式发展的不合理准入障碍,打破制约创新的行业垄断和市场分割。健全创新监管制度体系,加强事中事后监管,抓紧出台以信用为基础的非主观轻微违法行为容错纠错清单,加快推进基于风险、基于信用的监管制度和针对新技术、新产业、新业态、新模式的包容审慎监管制度。深入推进行政审批、政府投资监管、政府决策等方面的制度改革,完善科学民主决策机制,健全重大问题集体决策制度和专家咨询制度,完善社会公示和社会听证制度。

②突出创新开放合作。坚持开放带动战略,多模式提升创新能力,着力推

进制度型开放,加强开放规则机制创新,主动与高标准国际经贸规则对接,重点在新技术、新产业、新场景等领域探索新的规则制度安排,加快建设更具竞争力的开放强市。拓展互利共赢的开放合作空间,深度对接"一带一路",主动链接"四路"发展,深化与郑州航空港战略合作,依托漯河港搭建河海联运通道,全面融入淮河生态经济带、中原-长三角经济走廊。提升开放载体平台的质效和能级,完善中国(漯河)跨境电子商务示范区等专业园区服务功能,推动跨境电子商务与漯河市特色优势产业深度融合,加快推进海关业务场所建设、功能口岸申建完善、B型保税物流中心筹建、进口肉类交易配送中心建设。创新开放招商方式,动态完善重点产业链图谱和招商路线图,有效利用行业协会招商、第三方招商、资本招商、节会招商、以商招商、主题招商等方式定向精准招商,持续招大引强、招新引精。

③努力提升市民科学素质。实施全民科学素质提升行动计划,加快普及基础科学知识、现代科技及应用知识,构筑多层次的全民科学素质教育体系,提高公众科学素养。构建公众创新教育和传播体系,将科学和创新教育作为全市各级各类中小学校教育均衡发展的基本要求,培养学生独立思考的思辨精神和创新思维,鼓励青少年进行科技发明竞赛。建立高等院校、科研院所定期向社会公众开放制度,鼓励科学家及其他专家学者参与科普创作。积极运用信息化手段推广科普教育,建立面向全社会的科普信息库。组织协调传媒界、教育界、科学界与社会团体等各方面力量,打造一批特色优秀科普节目、科普网站和科普期刊,大力弘扬科学精神,增强科普的吸引力和感染力。

五、保障措施

(一)强化组织协调

强化党对创新工作的领导和顶层设计,全面推进党中央关于创新重大决策部署和省委、市委部署要求落地见效。健全政策协调和工作协同机制,成立以市委、市政府主要领导为组长的创建创新之城工作领导小组,市发改委、工信局、科技局、财政局、人社局、教育局、统计局、工商行政管理局、质监局等部门和各县区政府主要负责人为小组成员,全面负责领导、统筹协调建设工作,力争形成市县区联动、部门协同的创新工作格局。领导小组办公室设在市发改委,负责做好各县区及各部门之间工作协调、调度,推动形成规划实施的强大合力。各县区、市直相关部门要把推动创新之城建设工作放到统揽各项工作的龙头地位来抓,建立健全相应的组织领导体系、工作机制和政策措施,确保各项工作扎实推进。

(二) 强化用地保障

创新型经济活动用地优先纳入近期建设规划年度实施计划和年度土地利用计划,在每年新增产业用地中划出一定比例用于创新型经济活动,优先保障创新基础能力建设、重点高新技术产业化、新兴产业发展项目用地,将重点创新项目纳入重点建设项目绿色通道。强化存量空间改造,适度安排城中村及老旧工商业区改造项目用于创新产业发展用地。

(三) 强化创新政策落实落地

认真梳理、研究分析国家、省已出台的深化改革和支持创新的各项政策措施,对能够有效促进创新之城建设的内容和条款,强化落实,严格落地,在严格执行的基础上打造漯河特色。健全政策服务兑现机制,抓好"最后一公里"创新政策落地,建立统一清晰、简洁透明的政策解读平台,各县区、各部门要在政策出台时同步配套细化执行标准、流程、措施。要加大政策宣传解读,主动上门、精准推送,确保各类惠企利企政策落到实处、取得实效。

(四) 强化法治环境营造

建立健全有助于创新的行政执法、维权援助工作体系,完善知识产权行政和司法保护衔接机制,加大协调协作力度。落实改革创新容错免责机制,制定和完善支持创新探索、宽容创新失误、保护创新成果的管理制度,营造创新的法治环境和公平竞争的市场环境。

报告8 漯河市现代化食品名城发展规划[*]

食品工业作为支柱产业,已经成为漯河市经济高质量发展的"中流砥柱",也是河南省万亿食品产业的重要支撑。2021年7月10日,王凯在漯河调研指导"万人助万企"活动时,明确提出要把漯河打造成世界一流的现代化食品名城,为全市食品产业发展指明了方向。为进一步加快食品产业发展,高标准建设现代化食品名城,编制了《漯河市现代化食品名城发展规划》,在充分总结过去发展成就、梳理问题、分析形势的基础上,明确提出"十四五"时期建设现代化食品名城的总体思路、发展目标及重点任务。本规划是指导今后5年乃至更长时期内全市食品产业发展和现代化食品名城建设的行动纲领,也是《漯河市国民经济和社会发展第十四个五年规划和二〇三五年远景目标纲要》的重要组成部分。

一、发展基础

漯河市委、市政府高度重视食品工业发展,自2005年被中国食品工业协会评审命名为全国首个中国食品名城以来,坚持"中国食品名城"定位,不断丰富内涵、提升品质,按照形成集群、丰富链条、打造生态的步骤深入推进中国食品名城建设。近年来,相继出台了《关于进一步加快我市食品产业发展的实施意见》《关于实施商标战略促进经济发展的意见》《漯河市中国食品名城建设2020年度工作方案》《关于漯河市中国食品名城建设的实施意见》等一系列文件,围绕食品产业,重点推进"六个打通",形成了以食品工业为主导的产业集

---

[*] 该项目受漯河市政府委托,项目时间:2021年8—11月;统筹人:耿明斋;主持人:李燕燕;项目组成员:李燕燕、李少楠、黄宏飞、毕云婷;王永苏等参加讨论。

群,初步走出了一条"三链同构"融合发展的新路径。目前,全市已经形成了以双汇、卫龙为龙头,以四大核心食品产业为主导,规模较大、种类较多、名企荟萃、链条完整的食品产业集群,成为漯河经济发展的重要支柱。

(一)产业基础更加扎实

一是产业规模持续壮大。1986年,漯河建省辖市之初,全市食品工业实现营业收入仅1.8亿元,占全市工业营业收入的34.3%。2020年,全市规模以上食品工业增加值占规模以上工业增加值的45.6%;营业收入近1800亿元,占全市工业营业收入的59.6%,占全省食品工业主营业务收入的六分之一,占全国的六十分之一;利润创造、税收贡献成为全市工业的主导,利润占全市工业总利润的70.3%,税金总额占全市工业税金总额的75.5%。二是产业体系更加健全。食品产业产品种类不断丰富,基本涵盖了食品行业的上中下游,全市拥有各类食品企业7000多家,覆盖18类50多个系列上千个品种;食品产业链条持续丰富,已经形成以肉类加工、粮食加工、饮料加工、果蔬加工四大产业为核心,以食品机械、食品包装、辅料生产、冷链物流等为支撑的产业结构,形成了相对完整的食品产业链体系。

(二)核心产业持续壮大

一是肉类加工业规模大,市场占有率高。规模以上肉食品加工企业24家,年屠宰生猪量达600万头,占全省的十分之一,年产肉及肉制品150万吨,占全省的60%,火腿肠、冷鲜肉单品产量在全国名列前茅。二是粮食加工业链条完整。链条覆盖上游粮食初加工、中游粮食深加工和下游终端消费产品,现有粮食加工及粮食制造企业83家,年粮食加工量达600万吨,占全省的15%,麻辣面制品产量在全国名列前茅。三是饮料加工行业创新动力不断加强。全市共有饮料企业32家,年产各类饮料150万吨,集聚了嘉吉集团、太古可口可乐、三剑客、叮当牛、微康生物等一批具有强创新能力的知名企业。四是果蔬加工业绿色高质量发展。全市拥有果蔬加工类企业9家,各类蔬菜种植面积达94.1万亩,年产蔬菜192.5万吨,人均蔬菜占有量是全国人均蔬菜占有量的1.5倍,是蔬菜类国家级绿色食品原料标准化生产基地。

（三）食品企业加快集聚

全市规模以上食品工业企业 136 家，占规模以上工业企业总数的 24.2%；从业人员 13 万人，占职工总数的 40%。拥有世界五百强企业双汇，销售收入突破 700 亿元；集聚了美国嘉吉、太古可口可乐、中粮集团等世界 500 强企业 15 家。培育形成了以双汇、御江食品等为代表的肉类加工企业群体，以南街村集团、卫龙食品、舞莲面粉等为代表的粮食加工企业群体，以可口可乐、统一企业、华冠养元、叮当牛、三剑客等为代表的饮料生产企业群体，以龙云集团、高旗生物等为代表的果蔬加工企业群体，以企鹅面粉机、天衡机械、恒丰机械为代表的食品机械生产企业群体，漯河的千亿食品产业集群成为全省重点产业集群。

（四）食品安全再上新台阶

一是食品生产标准制定与检验检测体系建设能力进一步提升。在食品领域制定了 88 项生产加工标准，参与近百项国家和行业标准制定，与武汉大学共建检验检测专业园区，拥有系统完备的食品安全监管、标准、质量、检验检测体系。二是"数字食安"建设取得显著成效。基本形成以中国（漯河）食品云、河南省食品安全"互联网＋监管"唯一试点市、"漯河智慧食安区块链云平台"、"互联网＋明厨亮灶"、"豫食安 APP"五大板块为标志性平台的互联互通、高效运转的食品安全数字赋能体系。建成覆盖全市的食品安全追溯体系，食品安全示范县（区）实现全覆盖，创建成为"河南省农产品质量安全市"。连续多年被省委、省政府评为食品安全先进城市和食品安全优秀城市。

（五）电商物流快速成长

漯河已成为全国电商和物流节点中转城市。中国（漯河）电子商务产业园成为国家电子商务示范基地，漯河已成为全国电商的重要节点城市，目前已有 1000 多家企业触网发展，年销售额超千万元的企业有 30 多家，多家省级电子商务示范企业年产值达亿元以上。快递业异军突起，成为全省第二大快递分拨转运中心。物流枢纽地位逐渐加强，省内辐射范围不断扩大，快件中转城市数量从 2016 年的 7 个地市增加到 9 个地市；豫南辐射能力明显增强，快递业务量占豫南地区比重从2016年的13.7%增长至2020年的19.08%;区域物流中心地位基本确立,快递业务量5年增长6.5倍,从2016年的日均快件处理量6.09万件大幅提升至2020年的39.5万件,快件操作量占全省比重从2016年的17.2%增长至2020年的46.06%。

(六)创新赋能水平大幅提升

一是创新平台数量不断增加。建成博士后工作站和博士后创新实践基地10个、院士工作站2个,建成市级以上食品研发平台79家,其中国家级1家,省级24家。二是企业创新活跃度空前。2020年参加全社会研发投入统计的企业达到162家,研发投入总额达到16.15亿元,两项数据均创历史新高。三是研发成果转化能力大幅提升。双汇集团和南街村集团博士后工作站分别创造经济效益2860万元和6.3亿元。四是品牌建设成效显著。全市食品行业拥有中国驰名商标6个,中国名牌产品4个,河南省著名商标64个,河南省名牌产品27个,国家级高新技术企业5家,农业产业化龙头企业国家级5家、省级29家。五是"三库"建设取得重大进展。与中国科学院等合作建设人才库、技术需求库、成果库,已有24个专家团队入驻人才资源库,48项企业技术需求进入技术需求库,304项成熟技术进入成果库,1000余项高校成熟技术正在入库。

虽然漯河市食品名城建设已取得了巨大成就,但与先进城市以及漯河未来发展要求相比,仍存在着不少亟待完善提升的方面:一是产业规模不够大。食品产业年营收规模与现代化食品名城的定位不相匹配,食品规上企业仅136家,远不及淮安的1253家、漳州的610家,现有产业规模不足以支撑漯河经济高质量发展的需要。二是本地知名品牌和头部企业不够多。虽然已经形成一定的食品企业群体,但企业知名度不高,仅双汇1家世界五百强企业,细分领域头部及上市企业较少,市场竞争力较弱。三是生态圈连接不够宽。前端基于安全和保障供给的食材种植、养殖环节的一产与中端食品加工环节的二产连接不够,中端食品加工环节的二产与末端服务消费环节的三产连接不够,食品产业生态的构建仍需加强。四是创新能力不够强。食品产业原始创新能力不足,制约产品质量和价值的关键技术缺失,企业创新应用场景较少。五是国际化程度不够深。国际知名企业巨头较少,国际资本规模及产品出口规模都不大,国际化人才少且平台渠道层次低。六是产城融合度不够高。食品文化特色与城市融合较少,在时尚度、人口规模、食品产业功能配套生态以及食品城形象标识等方面都比较欠缺。

二、发展形势

"十四五"时期,在国内国际形势复杂多变的背景下,漯河食品产业发展和现代化食品名城建设都面临着新的机遇和挑战。

(一)发展机遇

一是"双循环"战略带来更大的市场空间。构建以国内大循环为主体、国内国际双循环相互促进的新发展格局,是"十四五"时期经济发展的主要遵循。在"双循环"新格局下,扩大内需作为战略基点,既有利于释放国内市场需求,又能够激活国内市场对进口中高端食品的替代,将为食品工业发展创造更为广阔的市场空间。二是消费升级带动产业升级,为食品产业提质增效打通新路径。我国已转向高质量发展阶段,消费者愈发注重食品的感官品质、营养价值和个性化需求,功能食品、高端食品、绿色食品需求快速增长,为漯河进一步发挥食品产业雄厚的基础优势,推动食品工业从量的扩张向质的提升转变提供了新的消费环境。同时,无接触配送、无人零售、直播零售等消费新模式、新方式快速发展,也给人们消费提供了新的突破口,打破了新时代"宅生活"对食品的需求约束,及时释放了消费需求。三是产业地位提升带来发展新动能。后疫情时代,食品工业在国家应急保障中的地位日益凸显,河南省委、省政府高度重视食品工业发展,陆续出台鼓励发展食品工业的意见和政策,尤其是王凯在全省"万人助万企"活动中亲自分包双汇,针对漯河市食品产业发展,明确提出要把漯河打造成世界一流的现代化食品名城,都将为漯河食品产业发展注入新动能。四是技术融合为食品产业转型提供方向。移动互联网、云计算、大数据、物联网等数字技术与食品工业加速融合,为漯河食品工业加快应用新技术、新业态、新模式实现"互联网+"转型升级提供了方向和抓手。五是食品产业基础雄厚和中原地区腹地广阔将带来新的发展优势。漯河市作为全国首家中国食品名城,基本实现了食品工业原料基地化、产品系列化、加工多元化、销售网络化、企业集团化,形成了以肉类加工、粮食加工、果蔬加工、饮料加工等为主导,食品包装、食品机械、食品辅料、食品物流、食品会展等为配套的完善的产业体系,并且地处中原,区位优势、人口优势、市场优势明显,为新阶段顺应消费市场需求,做大做强食品产业,建设现代化食品名城提供了坚实基础。

(二)面临挑战

一是宏观经济形势复杂严峻,不确定性因素增多,经济下行压力持续。国际形势复杂严峻,逆全球化趋势加剧,全球产业链、供应链呈现内顾化、分散化趋势,贸易摩擦频繁,单边主义、保护主义不断抬头,对外向型食品产业的增长形成一定制约。加上新冠疫情尚未得到有效控制,全球经济需求和供给同步收缩,产业链、供应链循环受阻,市场竞争更加激烈,经济下行压力进一步加大,都将给食品产业发展造成一定负面影响。二是经营成本不断攀升,食品企业生存压力增大。全球经济不确定性加剧的背景下,食品产业发展的原料成本、用工成本、市场开拓成本等都会大幅上涨,叠加行业转型阵痛,食品企业特别是中小微企业生存压力持续加大。三是食品安全问题日益突出,形势严峻。食品安全问题一直是食品产业发展不可回避的关键环节,由于高质量食品供给能力的短缺、监管资源和能力的不足,我国食品安全问题仍处在多发、高发阶段,加上面源污染较难治理引发的各类突出问题和矛盾仍然较多,也为食品产业可持续发展带来新的危机。四是区域竞争更加激烈,发展格局日趋分化,食品产业创新升级愈加迫切。在日益激烈的区域竞争背景下,南北经济差距逐步扩大,2020年和2021年上半年河南GDP增速持续低于全国平均水平,经济下行态势仍未得到有效改善,其背后是传统产业与新经济之间的比拼,是开放创新快与慢的差别。漯河市食品产业发展近几年也呈下行态势,同样是因为创新能力较弱,品牌影响力不强,转型压力较大等,这些都将给食品产业持续高质量发展带来极大考验。五是城市功能支撑食品产业发展的基础较为薄弱。漯河市食品产业发展基础虽好,但其城市功能仍不健全,尤其是彰显食品特色,支撑食品产业做大做强的配套服务、城市品位与建设现代化食品名城的要求还有较大差距。

综合研判,作为全国首个中国食品名城,漯河市食品产业发展从小到大,从弱到强,产业规模不断壮大,食品产业生态持续完善,"中国食品名城"品牌影响力逐步提升,地位持续巩固。但是,漯河市食品产业增长空间仍然较大,品牌竞争力和市场占有率还需大力提升,城市所需蕴含的食品特色和功能品位还需增强。尤其是进入新的发展阶段,面对复杂多变的外部环境,食品产业转型升级任务更加艰巨,现代化食品产业体系构建亟须有新的突破,彰显食品特色的现代化城市功能也亟须快速完善。"十四五"时期,全市要增强机遇意识和风险意识,保持战略定力,紧紧围绕建设现代化食品名城的目标,加快融入国内大循环、国内国际双循环的新发展格局,适应产业消费升级的需求,持续打造产业生态、壮大产业集群、培育知名品牌、夯实安全基础、完善城市功能、提升城市品位,进一步促进漯河市食品产业上规模、上档次、提品质、创品牌,提升食品产业竞争力,增强食品名城魅力。

三、内涵与定位

建设现代化食品名城既符合漯河食品工业转型升级发展的方向,也是漯河在以工业化、城镇化为核心的现代化进程中实现高质量发展的内在要求。现代化食品名城既要有现代化的食品产业体系,也应具有食品特色鲜明的现代化城市风格。现代化的食品产业体系,包括链条持续拉长、配套持续完善、自主创新能力持续增强、企业持续聚集、体量持续增大的产业发展态势,以及技术开发、产业孵化、产品展示、电子商务、冷链物流配送一体化的产业生态格局。具有食品特色的现代化城市应该在符合现代化城市要求的基础上,充分凸显食品元素特色,彰显城市时尚度、创新力、国际化的全新品质,努力将漯河打造成产业优势突出、城市魅力彰显的全国一流、世界知名现代化食品名城。

四、总体要求

(一)指导思想

以习近平新时代中国特色社会主义思想为指导,全面贯彻党的十九大和十九届二中、三中、四中、五中、六中全会精神,坚定不移贯彻新发展理念,围绕省委"两个确保"奋斗目标、"十大战略"重要部署,坚持"创新驱动、三链同构、三圈联动、产城一体",以创新驱动为主动力,以集群发展延伸产业链,以创新发展提升价值链,以融合发展打造供应链。聚焦做大食品产业规模,突出发展四大核心产业集群,引导发展市场前景好的行业类型,深化"六个打通",纵向拉长产业链条,横向拓宽产业领域,增强产业依存黏性;充分利用多层次资本市场,培育壮大市场主体,做强龙头企业,做多上市公司,做优品牌企业,推动中小微企业丛生,做大企业群体,打造超级食品产业集群,成为国内规模庞大、优势突出的现代化食品产业高地;完善城市功能,吸引域外人口,扩大城市规模,提升城市品位,彰显食品文化特色,增强城市对食品产业发展的支撑力;强化创新引领,加大创新投入,加强招才引智,加快招商引资,优化营商环境,提升市场竞争力,推动食品产业向规模化、数字化、品牌化、绿色化、国际化方向发展,全力争创"五基地五中心",全面构建支撑食品产业高质量发展的核心圈、支撑圈和生态圈,实现"产、城、链、园、人、文"相融互通、协同发展新格局,提高食品名城时尚度和国际化水平。

(二)基本原则

①重点推动,多元发展。坚持食品主业不动摇,重点推动食品产业向品牌化、集聚化、高端化、国际化、融合化、绿色化发展,深化产业链"六个打通",推动食品产业"三链同构、三圈联动",实现食品产业多元化发展。

②市场驱动,政府引导。充分发挥市场在资源配置中的决定性作用,主动适应人民群众对食品消费需求的变化和升级,做大做强优势核心产业,延伸开发绿色、健康、高附加值产品,提高产品有效供给能力。优化政府服务,加强规划引导和政策扶持,着力构建有效激励约束机制,鼓励企业做大规模、做强品牌,激发产业发展内生动力。

③创新引领,品牌创造。始终把创新摆在食品产业发展的核心位置,完善政产学研用相结合的食品产业创新体系,充分利用国内外创新资源要素,加强食品产业技术创新投入,加速创新成果产业化,抢占产业发展制高点。加快推进品牌建设,增强企业品牌创建意识,培育绿色健康食品品牌,全面提升漯河食品美誉度和影响力。

④智能制造,绿色发展。加快现代信息技术与食品产业的深度融合,推进

智能制造与柔性生产,提升食品工业产业链、供应链现代化水平。以绿色生态和循环经济为导向,落实"碳达峰、碳中和"要求,发展专业化、绿色化、循环化种植基地和园区,推动产业向高端化、智能化、绿色化方向发展。

⑤质量为先,安全为本。坚持依法治企、质量强企、诚信塑企,创新行业管理和质量安全监管体制,强化食品企业质量安全主体责任落实,建立健全企业诚信和行业自律体系。加强食品工业原料基地建设,完善质量安全追溯体系和标准化体系,全面提升质量安全水平。

(三)发展目标

坚持世界眼光、国际标准、中国特色、高点站位,高质量谋划布局食品产业生态,分阶段推动现代化食品名城高标准建设,持续提升漯河现代化食品名城的影响力、辐射力、带动力,为漯河市高质量可持续发展提供强力支撑。

1. 总体目标

①到2025年,特色突出、结构完善、安全高效、功能强大的现代食品产业链基本形成,超级食品产业集群初具规模,现代化食品名城建设初显成效。食品产业创新能力显著提升,品类丰富度、质量满意度、品牌认知度明显提高,推动重点领域产业链、价值链、供应链现代化水平有效增强,食品工业发展质量和集聚水平明显提高,产业布局持续优化,彰显食品特色的城市品位显著提升。食品工业综合竞争力显著增强,打造形成3000亿级食品全产业链和5000亿级完善丰满的绿色食品产业生态。

②到2035年,现代化食品产业生态持续完善,超级食品产业集群核心竞争力显著增强,现代化城市水平大幅提升,基本建成国际一流的现代化食品名城。食品产业规模持续扩大,产业创新能力大幅提升,城市功能显著增强,特色风格突出彰显,食品工业综合竞争力和市场占有率大幅提升,食品产业现代化水平明显增强,城市现代化基本实现,绿色化、国际化、生态化的食品产业图谱构造完成,形成万亿级绿色食品产业生态。

2. 具体目标

①产业规模逐步壮大。到2025年,全市食品全产业链产值达到3000亿元以上,年均增速保持在12%以上。力争全市食品工业营业收入占全省的比重超

过 20%。其中，肉类加工、休闲食品、饮料加工、粮食加工营业收入分别达到 2000 亿元、500 亿元、200 亿元、100 亿元，果蔬加工、速冻食品、功能食品营业收入力争全部突破 50 亿元以上，食品工业在整个工业中的地位进一步凸显。

②创新能力明显增强。加大对食品工业企业科技研发支持力度，全市食品企业科技研发经费每年增长 30% 以上，新增各类新产品 1500 个以上，新增一批国家级、省级工程（技术）研究中心和企业技术中心，建成国内领先、具有特色的绿色食品研发创新基地。深入实施"沙澧英才计划"，到 2025 年，全市高技能人才总量达到 6 万人以上，高技能人才占技能劳动者的比例达到 30% 以上。

③企业竞争力显著提升。企业营收能力大幅提升，龙头骨干企业引领带动能力显著增强，新培育一批规模大、实力强、智能化程度高、在全国乃至全球有影响力的名牌企业。到 2025 年，规模以上食品工业企业达到 300 家以上，培育营业收入超千亿元的企业 1 家，超百亿元的企业 5 家以上，超 50 亿元的企业 5 家以上，超 10 亿元的企业 10 家以上，形成一批超亿元的食品工业企业。

④品牌影响力持续扩大。到 2025 年，双汇、卫龙、南街村等著名品牌的市场影响力进一步提升，市场占有率显著提高，新增一批在全国乃至全球食品市场上闻名遐迩的品牌，全市食品产业的地位进一步巩固提升。

⑤智能制造加快推进。到 2025 年，食品生产过程智能化水平显著提升，大中企业关键工艺过程基本实现智能化、数字化，规上企业智能制造发展质量和水平明显提高，新增一批智能制造示范工厂。

⑥城市品位大幅提升。到 2025 年，城市功能持续完善，城市品位和底蕴大幅提升，食品文化、食品元素、食品品牌与城市建设有机融合，城市支撑食品产业发展的能力明显增强，产业特色鲜明、配套服务完善、生态环境优美、营商环境一流的漯河城市新气质、新形象突出彰显。（见表 8-1）

表 8-1 漯河市现代化食品名城建设的目标体系

类别	序号	指标	单位	2025年目标值	指标属性
产业发展水平	1	食品产业总产值	亿元	3000	预期性
	2	食品工业增加值	亿元	750	预期性
	3	食品产业增加值年均增速	%	12	预期性
	4	食品工业增加值占全市工业增加值比重	%	55	约束性
	5	食品产业累计投资额	亿元	2000	约束性
	6	规模以上食品企业数量	家	300	预期性
创新能力建设	7	科技研发经费年均增长	%	30	约束性
	8	累计新增各类新产品	个	1500	预期性
	9	国家级、省级各类创新平台数量	个	50	预期性
	10	食品行业中国驰名商标数量	个	10	预期性
	11	创新成果产业化数量	个	5	预期性
人才队伍建设	12	引进领军型研发团队/人才	人次	50	预期性
	13	新增院士工作站、博士后工作站数量	家	5	预期性
城市功能提升	14	城市地标/名片	个	5	预期性
	15	食品(美食)街	条	3	预期性
	16	企业总部大楼	栋	3	预期性
	17	食博会等大型会展举办次数	次	10	预期性
	18	城市中心城区人口	万人	120	预期性

(四) 战略重点

基于漯河市食品产业形态和未来产业发展趋势,通过再造、整合、重组来巩固提升已有优势,加快培育新的比较优势、竞争优势,重点构建围绕食品产业生态发展的三圈结构——以肉类加工、粮食加工、果蔬加工、饮料加工四大产业为核心圈,以食品机械、食品包装、生物医药、盐化工、动物饲料、辅料生产等为支撑圈,延伸出保税物流、电商、企业孵化等效率平台,加上食博会、设计研发、学校、检验检测、广告形象、食品街、食品云等功能平台,共同构建生态圈。以"创新驱动、三链同构、三圈联动、产城一体"为抓手,全力争创"五基地五中心",高标准建设现代化食品名城。(见图8-1)

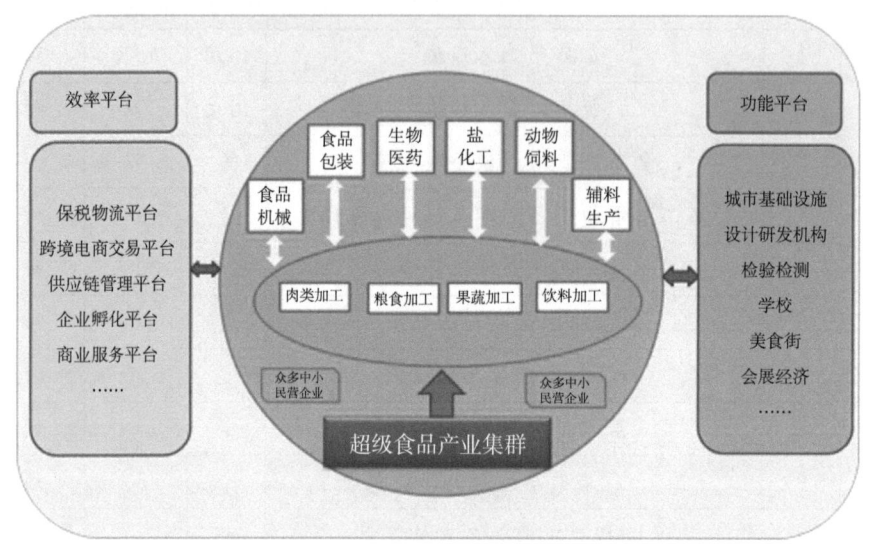

图8-1 漯河城市产业生态圈

1. 打造核心圈,力促核心产业做大、做强、做深

以食品产业规模做大做强为着力点,重点围绕肉类加工、粮食加工、果蔬加工、饮料加工四大优势核心产业升级发展,培育壮大休闲食品、速冻食品、中央厨房类食品、功能食品等市场前景好的新兴食品类型,按照规模化、专业化、集群化的发展方向,瞄准市场需求,持续拉伸产业链条,丰富产品类型,扩大生产规模,提高精深加工水平,提升市场占有率和产品竞争力,打造一批食品行业国际化领军企业和独角兽企业,成为漯河市综合实力最具竞争力的内核。

2. 构筑支撑圈,打通产业链创建超级食品产业集群

在做大做强食品核心产业的同时,努力壮大附着于食品产业链条上的相关产业,全面打通食品产业与装备制造、造纸、盐化工、生物医药、动物饲料、电商物流、数字经济等业态之间的联系,壮大食品机械、食品包装、食品添加剂、药食同源类食品、宠物食品、食品物流等产业规模,通过延链补链,完善食品全产业链条,以打造在全国有影响力的冷链物流基地做强物流支撑,以提高本地农产品对食品工业的适配性做强现代农业支撑,增强产业链依存黏性,强力打造超级食品产业集群,为核心圈构筑坚实支撑。

3. 完善生态圈,构建高品质、深度化产城融合服务平台体系

以高品质、深度化产城融合为导向,以产为魂、以城为体,围绕食品产业前端的种植养殖、中端加工制造、后端流通餐饮等全产业链,完善城市功能,加快建设专业园区、保税物流、跨境电商交易、供应链管理、企业孵化、商业服务等提升产业发展效率的平台,布局完善设计研发、检验检测、质量标准、美食购物、教育医疗、休闲娱乐、博览会展等综合支撑服务平台。将食品文化、食品元素、食品品牌与城市规划建设有机结合,提升城市品位和底蕴,丰富城市内涵和外延,强化食品产业发展与城市现代化功能的深度互融。

4. 以创新为统领,全面提升现代化食品名城竞争力

始终把创新摆在食品产业做大做强和现代化食品名城建设的核心位置,坚持创新引领,加大创新投入,集聚创新要素,构筑创新平台,彰显产业特色,提升产业价值。加快构建产业链上下游、大中小企业融通创新机制,建立食品产业研究院、创新联盟、创新联合体等,实现食品规上企业研发机构全覆盖。优化创新环境,发挥市场主导作用,突出企业创新主体地位,增强产业创新能力,加快推动创新成果产业化,构建创新驱动、绿色低碳、智能高效的现代食品产业体系,全面提升现代化食品名城竞争力。

五、重点任务

紧扣全市"1+8+N"现代产业体系布局,锚定现代化食品名城建设总目标,坚持以食品产业高质量发展为主攻方向,改造升级传统产业,重点培育新兴产业,谋篇布局未来产业,夯实食品产业支撑,提升综合竞争优势。

(一)聚焦重点行业,做大产业规模

1. 突出发展优势核心行业,提高市场竞争力

重点支持肉类加工、粮食加工、果蔬加工、饮料加工等食品优势行业的发展,拉伸产业链条,培育产业集群,提高市场占有率和竞争力。一是扩大肉类加工规模,完善加工链条,丰富产品类型。加大对双汇、御江、畅翔、龙回首等肉类加工企业的支持和引导,鼓励肉类加工企业拓展上下游产品链条,创新现

代精深加工技术,积极发展精分割产品、低温肉制品、生鲜调理肉制品、速冻调理肉制品等适应消费市场需求的产品,打造全球最大的肉类加工基地。支持四川德康农牧养殖拉长产业链条,由单一的生猪养殖向生猪屠宰、肉类加工分割、生鲜、冷藏等下游产业链发展。引导肉类加工企业拓展卤制品、营养快餐等终端消费市场,做优北舞渡胡辣汤传统产业,实现食品加工到国人餐桌的无缝衔接。开展肉制品质量安全提升行动,打造一批在全国叫得响的质量安全提升示范企业。二是推动粮食精深加工,提高产品附加值。鼓励和支持南街村集团、卫龙食品、舞莲面粉、中粮面业(漯河)、新汇面业等粮食加工企业提高粮食精深加工水平,提高产品质量,丰富产品种类,有效提高粮食产业附加值。三是创新果蔬储藏和加工技术,拓展产品应用领域。加大果蔬贮藏和加工技术创新力度,重点发展保鲜果蔬、速(冷)冻蔬菜、低温脱水蔬菜、微波净菜等鲜食产品,加快开发果蔬饮料(汁)、发酵果蔬汁、果酒、果蔬罐头、果蔬休闲食品、果蔬粉、蔬菜汤料包、果蔬馅料等深加工产品,推动果蔬产品在婴幼儿食品、功能食品等领域的开发应用。四是瞄准市场需求,发展多元化饮料产品。支持太古可口可乐、华冠养元、三剑客、盛浩葡萄糖、叮当牛等企业扩大现有产品生产规模,鼓励发展低热量饮料、健康营养饮料、冷藏果汁饮料、活菌型含乳饮料等产品,形成与消费需求相适应的产品结构。

2. 引导发展市场前景好的行业,迅速抢占消费市场

顺应现代食品消费市场发展趋势,结合漯河食品产业发展基础,重点引导企业发展休闲食品、速冻食品、大健康功能食品、普适性和满足重点人群特殊需要的特色食品等前景广阔的行业,不断扩大产业规模,迅速抢占消费市场。一是大力发展休闲食品。重点发展饮料、代餐、肉类零食、坚果炒货、饼干糕点等健康安全、方便快捷的休闲食品,借助于电商渠道,扩展休闲食品消费市场。瞄准丹麦皇冠、德芙、达能、良品铺子、上好佳等休闲食品名牌企业,依托卫龙食品、南街村集团、旺旺集团、豪峰食品、小帅才休闲食品、香港华莉园高档休闲食品等骨干企业,大力发展低钠、低盐、低饱和脂肪酸、非油炸的健康型休闲食品和抗疲劳、美容、瘦身的功能性休闲食品,研发自热方便食品、高端罐头制品、人造肉、保鲜蔬菜等新型食品门类,打造全国知名的休闲食品生产基地,提高漯河休闲食品的市场竞争力。二是积极发展速冻食品。加快推进海底捞工厂建成投产,对接招引安井、三全、思念、味知香等企业在漯河建立生产基地,大力发展速冻米面食品、肉制品、火锅料、预制菜等速冻食品,引导食品产业向中央厨房新业态延伸。三是稳步发展功能食品。把握功能食品市场需求快速增长机遇,开展关键技术研究,大力开发面向不同细分人群的功能食品系列产品。鼓励微康生物、中大生物、亲亲食品、华西希望特驱集团生物蛋白生产等企业发展膳食补充类营养品和特色保健食品,围绕中药有效成分,开发具有抗氧化、辅助改善记忆及辅助降血压、血脂、血糖等功能的中药保健品,积极开发适合孕妇、婴幼儿及儿童、老人、军人、运动员、临床病人等不同特殊人群的特色膳食食品。四是推动发展普适性大众化产品。积极引进雀巢等国际知名品牌食品企业,着力发展以咖啡、茶、奶、糖等为原料的大众化产品,通过鼓励创新,培育更多深受市场热捧的网红本地食品品牌。

专栏1:食品工业重点项目

(1)召陵区宝能食品产业园项目。总投资15亿元。该项目拟由深圳市宝能食品饮料有限公司投资建设,将围绕粮油加工、调味食品、肉类加工等领域,打造宝能集团在召陵集研发、生产制造、物流、供应链及销售等于一体的综合性食品产业集群。建设周期:2022年3月—2025年12月。

(2)召陵区保罗大健康产业园项目。总投资45亿元。该项目拟由北京保罗投资集团投资建设,主要以绿色健康食品及配套医疗保健、运动健康设备的研发、生产、加工为主,配套产品研发、产业会议、企业及产品展示和5A级商务办公配套等功能服务。

(3)经济技术开发区中粮粮谷面粉全产业链项目。总投资21亿元,总建筑面积30万平方米,建设制粉车间、小麦仓储设施、面粉成品库、配粉打包车间、面制品生产车间以及包材辅料、高低压配电室等,主要生产烘焙用粉、煮类用粉、蒸类用粉、速冻类用粉、休闲类用粉、杂粮用粉、小包装类用粉、尾路粉和麸皮。

(4)江苏金羚羊食品有限公司"自嗨锅"中部产业园建设项目。总投资10亿元,总建筑面积20万平方米,主要建设生产车间、研发中心等配套设施,新上4条面食生产线、5条米线生产线和5条米饭生产线,年产自加热米饭、米线、面食等方便产品7万吨。

(5)召陵区冠生园食品产业园项目。总投资20亿元,计划用地约100亩,主要生产休闲食品。建设周期:2021年10月—2025年12月。

(6)郾城区微生态产业园建设项目。总投资30亿元,主要建设凝结芽孢杆菌及制剂生产项目、乳酸菌发酵原液及发酵饮料生产项目、农用益生菌生产项目附属设施及仓储车间。建设周期:2022年12月—2025年12月。

(7)郾城区健康饮品产业园。总投资50亿元,建设占地1000亩的健康饮品产业园,计划引进大窑饮品、汇源果汁等知名品牌入驻。建设周期:2022年9月—2025年12月。

(8)郾城区想念全产业链食品智慧工厂建设项目。总投资30亿元,占地500亩,围绕主食产业化,建设原料仓储、小麦加工、挂面加工、中央大厨房、冷链仓储、成品预制菜、速冻菜肴、功能膳食、经典面、上选面、文化面、养生面、原味面等休闲面制品及肉制品加工为主的食品产业园。建设周期:2022—2025年。

(9)豫中南主食产业化示范园建设项目。总投资30亿元,占地1000亩。项目依托16万亩高标准良田,依托全国主食产业化工程示范市金字招牌,主要建设主食加工中心、展示研发中心、中央厨房集群等,运用大数据、物联网技术,实现食材的规模化统采、精细化加工、集约化配送、线上线下一体化营销的主食产业化项目,打造在全国具有影响力和代表性的主食产业化标准示范基地。建设周期:2022年11月—2025年12月。

(10)召陵区正大漯河现代食品全产业链项目。总投资约30亿元。一是300万蛋鸡全产业链项目,规划区域面积约650亩。项目内容主要包括:蛋鸡项目:①建设1座年产12万吨的专业化饲料厂;②建设2座存栏各38万羽规模的青年鸡场;③建设1座存栏约300万羽规模的蛋鸡场;④建设1座蛋品分拣车间;⑤建设1座蛋品深加工车间(含参观设施)。环保配套项目:①建设1座生态循环示范配套设施:鳄鱼场(淘汰鸡处理中心)、28亩灌溉水暂存池;②建设1座年产5万吨有机肥的鸡粪处理站。同步规划生态立体种养,形成集蛋鸡养殖、蛋品加工、鳄鱼养殖、农林废弃物处置、生态林果粮种植、观光旅游等于一体的综合性循环农业示范区。二是中央厨房项目,总投资20亿元,引进最先进的自动化生产设备及工艺,采用集中采购、统一加工、质量控制、统一包装、冷链储运、溯源管理为一体的中央厨房生产加工技术,以高科技、高质量、高水平建成现代化、标准化、清洁化新型中央厨房全产业链。建设周期:2022年1月—2025年12月。

(11)临颍县高档休闲食品产业园项目。总投资15亿元,包括厂房、综合楼建设及室外配套设施。建设周期:2021年11月—2024年10月。

(二)壮大市场主体,做强产业集群

围绕做强龙头企业、做多上市公司、做优品牌企业、催生中小企业,打造一批食品行业国际化领军企业和独角兽企业,形成规模庞大、优势突出的超级现代化食品产业集群。

1. 发挥头部企业引领支撑带动作用

全力支持双汇、卫龙、南街村、金山集团等龙头企业做大做强,围绕巩固地位、提升份额、拓展业务、紧盯上游、创新提升、形成集群六大策略,发挥"头雁作用",打造3—5个以头部企业为引领、上下游产业链配套企业丛生的产业集群。一是巩固地位。继续重点支持双汇、卫龙、南街村等龙头企业扩大产业规模,优化产品结构,提高行业知名度,提升市场影响力,使其始终保持行业领先地位。二是提升份额。鼓励双汇、卫龙、南街村等创新经营模式,提高生产效率,持续提升市场占有率;支持金山集团与世界化工500强比利时索尔维公司合作发展小苏打项目,提升国际市场份额。三是拓展业务。引导龙头企业瞄准市场前景,创新产品类型,延伸产业链条,拓展新业务、新市场。四是紧盯上游。紧盯产品上游原料,建立企业可掌控的安全原料基地,保障持续生产。五是创新提升。持续提升龙头企业研发创新能力和产业链引领带动作用,谋划一批攻关项目和重大平台,实现产业链关键核心技术自主可控,支持龙头企业联合上下游企业共同开展产品研发和产业化。六是形成集群。强化龙头企业产业链带动作用,重点招引双汇、卫龙、南街村等龙头企业产业链上下游配套企业,形成以龙头企业为核心的产业集群,提升整体产业生态地位。

2. 快速成长更多上市公司

围绕肉类加工、粮食加工、饮料加工、果蔬加工、休闲食品等优势行业,分别选择3—5家上市重点培育企业,制订专项方案,推动全市食品核心产业快速成长更多上市公司。一是分类分企业确定上市方案。肉类加工以双汇、御江食品等为核心,鼓励双汇分拆繁衍上市公司,推动御江食品尽快上市;粮食加工以卫龙、南街村集团、舞莲面粉为龙头,加强链条拓展、产品研发,关注重点企业,促成上市;饮料加工以三剑客、贾湖酒业为龙头,加强研发创新和品牌打造,培育上市;果蔬加工以龙云集团、高旗生物、亿康果蔬为主,引导企业实施并购上市。二是加大对食品产业龙头企业资金支持力度。引入省、市、县(区)三级国有资本及部分食品工业产业链企业,设立规模30亿元的食品产业上市发展母基金,重点投资后备上市企业,支持企业技术升级、创新产品、抢占市场,迅速做大规模,做优利润,推动进入资本市场。三是实施食品工业企业上市突破战略。以企业重组、整合、调整、优化为策略,推动食品产业上市突破性发展;鼓励产品相近或链条一体的企业重组并购和整合,迅速做大规模,抢占市场,达到主板上市标准;鼓励双汇集团等大型龙头企业调整企业结构,分拆成长性或创新型子公司抢占细分市场,优化企业市场占有结构,达到创业板和科创板上市标准。四是加大对食品企业上市辅导支持力度。聘请证券交易所、金融机构、律师事务所等机构的专家现场指导,定期举办企业上市讨论会,探讨企业上市问题的解决之策。

3. 发展"专精特新"品牌企业

完善"微成长、小升高、高变强"梯次培育机制,形成更多的"专精特新"、"小巨人"、单项冠军。以规上食品企业为基础,选定50家食品行业试点企业,支持其聚焦主业、强化创新、打造优势、以质取胜,力争5年打造30家掌握关键核心技术、质量效益优的"专精特新"标杆企业。一是加大对"专精特新"打造行动企业资金支持力度。依靠市、区(县)两级国有资本和社会资本设立20亿基金,重点支持选定的50家食品行业试点企业,特别要重视在普适性大众化和满足特殊人群消费特色食品类领域,支持其专注于细分市场、提升创新能力、提高市场占有率。二是加强重点企业创新能力。重点扶持处于产业链、供应链关键环节的"小巨人"企业,掌握核心技术,强化单品、爆品突破,增加产品附加值和企业效益。三是加强企业品牌建设。充分利用漯河市食品质量安全优势,一对一制订企业品牌培育方案,通过政策集聚、资金扶持、标准引领、营销宣传等多项举措,5年内至少培育20个国内知名品牌。

4. 促进中小企业丛生式成长

充分发挥双汇的引领支撑作用、龙头企业的带动作用、"专精特新"品牌企业的示范作用,加快形成浓厚的创新创业投资氛围,强化企业服务水平和法律保障,鼓励推行合伙人制度,成为中小企业丛生式聚集高地。一是加强对中小企业资金的支持力度。依靠市、县(区)两级国有资本和社会资本设立10亿元食品类中小企业发展基金,支持其打通与龙头企业之间的链条,形成食品产业集群的重要配套支撑。二是形成浓厚的创业投资氛围。积极发展食品类风投基金,培育独角兽企业;出台具有竞争力的基金公司入驻政策,引进一批风险投资基金,重点投资科技含量高,处于种子期、创建期、成长期的食品行业企业。三是建立系统全面的支持中小企业的制度。建立食品产业研发创新平台,允许中小企业参与研发和使用研发成果,鼓励大企业向中小企业输出技术服务;建立标准化基础设施空间,鼓励中小企业入驻,发展初期给予一定优惠政策支持;建立多层次资金支持体系,包括银行、基金、财政、资本市场等,提供绿色通道。

(三)完善产业链条,增强依存黏性

抓牢产业根本,着力提升产业基础能力和产业链水平,实现一产往后延、二产两头连、三产走高端,运用工业思维、市场手段推进现代农业与二、三产融合发展,打通漯河市优质农产品和特色食品进入长三角、珠三角大市场的通道,在开放合作中形成更强创新力、更大附加值、更高水平的"三链同构",让"三链同构、农食融合"全产业链发展模式成为漯河食品产业高质量发展的靓丽名片,打造全国"三链同构"示范基地。

1. 建立安全可靠的前端原料生产供应基地

鼓励食品企业发展订单农业,开发多种形式的直供、专供、特供产品,推进原料专业化、标准化、规模化、优质化生产,出台原材料生产专项资金支持政策,大力建设优质小麦、玉米、花生、大豆、食用菌等生产基地,建立稳定的食品原料生产来源基地。加快现代农业产业园区建设,深入推进"五级订单"生产模式,推动农业产业化联合体做大做强,提高绿色食品、有机农产品和农产品地理标志认证率,促进优质农产品与食品工业有效衔接。持续推进畜禽标准化规模养殖,支持大型养殖企业通过"公司+农户"、租赁兼并、生产托管、合伙制等多种形式,带动中小养殖场户发展,从养殖前端保障肉类加工产业链良性发展。拓展食品原材料供应基地,通过加强政府间合作引导,鼓励食品企业将优质原料供应基地向周边地市乃至全省、全国重点农区和特色食品原料产地延伸布局,确保充足优质的原材料来源。

2. 壮大产业链互联互通的中端食品加工

围绕"食品+"的理念,强化产业链的"六个打通",进一步完善要素资源和产业配套,拓展拉长核心产业链条,增强食品产业间价值依存黏性。在做大做强做深核心食品产业的同时,大力发展食品机械、食品包装、食品辅料(添加剂)、宠物食品等紧密联结的产业业态。围绕食品企业产品类型,引导互联网、大数据、人工智能等新技术与食品和装备的跨境,促进食品工业与装备工业产业链融合,抢占食品机械行业细分领域制高点,促使产业核心圈与支撑圈相融共生,凸显强大的规模效应,到"十四五"末,全市食品全产业链产值达到3000亿元以上,成为全国食品加工高地。

专栏2：中端食品加工业重点项目

（1）召陵区宠物经济专业园区项目。总投资110亿元，共分三期建设。一期建设宠物经济孵化园区，位于黄河路以南、阳山路以东，占地150亩，满足宠物经济创业孵化需求。项目位于东城产业集聚区阳山路31号，主要建设宠物食品生产线，成为具备多种宠物食品类生产能力和品牌的综合性服务商。二期建设宠物经济专业园区，位于黄河路以南、彰化路以东，占地900亩，满足宠物经济企业生产定制化和单独供地需求。三期设置远景规划区，位于黄河路以南、新城路以东，占地2000亩，满足宠物经济企业发展需求。建设周期：2022年1月—2025年12月。

（2）召陵区装备制造产业园项目。总投资10亿元。该项目位于东城产业集聚区，计划用地约150亩，主要建设智能装备（数控机床、机器人、智能润滑设备、3D打印设备等）、机械铸造（铸造部件、高端泵阀等）、液压科技（液压胶管及接头、液压泵阀等）、食品机械（肉制品、休闲食品、面制品、饮品机械等）等先进装备制造企业集聚的产业园区，继而吸引产业链上下游企业，形成产业集群，放大园区效应。建设周期：2022年4月—2025年12月。

（3）召陵区高端宠物食品用品产业园项目。总投资10亿元。该项目由国家级高新技术企业、上海市"专精特新"企业、小佩网络科技（上海）有限公司投资建设，该公司在宠物智能装备和智能家居领域排名居全国前列，正在进行上市辅导。公司于2018年创立在宠物经济专业园区二期，计划用地100亩，打造高效率、高精度的国际标准宠物鲜粮生产线和智能装备生产线，建设集研发检测中心、先进生产中心、物流仓储中心等于一体的大型宠物食品用品产业园区。建设周期：2022年3月—2025年12月。

（4）漯河经济技术开发区中国（漯河）智能食品装备产业园项目。总投资23亿元，总建筑面积33万平方米，主要建设食品机械生产中心、共享机械加工中心、食品机械展示交易中心、原材料标准件仓储配送中心、包装印刷辅料生产中心、包装印刷辅料研究中心、生活配套中心等内容。

（5）郾城区食品添加剂建设项目。总投资20亿元，依托中国首家食品名城，食品产业基础雄厚，产业链条完善，国内外500强食品企业及行业龙头竞相入驻发展，食品添加剂发展市场广阔，规划面积300—500亩，重点引进天然色素、发酵、香精香料、营养增强剂、保健食品及农副产品精加工企业10—15家。建设周期：2022年3月—2025年12月。

（6）郾城区食品包装产业园项目。总投资20亿元，规划占地500亩，建筑面积38万平方米，园区围绕食品产业，引进以食品类彩印、复合膜等食品配套包装产品为主，打造集食品企业包装设计、生产、研发于一体的高端食品包装产业基地。建设周期：2022年3月—2025年12月。

（7）郾城区特色调味品产业园项目。总投资15亿元，拟规划面积500亩。项目建设内容包括食品精加工区、综合服务中心、物流仓储区、冷鲜加工区、功能食品加工区以及综合服务中心。主要生产鸡精、酱油、醋、五香料、腌菜料、有机调味品和天然提取的植物香料等多品种系列的特色调味品，拟引进企业10—20家。建设周期：2022年3月—2025年12月。

(8)舞阳小苏打国际合作产业园项目。总投资83亿元,规划面积1500亩,定位于小苏打上下游产业链发展专业园区。园区计划实施项目8个,主要建设项目有60万吨合成氨、40万吨低钠重碱、45万吨颗粒农用氯化铵、60万吨小苏打等以及与之相连的医药、大健康食品、生命工程等。建设周期:2020年12月—2025年12月。

(9)临颍县南街村食品工业园项目。总投资20亿元。该项目响应退城进园政策,在产业集聚区新征土地500亩建设南街村食品工业园,总建筑面积30万平方米。项目建成后将提升南街村原有食品工业体系,引入先进生产线,壮大现有方便面产品、调味料产品、豆干类产品、包装类产品、彩印类产品等。建设周期:2020年10月—2024年12月。

(10)临颍县食品包装饮料产业园项目。总投资30亿元,包括厂房、综合楼建设及室外配套设施。建设周期:2021年12月—2026年11月。

(11)食品辅料产业园项目。规划面积2平方公里,以建设集食品辅料研发、交易、生产和配送基地等功能于一体的食品辅料专业园区,通过加强园区建设和项目配套,依托区内食品企业聚集优势,吸引天然功能食品添加剂、食品辅料、调味料等行业知名企业入驻,建设国内具有影响力的食品辅料产业园区。

3. 发展高效智能集成化的后端流通产业

一是持续壮大物流产业,巩固提升物流区域中心地位优势。充分发挥好地处豫中南的绝佳区位优势,将经开区、召陵区、城乡一体化示范区作为物流产业发展核心区域,积极招引大型龙头物流企业入驻,不断提升物流行业规模化、专业化、智能化水平。加快推进浙江传化集团公路物流港中原总部基地项目在示范区落地建设,实现漯河食品产业覆盖更大区域范围内的公路物流配送服务;大力引进万邦物流等大型农产品物流企业在漯河建立食品类产品物流配送中心,直供上海、北京、郑州、武汉等大城市食品消费市场。加大冷链物流运输体系建设力度,适时探索开辟食品物流专列,建设辐射全国的冷链物流运输体系;瞄准中国冷链物流企业百强榜企业,引进冷链物流龙头企业落户漯河,促进食品物流产业数据信息化、标准化,提升生鲜农产品公共服务和流通供应链集成服务能力,建设集河运及铁路、公路运输于一体的综合物流港,打造全国最大的冷链物流产业基地。

二是着力发展电子商务产业,助力食品企业线上经营。放大电商产业园和物流配送中心现有基础优势,着力壮大电子商务产业。积极引进阿里、京东、苏宁、亚马逊等国内外知名电子商务企业和配套服务企业在漯河市设立总部或区域总部,吸引集聚大型电商平台的仓储配送中心、研发中心、结算交易中心。支持双汇、卫龙等企业自有电商平台发展壮大,鼓励本土食品企业与电子商务企业合作发展线上经营,提高抵御市场风险的能力。对接引进腾讯、抖音等平台企业在漯河打造直播电商基地,开展直播电商公益性培训,助力更多中小微食品企业开发营销新模式。常态化组织开展电商知识和技能培训,鼓励漯河食品职业学院、漯河职业技术学院等院校学生依托电商平台创业,培育形成大规模的电商创业群体,支撑电商产业做大做强。

专栏3:后端流通产业重点项目

(1)冷链物流专业园项目。冷链物流专业园位于漯河临港产业园,总占地约3.5平方公里,总投资150亿元,按照整体规划、分期开发、分步实施的原则分三期开发建设。一期占地1平方公里,计划2023年全面建成,主要建设冷链物流区、商贸交易区、集中消杀区、交通场站服务区、综合配套区五大功能区。二期占地1.5平方公里,计划2023年启动、2026年建成,主要建设集冷链物流、商贸交易、综合服务配套于一体的综合性冷链专业园区。三期占地1平方公里,计划2026年启动、2030年建成,主要建设集冷链仓储、智能装备制造与研发、冷链运输车辆配套服务于一体的豫中南地区冷链物流专业园区,形成区域性经济发展的重要增长极。

(2)苏宁豫南电商智慧产业园项目。总投资12亿元,占地500亩,项目分二期实施,主要建设苏宁豫南电商总部、天天快递区域总部、售后服务平台、社会化服务平台等综合性智慧新零售服务平台。建设周期:2020年1月—2022年1月。

(3)国美河南物流服务电商运营中心项目。总投资10亿元,规划占地200亩,主要建设集供应链集采、电商运营、物流中心、售后服务、区域总部于一体的综合电商物流服务中心。建设周期:2021年10月—2024年12月。

(4)中国临颍电子商务物流国际食品城项目。总投资12亿元,占地718亩,总建筑面积54.69万平方米,主要建设农产品物流配送中心、电商大厦、综合楼及仓库。建设周期:2019年2月—2022年10月。

(5)电商直播产业园项目。总投资12亿元。该项目拟由杭州企鹅电子商务有限公司投资运营,占地面积约90亩,建筑面积约20万平方米,由两栋商务楼宇组成,拟招引一批电商直播个人及企业入驻,形成集直播带货、主播培训、网红孵化、推广联营、物流供应链管理于一体的电商直播产业园。建设周期:2021年12月—2024年8月。

---

4. 建设绿色、安全、溯源的"区块链+食品供应链"平台

政府引导、企业参与、市场化运作,开发建设"区块链+食品供应链"平台,运用区块链的先进技术和资源,构建以安全溯源、信息共享、信用互认为核心的新型食品安全市场监管机制和监管方式,降低监管成本,提高监管效率,提升食品安全保障能力。

（四）提升城市功能，强化支撑能力

1. 构筑高品质功能服务平台

一是科技赋能，内外合力。抓住新一轮科技革命和产业变革加速向传统食品产业渗透的大趋势，加大人才和科技对食品加工产业的打造力度，高水平引智建设食品大学（学院），积极培育建设产学研联合体科研平台，打造全国有影响力的产业创新中心和业内知名的科研成果转化中心，为漯河装上"最强大脑"，实现跨越式、突破性发展。以标准化建设引领高质量发展，着力建设食品标准化科研孵化基地、食品产业标准化技术联盟，建立起高于国家标准的食品特色标准，在食品企业中推行卓越绩效等先进的质量管理模式。积极对接深圳国际食品谷建设，建立互通合作机制，及时应用和产业化研发成果。

二是提升食品产业专业园区载体功能。围绕各县区食品特色主导产业，加快推进食品包装、食品复合调料、医药化工、绿色食品添加剂、生物医药、健康食品、宠物经济、智能食品装备、食品辅料、检验检测、冷链物流、大数据等专业园区建设，突出特色定位，引导错位发展，提升产业用地配套功能，提高园区土地利用强度和亩均产出效益。以头部企业创建高水平园区为示范，谋划建设食品产业"专精特新"专业园区和"名企名牌"专业园区，支持和鼓励专业园区建设综合及各类专业性公共服务平台，降低企业发展的风险和成本，提升研发和产业化的能级和水平。

三是增强城市功能平台效力。首先，扩大展会平台影响。创新食博会举办形式，加大数字技术的应用，加快会展数字化、国际化、多元化步伐，实现智慧会展平台增值服务。提升食博会层次和门槛，积极邀请外商外企、境外商协会、跨国公司在华办事处或代理机构来漯参会，为食博会增加更多国际元素。结合漯河市食品产业特色，探索在食博会期间召开肉类加工、调味面制品、休闲食品等行业发展大会或高端论坛，打造具有国际影响力的食博盛会。其次，提升检测平台层次。加快检验检测园区建设进度，尽快建成投用。加强政策引导，发挥好国家肉制品质量监督检验中心和国家肉及肉制品检测重点实验室两个"国"字号检验检测机构优势，尽快将分散在各个部门、企业的检测资源统一整合，成立市场化运作的检验检测集团，突出特色，明确定位，打造国内权威的食品检验检测中心，提升检测的权威性和影响力。最后，建设展示体验平台。谋划建设国际食品展示体验中心,作为展示国内外主流食品的重要窗口、展销漯河特色食品的重要门户、展现食品文化的重要阵地,建成世界有影响力的食品展览展示中心,使其成为现代化食品名城的"重要标识"和"特色品牌"。

专栏4:城市支撑能力提升项目

(1)经济技术开发区检验检测园项目。总投资9亿元,占地面积约342.83亩,建筑面积约27万平方米。主要建设检验检测设备生产用房(约13万平方米)、物流仓库(约4.3万平方米)、检验检测总部基地(约8400平方米)、检验检测技术研发用房(约1.1万平方米)、检验检测实验室(约2.2万平方米)、综合服务用房(约6000平方米)、检验检测服务中心(约4.8万平方米)等。

(2)召陵区蓝宝科创产业园项目。总投资30亿元,拟用地240亩,位于黄河路以北、南山路以西、走马塘路以南、阳山路以东,主要建设集创新创业、总部办公、项目孵化、展览展示、配套服务等功能于一体的综合性产业园区。项目全部建成入驻后,入驻企业将形成约150—200家的规模,可实现年收入约12亿元,年税收6000万元以上。建设周期:2021年9月—2025年12月。

(3)召陵区城市央厨智慧园区项目。总投资20亿元。该项目由中联兴农(北京)科技股份公司投资建设,占地200亩,主要建设食品研发中心、食品安全检测中心、园区营销中心、园区金融科技中心等。本项目旨在打造集集采、研发、生产、检验、仓配、销售、展示于一体,深度融合一、二、三产业,集商流、信息流、物流、资金流为闭环的城市央厨智慧园区,构建复合型、多功能、数字化、智能化的城市央厨生态产业链。建设周期:2022年2月—2025年12月。

(4)郾城区中粮国际食品城项目。总投资150亿元,占地500亩,拟建设中粮集团豫南地区粮食期货市场。建设周期:2022年3月—2025年12月。

(5)经济技术开发区国际食品产业园区项目。总投资100亿元,规划面积约7.16平方公里,位于漯河市经开区东部,东至凤凰山路(规划),西至京港澳高速,南至邓襄镇,北至漯阜铁路,总面积10751亩,一期重点建设宜兰路、东方红路,进行两侧市政设施和产业地块开发建设,新扩区空间框架形成;二期重点建设发展路、新漯上路及支路,建设城市公共服务设施,发展中部城市生活区,新扩区南北主要功能板块基本成型;三期重点建设凤凰山路、107连接线,向南拓展融合邓襄镇,向东发展产业。园区以食品和装备制造两大产业为主导,通过高起点规划、高标准建设、高质量招商,实现国际化品牌项目集聚发展。建设周期:2021年5月—2025年12月。

---

2. 打造豫中南产城融合高地

一是着力扩大城市人口规模,建设区域性资源汇聚高地。持续深化户籍制度改革,制订实施非城市户籍人口、非本地户籍人口在城市零门槛落户方案,促进有能力在城市稳定就业和生活的农业转移人口举家进城落户。制定优惠政策,对外来落户人口在租购房、务工就业、子女教育、缴纳社保等方面直接给予补贴。积极增加城市的教育、医疗、养老、文化、娱乐消费等优质公共服务资源供给,吸引域外人口流入,扩大城市规模,城市中心城区人口达到120万人以上,切实将漯河打造成区域性资源汇聚高地。

二是以新理念引领高质量产城融合。推动生产与生活一体化建设,实现产业项目与公共基础服务设施建设同步落地。以食品产业集群发展为核心,打造多个主导产业明确、专业分工合理、差异发展鲜明的产业功能区,按照产业先导、职住平衡、完善配套、塑造城市美学的原则,建设产业活力强劲、城市品质高端、服务功能完备的现代化食品产业新城。以城市扩大、人口集聚和产业发展,实现城镇消费群体不断扩大、消费结构不断升级、消费潜力不断释放,带动城市基础设施、公共服务设施和住宅建设、商务、休闲娱乐等发展,实现食品产业与城市高质量融合发展。

3. 提升城市现代化彰显水平

一是提高食品名城的时尚度。在全球聘请高水平专业团队以"食全食美、食尚漯河"为主题,全方位、高标准设计漯河现代化食品名城整体形象和商标,将现代化食品元素、国际元素、时尚元素嵌入到城市规划、建筑设计、城市广告、产业发展和文化体验中,赋予漯河市浓厚的现代化食品城市特色。推动特色食品休闲体验街、高端酒店、商业综合体等产业发展的基础配套设施规划布局,提升消费体验。鼓励有实力的企业建设特色食品博物馆或体验馆,规划设计开通工业旅游线路,推动游客由参观者、体验者到消费者、代言者的转变。依托沙澧河"两河四岸"水景,谋划建设融饮食、旅游、文化等为一体的"食品文化中心""美食文化观光走廊""豫食城",招引国内外知名美食机构进驻,打造城市会客厅,让漯河味道香飘全国。加快推进双汇总部大厦、卫龙总部大厦等一批彰显现代化食品名城特色的地标建筑规划建设,吸引国内外食品产业的生产、研发、展销、结算等各类企业总部或平台中心入驻,把漯河市打造成集食品研发、生产、展示、交易、结算、消费等功能于一体的现代化食品名城。

二是提升食品名城的国际化水平。进一步深化内陆开放"特区"建设,以"生产国际化、产品国际化、平台国际化、合作国际化"为主攻方向,加强与郑州航空港和中原国际陆港的战略合作,借助于亚马逊、eBay、天猫国际等跨境电商平台扩大产品出口量,打造"网上丝绸之路",提升对外开放水平;依托东城智能物联港公共保税仓,加快建设漯河保税物流中心(B型),适时申建综合保税区,不断增加仓储物流、加工制造、对外贸易、商品展示、国际中转、国际采购、分销配送等业务量;加强高水平国际合作,实施国际食品名牌名企招引行动,在经开区规划建设国际食品产业园,积极招引世界500强、行业百强食品企业,增加漯河食品产业国际化元素,打造高端食品和更多名牌食品,全面提升食品行业盈利水平;对接荷兰食品谷、丹麦与瑞典接合部的厄勒食品集群、意大利艾米利亚-罗马涅食品谷等世界食品谷运营方,签订战略合作协议,共建专业园区。

三是加强食品城市文化特色的宣传推介。积极推动食品工业与休闲旅游、文化创意、广告营销等产业的深度融合,深挖食品产业的潜在价值。结合漯河市城市形象旅游、文化旅游、自然风光旅游、乡村旅游等,将漯河食品元素全面渗透到旅游活动中,提升食品宣传氛围。全面提升食品文化输出力度,在央视、各大城市高铁站和火车站、一线城市标志性建筑等密集投放广告,大力宣传漯河城市形象及双汇、卫龙、三剑客等食品重点企业,快速提升漯河食品文化影响力。通过全方位、多层次、立体化的宣传,推广城市品牌,传播城市文化,宣传城市精神,提升城市知名度,为建设现代化食品名城蓄势造势,让本地人充分认识建设现代化食品名城的重要意义,形成支持现代化食品名城建设的浓厚氛围,让外地人了解漯河"现代化食品名城"的城市品牌。加快漯河食品文化小镇建设,着力打造食品产业与文化旅游产业耦合发展示范街区,健全吃、住、行、游、购、娱、商、养、学、闲、奇、情等功能,丰富工业旅游内涵,打造国内独具特色的食品文化中心,建设成为全省乃至全国文化旅游新标杆。

专栏5:漯河市提升城市现代化彰显水平项目

(1)中国双汇总部大厦建设项目。总投资10亿元,项目共分为指挥中心、行政中心、研发中心、信息中心、营销体验中心、展示中心、培训中心、会议中心、后勤保障中心九大功能分区,项目总用地面积约80900平方米;总建筑面积约10万平方米,其中地上8万平方米,地下2万平方米。建设周期:2019年10月—2022年6月。

(2)杏林食品有限公司卫龙食品总部大厦建设项目。总投资30亿元,占地300亩,主要建设卫龙(漯河)研发创新大厦,建筑面积约4万平方米,建设内容包括重点实验室、研发中心、接待厅、展示厅、数据中心等。建设周期:2022年7月—2024年11月。

▶ 报告8 漯河市现代化食品名城发展规划

(3)绿地会展中心项目。总投资50亿元,在沙河南侧、贺兰山路东侧建设文体会展中心,项目集展贸交易区、商务服务区、总部基地、生活智慧社区于一体,发展业态有会展中心、星级酒店、办公空间等。建设周期:2023年8月—2026年8月。

(4)58集团智慧生态圈项目。总投资30亿元,以移动生活、智能应用、媒体艺术三大产业为核心,集生态景观、智慧科技、总部经济等于一体,形成了政策服务、企业升级、创投资本、税务优化、人才聚揽、智慧配套、资源集成、超级物管八大服务优势及4.0版本的智慧生态圈。建设周期:2022年10月—2025年12月。

(5)商务中心区服务业总部经济楼宇项目。总投资16.8亿元,总建筑面积160万平方米,包括西城智慧港、浙商大厦、永昶大厦、广隆大厦、企业总部港、漯河市邮储大厦、泰威明珠大厦等总部大厦建设项目。建设周期:2020年2月—2023年10月。

(6)商务中心区绿峰商务综合体项目。总投资28亿元,总建筑面积19.18万平方米,主要包括绿地中心200米超高层商务写字楼和五星级花园酒店。建设周期:2020年2月—2024年2月。

(7)商务中心区红星爱琴海购物公园综合体项目。总投资51亿元,总建筑面积23万平方米,主要建设红星爱琴海购物公园、玫瑰天街商业街综合体。建设周期:2020年3月—2023年12月。

(8)高端服务区总部港建设项目。总投资10亿元,主要建设昌建总部大厦及企业办公集群,建成后拟可入驻企业200家。建设周期:2020年10月—2023年12月。

(9)示范区中心商务区建设项目。总投资11.4亿元,位于高端服务区核心位置,总占地约451亩,主要建设内容分为三部分:①中央商务公园。占地约278亩,主要为城市景观绿化、街角游园、体育设施、生态水系等内容,包含地下一层停车场及配套商业共计约2万平方米,投资估算约4.5亿元。②市政道路。包含龙湖路、龙湖南支路、龙湖北支路、天池路、天池南支路、天池北支路等6条道路,道路为东西向的城市次干路和支路,道路红线宽为15和30米,道路占地约96亩,投资估算约0.6亿元。③商业板块。包含3块商业商务用地,位于中央商务公园南北侧,用地性质分别为B1B2、B1B2、A2B1,用地面积分别为46.5亩、15亩、15.6亩,主要建设企业总部、高端写字楼、高管人才中心等内容,总占地约77亩,投资估算约6.3亿元。建设周期:2022年10月—2025年12月。

(10)南威数字科创小镇项目。总投资150亿元,占地约2400亩,其中沙澧连通工程以东800亩,沙澧连通工程以西1600亩,总建筑面积约250万平方米。科创小镇将以数字科技创新为引领,紧紧围绕软件与信息技术服务业、大数据、区块链、物联网、人工智能、工业互联网、数字制造、创新创意等八大核心高新领域,引进"专精特新"、单项冠军等全国数字经济企业入驻;引进高端数字人才,支持本地数字化人才培育和项目孵化,成为中原地区数字化产业增量的动力引擎。建设周期:2022年9月—2024年12月。

(11)食品文化小镇项目。总投资50亿元,占地约1500亩,总建筑面积144万平方米。项目以食品文化为主线,突出中原美食文化和中国食品产业发展文化的挖掘与延伸,融吃、住、行、游、购、娱、商、学、养为一体,空间布局为一环(生态大环线)、双核(文化旅游核心)、三轴(产业发展轴、协同发展轴、商业发展次轴)、五片区(文化旅游核心区、产业发展服务区、健康养生度假区、生态发展区、生态休闲游览区)。同时满足原住民的居住需求,项目计划建设周期为8年,分3期开发,项目建成后,预计可实现每年游客的总数达到500万人次,提供就业岗位5000个以上,将成为立足漯河,以食品小镇为载体,以中原食品文化为辅助,辐射中原地区的城市休闲游憩商业区和游客集散中心。建设周期:2020年2月—2028年2月。

(12)东城智能物联港漯河保税物流中心(B型)建设项目。总投资15亿元,占地200亩,计划建设漯河保税物流中心(B型),将成为全市对外开放的重要平台,有利于提高漯河的区域竞争力,带动与外向型经济密切相关的特色产业发展。建设周期:2021年10月—2023年12月。

(五)坚持创新引领,激发发展活力

一是加大创新研发投入。加大政府财政资金支持和奖励食品产业创新研发力度,推动设立政府引导、市场化方式引入社会资本参与的总规模不低于50亿元的食品产业创新发展专项基金,运用基金的杠杆撬动作用,重点支持食品企业实施创新型项目建设,帮助企业降成本、增效益、扩规模。

二是强化企业创新主体地位。健全技术创新的市场导向机制,突出企业创新主体地位和主导作用,建立公共创新服务平台,推动创新成果转化。支持双汇集团建设省级、国家级肉品技术创新中心,卫龙食品建设国家级辣味食品实验室,鼓励食品企业创建各类研究中心、实验室、创新中心、院士工作站、博士后工作站等,推动规模以上食品企业研发中心全覆盖。

三是加强研发平台建设。深化与荷兰瓦赫宁根大学、中国科学院、江南大学、河南工业大学等国内外食品工业科研实力强的高校院所的合作,统筹利用国内外创新资源,加快构建以国家级企业技术中心、工程技术中心为主体,省级、市级研发机构相衔接,中小企业研发共享平台为支撑的创新网络建设,与国内外重点科研机构和知名院士、专家建立常态化合作,出台成果转化机制,鼓励研发创新成果在漯河市产业化。加强河南省休闲食品加工技术协同创新中心、河南省休闲食品工程技术中心和河南省特医食品工程技术研究中心等平台与国内外食品研发前沿技术对接合作,落地转化新技术,培育研发新产品。鼓励高校、科研院所在漯河市建立中试基地,联合企业开展重大科技研发项目产业化攻关。积极争取国家及省直有关部门的支持,推动漯河食品职业学院加快升本步伐,提升高等教育办学层次,吸引更多高水平人才。

四是提高食品行业智能化水平。加快推进大数据、云计算、区块链、人工智能等现代信息技术与食品产业深度融合,以大数据引领、智能化制造、精准化产品、个性化服务推进传统食品工业向食品智能制造转型。加强企业技术改造,鼓励和支持企业建设智能工厂、智能车间,推广"机器换人",推动企业释放产能、提升效率、降低成本。加快 5G 网络建设,推广 5G 场景在食品工业中的应用,加快建设南威软件漯河科创园,打造"数字化食品名城",扩大中国(漯河)食品云上线企业规模,打造腾讯云(漯河)工业云基地,推动全市食品企业全部上云。

五是营造良好的创新环境。完善科技创新体制机制,深入推进科技体制改革,改进科技项目组织管理方式,完善科技评价机制,加大科技奖励力度,加强知识产权保护,提高科技成果转化成效。健全普惠性的创新创业政策体系,完善和落实各项优惠政策。营造"鼓励大胆创新、勇于创新、包容创新"的良好氛围,形成"敢为人先,争创一流"的良好导向。探索"异地孵化、伙伴园区"和"创新策源在外、产业化应用在漯河"等多样性合作模式,建设高能级科研成果转化基地。

(六)狠抓招商引资,加快项目落地

一是明确招商重点。按照"大项目—产业链—产业集群"的招商路径,牢固树立项目为王的理念,围绕肉类加工、粮食加工、果蔬加工、饮料加工、休闲食品等重点行业的上下游产业链关联企业,瞄准国内外 500 强的食品企业和食品细分领域前 10 名的企业,圈定招商引资重点区域、重点企业和重点产品,绘制食品产业招商图谱,加快促进一批 50 亿元到 100 亿元的基地型项目落地。各县区要依托全市食品产业生态,在细分市场、细分产业中精准定位、精准绘制产业链条图、精准招商引资,有效融入全市食品产业链、供应链体系。

二是创新招商模式。综合运用节会招商、协会商会招商、资本招商、以商招商、产业链招商、主题招商、平台招商等多种模式,引进符合漯河食品产业发展方向和重点的集群式、全产业链项目。对接引进雀巢、百事、玛氏等世界知名食品企业在漯河市设立生产基地；紧盯国内食品行业百强企业和上市公司，争取光明食品、北京首农食品、娃哈哈集团、达利食品、海天调味食品、三只松鼠、良品铺子、煌上煌、三全、绝味等知名企业在漯河市投资兴业，聚集更多食品龙头企业。

三是加强招商宣传。加强投资环境、招商政策推介，有效创新宣传方式，借助于食博会、经贸交流活动等平台，加强与福建、广东、山东等食品工业大省的对接联系，做好专题招商项目宣传推介活动，着力引进投资规模大、产业关联度高的项目，推进一批农产品精深加工、休闲食品、速冻食品、功能食品等重点项目落地。

（七）加强人才引育，打造人才高地

一是加强人才引进。实施高端人才突破计划、"双千"人才引进计划、创新创业人才领军计划、"英才回归"计划、博士和博士后人才倍增计划、优才进基层计划、青年人才储备计划、高技能人才支持计划、企业经营管理人才提升计划、创新团队培育计划等"十大计划"，全力构筑区域人才高地；充分发挥漯河人才市场（河南食品行业人才市场）作用，建立食品专业人才库，重点培养食品专业技术工人；加强"招才引智"，引进一批知名人力资本企业和猎头公司，努力招引行业创新团队和一流技术人才落户漯河；鼓励食品企业采用股权激励、期权激励、技术入股等多种方式，吸引更多优秀技术人才，增强人才归属感；全面实施"人人持证、技能漯河"工程，制定《高质量推进"人人持证、技能漯河"建设工作方案》，建立市级专项资金，加大劳动力技能培训力度与广度，打造全省技能人才标杆城市。支持漯河市职业大中专院校、技工院校争创国家级和省级技能人才培训基地、技能大师工作室，大规模开展职业技能培训，争创行业领先的食品产业人才培养基地。

二是加强企业家培训。实施企业经营管理人才素质提升工程和新生代企业家接力行动计划，设立漯河市民营企业家教育培训专项资金，分期举办企业家培训班，通过企业家沙龙、论坛、研修班、外出游学等多种形式，加强对食品企业负责人管理技能的培训，提升企业家素质；积极开展CIO（首席信息官）、CDO（首席数字官）等人才培养工作，培养更多既懂企业经营管理，又能够适应新技术、新形势发展变化的优秀企业家；加快推动众创空间、创业孵化基地、毕

业生创业园、新生代职工创新空间建设,大力培养创新创业人才。

三是加强校企合作。常态化举办"企业进校园"活动,鼓励全市食品企业与江南大学、中国农业大学、中国科技大学、西北农林科技大学、北京工商大学、郑州大学、河南工业大学及中国科学院、中国工程院等知名高校、科研院所密切合作,共建产业创新联盟,适时举办"专家院士漯河行"活动;不断扩大"双汇学院"规模,大力开展校企订单式培训,规划建设中国食品大学、食品创新学院、双汇商学院,全力支持漯河食品职业学院"十四五"时期实现专升本。

(八)优化营商环境,护航企业发展

一是深化"放管服"改革,去除官本位意识,持续改善营商环境。统筹推进政府职能转变和"放管服"改革领域的重要政策措施和重点任务落实,深入推进"万人助万企"活动,明确出台支持民营企业健康发展的体制机制和政策保障,确立促进食品产业良性发展、高效运作的政府服务机制,解决企业发展中面临的实际问题,增强企业的获得感、满意度。建立健全市级领导干部分包企业、服务企业长效机制,开辟食品产业类相关项目的手续办理绿色通道,着力解决好项目用地、规划、环评和企业融资担保等突出问题,切实为企业提供"保姆式"服务、当好"店小二",构建"亲""清"新型政商关系,为食品产业高质量发展营造最优营商环境。

二是牢固树立主动服务的意识,突出高质量服务水平。成立若干重点食品产业招商、发展专班,加大招商引资力度,全方位全过程解决企业发展中遇到的问题。充分对接企业的办事需求,聚焦企业反映最集中的痛点、堵点、难点问题,寻求各项需求的最大公约数并予以回应和解决,打通政策落实的"最后一公里",做到政府服务企业"有求必应,无事不扰"。不断提升政府治理效能,提高办事效率,切实降低制度性交易成本,更大程度激发市场活力和社会创造力,增强食品产业发展的内生动力。

三是支持民营企业发展,营造尊重企业家的氛围。以出台地方性法规的形式保护民企权益,确保民营企业各项权利按时保质落实,树立政府守信形象,给民营企业家吃定心丸。扎实推进反垄断执法,着力降低企业制度型交易成本,努力维护公平竞争市场环境,提高中小微企业存活率。鼓励民营企业顺应市场发展规律,优化治理结构,实施现代企业管理制度,推行合伙制改革,增

强民营企业发展活力。实施企业家素质提升工程,分类制订"商界精英""创业之星""明日之星"梯次培养计划,引导企业家提升现代企业管理水平和市场开拓能力。着重提升企业家政治地位和自身荣誉感,加大精神激励力度。

六、保障措施

(一)加强组织领导,保障规划落实

强化组织领导,成立由市委书记、市长双组长的高规格现代化食品名城建设领导小组,指导现代化食品名城发展规划各项目标任务的落实。建立由市发改委、工信局、科技局、财政局、自然资源和规划局、人社局、教育局等部门参加的现代化食品名城发展联席会议制度。成立漯河市现代化食品名城建设专家咨询组,对现代化食品名城规划建设全过程提供顾问咨询服务。强化对规划实施情况的实时监测、分析和督导检查,优化动态评估机制和科学考核评价体系。市发改委、工信局等部门要对规划实施进展情况开展中期评估,根据宏观环境变化及规划实施情况,不断优化规划实施方案和保障措施,确保规划目标和任务的顺利实现。

(二)优化土地要素配置,提供土地保障

优化配置土地要素资源。加强科学规划引导,对符合条件的食品产业相关项目优先安排新增建设用地指标,优先保障现代化食品名城建设各项重大项目用地。促进项目节约集约用地,提高土地利用效率,探索节约集约用地要求、处置方式和退出机制等,积极建设标准厂房,鼓励引导适宜企业入驻。加强土地内涵整合,盘活闲置和低效土地。加强用地结构控制,凸显产业用地主导特征,科学规划调整产业集聚区、专业园区发展范围,预留产业发展空间,合理规划潜在的产业集聚区域,促进食品工业可持续发展。

(三)加大金融支持力度,强化财税政策扶持

深化投融资体制改革创新,推进金融机构合理布局,加大银企对接合作力度,为食品工业企业发展提供充足的资金支持。鼓励通过资产证券化市场,激

活存量资产,提高资金配置效率。打造产业联盟,构建征信体系,培育龙头企业带动、财政资金扶持的产业基金,形成产业资金运作发展的良性循环。大力支持工业企业在主板(含中小板)、创业板、新三板上市和中原股权交易中心等场外市场挂牌。深化财税体制改革,落实中期财政规划管理机制,提升财政资金使用效率。统筹使用相关政策资金渠道,强化对食品工业转型升级资金的支持力度。利用金融方式扩大财政资金带动作用,充分发挥财政资金杠杆作用和倍增效应,激活现有各类财政专项资金的带动作用。全面落实国家鼓励创新、促进创业投资发展的税收支持政策,推动产业向中高端迈进。完善和落实研究开发费用加计扣除、高新技术企业股权激励等税收优惠政策。

报告9　漯河市融入郑州都市圈一体化发展专项规划[*]

一、规划背景

启动《漯河市融入郑州都市圈一体化发展专项规划》是顺应郑州都市圈结构调整及漯河地位变化需要提出的一项重要任务。

建设以郑州为中心的中原城市群及都市圈,是河南省经济社会发展的重大战略。近20年来,这一战略在推进实施过程中不断进行调整和完善,漯河在城市群和都市圈中的地位也几经反复。

2003年,省委、省政府出台《河南省全面建设小康社会规划纲要》,正式提出以郑州为中心,范围覆盖开封、新乡、焦作、济源、洛阳、平顶山、漯河、许昌的"1+8"中原城市群概念,漯河成为省域经济核心圈一员。2012年国务院批准的《中原经济区规划》,突出了郑州、开封、洛阳、焦作、新乡、许昌6个城市的核心地位,漯河、平顶山被淡化。2018年省政府公布的郑州国家中心城市及大都市区规划进一步将核心区浓缩为郑州、开封、焦作、新乡、许昌5个城市,2019年又推出洛阳都市圈规划,连同济源和三门峡一起成为省域副中心,漯河再次与中心无缘。

2021年10月26日,楼阳生在河南省第十一次党代会上的报告中提出,要"加快郑州都市圈一体化发展……加快许昌、新乡、焦作、平顶山、漯河与郑州融合发展步伐"。2022年1月6日,王凯在河南省十三届人大六次会议所做的政府工作报告中进一步提出,要"高水平规划建设涵盖'1+8'省辖市、总

---

[*] 该项目受漯河市政府委托,项目时间:2021年12月—2022年3月;统筹人:耿明斋;主持人:李燕燕;项目组成员:李燕燕、李甜、黄宏飞、毕云婷;王永苏等参加讨论。

面积 5.88 万平方公里、常住人口 4670 万人的郑州都市圈,构建'一核一副一带多点'发展格局",漯河重新被纳入郑州都市圈版图。

郑州都市圈格局的重大变化,也意味着其内部结构的变化,即由原来的"1+4"部分区域(主城区和与郑州接壤的县市),变成了"1+8"个城市全域。意味着郑州都市圈建设由原来的收缩型思维向扩张型思维转变,由能量聚合为主向能量聚合与释放并重转变。适应空间格局和建设思路的变化,整个郑州都市圈重新调整势在必行。

作为郑州都市圈的一个"点",漯河该如何定位,如何界定其在都市圈内外的空间关系和功能关系,需要超前规划,并为整个都市圈重新规划提供依据和素材。漯河如何融入郑州都市圈发展,又如何在融合发展过程中不断壮大自己,实现自身的发展目标,也需要科学的谋划和规划。

二、总体要求

(一) 指导思想与规划思路

以习近平新时代中国特色社会主义思想为指导,全面贯彻党的十九大和十九届历次中央全会精神,贯彻习近平视察指导河南时的重要指示批示精神。按照河南省第十一次党代会做到"两个确保"、实施"十大战略"的重要部署,坚持以人民为中心,坚持新发展理念。

以交通基础设施高标准互联互通、产业深度链接、社保及公共服务体系充分对接与共享,最大限度实现要素无障碍流动和资源优化配置为指向。就漯河融入郑州都市圈所涉及的功能定位、基本原则、发展目标、空间布局等做出合理安排,从交通、物流、科创、产业、开放、公共服务等方面对融入方法和路径做出系统规划,为实现漯河与郑州都市圈深度融合和一体化发展,打造郑州都市圈重要的枢纽节点城市提供遵循。

(二) 基本原则

互联互通,便利共享。加快交通、通信、生态、能源管线等硬件基础设施,以及社保、教育、文化等公共服务制度体系互联互通,实现两地居民之间的便利共享。

政府主导,市场选择。突出政府在经济社会发展中的枢纽地位,发挥市场高效率配置资源的作用,政府主导统筹规划与市场选择资源配置相结合,统筹规划,协同合作,汇聚基础要素和高端资源,实现要素无障碍流动和合作共赢。

加快集聚,承接辐射。增强工业化、城镇化规模效应,推动要素持续聚集,发挥核心城市辐射带动作用,尊重规律,不惧虹吸,推动不同区域之间要素双向流动,坚持聚集与辐射并重,统筹规划区域一体化融合发展,提升区域经济运行效率。

节能降耗,绿色低碳。贯彻以人民为中心的发展理念,强化食品安全责任,锚定碳达峰、碳中和目标,深化节能减排,加快生态建设,促进绿色低碳,持续提升居民生活舒适度和幸福感。

(三) 发展定位

根据区位交通、资源禀赋、经济结构、内外空间关系等方面的特点,明确漯河在郑州都市圈五大功能定位:中国食品名城及配套产业基地,国家级食品研发中心、科技成果产业化和技能型人才培养基地,郑州都市圈重要开放枢纽节点及物流副中心,辐射豫中南、对接长三角和珠三角的"桥头堡",水域底色突出的生态宜居城市和康养基地。浓缩为"食品名城,枢纽节点"。

(四) 发展目标

以互联互通和协同合作为抓手,激发活力,释放潜力,分阶段大幅度提升城市综合功能,提高承载力、运行效率和竞争力,在融入郑州都市圈及现代化发展中走前列、做示范,成为实现"两个确保"的先行区。

至"十四五"末,漯河港航运能级提升、临港铁路专用线、平漯周高铁、许信和周漯平及临颍至尉氏高速公路、107国道东移等重大交通基础设施工程建成投用,郸城至舞阳-舞钢高速公路、漯河至许昌对接郑州航空港市域铁路完成立项并启动前期工作,保税物流中心申建成功并健康运行,中欧班列漯河号开通,都市圈内综合性开放枢纽节点基本形成;快递物流规模持续扩大,以双汇为龙头的冷链物流、以万邦为龙头的农产品物流、以漯河港为中心的大宗商品物流三大物流体系进入全国前列,以漯河为中心,辐射带动都市圈内外,连通京津冀、长三角、珠三角及长江中游和关中等周边区域的物流网络初步成型,都市圈物流副中心地位基本确立;创新投入强度达到或超过全国平均水平,以省食品重点实验室为龙头的食品科创中心建成投用,国家级研发平台获得突破,省级各类研发平台数量明显增加,规上企业研发平台全覆盖,本科高校建设实现突破并与省内外高水平大学形成广泛的协同关系,职业技术教育规模持续扩大,质量显著提升,初步形成创新型城市和技能型人才培养基地;都市圈内食品产业增量项目向漯河聚集的态势基本形成,超级食品产业集群在全国位次持续提升,现代化食品名城地位更加凸显,品牌更靓,漯许郑开新先进制造产业带基本形成;教育、医疗、养老等社会保障体系与郑州深度对接,互联互通和共享机制初步形成,生态环境质量进一步提升,城市基础设施不断完善,城市功能持续增强,宜居康养城市建设成效显著;与中国(河南)自由贸易试验区各片区对接更加紧密,在政务、商务、市场等方面实现协同联动。

至 2035 年,高标准建成覆盖公、铁、水、空等现代化综合交通体系,建成综合保税区等功能强大的高水平开放平台,与陆、海、空、网四条丝路实现无缝对接,都市圈开放枢纽节点地位更加巩固;形成规模更大、网络更发达、功能更完善的综合物流副中心,都市圈"桥头堡"地位更加凸显;建成国际化现代食品名城,食品及其配套产业规模突破万亿,达到全省的三分之一;建成高水平国家创新型城市和都市圈技能型人才培养基地;公共服务体系与郑州充分融合,成为功能完善、环境优越的宜居康养城市。

(五)空间布局

依据省政府关于郑州都市圈"一核一副一带多点"的空间布局和漯河市的资源禀赋、产业基础,以全方位融入郑州都市圈,实现高质量发展为基本遵循,对漯河融入郑州都市圈外部空间关系和内部空间布局做出如下安排:

1. 做强都市圈开放枢纽节点,打造先进制造产业带

打造郑州都市圈开放枢纽节点与承接内外辐射"桥头堡"。一是通过漯河港和快速通道加快融入郑州都市圈核心区;二是联手郑州、许昌、开封、新乡诸市构筑先进制造产业体系,由"点"变"带";三是牵手都市圈内相关城市,协同周口、驻马店、南阳、信阳等相邻农区,建设优质食品产业原料生产供应基地;四是做好对接长三角和珠三角乃至长江中游都市圈的"桥头堡",承接产业转移和技术溢出,为郑州都市圈输入外部动力;五是依托宁洛通道携手平顶山对接洛阳副中心,打造重化工业带,强化漯河支撑中原、沟通西北、承接东南的枢纽节点功能。

2. 合理规划市域"三圈、三带、三廊"空间格局

三圈,即由各市辖区所形成的内部圈层;以临颍县域为腹地,以相邻区域共建农产品原料基地为节点形成的中间圈层;舞阳县协同舞钢市形成的外部圈层。内部圈层高密度聚集交通枢纽、开放平台、先进制造业和现代服务业,以及科教创新、优质医疗、生态康养等各种优质要素,集中体现五大功能,承担引领、服务与辐射中间圈层和外部圈层的职责;以临颍县为重要支点的中间圈层着力发展休闲食品,打造食品原材料的重要供给地,形成对接都市圈核心区,协同联络都市圈外围区域的重要节点;外部圈层向西对接平顶山,打造连通洛阳副中心和大西北的前沿基地,形成都市圈外围重化工业带及宁洛物流通道上的重要支点。

三带,即纵贯市域南北,对接都市圈核心区的三大产业带。以新107国道为轴线,由开发区、召陵区、示范区、临颍县等节点构成食品产业带,成为漯许郑开新都市圈先进制造产业带的重要组成部分;以京港澳高速公路、漯河-临颍一体化快速路、京广铁路等交通通道为轴线,串联漯河港、保税物流中心、快递物流园、冷链物流和大宗商品物流园、中欧班列漯河号,对接郑州"四港一路"和中国(河南)自由贸易试验区郑州片区、综合保税区及航空港区等开放平台,形成开放枢纽联络带;以京广深高铁、许信高速公路和S222开遂线等交通通道为轴线,以西城区大数据产业园、中国食品云和郾城区生物医药产业园、江南大学产业园等组成新兴产业发展带。食品先进制造产业带着力聚集都市圈食品增量项目,主动承接沿海地区食品产业转移,壮大食品产业规模,成为建设现代化国际食品名城的隆起带;开放枢纽联络带着力沟通内外、联络四方,推动要素快速顺畅流动,做大现代物流业,服务制造业高质量发展;新兴产业发展带着力发展数字经济,为实体产业注入新动能,服务城市现代化,培育新兴产业成长。

三廊,即依托市域内资源禀赋,构建三条东西向生态文化廊道。加大颍河生态廊道、沙澧河生态廊道及贾湖-许慎文化廊道建设力度,滋润水土,绿化美化城乡,净化空气,优化环境,承载文明,打造宜居康养城市。沙颍河发挥建设水陆联运枢纽通道功能。

三、打造都市圈复合型次级交通枢纽

高标准建设各类交通通道和相关基础设施,加快与郑州都市圈核心区交通一体化进程,形成高水平枢纽通道,持续提升漯河在郑州都市圈中的枢纽节点地位。

(一)织密融入都市圈的"双十字"铁路骨架网

在现有京广和平漯—漯阜普铁十字交汇及京深高铁轨道交通系统的基础上,加快建设临港产业园铁路专用线,打通公、铁、水三位一体多式联运体系的"最后一公里"。加快推进洛平漯周高速铁路建设,加强与洛阳副中心城市的联通,促进与长三角的经济融合。推进漯河至许昌市域铁路前期工作,适时启动项目建设,实现漯河与郑州航空港直达及郑州轨道交通系统的互联互通。织密普铁、高铁(市域)"双十字"铁路骨架网,形成引领漯河融入郑州都市圈的便捷轨道交通系统。

(二)加快公路交通系统与都市圈的互联互通

加快许信高速公路、周漯平高速公路项目建设,形成东有京港澳、西有许信、南有宁洛、北有周漯平高速的"井"字形环城高速系统。启动尉氏至临颍高速公路建设,对接航空港区,增加与郑州、开封之间的联络通道,提升与郑州都市圈核心区之间的通行效率;建成 G107 漯河段东移工程项目,形成有效衔接郑州航空港的运输物流大通道;将老 107 国道改造为漯河-临颍快速路,促进漯颍一体化发展,增强与都市圈核心区互联互通功能;全面推动建设 S222 开遂线项目,研究启动 S327 沈舞线、S324 郸汝线等项目,进一步优化普通干线公路路网结构。

(三)打造郑州都市圈"出海口"

加快漯河港能级提升,尽快启动漯河至周口段航道疏浚工程,扩建泊位,航道由四级提升到三级,年运能由现在的 460 万吨提升至千万吨以上。积极配合完成漯河至平顶山段通航工程,适时启动舞阳港建设,实现漯河全境通航,形成完善的水运体系。加强与周口、阜阳、蚌埠、淮安、济宁、扬州、连云港、上海港等沿河、沿江、沿海地区港口的合作,靠大联强,形成漯河港公、铁、水多式联运发展新局面。积极推动省级政府整合成立水运管理机构,实现航道和港口统一经营管理,优化资源配置,提升水运效率。努力争取将漯河港命名为郑州-漯河港,研究规划增设郑州专用码头,为承接郑州集装箱以及大宗货物出江达海提供坚实的基础。

(四)建设漯河市通用机场

积极发展通用航空,加快建设莲花通用机场,积极融入都市圈航空运输服务体系,完善提升漯河航空运输服务能力。积极对接郑州航空港经济综合实验区,谋划建设漯河物工贸园区,为郑州航空港区提供相关服务,实现互利共赢,促进区域经济社会协调发展。

四、打造郑州都市圈综合物流副中心

充分发挥漯河区位和综合交通及要素成本优势,提升快递物流分拨枢纽地位,建设冷链物流基地,发展大宗商品物流,打造农产品全产业链配送中心,强化郑州都市圈综合物流副中心地位。

(一)加快提升区域快递物流分拨转运中心地位

全面增强区域中转、集散分拨、辐射带动功能,以中国(漯河)电子商务产业园、龙江现代物流产业园为依托,充分发挥快递物流的集群效应,推动龙头快递企业在漯河进一步拓展业务范围,吸引更多企业在漯河设分拨中心和前置仓,加快提升区域快递物流分拨转运中心地位,将漯河打造成为全省重要的快递物流副中心。支持大型快递物流企业在漯河设立区域总部和结算中心,强化其独立法人地位,推动各类物流车辆在漯河注册。

(二)建设全国有影响力的冷链物流基地

以双汇物流为龙头,规划建设国家智慧冷链物流综合服务平台和智慧冷链物流园区,形成全国有影响力的冷链物流基地。依托食品产业基础和独特的临港优势,重点规划建设冷链加工区、冷链仓储物流区、检验检疫监管区、中央厨房加工区、展示交易和综合配套区等功能分区,配套发展供应链金融、信息化服务等产业,加快打造区域性冷链物流仓、储、配、贸、研、融一体化枢纽。推动建设一批投资体量大、带动能力强、发展前景好、增优势补短板的重点冷链物流项目,加大智能化、信息化技术装备应用,延伸冷链物流产业链,完善相关配套产业,推动冷链物流产业提质增效。

(三)大力发展大宗商品物流

充分发挥漯河港郑州都市圈唯一出海通道的区位优势,大力发展粮食、化工、沙石、水泥、煤炭、煤矸石、钢材等为主的大宗商品物流,积极寻求与国内成熟港口合作,增加集装箱航运专线,全面提高运输效率、降低物流成本,进一步提升郑州都市圈大宗商品交易与出海通道建设的新优势。积极承接郑州建材、木材、大宗商品和适港产业外移,最大程度实现资源优化整合,促进多式联运可持续发展,把漯河建设成为都市圈重要的物流枢纽节点,更好发挥漯河郑州都市圈"桥头堡"作用。

(四)建设豫中南地区大型食品及农产品物流园区

依托大型物流企业和现代农业产业化优势,建设豫中南地区大型食品及农产品物流园区,打造郑州都市圈的"菜篮子""大厨房"。充分发挥漯河地处郑州都市圈外缘和辐射豫中南的区位优势,紧密对接豫南高效生态经济示范区,引进万邦物流等大型农产品物流企业,建立漯河食品类产品物流配送中心,直供上海、北京、郑州、武汉等大城市消费市场,致力打造在国内有辐射力、对省内外资源有整合力的大型农产品冷链物流中心,实现农产品"买全球、卖全球"。

五、建设都市圈国家级食品产业创新中心

顺应资源依赖投资驱动转向技术依赖创新驱动发展阶段转换的趋势,以漯河融入郑州都市圈为契机,以省食品实验室建设为抓手,加大创新投入,依

托高校和企业建立多类型、多层级研发平台,建设都市圈国家级食品产业创新中心。

(一)加大创新投入,强化创新激励

加大市级财政支出倾斜力度,保证政府创新投入逐年以较大幅度增长,积极争取中央和省级项目研发投入,鼓励企业和社会加大研发投入力度,大幅提升研发投入强度,争取"十四五"末达到乃至超过全国平均水平。

深化科技体制改革,准确把握技术发展趋势,科学凝练创新方向,优化立项竞争机制,加大创新成果激励力度。用足用好税前加计扣除政策,鼓励企业加大创新投入。借鉴各地招才引智相关政策,加大各类创新人才引进力度。加快创新模式由封闭向开放转变进程,依托互联网构建开放式创新平台,广泛招引国内外创新要素和创新成果入漯。鼓励技术人才以兼职兼业、成果转让、技术入股等方式参与创新活动,并获取合理报酬。

(二)加快省食品实验室建设

抓住省食品实验室落户重大机遇,多渠道汇聚财力,由市政府主导,携手中国农业大学、郑州大学、河南工业大学、郑州轻工业大学等优质高校及双汇、卫龙等龙头企业,高标准搭建研发平台。引进以食品专业院士为首的高水平研究团队,打造国内一流、世界知名的食品基础研究和应用创新转化中心。创新体制机制,实验室面向国内外各大专院校、研究机构和食品企业开放,广泛开展协同研究,形成技术驱动和市场需求驱动良性互动机制,批量输出高水平研究成果,为建设漯河超级食品产业集群和现代化食品名城,实现河南省万亿级食品产业高质量发展提供有力的技术支撑。

(三)建设中原科技城漯河食品科创中心

借助于郑州完善的城市功能、高水平人才政策和创新创业激励政策,以河南省科学院重建重振为契机,协同郑州市政府,依托中原科技城开放平台,谋划建设漯河食品科创中心。高标准建设实验室、会议中心、专家公寓等科研基础设施,加大补贴力度,面向海内外广泛招引创新创业人才和项目,打造集基础研究、应用研究、成果转化、产业培育等于一体的综合性创新创业基地,与河

南省食品实验室密切合作,形成漯河-郑州两地双向及都市圈其他城市多向协同、良性互动机制,为郑州都市圈食品产业发展注入活力和动力。

(四)建设多层级全覆盖的科创体系

依托食品类专业优势大学建设各类研发平台。重点推进漯河食品职业学院与郑州轻工业大学共建漯河食品技术创新研究院、经济技术开发区管委会与河南工业大学共建食品智能装备产业技术研究院、漯河市城乡一体化示范区管委会与河南牧业经济学院共建冷链物流产业研究院、郾城区与江南大学共建食品科创园、临颍县产业集聚区管委会与河南牧业经济学院共建食品绿色智能包装研究院、舞阳县与郑州大学共建盐化工产业技术研究院、临颍县与中国科学院共建新材料产业研究院。

突出企业创新主体地位,鼓励企业与高等院校、科研院所协同共建企业研发平台,逐步做到规上企业研发机构全覆盖。鼓励有实力的企业依托大都市创新要素高密度聚集的优势,异地建立高水平研发机构。

加大对高校、企业、研发机构培育支持力度,推动研发机构提档升级,争取建成更多省级产业研究院、重点实验室和省级中试基地,尽快实现国家重点研发机构零的突破。

加强重点企业、先进制造业专业园区与中国科学院合作,探索共建中国科学院(漯河)科技成果转移转化基地,构建院地合作长效机制。鼓励高校、企业等各类研发机构加强合作,建立人才、科研仪器设备共享机制,提高科研活动效率,更好地服务于经济高质量发展。

六、促进制造业跨区合作联动

以市场需求和专业化分工协作为导向,跨区布局、跨区合作、跨区联动,增强制造业规模效应,实现共促共进、共融共享,持续提升制造业产业链、供应链现代化水平,带动漯河制造业提质赋能增效。

(一)共建现代食品产业体系

以深度高品质产城融合为导向,着力做强做大食品核心产业,统筹壮大食品配套产业,围绕前端种植养殖、中间加工制造、后端流通配送,促使漯河食品产业"三链同构、农食融合"发展模式成为融入都市圈高质量发展的靓丽名片。

共建都市圈国家级绿色食品原材料生产基地。持续扩大全国绿色食品原料标准化生产基地和品牌农产品规模,协同周口、驻马店、南阳、信阳等相邻农区,紧密对接豫南高效生态经济示范区,推进原料专业化、标准化、规模化、优质化生产,出台原材料生产专项资金支持政策,大力建设优质小麦、玉米、花生、大豆、食用菌等生产基地,促进优质农产品与食品工业有效衔接。推进畜禽标准化、规模化养殖,支持大型养殖企业跨区通过"公司＋农户"、租赁兼并、生产托管、合伙制等多种形式,从养殖前端保障肉类加工产业链高品质发展。加强食品绿色标准制定与绿色食品标志许可工作,提高绿色食品、有机农产品和农产品地理标志认证率,开发多种形式的直供、专供、特供产品,建立安全可靠的食品原材料生产供应基地。

充分发挥漯河国家级绿色食品原料生产基地集中优势,与省内食品龙头企业结对,标准化、智能化构建绿色食品原材料采购供应链体系,在全国打响河南食品原材料绿色安全溯源品牌。

共建万亿绿色食品超级产业集群。以食品产业做大做强为着力点,重点围绕肉类加工、粮食加工、果蔬加工、饮料加工四大优势核心产业升级发展,培育壮大休闲食品、速冻食品、中央厨房类食品、功能食品等市场前景好的新兴食品类型,按照规模化、专业化、集群化发展方向,瞄准市场需求,持续拉伸产业链条,丰富产品类型,扩大生产规模,提高精深加工水平,加速向都市圈及全国乃至国际市场渗透,提升产品竞争力和市场占有率,打造一批食品行业国际化领军企业和独角兽企业,成为郑州都市圈的健康大厨房和绿色菜园子。

以"食品＋"理念延伸产业链,深入推进以"六个打通"为重点的多产业、多领域、多环节的聚集与贯通,全方位编制食品产业细分领域产业链图谱,培育壮大食品机械、包装、冷链物流、高端绿色食品添加剂等关联产业,吸引郑州都市圈及省内外其他地区食品企业及关联产业落户漯河,共建都市圈超级现代食品产业集群。

共建链园一体的食品全产业链专业园区。充分发挥郑州聚集人才高地优势,通过在郑州设立中国食品名城(漯河)科创中心,吸引国内外相关高端研究人员入驻,利用"科研飞地"模式,与漯河"一轴三区十二园"互动,形成都市圈食品研发-应用创新链。

与航空港区共建国际食品产业园区,建立统一的信息平台与合作机制,设立生产加工园区,共享物流网络、销售渠道、销售市场,推动航空港与漯河食品产业园区协同发展航空食品、高铁食品、冷鲜食品等,共建都市圈高端食品与航空食品生产基地。

充分发挥园区精细化、专业化优势,放大园区联动的规模效应,打造漯河食品从研发、设计、制造、销售、商贸、物流到售后服务的完整产业链,成为融入都市圈产业空间集聚的引领范式。

共建线下线上食品配送消费网络及中转基地。充分利用漯河地处豫中南的区位优势,扩大漯河食品产业覆盖范围,不断提升食品物流配送规模化、专业化、智能化水平,直供上海、北京、广州、郑州、武汉等大城市食品消费市场。与航空港共建中转园区,推动临颍与航空港设立点对点快速通道或专用运输线路,分流航空港区仓储压力,推动漯颍组团与港区一体发展,促使航空港辐射功能进一步延伸。

(二) 共建漯许郑开新先进制造产业带

以中原科技城为创新支撑,以郑州为核心,连接漯河、许昌、开封、新乡四市,打造南北与东西交叉的"十"字形先进制造产业带。漯许郑开新五市产业门类众多,主导产业突出,立足各市产业基础和比较优势,融入省战略支柱产业链提升工程,推动机械制造、装备制造、绿色食品、电子制造、汽车制造、新能源电池、新型建材等产业固链强链,强化细分领域产业链合理布局、分工协作和融合拓展,推动漯河制造业融入都市圈,整合资源,延链补链,成为先进制造产业带南端产业高地。规划引导漯许郑开新先进制造产业带集群化发展,鼓励都市圈相关产业向产业带节点城市倾斜,促进产业联动,提升产业能级,打造一条实力雄厚的先进制造产业带,提高郑州都市圈制造业核心竞争力。

(三) 共建漯平洛高端化工产业带

充分发挥漯河盐化工基地优势,牢牢把握"安全、绿色、精细"转型方向,延伸拉长盐、碱、氯产业链条,向精细化工产品、食品和饲料添加剂、高分子聚合物、成品药、新材料等高端化方向发展,形成多点支撑的有竞争力的盐化工产品体系。依托宁洛通道,联动平顶山和洛阳,充分发挥三地化工产业链、供应链优势,围绕"高附加值"和"高端技术"两条发展主线,构建循环经济产业链条、碳素产业链条、硅材料产业链条、光伏新能源产业链条、碳纤维产业链条等,推动漯平洛化工产业向高端化、智能化、绿色化方向迈进,提高三地经济质量效益,共同打造国家级化工产业转型发展示范区。

(四)共建郑州都市圈新兴产业示范区

以建设郑州都市圈新兴产业示范区为目标,发挥漯河专业园区区位优势,深入对接郑州"153N"战略性新兴产业体系,承接沿海发达地区相关产业,加快建设以西城区大数据产业园、中国食品云和郾城区生物医药产业园、江南大学产业园为主体的新兴产业发展带。加快迪信通智能制造产业园、南威科创园建设,围绕新兴产业发展带尽快壮大新兴产业集群,重点发展智能装备、节能环保、5G、生物制药、新型显示、智能终端等战略性新兴产业,筛选符合未来技术和产业变革方向的整机、核心零部件和终端产品,招引一批产业链龙头企业和产业链重点环节项目,培育高成长性战略性新兴产业,努力将漯河打造成郑州都市圈具有竞争力的战略性新兴产业发展高地。

七、促进更高水平的开放合作

以申建自贸试验区开放创新联动区,加大制度型开放为契机,强化漯河都市圈重要开放枢纽节点地位,搭建平台,整合资源,深化对外开放合作,持续优化营商环境,打造都市圈内陆开放高地重要支点。

(一)完善对外开放平台

推进漯河保税物流中心(B型)申建工作,积极开展国际中转、加工贸易、保税仓储、转口贸易、跨境电商、服务贸易等业务,打造服务豫中南地区的保税物流基地、进出口商品交易展示基地和跨境贸易电子商务综合服务基地。依托漯河港及其临港铁路专用线,积极申报建设铁路(内河水运)口岸,完善卡口、查验、暂扣、检疫处理、视频监控等海关监管设施,建设海关监管作业场所,适时申请肉类、粮食等海关指定监管场地,为跨境贸易、国际物流提供一站式口岸通关服务。统筹区域多式联运优质资源,完善拆装箱、报关报检、订船、订舱、配载以及国际货物保险、供应链金融等服务功能,为进出口企业、国际物流企业提供一站式国际物流单证作业和公、铁联运国际集装箱运输服务。

(二)拓展对外开放通道

深度融入国家"一带一路"全球化战略体系,加强与郑州国际陆港公司战略合作,谋划建设中欧班列漯河集散中心,增开中欧班列漯河号,开展就近始发、中转集拼、甩挂作业等承运业务。依托漯河港和公、铁、水多式联运综合交通网络,规划建设口岸功能区、保税园区、物流园区等临港产业园区,打造国家级示范物流枢纽。加强与河南保税集团合作,共建进口商品展销中心、免税店。加强与郑州航空港经济综合实验区、中国(河南)自由贸易试验区、中国(郑州)跨境电子商务综合试验区、郑州经开综合保税区等对接,通过"飞地经济"、"总部+生产基地"、产业链合作等模式,拓展开放通道,促进外向型经济发展。

(三)持续优化营商环境

按照国际通行的行业规范、管理标准和营商规则,打造法治化、国际化、便利化、一体化营商环境。培育新型贸易业态,协同制定融资租赁、跨境电商、保税展示、港口作业等产业专业化、系统化的政策措施。优化以"负面清单+准入前国民待遇"为核心的外资准入管理制度,统筹推进"互联网+通关"改革和跨区域一体化"通关通检"合作,全面提升"单一窗口"建设水平。加快政府审批制度改革,完善政府权力清单,加快向负面清单管理方式转变,减少和下放行政审批事项。全面推进工商登记制度改革,探索工商、税务、质监、商务等部门会同建立外商投资项目备案以及企业设立"一表申报、一口受理"工作机制,推进企业注册登记、融资、跨境交易等与国际规则和国际惯例全面接轨。推进正面清单管理,加强产业引导,指导企业投资,促进资源向重大经济领域和重点发展区域流入。复制推广省自由贸易试验区改革创新经验,与郑州片区、洛阳片区、开封片区协同创新、同步实验,建设联动创新策源地及成果转化地,共享政策红利及制度创新成果。

八、推进公共服务便利共享

大力促进漯河与郑州公共服务共建共享,提高公共服务均衡化水平,加强优质教育资源和医疗资源协作联动。强化漯河文旅生态优势,做大做强康养服务业,着力打造宜居宜业幸福之城。

(一)推动教育资源共建共享

加快推进漯河医学高等专科学校、漯河食品职业学院升本进程,深化漯河职业技术学院与河南工业大学合作,扩大漯河工学院招生规模,提升学生培养质量。尝试开展郑漯两地高校课程互选、学分互认、教师互聘,提升漯河高等教育办学水平。支持漯河高等院校与省内外高水平大学及龙头企业深化合作,共建研究生院、博士后工作站、院士工作站等开放科研平台,引进研究生等高端人才培养机制,鼓励高校参与河南省食品实验室建设,共享科研资源和科研成果,提升漯河高校科研水平和服务产业发展的能力。

推动漯河与郑州在基础教育方面加强合作,吸引郑州优质基础教育资源在漯合作开设分校,尝试推动两地同层级学校招生范围相互覆盖,支持两地名师相互交流。

强化漯河职业院校在校生规模优势,加大高等职业院校经费保障力度,优化教育支出结构,持续加大职业教育投入,确保新增财政性教育经费向职业教育倾斜。完善社会技能人才培养体系,扎实推进"人人持证、技能河南"建设,健全技能人才评价体系,完善符合技术技能人才特点的职称评审与职级晋升制度,优化技能人才培养环境,推广校企合作、订单办学等模式,打造都市圈技能型人才培养基地。

(二)深化医疗资源共享

引导、支持漯河各医疗单位与郑州大型医院和专家团队在专科建设、医疗技术、远程诊疗、科研教学、人才培养等领域建立起长期、稳定、全面的合作关系,推动郑州优质医疗资源下沉。

适应与郑州医疗系统统筹协调发展需要,强化市级区域医疗中心建设,推动医疗机构共建优质专科联盟,加快建设市中心医院、市六院、市七院组成的紧密型城市医疗集团,建立由三级公立医院或者专科能力强的二级医院牵头,其他医院、乡镇卫生院等共同参与的网络化城市医疗集团和县域医疗共同体建设,提升漯河整体医疗水平。

完善分级医疗体系,最大限度地实现郑漯两地居民无障碍分享优质医疗资源。

(三) 推动社会保障与公共服务体系互联互通

加快社会保障与公共服务体系协同发展制度衔接,建立政府间协商机制,强化社会保障与公共服务政策制定统一性、规则一致性和执行协同性,推进区域性社会保障与公共服务重大项目统筹规划、共建共享,扩大优质服务资源辐射范围。在全省乃至全国统筹背景下,逐步将漯河社保、医保收支提升至郑州水平。

促进政务服务信息衔接,率先推进政务服务平台有效对接,强化民生重点领域数据信息交换共享,加快实现民生保障事项"一地受理、一次办理",建立就业创业、社会保障、文化旅游等一卡通体系,完善互联互通机制,实现郑漯两地居民公共服务跨区域无障碍分享。

(四) 打造都市圈文旅康养示范区

充分发挥漯河水域底色突出、生态文化资源丰富的优势,加大与郑州沟通协调力度,统筹规划,推动漯河文旅康养与郑州都市圈一体化发展,打造都市圈文旅康养示范区。

实施全域旅游形象塑造工程,打造沙澧河、颍河及贾湖遗址、许慎文化园三条生态文化廊道,在入市口、景区及广场等范围植入文化元素,打造景观小品,展现漯河食品名城、字圣故里等中国优秀旅游城市名片。

促进康养与文化体验旅游融合发展,实施历史文化资源活化工程,聚焦贾湖文化、许慎文化、商埠文化、红色文化等历史文化资源,利用文化遗产保护传承新思路、新手段,丰富漯河文化内涵,实现文化润城,建设漯河城市文化体验区、红色旅游融合发展示范区,扩大旅游品牌的知名度和影响力。

加快养老服务体系建设,加快建设五级养老服务体系,大力引进成熟、先进的养老服务业经营理念,鼓励国内外知名的医疗、养老机构企业来漯河投资创办健康养老服务业,快速带动提高漯河市医养服务业发展水平,提升漯河养老品牌知名度,吸引养老要素向漯河聚集,形成水域底色突出的生态宜居城市和康养基地。

九、保障措施

充分认识推进漯河融入郑州都市圈一体化发展的重大意义,加强对规划实施的政策保障,建立规划实施的协调机制,确保规划顺利实施。

(一)强化政策保障

完善支持漯河融入郑州都市圈一体化发展的政策和配套服务体系,加大土地、人才、资金、财政税收、行政管理等政策扶持力度。积极推动省直有关部门吸纳有关意见建议,制定支持漯河融入郑州都市圈一体化发展的相关政策措施,并在规划编制、项目安排、体制机制创新等方面给予支持。主动加强与省直有关部门沟通协调,争取中央有关部委的政策、项目、资金等方面的支持,争取进入国家级改革发展的试点、试验和示范序列。加大现有项目资金统筹整合力度,集中支持推进漯河融入郑州都市圈一体化发展。大力争取金融机构和政策性银行贷款,着重解决重大产业项目资金投入问题。

(二)建立协调机制

建立多层次协调机制,促进两市政府、部门、企业和社会共同参与推动漯河融入郑州都市圈一体化发展。建立漯河融入郑州都市圈一体化发展领导小组、市长联席会议及其办公室等多层面组织协调机制,在省政府郑州都市圈建设领导小组统筹协调下开展工作。领导小组负责漯河融入郑州都市圈一体化发展特别重大事项的决策与协调。市长联席会议负责研究解决漯河融入郑州都市圈一体化发展中的重大问题,统筹协调和指导检查各部门落实工作。市长联席会议办公室牵头编制并组织实施年度重点工作计划,负责相关规划及项目实施,并定期通报各项工作进展情况。各区(县)、各部门制定本地区、本系统的规划实施方案,专责小组牵头组织编制重点领域工作规划,推进规划实施取得预期成效。

报告 10　漯河市中心城区内涵式发展思路与方向[*]

一、为什么要强调中心城区内涵式发展？

（一）内涵式发展是高质量发展的内在要求

内涵式发展是相对于外延式发展说的，外延式发展是指通过要素投入的增加实现总量增长的发展方式，内涵式发展则是指通过技术进步和要素使用效率的提高实现总量增长的发展方式。2008年金融危机过后，中国长期靠要素投入和资源消耗实现经济增长的外延式发展方式造成的问题越来越突出，随之转向以技术进步和效率提升为主的内涵式发展方式，中国经济发展也就进入新阶段，即高质量发展阶段。内涵式发展是高质量发展的内在要求，也是高质量发展的另一种表达方式。

（二）中心城区发展是区域内涵式发展的集中体现

现代化发展是技术进步、效率提升、产业结构演化和社会结构重组的过程，核心是工业化、城镇化和农业现代化，基本趋势是城市逐步增多增大，并最终形成中心城区。因为效率要求会驱动要素聚集，聚集规模越大，效率越高，中心城区持续增大是效率驱动的结果，也是区域内涵式发展的集中体现。

---

[*] 该项目为漯河市政府委托的2022年度系列研究课题成果之一，项目时间：2022年10—11月；撰稿人：耿明斋、徐涛。

(三)中心城区内涵式发展是党和各级政府城市规划建设的基本导向

2016年《中共中央 国务院关于进一步加强城市规划建设管理工作的若干意见》明确提出要"加强空间开发管制,划定城市开发边界","推动城市集约发展",避免盲目扩张。2022年政府工作报告进一步提出要推进以人为核心的城镇化,提升新型城镇化质量。同一年的河南省政府工作报告也强调要优化城市布局,提升城市品位。漯河市"十四五"规划具体的战略部署是坚定不移走以人为核心的新型城镇化道路,做强中心城区,促进中心城区能级提升。

(四)在开发边界硬约束下中心城区只能走内涵式发展道路

按照生产、生活、生态"三生"均衡协调要求,通过现状实测和未来发展趋势判断,经过多轮上下沟通交流切磋,最终国家划定了农业用地、生态用地和建设用地三条红线,并已经落实到基层。漯河市全域划定的城镇开发边界总规模为296平方公里,占全域面积的11.3%;市辖区划定的城镇开发边界总规模为201.36平方公里,占全域划定边界的68%;中心城区划定的城镇开发边界规模为184.34平方公里,占全域划定边界的62.3%。据粗略估计,漯河市全域现有建成区面积约为157.1平方公里,中心城区建成区面积约为110平方公里,约占全部建成区的70%。随着城市发展,建成区面积逐步靠近城镇开发边界,"摊大饼式发展"不再适用,内涵式发展迫在眉睫。

二、漯河市中心城区内涵式发展趋势和水平基本判断

(一)中心城市或中心城区概念界定

理论上说,中心城市就是一个区域内城市体系中规模最大或功能上最重要的城市。受区域空间尺度大小的影响,区域中心城市数量也会有差异。比如在国家尺度上,中心城市就不是一个而是多个,如北京、上海、广州、深圳等。在省域尺度上,中心城市可能是一个,比如河南郑州、湖北武汉、陕西西安等;也可能是两个,比如浙江杭州和宁波、山东济南和青岛、广东广州和深圳等。

▶ 报告 10 漯河市中心城区内涵式发展思路与方向

在省以下区域尺度上,中心城市一般都只有一个。漯河属于省辖中心城市区域,该区域内中心城市当然也是只有一个,那就是汇源、召陵、郾城三个市辖区和经开、西城和城乡一体化市辖三个功能区所管辖的范围。除三行政区和三功能区以外漯河市所管辖的区域,属于市域的一部分,不能算作中心城市。为了便于将市域范围和市域内中心城市范围区分开,我们这里用中心城区概念代替中心城市概念。换句话说,在本报告话语体系中,中心城市和中心城区同义,都是指漯河三行政区和三功能区所管辖的范围。

这里还有一个问题需要解释,就是郾城区原由郾城县演变而来,就产业和人居形态而言,辖区内在城市区域之外,还有面积不小的农村区域,讲中心城市或中心城区,理论上应该把相关的农村地区扣除掉,但考虑到与其他城市市辖区中的郊区一样,这些农村地区是未来城市拓展的空间,同时,在与其他城市进行横向比较时,也很难找到另外的统一标准。所以,本报告中心城区概念中覆盖了所有市辖行政区和功能区。①

(二)中心城区内涵式发展趋势明显

1. 相对于全省,漯河各主要指标单位均值都在逐步前移,且总体位居前三分之一

从表 10-1、表 10-2、表 10-3、表 10-4 及图 10-1、图 10-2、图 10-3、图 10-4 可以看出,与省内其他 17 个省辖市相比,2008—2021 年,漯河中心城区各主要经济指标单位均值位置多数明显前移。比如人均 GDP 从第 7 位移至第 5 位,前移 2 位;人均社会消费品零售总额从第 11 位移至第 5 位(2020 年数值),前移 6 位;人均一般公共预算收入从第 14 位移至第 13 位(2020 年数值),前移 1 位;人均固定资产投资从第 7 位移至第 5 位(2020 年数值),前移 2 位。亩均值基本持平,这可能与郾城区内农区面积较大从而用于比较的面积分母较大有关。全域不管是人均值还是亩均值,更是普遍有晋位。说明随着时间的推移,漯河内涵式聚集发展速度和提升幅度都高于全省总体水平。

---

① 后文涉及的比较对象东莞,由于其城市化特性,全域面积算作了中心城区。

表 10-1 2008—2021 年漯河市全域、中心城区人均、亩均 GDP 全省位次变化情况

年份	中心城区人均 GDP	全域人均 GDP	中心城区亩均 GDP	全域亩均 GDP
2008	7	8	7	4
2009	10	8	7	3
2010	10	8	7	4
2011	11	9	8	4
2012	11	8	8	4
2013	10	8	8	4
2014	11	8	8	4
2015	10	8	8	4
2016	10	8	7	4
2017	11	8	7	4
2018	11	9	8	4
2019	9	8	8	4
2020	6	6	8	3
2021	5	6	7	3

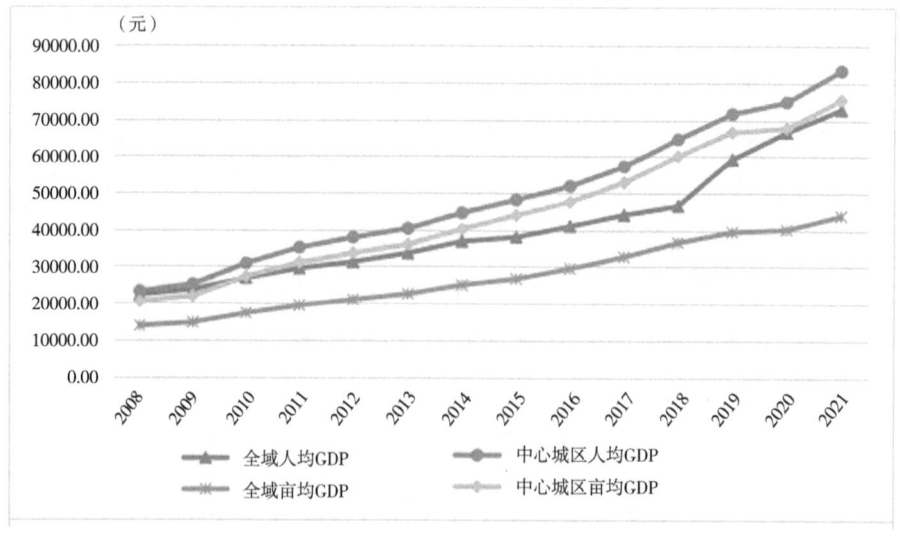

图 10-1 2008—2021 年漯河市全域、中心城区人均、亩均 GDP 演化情况

表 10-2 2008－2021 年漯河市全域、中心城区人均、亩均社会消费品零售总额全省位次变化情况

年份	中心城区人均社会消费品零售总额	全域人均社会消费品零售总额	中心城区亩均社会消费品零售总额	全域亩均社会消费品零售总额
2008	11	6	7	2
2009	8	6	7	2
2010	10	6	7	2
2011	10	6	7	2
2012	9	6	7	2
2013	9	6	7	2
2014	12	6	7	2
2015	12	6	7	2
2016	12	6	7	2
2017	12	6	8	2
2018	11	6	7	2
2019	7	6	8	3
2020	5	4	8	3
2021		4		2

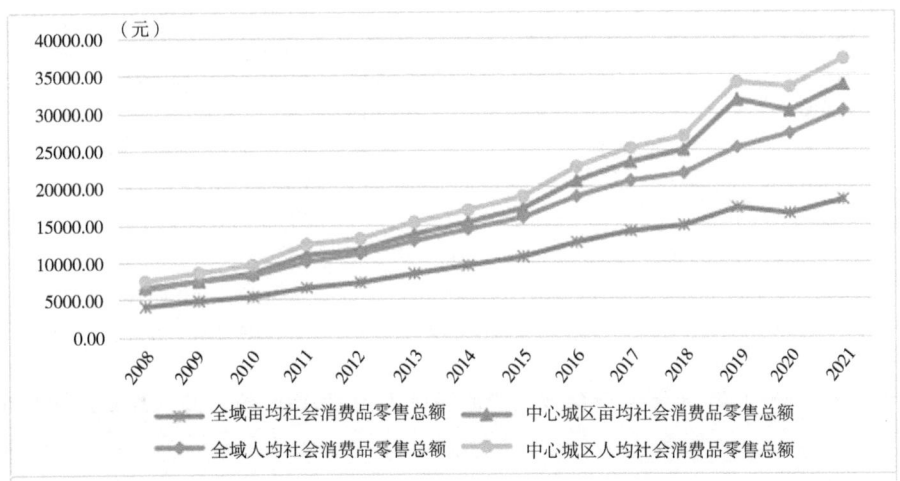

图 10-2 2008－2021 漯河市全域、中心城区人均、亩均社会消费品零售总额演化情况

表 10-3 2008—2021 年漯河全域、中心城区人均、亩均一般公共预算收入全省位次变化情况

年份	中心城区人均一般公共预算收入	全域人均一般公共预算收入	中心城区亩均一般公共预算收入	全域亩均一般公共预算收入
2008	14	11	2	7
2009	15	11	11	8
2010	13	11	11	7
2011	13	11	18	5
2012	13	11	9	4
2013	13	10	5	4
2014	14	10	15	4
2015	13	8	12	4
2016	13	8	17	3
2017	12	8	5	3
2018	13	8	14	4
2019	13	8	5	4
2020	13	7	11	3
2021		5		2

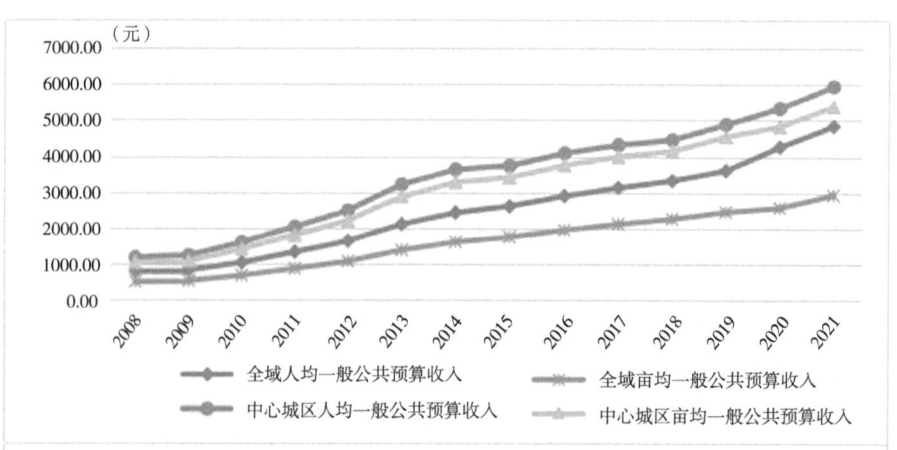

图 10-3 2008—2021 年漯河市全域及中心城区人均、亩均一般公共预算收入演化情况

表10-4 2008—2021年漯河市全域及中心城区人均、亩均固定资产投资全省位次变化情况

年份	中心城区人均固定资产投资	全域人均固定资产投资	中心城区亩均固定资产投资	全域亩均固定资产投资
2008	7	10	6	6
2009	12	10	9	6
2010	12	11	9	4
2011	12	10	9	4
2012	12	10	9	4
2013	11	11	9	4
2014	13	11	9	4
2015	11	10	9	4
2016	11	10	9	4
2017	11	9	9	4
2018	10	8	9	4
2019	8	8	9	4
2020	5	7	8	3
2021		6		2

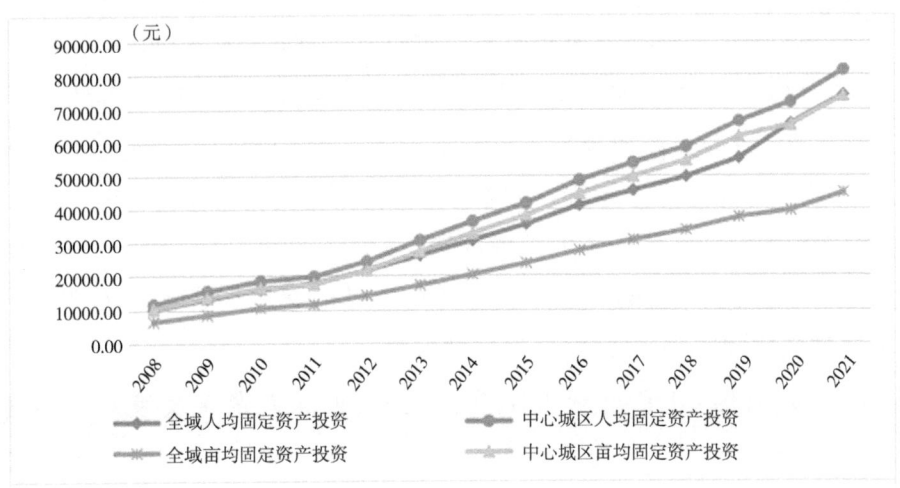

图10-4 2008—2021年漯河市全域及中心城区人均、亩均固定资产投资演化情况

进一步看,期末(2021年)各主要指标单位值,不管是中心城区还是全域,在全省18个省辖市中绝大多数都排在前三分之一,中心城区人均多在前5位,全域亩均多在前2位。说明当前漯河内涵式聚集发展的水平位居全省前列。

数量比较也能证明这一结论。漯河市以全省第16位的国土面积(2617平方公里),以及第15位的经济总量(2021年为1721亿元)和常住人口(2021年为237万人),获得了全省第6位的人均GDP(2021年为7.3万元)、第5位的人均一般公共预算收入(2021年为4827元)和第8位的城镇化率(2021年为55.86%)。

总体评价。以亩均和人均作为单位值测算区域发展质量标准,依据上述数据比较得出的结论,无论从趋势看的内涵式聚集发展提升幅度,还是静态比较看的当下水平,漯河市都位居河南省18个省辖市的上游。

2. 对标同类城市GDP,内涵式聚集发展趋势明显;与超大城市比,未来提升空间较大

(1) 对比城市选择

为了对漯河尤其是中心城区内涵式聚集发展趋势和水平做出更客观的评估,我们特别选择了省内外4个城市的主要发展质量指标进行对比,分别是省内的鹤壁和郑州、省外的金华与东莞。鹤壁与漯河同在京广轴带上,一南一北,与省会郑州的距离相当,城市规模大体上处于同一层级,近年来发展也比较活跃,可比性比较强。金华位于浙江省中部靠南,在省内的地理位置及其与省会杭州的距离,都与漯河在河南的位置及其与省会郑州的距离大体相同,发展水平位居发达省份第二方阵,与位居欠发达省份第一方阵的漯河也有可比性。郑州是河南省会,又是超大规模城市,东莞位居国内最发达的粤港澳大湾区,也是超大规模城市,漯河自然望尘莫及。但把它们列为比较对象,主要目的在于为漯河提供内涵式高质量发展的标杆。

(2) 中心城区GDP总量占比升幅较大,内涵式聚集发展趋势显著,相对水平日益提升

从全域看,漯河发展质量不输于同类城市。漯河GDP总量与鹤壁、金华、郑州、东莞的比例,分别由2008年的160.82%、32.70%、18.31%和14.86%,

▶ 报告 10　漯河市中心城区内涵式发展思路与方向

演化为 2021 年的 161.60%、32.14%、13.56% 和 15.85%。与鹤壁、金华和东莞基本持平,说明漯河与这三市发展速度、节奏和水平基本相同,与郑州比下挫幅度较大,说明漯河发展速度、节奏和水平差距较大。(见表 10-5、图 10-5)

表 10-5　漯河全域 GDP 与鹤壁、金华、郑州、东莞对比

年份	漯河全域GDP(亿元)	占鹤壁比重(%)	占金华比重(%)	占郑州比重(%)	占东莞比重(%)
2008	550	160.82	32.70	18.31	14.86
2015	993	139.27	29.15	13.58	15.82
2021	1721	161.60	32.14	13.56	15.85

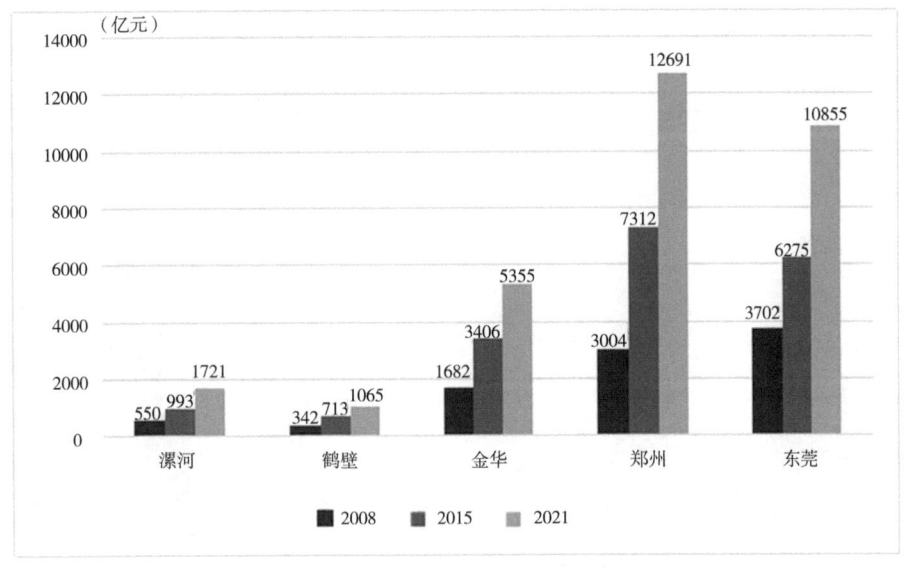

图 10-5　漯河、鹤壁、金华、郑州、东莞 GDP 总量比较

从中心城区看,总量占比升幅较大,内涵式聚集发展趋势明显,相对水平也较高。自己区域内比,2008 年漯河中心城区 GDP 占全域 GDP 比重为 58.73%,2021 年增至 64.21%,提升 5.5 个百分点,经济向中心城区聚集的趋势明显。与相关城市比,漯河中心城区 GDP 相对于鹤壁、金华中心城区的比例大幅上升,与鹤壁的比例由 2008 年的 186% 升至 2021 年的 218%,与金华的比例由 100% 升至 109%,分别上升 32 和 9 个百分点。说明相对于同类城市,漯河经济向中心城区聚集的速度相对是比较快的,也意味着中心城区内涵

式聚集发展相对水平较高。但相比郑州的比例降了10个百分点,由2008年的25%降至2021年的15%,说明内涵式聚集发展水平有较大差距。也意味着漯河中心城区内涵式聚集发展还有很大空间。虽然相比东莞也提升了1个百分点,由2008年的9%提升至2021年的10%,但由于东莞中心城区和全域重合,比例上升只能说明全域总量差距缩小,区域内聚集度比较可以忽略。(见表10-6、图10-6)

表10-6 漯河中心城区GDP与鹤壁、金华、郑州、东莞对比

年份	漯河中心城区GDP(亿元)	占鹤壁比重(%)	占金华比重(%)	占郑州比重(%)	占东莞比重(%)
2008	323	186	100	25	9
2015	594	175	92	18	9
2021	1105	218	109	15	10

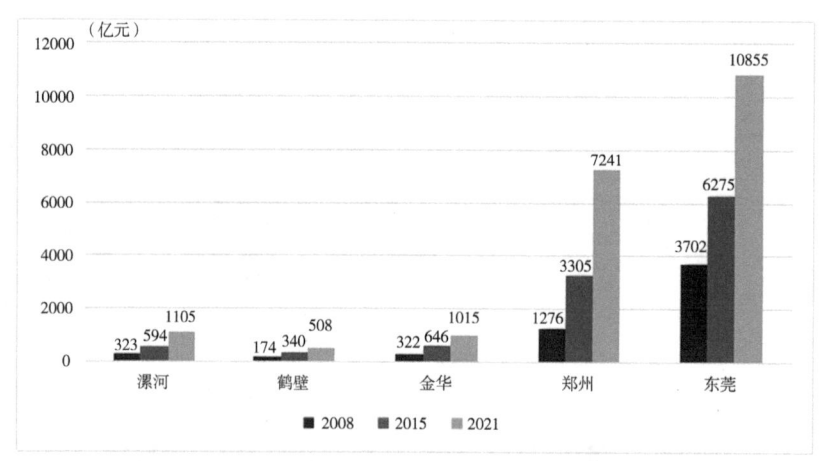

图10-6 漯河、鹤壁、金华、郑州、东莞中心城区GDP比较

(3)人均GDP相对比例普遍大幅上升,中心城区升幅更大,进一步证明漯河内涵式聚集发展趋势和水平

从全域来看,漯河人均GDP相对升幅都比较大。2008年漯河人均GDP与鹤壁、金华、郑州和东莞之比分别为96%、61%、55%和42%,至2021年,该比例演变为107%、96%、73%和70%,分别上升了11%、35%、18%和28%(见表10-7、图10-7)。

表 10-7　漯河全域人均 GDP 与鹤壁、金华、郑州、东莞对比

年份	漯河全域人均 GDP(元)	占鹤壁比重(%)	占金华比重(%)	占郑州比重(%)	占东莞比重(%)
2008	22237	96	61	55	42
2015	37987	85	53	49	50
2021	72697	107	96	73	70

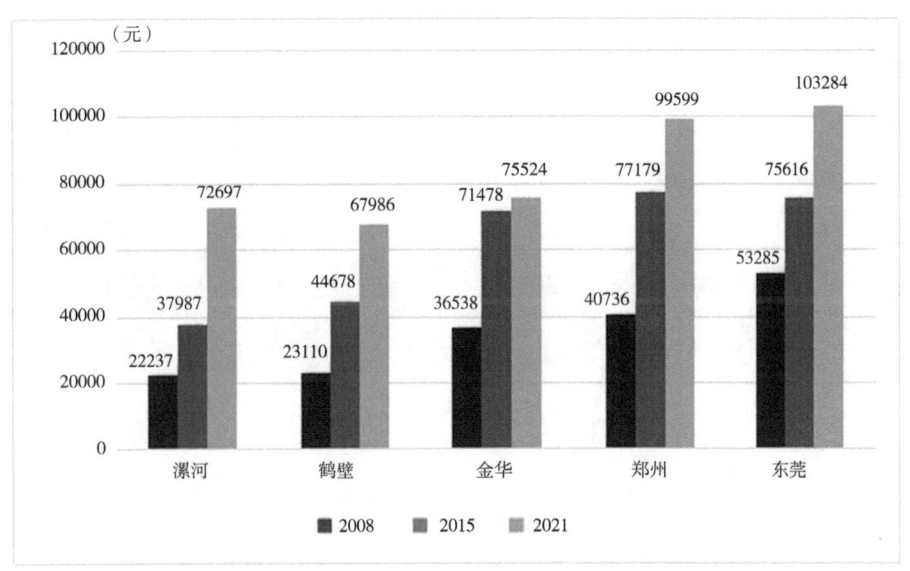

图 10-7　漯河、鹤壁、金华、郑州、东莞全域人均 GDP 比较

从中心城区看,漯河人均 GDP 相对升幅更大。2008 年,漯河中心城区人均 GDP 与鹤壁、金华、郑州和东莞之比分别为 77%、76%、66% 和 48%,至 2021 年,该比例演变为 112%、122%、78% 和 81%(见表 10-8、图 10-8)。这意味着相对于鹤壁,漯河中心城区人均 GDP 比例提升 35 个百分点,比全域的 11% 升幅快了 24 个百分点;相对于金华提升 46 个百分点,比全域 35% 的升幅多了 11 个百分点;相对于郑州提升 12 个百分点,比全域 18% 的升幅少了 6 个百分点;相对于东莞提升 33 个百分点,比全域 28% 的升幅多了 5 个百分点。这就是说,除了郑州之外,漯河按人均计算的经济规模向中心城区聚集的速度快于省内外同类城市甚至超大城市,从而进一步证明了漯河内涵式聚集发展的趋势和水平。

表 10-8　漯河中心城区人均 GDP 与鹤壁、金华、郑州、东莞对比

年份	漯河中心城区人均 GDP（万元）	占鹤壁比重（%）	占金华比重（%）	占郑州比重（%）	占东莞比重（%）
2008	2.54	77	76	66	48
2015	4.43	86	76	63	59
2021	8.32	112	122	78	81

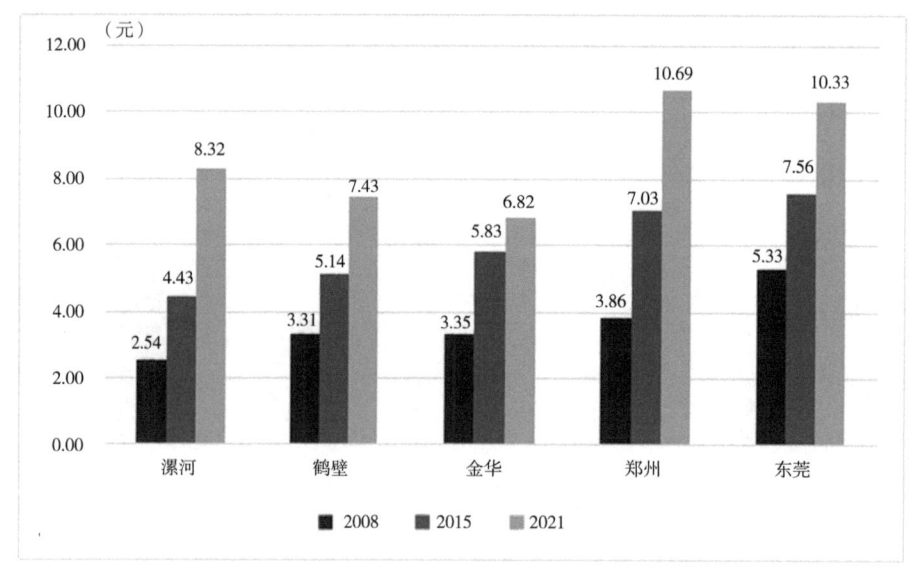

图 10-8　漯河、鹤壁、金华、郑州、东莞中心城区人均 GDP 比较

（4）亩均 GDP 比例有升有降，但明显存在内涵式聚集发展的提升空间

从全域看，2008 年，漯河亩均 GDP 分别为鹤壁的 134%、金华的 137%、郑州的 53%、东莞的 14%，至 2021 年，该比例演变为鹤壁的 135%、金华的 134%、郑州的 39%、东莞的 15%。两升两降，对鹤壁升 1 个百分点，对东莞升 1 个百分点，对金华降 3 个百分点，对郑州大降 14 个百分点。（见表 10-9、图 10-9）说明与同类城市比，亩均产出水平差别不大，变化相对平稳，与省会郑州比差距较大，说明内涵式聚集发展存在较大提升空间。

表 10-9　漯河全域亩均 GDP 与鹤壁、金华、郑州、东莞对比

年份	漯河全域亩均 GDP(元)	占鹤壁比重(%)	占金华比重(%)	占郑州比重(%)	占东莞比重(%)
2008	14019	134	137	53	14
2015	25294	116	122	39	15
2021	43842	135	134	39	15

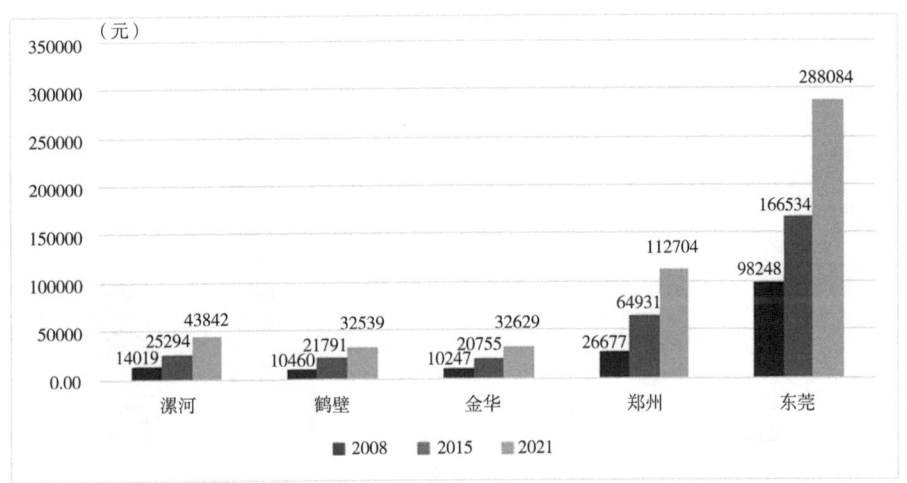

图 10-9　漯河、鹤壁、金华、郑州、东莞亩均 GDP 比较

从中心城区看,2008 年,漯河亩均 GDP 分别为鹤壁的 118%、金华的 201%、郑州的 39%、东莞的 21%,至 2021 年,该比例演变为鹤壁的 139%、金华的 219%、郑州的 24%、东莞的 25%。三升一降,对鹤壁升 21 个百分点,对金华升 18 个百分点,对东莞升 4 个百分点,对郑州大降 15 个百分点。(见表 10-10、图 10-10)相对于全域亩均产出比例的两升,中心城区变为三升,且升幅多远大于全域,说明与同类城市比,漯河亩均产出能力也在向中心城区汇聚,内涵式聚集发展趋势明显,且相对水平不低。但相对于省会郑州,中心城区亩均产出比例降幅比全域进一步扩大,这进一步说明漯河中心城区内涵式聚集发展存在较大提升空间。

表 10-10　漯河中心城区亩均 GDP 与鹤壁、金华、郑州、东莞对比

年份	漯河中心城区亩均 GDP(万元)	占鹤壁比重(%)	占金华比重(%)	占郑州比重(%)	占东莞比重(%)
2008	2.11	118	201	39	21
2015	3.89	111	185	28	23
2021	7.23	139	219	24	25

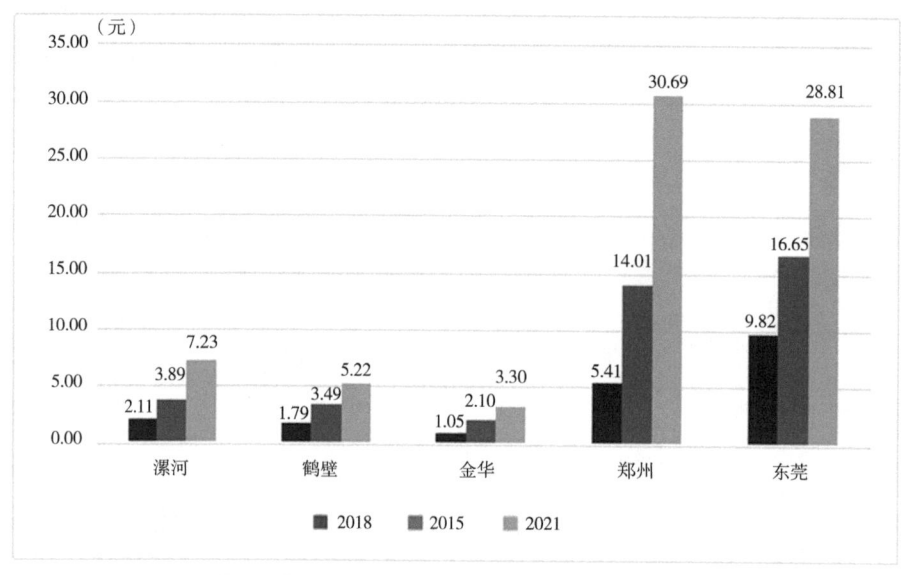

图 10-10　漯河、鹤壁、金华、郑州、东莞中心城区亩均 GDP 比较

3. 中心城区人口聚集规模有明显优势,但密度有较大提升空间

中心城区人口聚集的规模和密度,是区域内涵式聚集发展的重要指标。从表 10-11 可以看到,2008 年以来,漯河中心城区人口数量占全域人口数量的比重由 2008 年的 51% 提升到了 2021 年的 56%,升幅为 5 个百分点,优于金华的持平(东莞无数据),不及鹤壁的 6 个百分点和郑州的 9 个百分点,但期末中心城区人口聚集度相对于鹤壁的 43% 和金华的 21%,有较大优势,甚至超过超大城市省会郑州。

报告 10 漯河市中心城区内涵式发展思路与方向

表 10-11　漯河、鹤壁、金华、郑州中心城区人口数占全域人口数的比重

单位:%

地区	2008年	2015年	2021年
漯河	51	51	56
鹤壁	37	41	43
金华	21	23	21
郑州	44	49	53

从表 10-12 和图 10-11 可以看出,2021 年,漯河中心城区人口密度是鹤壁的 124%、金华的 182%,有较大优势,但只有超大城市郑州的 30% 和东莞的 31%,密度提升的空间很大。

从内涵式聚集发展的要求看,人口向中心城市聚集的步伐还需加快,增大人口密度更是重中之重。

表 10-12　漯河与鹤壁、金华、郑州、东莞的面积、人口数据(2021 年)

	漯河	鹤壁	金华	郑州	东莞
管辖面积(km²)	2617	2299	10942	7507	2512
常住人口(万人)	237	157.20	712	1274.2	1053.68
城市人口密度(人/km²)	906	683	652	1697	4192
中心城区面积(km²)	1019	649	2053	1573	2512
中心城区人口密度(人/km²)	1305	1053	718	4307	4192

数据来源:第七次全国人口普查数据库。

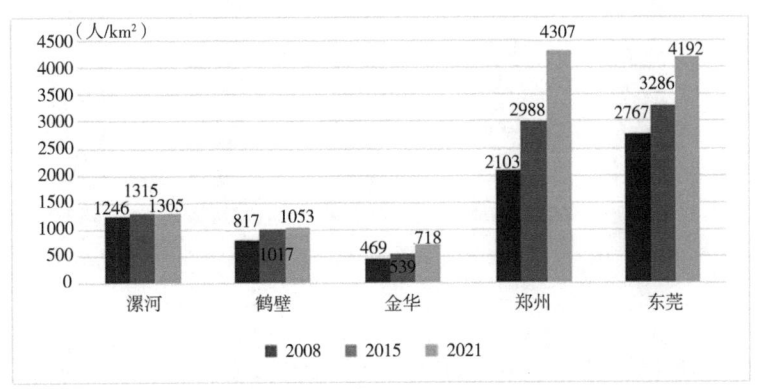

图 10-11　漯河、鹤壁、金华、郑州、东莞中心城区人口密度比较

4. 二产降幅过大有损于经济高质量发展

三次产业结构比是区域发展质量和发展水平的重要观察点。

从表10-13和图10-12可以看出,漯河2008—2021年一产虽有5.4%的降幅,但相对于鹤壁的6.59%降幅还是小了点。期末一产占比绝对值东莞只剩0.3%,郑州为1.4%,金华为2.8%,鹤壁为6.81%,漯河的9%比重明显偏大。二产占比从2008年的68.4%降至2021年的43%,降幅超过25个百分点,相对于鹤壁不足10个百分点、金华12.5个百分点、郑州14.2个百分点的降幅,以及东莞不降反升5.4个百分点的格局,漯河二产降幅明显有点大。制造业是财富增长的源泉、就业的基础、一产的吸盘、三产的母体,是整个区域经济社会发展最重要的支撑。作为典型的制造业城市,漯河二产占比过快过大幅度的下降,显然不利于经济高质量发展。

表10-13 漯河、鹤壁、金华、郑州、东莞三产结构对比

单位:%

年份	漯河三产结构			鹤壁三产结构			金华三产结构			郑州三产结构			东莞三产结构		
	一产	二产	三产	一产	二产	三产	一产	二产	三产	一产	二产	三产	一产	二产	三产
2008	14.4	68.4	17.2	13.40	67.68	18.92	5.3	53.7	41	3	53.9	43.1	0.3	52.8	46.9
2015	10.7	63	26	8.64	65.43	25.93	4.1	45.2	50.7	1.8	48	50.2	0.3	46.3	53.4
2021	9	43	48	6.81	57.85	35.33	2.8	41.2	56	1.4	39.7	58.9	0.3	58.2	41.5

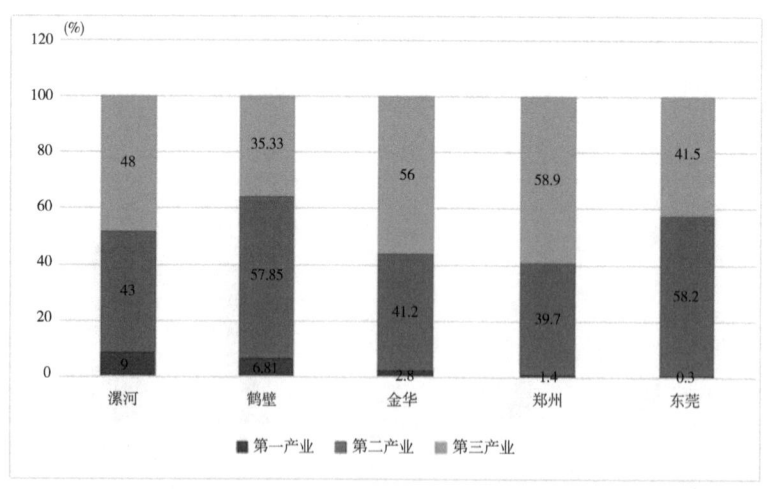

图10-12 2021年漯河、鹤壁、金华、郑州、东莞三产结构对比

5. 研发投入强度不足,创新能力亟须提升

技术进步是效率提升和内涵式聚集发展的主要驱动因素。技术进步与研发投入密切相关,研发投入强度是区域经济发展质量的重要指标。漯河2021年研发经费支出为22亿元,研发投入强度为1.29%,仅高于鹤壁(9亿元,0.85%),远不及同期金华、郑州与东莞研发经费支出水平及研发投入强度(见图10-13)。2020年漯河专利申请和专利授权量差距更大(见图10-14)。所以,漯河的创新能力亟待提升。

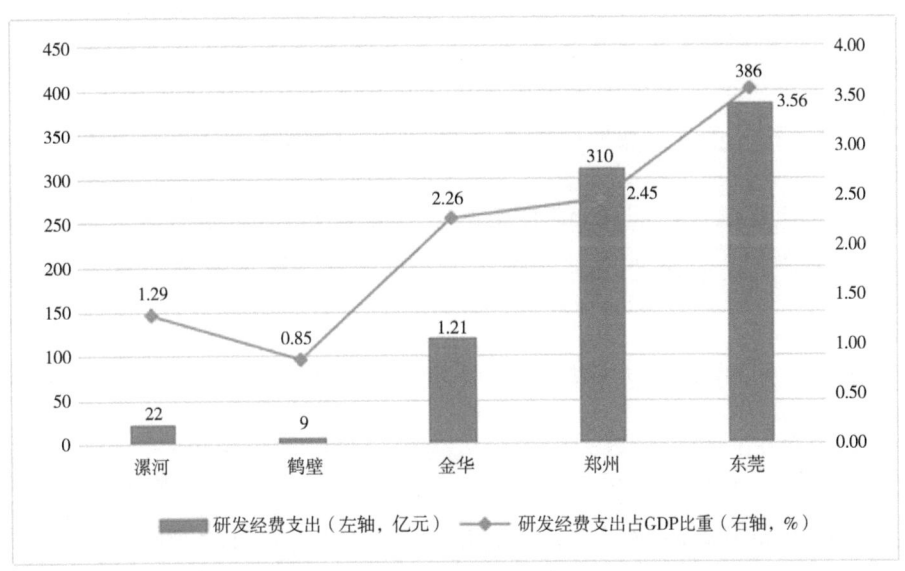

图10-13　2021年漯河与鹤壁、金华、郑州、东莞的研发经费支出比较

数据来源:各地市统计局。

(三)漯河内涵式聚集发展趋势和水平总体评价

相对于全省。不管是全域还是中心城区,也不管是人均还是亩均,GDP、社会消费品零售总额、一般公共预算收入、固定资产投资等各主要指标单位均值,漯河都在逐步前移,且总体位居前三分之一。所以,无论从趋势看的内涵式聚集发展提升幅度,还是静态比较看的当下水平,漯河都位居河南省18个省辖市的上游。

对标同类城市(鹤壁、金华等)。无论是全域还是中心城区,也无论是总量还是人均值,GDP相对比例普遍大幅上升,且中心城区占比升幅较大;亩均产

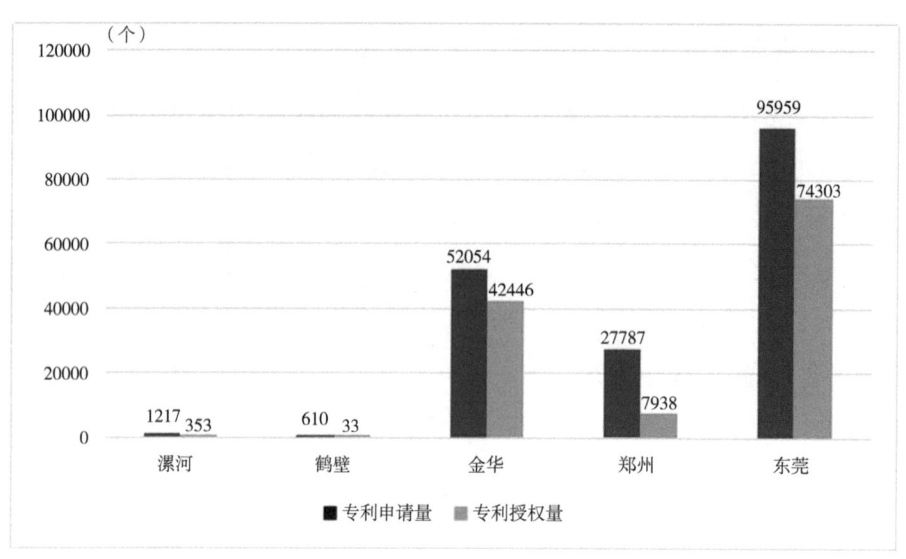

图 10-14　2020 年漯河与鹤壁、金华、郑州、东莞的科技创新成果比较

出能力也在向中心城区汇聚;中心城区人口聚集规模也有明显优势。漯河经济向中心城区聚集的速度相对比较快,漯河内涵式聚集发展质量不输于同类城市。

与省会郑州、粤港澳大湾区东莞等超大城市相比,无论人均还是亩均,产出仍有较大差距。

短板明显。中心城区亩均 GDP 产出和人口密度有较大提升空间;二产降幅过大不利于经济高质量发展;研发投入强度不足,创新能力亟须提升。

发展质量总体评价:与国内同类城市比,全域相对趋势是向上走的,中心城区在全域占比也是向上走的,聚集趋势明显。与郑州这样的省会城市和东莞这样的发达城市相比,密度差距趋势是加大的,未来提升空间较大。

三、发展经验

大到一个国家、一个区域,小到一个企业、一个单位乃至个人,成功必有其独特的经验,总结经验,能知成败得失,使未来的方向更明确,走得更踏实。漯河也不例外,数十年来在日趋复杂的环境中能够稳步前行,发展质量和水平在省内外同类城市中地位不断提升,也有其独特经验,也需要梳理总结,以便未来的路能够方向更明确,步履更坚实。

漯河发展的经验,概括来说有三条:

(一) 发展方向明确、坚定,一以贯之,不折腾

数十年来,漯河始终坚持把食品作为城市主导产业和主攻方向,坚定不移,心无旁骛,从不懈怠,坚持做大做强。市委、市政府领导换了一茬又一茬,从来都是在做大做强食品工业上下功夫,从不动摇,有的只是层层加码。支撑体系越来越有力,服务体系越来越完善,产业规模越来越大,产业链越拉越长,横向配套体系越来越宽,产业生态越来越好,直到今天,成为对河南食品工业有强大支撑力的国家食品名城。

(二) 发挥比较优势,构建完善的基础支撑体系

相对于周边城市,漯河最大的比较优势是交通区位和水利。漯河位居豫中南接界处,是省会郑州和南部边界城市信阳的中点,是京广发展轴的重要节点;又是洛阳、平顶山等腹地城市与东部省界城市周口的连接点,是宁洛通道及其发展轴与京广通道及其发展轴的交汇点;还是"1+8"郑州都市圈向东南对接长三角、向南对接长江中游和粤港澳大湾区都市圈的"桥头堡",可谓贯穿南北,沟通东西,背靠郑州,呼应沪深,在整个豫中南和郑州都市圈发展中具有不可替代的重要地位。沙澧河作为淮河最大支流横贯市域全境,既提供了充足的水源和难得的湿地景观,又提供了廉价的水运航道。利用这些比较优势,漯河市与上级和兄弟城市联手推动完善了陆路交通基础设施,开通了漯河港,构建了通江达海的水运体系,从而使漯河成为豫中南最大的综合性交通枢纽,使市域经济和省内外乃至国内外经济链接成为一个整体,纳入到了全省、全国及全球分工体系和经济大循环过程中,从而驱动漯河经济同步奔跑;构建了快递物流和冷链物流体系,做到了货畅其流,不但推动现代服务业健康发展,也为制造业提供了更好的服务;建设了横穿市中心的沙澧河风光带,成为外来游客的引力点和市民最好的休闲空间。所有这些,都为漯河经济社会发展提供了坚实的支撑。

(三) 始终全力支持民营经济和民营企业家

民营企业是天然的市场经济主体,民营经济和市场经济是一个事物的两

个面,无缝对接,天然融合,市场经济是舞台,民营经济是舞台上的主角。所以,凡是民营经济发展好的地方,区域经济发展水平就高,漯河经济能持续健康发展,始终充满活力,就是得益于民营经济的主体地位,得益于市委、市政府出台和整个社会上下对民营经济和民营企业家毫无保留的支持。正因为如此,才成长出像双汇、卫龙那样顶天立地的行业龙头企业。所以,全力支持民营经济发展,全心全意支持民营企业家创新创业,为民营企业和民营企业家提供全方位优质服务,是漯河经济发展的一条宝贵经验。

四、中心城区内涵式发展的思路与方向

聚集是工业化、城镇化驱动和引领的现代化过程的基本趋势和规律,所以,做大做强中心城区是区域内涵式发展的战略方向。中心城区内涵式发展要着力提升有限空间内要素聚集密度、承载力和产出量,技术进步和效率是关键。据此,中心城区内涵式聚集发展的基本思路和方向大致可以归纳为如下要点:

(一)提升创新能力,加快技术进步

首先是加大创新投入,从增加政府投入做起,学习楼阳生对省财政拿出年度预算零头300亿元的魄力,市财政预算支出中除了保民生部分之外,用于建设的部分尽可能切出最大的比例,优先保证创新投入,并且以人大立法的形式固定下来,一以贯之。其次是做大做强以省食品重点实验室为龙头的创新平台,构建省、市两级政府和高校、企业两类主体共建共管共享机制,高度开放,广纳人才,做成国内最好、国际有影响的食品行业创新机构。最后是支持和鼓励企业创新,促进创新成果转化和产业化。

(二)推动产业扩张

产业是财富的源泉和创造主体,也是吸纳就业的主体,是内涵式发展的根本与核心。没有产业支撑,一切都是枉谈,尤其是制造业。这一点漯河有高度共识,也有非常好的基础,但绝无故步自封、停滞不前的理由。现代产业都是在激烈竞争中发展壮大的,是永无止境的规模扩张和结构持续升级的过程。

漯河应该在做大做强存量食品工业的基础上,瞄准未来食品,加快布局;也要在与食品高度相关的生物医药行业未雨绸缪,加大培育力度;还要重视以电子信息为代表的具有较高技术含量的高端制造业在漯河的成长。现代服务业的重点是物流,尤其是快递物流和冷链物流,现代农业的重点是与制造业深度融合,成为食品工业基地和向上延伸的环节。

(三)完善公共服务体系,提高保障水平

完善的公共服务体系和高保障水平,能够让人安居乐业,提高城市凝聚力和吸引力。首先是教育,要通过政府和社会的共同努力,以多主体供给满足从学前教育体系、基础教育体系到高等教育体系的需要,逐步提升质量。其次是医疗,除了像教育那样以多主体供给来满足居民基本的医疗需要之外,还要完善医保及其结算制度,纳入全省全国结算体系,高度开放,提升保障水平和便利程度。最后是完善养老体系,包括企业职工和自谋职业等非农就业人员应保尽保,也包括城乡居民、机关事业单位就业人员和企业职工等不同类型人员的保障水平逐步接轨。

(四)完善商业业态,让时尚消费和人间烟火气共存

城市主体是人,消费是人生活和活动的主基调。践行以人为本的城市发展理念主要着力点应放在满足城市居民消费上。消费既是民生之本,也是城市发展的重要驱动力,还是城市繁荣和活力的象征,进入高质量发展阶段以后更是如此。为满足城市居民多层次、多方面需要,完善商业业态,让现代时尚消费和传统人间烟火气共存就显得非常重要。时尚消费业态不足,层次不高,是漯河城市发展的短板,要通过引入万达、沃尔玛、胖东来、新田等多个类似的商业综合体,补上这方面的短板。烟火气不足也是漯河城市发展的短板,要通过减少街边商业限制,建设小吃街推动美食店聚集,开发夜市,引入信阳、长垣等外来菜系丰富饮食种类,提升饮食质量和水平等方式来补上这方面的短板。

(五)完善文化生态体系,优化人居环境

休闲消费是现代消费的重要组成部分,满足休闲消费需要的文化生态体系也是城市形象的表征。漯河有贾湖遗址,有《说文解字》作者许慎的深厚文

化积淀,还有郾城及小商桥岳飞抗金故事和战场遗迹,以及汉魏时期受禅台和三绝碑等遗迹。也有淮河的支流沙澧河和承载了丰富历史文化的著名支流颍河等水系。这些都是天赐漯河的优质文化生态资源。应该在进一步完善提升市区沙澧河生态文化休闲长廊基础上,对所有这些文化生态资源进行整合,按照北颍河、中沙澧河、南贾湖遗址—许慎文化园等"三廊"总格局进行总体规划,除了中心城区,形成北侧以颍河与小商桥为核心、西侧以贾湖遗址为核心、东侧以许慎文化园为核心的文化生态休闲空间,对城市形成更好的支撑。

(六)吸引周边区域人口流入

漯河在河南省18个省辖市中属于规模较小的市,辖区面积2617平方公里,2021年常住人口237万人,中心城区常住人口约为133万人,密度为1305人/km^2。市域面积受制于行政区划,漯河自身难有作为。但市域和中心城区人口规模取决于外来人口流入速度、数量和聚集度,这些漯河自身是可以有所作为的。最主要的是自己努力创造就业、教育、医疗、社保、生活消费、文化生态等各种优势,吸引周边尤其是周口、驻马店、南阳等这些相邻大市人口流入,满足邻近市域农村居民向市民转化和追求更好生活条件的需求。相对于郑州中心城区4307人/km^2(2021年)和东莞4192人/km^2(2021年)的人口密度标准,漯河1305人/km^2的人口密度还有很大的提升空间。这也意味着漯河中心城区也还有很大的人口容量空缺需要填补。

(七)交通基础设施做到内畅外捷

交通、通信、电力、供排水等基础设施是城市的动静脉,是城市内部和内外人流、物流、信息流通道,它们的畅通与否,关系着城市循环的质量和水平,对城市经济社会活动效率影响巨大。所以,城市建设和城市管理的重要目标是保证这些交通基础设施的畅通无阻,并且做到内接外畅。交通这一最显性、最重要的基础设施,这些年建设力度比较大,未来谋划规划也比较到位,近中期按照规划推进落地基本可以满足经济社会发展运行的需要。其他各种基础设施也应该及时检查评估,以前瞻30年的眼光,及早做出规划,随时补上短板,保证按照经济社会发展需要的规模、质量和水平及时足额供给。

(八）按照"三线"要求重新论证国土空间规划

本轮国土空间规划本来就是要按照耕地、生态用地和建设用地三条用地边界线约束来进行的,但由于这三条线不能由地方基层擅自划定,而要由中央统筹地方各级层层分解分配。分配完成之前只能等待,无法最后完结定案。现在已经分配完毕,到了最后定案的时候,一来原有各种功能空间布局要按照新的分配方案进行调整修订;二来由于城乡之间深刻的结构演变,规划机构对未来15年甚至30年的城乡结构演变未必能有科学的预判。所以,应该聘请具有战略眼光和战略谋划能力的专业智库,对未来中长期城乡结构演变和要素聚集规律做出科学的预判,并在此基础上根据"三线"用地约束对全域中心城市、县城、乡镇和村落结构布局做出科学的战略性规划,作为城乡规划的蓝本和指引。这样也能做到对稀缺建设用地资源布局和可能的潜力点全部掌握,腾出更多的稀缺建设用地资源,从而为以向中心城区倾斜导向的优化资源配置提供保障。

五、推动中心城区内涵式发展的政策建议

除了前述涉及创新、产业、城建、功能提升和战略规划方面的建议外,这里再提出与推动落实内涵式发展思路方向密切相关的四条政策建议:

(一）吸引周边市域农村居民迁徙流入政策

主要是给这些迁徙流入人口无差别待遇,对市域外户籍人口因各种原因到中心城区购房、租房迁入或常住的,在就业、子女入托入学、升学、就医等所有公共服务供给方面,与中心城区原居民一律一视同仁。也可以比照前几年商品房去库存办法,专门面向此类人群出台购房补贴政策,促进周边农村居民加快流向中心城区。

(二）吸引人才和创新激励政策

一是对双一流高校毕业来漯河工作的学生,入职三年内,按照郑州的标准,按照本、硕、博三个学历层次标准(博士后与博士同等对待),由政府财政按

月给予相应工资补贴。二是由政府主导,以收入层次为依据,全市统一划定高层次人才标准。对(高收入)高层次人才个人所得税,比照深圳前海和珠海横琴等开放区域标准(也就是港澳标准),超收部分给予奖励性返还。三是设置创新贡献奖。以技术成果应用转化所形成的效益为依据,每年评出若干项创新贡献奖,由政府给予重奖。

(三)企业和企业家创新创业激励政策

一是用足用够国家创新投入税前扣除政策,不折不扣高标准执行。二是对小微企业以年营业收入或雇佣劳动人数为标准划线,线下低收入企业实行税收全免政策,培育弱势企业成长。三是设置发展贡献奖。以新增就业、税收等指标为依据,每年评选出若干贡献突出的企业,对此类企业的企业家个人或管理团队给予重奖。

(四)盘活闲置土地政策

由于各种各样的原因,总会有建成区或规划开发区内外限制建设用地,或者是已批未用,或者是已批已用返闲。在建设用地资源极端稀缺的情况下,尽快盘活这些闲置土地,既是避免资源浪费、优化资源配置的需要,也是增大城市容量、增加城市密度的重要举措。所以,政府应该梳理各种情况,及时出台盘活闲置土地的政策。一是对闲置土地进行普查,及时发现,根据具体情况制定有针对性的政策,加快处置;二是对违规违法导致闲置的要坚决从快查处,及时收回;三是对因经营不善、破产等客观不可抗力所导致的土地闲置,要在对利益相关方给予适当补偿的前提下,及时调整用途,推动交易置换,引入新项目或新业态。

报告 11　舞阳金山盐化工产业创新发展研究报告[*]

盐化工是我国的基础性产业,具有行业多、领域广的显著特点,在国民经济发展中占据着重要地位。舞阳的以盐矿为基础、联碱生产为特色、河南金大地化工有限责任公司为龙头企业的盐化工产业体量大,效益好,现已成为全县的重大支柱产业及全国重要的盐化工产业基地。近年来,为适应国内外盐化工产业面对的绿色发展、创新发展新形势,河南金大地化工有限责任公司在省、市、县各级政府及相关部门的大力支持下,谋划与实施了转型与提升盐化工产业发展能级的两个百亿项目,以期在国内外形成更大规模、更具效能、更具竞争力与影响力的联碱产业基地。对该产业项目的推进与实施,河南中原经济发展研究院高度重视,多次采取不同的方式进行考察、论证与调研,形成如下研究成果报告:

一、联碱产业的国内外发展简况透析

(一) 纯碱生产特点与市场需求

我国盐化工的主体是"两碱",即氯碱工业和纯碱工业,金山化工的主业则是以联碱法生产纯碱等基础化工产品。纯碱学名碳酸钠,是一种重要的基础化工原料,生产的主要原料包括原盐、合成氨、石灰石等,依托燃料煤或天然气提供动力。纯碱工业产品主要包含轻质纯碱和重质纯碱两种,这两种产品的化学性质无区别,只是物理性质有所不同,如松密度、粒子大小、形状及安息角

---

[*] 该项目为漯河市政府委托的 2022 年度系列研究课题成果之一,项目时间:2022 年 10—11 月;撰稿人:周立、赵岩。

度等。一般轻质纯碱为白色粉状结晶,重质纯碱为白色细小颗粒。在生产工艺上,纯碱的生产可分为合成碱法与天然碱法,合成碱法又包括氨碱法与联碱法。

氨碱法是通过向饱和食盐水中通入氨气,吸收二氧化碳,最后进行煅烧制得轻质纯碱。其上游原料为石灰石和原盐。该方法的主要优点为生产规模大,但同时生产过程需要较多的原料供给,原盐利用率低,且产生大量废液废渣,对环境污染严重。联碱法是对氨碱法进行加工改进,利用不同温度下的溶解度变化,与合成氨厂联合生产纯碱与氯化铵两种产品,所需原料为合成氨和原盐。该工艺将原盐的利用率提高至95%以上,并省去了石灰石的投入,降低了原料及原料运输成本,减少了废液废渣的排放量,合成的大量副产品氯化铵可用于生产复合肥,在我国使用率最高。天然碱法原材料为天然碱矿,通过对天然碱矿物进行一系列溶解、过滤、蒸发、结晶等工序来制取纯碱。该工艺的优点在于生产流程简单、成本低,但受天然碱矿资源的稀缺性制约较大。(见图11-1)

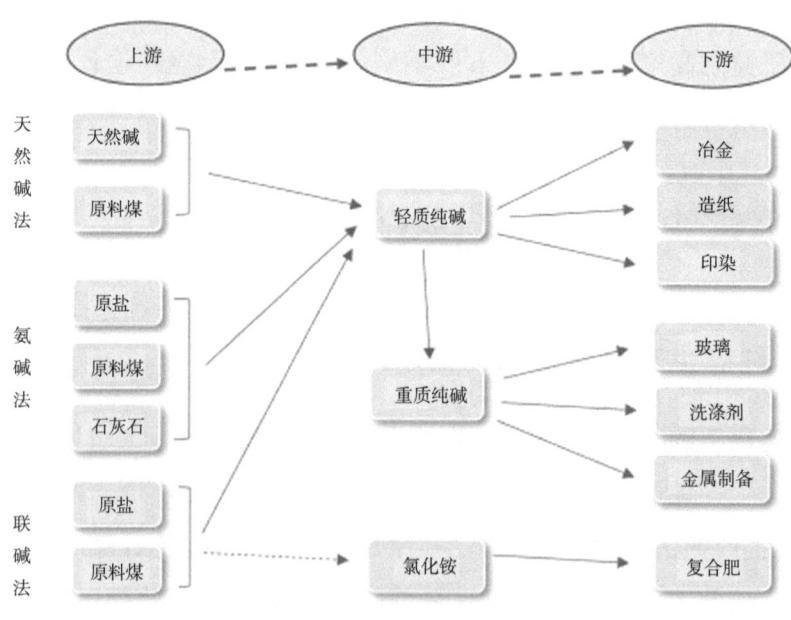

图11-1 纯碱产业链简图

目前,氨碱法与联碱法已成为我国纯碱生产的主要工艺。2021年我国氨碱法、联碱法、天然碱法产能占比约为47%、47%、6%。(见图11-2)

▶ 报告 11 舞阳金山盐化工产业创新发展研究报告

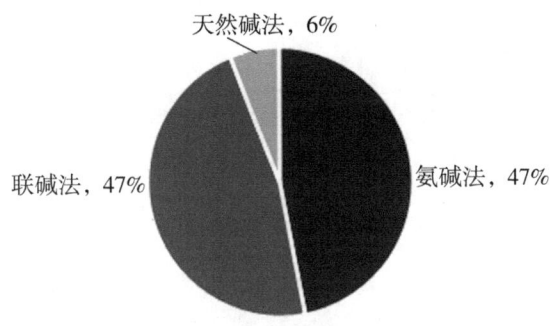

图 11-2　2021 年国内纯碱生产工艺产能占比

纯碱的市场需求领域较广,轻质纯碱主要用于冶金、造纸和印染等工业,重质纯碱主要用于平板玻璃、玻璃制品、洗涤剂和陶瓷釉等的生产。

从国际看,玻璃占下游的需求量超过一半。2021 年纯碱消费量为 3558.6 万吨,玻璃占比达到 52.12%;其他主要需求领域包括肥皂与洗涤剂 (13.20%)、无机化学品(12.03%)等。(见图 11-3)

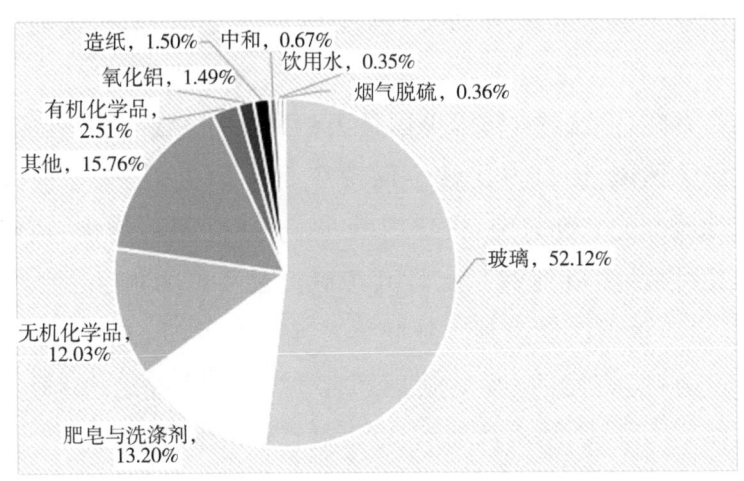

图 11-3　2021 年全球纯碱下游消费量结构

国内来看,玻璃占纯碱下游的需求量超过七成。2021 年纯碱全年表观消费量约为 2664 万吨,同比增长 8.6%。纯碱下游需求主要来自玻璃,与房地产、汽车行业紧密联系。平板玻璃和日用玻璃在纯碱下游消费量中的占比分别为 47%、17%,其次是光伏玻璃和小苏打,占比均为 8%。(见图 11-4)

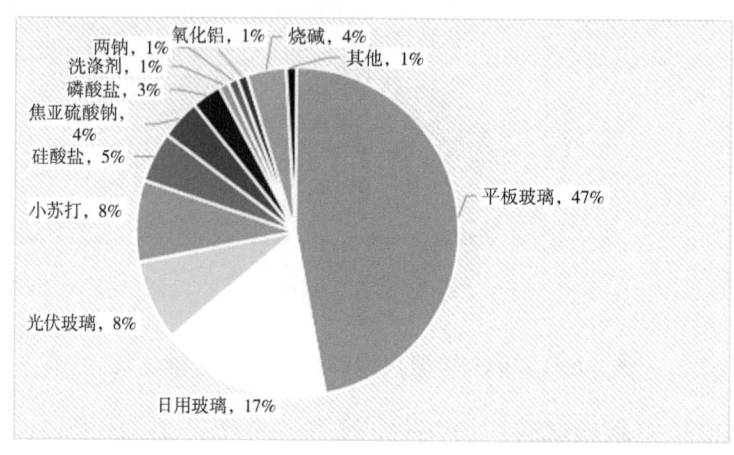

图 11-4　2021 年国内纯碱下游消费量结构

（二）国内外纯碱工业的产能分布

1. 全球产能分布

从纯碱全球产能分布来看，2021 年全球总产能约 7390 万吨。中国是最大的纯碱生产国，年产能约 3400 万吨，占全球纯碱产能的 46%。其次是美国，产能 1360 万吨，占比约 18%，美国是天然碱矿储量最大的国家，国内纯碱市场全部生产天然碱，出口占比常年保持在 50% 以上，是全球最大的纯碱出口国。欧洲纯碱产能 950 万吨，占比约 13%，产能分布不均衡，西欧需要大量进口纯碱，东欧大量出口纯碱。土耳其纯碱产能 580 万吨，占比约 8%，也以天然碱为主，出口量仅次于美国。独联体产能 460 万吨，占比约 6%。印度次大陆产能 450 万吨，占比约 6%。伊朗产能 120 万吨，占比约 2%。日本及南美洲国家产能 50 万吨。越南产能约 20 万吨。（见图 11-5）

2. 国内产能的区域分布

近些年来中国纯碱产能呈现逐年稳定增长的趋势，产量也逐步增加，开工率维持在 80% 以上。据统计，2021 年国内纯碱总产能为 3416 万吨，产量为 2913.3 万吨，开工率达 85.28%，2020 受疫情影响开工率有所下降，但 2021 年已经逐步恢复，疫情影响逐渐减弱。（见图 11-6）从产量及消费量来看，我国是全球最大的纯碱生产国，同时也是最大的纯碱消费国，纯碱基本自给自足，且维持贸易顺差。

从国内纯碱产能的区域分布上来看，主要集中在华东、华中和西北地区。

▶ 报告 11 舞阳金山盐化工产业创新发展研究报告

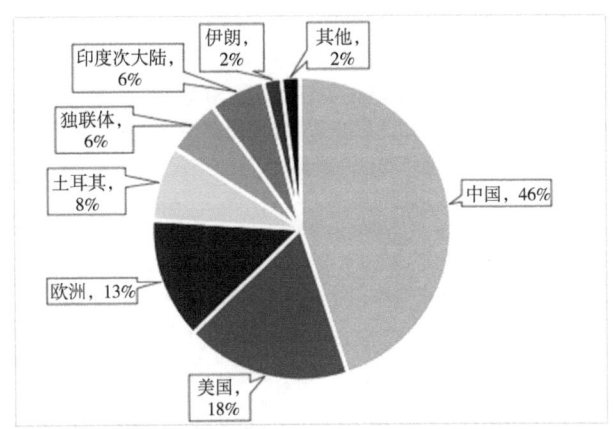

图 11-5　2021 年全球纯碱产能分布

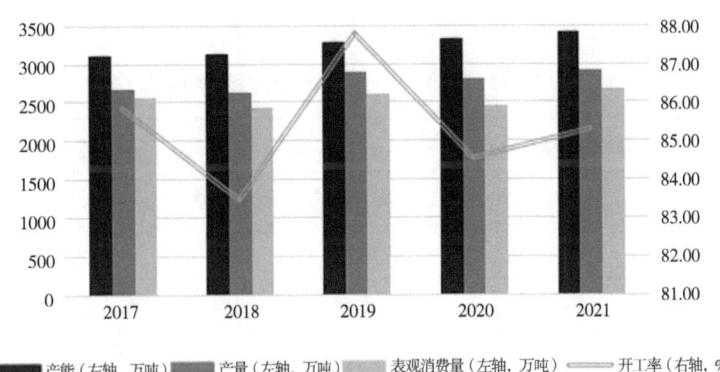

图 11-6　2017—2021 年国内纯碱产销情况及开工率变化

2021 年纯碱产量排名靠前的省份依次为江苏(474.03 万吨)、河南(472.95 万吨)、青海(462.06 万吨)、山东(415.18 万吨)。(见图 11-7)

3. 国内企业的产能布局

从企业产能看,2021 年国内纯碱产能 100 万吨以上的企业共有 10 家,产能总量为 2140 万吨,占全国总产能比重超过 60%。产能排名前五的纯碱生产企业为中盐化工、金山化工、三友化工、山东海化、远兴能源。除远兴能源 180 万吨/年产能采取天然碱法外,其他企业均为氨碱法或联碱法。(见表 11-1)根据远兴能源 2023 年 340 万吨/年、2025 年 440 万吨/年天然碱项目投产计划,未来天然碱市场占比将会有所提升,远兴能源将占据行业龙头地位。

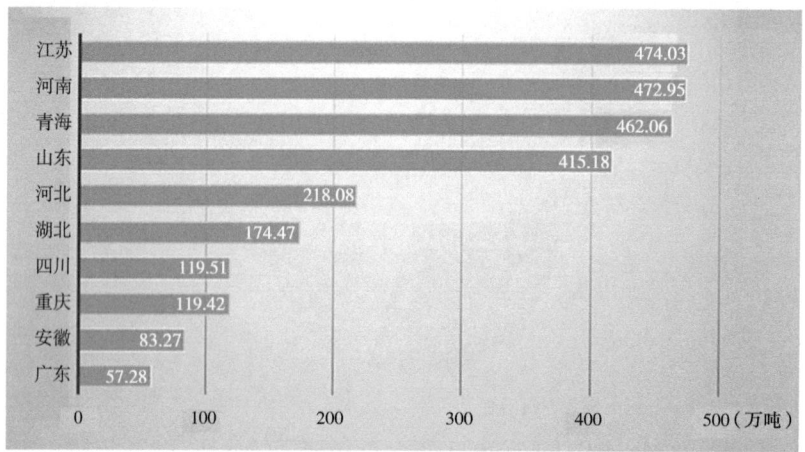

图 11-7　2021 年纯碱产量前 10 位省份排名

表 11-1　2021 年国内产能 100 万吨/年以上企业

企业名称	产能(万吨)	工艺	省份
中盐化工	390	氨碱法、联碱法	青海、江苏、内蒙古
金山化工	350	联碱法	河南
三友化工	340	氨碱法	河北、青海
山东海化	280	氨碱法	山东
远兴能源	180	天然碱法	内蒙古、河南
山东海天	150	氨碱法	山东
盐湖镁业	120	氨碱法	青海、江苏、内蒙古
和邦生物	110	联碱法	四川
双环科技	110	联碱法	湖北
实联化工	110	联碱法	江苏

（三）重点上市企业分析

结合国内纯碱龙头企业产能及生产工艺特点，以 2021 年产能及相关业绩指标为准，选取现有产能首位的中盐化工、天然碱法代表企业远兴能源、氨碱法龙头企业三友化工、联碱法上市企业和邦生物四家具有代表性的纯碱生产企业，对其产业链条布局、生产规模、产品结构以及利润率进行分析。（见图 11-8）

▶ 报告 11 舞阳金山盐化工产业创新发展研究报告

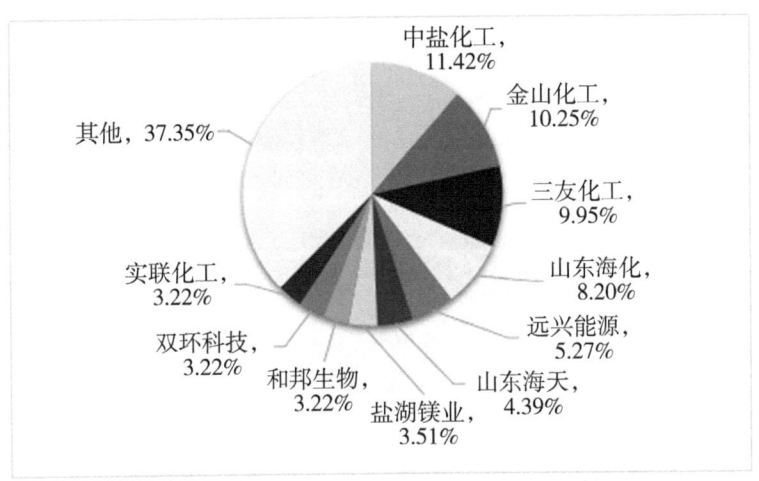

图 11-8 2021 年国内纯碱企业产能占比

1. 中盐化工

中盐化工是中盐集团旗下上市公司,深耕盐化工主业,依托湖盐、煤炭、石灰石等资源优势,建成了配套齐全、技术先进的"盐—煤(电)—精细化工产品""盐—石灰石—煤(电)—纯碱—氯化铵""盐—煤(电)—电石—烧碱—PVC"跨行业多元一体化循环经济产业链。目前拥有年产 390 万吨纯碱、6.5 万吨金属钠、36 万吨烧碱、40 万吨 PVC、8 万吨糊树脂、65 万吨氯化铵、16 万吨氯酸钠和 15 万吨过氧化氢的生产能力,其中金属钠产能居全球第一,纯碱产能居国内首位。

2019 年以来,该公司在原有金属钠、纯碱等业务的基础上,新增 PVC、烧碱、糊树脂、电石等化工业务板块,并进一步扩大了纯碱业务的产能,丰富了现有主营业务板块,实现了盐化工产业链的延伸,公司业绩稳步增长,归母净利润大幅提升。2015—2021 年,公司营业收入从 23.68 亿元增长至 134.13 亿元,年复合增长率 33.51%;归母净利润从 -0.33 亿元增长至 14.77 亿元,盈利水平明显提升,纯碱成为公司营收和毛利占比较大的业务板块。(见图 11-9、表 11-2)

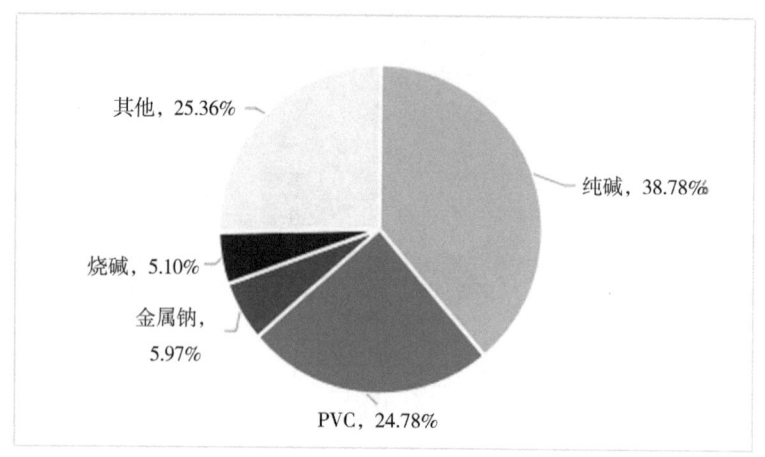

图 11-9 中盐化工 2021 年主要产品营收占比

表 11-2 中盐化工 2021 年主要产品收入指标

产品	产能(万吨)	营收(亿元)	营收占比(%)	毛利率(%)
纯碱	390	52.02	38.78	27.32
PVC	40	33.24	24.78	24.04
金属钠	6.5	8.01	5.97	29.57
烧碱	36	6.84	5.10	43.24

该公司为中盐集团旗下唯一的上市公司,实际控制人为国资委,未来发展有充足的资金保障和较大的资本运作空间。2022年该公司发布限制性股权激励计划,向公司董事、高级管理人员及核心骨干员工等激励对象授予1437万股A股限制性股票,占公司总股本的1.5%,股权激励覆盖面广,体现了公司对未来的信心和惠及员工的理念,显著提升了企业凝聚力。

2. 远兴能源

远兴能源控股股东为博源集团,创立于1997年,并于当年在深交所挂牌上市。主营产品为纯碱、小苏打、合成氨/尿素、煤炭及甲醇,其中纯碱下游主要集中在玻璃、氧化铝、无机盐和洗涤剂等行业,小苏打主要用于食品、饲料、医药卫生等行业,甲醇主要用于烯烃、甲醛、醋酸等领域,尿素主要作为化肥用于种植业。2021年实现营业收入121.49亿元,同比增长57.81%,归母公司净利润实现49.51亿元。(见图11-10、表11-3)

▶ 报告 11　舞阳金山盐化工产业创新发展研究报告

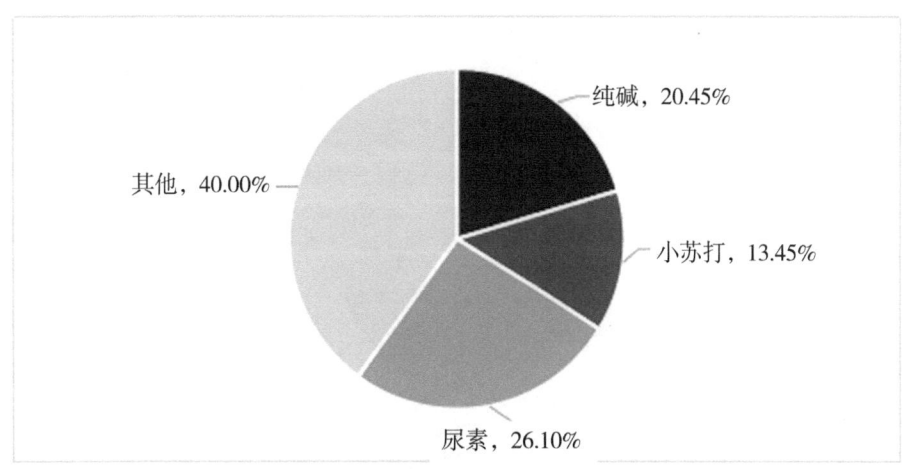

图 11-10　远兴能源 2021 年主要产品营收占比

表 11-3　远兴能源 2021 年主要产品收入指标

产品	产能(万吨)	营收(亿元)	营收占比(%)	毛利率(%)	产量(万吨)
纯碱	180	24.84	20.45	50	154.4
小苏打	110	16.34	13.45	47	104.57
尿素	154	31.71	26.10	30	164.98

公司目前主要产品中,小苏打产能在国内市场占据主导地位,并占有50%以上的出口份额;纯碱在国内拥有较高的市场占有率,是国内最大的天然碱企业,目前规模暂列全国第四,在河南桐柏县和内蒙古锡林郭勒盟拥有3个天然碱矿,总储量为19403万吨。随着其控股的银根矿业2025年前建成780万吨天然碱项目投产,将打破现有行业产能格局,成为新的纯碱行业龙头。2021年下半年以来,该公司通过收购转让股权结构等措施,逐渐剥离煤炭和甲醇产业,聚焦天然碱主业,提升核心竞争力。

3. 三友化工

三友化工成立于1999年12月,2003年上市,由成立之初单一的纯碱生产企业发展成为具有"两碱一化"特色循环经济模式,化纤、纯碱、氯碱、有机硅四大主业的循环经济体系企业。目前,公司主要产品包括340万吨纯碱(权益产能286万吨)、78万吨粘胶短纤、52.5万吨PVC、53万吨烧碱、20万吨有机硅单体。其中纯碱、粘胶短纤产能规模位居国内领先地位。2021年公司实现营

业收入231.82亿元,实现归母净利润16.7亿元。(见图11-11、表11-4)

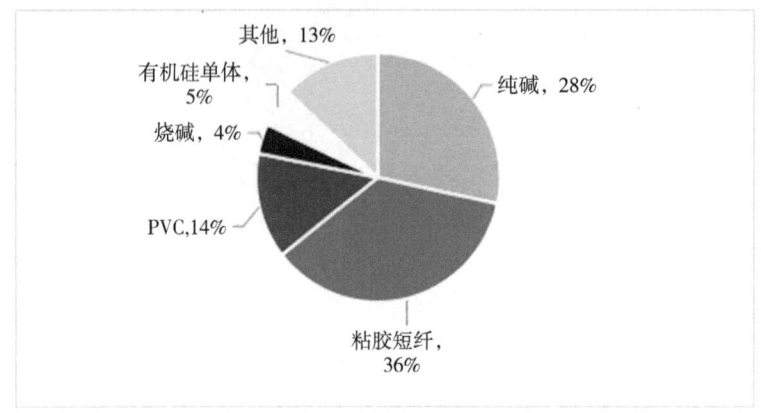

图11-11　三友化工2021年主要产品营收占比

表11-4　三友化工2021年主要产品收入指标

产品	产能(万吨)	营收(亿元)	营收占比(%)	毛利率(%)
纯碱	340	65.51	28	31.50
粘胶短纤	78	82.84	36	12.00
PVC	52.5	31.8	14	7.20
烧碱	53	9	4	46.50
有机硅单体	20	11.4	5	33.10

公司各项业务充分发挥协同效应,氯碱是公司循环经济中枢,生产的烧碱超80%用于粘胶短纤生产;产生的氯气、氢气生成氯化氢,用于PVC、有机硅单体生产;产生的废电石渣浆用于氨碱法纯碱生产,成本优势明显。粘胶短纤产品差别化率行业第一,毛利率水平处于行业领先地位,竞争优势显著;筹划建立上游硅石基地将提升原料成本优势,下游发展硅橡胶等新材料产业将提升高附加值产品市场份额。

唐山三友碱业集团持有该公司36.40%的股权,是该公司的控股股东。该公司设置与净资产收益率等公司业绩挂钩的奖励机制,奖励基金60%分配给公司高管人员,40%分配给公司员工,有助于增强公司高管人员、员工对实现公司持续、健康发展的责任感、使命感,确保公司发展目标的实现。

4. 和邦生物

四川和邦生物科技股份有限公司成立于 2002 年,位于四川省乐山市,2012 年在上交所上市。该公司依托自身拥有的 9800 万吨储量的盐矿、丰富的磷矿以及西南地区天然气产地的天然气供应优势,借助资本市场助力,持续进行核心业务升级,成为盐气平台型公司,完成了在化工、农业、光伏三大领域的基本布局,形成了联碱,草甘膦、双甘膦、蛋氨酸、生物农药,玻璃,光伏制品等四大板块业务。2021 年实现主营业务收入 107.96 亿元,归母净利润 30.23 亿元。(见图 11-12、表 11-5)

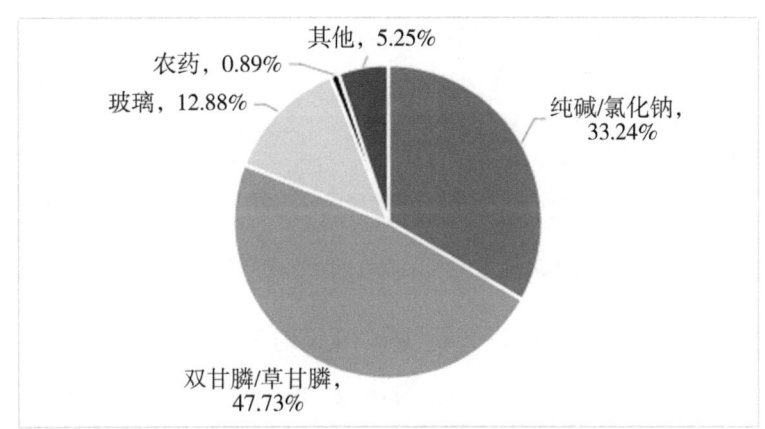

图 11-12 和邦生物 2021 年主要产品营收占比

表 11-5 和邦生物 2021 年主要产品收入指标

产品	产能(万吨)	营收(亿元)	营收占比(%)	毛利率(%)
纯碱/氯化钠	110	35.89	33.24	34.44
双甘膦/草甘膦	20	51.53	47.73	38.14
玻璃	46.5	13.91	12.88	46.85
农药		0.96	0.89	32.04

该公司是全球双甘膦最大供应商,是草甘膦国内龙头企业。使用联碱法生产纯碱,在环保、安全、成本、规模、产品质量等方面行业领先,属于销区内龙头企业,多家知名大型下游玻璃制造企业主供商,且力争在碳酸锂应用行业成为新的龙头供应商。2021 年通过投资光伏硅片、光伏组件项目,进入光伏行

业,并将其作为未来重点发展方向。

经对四家上市企业对比分析得出:天然碱企业占有绝对的成本利润优势,纯碱产品毛利率约为50%。联碱企业纯碱成本显著低于氨碱企业,其中联碱企业纯碱毛利率约为35%,而氨碱企业纯碱毛利率约为30%。(见图11-13)

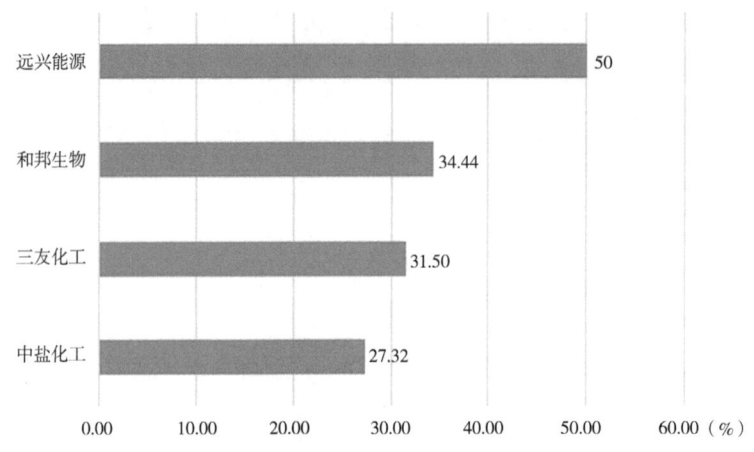

图11-13 四家上市企业2021年纯碱产品毛利率对比

同时还可得出,除远兴能源依托天然碱矿的绝对成本优势,纯碱和小苏打两大主要产品的突出利润贡献外,和邦生物作为四家上市企业中纯碱产能最小、营收规模最低的企业,其归母净利润为30.23亿元,远超出中盐化工的14.77亿元及三友化工的16.7亿元(见图11-14),这除了企业的产业布局、资源禀赋、经营模式等因素外,与和邦生物将纯碱产业链条向光伏产业延伸有着极大的关系,其玻璃产品的毛利率接近47%,就对企业利润做出了一定贡献。

综上可看出,纯碱工业是盐化工的基础性、主体性产业,纯碱及延伸产品是人们生产生活不可或缺的必需品,国内外都有较大需求,属于寡占型市场且行业竞争较为激烈。尽管纯碱在市场规模上形成了产量及产能大于需求的供求关系,但这并不意味着联碱产业的发展就失去了必有空间。一是就国内而言,对纯碱的市场需求,若从产业链视角去看待,就会从另一方面看到潜在的需求,如伴随着新能源产业的迅猛发展,光伏玻璃需求就会增加,而生产玻璃就大量需求纯碱,这就增加了纯碱的市场需求量。二是生产纯碱的企业,可按产业循环与集聚方式对纯碱进行深度开发,以形成系列产品去抢占市场、赢得市场,而这也正是三友化工、和邦生物等规模型企业在产业经营中所采取的经

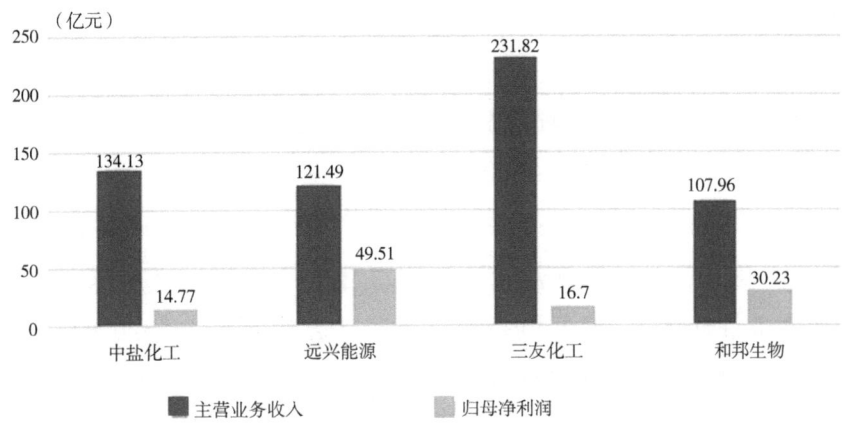

图 11-14　四家上市企业 2021 年经营情况对比

营模式。三是在竞争比较充分的市场条件下,产品的质量提升与成本降低是企业赢得市场的不二法宝。而影响产品质量、成本的因素又与企业的资源禀赋、科技创新、产业模式、运行机制以及环保约束等密切相关,这也就要求企业在生产经营中应综合施策,或放大某些方面的优势,以求得竞争上的良好效果,对纯碱企业来说也是如此,其经营发展若能创造出新的优势与潜能,就可突破市场障碍,并求得发展上的新成就。

二、金山化工发展环境与战略布局

从目前产业发展的内在要求看,进一步做大做强舞阳的盐化工产业,并引领全国联碱产业的高质量发展,对河南金山化工集团旗下全资子公司来说是良好的基础与环境,且前景可期。

(一) 经营实力雄厚

河南金大地化工有限责任公司位于漯河市舞阳县盐化工园区,联碱和氯化铵生产能力位居全国前列。该公司拥有年产 105 万吨合成氨、380 万吨工业盐、350 万吨纯碱、360 万吨氯化铵、80 万吨颗粒铵、20 万吨尿素、9 万吨三聚氰胺、20 万吨小苏打的生产规模,固定资产 101 亿元,连续 9 年荣获工信部颁发的联碱法纯碱生产企业"能效领跑者标杆企业",被评为中国石油和化学工业知名品牌产品生产企业、高新技术企业、清洁文明生产企业、中国化工企业500强（第129位）。2021年实现营收85亿元，2022年1—8月实现营收83亿元。

公司在技术领域取得多项突破并已应用于生产中，实现技术成果转化，整个园区实现节能、降碳、零排放循环经济发展。燃料煤经锅炉燃烧制取不同品位等级的蒸汽，经背压机组发电后背压成所需压力等级的高品位蒸汽，为制盐、制碱系统提供热能。原料煤经水煤浆气化炉燃烧制取半水煤气，经净化装置脱除有害微量气体，并经低甲装置对工艺气进行分离，分离出的二氧化碳送至联碱装置制取工业碳酸钠产品。分离出二氧化碳后的工艺气经液氮洗配氮后在合成塔内进行合成分离出液氨，液氨送至联碱装置制取农用氯化铵产品。主要产品工业纯碱、农用氯化铵、食品小苏打，除自身内部生产环节消化使用外，纯碱主要销往洗涤用品制造行业、玻璃加工行业；农用氯化铵销往复合肥厂，用于生产高效复合肥。2021年该公司生产纯碱约275.3万吨（其中自用消耗约0.8万吨），氯化铵约277万吨，小苏打约13.2万吨。目前，金大地在联碱行业产能居全国第一，纯碱产量占全国总产量的10%，氯化铵产量占全国总产量的25%，小苏打产量占全国总产量的20%。

（二）发展优势突出

1. 原盐资源丰富，交通运输便利

井盐资源丰富。金山化工集团盐化工产业园区位于河南省舞阳县，而河南舞阳、叶县盐矿国家一级盐储存量2000亿吨，居全国井盐储量第三位，且品质优良。使用联碱法制取1吨纯碱大约需要1.2吨原盐，在省、市、县自然资源等部门的大力支持下，丰富的井盐资源保证了金大地充足的原料供给，且产业园区开采卤水直接经管道进入生产装置，每开采1吨原盐能够节省100元卤水原料运输包装成本。舞阳县综合交通优势突出，境内拥有宁洛高速、许信高速（在建）两个出入口，G20保台线、G329舟鲁线两条国道，S323鹿方线、S325漯嵩线两条主要省道横穿；铁路货运为联碱装置动力煤炭原料提供整车运输便利，舞阳北高铁站动工在即；漯河港、周口港建成通航，北舞渡镇沙河复航工程、码头建设启动在即，对于纯碱产品来说，水运成本优势明显。

2. 园区循环发展，集聚效应凸显

金山化工以矿盐开发为基础，按照"采矿制盐，氨盐制碱，以热定电，热电

联产,联碱联胺,蒸汽梯级利用"的循环经济发展模式,形成集水、电、汽、氨、盐、碱、尿素、三聚氰胺、小苏打的能源、原材料和产品有机结合,生产废水零排放的安全绿色、循环低碳、智能创新的经济产业园区。按照循环发展原则,金山化工注重推动技术改造和要素集聚,充分发挥燃料、原盐等上游原材料效能,提升化工行业中间产品纯碱、小苏打、氯化铵等的产能效率,具有下游产品开发、深加工的资源供给优势和现有供电、供热等能源供应优势,把握市场需求,初步构建了可持续发展机制,走上节约、集约的资源可持续利用之路。

3. 技术设备先进,科技创新能力强

金山化工将我国制碱专家侯德榜的联碱工艺进一步发展完善,实现了高压锅炉、合成氨、联碱(纯碱联产氯化铵)及真空制盐(三聚氰胺)的深度有机融合,成为"五联工艺",同时通过对核心制碱设备大型化深度开发,不仅大幅降低了主产品纯碱、氯化铵的能耗及污染物排放量,而且通过"一个反应两个产品(纯碱、氯化铵)"降低了双吨生产成本,也提高了联碱产品质量,形成"河南金山特色的联碱工艺"。目前金大地拥有具备自主知识产权的新型制碱塔及联碱结晶系统专有技术、氯化铵结晶系统冰机大型化节能独家技术、联碱干铵闭路循环工艺等10余项核心技术,且形成有竞争力的工业化装置,最终则表现为环保优势、节能优势、投资优势、成本优势。

4. 市场前景看好,下游景气拉动

从市场看,联碱产品仍有一定的市场空间;同时,下游新能源、新材料领域对纯碱需求也维持增长,在产能扩张受限的前提下,未来几年纯碱行情有望保持景气。

一是受政策等因素的影响,联碱法具有生产优势。在我国纯碱产能中,天然碱占比较低,而化工合成法在生产纯碱的过程中,能耗较高的同时存在着废液、废气、废渣排放的问题。在我国减少碳排放、发展循环经济的背景下,化工合成法的纯碱产能受到限制。2021年发改委修订的《产业结构调整指导目录》中,明确指出新建纯碱(井下循环制碱、天然碱除外)属于限制类,因此未来国内纯碱产能不会有大幅扩张,供给提升空间有限。且纯碱上游的原材料煤炭、原盐、合成氨等价格的上涨,对纯碱价格形成了一定支撑,而联碱法生产纯碱的价差高于氨碱法,金山化工的纯碱产业利润空间显著。

二是新能源的快速发展,使光伏玻璃的用碱量增大。纯碱最大的应用领域是平板玻璃,平板玻璃经过深加工后,主要用于建筑、汽车、电子及太阳能领域。而光伏行业的高景气度将向上传导至光伏玻璃,并进一步拉动纯碱需求。在"双碳"目标的推动下,我国将成为推动全球可再生能源发展的主要力量,光伏产业占据全球主导地位。可持续能源消费景气加之光伏发电技术成本的降低,未来光伏装机需求将迎来景气增长,光伏玻璃的需求将在未来几年以接近10%的增速上升。相关研究对全球光伏新增装机量进行了预测,预计2022—2025年我国光伏玻璃需求分别达到1450、1710、2050、2480万吨,按照每生产1吨光伏玻璃需要耗费0.23吨纯碱推算,相对于纯碱的需求量依次为334、393、472、570万吨,呈现逐年增长的态势。

三是电动汽车锂电池的迅速增长,带动纯碱需求量加大。纯碱在提取碳酸锂的过程中起着重要作用。随着电动汽车的市场份额不断提升,锂电池出货量持续攀升,我国成为全球最大的锂消费国,消费占比过半。碳酸锂是锂电池的主要原材料,碳酸锂生产工艺按原料不同可分为矿石提取与盐湖卤水提取,两种工艺的生产过程均需要通过加入过量纯碱使溶液中的锂离子沉淀,理论上生产1吨碳酸锂需消耗2吨纯碱,因而就为纯碱开辟了新的市场。

(三)战略布局优化

面向未来,金山化工发展的战略取向,将是进一步依靠舞阳、叶县井矿盐资源,依托集团研发的国内外领先的联碱工艺,围绕做大做强主业、做精做细产业链,实现产品由工业级向医药级转型升级,以纯碱为基础,发展食品级小苏打、医药级小苏打、过碳酸钠、焦亚硫酸钠等产品,着力把其建成国内领先、世界一流的盐化工基地。在产业布局上,以做强主业、延链补链、节能降碳、绿色转型发展为主线,着力推动盐化工产业向精细化工延伸,加快联碱绿色转型产业园、节能降碳产业升级这2个百亿级项目的建设步伐,在推进全国联碱行业的转型升级上勇立潮头,发挥典范作用。

坚持做大做强主业,建设联碱绿色转型产业园。2022年5月,依照漯河市工业企业倍增工程及漯河市创新型示范园区要求,投资120亿元开工建设五期联碱绿色转型产业园,成为漯河市单体投资最大的项目。该园的主要建设内容包括:①每年1180万吨联碱装置(含70万吨纯碱、160万吨小苏打、180

万吨氯化铵及复合肥），投资70亿元；②每年300万吨真空制盐装置，投资32亿元；③智能仓储和铁路物流港项目，投资6亿元；④金大地热电联产节能提升项目，投资12亿元。五期联碱产业园集"采矿制盐，氨盐制碱，以热定电，热电联产，联碱联胺，蒸汽梯级利用"于一体，达到能源、原材料和产品有机结合，生产废水零排放标准；同时，建设智能大数据中心，通过行业一流的自动化、智能化控制系统的应用，实现全场数据采集和监控分析的互联互通，全方位数据化、可视化管理，确保各项生产系统安全、可靠、高效运行。联碱产业园建成后，预计于2023年10月建成投产，将新增年销售收入130亿元以上，新增税收10亿元以上，带动就业600人以上，成为全国最大的小苏打生产基地、全球最大的联碱和氯化铵生产基地。

同时，强化节能降碳、延链补链，推进精细化产业升级。节能降碳产业升级项目总投资103亿元，布局与实施10个重点项目。

在节能降碳方面，现已签约3个项目，主要有：①食品级干冰、食品级二氧化碳生产项目。总投资10亿元，占地150亩，与气体利用行业标杆企业、中国500强、上市公司——河南心连心集团合作，年生产20万吨食品级二氧化碳、2万吨食品级干冰、7万吨液氩（电弧焊原料）等产品。项目全部建成后，可实现年营业收入10亿元，增加税收1亿元，每年减少金大地煤化工装置二氧化碳排放量20万吨以上。②三聚氰胺绿色技术提升项目。位于金大地公司二期厂区内，总投资2亿元，按照清洁生产要求，继续推进"煤改电"建设工程，拆除现有三聚氰胺装置燃煤熔盐炉，新建2台1.5万负荷工业电炉，建成投产后每年减少二氧化硫排放243.5吨、氮氧化物排放183吨、粉尘污染物（烟尘）排放36.53吨。③三聚氰胺联产尿素项目。总投资4亿元，位于金大地公司二期厂区内，引进四川化工设计院的先进技术和国际一流的工艺装备，以三聚氰胺工艺的尾气（氨气、二氧化碳）为原料，循环生产尿素产品。预计2023年12月建成投产后，将新增年销售收入4亿元，新增税收4000万元，每年回收利用氨气3.8万吨、二氧化碳5.4万吨，将成为全国首例三聚氰胺尾气利用生产装置。

在延链补链、向精细化工产业转型方面，现已开工项目1个，位于金大地公司二期20万吨合成氨淘汰产能区域内，总投资30亿元。目前60万吨工业级、食品级、饲料级小苏打项目已开工建设，计划2023年底前建成试生产；

3万吨医药级小苏打项目产品正在中试,中试完成后可适时推进实施。项目全部投产后,可新增产值35亿元,新增税收3亿元。已签约项目2个,分别是:①郑州大学金山集团研发中心项目,总投资3亿元,占地30亩,位于舞阳县经济技术开发区深圳路与南环路交叉口东北侧。目前,项目用地已挂牌,正在进行规划设计,预计2023年6月底前开工建设,12月份建成投用。②省食品科创园共建项目,总投资约1.5亿元,由金大地公司与市国投公司合作,深入参与省级食品实验室建设,共同设立食品产业基金,共同运营食品科技园区,积极推动省食品实验室建设和科研成果转化。谋划储备项目4个,分别是:①药肥、复合肥生产项目,位于金大地公司三期厂区内,总投资约10亿元,占地100亩,与省食品实验室深入合作,采用其国内先进的药肥、复合肥生产技术,着力延伸氯化铵产业链,预计2023年开工建设,2024年建成投产。建成后将新增产值10亿元,新增税收5000万元,对缓解国内当前化肥的供需矛盾、农资保供、农业生产稳定和国内粮食安全具有重要战略意义。②注射级小苏打生产项目,位于联碱绿色转型产业园项目区东侧,总投资约10亿元,占地100亩,依托省食品实验室平台,着力推动小苏打领域生产技术向注射级攻关突破,建成后,将新增产值10亿元,新增税收8000万元,引领金大地公司成为全国小苏打行业领军企业。③三聚氰胺下游新材料生产项目,总投资约8亿元,与省食品实验室深入合作,着力开展三聚氰胺产业链下游新型包装、装饰材料产品研发,通力发展以三聚氰胺为原料的深加工新型高端产品,延伸其产业链,带动新兴领域消费增长。④盐穴压缩空气储能、风光电储能项目,总投资约25亿元,占地120亩,建设100兆瓦地下盐穴压缩空气储能系统、100兆瓦风光储能清洁能源供电站和100兆瓦电储能供电站。目前,正在与合作单位——新疆特变电工深入对接,下步启动选址和规划设计,预计2023年6月开工建设,2024年12月建成投运。项目建成后,既可自动存储风力和光伏产生的电力,也可通过峰谷电价差、电网调峰为金大地公司提供绿色、清洁、廉价的电力资源,每年为企业节约用电成本1.6亿元。

总之,金山联碱产业的发展有资源、有规模、有实力、有市场,经营环境优越,发展前景好。特别是受益于规模优势和技术创新优势,其在行业以及上下游有较强的影响力和话语权,企业的纯碱业务板块也有望长期保持较高盈利水平;尤其在五期联碱产业园项目建成投产后,金山盐化工更有望成为全国最大的小苏打生产基地、全球最大的联碱和氯化铵生产基地。

三、金山盐化工产业发展面临的制约因素

从目前看,尽管金山的联碱产业已形成了较大的生产规模和市场竞争优势,但在发展中还存有不可忽视的制约性障碍,尤其在"双百亿"项目推进上仍面临着一些实际问题,其主要的表现为:

(一)产品的市场竞争力有待增强

金山化工以联碱产业为主业,当前的主要产品中,纯碱是基础性化工原料,而氯化铵也仅能作为低效肥料,需要进一步加工才能成为复合肥料,产品的附加值较低,利润贡献不够突出。另外,代用碱的出现会对纯碱市场产生一定的威胁,进而导致行业间竞争加剧。代用碱作为一种新型的碱化工行业比较环保的产品,长期而言必将侵占部分纯碱市场。代用碱属于无机碱,是一种无毒、无味也无害的白色粉末,不会像使用纯碱产生飞灰的情况,用量比较省的同时还具有较强的分散性,这种碱可以广泛用于印染业、纺织业、纱线和布匹染色等领域。同时,天然碱的质量优势、成本优势突出,随着远兴能源大型天然碱产能进入市场,联碱企业的竞争力会受到冲击和削弱。

(二)资本市场尚未打通

与三友化工、和邦生物等合成法制碱上市企业相比,金山化工的劣势在于没有打开资本市场,为未来企业发展做好充足的资金支持。纯碱等大宗基础化工产品行业周期较长,金山化工作为纯碱为主的盐化工企业,在产品同质化、寡占市场的行业环境下,若遇到如疫情突发、房地产业下滑导致下游玻璃产业需求减少,或未来天然碱大产能项目投产挤占市场等类似行情,金山化工需要强大的资本链条来维持运营以便与同业上市企业竞争共存。

(三)高层次人才较为短缺

受到县域地理位置、工资水平、城市配套服务等制约,金山化工目前对专业技术人才和高水平管理人才吸引不够。从职工学历结构来看,金山化工

2021年企业职工总数为1100人,其中拥有研究生学历1人,本科学历160人,大专及以下学历939人。上市联碱企业和邦生物,2021年员工总人数为4919人,拥有硕士以上学历者41人。高学历、高层次人才的欠缺会极大限制企业未来科研创新水平,对于改进生产技术,产业链条向精细化工、新能源及新材料方向延伸存有制约。

(四)面临制约发展的实际问题

1. 燃煤指标制约

经过技术不断创新,目前金大地产业园区已形成循环作业链条,园区内生产装置已无废液废渣的排放,但其上游仍需要大量燃料煤作为动力原料。采用联碱法每制取1吨纯碱大约需要0.25吨燃料煤。在全市、全县努力落实节能减排,力争完成"十四五"煤炭消费总量控制目标的前提下,五期联碱项目建成后,预计金山化工每年需要消耗将近100万吨的燃料煤。舞阳县经过多次邀请省、市自然资源厅(自然资源和规划局)、发改委、工信局、生态环境厅(局)、统计局等有关部门领导和行业专家进行论证把关,经过省、市相关部门多次沟通协调,最终确定由漯河市拿出50万煤炭指标,舞阳县拿出38.1495万吨煤炭指标支持金大地。虽然眼前的问题解决了,但长远来看,如果不改变"等、靠"思想,通过技术创新克服燃煤原料依赖,未来还会成为企业生产的"卡脖子"问题。

2. 探矿权制约

金山化工原有采矿面积1.29平方公里,采矿权限20年,至今已17年。而原设计制盐能力每年60万吨,随着公司的发展,现在制盐规模已达到每年240万吨,原有矿区远远不能满足生产发展需要,亟须申请新的矿区。2022年4月,省自然资源厅拟出让10.41平方公里的探矿权,但因牵扯基本农田无法出让。为彻底解决该问题,漯河市、舞阳县整合15000亩用地指标,把涉及矿区的15000亩基本农田拟变为一般耕地,采矿区整体向北移动2公里,8月,省自然资源厅已将相关资料报到中华人民共和国自然资源部待批。目前五期项目正在紧锣密鼓推进,探矿权的缺位会影响到卤水的开采,进而会严重影响到生产经营的原料保障,即使在新项目建成后也会无法投产。

3. 用地问题制约

金大地产业园区地处舞阳县城边界,园区建设用地与舞钢市行政区划边界多有交叉,且存在行政区划边界与实际土地权属边界不一致的问题。在项目建设用地审批上需要舞钢市配合申报。对此,县区之间、乡镇之间协调困难较大,耗时较长,如不快速解决,将会直接影响园区的整体规划与项目建设。另结合"三区三线"区划调整,舞阳县可用的三类工业用地仅有大约1300亩,这对盐化工产业园区进一步扩展也存有用地上的制约。

四、金山化工联碱产业升级对策与建议

经对金山化工面临的国内外市场状况、纯碱产业的产能分布及行业未来供需走势等的分析,结合金山化工经营环境、产业布局及发展中所存在的制约因素,提出以下对策建议:

(一)立足市场需求,在优化产品结构上狠下功夫

依据对国内外纯碱市场的分析,纯碱产业若想在既有产能条件下求得发展,除在技术、管理举措上对纯碱生产给予降低成本、确保质量外,应在纯碱的精深加工和延伸产品链条,发展新兴产业、高附加值产业,形成新的推动力量。一是精深加工方向,调整优化产品结构,加大对市场前景好的小苏打、两钠等系列产品的开发力度,并使之形成市场上的优势产品。同时借助于现有产业基础和化工资源,向经营灵活、生产利润率更高的医药中间体行列布局。二是借鉴和邦生物"靠前管理"经营理念,布局光伏和玻璃制造板块,锁定利润率高、未来成长空间好的产业布局,为企业经营效益提供支撑。三是利用上游纯碱自给优势,向锂电提取方向延伸,跻身新能源新材料产业。为了保证投资的安全性和收益性,可以与下游相关产业行业龙头企业寻求合作,以原料大宗稳定供应谋求共同成长;还可以寻找瞪羚企业、新能源新材料行业新生力量进行资本注入,实现优势互补,获得长足发展。

(二)加强公司治理,在借助于资本市场力量上狠下功夫

借助于资本市场,为企业未来发展获取充足的资金保障和较大的资本运

作空间。目前金大地项目五期建设过百亿资金投入全部为自有资金,彰显雄厚实力的同时也应为未来的稳定运营做好长期准备。要以质量较高的业务板块为依托,按照有关规定进行包装上市,以获取资本市场的支持。同时,要借鉴中盐化工股权激励计划做法,对企业管理人员、高级技术人员,以及科技创新突出的员工实施股权激励,从而激发全员的创新创造能力,提升企业的凝聚力。

(三)搭建高层次研发平台,在加大科研力度上狠下功夫

面向全国乃至全球的盐化工科研前沿,大力推进联碱产业发展的科技创新工作。一是加大对盐化工领域科研的支持力度,争取国家和省、市有关部门把金山化工作为盐化工的重要科研基地对待,在科研项目与经费投入上给予大力支持。依据金山化工的产业影响力和科研需求,建议依托金大地企业建立国家级的联碱产业技术中心和省级盐化工实验室,以打造高层次盐化工研发平台。二是针对县域引进人才难、留住人才更难的问题,采取"飞地科研"的模式,尝试在长三角、珠三角及省会城市建立盐化工技术研究院,形成"研究院＋基地"科研机制,以在保障高水平人才生活工作配套环境的同时,拉动产业园区技术创新水平的提升。三是大力培养与引进各类人才,壮大专业人才队伍。对高层次人才要给予高水平待遇,并为人才的创新与技能发挥提供优越的环境。创新人才培养方式,建议与有关高校联合建立以盐化工为专业特色的产业学院,为企业的人才队伍建设提供平台。

(四)着力解决实际问题,在保证双百产业项目效能发挥上狠下功夫

对双百产业项目推进中存在燃煤指标、探矿权、园区用地等问题的解决,市、县领导应高度重视,要采取工作专班的方式进行强有力的推进。对涉及上级有关部门权限范围审批的事项,要多汇报、多沟通与协调,以求得项目与指标上的支持。在燃煤问题上,市工信局、发改委、自然资源和规划局、生态环境局等部门要督促金大地公司进一步在科研创新上下功夫,通过技术改革减轻燃煤依赖;在探矿权及用地审批问题上,市、县要进一步与省自然资源厅、中华人民共和国自然资源部沟通协调,切实做好政府支持,打造优势营商环境。同

时也要转变思路,探索解决问题的新途径。如对解决燃煤"卡脖子"的问题,就可发挥盐穴储能作用,利用空气储能发电进行"煤改电",实现上游原料清洁能源置换,从技术上解决燃煤排放制约;同时也可尝试通过碳排放权交易市场,购买碳排放权,短期内快速解决燃煤指标,以保障项目的顺利建设与运营。

报告 12　漯河市未来食品产业发展研究报告[*]

一、食品科学的现状及未来食品发展趋势

(一)食品科学的现状

随着社会的进步和时代的发展,人们对食品科学的应用研究也在不断深入,食品不仅仅在为人们提供维持生命所需要的能量和热量,更在朝着健康和绿色生态的方向发展。对于食品,现代人更加注重营养价值和食品安全。就目前我们常见的食品而言,主要分为以下 7 类:

一是发酵食品。发酵食品主要是利用有益微生物加工制造而成的一种食品,其口味独特,给人们带来不一样的味觉体验。就目前发酵食品的现状而言,其种类很多,比如酸奶、啤酒、泡菜、食用醋等都属于发酵食品。发酵食品的主要原理就是在食品经过科学的发酵之后,食品中原来不被人体利用的物质通过发酵转化为能够被人体所吸收和利用的物质,而且,食物中一些对人体有害的氰基化合物在经过科学的发酵之后可供人们食用。发酵食品有其独特的优点,相比较其他的食品,发酵食品的保质时间更长。

二是纤维食品。纤维食品最重要的特点就是富含较高的膳食纤维。食品科学将膳食纤维分为两大类:一类是可溶性膳食纤维,另一类是不可溶性膳食纤维。不可溶性膳食纤维的种类也比较多,比较常见的有木质素、纤维素以及半纤维素等;树脂、果胶、原胶等这一类比较常见的膳食纤维是可溶性膳食纤

---

[*] 该项目为漯河市政府委托的 2022 年度系列研究课题成果之一,项目时间:2022 年 10—11 月;撰稿人:李燕燕、李甜。

维。膳食纤维食品是一种比较健康的食品,虽然大多数膳食纤维不能被人体吸收,但是食用膳食纤维之后,纤维可以分解人体内的油污物质,帮助毒素排出体外,对人体的肠道有比较好的保护作用,比较适合肥胖人群食用。除此之外,膳食纤维还对预防结肠癌具有很好的效果,可以有效抑制人体对脂肪和胆固醇的吸收,改善便秘。在现代生活中,膳食纤维食品为人所喜爱和推崇,比如粗粮、杂粮、玉米、大豆、苹果等食物中都富含大量膳食纤维,对调节人的身体健康有很大的作用。

三是方便食品。随着社会生活节奏的加快,方便食品逐渐进入千家万户。方便食品主要是指经过工业化大规模加工和生产出来的可以直接食用或者稍微加工便可以食用的食品。现代人生活节奏比较快,方便食品是当前时代发展的产物之一,使用起来比较方便快捷,这也是方便食品被社会大众广泛喜爱的一个重要因素。随着方便食品市场需求量的不断增加,其种类也越来越多,比如方便面、各类即食罐头、速冻水饺等都属于方便食品。由于方便食品的口味多样、种类繁多,并且适应当前的时代发展,因此,方便食品成为食品行业销售量的"翘楚"。

四是热处理食品。热处理食品其实也是方便食品的一种,通过微波炉等即时加热即可食用,非常方便。进入21世纪,远红外、微波热处理的开发被广泛用于食品的调和、融冻、干燥、加热、焙烤、杀菌等方面,表现出了良好的效果。

五是低热卡值食品。主要是由高甜度甜味剂、低热脂等代替原来食品中所用的糖、油脂所生产的食品,这类食品热含量少,pH值稳定,从而抑制了肥胖症、糖尿病、高脂血症等一些疾病的产生。

六是冷藏食品。随着现代科学技术的不断发展,冷藏技术也逐渐完善,在食品科学研究中,将冷藏技术应用于食品仓储方面已经有较长的时间。冷藏是抑制化学反应和酶反应的一种重要方式,也是组织微生物生长的一种重要手段,利用冷藏技术,可以使食品保持原有的色、香、味。因此,现代人对冷藏食品也是青睐有加。在一些超市我们经常可以看到冷藏食品,如用薄膜包装的蔬菜、水果等。需要注意的是,在冷藏食品的生产、贮藏、运输、供应、销售过程中,要考虑气体成分、水分活度及pH对食品中微生物的影响。

七是水产食品。水产食品主要指江河湖海中的可食用食品,随着人们对海洋开发的逐渐加深,水产食品的种类也越来越多,比如鱼类、贝壳类、海藻类等都属于水产食品。

(二)未来食品发展趋势

随着社会的不断进步和人民群众生活质量的不断提高,未来食品的发展趋势主要表现为:

一是未来食品可能变革传统食品工业制造模式。主要是通过食品和生物技术的结合,改变传统的种植养殖方式,以车间生产模式制造肉、蛋、奶、油等。典型的代表是人造肉,包括采用大豆等植物蛋白为原料、经过高湿/低湿挤压和组织化得到植物蛋白肉和从动物提取成肌干细胞、扩增培养成肌肉细胞、分化成肌肉纤维而成的细胞培养肉。

二是未来食品将使人更健康、使地球更健康。因为饮食方式而产生的慢性疾病,导致年增死亡人数逐年攀升。大量医学研究表明,在动物蛋白中加入一定的植物蛋白,可以显著降低死亡的风险。全球食品产业产生了温室气体总量的25%,需要耕地40%,并且现在的畜禽养殖方式获取的动物蛋白比植物、微生物等方式获取蛋白,在资源占用和对环境影响等方面,均高出许多。据联合国数据,到2050年全球蛋白质的增量还需要30%—50%。我国农业农村部数据表明,我国2021年饲料蛋白的进口接近50%。此外,在蛋白的生产效率方面,微生物培养、植物培育也比传统畜禽养殖有明显优势。因此,替代蛋白成为未来食品的一个重要内容。

三是未来食品的发展路径将是3T(BT、IT、FT,即生物技术、信息技术、食品技术)融合。其技术基础包括不同学科领域的前沿技术,如合成生物学、物联网、人工智能、增材制造、纳米技术等;其产品标签为更安全、更营养、更美味、更可持续。未来食品产业一改传统食品低端形象,是解决食物供给和质量、食品安全和营养、饮食方式和精神享受的高技术产业。

二、河南省食品产业发展着力领域

(一) 河南省食品产业发展现状

河南是粮食大省、食品工业大省,是全国重要的食品生产和加工基地。立足"粮头食尾、农头工尾",食品工业已经成为河南省重要的支柱产业。河南拥有冷链食品、休闲食品和特色食品三大优势产业链,形成了六大特色食品产业集群,分别是以牧原、双汇为代表的肉类生产与加工集群,以白象、想念等为代表的面及面制品产业集群,以三全、思念等为代表的速冻食品及冷链产业集群,以南街村调味料、驻马店十三香、莲花味精等为代表的调味品生产加工集群,以临颍黄龙食品产业园区、漯河卫龙为代表的休闲食品生产加工集群,以好想你为代表的健康食品产业集群。河南省已由"中国粮仓"逐渐成为"国人厨房"和"世界餐桌"。

一是支柱地位不断巩固。近年来,河南依托丰富的农产品资源优势,大力发展食品工业。2020年,河南规模以上食品工业企业35347家,实现主营业务收入6204.45亿元,占全部工业的12.8%。

二是经济效益比较突出。2020年,全省食品工业规模以上企业实现利润总额493.8亿元,以占全省工业10.1%的资产,创造了12.8%的营业收入,完成了17.5%的利润总额。(见表12-1)

三是主要产品优势明显。面及面制品、米面速冻食品、肉类加工产品、乳制品、果蔬饮料等产品产量占全国总产量的47%、66%、70%、13%和15%。双汇年产销肉类近400万吨,拥有100多万销售终端;牧原生猪年出栏达4000多万头;三全、思念产品市场占有率在30%以上。

表 12-1　2020 年河南省规模以上食品工业经济效益指标

行业名称	营业收入（亿元）	利润总额（亿元）	企业单位数（个）
食品工业总计	6204.45	493.8	35347
农副食品加工业	3463.49	254.36	1423
食品制造业	1518.24	141.95	695
酒、饮料和精制茶制造业	697.7	57.4	332
烟草制品业	525.02	40.09	13

（二）河南省食品产业发展趋势

食品产业是河南省传统优势产业，随着社会消费升级和数字经济发展，消费诉求更加多元、深入细分，亟须推动建设绿色食品业强省，打造万亿级现代食品集群目标任务落实落地，推动食品产业在赛道转换中创造新优势，实现高质量发展。

2022 年 9 月河南省人民政府办公厅印发《河南省绿色食品集群培育行动计划》，明确提出，到 2025 年建成具有世界影响力的万亿级现代食品集群，从冷链食品、休闲食品、特色功能食品、预制菜、数字赋能、品牌设计 6 个方面实施升级行动。

冷链食品升级方面。支持速冻食品企业创新产品，扩大规模，支持屠宰加工企业提升屠宰现代化水平，推进肉品冷链化运输、冷鲜化上市，支持乳品企业积极扩大巴氏奶等低温乳制品生产供应，推进果蔬产地初加工，扩大食用菌冷鲜保存、冷链运输规模，提升运输效率和保鲜质量。

休闲食品升级方面。顺应日常场景休闲化趋势，培育河南省休闲食品发展新优势，支持临颍县打造"中国休闲食品之都"，发展肉类食品、谷物零食、冻干食品、休闲饮品、宠物食品等。

特色功能食品升级方面。顺应社会对安全、营养、功效食品的需求，发展药食同源产品、食品添加剂、调味品、新概念健康食品等。

预制菜升级方面。发展即食食品、即热食品、即烹食品、即配食品，大力发展面向家庭日用、节庆聚餐的预制菜，开发应用于航空航天、户外拓展、应急救援等领域的预制菜，推进食品业增值增效。

数字赋能升级方面。落实数字化转型战略,发展智能装备,完善可追溯体系,推进互联网、大数据、人工智能、区块链、5G等新一代信息技术与绿色食品业供应链深度融合应用,大力发展无人超市、共享经济等新业态新模式,用数字化赋能对接终端市场需求。

品牌设计升级方面。深入开展"设计河南",打造河南绿色食品业优势品牌,加快推进以绿色食品为引领的农业品牌建设。

三、漯河食品产业发展现状及问题

经过多年的发展,漯河食品产业已然形成了肉类加工、粮食加工、果蔬加工、饮料加工四大主导产业,其发展情况直接影响着全市的经济社会高质量发展。

(一)食品工业总规模不断扩大,但其增速和占比整体呈现下滑态势

一是食品工业增长能力呈疲软态势。数据显示,2000—2021年上半年,漯河规上企业食品工业总产值比重和增速都基本呈现下滑态势,规上食品企业工业总规模增长逐步放缓,2021年上半年规上食品企业工业总产值占规上工业总产值比重已降至39.37%,为2000年以来历史最低值。(见图12-1)规上食品企业工业增加值占规上工业增加值比重、规上食品企业工业增加值增速也基本呈下滑趋势,且2021年规上食品企业工业增加值占规上工业增加值比重已降低至2000年以来历史最低值43%,说明漯河规上食品企业增速放缓,食品行业经济效率低于工业平均水平。(见图12-2)

二是规上食品企业数量较少且呈现先增加后减少的趋势。自2000年以来,规上食品企业数量增长至2010年,2011年大幅减少,减少比例达到25%(由于统计部门自2011年开始,将规上工业企业的主营业务收入标准由500万元提升至了2000万元)。之后缓慢增加,并在2015年之后逐年减少,2020年减少至129家,2021年又增长至134家,接近2000年的数量。(见图12-3)对比国内主要食品城市,福建漳州拥有规上食品企业610家,江苏淮安拥有规上食品企业1253家,漯河规上食品企业数量差距明显。

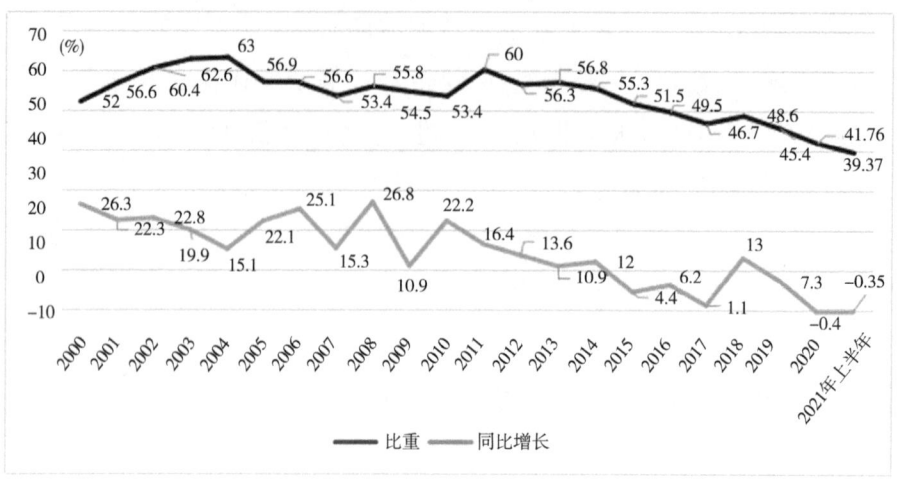

图 12-1　2000—2021 年上半年漯河规上食品企业工业总产值比重及增速趋势

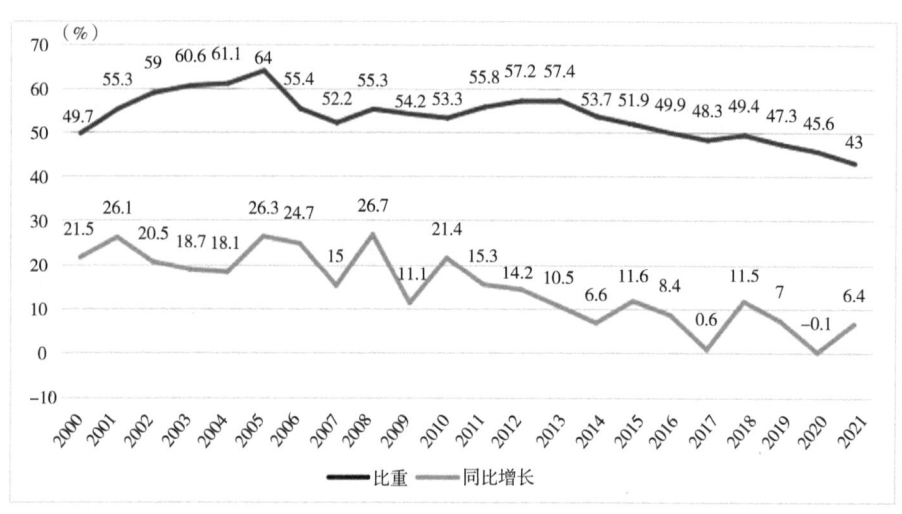

图 12-2　2000—2021 年漯河规上食品企业工业增加值比重及增速趋势

三是漯河食品企业结构不优。从漯河规上食品企业前 30 家销售额来看，漯河双汇集团销售额占前 30 家企业销售额总和的 76.1%，前五家企业销售额占前 30 家企业销售额总和的 92.6%，企业结构呈现"两头大，中间空"态势，即大企业规模太大，小企业数量偏多，中等规模企业几乎没有，企业结构极不稳定。（见表 12-2）

▶ 报告 12 漯河市未来食品产业发展研究报告

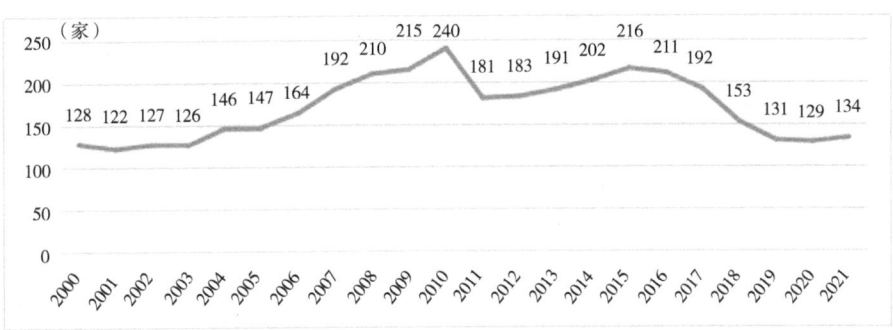

图 12-3 2000—2021 年上半年漯河规上食品企业数量

表 12-2 2020 年漯河 30 家食品企业销售额

单位：万元

企业名称	2020 年销售额
双汇集团（漯河地区）	7184334
卫龙集团	849900
河南中烟工业漯河卷烟厂	444727
河南省南街村（集团）有限公司	173136
中粮面业（漯河）有限公司	92922
河南统一企业有限公司	87562
漯河旺旺食品有限公司	69343
漯河太古可口可乐饮料有限公司	62173
嘉吉食品（漯河）有限公司	61989
漯河晋江福源食品工业有限公司	44045
舞阳县舞莲面粉有限责任公司	42986
河南豪峰食品有限公司	30203
临颍嘉美印铁制罐有限公司	26488
漯河联泰食品有限公司	25707
河南美宜家食品有限公司	24213
河南福贞金属包装有限公司	23763
漯河临颍亲亲食品工业有限公司	23342
漯河泓一食品有限公司	22950
漯河石磨坊面业有限公司	19840

续表

企业名称	2020年销售额
漯河市源隆肠衣有限公司	18729
河南三剑客农业股份有限公司	18522
漯河市恒达食品工业有限公司	17045
漯河天味食品有限公司	14090
河南省雪健实业有限公司	12653
贾湖酒业集团有限责任公司	10892
河南御江食品股份有限公司	9107
漯河市有鹿食品有限公司	8732
漯河花花牛乳业有限公司	7980
宏全食品包装(漯河)有限公司	7574
漯河市永利食品有限公司	6486
总额	9441433

（二）肉类加工行业规模大，市场占有率高，但链条不完整，结构不优

一是漯河肉类加工业规模大，市场占有率高。目前，漯河市共有规模以上肉食品加工企业24家，年屠宰生猪能力达600万头，占全省的十分之一；年产肉及肉制品150万吨，占全省的60%。

二是漯河肉类加工链条不完整，中游产品挖掘不深，食品独角兽缺乏。根据肉制品加工业行业产业链全景图（见图12-4），肉制品加工业覆盖上游养殖、饲料加工，中游肉制品加工和下游运输流通等行业，覆盖范围广，发展空间大。从漯河双汇集团2020年财报来看，双汇集团的肉类、辅料等外部采购份额很大，其中生猪国内采购265亿元，辅料国内采购146亿元，国际采购份额达到160亿元，说明漯河本地的原料及养殖业缺口大，国产替代不足。中游肉制品加工布局相对落后，例如酱卤熟食类，万榜·2021中国卤味食品行业TOP 10企业榜前2名为煌上煌、绝味食品，从年报数据来看，2020年绝味食品、煌上煌全年营收分别为52.76亿元、24.36亿元，净利润分别为7.01亿元、2.82亿元，而漯河没有企业上榜，不过漯河双汇集团已经成立餐饮事业部，将深耕细作酱卤熟食类。

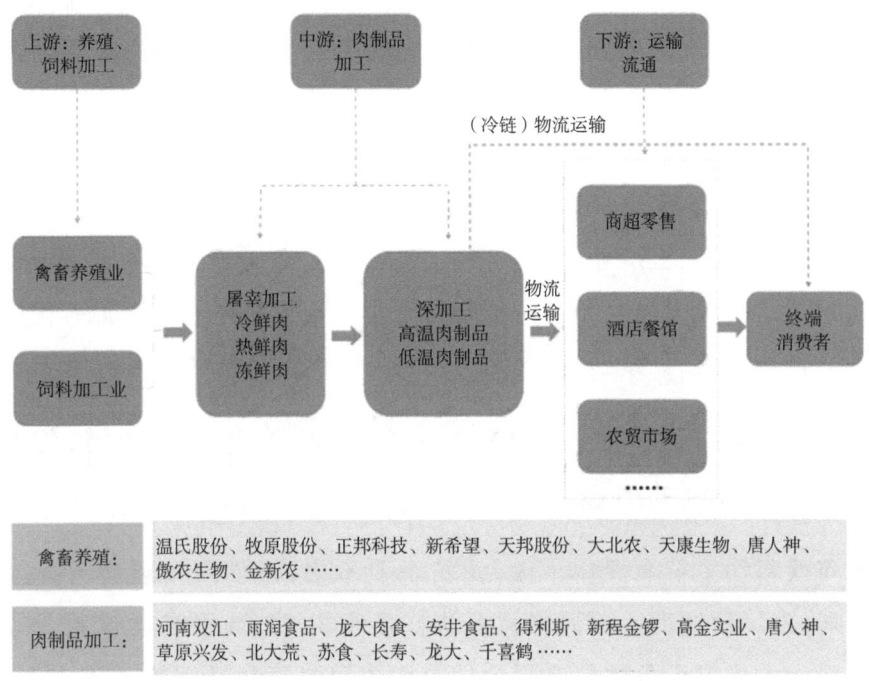

图 12-4 肉制品加工业行业产业链全景图

(三) 粮食加工行业链条完整,但企业数量少,集群结构薄弱

漯河现有粮食加工及粮食制造企业 83 家,数量较少。年粮食加工量达 600 万吨,占全省的 15%,规模占比区域较大,但在全国相对较小。以南街村集团、卫龙食品、舞莲面粉等为代表的粮食加工企业群体,形成漯河粮食加工产业集群。南街村集团粮食加工覆盖了面粉加工、鲜湿面、调味品、方便面,总产能可达到 50 亿元。引进海底捞加工企业,年产值可达到 40 亿元。中粮面业(漯河)有限公司年处理小麦 39 万吨,年产面粉 29 万吨,扩能后年加工能力可达 90 万吨,属于原料初级加工。卫龙食品产业覆盖粮食加工和果蔬加工,2020 年销售额达到 89 亿元,三期即将建设完成,届时可实现销售收入 200 亿元。总的来看,漯河粮食加工行业链条从上游的粮食初加工、面粉生产,中游的粮食深加工,下游的物流运输到终端,链条相对完整,但从企业数量和企业规模来看,数量少,规模小。青岛单个企业加工能力达到 110 万吨,远大于漯河中粮,企业数量少意味着产业集群结构也相对薄弱。

从远期来看,随着人民生活水平的持续提高,消费结构不断升级,对优质的、绿色的、营养健康的粮油产品需求在不断扩大。漯河粮食产业发展方向为:一是推动由增产导向向增产提质导向转变。实施规模化、标准化、品牌化发展,实现粮食产业增产与提质、降本与增收互相促进。二是促进各环节分散经营向全链条产业融合发展转变。通过优质粮食工程构建起从原粮到成品、产区到销区、田间到餐桌的"大粮食""大产业""大流通"格局,优化完善粮食产业体系,促进一、二、三产业融合发展。三是满足从"吃得饱"向"吃得好""吃得营养健康"转变,着力增品种、提品质、创品牌,实现粮食产购储加销有机衔接,使供需结合更直接、更紧密、更畅通,以品质提升打开粮食加工新市场。

(四)饮料加工行业链条相对完整,创新动力不断加强,但规模不大,抢占市场份额的力量不足

漯河饮料加工行业规模不大,龙头企业不多,但创新发展动力强劲,发展思路清晰,市场预期大。漯河市共有饮料企业32家,年产各类饮料150万吨。其中漯河太古可口可乐饮料有限公司是太古可口可乐在河南的第二个指定品牌产品特许装瓶厂,吸引来了原材料果糖厂商嘉吉集团。本土品牌三剑客农业公司上游拥有5000头奶牛养殖基地,中游年产30万吨乳制品,下游有电商等销售渠道,产业链完整。产品研发力度不断加大,成果开始显现,三剑客开发了黑酸奶,迎合了上班族代餐需求,销量暴增。与微康生物合作研发功能性发酵乳制品,积极开发个性化、强竞争力产品。饮料企业虽然数量不多,规模不大,但区域来看,创新欲望和发展动力强劲,且产业链条不断丰富,吸引了国际化企业入驻,产业集聚效应不断加强。

(五)果蔬加工行业规模不大,企业数量不多,果蔬中转和加工比例很低,产业处于相对初级阶段

漯河蔬菜加工业规模小,集群化不明显,产量不高,依靠本地种植难以实现突破性发展壮大。目前漯河共有果蔬加工企业9家,全市各类蔬菜种植面积达94.1万亩,年产蔬菜192.5万吨,人均蔬菜占有量是全国人均蔬菜占有量的1.5倍,是蔬菜类国家级绿色食品原料标准化生产基地。食品加工企业仅有9家,难以形成产业集群。河南省年产蔬菜总产量保持在7000万吨以上，漯河年产蔬菜仅192.5万吨，占比仅2.75%，仅仅依靠本地种植难以成为大型支柱产业。下一步，漯河要重点发展果蔬中转交易和果蔬深加工，提高质量安全标准，充分利用冷链物流体系，打造集生产、加工、中转、销售于一体的现代化果蔬产业体系。

总之，全国食品工业发展规模大，占比高，发展势头好，已成为全国经济增长的重要驱动力，相比之下，漯河食品工业总规模也在不断扩大，但其增速和占比整体呈现下滑态势。其中，四大主导产业中，肉类加工行业市场占有率高，但链条不完整，结构不优；粮食加工行业链条完整，但企业数量少，集群结构薄弱；饮料加工行业链条相对完整，但规模不大，抢占市场份额的力量不足；果蔬加工行业规模不大，企业数量不多，果蔬中转和加工比例很低，产业处于相对初级阶段。

四、漯河未来食品产业的重点突破口

结合未来食品发展趋势以及河南省食品产业发展趋势，围绕漯河市食品研发和产业生态布局未来食品产业，在传统食品行业做大做强的基础上，重点发展预制菜、人造肉、功能食品、冷链食品等未来食品产业。

（一）传统食品进一步做大做强

基于漯河食品工业增速和占比整体呈现下滑态势，且规上企业数量较少等状况，继续支持肉类加工、粮食加工、果蔬加工、饮料加工等食品优势行业的发展，拉伸产业链条，培育产业集群，提高市场占有率和竞争力，打造一批在全国叫得响的质量安全提升示范企业。此外，基于漯河市传统食品，如辣条、方便面等，产业规模小、布局散乱、工艺比较传统、产业关联度不强、创新不够等问题突出，要注入工业化思维，走出一条小产品大市场的现代化生产模式。典型的如漯河的卫龙辣条，通过工厂化生产，已形成了良好的市场声誉和品牌。广西柳州的螺蛳粉产业，依靠原产地保护、产品标准化、营销网络化、发展规模化、生产现代化，迅速摆脱小作坊，形成工厂化模式。还有河南商丘种豆芽的河南金豆子蔬菜食品有限公司，日产豆芽千吨，探索出了小产品工业化的发展路径。总之，传统食品只有在规模化、标准化、品牌化、效益化经营理念的引导下,才能叫得响、走得远。

(二)打造预制菜产业发展新高地

预制菜是运用现代标准化流水作业,对菜品原料进行前期准备工作,简化制作步骤,经过卫生、科学包装,再通过加热或蒸、炒等方式,就能直接食用的便捷菜品。根据深加工程度和食用方便性,预制菜可分为即食类、即热类、即烹类、即配类四大类别。(见表12-3)

表12-3 中国预制菜食品分类

种类	介绍	产品
即食食品	指开封后可以直接食用的预制调理制品,可以概括为"开包即食"食品。	即食泡椒凤爪、鸡腿、火腿肠和罐头等
即热食品	指只需要经过加热即可食用的食品,可以概括为"加热即食"食品。	梅菜干扣肉、辣子鸡丁等
即烹食品	指经过相对深加工(加热或浅油炸),按份分装冷藏或常温保存的半成品材料,可以立即入锅,加上调味品进行调理的食品,属于半成品预制菜范畴,可以概括为"熟料加热调味"食品。	香酥肉、椒盐排骨等
即配食品	指经过清洗、分切等初步加工(只是物理加工)而成的小块肉、生鲜净菜等。一般以生的菜料为主,烹饪者要自行搭配各种调料,经过炒制加热变熟后可食用。可概括为"生料加热调味"食品。	

1. 预制菜产业发展现状

预制菜最早起源于美国,20 世纪 60 年代各种类型的预制菜开始实现商业化经营,70 年代末随着日本经济进入高速发展,预制菜在日本迎来了 20% 以上的快速增长。90 年代后随着麦当劳、肯德基等快餐店进入,我国开始出现净菜配送加工厂。2000 年后深加工的预制菜企业开始涌现,但由于条件不成熟,行业整体发展仍较为缓慢。2014 年之后,随着经济发展、外卖爆发式增长,行业进入快速发展期,至 2020 年,因疫情导致宅家消费爆发,直接导致预制菜消费加速。2021 年中国预制菜市场规模 3459 亿元,同比增长 19.8%。

(见图12-5)

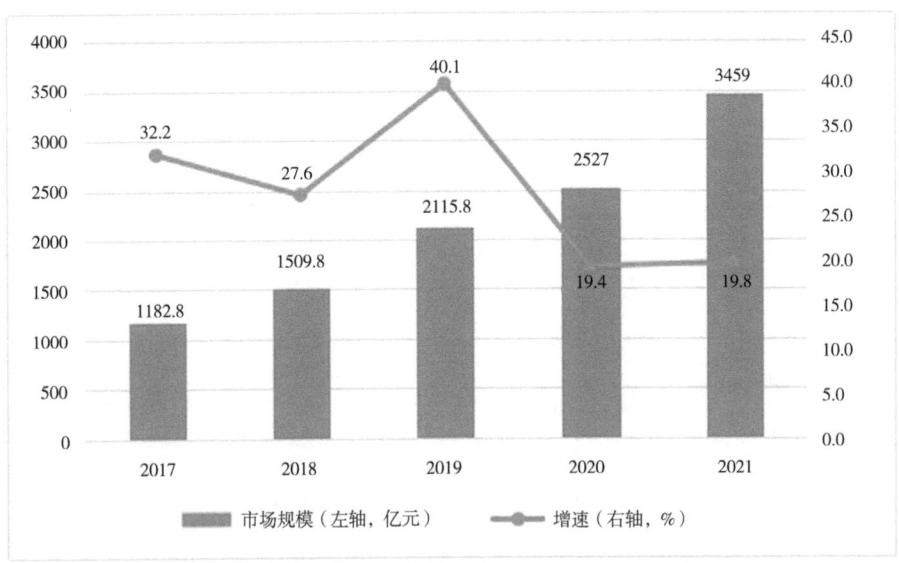

图12-5　2017—2021年中国预制菜市场规模情况

全国31个省份均有预制菜企业布局,其中山东、河南和河北企业数量均超过2000家,排在第一方阵;江苏、福建、安徽、广东和辽宁企业数量在1000—2000家,排在全国第4至8位;湖北、浙江紧随其后,与前述省份一同构成前十阵营(见图12-6)。这些区域均为全国蔬菜、水产等农业资源大省或食品产业加工强省。

从更能体现企业规模和竞争力的上市企业(A股&新三板)数量来看,山东、河南和浙江雄踞前三,分别有25家、12家和12家企业,江苏、广东、福建均有9家企业,体现出较强的产业竞争力(见图12-7)。

2. 预制菜的产业链分析

预制菜产业链自上而下主要可分为三大部分,即上游原材料及原料加工、中游预制菜生产及下游消费市场(见图12-8)。

上游:以基础农产品为主,农业企业具备先天优势。上游为基础的生鲜、农副作物,整体分布分散,有实力的中游厂商会介入上游环节,采取与农户合作、自建农场、参控股农业子公司等形式,保证原材料品质和供应。此外,农业企业依托原材料优势和渠道积累,也常布局预制菜业务,如圣农、正大、新希望等。

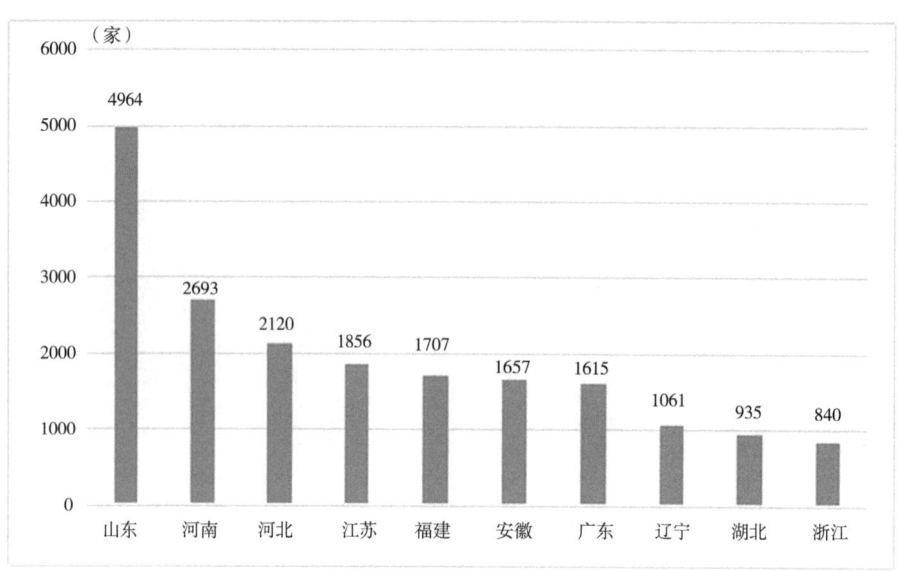

图 12-6 拥有预制菜企业数量 TOP 10 省份

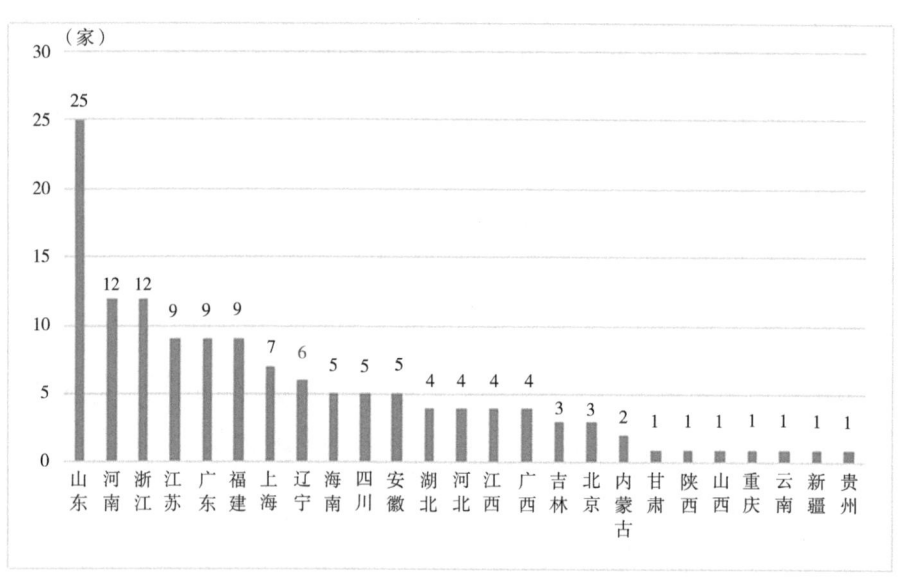

图 12-7 部分省份预制菜上市企业数量排名

中游：生产环节多样，盈利能力有所分化。生产环节有专业预制菜厂商、速冻食品商、餐饮企业自建生产、上游农业企业、部分零售型企业等，具体商家如味知香、安井、同庆楼、圣农等企业。在利润率方面，通常情况下，自建工厂、代工厂、料理包厂等毛利率为15%—25%，净利率在5%左右。酒店菜的毛利率可达35%左右，门店品牌的毛利率也常在30%以上，由于酒店菜和门店品牌具备一定门槛和品牌溢价，因此净利率常常在15%以上。

▶ 报告 12　漯河市未来食品产业发展研究报告

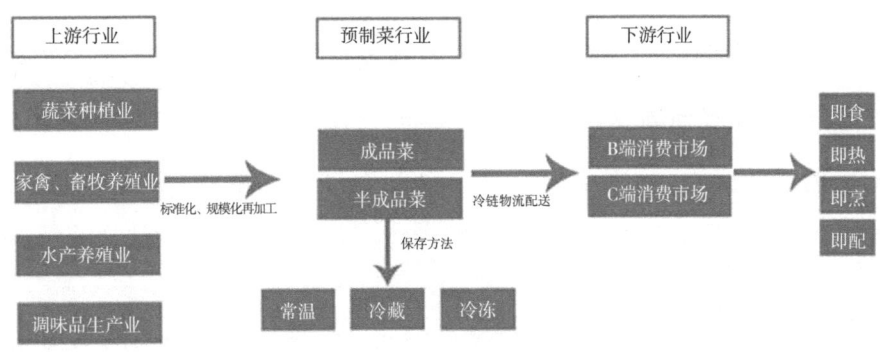

图 12-8　预制菜产业上下游

下游:渠道复杂,餐饮端占比 80%。预制菜下游较为复杂,B 端包括中小餐饮店、乡厨、团餐、酒店、外卖等场景,C 端包括农贸市场、商超、生鲜电商等渠道,其中,餐饮是最广泛应用的场景。在下游渠道的利润率层面,批发商的利润率为 10%－20%(其中一批商的利润率为 10%－15%,二批商的利润率为 15%－20%),商超渠道的利润率在 25% 左右,餐饮终端利润率为 50%－80%,利润率最高。

3. 漯河市发展预制菜产业的优势

漯河市发展预制菜产业具有得天独厚的优势,主要包括以下优势:

上游:漯河拥有南街村等多家调味品生产企业,可满足企业在调味品方面的需求。同时双汇、正大等在漯河均布局养殖业,双汇规划"十四五"末年出栏生猪 300 万－500 万头,年出栏商品鸡 3 亿－5 亿头。另外,还有冷链配送优势。漯河市冷链物流企业总量达到 416 家,冷链运输车 1.1 万辆(河南省不到 2 万辆,郑州市共 2000 多辆),从业人数 2 万余人。全市共有 A 级物流企业 28 家,占全省的 12.6%,共有星级冷链物流企业 4 家,其中 5 星级冷链物流企业 1 家,数量占全省总数的 50%(全省 2 家,郑州第一,漯河第二)。

中游:拥有全国最大的肉类加工企业双汇集团,已经开发出 1000 多种肉食制品,既有各种口味的香肠,也有不同类型的卤制肉;既有休闲食品,也有肉食预制套餐等。2022 年双汇成立团餐事业部,负责学校、机关食堂等餐食供应。

下游:双汇在全国 18 个省(市)建有 30 个现代化肉类加工基地和配套产业,形成了饲料、养殖、屠宰、肉制品加工、调味品生产、新材料包装、冷链物流、商业外贸等完善的产业链，拥有100多万个销售终端，每天有1万多吨产品销往全国各地，在全国绝大部分省份均可实现朝发夕至。

4. 漯河市发展预制菜产业面临的挑战

就发展现状来看，预制菜产业目前存在发展格局散乱、权威标准欠缺、市场渗透率低等诸多问题，而这些问题同样是漯河发展预制菜需要破解的痛点难题。

特别是与预制菜关联度较大的团餐行业，有着自身的业态特点和商业模式。目前团餐企业的运营模式主要分为两种：一是进驻甲方，即以承包就餐场所的形式服务于大型企业、机关企事业单位、学校、军队、工厂等甲方单位。代表企业有千喜鹤、快客利、麦金地、健力源等。二是集体配餐，通过自建或与第三方合作的中央厨房，完成餐品加工生产，再配送到甲方单位，该模式主要服务于小型企业、组织及其他社会团体。代表企业有丽华快餐、美餐等。据一线调研数据，在团餐百强企业中，以传统进驻甲方模式运营的企业占比近90%，新型集体配餐运营模式占比10%。但近年来新兴的团餐企业大多采用集体配餐模式运营。此外，部分快餐外卖商家也开始涉足集体配餐，团餐市场的竞争进一步加剧。而与团餐发达省份相比，河南团餐企业规模小、分布散，2021年进入中国团餐100强的河南企业共4家（郑州育贤斋、华康、品中、隆世达），双汇并未在其中，关键在于团餐的运营模式与双汇呈现两种不同的商业形态，双汇看似拥有丰富的销售链条和渠道，但进入预制菜，意味着进入一个新领域，长期习惯于肉制品生产的业务人员和管理团队势必会受到市场的挑战。

5. 漯河市发展预制菜产业的着力点

漯河市应充分依托丰富的原料、强劲的集群支撑、强大的冷链物流保障和优势消费品牌，积极探索预制菜产业发展新路子、新经验，加快推动漯河市由"国人厨房"向"世人餐桌"迈进、食品名城向美食之城转变，为全省万亿食品产业高质量发展做出新的更大贡献。

立足现有资源优势，支持双汇全面切入万亿预制菜行业。围绕"八大菜系＋豫菜"，针对不同区域研发不同的产品，满足多元化的消费需求。依托新成立的团餐事业部，通过"引进＋培育"，促使业务和管理团队快速专业化，积极拓展团餐等新产业新渠道业务。强化产品研发和推广，对已推出的自加热米饭、啵啵袋等方便速食类产品,以及双汇八大碗和家宴礼盒等中华菜肴类产品,除在线上平台销售外,加快线下渠道推广布局,加大在商超、便利店等终端速冻柜的投放力度。

高标准谋划双汇第三工业园,打造预制菜专业园区。建设产品研发、综合调度、仓储服务等3个中心,中央厨房、中华菜肴等16个生产型项目,铁路专用线等4个配套项目。通过创新招商模式,形成产业聚集规模效应,不断优化经营成本,引导预制菜行业健康向上发展。

长期来看,预制菜行业的竞争力主要体现在品牌领域,而品牌建设需要大量的试错和沉淀。作为百姓的餐桌工程,食品安全又非常重要,可以由政府组团对接相关部委及行业协会,积极推动以龙头企业为代表参与预制菜行业标准的制定。政府也可推动与龙头企业联合设立专项产业基金,为预制菜产业在基础设施建设和行业并购两方面提供支持。

(三)抢占人造肉产业发展先机

人造肉一般包含两大类:一类是以植物蛋白为原料制备的人造肉(简称植物基人造肉),该类产品因可以最大限度地模拟真实肉品的外观和口感,又被称作植物肉、素肉、模拟肉等;另一类是以细胞为原料制备的人造肉(简称细胞基人造肉),该类产品可以绕开动物饲喂而为人类提供真实的动物蛋白,被称作培养肉、培育肉、体外合成肉、清洁肉等。由于细胞基人造肉的发展仍处于实验室研发阶段,目前主流的人造肉以植物基人造肉为主。

1. 人造肉产业发展现状

自2019年起,人造肉特别是植物基人造肉在技术和市场的双重推动下快速发展,随着人造肉在消费者中接受度的提高、人造肉技术的突破以及大规模生产带来的人造肉生产成本的持续下降,全球人造肉市场规模将逐渐扩大,市场前景广阔。2020年新冠疫情暴发,人们对食品安全特别是肉制品安全的担忧不断提升,除此之外,非洲猪瘟、禽流感等带来的诸多病毒威胁着全人类的生命安全,防止动物疫病传播、保障食品安全逐渐成为人们关注的重点,人们对肉类替代品的需求快速上升。

2020年,全球人造肉市场规模约为139亿美元,预计到2025年全球人造肉行业市场规模有望达到279亿美元,2020—2025年年均复合增长率达15%

（见图12-9）。

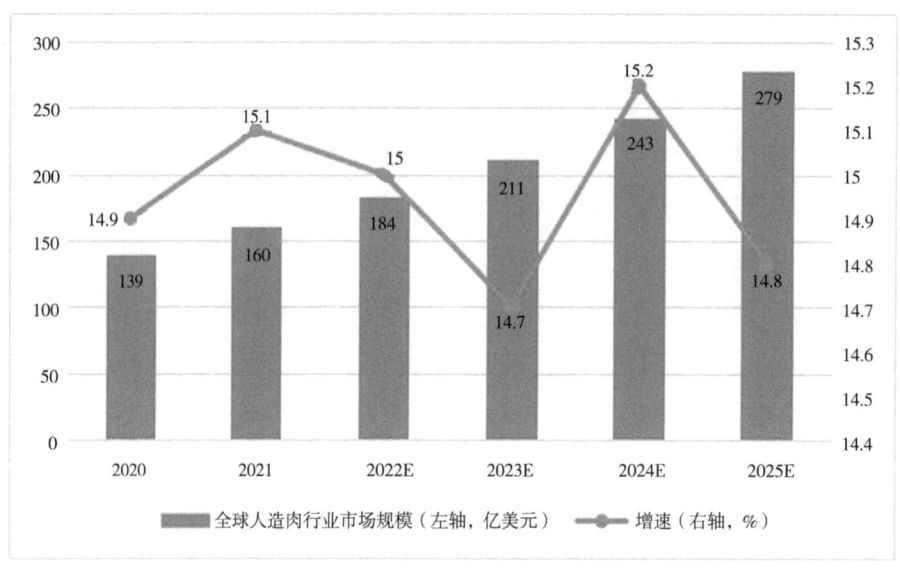

图12-9　2020—2025年全球人造肉行业市场规模统计及增长情况预测

目前，欧美等国是全球主要的人造肉市场。2020年，欧洲植物基人造肉市场规模占全球的比重达35%；亚太的植物基人造肉市场规模占全球的比重约为30%；北美市场是第三大市场，约占20%（见图12-10）。

我国的素食主要以豆制品等为原料的素肉为主，但其并不是真正意义上的人造肉。我国人造肉产业起步较晚，2018年我国人造肉行业开始出现部门初创企业，但是由于发展较慢，出产的人造肉产品较少。2019年，人造肉第一股Beyond Meat在美国上市，点燃了全球人造肉的风潮，国内的人造肉行业开始受到资本的关注，并且如齐善食品等传统素肉企业也开始往人造肉方向转型。

2020年，人造肉在国内引起了激烈讨论，伴随着Beyond Meat在中国设立工厂，国内人造肉企业也纷纷推出自己的产品，但是由于人造肉在口感、味道较真正的肉食存在较大差距，在国内的关注度出现一定程度下降。企业开始进入打磨自身技术、产品快速迭代的过程。（见表12-4）

▶ 报告12 漯河市未来食品产业发展研究报告

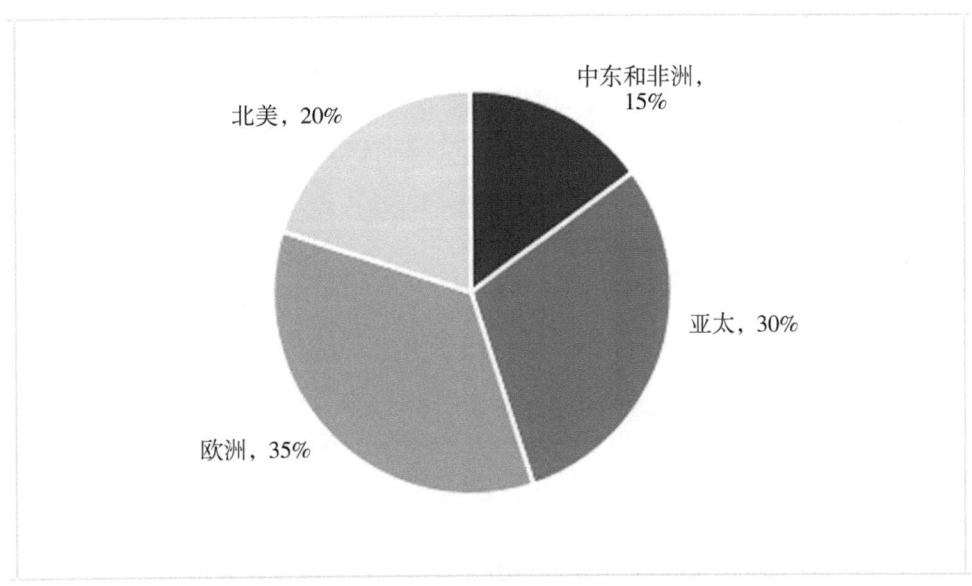

图12-10 2020年全球植物基人造肉区域竞争格局

表12-4 中国人造肉产业发展历程

时间	发展历程
2018年	国内开始出现少量人造肉初创企业,但是市场关注度较少,鲜有食品问世
2019年	随着Beyond Meat在美国上市,香港植物肉品牌OmniPork进入中国内地市场,国内的人造肉赛道成为市场焦点,资本投资许多初创企业。老牌食品、零食企业开始上线人造肉产品试水
2020年	Beyond Meat宣布进军中国,在中国设立工厂。国内人造肉企业开始在电商、餐厅、商超等领域布局
2021年	消费者对相关产品褒贬不一,人造肉赛道关注度下降,投资事件和融资金额减少。人造肉行业开始进入技术研发、产品迭代和市场拓荒阶段

从市场规模的角度看,我国的人造肉市场在2021—2026年将会保持13.9%的年复合增长率,预计到2026年,我国的人造肉市场规模将会达到175亿元。(见图12-11)

2. 人造肉产业链分析

由于细胞基人造肉的发展仍处于实验室研发阶段,目前主流的人造肉以

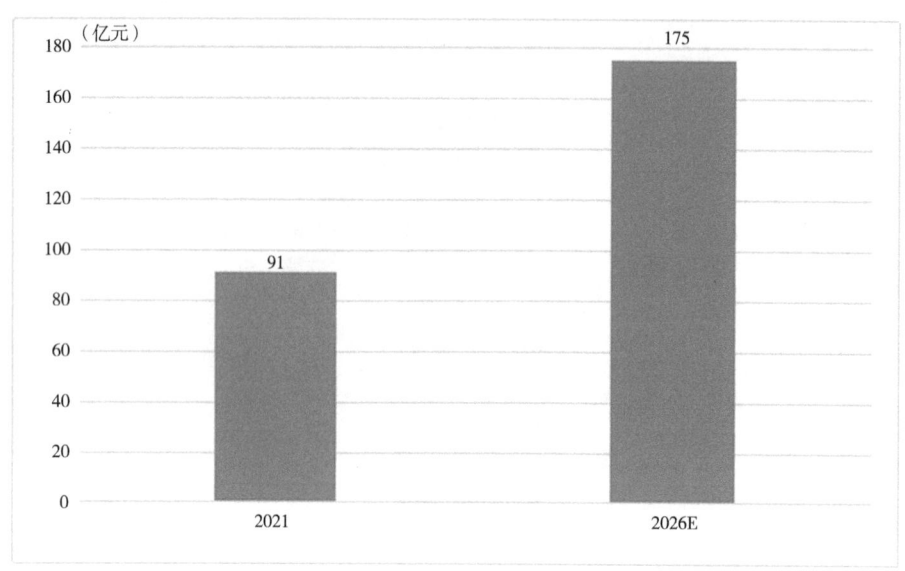

图 12-11　2021、2026 年中国人造肉市场规模统计及预测

植物基人造肉为主。人造肉产业上游主要包括双塔食品、华宝股份等企业,中游包括星期零、双汇集团等企业,下游主要包括天猫、京东等电商平台,盒马、全家等商超便利店以及海底捞、汉堡王等餐饮零售行业。(见图 12-12)

3. 漯河市发展人造肉产业的优势

一是原材料优势。2022 年河南省大豆种植面积占全国的 4%,小麦种植面积占全国的 28.3%。漯河位于河南省内,是国家二类交通枢纽城市,具有大豆、小麦等原材料供应优势。

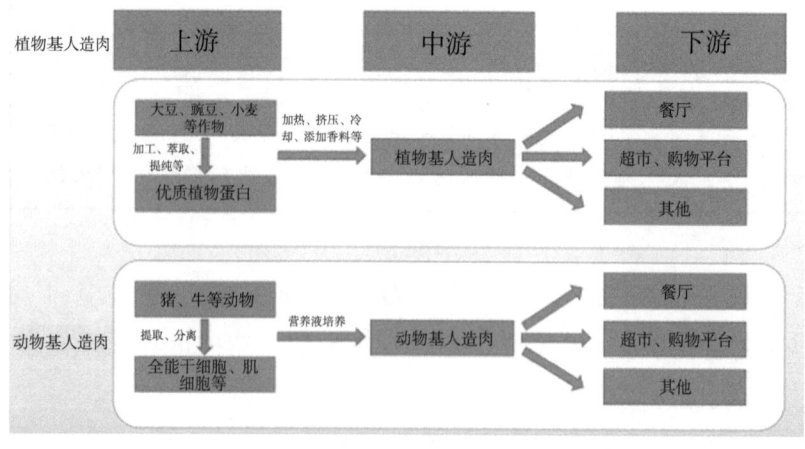

图 12-12　人造肉产业链

二是研发生产基础。双汇已成立素肉产品研究所,推出"双汇发展素食界"植物蛋白肉等素食类产品。同时,2020年5月,双汇发展宣布收购控股股东罗特克斯持有的上海双汇发展、意科公司、杜邦蛋白、杜邦食品、芜湖进出口、上海史密斯等6家公司部分股权。其中,收购的杜邦蛋白、杜邦食品均专注植物蛋白领域。此外,漯河市正在高标准筹建河南省食品实验室,也为人造肉产业发展提供了有力的科研支撑。

4. 漯河市发展人造肉产业面临的挑战

食用的口感和味道是消费者的主要选择,因此口味和拟真程度是肉类替代品行业最大的壁垒,也是目前国内企业亟待解决的首要因素。而供应链的稳定是公司长期发展的重要保障,随着人们对人造肉的日益需求,豌豆蛋白的需求也将越来越高,全球大豆蛋白、豌豆蛋白加工近50%在中国,主要以山东、河南地区为主,中国人造肉企业的原材料在价格和规模上均有显著优势。

目前植物肉在中国面对的最大阻力是渠道及认知度,伴随人造肉行业在零售和餐饮渠道的同步发力,植物肉的认知深度和渗透率将快速提升。行业高速发展的同时,技术和持续创新能力将是企业长青的关键,随着我国植物蛋白肉的技术提升渠道扩张、渗透率提高后,需立足于我国不同于国外的饮食文化,开发多元化的植物蛋白肉食品,使行业未来的发展更富多样性。

5. 漯河市发展人造肉产业的着力点

通过精准招商引资,快速形成规模,进入市场。目前国内植物蛋白肉品种较单一,主要是汉堡肉饼与火腿、香肠,以及人造肉月饼。漯河植物蛋白肉食品生产加工发展不仅要改良重组植物蛋白结构,整合优化功能风味物质,创造与真实肉类接近的色、香、味;同时,还需立足于河南省丰富的饮食文化与食材资源,开发多元化的植物蛋白肉食品,逐步发展到各类中式菜肴领域,例如火锅类、豫菜类等。漯河积极引进双塔食品、华宝股份等上游原材料企业,鼓励当地有条件的企业通过投资相关初创企业的方式加快人造肉行业的布局。目前双汇已着手开发多元化的植物蛋白肉食品。

(四)加速布局功能性食品产业

功能性食品的概念首先是由日本科研人员20年前提出的,但是直到现在尚未在全世界范围内形成统一意见，不同国家、组织和学术团体给出的概念是不相同的，如：在日本，功能性食品定义为具有生理调节功能，用以改善人体健康功能的特殊用途，并印有 FOSHU（特定保健用食品）许可标志的上市食品。在美国和加拿大，功能性食品定义为一种经过加工而具有生理益处，或可降低慢性疾病风险的超过传统食物营养功能的食品类型。在我国，功能性食品是指调节人体生理功能，适宜特定人群食用，不以治疗疾病为目的的一类食品。这类食品除了具有一般食品都具备的营养功能和感官功能（色、香、味）外，还具有一般食品所没有或不强调的调节人体生理活动的功能。

1. 功能性食品行业发展现状

日本是功能性食品生产与研究最早的国家，其研究功能性食品的目的是转变日本民众的健康观念，减少医疗费用的支出，这也是现代功能性食品生产的主要原因。随着日本功能性食品产业的良好发展，欧美等国家对功能性食品逐渐产生兴趣，也开始注重功能性食品的开发与生产。当前现代功能性食品的发展越来越壮大，随着我国慢性病患者和亚健康人数的增多，我国近年来也开始重视功能性食品的研发。

全球功能性食品市场规模呈快速提升态势，2021年全球功能性食品市场规模达11749.57亿元，预计到2027年全球功能性食品市场规模将达到19847.31亿元，2021—2027年全球功能性食品市场年均复合增长率将会达到9.13%。（见图12-13）

从国家分布情况来看，亚太为占比最大的地区（2019年销售额占全球比重为40.7%），且近年来份额持续提升；随后依次为北美（26%）、欧洲（21%）、中南美洲（7.6%）、中东及非洲（4.7%）（见图12-14）。在亚太国家中，中国市场份额占比最大，其次为日本。

我国功能性食品行业在20世纪80年代就开始了大规模发展，行业历经起步阶段、快速成长阶段、信任危机阶段和复兴阶段，当前功能性食品行业正处于复兴阶段。近年来随着亚健康问题日益凸显，慢性病人群在不断增加，加上"健康中国"上升为国家战略，健康产业快速发展，功能性食品行业步入发展的黄金时期。（见图12-15）

从功能性食品的市场规模来看，中国功能性食品市场持续扩大，种类也逐渐增多，2021年中国功能性食品市场规模约为1961亿元。根据我国经济发

▶ 报告 12　漯河市未来食品产业发展研究报告

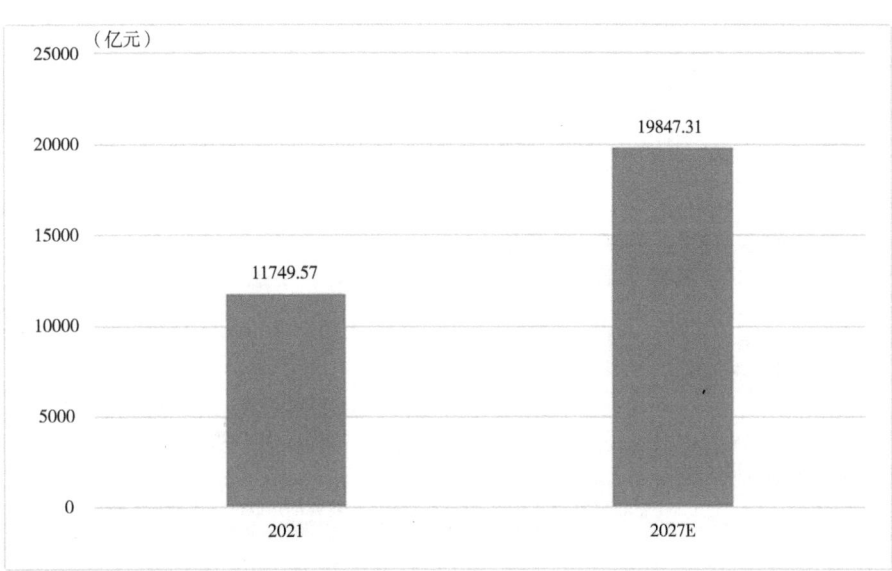

图 12-13　2021、2027 年全球功能性食品市场规模统计及预测

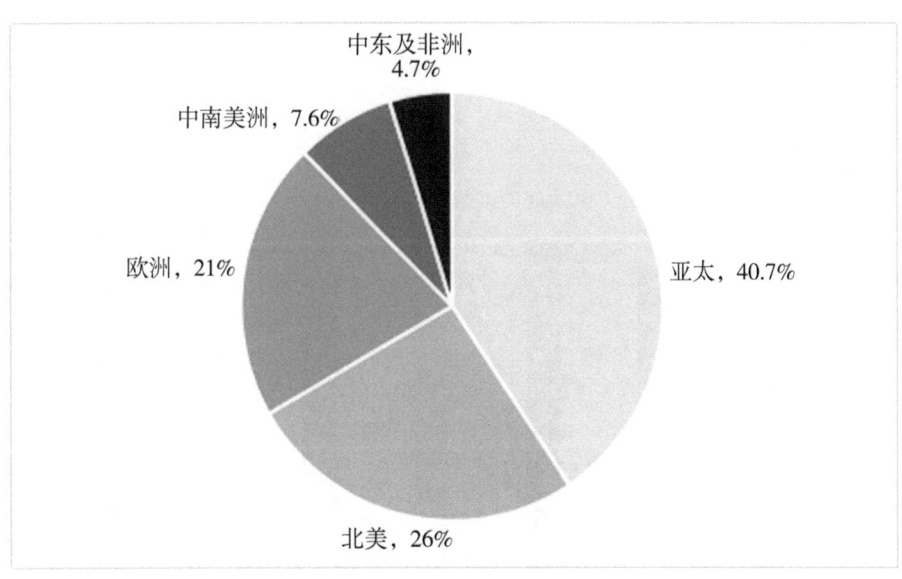

图 12-14　2019 年全球功能性食品销售额分布情况

展状况,以及行业发展趋势,预计 2022 年中国功能性食品行业市场规模将超过 2000 亿元。(见图 12-16)

从中国功能性食品的产品结构来看,维生素及膳食营养补充剂是功能性食品中占比最大的细分品类,中国占比 54.94%,略高于美国(51.05%)。目

· 465 ·

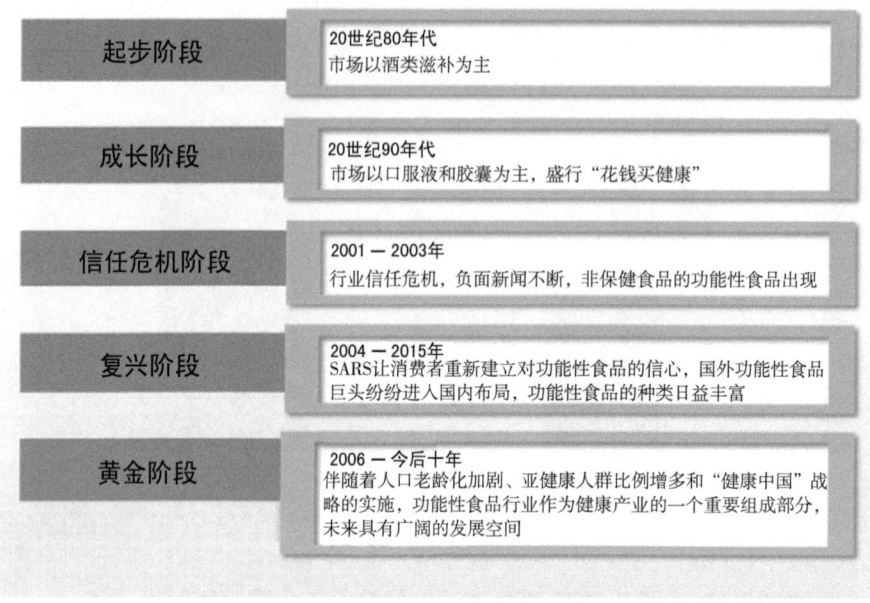

图 12-15　中国功能性食品发展历程

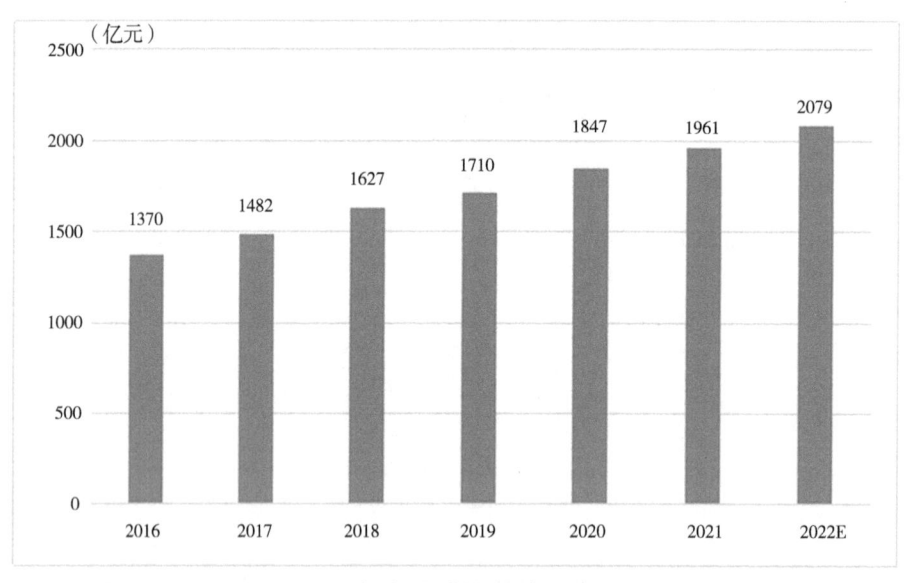

图 12-16　2016—2022年中国功能性食品市场规模统计及预测

前中国运动营养品和体重管理产品占比小,仅1.19%和4.34%(见图12-17),远低于美国(20%和9%),但增速较高,人均消费金额亦远低于发达国家。

2. 产业链剖析:中游企业数量多且生产品类多

功能性食品概念相关产业按价值链自上而下主要可分为三大部分,即上

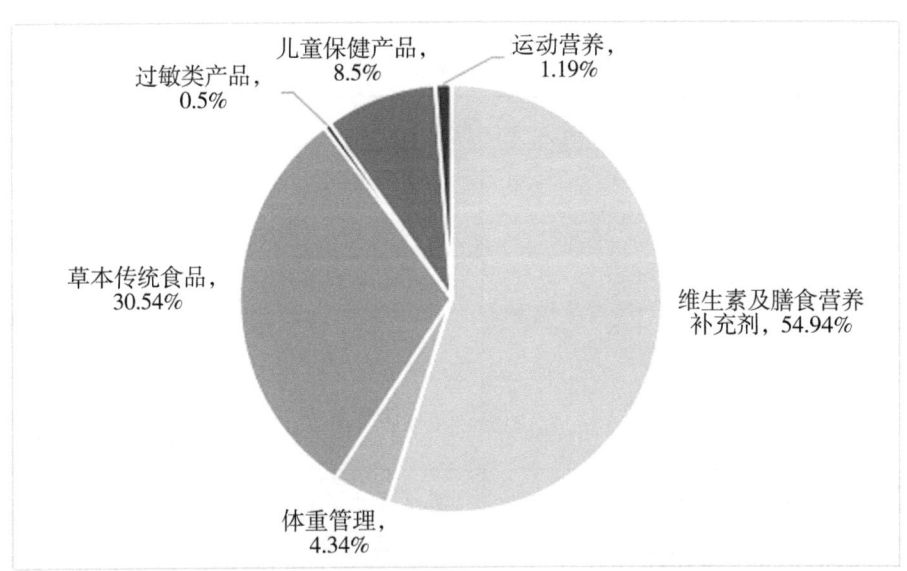

图 12-17　2020 年中国功能性食品产品结构图

游原材料及原料加工、中游功能性食品生产及下游零售环节。

上游原材料包括糖醇类、中药材、果蔬等,代表企业有金禾实业、晨光生物等。原料加工包括农产品加工、中药材加工等,代表企业有健康元、华都药业等。

中游部分按照有无自身品牌,可主要分为三个部分:生产代工、品牌运营及自产品牌商。中游生产代工企业主要以仙乐健康为主;品牌运营的代表企业包括品渥、泰泰食品等;自产品牌商较多,包括汤臣倍健、东阿阿胶、无限极、东鹏饮料等。

下游部分根据销售渠道的不同,可分为线上线下、直销分销等。下游代表企业主要有金士力、天猫、淘宝、阿里健康等线上平台及国大药房、老百姓、复美等线下销售渠道。(见表 12-5)

表 12-5 功能性食品行业产业链

上游		中游		下游	
原材料	糖醇类	生产代工	功能饮料	下游企业	经销商
	中药材		保健茶		
	中草药		功能性食用油		连锁药店
	低聚糖类		保健酒		
	食用磷脂		功能性糖果等		KA 终端
	果蔬等				
原料加工	农产品加工	品牌运营	不负责生产，只负责营销		直销推销员
	中药材加工				
	油类加工	自产品牌商	自产自销相关企业		电商平台等
	原料奶加工				

3. 漯河市发展功能性食品行业的优势

漯河市拥有微康生物、中大恒源等生物科技公司。国家级高新技术企业中大恒源从植物提取天然色素，成为世界领先的天然色素供应商，产品不仅用于绿色食品添加，更广泛应用于保健、医药等大健康产业。漯河微康是一家专注于益生菌菌种、发酵食品菌种的研发、生产及应用的高新技术企业，主要为食品、保健品等提供有益微生物菌种（菌粉）。目前，漯河微康拥有亚洲最大的益生菌菌种生产线，生产 10 多种单品，产品出口多个国家和地区。

漯河市建成植物色素提取、糖尿病功能食品研发、五谷食品研发等省级工程技术研究中心、企业技术中心。政府搭台构建产学研合作体系，促成企业与江南大学食品学院、北京工商大学、河南工业大学、河南农业大学，以及中国食品工业协会、中国食品添加剂和配料协会、中国糖业协会等"国字头"食品专业协会等 30 多家知名食品专业院校和科研院所建立了良好的合作关系，多项科技成果在漯河食品企业中直接转化。

4. 漯河市发展功能性食品行业的着力点

随着功能性食品的使用场景逐渐日常化，漯河可以在发展休闲食品产业的基础上使功能性食品呈现出"年轻化""零食化""轻量化"的发展趋势，投入对固体饮料、代餐奶昔、酵素果冻、蛋白棒、多维软糖、褪黑素喷雾等市场上受欢迎的保健产品类型的研发与支持。

围绕"益生菌＋食品"创新链布局产业链，探索实施优势叠加项目。依托裕松源药业、微康生物等重点企业，加快营养与健康技术、发酵工程等高新技术应用，重点支持益生菌、医药中间体、高端原料药等产品的系列化、深度化、前沿化开发，广泛开拓市场，加快推进漯河微康生态产业园、生物医药产业园建设、方达医药省级实验室、恒翼医药生产基地开工建设。江中制药投资建设的大健康食品生产项目，主要生产蛋白粉、复合肽营养饮品、益生菌等大健康食品。

特膳食品方面，加快推动优德中大大健康产业园、玛士撒拉医药健康食品科技产业园项目落地开工，建成中部地区最大的婴幼儿、特殊人群膳食食品基地。

功能性饮料方面，围绕养元功能性饮料生产项目，布局功能性核桃乳和植物奶饮品产业。加快推进沃尔旺健康饮品生产项目，生产果汁饮料、功能饮料、葡萄糖补水液、苏打水、茶饮料、苹果醋及植物蛋白饮料等功能性饮料产品。

结合"健康中国"需求与河南省食品产业升级行动，大力引进功能性健康食品行业相关企业和科研平台，推动政产学研用协同创新，力争推动功能性食品产业发展走在前列。

（五）积极发展冷链食品

冷链食品指在生产、贮运、销售，直到最终消费前的各个环节都必须保持在规定的冷链环境中的食品。主要是指以农产品、畜禽、水产品、果蔬等为主要原料，经前处理或进一步混配、调制后，在低温（10℃以下，冷却、冷冻、速冻等）工艺下生产，并在消费者使用之前始终保持在冷链状态下贮存、运输、销售、配送的包装食品（或农产品）。

冷链食品从加工的温度来分包括冷藏、冷冻、速冻食品；从加工程度方面分为生鲜农产品（粮谷、薯、豆类，果蔬、花卉，畜禽肉、水产品）和调制加工食品等；从社会消费角度分为宅食食品、餐饮厨房食品、团膳食品、交通旅游食品等；从产品种类角度分为面米制品、肉制品、蛋奶制品、水产制品、果蔬制品、冷饮、菜肴、配餐食品等。

1. 冷链食品行业发展现状

1928年,冷冻食品在美国诞生;1942年,美国冷冻食品的销售量已达28.32万吨,金额达1.62亿美元。1948—1958年美国Arsdel(阿斯德尔)提出T.T.T概念(T.T.T理论用于阐述食品的容许期与时间、温度之间的关系。通过测定食品在流通过程中所经历的时间和温度,可应用相应的T.T.T曲线来确定食品的品质与货架期)。经过近百年的发展,美国速冻食品年产量达2000万吨,品种达3500多个,人均年占有量60公斤以上;欧洲国家速冻食品年产量达1000万吨,品种达2500多个,人均年占有量30公斤;日本速冻食品年产量达500多万吨,品种达3500多个,人均年占有量20公斤。

我国冷链食品起步于20世纪初,最初只是冷冻肉制品、水产品、冷饮制品。1980年以后逐渐发展到冷链保鲜与鲜切果蔬、冷鲜肉及调理肉制品、速冻面米及调制配餐食品、乳制品等。2000年以后随着现代人们饮食的方便快捷化、个性多元化、绿色安全化、健康营养化,不但要求食品种类多样、配送迅速,还要求新鲜、健康、安全、无污染,冷链食品成为人们追求的新热点发展迅速。

随着社会经济的发展和社会生活节奏的加快,人们对冷链食品的需求越来越大,冷链食品已成为我国农产品加工业和食品工业的重要组成部分,占据全国食品市场的25%—30%以上。

2020年新冠疫情是一个突如其来的契机,使更多消费者对于速冻食品的便利性和营养性形成正确的认识。数据显示,2021年我国速冻食品的市场规模达1850亿元(见图12-18)。

从产品品类上看,在速冻食品市场中,速冻米面和速冻火锅料占据了主要的份额,其中速冻米面制品是最大的品类,占到速冻食品的52.4%;速冻火锅料为第二大品类,占比约为33.3%;而其他速冻食品仅占到14.3%。(见图12-19)

在消费者经常吃的速冻食品品牌中,前三名为三全、思念和湾仔码头,分别占32%、28.7%和28%,其他速冻食品品牌的选择比例较少。从市场份额来看,前三名是三全(27%)、思念(20%)和龙凤(12%)(见图12-20)。速冻食品行业更多是区域性的作坊企业覆盖,行业整合在即,集中度有望提升。

报告 12　漯河市未来食品产业发展研究报告

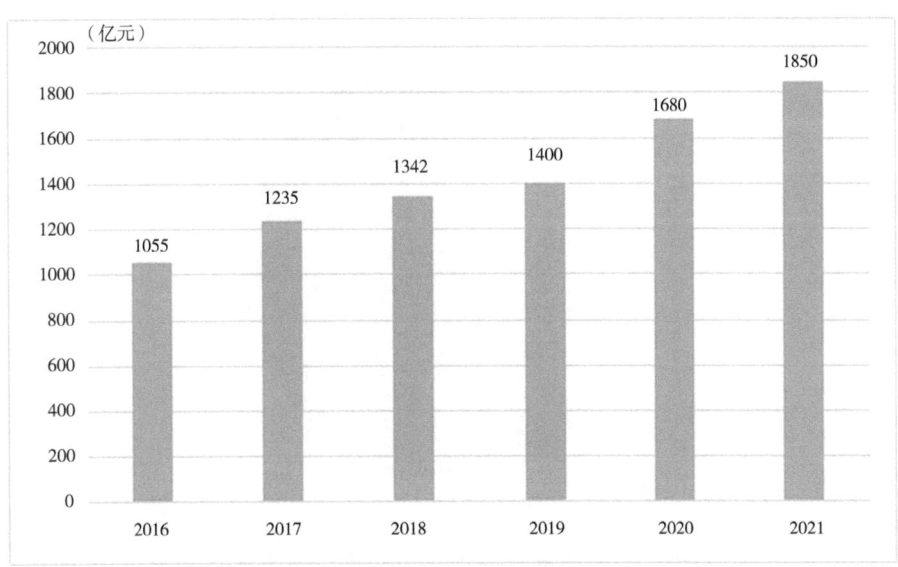

图 12-18　2016—2021 年中国速冻食品市场规模统计图

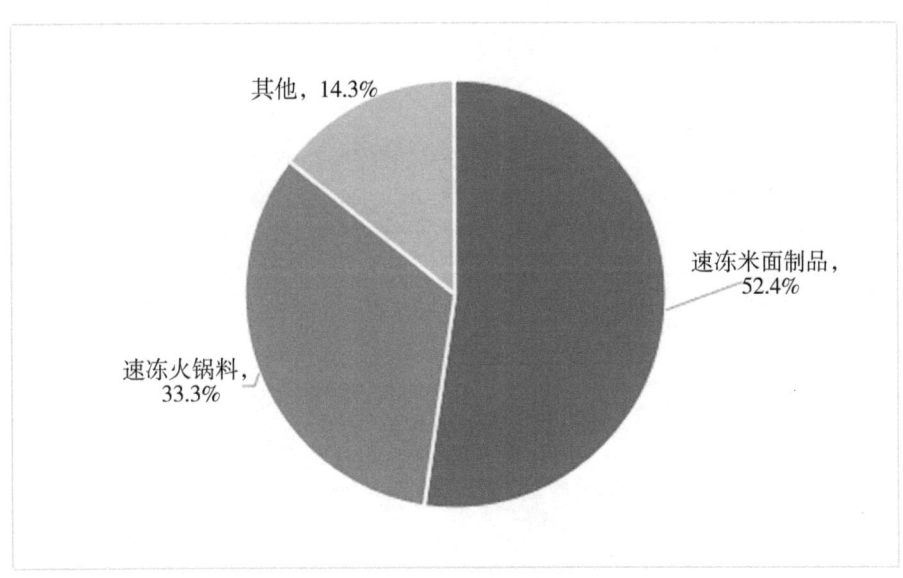

图 12-19　中国速冻食品市场占比情况

2. 冷链食品产业链分析

速冻食品上游为农林牧渔等原材料供应商及初加工企业,中游为速冻食品加工商、冷链设备制造商,下游为物流运输企业及终端销售渠道。在销售渠道逐渐多元化的当下,除传统线下 KA 渠道、流通渠道、农贸市场等,更发展出线上电商平台、新零售及社区团购等业务模式。(见图 12-21)

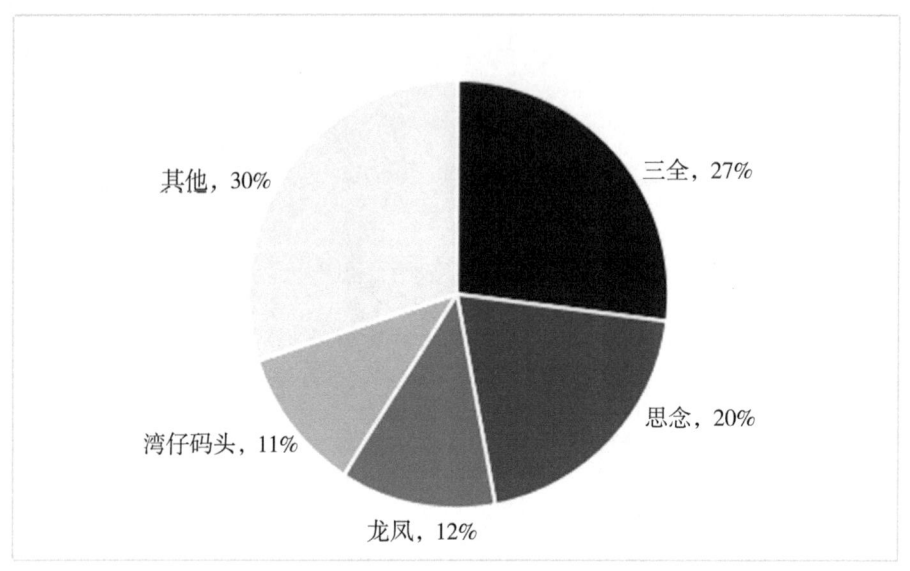

图12-20 中国速冻食品主要品牌市场份额占比情况

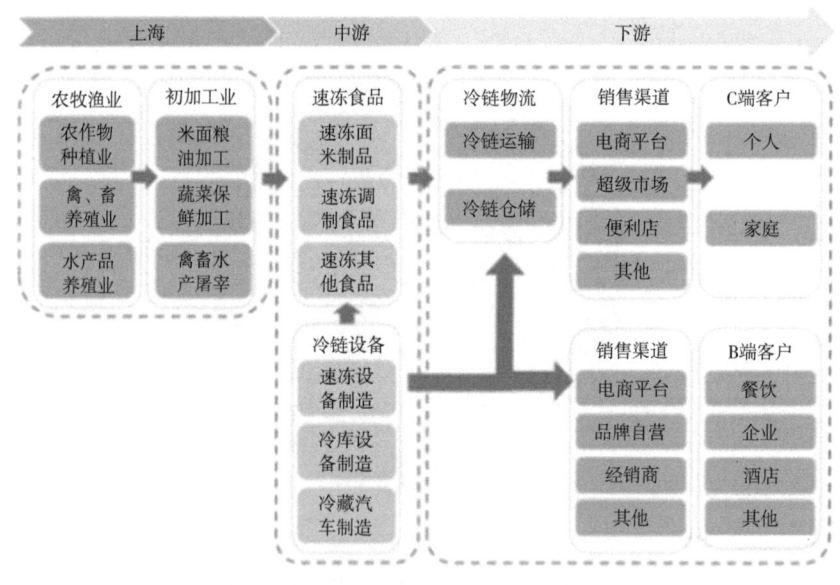

图12-21 速冻食品行业产业链

3. 漯河市发展冷链食品行业的优势

冷链食品行业经营受冷链物流的影响较大,漯河市具有冷链配送优势。漯河市冷库总容量突破180万立方米,占全省总量的20%;冷链运输车保有量1.2万辆,占全省的60%;承担着全省60%的国产肉和全国四分之一的进口肉,总量超过350万吨肉类的储运,为保障我国肉类供应链稳定、冷链食品安全提供了坚实的支撑。

冷链生鲜食品市场需求强劲,我国是农产品生产与消费大国,但冷链生鲜食品的规模则远低于世界发达国家。目前我国的果蔬、肉类、水产品冷链流通率分别在15%、25%、30%左右,冷藏运输率分别在20%、40%、50%左右;而欧洲国家及美国、加拿大、日本等发达国家果蔬、水产冷链流通率均达到95%以上,肉禽则达到近100%。未来5—10年,冷链食品仍将保持15%—20%的增速。漯河位于农业大省和人口大省河南,拥有农产品源头优势和市场腹地优势。

4. 漯河市发展冷链食品行业的着力点

以传统食品工业化自主创新为重点,加强对外合作与交流,支持消化吸收引进国内外前沿技术研究。支持南街村、中粮面业等传统面食企业不断创新,引进开发速冻面点连续醒发工程技术与装备,速冻水饺自动化包装系统,速冻粽子、馄饨自动化成型生产技术与装备;推广食品生产在线机器人的应用。

开发新型安全、方便、营养、健康的冷链食品。依托南街村、中粮面业、双汇、三剑客、花花牛等龙头企业,重点发展速冻面米及调制食品,大力发展低温畜禽肉制品和乳制品食品,强化冷链果蔬食品,积极拓展冷鲜团膳食品、可微波套餐食品、有机食品等方便快捷的冷链食品等。

完善冷链流通过程控制技术。加大智能温度仪与冷藏车载GPS系统的应用,实现实时监控和预警。建立冷链物流、低温配送标准体系,构建链接生产、仓储、运输、加工、集采、交易、配送的一体化可追溯温控冷链体系。

五、构建漯河食品产业生态体系

基于漯河市食品产业形态和未来产业发展趋势,通过再造、整合、重组来巩固提升已有优势,加快培育新的比较优势、竞争优势,重点构建漯河食品产业生态体系。以做大做强漯河传统食品产业为基础,以预制菜、人造肉、功能性食品、冷链食品等未来食品为发展的主要突破口,依托地区资源优势,加强食品原料基地建设,延伸出保税、物流、电商、企业孵化等效率平台,加上食博会、设计研发、检验检测、广告形象、食品街、食品云等功能平台,共同构建食品产业生态体系,进一步促进漯河市食品产业上规模、上档次、提品质、创品牌,提升食品产业竞争力,增强漯河食品名城的国内外影响力。

(一)瞄准突破口,力促食品产业做大、做强、做深

以未来食品产业规模做大做强为着力点,重点围绕肉类加工、粮食加工、果蔬加工、饮料加工四大主导产业,以及预制菜、人造肉、功能性食品、冷链食品等未来食品发展,按照规模化、专业化、集群化的发展方向,瞄准市场需求,持续拉伸产业链条,提高精深加工水平,丰富产品类型,促进食品企业丛生式发展;同时,扩大生产规模,提升市场占有率和产品竞争力,打造一批食品行业国际化领军企业和独角兽企业,成为漯河市综合实力最具竞争力的产业内核。

(二)数据赋能,食品安全贯穿全过程

将大数据应用到食品安全领域的每个角落。运用物联网技术建立覆盖全市的食品安全追溯体系,在肉菜商品流通领域建立信息查询追溯平台,销售出去的肉类可以追溯到养殖场,蔬菜可以追溯到批发调拨,实现对食品生产、加工、运输、包装、储存等方面质量问题的监管,实现对食品从农田到餐桌的全面监控。同时利用大数据给食品安全分析过程中的风险评估、风险管理和风险交流提供相应的变化和动力。以大数据工程为抓手深入开展食品安全信息化建设,为漯河食品安全长效机制的建立提供有效的工程技术保障。

(三)强化体系意识,完善食品产业生态体系

围绕食品产业前端的种植养殖、中端加工制造、后端流通餐饮等全产业链,加强高品质食品原料基地建设,加快推进专业园区、保税物流、跨境电商交易、供应链管理、企业孵化、商业服务等提升产业发展效率平台的协同,布局完善设计研发、检验检测、质量标准、博览会展等综合支撑服务平台。特别是面对未来食品发展趋势,新产品的不断问世以及企业对自身管理要求的不断提升,使越来越多的生产企业将重点转移至企业卫生设计和生产过程管理中。从源头保障产品安全需要企业在生产过程中严格遵循各项法规标准。在生产加工环节,依据已发布的与工厂建设和生产流程相关的标准,规范企业设计厂房和生产流程管理。

(四)以创新为统领,全面提升未来食品产业竞争力

始终把创新摆在未来食品产业做大做强的核心位置,坚持创新引领,集聚创新要素,构筑创新平台,彰显产业特色,提升产业价值。加快构建产业链上下游、大中小企业融通创新机制,建立食品产业研究院、创新联盟、创新联合体等,实现食品规上企业研发机构全覆盖。优化创新环境,发挥市场主导作用,突出企业创新主体地位,增强产业创新能力,加快推动创新成果产业化,构建创新驱动、绿色低碳、智能高效的未来食品产业体系。

(五)以全省之力,打造"漯河食品"品牌

坚持全社会协同,优化"漯河食品"整体品牌形象打造环境。成立"漯河食品"品牌战略推进委员会,积极开展以质量为核心的品牌创建工程,对于荣获世界名牌、中国名牌和河南省名牌产品的企业和荣获中国商标金奖、中国驰名商标、河南省著名商标的企业给予奖励,进一步增强食品企业品牌意识。充分利用漯河食品博览会和其他节会的平台优势,精选包装一批有吸引力的项目和产品,利用一切机会向外推荐,吸引知名企业和战略投资者的关注,赢得更多市场。

六、保障措施

(一)加强组织领导

强化组织领导,实行未来食品集群全产业链链长制,分管市领导担任群链长,市工信局、商务局为群链长责任单位,由市级领导担任链长。市工信局负责编制未来食品集群产业链图谱,建立未来食品产业项目库。聘请未来食品产业首席专家筹建未来食品集群专家库。

(二)优化产业发展环境

创新体制机制,树立"服务型政府"管理理念,建立和完善服务快捷通道,优化审批清单和权力清单。支持产业创新发展,就未来食品工业重点产业基

础再造、产业链供应链现代化等重点发展方向,安排有关资金专项支持,推动重点企业绿色化、智能化、高级化发展,支持有发展基础的龙头企业率先推进产业数字化、发展智能制造生产模式。支持重点食品工业园区循环化改造、节能改造、污水处理管网和物流网络建设,营造良好的发展环境。

(三)加大政策扶持力度

健全未来食品工业发展政策措施,支持从事未来食品生产加工的企业加大对生产设备设施、技术改造设备设施及科研、环保、质量控制设备设施等的投入。完善项目促进机制,多部门协同联动促进、靠前服务,做好项目准入、审批工作,加快项目申报和获批速度,推动重点项目产业化进程。加强知识产权保护,深入开展打击制售假冒伪劣商品和侵犯知识产权专项行动。

(四)拓宽产业融资渠道

切实发挥政府资金对社会研发经费的引导拉动作用。加强投融资平台建设,积极发展壮大各类投资基金、产业基金、创投基金和合作发展基金,吸引现有基金参与股权投资,建立漯河市投资重点产业引导基金体系。加强投融资平台建设,鼓励引导社会资本投资未来食品产业。丰富各类企业融资渠道,支持金融企业开展股权、知识产权、商标专用权等无形资产质押融资方式,增加未来食品企业综合授信额度,积极稳妥发展供应链金融,引导中小微未来食品企业以应收账款质押等方式通过供应链金融服务平台融资。加大企业上市扶持培育力度,遴选优势龙头企业建立备选上市企业库。

报告 13　双汇集团第三工业园发展建议[*]

一、双汇集团第三工业园概要

双汇集团第三工业园总投资约 100 亿元,一期投资 35 亿元,总占地 1175 亩(其中一期占地 605 亩,二期占地 570 亩),建筑面积约 70 万平方米。

园区项目一期主要围绕"一顿饭、一桌菜",开发中华菜肴"进家庭、上餐桌"产品,整合包括第一、第二工业园产品在内的肉、蛋、奶、菜、粮资源,打造新业态。项目二期为食品小镇建设,通过双汇展销中心、食品主题乐园、未来数字展览等特色空间打造品牌展销体验示范区;融合传统美食街区、双汇大食堂、双汇世界厨房等多样化餐饮空间构成活力美食聚落;汇集南街文化展览馆、贾湖文化展览馆、食品博物馆等展览空间形成漯河文化综合体。项目全部建成后,可实现年产值 300 亿元、税收 10 亿元。

园区共规划餐饮新产业、传统产业、园区配套三大类 23 个项目,包括 3 个中心、16 个工厂、4 个配套项目。

双汇集团第三工业园将以新兴餐饮产业为主,传统肉制品、休闲食品、配套产业为辅,利用新模式、形成新产能、实现新增量,支持企业创新发展。园区功能集研发、生产、管理、展示、体验、配送、服务于一体,实施高标准规划、高规格建设、高效率运营,打造综合性、现代化、高科技食品产业园,树立肉类行业新标杆,引领食品产业新发展,助力双汇成为更具竞争力的世界一流现代化食品企业。

---

[*] 该项目为漯河市政府委托的 2022 年度系列研究课题成果之一,项目时间:2022 年 10—11 月;撰稿人:屈桂林、张国骁。

二、双汇集团发展环境分析

近年来双汇集团营业收入增长乏力,这其中固然有原材料生猪价格波动等因素的影响,然而更为重要的原因在于近年来双汇集团没有及时顺应食品行业发展的新趋势。因此,双汇集团第三工业园作为当前双汇集团"大象转身"的主要抓手,务必要在深入研判双汇集团发展短板和未来食品行业发展态势的基础上积极转型,采取切实可行的措施,培育未来可持续的增长点。

伴随着我国城镇化进程的不断发展和居民收入结构的不断增长,未来双汇集团发展所面临的外部环境呈现如下趋势:

一是为顺应城市快节奏生活方式,消费者对于便捷高效的方便食品需求仍在不断增长。特别是新冠疫情期间方便食品、自热食品销量大幅增长,也加速了预制菜市场的形成和发展,虽然当前方便仍然是方便食品的主要消费动力,但"追求美味"和"方便食品正餐化"在消费者消费动机中的比重正在不断上升。

二是消费者对于健康食品的重视程度不断上升,对于低糖、低钠食品和无添加原生态食品的需求增长迅猛。当前全球健康食品产业的价值已经达到了7690亿美元,占到了包装食品份额的30%。当前消费者对自身健康的关注度达到了一个新的高度,在加强锻炼增强体质的同时,消费者同样希望通过健康食品来补充营养,提高自身免疫力。所以消费者除追求基础食品需求外,对高营养、健康的产品关注度显著提升。

三是消费者特别是年轻消费者对于食品消费的渠道不再依赖线下终端,线上食品消费占比不断提升。线上渠道与传统的终端渠道相比,更能够满足消费者多样化、个性化的需求。当前我国线上平台已经成为发展速度最快的分销渠道,许多食品品牌逐渐实现了商品零售由线下到线上的转型,特别是近年来短视频作为流量新秀迅速崛起,已成为食品饮料行业重要的营销阵地。

四是新产品、新品牌层出不穷,对于传统品牌加大新品研发提出了更高要求。食品科学是高度综合的应用性学科,信息技术、生物技术、纳米技术等高新技术的迅速发展,与食品科技交叉融合,不断转化为食品生产新技术,如物联网技术、生物催化技术、生物转化技术等已开始应用于从食品原料生产、加工到消费的各个环节。

三、双汇集团第三工业园发展建议

双汇集团第三工业园作为双汇集团"二次创业"的主要抓手,对支撑公司未来的收入增长至关重要。结合未来双汇集团所面临的发展环境,我们对园区建设及公司发展提出如下建议:

(一) 持续加大研发投入,打造持久竞争力

可以观察到的是,相比高额的销售费用,双汇发展在研发上的投入非常有限。据2021年报显示,双汇集团2021年销售费用为18.7亿元,同比增长13.88%,占营业收入的2.8%;研发投入7.3亿元,较上一年度增长28.83%,占营业收入的1.09%;研发人员数量246人,当年全体员工4.68万人。

产品的核心是质量与创新研发。研发人员之少和研发投入之低,与双汇集团龙头企业的地位很不相符,也对公司长远的竞争力不利。双汇集团第三工业园应将产品研发中心作为建设的重中之重,进一步增加研发投入,壮大研发人员队伍,强化对于新技术、新产品的研发力度。

在研发投入方式上,除了自己做研发外,也可以根据研发项目的不同阶段、类型及性质,分别采取赞助研究、合作开发、投资参股等多种方式,灵活卡位、抢占先机。

(二) 抢占预制菜发展蓝海,培育新的增长极

2021年以来预制菜成为食品行业顶级风口,有望于未来3－5年成为下一个万亿餐饮市场。当前已经有大量食品企业入局预制菜,然而当前尚未形成具有较大影响力的预制菜企业,这对于双汇集团而言属于重大的机遇,当前发展预制菜也是双汇集团第三工业园的主要目标。未来双汇集团第三工业园应重点做好如下工作:

一是谋划正确的战略和策略。

市场策略:首先立足团餐业务,率先掌握本地市场,将团餐业务作为双汇集团布局预制菜的第一步,尽快形成完善的生产、营销、客户管理经验。然后

再拓展外地团餐市场及团餐以外的B端、C端客户市场。

产品策略:有所为有所不为,先从自己熟悉的肉制品入手,充分发挥自身品牌优势、渠道优势、供应链优势,迅速实现少数品种的批量化、规模化,在市场上站稳脚跟。随后再扩大肉制品品种,有选择地逐步增加肉制品以外的其他品类,同时,不断更新换代、优胜劣汰,最终让市场检验、选择、决定主打产品品类、品种。

竞争策略:把毛利率和规模放在衡量产品的重要地位,定位中高端市场、大中型客户,通过产品创新、迭代,错位竞争,尽量避开打价格战的局面。

二是产品创新与技术创新共同引领。

安排专人负责日常的预制菜行业信息收集,并形成制度,在具备条件的情况下建立单独的预制菜数据库,为产品开发及技术创新指引方向、提供决策依据;同时,进行必要的市场调查,分析预制菜行业发展趋势、竞争情况、热销产品特点等信息,在此基础上,制订自己的预制菜产品近、中、远期开发、创新计划,并依计划配置资源,有序把产品推向市场。

可以采取独立、委托、合作等多种方式,对预制菜主材、辅材、配料、配方、加工工艺、储运等各环节开展专项技术研发,尽快实现预制菜从"能吃""好吃"到"好吃且有性价比",同时对预制菜消费者目标群体开展持续的跟踪调查分析,及时调整配方配料,确保产品口味符合市场趋势,营养配比符合消费者健康诉求。

三是提升冷链物流配送能力。

采用先进的仓储物流体系及冷链运输技术,扩大业务辐射范围和配送规模,以匹配预制菜产品将来可能会快速扩大的冷链配送需求。

四是建立全流程可追溯食品安全保障机制。

预制菜的火热和低门槛,导致涌入者众多,鱼龙混杂,未来很可能出现因行业内少数企业质量问题暴雷,对整个行业造成轰动性负面影响的现象。必须未雨绸缪,设置预案,防止将来因同行中的害群之马祸及公司。思路之一是运用区块链等数字技术实现产品全生命周期可追溯,助力质量管控,满足消费者对于预制菜健康保障的要求。

五是加大线上营销力度,配合线下终端形成立体销售网络。

网销(线上销售)做好了,不仅会促进现有产品的销售,而且对以后开拓预制菜B、C端客户市场也会产生良好的助力。

网销能否取得好的成效,与运营团队是否足够优秀有很大关系。近几年,双汇集团也成立了电子商务公司开展了产品网销,并取得了还算不错的效果,但毋庸讳言,距离国内一流电商仍有差距。

建议公司考虑在网商首城杭州,吸纳一流人才,整合资源,另建团队,落地新网销公司。两个网销团队产品可以各有侧重,有竞争有合作,通过赛马机制推动网销成效更上层楼。

六是积极主动参与预制菜标准制定工作。

企业界流传一个说法:一流的企业做标准,二流的企业做品牌,三流的企业做产品。

企业参与标准制定有助于提升企业形象和公众认可度,有助于提升企业在行业内的话语权,有利于抢占市场先机。

目前预制菜仅有地方标准及团体标准,例如:2022年6月2日,中国烹饪协会团体标准发布会在北京召开,会上发布了4项团体预制菜标准;2022年7月,广东省立项制定《预制菜术语及分类要求》《粤菜预制菜包装标识通用要求》《预制菜冷链配送规范》《预制菜感官评价规范》《预制菜产业园建设指南》等5项预制菜地方标准。

双汇要提前布局,早做准备,想方设法确保自己将来能够参与到预制菜标准行业标准和国家标准制定的工作中。

(三)加快传统产品转型升级,保持业内领先地位

双汇集团第三工业园区在布局预制菜等新领域的同时,应同时加强对于双汇包装肉制品等传统产品的迭代升级布局,当前包装肉制品面临的最大市场变化是消费者对于健康的重视程度不断提高,因此双汇集团第三工业园的包装肉制品布局应重视以下方面:

一是充分利用互联网、大数据工具,把握、顺应消费者现实需求及潜在需求的变化趋势,加快推出新品的节奏,在满足消费者健康需求的同时,顺应消费市场对于包装肉制品口味提升的需求,提升市场份额。

二是运用新工艺、新材料、生物技术,提升低钠低盐、低添加剂的包装肉制品比重,研发零添加剂产品,开发针对上班族、老年人、儿童等目标群体的、主打健康概念的中高端新品、零添加剂产品。

三是在包装肉制品的生产中加强新技术的运用,特别是对于人造肉等颠覆性技术,保持双汇集团在包装肉制品领域的领先地位。

(四)优化品牌建设,提升品牌年轻化元素

经过几十年培育,公司品牌知名度高,消费者对双汇品牌有信任感。过去,在广告营销品牌建设方面投入比较少,对品牌的年轻化关注不够,给人留下品牌"老"的印象,直到近两三年才有所改观。

2020年,公司对偏老化的销售队伍进行年轻化改造,提升对新产品推广的奖励,增加销售管理团队薪酬待遇;也是从2020年开始,公司先后邀请了几位当红明星分别代言公司旗下产品,在空中和地面的广告投入也有所增加。2021年,公司投入广告宣传及促销费用5.75亿元,同比增长12.95%。

明星为品牌代言有利有弊。利的方面,品牌能够在当红流量明星代言的过程中实现有效的知名度上升和品牌曝光,从而进一步拉动产品销量的增长。弊的方面,品牌方随时面临流量反噬品牌现象的风险。

面对明星品牌代言人不可预知的风险,对于品牌方而言,目前最好的替代方案就是推出数字人进行商业代言。数字人作为代言人,不会有任何偷税漏税、违法乱纪、绯闻恋情的可能性,更加符合大众心里对于完美偶像的预期,有利于品牌宣传的长期安全稳定性,防止艺人出事带来的反噬品牌现象发生。

此外,数字人品牌代言也被Z世代喜闻乐见,对提升品牌年轻化不无裨益。

故此,建议公司尝试创设数字人部分代替真人明星为产品及品牌代言,晚行动不如早行动。

(五)践行绿色发展理念,建设太阳能光伏电站

当今世界,发展绿色经济已经成为一个广为接受的理念和趋势。

双汇集团第三产业园建筑面积70万平方米,多为厂房、仓库,适合在屋顶铺建太阳能光伏电站。往大处讲,可以践行节能减排的绿色发展理念,彰显企业的社会责任,对企业品牌形象绝对是加分项;从小处看,则可以降低能源成本,创造经济效益。

据初步毛估,目前在河南建造覆盖10万平方米的屋顶光伏设备,投资成本为3.5元/瓦左右,装机总容量约为8兆瓦。每年可发电约850万千

瓦·时,相当于3000多户普通家庭一年的用电量,每年预计可减少碳排放约5560吨。发电成本大约为0.72元/千瓦·时(与财务成本密切相关)。

经咨询供电部门,2022年10月,漯河市大型工业企业1—10千伏电价为:高峰(8—12时、18—22时)1.06元/千瓦·时,平段(12—18时、22—24时)0.689元/千瓦·时。简便起见,不妨以此为基准,粗略来对比:光伏一天有效工作8小时,假定电价高峰和平段各占一半,这白天的8小时,电网平均电价为0.87元/千瓦·时;而自发自用的光伏电(当然只能满足部分用电需求)成本价0.72元,价差明显。这还没有算碳排放指标交易的收益。

2022年10月27日当日,全国碳市场碳排放配额(CEA)挂牌协议交易成交量2.1万吨,成交额123万元,收盘价58.5元/吨。据上海环境能源交易所数据显示,全国碳市场自2021年7月启动,截至2022年7月14日收盘,全国碳市场碳排放配额(CEA)累计成交量约1.94亿吨,累计成交额约84.9亿元。上线交易以来,碳价从48元/吨起步,截至7月14日收盘价57.2元/吨,收盘价最低41元/吨,最高达到62元/吨。同期,国内碳价仅为欧美市场的1/10—1/8,国内碳价中长期看涨成为市场的共识。

保守一点,碳价按50元/吨,以前文10万平方米屋顶光伏电站为例,5560吨碳减排,价值278000元,摊到年850万千瓦·时发电量上,每千瓦·时电可拉低3分钱。

另据业内人士介绍,1000平方米以上屋顶光伏,不考虑碳排放收益的情况下,投资资金成本如果不超过年利率7%,投资方就有利可图,投资回收期6—7年。如果双汇无意自己投资建设,完全可以交给第三方投资建设,双方只需要谈好条件即可。

综上,我们建议双汇在第三工业园建设时,适时考虑铺设屋顶光伏电站,并在建筑设计、施工环节留出预案。

(六)创新园区运营管理模式,设置园中园

作为具有悠久发展历史的肉制品龙头企业,双汇集团在既往的发展中积累了深厚的发展经验,但是龙头企业也容易出现对于以往经验的路径依赖,欠缺灵活和创新。鉴于当前食品行业的发展趋势不断演进,建议双汇集团考虑创新园区运营模式。

双汇集团第三工业园一期投资35亿元,总占地1175亩,建筑面积约70万平方米。投资额、占地面积、建筑面积都是相当大的。目前的计划,双汇是打算全部自投、自建、自用的。那么有没有可能在一期项目中,留出一部分土地(比如说100亩)和厂区搞一个对外合作的园中园呢?

常言道"大象转身难"。双汇集团体量规模大、发展历史长,上上下下都存在体制惯性,自身创新发展并非易事。如果能够积极与产业链关联企业开展灵活的合作、互动,特别是在第三园区开辟一个食品产业创业园,应该会有助于公司发掘创新发展的新路径。

园中园一头对接双汇集团原材料、生产布局、品牌及渠道等优势资源,另一头对接食品产业链上与双汇有互补的不同产品、不同业态、不同商业模式、不同类型的早中期初创期中小企业。这些目标企业包括但不限于:新技术转化型企业,围绕产品设计、生产、营销、管理咨询的服务型企业,生产外包的纯网销企业,定位特定人群的功能性食品、保健食品企业,面向Z世代的新消费食品企业。

理论上来讲,建立对外合作的园中园,通过与园内企业的密切互动、合作,对双汇集团可能会产生如下益处:其一,加深理解市场的新动态、新趋势,从而及早发掘增长的新机会,捕捉即将爆发的大单品;其二,帮助集团加快熟悉新赛道,迅速适应外部竞争,可以投资参股、控股及收购预制菜、团餐领域取得初步成效开展的企业,并促成它们在园区落地工厂,迅速融入集团瞄准的新业务增长点;其三,发挥产业链协同效应,补齐短板,提升效率;其四,通过在园区内培育、孵化、投资产业链关联企业,获取可观的收益。

我们认为,中国食品产业的市场空间很大,需要不断地去改造、提升和创新;漯河市食品产业资源丰富,产业链也比较完备,政府和民间都对食品产业理解透彻,已经成为一块发展食品产业的热土;若是再有双汇集团的优势资源加持,相信对国内从事食品产业的企业家、创业者、投资者来说,都会很有吸引力。

如果再进一步拓展思路,集团还可以联合专业投资机构设立食品产业基金,发挥更大的产业助推作用。假以时日,集团通过投资加孵化,在园区内培育出独角兽企业、上市公司,也不算意外。

当然,这些能否变成现实,关键在于能否吸取国内企业主导、政府主导产业园区的经验教训,谋定而后动。

第三部分

襄城县政府委托项目

报告 14 襄城县总体发展定位和方向[*]

襄城县隶属河南省许昌市,处于中原城市群核心发展区,也是郑州大都市区圈层上重要的卫星城。近年来,得益于制造业的快速发展,襄城县总体经济实力不断提升,2018年GDP总量已经跃居全省第21位,在许昌下辖的6个县(市、区)中居第4位。随着郑州大都市区建设、郑许一体化、中原城市群一体化加速推进,襄城县也迎来了新的重大机遇,未来应通过加快推进襄许一体化积极融入郑许一体化和郑州大都市区发展中,充分发挥现有产业基础,努力打造为郑州大都市区外围圈层上的新材料产业基地。具体发展中,应正确处理襄城与许昌、平顶山及周边县(市、区)的关系,城市坚持向心发展,积极与许昌及郑州大都市区对接,产业坚持与平顶山对接,不断延伸拉长产业链,形成新材料产业集群。

一、襄城县经济发展阶段及水平评估

(一) 历史沿革

襄城县历史悠久,春秋时期称"氾"。后因周襄王避难居此,故名襄城。秦统一六国后设襄城县,至今已有2200余年,被民政部门命名为"千年古县"。民国三年(1914年)属河南开封道;民国十四年(1925年)直属河南省政府;民国二十一年(1932年)属河南省第五行政区(治许昌);民国三十六年(1947年)12月12日襄城县解放;1948年1月,隶属豫陕鄂边区,划归豫西第五行政区;

---

* 该项目受襄城县政府委托,项目时间:2019年12月—2020年4月;撰稿人:耿明斋、李少楠。

1949年7月,隶属河南省许昌行政区;1986年2月,划为平顶山市辖县;1997年8月,划归许昌市管辖。

襄城县位于河南省中部,东与许昌、临颍,南与舞阳、叶县、平顶山市郊区,西与郏县,北与禹州等县(市)相邻,自古有"九省通衢"之称,南距煤城平顶山市区20公里,北距许昌市区40公里、郑州国际机场100公里,东距漯河市区60公里。孟平、平禹铁路贯穿境内,311国道和329、238、103三条省道交汇于县城,许平南高速公路穿境而过。襄城九山九岗十六河,形成了峻山、秀水、阔平原的独特地理风貌,是河南省53个资源富县之一,是平煤集团的主要煤田所在地,是许昌市区的重要水源地。现辖10镇6乡,448个行政村(社区),总面积920平方公里,耕地保有量96.5万亩,基本农田面积82万亩,总人口约90万人,常住人口约69万人,城镇化率42.16%。其中,襄城县建成区面积20.83平方公里,建成区人口16万人左右。初步预计,2019年,襄城县地区生产总值完成401亿元,同比增长8%。其中,第三产业增加值同比增长8.5%;规模以上工业增加值增长8.5%;固定资产投资增长1%;社会消费品零售总额完成75亿元,增长10.2%,居民收入与经济发展均实现同步增长。

(二)经济社会发展演变

首先,襄城县经济社会发展总体呈现上升态势,GDP总量位居全省县域经济体前20%,但人均水平不高。从表14-1可以看出,襄城县GDP总量由2000年的28.84亿元上升到2018年的371.90亿元,上涨了近13倍。GDP占许昌市比重也由2000年的9.99%上升到2018年的13.14%,占比最高时(2008年)达到15.81%(见图14-1)。GDP总量在河南省县域中的位次也由2000年的第49位上升到2018年的第21位,上升了28个位次(最好时,即2008和2013年居全省第19位)(见图14-2);GDP总量在许昌市下辖的县(市)中也由2000年的倒数第1位上升到2018年的第3位。尤其是2004年以后,襄城县经济总体实力不断提升,无论是在全省县域经济体中GDP总量的位次,还是占许昌市域GDP总量比重,都有非常明显的提升。

襄城县2003年以前,制造业发展缓慢,第一产业占比较高,而自2004年以后,襄城县充分利用丰富的煤炭资源,坚持开发与转化互动,大力发展煤炭、煤电、煤化工产业,不断延伸产业链,工业建设突飞猛进发展,极大地带动了全

报告 14 襄城县总体发展定位和方向

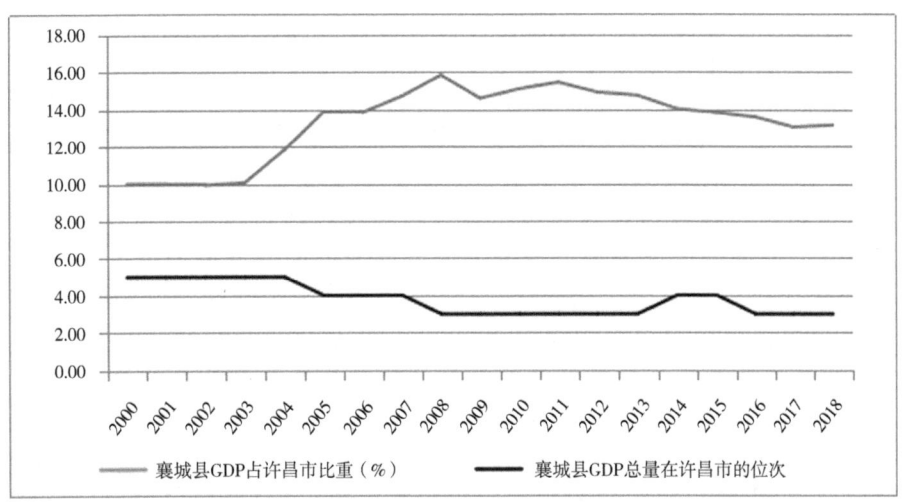

图 14-1 2000—2018 年襄城县 GDP 总量占许昌市比重及位次

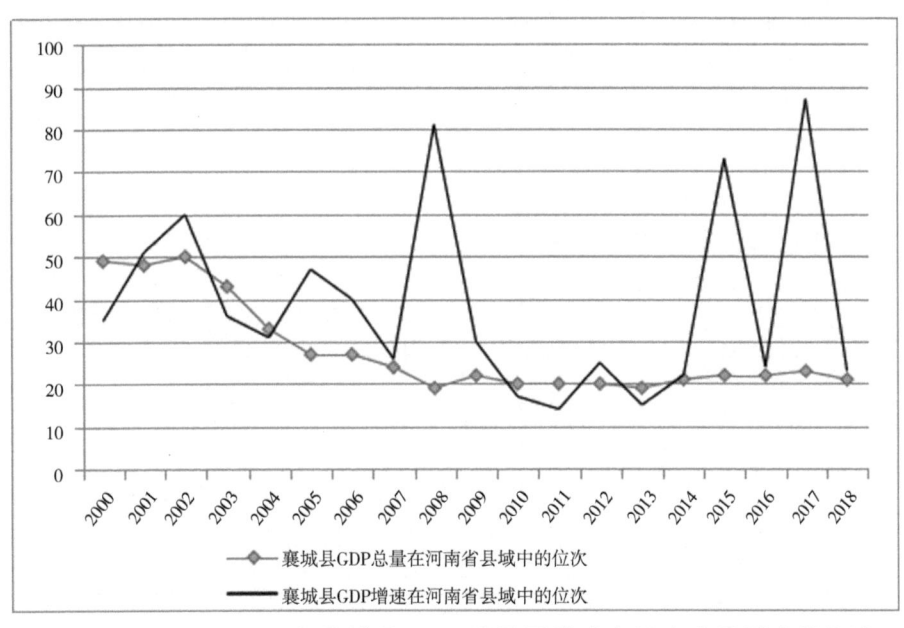

图 14-2 2000—2018 年襄城县 GDP 总量及增速在河南省县域中的位次

县总体经济实力的提升。2007 年,由中国平煤神马集团和许昌卧虎山焦化有限公司共同投资建设了股份制企业首山化工有限公司(原首山焦化),经过 10 多年的发展,以首山化工为龙头的煤化工产业不断发展壮大,并通过不断的技术创新、延伸产业链,从低端的煤炭一直延伸到了新能源、新材料等高端产业领域,产品也由单一的焦炭发展为世界上最完整的煤基化工产业链,已经成为襄城县经济社会发展的重要支柱。

表 14-1 2000—2018 年襄城县 GDP 相关情况

年份	襄城县GDP（亿元）	许昌市GDP（亿元）	襄城县GDP占许昌市比重(%)	襄城县GDP在许昌市的位次	襄城县GDP在河南省县域中的位次	襄城县GDP增速（%）	襄城县GDP增速在许昌市的位次	襄城县GDP增速在河南省县域中的位次
2000	28.84	288.66	9.99	5	49	9.9	4	35
2001	31.94	320.17	9.98	5	48	10.4	3	51
2002	35.00	352.90	9.92	5	50	10.0	5	60
2003	39.84	396.32	10.05	5	43	12.1	4	36
2004	57.77	489.25	11.81	5	33	18.4	2	31
2005	83.48	602.00	13.87	4	27	15.2	4	47
2006	98.15	710.00	13.82	4	27	16.4	4	40
2007	123.67	841.58	14.70	4	24	17.6	2	26
2008	163.98	1037.26	15.81	3	19	12.0	3	81
2009	165.82	1137.49	14.58	3	22	13.1	3	30
2010	198.66	1317.19	15.08	3	20	14.9	2	17
2011	244.64	1585.90	15.43	3	20	16.0	2	14
2012	255.82	1717.96	14.89	3	20	12.5	2	25
2013	280.23	1903.33	14.72	3	19	11.6	2	15
2014	292.18	2087.23	14.00	4	21	10.4	2	22
2015	303.01	2194.44	13.81	4	22	8.6	4	73
2016	321.60	2369.28	13.57	3	22	9.3	2	24
2017	343.15	2632.92	13.03	3	23	7.1	3	87
2018	371.90	2830.62	13.14	3	21	8.7	3	23

从人均 GDP 来看，总体也是呈现上升趋势，人均 GDP 由远低于河南省和许昌市平均水平到逐步超越或缩小差距（见表 14-2、图 14-3）。2000 年，襄城县人均 GDP 仅为许昌市平均水平的 55.66%，是河南省平均水平的 67.17%，到 2008 年，超过许昌市和河南省平均水平，分别达到许昌市和河南省的 100.90% 和 126.58%，随后人均 GDP 增速有所放缓，与许昌市平均水平差距又有所扩大，到 2018 年，襄城县人均 GDP 为许昌市平均水平的 84.21%，略高

于河南省平均水平。从人均 GDP 在河南省和许昌市下辖县（市）的位次来看（见图 14-4），襄城县由 2000 年河南省县域中的第 63 位，上升至 2018 年的第 28 位（最高水平为 2013 年，居全省第 23 位）；在许昌市也由 2000 年的倒数第 1 位上升到 2013 年的第 2 位，随后又下降到第 4 位。2018 年全县人均 GDP 为 53882 元，按照目前汇率计算，约为 7660 美元。

表 14-2　2000－2018 年襄城县人均 GDP 情况

年份	襄城县人均GDP（元）	许昌市人均GDP（元）	襄城县人均GDP占许昌市人均GDP比重（%）	河南省人均GDP（元）	襄城县人均GDP占河南省人均GDP比重（%）	襄城县人均GDP在许昌下辖县（市）的位次	襄城县人均GDP在河南省县域中的位次
2000	3661	6577	55.66	5450	67.17	5	63
2001	4031	7250	55.60	5959	67.65	5	60
2002	4390	7950	55.22	6487	67.67	5	59
2003	4976	8884	56.01	7376	67.46	5	57
2004	7192	10926	65.82	9228	77.94	5	45
2005	10356	13391	77.34	11383	90.98	5	39
2006	12138	16640	72.94	13225	91.78	5	39
2007	15234	19645	77.55	16067	94.82	5	39
2008	24346	24128	100.90	19233	126.58	2	28
2009	24506	26387	92.87	20668	118.57	3	31
2010	29449	30552	96.39	24516	120.12	3	29
2011	36514	36857	99.07	28742	127.04	2	24
2012	38230	39988	95.60	31586	121.03	2	25
2013	41837	44297	94.45	34304	121.96	2	23
2014	43521	48471	89.79	37166	117.10	4	25
2015	44916	50700	88.59	39209	114.56	4	25
2016	47274	54329	87.01	42341	111.65	4	27
2017	50026	59911	83.50	46674	107.18	4	28
2018	53882	63988	84.21	50152	107.44	4	28

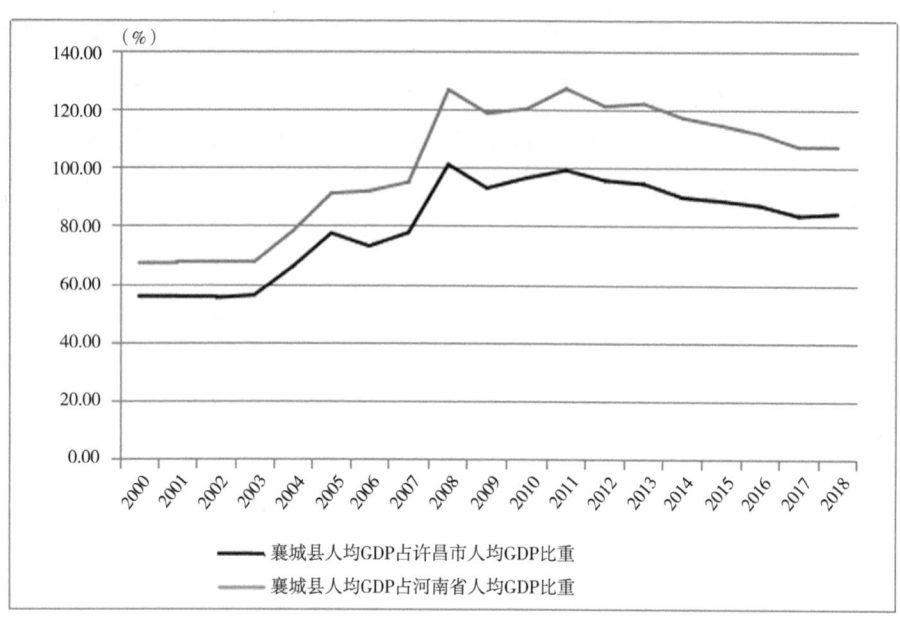

图 14-3 2000—2018 年襄城县人均 GDP 与许昌市和河南省的比值情况

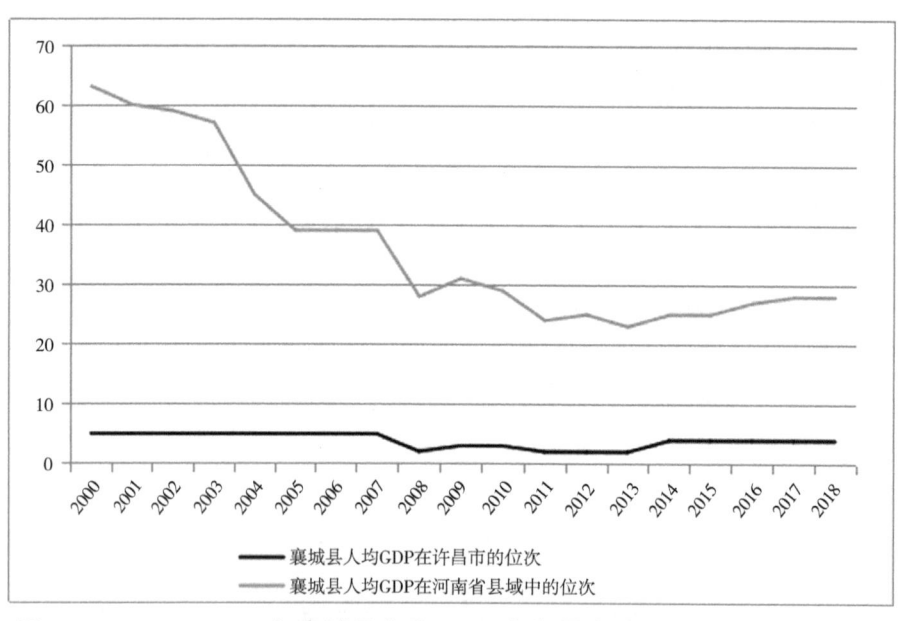

图 14-4 2000—2018 年襄城县人均 GDP 在许昌市和河南省县域中的位次

随着经济总量不断提升,襄城县财政收入和支出规模也不断扩大(见图 14-5)。一般公共预算收入由 2006 年的 2.1 亿元提高到 2018 年的 19 亿元,在全省县域经济体中居第 22 位;一般公共预算支出也由 2006 年的 5.73 亿元提高到 2018 年的 41.37 亿元,在全省县域经济体中居第 54 位。一般公共预算收入在全省排名与 GDP 排名比较接近,但一般公共预算支出在全省排名较低,与 GDP 排名相差较大。

与周边县(市、区)相比,襄城县总体经济实力处于前列,但人均水平较低(见图 14-6)。2018 年襄城县 GDP 总量在许昌市、平顶山市、漯河市下辖的 21 个县(市、区)中居第 5 位,在许昌市下辖的 6 个县(市、区)中居第 4 位;人均 GDP 居周边 21 个县(市、区)的第 11 位,在许昌市下辖的 6 个县(市、区)中倒数第一。

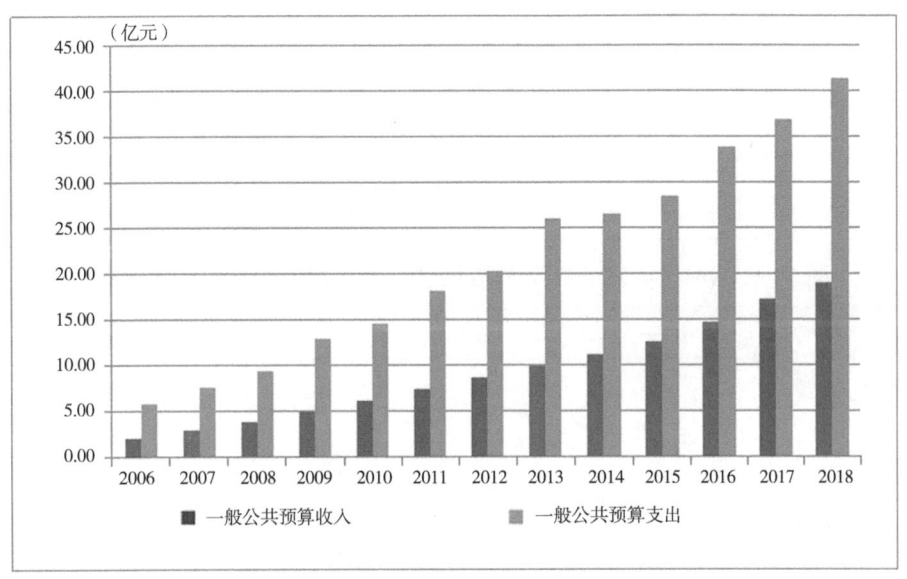

图 14-5　2006－2018 年襄城县财政一般公共预算收支情况

其次,三次产业结构不断优化,但制造业企业结构不合理,服务业发展也比较滞后。就三次产业产值结构(见图 14-7)来说,三次产业结构不断优化,一产占比不断下降,二产占比先上升后下降,三产占比逐渐上升,三次产业产值结构由 2000 年的 22.62∶52.95∶24.43 调整为了 2018 年的 8.8∶47.6∶43.6。

三次产业就业结构也不断优化,但一产从业人员占比仍比较高(见图 14-8),一产从业人员占比呈现先下降又上升又下降的趋势,非农产业从业人员占全部从业人员的比重由 2000 年的 31.27% 上升到 2012 年的 63.38%,随后又下降到 2018 年的 37.33%(最低时为 2015 年,非农产业就业人员占比仅为 20.06%)。

就制造业内部结构来看,重工业占比较高,形成了煤炭开采、炼焦与化工三大支柱产业,其他制造业发展规模较小。并且现有制造业企业结构也不合

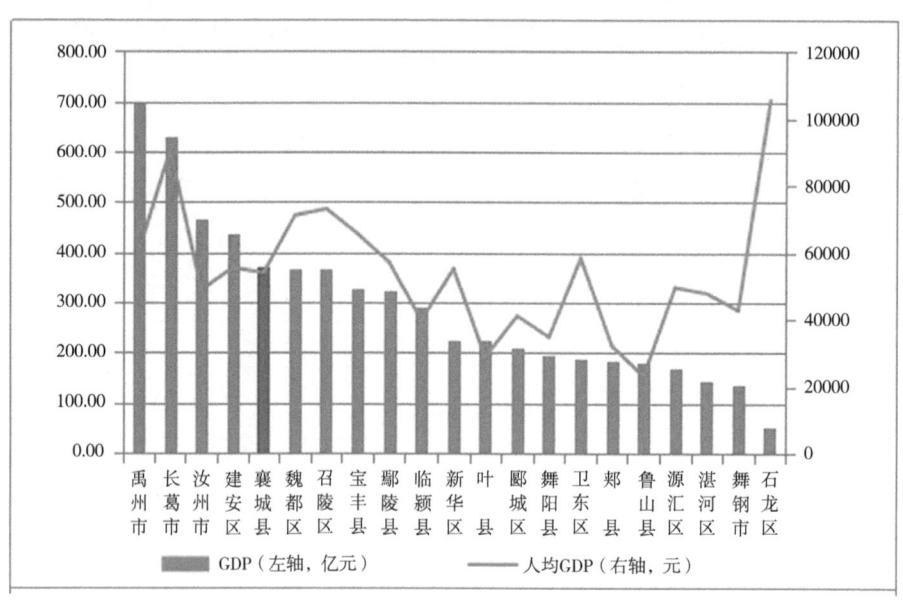

图 14-6　2018 年襄城县与周边县(市、区)GDP 及人均 GDP 情况

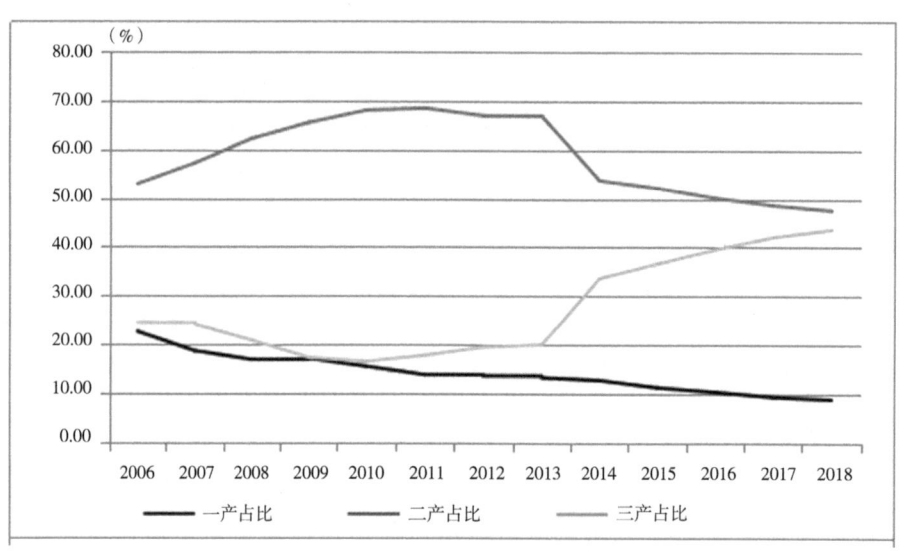

图 14-7　2006—2018 年襄城县三次产业产值结构

理,大规模企业主要以首山化工、平煤隆基等"平煤系"企业为主,其产值、利润占比非常高,缺乏中等规模的企业。以 2019 年监测的襄城县 12 家重点企业为例,12 家重点企业中有 6 家具有"平煤"背景,6 家企业 2019 年总产值和主营业务收入占 12 家企业总值高达 96%,利润占比更是高达 98%。襄城县制造业对以首山化工、平煤隆基为代表的"平煤系"企业依赖性太强。

就制造业总体发展情况(见表 14-3、图 14-9)来看,2006—2014 年,全县工

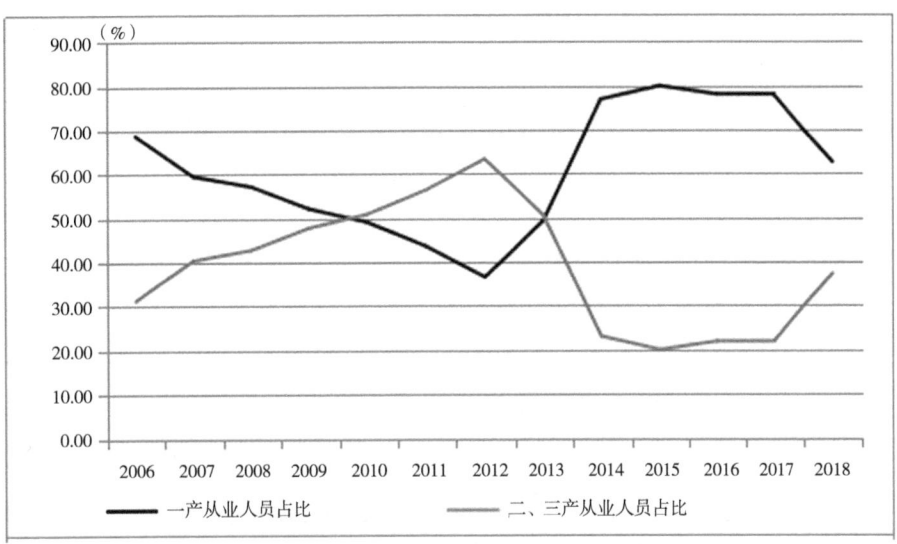

图 14-8　2006—2018 年襄城县三次产业就业结构

业增加值增速都在 14% 以上,工业企业主营业务收入和利税总额也迅猛增加,分别由 2006 年的 89.84 亿元、17.22 亿元上升到 2014 年的 593.97 亿元、78.34 亿元。但 2014 年以后,工业增加值增速明显放缓,工业企业主营业务收入和利税总额也呈现下降趋势,分别下降到 2018 年的 371.86 亿元和 39.46 亿元,下降幅度较大。实地调研中,首山化工、平煤隆基等企业也面临着规模继续扩张的限制,并且受国内国际总体经济形势严峻的压力,都会在一定程度上制约襄城县制造业的发展。

表 14-3　2006—2018 年襄城县工业增加值增速及工业企业主营业务收入和利税总额

年份	工业增加值增速(%)	主营业务收入(亿元)	利税总额(亿元)
2006	29.6	89.84	17.22
2007	27.3	143.13	38.08
2008	20.9	212.37	51.40
2009	18.2	223.63	54.02
2010	23.3	309.55	67.91
2011	22.6	454.35	88.03
2012	17.8	466.95	78.39
2013	16.5	522.32	75.05
2014	14.3	593.97	78.34
2015	8.2	486.20	66.07
2016	9.5	590.16	51.37
2017	5.3	479.32	35.79
2018	9.4	371.86	39.46

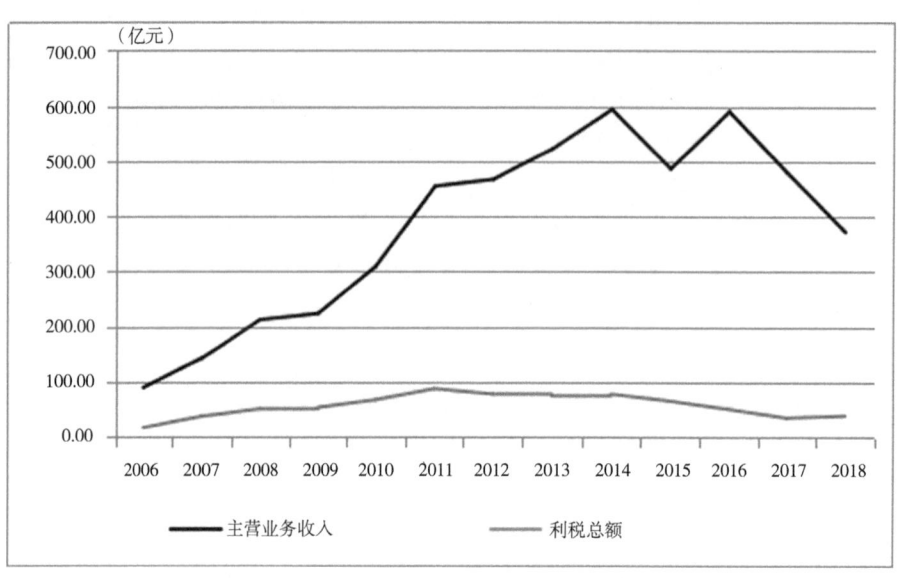

图 14-9　2006—2018 年襄城县工业企业主营业务收入和利税总额

就第三产业来看,总体发展势头较好,规模不断扩大,第三产业增加值由 2000 年的 6.52 亿元增长到 2018 年的 162.3 亿元,增长了 24.89 倍。但第三产业内部结构不优,仍以批发和零售业,住宿和餐饮业,交通运输、仓储和邮政业等传统服务业为主,生产性服务业发展滞后。具体来看,2018 年批发零售贸易业实现零售额 46.7 亿元,增长 12.1%;住宿餐饮业实现销售额 21.3 亿元,增长 9.6%;交通运输、仓储和邮政业实现增加值 14.8 亿元,增长 5%。

此外,社会消费品零售总额和固定资产投资也不断提升(见图 14-10)。2018 年全县社会消费品零售总额完成 68.04 亿元,同比增长 10.3%,增速居全市第 2 位。固定资产投资增长 9.5%,其中,工业投资比上年下降 26.9%,第三产业投资增长 92.5%,房地产开发投资增长 31.4%。

最后,城镇化水平低,人口外流严重,城乡居民收入水平较低。就人口流动情况(见表 14-4)来看,襄城县属于人口净流出大县,并且自 2006 年以来,外流人口逐渐增加,2018 年常住人口与户籍人口相差 18.94 万人,实地调研中发现,外流人口多以青壮年劳动力外出务工或做小生意为主,这部分群体的流出对县域经济发展也会造成一定制约。同时,襄城县总体城镇化水平发展滞后(见图 14-11),2018 年城镇化率仅为 42.16%,分别低于许昌市和河南省平均水平 10.47 和 9.55 个百分点,在全省县域经济体中居第 52 位,在许昌下辖县(市、区)中位居倒数第一。

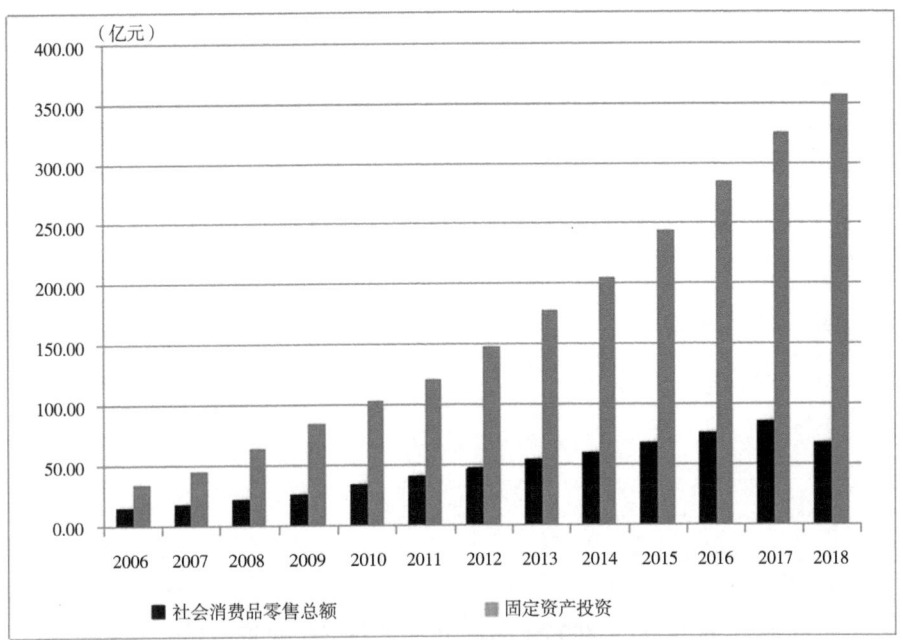

图 14-10　2006－2018 年襄城县社会消费品零售总额及固定资产投资情况

表 14-4　2006－2018 年襄城县常住人口与户籍人口

单位：万人

年份	襄城县常住人口	襄城县户籍人口	常住人口与户籍人口差额
2006	66.45	80.96	14.51
2007	67.20	81.31	14.11
2008	67.52	81.63	14.11
2009	67.82	81.99	14.17
2010	67.10	84.26	17.16
2011	66.90	84.66	17.76
2012	66.93	85.42	18.49
2013	67.03	85.81	18.78
2014	67.24	86.21	18.97
2015	67.68	86.62	18.94
2016	68.38	87.16	18.78
2017	68.81	87.68	18.87
2018	69.23	88.17	18.94

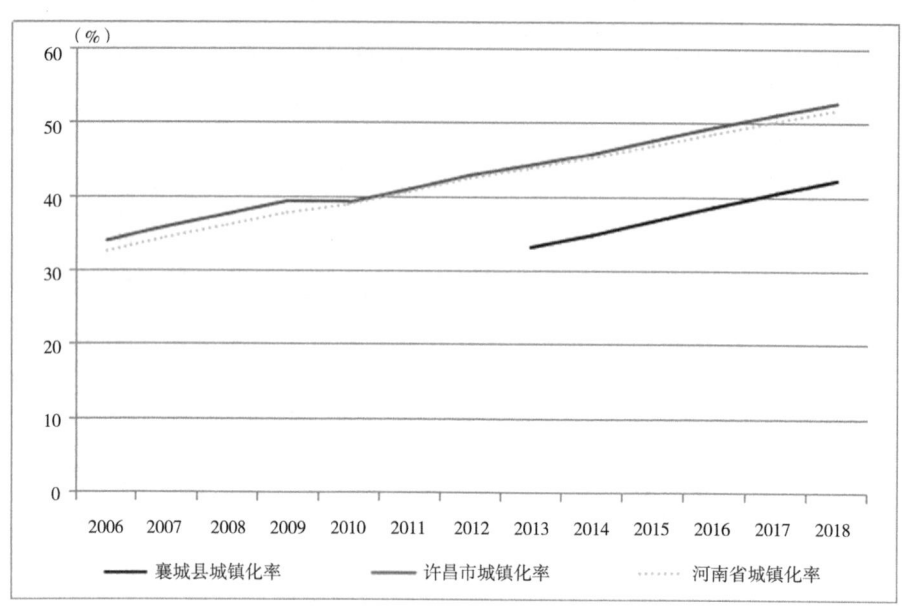

图 14-11　2006—2018 年襄城县城镇化率情况

襄城县城乡居民人均可支配收入也比较低(见图 14-12)。2018 年全县农村居民人均可支配收入为 15958 元,高于全省平均水平(13830.7 元),但低于许昌市平均水平(16963 元),在河南省县域经济体中居第 32 位,在许昌下辖县(市、区)中位居倒数第一;城镇居民人均可支配收入为 28127 元,低于河南省平均水平(31874.2 元)和许昌市平均水平(31918 元),在河南省县域经济体中居第 48 位,在许昌下辖县(市、区)中位居倒数第一,且从发展趋势上看,与河南省、许昌市平均水平差距在扩大。

(三)在河南省 GDP 总量前 30 的县(市)及周边县(市)发展中的情况

就发展现状来看,在许昌市域层面,襄城县经济总体实力弱于禹州、长葛。在许昌、平顶山、漯河等关联程度高的区域层面,襄城县经济实力处于上游。把襄城县放在全省前三分之一,也就是 GDP 总量排在前 30 的县(市)中来比较,可以进一步对襄城县发展现状及所处阶段做出更为客观准确的判断。

就 GDP 总量来看,襄城县在许昌、平顶山及漯河下辖的 21 个县(市、区)中居第 5 位,与禹州、长葛差距较大。从人均 GDP 来看,襄城县居 21 个县(市、区)的第 11 位,与 GDP 总量位次不相称,在全省 GDP 前 30 的县(市)中

▶ 报告 14 襄城县总体发展定位和方向

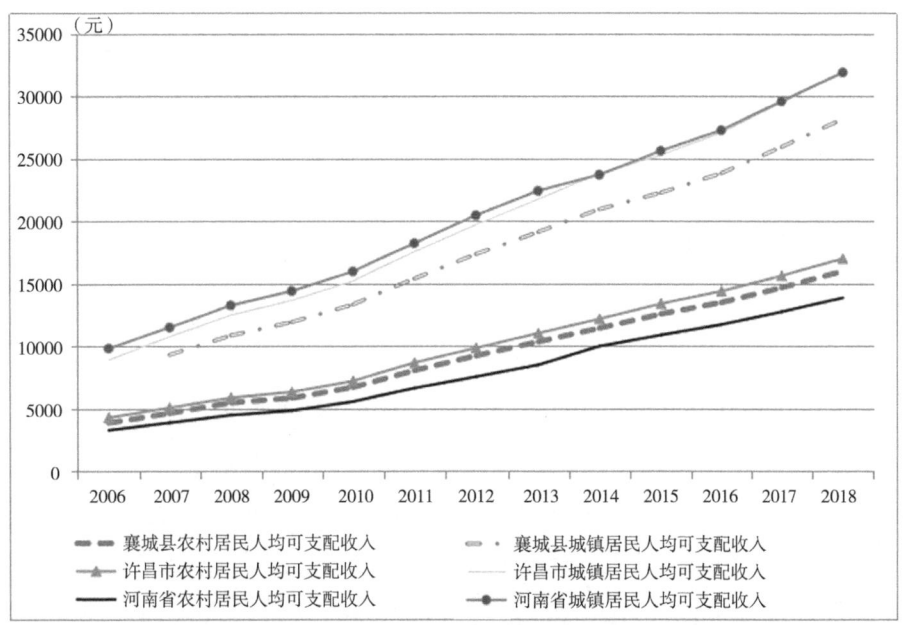

图 14-12 2006—2018 年襄城县城乡居民可支配收入情况

居第 17 位,处于中游水平(见表 14-5)。随着经济实力的提升,襄城县财力也不断增强,1978 年,襄城县财政一般公共预算收入仅 0.23 亿元,2018 年达到 19 亿元,在全省 GDP 排名前 30 的县(市)中居第 19 位,与 GDP 总量排名基本一致。财政收入主要来源于产业,尤其是制造业的发展,襄城县财政收入的快速增长也主要得益于煤化工产业的发展壮大。但与其经济体量、产业结构基本相当的长垣县相比,一般公共预算收入还较低,长垣制造业内部结构比襄城县合理,发展动力也比较足。

表 14-5 2018 年河南省 GDP 排名前 30 的县(市)主要经济指标情况

排名	县(市)	GDP（亿元）	第一产业（亿元）	第二产业（亿元）	第三产业（亿元）	人均GDP(元)	GDP增速（%）	一般公共预算收入（亿元）
1	新郑市	1225.37	26.52	681.24	517.61	126457	9.0	75.04
2	中牟县	891.01	38.06	480.22	372.73	77615	1.2	53.00
3	巩义市	815.57	12.07	468.05	335.45	97615	8.1	45.40
4	新密市	791.83	19.50	372.33	400.00	97586	7.9	35.05

续表

排名	县(市)	GDP (亿元)	第一产业 (亿元)	第二产业 (亿元)	第三产业 (亿元)	人均GDP(元)	GDP增速(%)	一般公共预算收入(亿元)
5	登封市	703.04	19.00	376.06	307.98	98708	6.6	27.51
6	荥阳市	701.02	29.30	386.76	284.96	109925	1.8	46.90
7	禹州市	697.83	25.74	401.24	270.85	60240	9.2	20.87
8	长葛市	630.20	22.95	458.71	148.54	90532	9.0	29.14
9	林州市	590.91	17.86	288.34	284.71	72813	6.3	25.02
10	偃师市	547.42	21.17	282.71	243.54	95643	8.0	22.85
11	灵宝市	534.33	54.08	325.45	154.80	72625	5.9	21.10
12	永城市	532.33	60.63	238.64	233.06	43070	9.6	40.80
13	新安县	514.61	23.94	305.00	185.67	105090	8.7	24.56
14	汝州市	468.03	34.55	187.08	246.40	48913	8.5	31.59
15	邓州市	429.91	88.79	155.13	185.99	31120	8.1	16.73
16	沁阳市	427.35	19.55	266.51	141.29	96641	6.3	16.58
17	濮阳县	418.32	42.89	215.57	159.86	42480	7.5	13.04
18	伊川县	404.16	25.89	206.13	172.14	51163	8.1	22.36
19	辉县市	378.74	39.74	208.46	130.54	49989	4.7	25.86
20	尉氏县	373.20	49.87	190.04	133.29	43724	5.3	20.56
21	襄城县	371.90	32.60	177.00	162.30	53882	8.7	19.00
22	长垣县	368.57	41.65	181.40	145.52	47647	7.4	24.69
23	武陟县	363.51	35.90	212.11	115.50	54492	7.3	14.05
24	安阳县	356.90	16.30	184.11	156.49	40914	7.7	6.65
25	固始县	350.42	73.89	109.43	167.10	32053	9.1	13.48
26	项城市	339.91	44.57	152.73	142.61	34502	8.7	12.17
27	孟州市	331.42	21.09	221.78	88.55	88680	7.3	14.87
28	唐河县	331.27	76.40	130.52	124.35	27546	7.3	9.41
29	鹿邑县	329.70	50.31	144.50	134.89	37672	9.2	14.24
30	宝丰县	327.42	20.44	184.41	122.57	65477	4.9	12.82

从三次产业产值结构(见图14-13)来看,襄城县第一产业占比仍较高,在全省GDP前30位的县(市)中,有17个县(市)一产占比低于襄城县,13个县

(市)一产占比在5%以下;二产占比相对于其他县(市)也较低,制造业发展优势不明显,全省GDP前30位的县域中,有21个县(市)二产占比高于襄城县,19个县(市)二产占比高于50%(长葛市二产占比高达72.79%),这也说明制造业在拉动GDP中的贡献较大;三产占比相对于其他县(市)处于中上游水平,但服务业发展不突出,传统服务业占比较高,现代服务业没有明显优势。

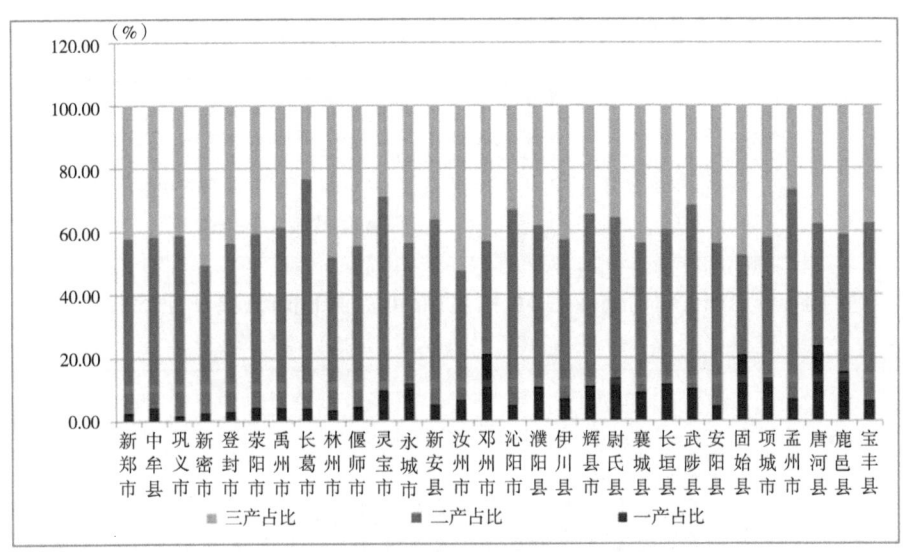

图14-13　2018年河南省GDP排名前30的县(市)三次产业产值占比情况

从三次产业就业结构(见图14-14)来看,襄城县农业就业人员占比较高,2018年占比高达62.67%,在全省GDP排名前30的县(市)中,仅有辉县市农业占比高于襄城县。且仅有辉县市、襄城县、尉氏县、邓州市、灵宝市、唐河县、宝丰县、长垣县8个县(市)一产占比高于50%,这8个县(市)中只有襄城县和宝丰县一产产值占比低于10%(襄城县为8.76%,宝丰县为6.24%),其余6个县(市)一产产值占比都在10%以上,仍基本上都是农业大县。而襄城县三次产业就业结构和产值结构明显不符,这也能够从侧面反映出襄城县仍然处于农业县向工业县转型的阶段,还未真正实现全面工业化。

从城镇化发展水平(见图14-15)来看,在全省GDP排名前30的县(市)中,襄城县城镇化率居第27位,仅比邓州市、濮阳县、尉氏县略高,远低于河南省平均水平,城镇化水平明显滞后于工业化发展水平。

虽然襄城县经济总量及财政收入都在不断提升,但居民生活水平较低,城镇和农村人均可支配收入水平都与经济总量不相适应。襄城县农村居民人均

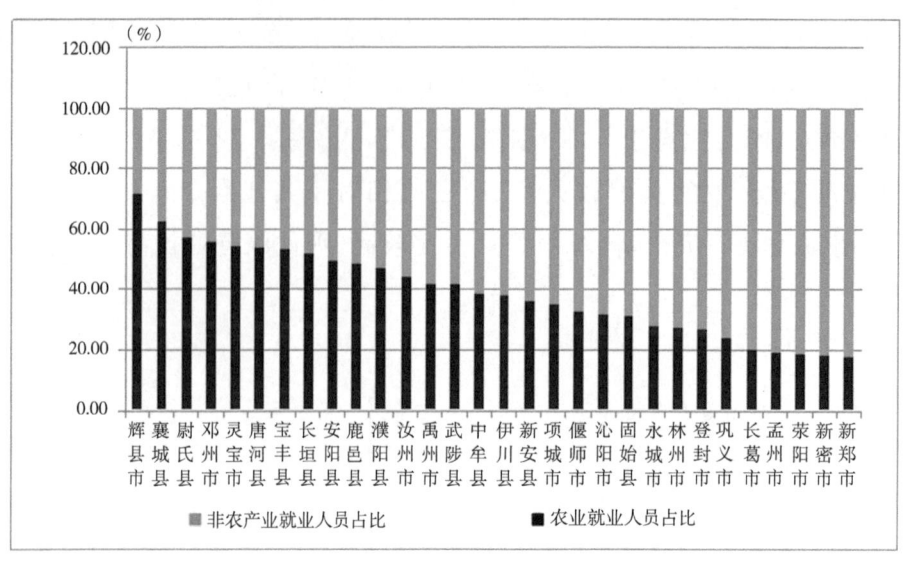

图 14-14　2018 年河南省 GDP 排名前 30 的县(市)三次产业就业结构

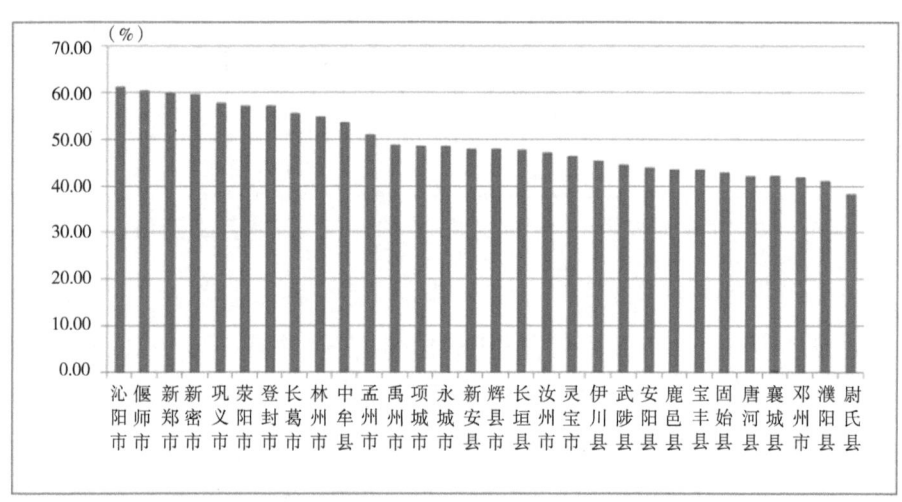

图 14-15　2018 年河南省 GDP 排名前 30 的县(市)城镇化率情况

可支配收入在全省 GDP 排名前 30 的县(市)中居第 20 位,城镇居民人均可支配收入居第 25 位,均处于下游水平(见图 14-16、图 14-17)。这也印证了襄城县富民产业发展不足,产业结构不合理。

从工业发展情况(见表 14-6)来看,除舞钢市 2009—2013 年工业发展缓慢外,周边其他县(市)工业发展都比较迅猛,多数地区规模以上工业增加值增速都保持着两位数增长。2015 年以来,襄城县工业增速有所放缓,规模以上工业增加值增速在许昌市下辖县(市)中处于低位。

▶ 报告 14 襄城县总体发展定位和方向

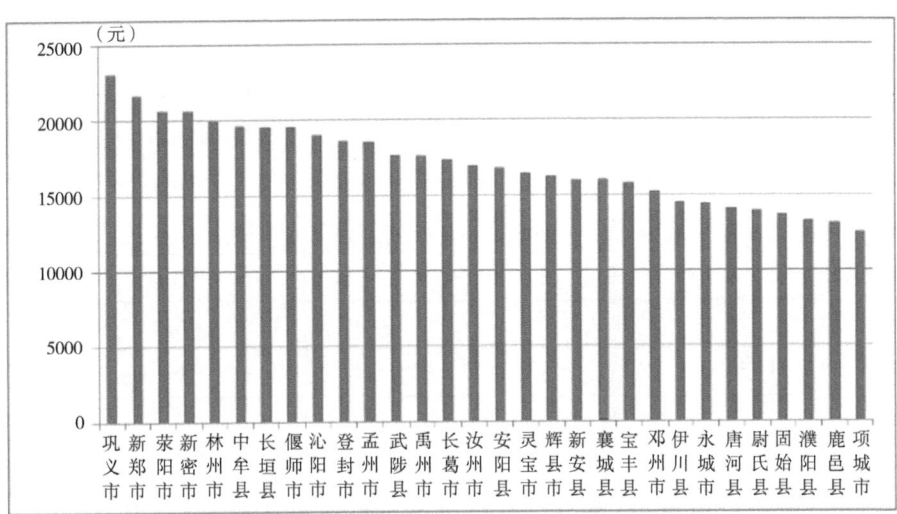

图 14-16 2018 年河南省 GDP 排名前 30 的县(市)农村居民人均可支配收入

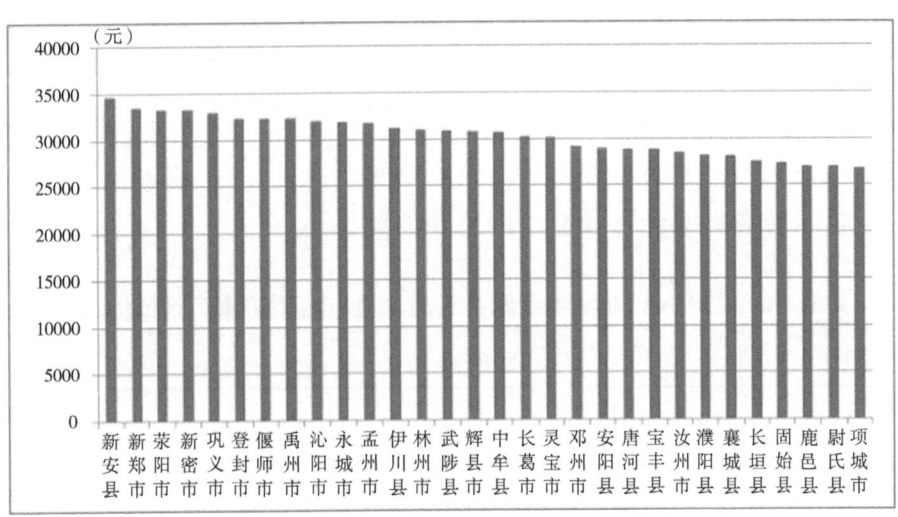

图 14-17 2018 年河南省 GDP 排名前 30 的县(市)城镇居民人均可支配收入

表 14-6 2009—2018 年襄城县及周边县(市)规模以上工业增加值增速

单位:%

县(市)	2009	2010	2011	2012	2013	2014	2015	2016	2017	2018
舞钢市	-2.8	2.4	12.0	0.2	0.3	17.7	27.0	6.8	3.4	15.11
鲁山县	18.3	15.4	33.9	18.8	14.2	3.4	2.4	4.9	8.5	10.11
长葛市	18.6	24.0	24.6	19.3	16.6	14.4	14.2	12.3	10.7	9.50
襄城县	18.2	23.3	22.6	17.8	16.5	14.3	8.2	9.5	5.3	9.40
汝州市	22.6	16.0	12.5	14.8	8.5	7.3	9.8	9.4	9.5	9.30

续表

县（市）	2009	2010	2011	2012	2013	2014	2015	2016	2017	2018
禹州市	18.1	20.1	22.6	17.1	14.7	14.1	9.5	9.4	9.7	9.00
鄢陵县	18.5	23.3	24.4	18.6	16.5	14.2	12.2	9.7	5.4	9.00
临颍县	14.6	21.0	15.7	16.3	11.8	9.8	9.5	8.8	8.2	8.30
叶县	23.4	25.7	30.4	19.2	16.4	6.6	9.3	5.9	-6.2	8.26
舞阳县	14.6	21.9	25.8	17.9	12.0	14.0	11.1	9.4	8.1	8.00
郏县	22.7	24.0	25.8	16.0	14.7	19.0	16.9	10.0	9.1	7.20
宝丰县	21.1	23.8	30.3	18.8	17.2	18.7	-2.7	9.5	10.4	1.50

从固定资产投资情况（见表14-7）来看，襄城县自2010年以来，固定资产投资额增长较快，1978年、1990年、2000年其固定资产投资额在周边县（市）中均处于倒数位置，2009年以来投资额逐年增长，2017年达到321.68亿元，仅低于禹州、长葛、汝州3个市。但2018年以来，固定资产投资增速有所放缓，2018年为9.47%，2019年为1%。固定资产投资一般都与产业发展、经济社会总体发展态势相吻合，固定资产投资增速下降，既与国内国际经济大形势相关，也预示着襄城县经济社会发展总体放缓。

表14-7　1978—2018年襄城县及周边县（市）固定资产投资情况

单位：亿元、%

县（市）	1978	1990	2000	2009	2010	2011	2012	2013	2014	2015	2016	2017	2018年固定资产投资增速
禹州市	0.06	0.63	18.92	146.35	186.06	239.22	297.24	367.00	438.53	516.93	606.74	687.15	9.15
长葛市	0.06	0.66	7.69	111.25	126.75	162.83	202.49	250.37	299.82	353.85	415.15	470.18	9.67
汝州市	0.17	0.63	2.09	69.90	104.22	128.93	161.21	203.46	239.90	282.78	329.27	374.31	13.23
襄城县	0.02	0.04	0.77	63.22	86.99	111.54	138.55	171.19	204.66	241.82	283.34	321.68	9.47
鄢陵县	0.01	0.16	2.49	63.91	84.73	108.78	135.07	167.29	200.00	236.36	277.60	315.76	9.03
宝丰县	0.03	0.43	1.70	67.40	105.58	141.06	175.67	209.15	239.59	216.00	251.13	281.14	13.23
叶县	0.02	0.11	2.53	74.21	104.09	133.20	164.89	202.53	221.74	281.00	228.66	259.40	13.79
郏县	0.04	0.13	0.93	34.56	61.60	93.90	115.96	142.27	168.53	189.95	220.60	247.18	16.71
临颍县			4.94	67.15	74.57	97.00	119.76	146.92	158.25	189.97	220.11	246.98	13.10
舞钢市	0.95	1.06	1.21	46.57	66.41	90.00	111.23	136.55	162.14	191.02	210.36	233.40	-34.68
舞阳县			3.81	48.06	62.95	82.19	101.79	124.77	149.27	175.09	202.23	223.46	8.30
鲁山县	0.08	0.23	2.83	67.38	89.92	77.17	95.08	116.88	139.03	161.52	185.82	205.66	16.60

从社会消费品零售总额(见表14-8)来看,襄城县1978年、1990年社会消费品零售总额在周边县(市)中均处于最后一位,2000年以来,社会消费品零售总额不断增长,到2018年完成68.04亿元,在周边12个县(市)中处于第8位。这与襄城县第三产业发展滞后有很大关系。

表14-8 1978—2018年襄城县及周边县(市)社会消费品零售总额情况

单位:亿元

县(市)	1978	1990	2000	2009	2010	2011	2012	2013	2014	2015	2016	2017	2018
禹州市	0.80	4.84	21.89	76.90	92.12	109.21	127.28	147.36	164.44	185.89	208.87	234.49	225.24
汝州市	0.52	2.90	17.56	50.43	59.75	70.12	81.19	92.59	104.50	118.14	132.98	149.95	166.83
长葛市	0.42	3.28	17.54	59.15	67.34	80.17	93.36	108.19	120.75	136.40	153.44	172.28	164.79
临颍县	0.46	1.29	14.85	40.63	43.92	51.96	60.30	68.70	78.90	88.53	99.26	111.37	113.52
舞阳县	0.37	1.62	10.65	35.81	40.29	43.97	52.90	60.30	69.30	77.55	87.43	97.48	100.82
鄢陵县	0.30	1.56	5.68	25.84	33.37	39.72	48.15	53.26	59.23	66.80	75.05	84.15	70.81
叶县	0.50	1.55	7.22	29.37	34.90	40.26	46.43	53.01	50.66	64.83	72.54	79.95	69.92
襄城县	0.21	0.96	5.82	25.17	33.91	40.27	46.81	53.97	59.87	67.60	76.02	85.21	68.04
宝丰县	0.27	1.41	6.83	20.03	23.72	27.93	32.31	36.97	41.87	47.07	52.54	58.82	63.35
舞钢市	0.34	1.25	5.52	19.24	22.88	26.48	30.44	34.68	36.12	40.45	45.14	50.45	55.46
鲁山县	0.55	1.58	5.95	21.47	25.57	29.60	34.42	39.29	44.56	50.30	56.43	63.29	54.47
郏县	0.31	1.00	5.43	21.12	24.35	28.35	32.78	37.45	42.34	47.54	53.28	59.83	50.66

(四)襄城县总体发展阶段评估

综合上述对襄城县纵向发展历程及横向与全省GDP前30的县(市)对比情况来看,襄城县总体经济实力不断提升,经济总量在全省县域经济体中处于前列,但人均水平较低,第三产业和城镇化发展都比较滞后,制造业和服务业内部结构不优,总体上仍处于农业县向工业县转型的阶段。主要表现为以下几个方面的特征:一是制造业结构单一,主要以煤化工产业为主,且企业结构不合理,相对极化,代表发展活力的中小企业发展不足;二是三次产业就业结构不合理,农业就业人员占比太高,与三次产业产值结构及发展规律不相匹配;三是缺乏富民产业,居民生活水平较低,创新创业活跃度不够;四是城镇化水平较低,农业规模化经营程度不高,固化地依附在农业里的人员较多,仍没有从根本上实现从农业县向工业县发展的转变;五是现代服务业发展滞后,文化旅游、生态休闲资源没有充分挖掘利用,缺乏特色引领。

从全省GDP排名前30的县(市)发展情况来看,无论是总量还是人均水平，排名靠前的基本上都是郑州周边的县（市）。如，GDP 排名前 10 的县（市）中就包括郑州下辖的新郑、中牟、巩义、新密、登封、荥阳 6 个县（市），排名第 7、第 8 的禹州、长葛也是距离郑州较近。郑州周边的县（市）受中心城市辐射带动作用明显，全省乃至中部地区优质的资源要素都会优先在这一区域集中布局，未来区域竞争也将主要表现为城市群及中心城市之间的竞争。就襄城来说，随着国内国际经济形势复杂严峻，以煤化工为主导的产业转型升级任务艰巨，亟须加快融入郑州大都市区、中原城市群发展中，借力中心城市的辐射带动，不断拓宽市场，寻求新的发展机遇。

二、发展定位及总体思路

综上分析，襄城县经济总体实力不断攀升，GDP 总量在全省的位次从 2000 年的第 49 位跃居到 2018 年的第 21 位，发展势头比较迅猛。究其原因，主要得益于 2000 年以后工业强县的发展定位，尤其是以首山化工为龙头的煤化工产业迅速发展支撑了襄城县制造业发展基础，为全县经济实力提升提供了保障。但是，襄城县由于历经几次区划调整，先后曾归平顶山和许昌分别管辖，并且襄城县距离平顶山较近，产业也与平顶山关联度强，就导致在融入许昌及郑州大都市区发展的动力和现实基础都较弱。襄城县在许昌下辖县（市）中发展特色不明显；禹州市作为资源依赖型城市，经济基础较厚，近年来也在积极通过转型加快升级发展；长葛市民营经济发展较好，且距离郑州航空港区较近，先进制造业集聚趋势明显；鄢陵县花卉种植已经形成产业，温泉康养旅游等业态发展迅速，生态名片已经树立。而襄城县生态旅游比不上鄢陵县，制造业和服务业发展也不如长葛市、禹州市，没有形成独特的优势。随着高铁、高速公路的快速发展，襄城县原有"九省通衢"交通便利的地位也逐步下降，省域内重要高铁、高速公路等交通干线都没有在襄城经过或设站，使得襄城到许昌及郑州的交通显得不太便利，其在中原城市群核心区中的地位也略显不足。

此外，襄城县产业发展也面临艰巨的转型升级任务。目前还处于农业县向工业县转型的阶段，三次产业结构中一产占比仍然较高，尤其是固化地依附于农业的劳动力较多，县域城镇化水平较低，非农产业吸纳农村人口就业的能力较弱，人口外流现象严重，缺乏富民产业，居民生活水平较低。其制造业主要还是依托平煤集团首山化工延伸出来的煤化工产业链条,由于对资源消耗及环保的约束,传统依靠规模扩张提升产业效益的路径已经无法重复,而依靠技术创新和延伸拉长产业链又需要大量的投入,加上国内国际众多制造业产品产能过剩,制造业转型升级的任务十分艰巨。同时,襄城县制造业"一家独大"的局面十分明显,煤化工产业在制造业中的分量较重,以首山化工、平煤隆基为代表的"平煤系"企业占比较高,而其他新兴制造业发展滞后,具有发展活力的中小微企业群没有形成,创新创业活力明显不足,一旦煤化工产业转型失败或产业链条延伸不好,将直接影响到襄城县制造业的兴衰。

襄城县服务业发展滞后,一方面由于居民生活水平较低(人均 GDP、人均可支配收入水平都较低),人口外流严重,消费能力弱,支撑服务业发展的动力不足;另一方面也主要由于现有制造业主要以煤化工产业为主,主要依赖能源、原材料生产驱动,对生产性服务业需求较小,缺乏富民产业带动。同时,襄城县对文化旅游资源挖掘不够,休闲旅游业发展刚刚起步。第一产业方面,农业资源丰富,有着良好的农业发展基础,但农产品精深加工少,品牌建设力度弱,名优特新产品少,效益不高。

基于此,在新的发展形势下,探讨襄城县经济社会发展定位和方向尤为重要。从国家层面看,党的十九大报告中从促进区域协调发展的战略层面,提出以城市群为主体构建大中小城市和小城镇协调发展的格局,习近平也多次强调围绕城市群、大都市区发展的重要性和必要性。从河南省来看,中原城市群一体化、郑州大都市区都是国家批复的重大战略,也将是未来一段时期全省城镇体系发展的重点,以郑州为中心,包含开封、许昌、新乡、焦作的大都市区将会成为全省发展的核心增长极,人口、产业等各类资源要素都会优先向郑州大都市区聚集。从许昌市来看,加快与郑州深度融合对接,积极推进郑许一体化是全市的战略重点,也是未来发展的必然方向。

因此,襄城县必须顺应经济社会发展规律和趋势,总体坚持"向心"发展战略,通过积极推进襄许一体化深度融入郑州大都市区发展中,借力郑州大都市区对襄城县域发展的辐射带动,促进全县经济高质量可持续发展,打造成郑州大都市区外部圈层上重要的卫星城①。基于产业发展基础，襄城县在积极融入郑州大都市区建设中，应牢牢抓住制造业这个牛鼻子，进一步加强与平顶山的产业协作，以创新驱动转型升级发展，不断拉伸产业链条，加大创新研发投入力度，大力培育创新创业群体，将襄城县打造为郑州大都市区及中原城市群核心区外部圈层上新材料产业基地。同时，要牢固树立新发展理念和以人民为中心的发展思想，大力发展富民产业，加快提升县域城镇化水平，加强优质教育、医疗资源向县城集聚，引导农村剩余劳动力和有条件的外出务工人员到县城创业就业，激发市场活力。

在此需要强调的是，确立襄城县城市总体发展定位和方向要正确处理襄城县与许昌、平顶山及周边县（市）的关系，坚持融合和错位发展。总体城市发展应坚持向北与许昌、郑州深度融合对接，打通到许昌、郑州的快速通道，不断完善公共服务体系和功能，提升城市品位和质量。产业应继续向南与平顶山煤化工产业链条对接融合，借力平顶山煤化工产业发展基础，不断延伸拉长产业链条，壮大形成包括化工新材料、硅烷气、太阳能电池板、碳素等在内的新材料产业集群。通过城市向北与许昌、郑州对接，依托郑州大都市区及中原城市群广阔的消费市场，以及对外连通全国乃至世界的消费通道，扩大新材料产业发展的市场，提升襄城县经济实力和竞争力。

---

① 中原经济发展研究院院长耿明斋教授提出郑州大都市区应构筑内、中、外三个圈层，每个圈层用特定交通通道串起若干个城市节点，不同圈层之间的各个节点又通过多种交通通道链接，形成完整的网络。具体说，以郑州目前所属各市区，包括郑东新区、经开区、高新区等功能区为内圈，即核心圈；以郑州东站为原点，以30—50公里左右为半径画圈，形成大都市区的中间圈层，会覆盖一些城市节点，在这些节点城市基础上形成多个次级枢纽，依托这些次级枢纽，吸引各种要素聚集，形成多个各具特色的卫星城，既分流中心城区的相应功能，腾出足够的空间，发育聚集诸如现代商务、金融、文化、科教、医疗、大公司总部等那样的高端功能沿；以郑州东部为原点，以100公里左右为半径画圆，形成大都市区的外部圈层，覆盖的节点城市可以通过依托并共享中心城市多层次完善的优质功能，进一步获得发展的先机，加快先进制造业聚集的步伐，形成郑州大都市区外圈多个强大的制造业聚集中心，同时也为中心城市起到支撑和拱卫作用，从而形成内外联动，相互促进，相互支撑的良好发展格局。襄城县应该努力成为郑州大都市区及中原城市群核心区外围圈层上的新材料制造业中心。

三、重点举措

按照上述打造郑州大都市区及中原城市群核心区外围圈层上重要的卫星城和新材料产业基地的目标,应充分发挥襄城县的地缘优势,加强与许昌及平顶山的紧密合作,承接、联合区域发展动力和资源。进一步强化自身区域地位,在产业发展、空间布局、基础设施建设等方面主动与许昌、平顶山、漯河等周边城市对接,借力发展、错位发展,使襄城县在区域中确立并强化自己的"比较优势"。通过对区域要素的联合、捆绑,积极开展与周边县(市)的产业协作、生态环境保护、资源整合开发及基础设施共建共享等,实现融入郑许一体化及郑州大都市区中,促进区域一体化发展。

(一) 畅通交通通道,积极融入许昌及郑州大都市区

加快推进襄城县融入许昌及郑州大都市区的关键在于交通,便捷高效的交通通道是畅通襄城县对外联络的基础。襄城县目前对外联系的交通通道主要有许平南高速、311国道、329省道、238省道、103省道和孟平铁路、平禹铁路等,且两条铁路线均是货运线路,在襄城设有货运站(姜庄站、丁营站),襄城县是许昌下辖县(市)中唯一一个没有高铁站的县。随着高铁、高速公路的快速发展,襄城县对外交通通道不畅的问题逐渐凸显,尤其是与郑州连接的通道不畅,增加了与郑州大都市区融合对接的时间成本。因此,要深入对接许昌及郑州大都市区,必须加快畅通对外交通通道,通过轨道交通及站场、高等级公路网等区域基础设施建设,优化区域联系通道,实现与郑州、许昌、平顶山等周边城市的快速往来,推动区域经济合作和一体化发展。

一是呼吁省委、省政府加快推进许平城际轨道建设步伐,并在襄城县合理设置多个站点,弥补缺失高铁的制约,作为连接郑州—许昌—襄城县—平顶山的轨道交通体系;呼吁平禹铁路向南接入漯宝线,融入区域铁路网,畅通货运通道。二是加快推进焦平高速规划建设,合理选址焦平高速在襄城县西设立出入口,快速融入区域高速网络,并建设县城及重点乡镇到各高速站口的快速通道。三是加快推进襄城县至许昌、平顶山、禹州、郏县等地的快速通道建设,将311国道升级为通往许昌、平顶山的快速通道;将238省道升级为国道,作

为快速通道连通郑万高铁郏县站(建成后 20 分钟可到达);将 103 省道升级为国道,作为快速通道连接禹州东站(建成后 30 分钟可到达),形成半小时以内快速到达高铁站的交通网。最终形成以许平南高速、焦作至襄城高速、G311(改线)、S329(升级为国道)、S103(升级为国道)、S238(城区以西段升级为国道,城区以东段改线)、S242(新建)、S231(新建)、S229 浅山线(新建)、S227(新建)、S228(新建)为骨架,实现区域交通网络化对接。

(二)完善城市功能,提升城市承载力和服务能力

现代城市既是工业化的结果,也是以工业为基础的现代经济活动的重要支撑。没有可以让企业共享的道路及水电气暖等城市基础设施,企业生产活动就无法落地;没有构成城市核心元素的市场体系,企业生产活动赖以展开的买卖环节就无以依托;没有住房、教育、医疗等构成城市重要功能的设施供给和相应的人口聚集,企业生产经营活动所需要的人力资源就无法立足。总之,离开了城市依托,工业生产及现代经济活动不可能正常进行。这也是城市的规模和功能总是与其经济活动的规模和层次相适应的基本原因。

襄城县经济综合实力不断提升的同时,财力增加,也为城市基础设施及公共服务体系建设提供了保障,城市功能不断完善。但与工业经济活动规模和未来郑州大都市区外围圈层上重要的卫星城和制造业基地的定位需求相比,还有提升空间。并且襄城县是许平协同发展的重要组成部分,需要加强与许昌、平顶山之间的经济联系和相互协作,在产业发展、空间布局、基础设施建设等方面都需要做好与周边地区的相互衔接,实现区域带动城市、城市推动区域的良性互动。这对襄城县城市功能、承载力及服务能力都提出了更高的要求。

因此,应进一步完善襄城县城市功能,实施重点地区、核心带动的城镇发展策略,引导人口和产业向中心城区集中,加快推进城镇化。做大做强中心城区,做优中心城区环境,做强中心城区产业,完善和提升中心城区的区域性服务功能,合理扩大城市规模,有效拓展发展空间,带动县域城镇化水平的不断提升。具体来说,一是继续完善县城交通网络,既要完善对外联络通道,也要加强县城与乡镇、农村地区的交通建设,实现公共交通县域全覆盖;二是加大县城医疗、教育、文化、卫生等公共服务体系投入力度,将优质的医疗资源、教育资源集中向县城倾斜,通过教育撬动县域城镇化水平快速提升,推进县图书

馆、文化馆、全民健身广场建设,不断完善城市功能,吸引农村人口到县城分享优质的公共服务;三是规范街景市貌,加强道路绿化、公园绿化,加快城区道路、供排水改造,建设完善停车场、街头游园、便民公厕等公共服务设施,加快解决群众停车难、如厕难、绿地少等民生难题,为居民提供宜居、宜业、宜游的高品质环境;四是加大北汝河治理力度,河道清淤、筑坝、蓄水、岸线绿化、休闲设施建设高标准综合规划,并与首山绿化遥相呼应,倾力打造美丽宜居城市。

(三)延伸产业链,促进制造业转型升级

前面已经提到,制造业目前仍是襄城县经济社会发展的重要基础,三次产业结构中,二产占比虽然接近一半(47.6%),但襄城县制造业主要还是以煤化工产业为基础延伸出来的,面对资源约束、环保约束,以及全球众多制造业产品产能过剩的大背景,制造业转型升级的任务也十分艰巨。未来要打造为郑州大都市区外围圈层上的重要制造业中心,必须立足现有产业基础和资源优势,从专业化的功能角度出发,积极开展与平顶山、许昌的产业协作,主动承接郑州大都市区产业功能转移,对接郑州大都市区生产功能链条,以创新引领,重点发展硅材料制造产业、清洁能源产业等新材料产业。(见图14-18)

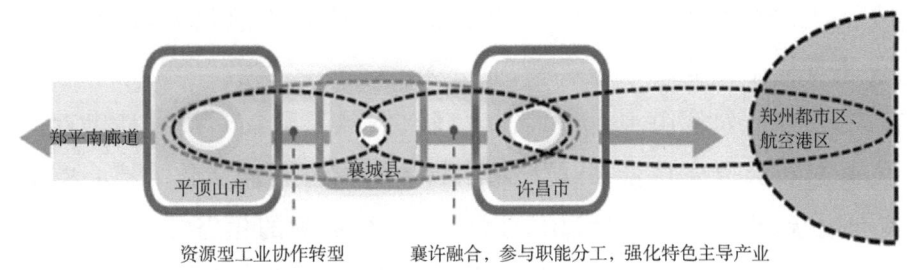

图14-18 襄城县区域协作示意图

首先,襄城县硅材料生产在区域中占有重要地位,未来应重点发展国内短缺的大直径单晶硅等高端产品,拓展下游应用领域,加快淘汰能耗高、污染重的落后产能,推广先进节能环保技术,大力发展余热利用,推进能源和资源的梯级利用、高效利用、综合利用,加快培育扩大国内市场和开辟新的出口市场,成为郑州大都市区及中原城市群核心区重要的硅材料生产基地。

其次,推动煤化工逐步走向高、精、尖,提升煤化工产品技术水平,主动对接平顶山,依托"煤-电-化"一体化发展搭建产业合作平台,充分借助于平顶

山的发展经验和技术,进一步升级并集聚相关产业,加强煤炭资源整合、转型升级方面的合作,与平顶山共建新材料产业基地,打造郑州大都市区及中原城市群产业链条最完善、最有发展活力的煤化工生产基地。

最后,创新引领传统产业转型升级,促进二、三产业融合发展。通过工业智能化和信息化,推动传统优势产业在品牌创建、高新技术产业自主创新、传统农业和服务业的产业链延伸等方面取得突破,形成主导产业明确、产业链完整、传统优势产业与高新技术产业同步发展的现代产业体系。建设二、三产业融合信息网络服务平台,促进围绕制造业开展服务的生产性服务业发展。

(四)以文化休闲旅游业为抓手,加快现代服务业发展,提升居民收入水平

襄城县拥有丰富优质的旅游资源、独有竞争力的文化特色,但由于挖掘不够,文化旅游产业一直没有得到很好的发展,这也是第三产业发展缓慢的主要原因之一。休闲旅游业的发展能够聚集人气、吸引人流,也将带动商贸物流、金融、科技、文化教育、医疗等现代服务业的发展,起到富民的效果,这也是提升襄城县影响力、竞争力的重要手段。因此,在深度融入许昌及郑州大都市区背景下,要大力发展休闲旅游业,以休闲旅游业吸引人流消费,提升居民收入水平,促进现代服务业的快速发展。

首先,要充分发挥山水生态、文化体验、休闲资源及郑州大都市近郊区位的优势,积极扩大以襄城古县、乾明寺、紫云书院、五岳庙文化为核心的文化旅游品牌和以紫云山、首山、灵武山、汝河、颍河为引领的生态旅游品牌,开展与郑州、许昌、平顶山等旅游协作,策划精品旅游路线,努力打造成为中原城市群旅游环线上的重要旅游节点,树立"文化体验地、康养休闲目的地"的品牌。具体来说,充分利用和整合现有的自然环境、历史文化资源,突出生态融合、文化传承,注重文化遗址的保护和利用,融入许昌曹魏故都、鄢陵宜居花城、禹州神垕古镇等旅游品牌建设中,策划襄城—禹州—鄢陵精品旅游线路,推动打造襄城千年古城文化旅游品牌。与郏县共同打造汝河观光休闲带,并依托汝河观光休闲带向东南联系漯河市北舞渡旅游区和沙河湿地公园,与禹州共同打造颍河生态旅游带,与平顶山共同打造浅山生态旅游区,与许昌和平顶山共同打造颍汝灌区总干渠区域绿道,承接区域生态旅游。以乾明寺、古城墙、文庙、五岳庙等重点文物为核心,将全县域打造成许昌市历史文化体验区之一,连接区域文化旅游资源。

其次,全面开展乡村旅游,以农旅结合为重点,促进一、二、三产业融合发展,改善农村地区人居环境,打造美丽乡村示范,促进乡村振兴。抓住国家加快发展大健康产业的战略机遇,突出生态旅游资源,积极培育健康养老新业态,以医疗养生、生态旅游、休闲度假等项目为重点和引领,建设区域有较强吸引力的健康疗养度假基地。加快推进文化旅游产业融合发展,实施北汝河、颍河两岸景观开发,加快紫云山、首山、灵武山生态修复,推动乾明寺、五岳庙景区提升晋级,增强首山油菜花旅游文化节品牌效应,努力打造全域旅游新格局。

最后,大力发展商贸、物流、金融、教育、文化、科技、医疗等现代服务业,促进生产性服务业和生活性服务业全面繁荣。大力发展总部经济、楼宇经济。加快商贸流通、房地产业等传统服务业改造提升,完善群发农产品物流园功能,培育新兴服务业。提质发展大众餐饮、美味小吃,建设襄城大食堂、建业大食堂,打造饮食特色品牌。加快推进龙耀健康城二期医养结合、紫云谷新型养老示范基地、又重阳健康养老基地建设,努力建成一批融休闲、养老、医疗为一体的健康养老产业集群。

(五)统筹协调推进乡村振兴和城镇化发展

前面已经提到,襄城县城镇化水平较低,城镇化率分别低于许昌市、河南省平均水平10.47和9.55个百分点,城镇化发展任务艰巨。且襄城县人口外流现象严重,县域内有将近19万人流向县域之外,这19万人中绝大多数都是农村人口。随着人口外流和城镇化的继续推进,襄城县农村人口将会继续减少,农村宅基地闲置和耕地流转的现象将更加凸显。因此,在当下乡村振兴战略实施过程中,应正视农村人口逐渐减少的客观现实,遵循农村人口向城市转移的规律和趋势,统筹协调推进乡村振兴和城镇化发展。

首先,将农村人居改善工作作为乡村振兴工作的重要抓手,进一步聚焦"五乱治理"、环境提升、绿化升级,突出镇区环境提升、农村污水处理、村庄环境打造,推动农村人居环境治理全覆盖。其次,引导建立土地流转市场和规范的土地流转程序,引导农民签订正式的土地流转合同以替代口头承诺,通过土地流转,推进农业适度规模经营,积极培育家庭农场、农民合作社等新型农业经营主体；整合现有各类支农资金，加大对种粮大户、家庭农场、农民合作社、农业企业等规模化市场经营主体的支持力度。再次，统筹户籍制度改革，实行进城落户政策"零门槛"，做好在城镇就业的农业转移人口落户工作，让农业转移人口"进得来、留得住、过得好"；出台鼓励农民到城镇落户的支持政策，健全城镇社会保障体系，确保进城农民的基本生活，减轻乃至逐步消除进城农民对农村承包地和宅基地的依赖，使进城农民尽快由兼业经营向专业经营转变，由农民向市民转变。最后，依托襄城拉面、团餐营养餐服务等终端市场优势，打造供应链，启动建设襄城食品工业园，提升粮食产业链价值，促进一、二、三产业融合；支持开展"三品一标"认证，加快襄城红薯农产品地理标志申报，提升农业产业品牌效应。

报告 15 襄城县制造业发展问题研究*

一、襄城县制造业发展现状

从襄城县产业发展历史来看,工业起步较晚,2003 年之前,几乎没有像样的工业实体。但从 2002 年平煤神马十三矿投产开始,襄城县现代工业起步,经过多年的发展,逐步由传统的农业大县向工业强县迈进。根据统计部门发布的数据来看,2003—2018 年,襄城县规模以上工业企业由 41 家增长到 121 家,规模以上工业增加值由 12.8 亿元增长到 80.8 亿元,三次产业结构占比由 30.64∶35.83∶33.53 优化到 8.76∶47.59∶43.64(见表 15-1、图 15-1),可以说工业已经成为襄城县推动经济发展的主导力量。

表 15-1 2003—2018 年襄城县产业结构变化情况

单位:%

年份	第一产业占比	第二产业占比	第三产业占比
2003	30.64	35.83	33.53
2004	33.00	39.99	27.01
2005	24.40	51.78	23.81
2006	22.61	52.96	24.43
2007	18.65	57.26	24.09
2008	16.87	62.29	20.85

* 该项目受襄城县政府委托,项目时间:2019 年 12 月—2020 年 4 月;撰稿人:李燕燕、张景林。

续表

年份	第一产业占比	第二产业占比	第三产业占比
2009	17.10	65.58	17.32
2010	15.46	68.09	16.45
2011	13.75	68.52	17.73
2012	13.57	66.99	19.44
2013	13.20	66.86	19.94
2014	12.66	53.73	33.61
2015	11.20	52.17	36.63
2016	10.29	50.16	39.55
2017	9.26	48.63	42.11
2018	8.76	47.59	43.64

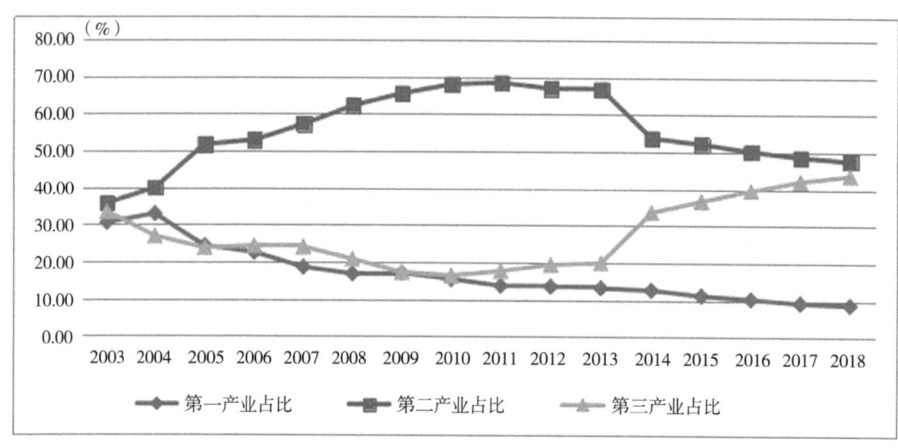

图 15-1 2003—2018 年襄城县产业结构变化趋势

襄城县工业不仅因煤而起,同时也因煤而兴。当前其工业经济有五大支柱产业,分别为化学原料和化学制品制造业、炼焦工业、电气机械和器材制造业、非金属矿物制品业、煤炭开采和洗选业,基本都与煤化工紧密相关。2018年,五大支柱产业实现工业增加值 74.6 亿元,占规模以上工业增加值的 92.3%,其中,煤化工产业增加值占比更是超过规模以上工业增加值的 70%,对襄城县整个工业经济做出了巨大贡献。

说到煤化工产业,就必须提到襄城循环经济产业集聚区内的企业首山化工,它是襄城煤化工产业的龙头,也是源头企业,前身为 2003 年创建的民营企业卧虎山焦化公司。从成立之初以洗煤、炼焦为主业,到如今已是拥有30多种化工产品、年产值超200亿元的先进企业。首山化工已经成为我国传统煤化工向电子、光伏高新技术产业转型做得最好的循环经济样板企业。遥相呼应,在城北产业集聚区内,煤化工产业链在延续,围绕硅材料产业,另一龙头企业平煤隆基新能源科技有限公司大力发展4吉瓦高效单晶硅电池片,当前项目一期14条生产线已全部投产,二期正在加紧推进,项目三期全部达产后可实现年产值100亿元、利税20多亿元。从一煤独大、蜷伏于价值链底端,到多元发展、攀升至产业链高端,襄城县煤化工产业链越拉越长,含金量随之倍增。而这条产业链将为襄城县参与区域竞争赢得更大话语权,成为其经济迈向高质量发展的坚实基础。

二、当前煤化工产业发展前景广阔

(一)国内外煤化工产业发展迅速

从国际范围来看,煤化工产业发展分为三个阶段。第一阶段:18世纪末至20世纪40年代。煤化工开始于18世纪后半叶,19世纪形成了完整的煤化工体系。进入20世纪,许多以农林产品为原料的有机化学品多改为以煤为原料生产,煤化工产业开始崛起。1927年,德国在莱纳建立了世界上第一个煤直接液化厂。在这期间,以石油为基础材料的化工产业尚未建立,煤化工在国民经济中占有重要地位。第二阶段:20世纪50至90年代。第二次世界大战后,石油化工发展迅速,煤化工在化学工业中的地位开始走下坡路,石油化工逐渐占据主导地位,而同期煤炭在世界能源构成中的比重由65%—70%下降到25%—27%。第三阶段:20世纪90年代至今。20世纪70年代初的石油危机,使得德国、美国等发达国家重新开始重视煤化工技术的研发。进入21世纪,油价攀升,石油原料紧缺,成本居高不下,煤化工进入新一轮发展期,此时发达国家加快了大型煤化工技术的开发和工业化推广的进程,煤化工产业迎来了新一轮的发展机遇。

从国内范围来看,我国煤化工产业最早萌芽于20世纪40年代。新中国成立后,相继建立太原、兰州、吉林三大煤化工基地。到六七十年代,我国以化肥工业为主的煤化工产业初步形成。70年代以后石油化工的兴起导致煤化工受到冷落。进入21世纪后,国际油价不断高涨,我国原油对外依存度高,煤化工产业重新受到重视。目前我国正积极从传统煤化工向新型煤化工转型。

截至2019年底,我国已建和在建的现代煤化工项目76个,分别为煤制天然气5个(已投产4个,在建1个)、煤制油9个(已投产8个,在建1个)、煤制烯烃27个(已投产12个,在建15个)、煤制乙二醇35个(已投产20个,在建15个)。

目前我国煤化工项目主要集中在内蒙古、陕西、宁夏、山西、新疆等省(区),已建投产的煤制天然气项目见表15-2,煤制油项目见表15-3,煤制烯烃项目见表15-4,煤制乙二醇项目见表15-5。

表15-2 煤制天然气投产项目

项目名称	建设地点	总规模(亿$m^3 \cdot a^{-1}$)	一期规模(亿$m^3 \cdot a^{-1}$)	关键技术	投产时间	生产负荷(%)
大唐克旗煤制天然气项目	内蒙古克旗	40	13.30	国内碎煤加压气化 DAVY甲烷化	2013-12	85
庆华伊犁煤制天然气项目	新疆伊犁	55	13.75	国内碎煤加压气化 托普索甲烷化	2013-12	76
内蒙古汇能煤制天然气项目	内蒙古鄂尔多斯	16	4.00	多元料浆气化 托普索甲烷化	2014-10	109
浙能新天伊犁煤制天然气项目	新疆伊犁	20	20.00	国内碎煤加压气化 托普索甲烷化	2017-04	82

表15-3 煤制油投产项目

项目名称	建设地点	总规模(万$t \cdot a^{-1}$)	主产品	投产时间	生产负荷(%)
神华直接液化项目	内蒙古鄂尔多斯	108	直接液化柴油、石脑油、LPG	2009-12	90
内蒙古伊泰间接液化项目	内蒙古鄂尔多斯	16	费托合成柴油、石脑油、LPG	2009-03	100—110
山西潞安间接液化项目	山西长治	16	费托合成柴油、石脑油	2009-08	90
神华间接液化项目	内蒙古鄂尔多斯	18	费托合成柴油、石脑油、LPG	2009-12	暂停
兖矿间接液化项目	陕西榆林	100	费托合成柴油、石脑油、LPG	2015-11	90
神华宁煤间接液化项目	宁夏宁东	400	费托合成柴油、石脑油、LPG、甲醇	2016-12	80
山西潞安180万t/a液化项目	山西长治	16	费托合成柴油、石脑油	2017-12	90
兖矿高温费托合成试验装置	陕西榆林	10	高温费托合成柴油、石脑油	2018-09	

表 15-4 煤制烯烃投产项目

项目所属公司	建设地点	生产规模（万 t·a^{-1}）	关键技术	投产时间
神华包头煤化工有限公司	内蒙古包头	60	大连化物所 DMTO	2011 年商业化运营
神华宁夏煤业集团公司（MTP 一期）	宁夏宁东	50	LURGI 公司 MTP	2011 年
大唐内蒙古多伦煤化工有限公司	内蒙古锡林郭勒盟	46	LURGI 公司 MTP	2012 年
神华宁夏煤业集团公司（MTP 二期）	宁夏宁东	50	LURGI 公司 MTP	2014 年，外购部分甲醇
宁夏宝丰能源集团有限公司	宁夏宁东	60	大连化物所 DMTO	2014 年，部分采用焦炉气甲醇原料
陕西煤化蒲城清洁能源化工有限公司	陕西渭南	68	大连化物所 DMTO-Ⅱ	2014 年，外购部分甲醇
陕西延长中煤榆林能源化工有限公司	陕西榆林	60	大连化物所 DMTO	2014 年，外购部分甲醇
青海盐湖工业集团股份有限公司	青海察尔汗盐湖	68	大连化物所 DMTO	2015 年 7 月，未商业化运行
中煤榆林能源化工	陕西榆林	60		2015 年
内蒙古中煤蒙大新能源化工有限公司	内蒙古鄂尔多斯	60	大连化物所 DMTO	2016 年 4 月
中国神华煤制油化工有限公司 新疆煤化工分公司	新疆乌鲁木齐甘泉堡	68	大连化物所 DMTO	2016 年 4 月
中天合创能源有限责任公司	内蒙古鄂尔多斯	137	中石化 SMTO	2016 年 12 月

表 15-5 煤制乙二醇投产项目

项目所属公司	建设地点	生产规模（万 t·a^{-1}）	技术商	投产时间
通辽金煤公司	内蒙古通辽	20	中国科学院福建物构所	2009 年
安徽淮化集团	安徽淮南	10	上海浦景化工公司	2014 年
河南煤业集团	河南新乡	20	中国科学院福建物构所	2012 年
河南煤业集团	河南安阳	20	中国科学院福建物构所	2012 年
河南煤业集团	河南濮阳	20	中国科学院福建物构所	2012 年
河南煤业集团	河南永城	20	中国科学院福建物构所	2013 年
河南煤业集团	河南洛阳	20	中国科学院福建物构所	2014 年

续表

项目所属公司	建设地点	生产规模（万t·a^{-1}）	技术商	投产时间
山东华鲁恒升	山东德州	5	上海戊正工程公司	工艺尾气为原料，2012年
新疆天业公司	新疆库尔勒	25	日本宇部，东华	一期电石炉尾气为原料，2013年；二期煤为原料，2015年
中石化湖北化肥分公司	湖北枝江	20	中石化技术	2013年
河南鹤壁宝马集团（一期）	河南鹤壁	5	湖北华烁，五环	2014年
阳煤深州化工公司	河北深州	22	湖北华烁公司	2015年
鄂尔多斯新杭能源	内蒙古鄂尔多斯	30	上海浦景化工公司	2015年
阳泉煤业集团寿阳化工有限公司	山西晋中	20	日本宇部，东华	2016年
久泰能源有限公司	内蒙古鄂尔多斯	10	久泰能源公司	2016年
阳泉煤业集团寿阳化工有限公司	山西平定	20	上海浦景化工公司	2017年
贵州黔希煤化工投资公司	黔西	30	日本高化学	2018年
安徽合肥红四方有限公司	安徽合肥	30	日本宇部，东华	2018年
山东利华益集团	山东东营	20	日本宇部，东华	2018年
内蒙古荣信化工有限公司	内蒙古鄂尔多斯	40	日本宇部，东华	2019年

2019中国国际煤化工发展论坛报告中的相关数据显示，现代煤化工产业规模和产品产量保持稳步增长：2018年煤制油产能921万吨，产量352万吨，同比增长14.1%；煤制烯烃产能932万吨，产量431.7万吨，同比增长10%；煤制乙二醇产能438万吨，产量166.3万吨，同比增长56.4%。根据最新统计数据，

2019年煤制天然气产能51.05亿 m³,产量43.82亿 m³(大唐克旗12.58亿 m³、新疆庆华10.5亿 m³、新疆新天16.37亿 m³、内蒙古汇能4.37亿 m³),同比增长25.5%。

(二)发展煤化工产业是中国的必然选择

2018年我国能源消费总量为46.4亿吨标准煤,连续10年居全球第1位,其中,化石能源占比达到85.7%,是国民经济发展的重要基础原料。因此,保障化石能源供应仍是我国当前能源发展的重中之重。从我国三大化石能源储量上来看,一方面,我国石油和天然气存在资源约束,对外依存度较高,其中,原油对外依存度已超过了71%,天然气对外依存度也攀升至43%。另一方面,我国在煤炭上又有着巨大的优势,当前煤炭探明可采储量1145亿吨,排名世界第三,煤炭资源储量更是占据着中国化石能源总储量的94%。对于国家战略需求而言,"缺油、少气、煤炭资源相对丰富"的资源禀赋决定了我国煤为主体的能源结构,发展现代煤化工是必然选择。首先,现代煤化工产业能够部分替代我国石油和天然气的消费量,促进石化行业原料多元化,为国家能源安全提供战略支撑,为石油安全提供应急保障。其次,是落实国家能源消费革命战略、保护环境、促进煤炭清洁高效利用和煤炭产业转型升级的重大举措;此外,能够有效拉动区域经济发展,带动煤炭、石化、装备等相关领域产业优化升级。最后,"一带一路"战略实施要求充分发挥我国现代煤化工技术、装备、工程和人才优势,加快现代煤化工产业"走出去"。

(三)现有市场需求下襄城县煤化工产业发展潜力无穷

当前,煤化工产业面临着新的市场需求和发展机遇。从全球层面分析,当前世界能源的消费结构仍以化石能源消费为主,2018年世界能源消费石油占32%、煤炭占28%、天然气占24%、新能源占16%。根据化石能源的蕴藏量以及开采情况,许多专家预计21世纪中叶,石油消费在能源消费结构中将逐步减少,天然气和煤炭消费比重将上升。总体的能源形势将从以石油为主逐步转化为以天然气为主,进而发展为以煤炭为主。[①] 因此,在未来作为可替代石

---

① 张长力.浅析现代煤化工技术现状及趋势[J].中国化工贸易,2018(28).

油的清洁能源,新型煤化工产业发展潜力无穷。

从国家层面分析,一方面,新型煤化工领域的煤制油、煤制烯烃、煤制二甲醚、煤制天然气和煤制乙二醇的示范项目得到国家政策的支持。另一方面,现代煤化工产业中的煤制油、煤制天然气、煤制乙二醇、煤制烯烃等均是国家短缺的战略物资。例如,2016年和2017年接连出台的《能源发展"十三五"规划》《煤炭深加工产业示范"十三五"规划》《现代煤化工产业创新发展布局方案》,都明确"十三五"期间要推动现代煤化工产业创新发展。同时,"构建清洁低碳、安全高效的能源体系"已写入党的十九大报告,成为国家战略。而我国能源消费的60%来自煤炭,煤炭的清洁利用无疑是一项重要工作。新型煤化工产业作为煤炭产业链的下游环节,是实现煤炭清洁高效利用的主要路径之一,因此现代煤化工产业在"十四五"期间必然会实现快速发展。

从襄城自身层面分析,首先,新型煤化工产业已是当前的主导产业,同时依托煤焦循环经济链条,引进了大量与硅材料产业相关联的企业,并谋划成立55亿元的硅材料产业发展基金,专门用于发展硅材料产业,襄城未来产业发展方向已与新型煤化工产业不可分割。其次,襄城工业化并未完成,除新型煤化工产业以外的其他工业又在区域竞争中不具有优势,发展新型煤化工可以更快地帮助襄城完成工业化。最后,襄城不仅本地拥有煤炭资源,而且紧临大型产煤区,具有大部分地区不具备的资源优势。

三、煤化工产业发展方向

(一)煤化工行业产业链条

煤化工可分为传统煤化工和新型煤化工。传统煤化工主要包括煤焦化和煤气化制合成氨。在经历了引进-消化-吸收-改进-再创新之后,我国传统煤化工技术与装备水平显著提高,在国内需求强劲增长的推动下,传统煤化工步入了持续增长快车道,焦炭、合成氨、电石的生产规模稳居世界第一。在传统煤化工行业快速发展的同时,随着石油化工的飞速发展,全球性石油短缺出现,而煤炭作为我国的优势能源又被赋予了新的使命,那就是以其为原料借助于先进技术生产烯烃、芳烃、乙二醇等化工产品以及油品、天然气等能源产品，现代煤化工由此进入大众的视野。现代煤化工的第一条产业链是气化技术产业链，这一产业链构成了我国现代煤化工的核心。运用这一技术合成气（一氧化碳和氧气），并在下游生产过程中制造出有机化工产品和精细化学品，包括甲醇、甲醛、甲酸、醋酸、氧氰酸等。第二条产业链是焦化产业链。炼焦行业主要指从硬煤和褐煤中生产焦炭、焦炉煤气、煤焦油、粗苯等副产品的炼焦炉操作活动。产品包括：①焦炭。炼焦最重要的产品，大多数国家的焦炭绝大部分用于高炉炼铁，其次用于铸造与有色金属冶炼工业。②煤焦油。③焦炉煤气。用于生产甲醇。④粗苯。第三条产业链是液化产业链。运用这一技术的生产方法有直接法和间接法，直接法就是运用高温、高压、催化手段使煤炭与氧气反应，使煤炭可以直接转化成油；间接法就是先合成气，再把合成气加工为液体燃油。第四条产业链是"三位一体"产业链，即煤、电、气一体化。

（二）襄城县煤化工现有产业链条

结合新型煤化工产业链的情况来寻找襄城县未来煤化工产业的发展方向，必须厘清襄城煤化工产业现有产业链（见图15-2），而厘清这条产业链又必须从源头企业首山化工出发。作为当前的龙头企业，首山化工从煤焦化起步，逐步进行煤化工产业转型，打造了"原煤入洗－矸石制砖－中煤发电－精煤炼焦－煤气综合利用－化产回收"的循环经济产业链，衍生出30多种化工产品，还形成了煤基尼龙、煤基电子、光伏新材料及煤基碳素、碳纤维等产业链条，对煤炭做到了"吃干榨净"，成为国内最长的循环经济产业链条。

在煤基尼龙上，依托煤基化工产业优势，通过与平煤神马集团合作，形成了以煤化工副产品苯和氢气为原料，利用干熄焦副产的蒸汽为热源，采用平煤神马集团自主知识产权的环己烯法制环己酮进行生产，使煤炭采选和尼龙化工两条产业链成功对接，形成了全球最完整、技术含量最高、循环经济特征最明显的煤基尼龙产业链。

在煤基电子、光伏新材料上，通过焦炉煤气制氢，合成高纯硅烷，打造了"硅烷－电子级/区熔级多晶硅－纳米硅粉－单晶硅片－高效太阳能电池片－光伏组件"的硅材料产业链。例如，利用首山化工煤制氢项目生产的氢气，河南硅烷科技发展股份有限公司生产出了8N级高纯度硅烷和电子级多晶硅。该公司生产的高纯硅烷气在国内市场占有率达到20%，并在光伏新材料市场

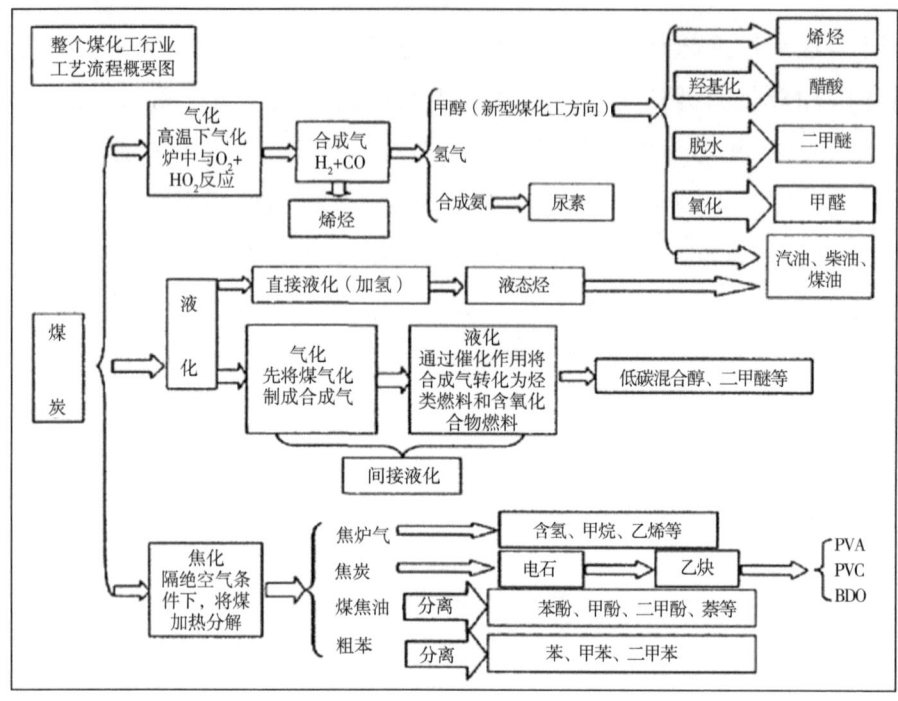

图 15-2　煤化工产业链示意图

占 70%，成为全球第二大硅烷生产商，被河南省列为打造千亿级高纯硅材料产业集群的核心企业。利用上游的高纯硅材料，平煤隆基新能源科技有限公司生产出了中游产品电池片，而许昌首山天源光电科技有限公司从事的就是其下游产业——组件制造。作为光伏产品的终端企业，天源光电拥有国内外一流的自动化设备，28 秒生产一块组件，多数岗位可实现全自动化。组件光电转换效率高达 22%，常规 60 片组件功率可达 310 瓦，优于国家"技术领跑者"标准，填补了在高效光伏组件制造业的空白。

在煤基碳素、碳纤维上，利用焦炉煤气提取煤焦油，打造了"煤焦油—针状焦—中间相焦—特种石墨—纺织沥青—碳纤维"的炭材料产业链。碳素产业园作为襄城县煤基化工产业转型升级的重要组成部分，目前已入驻石墨电极、石墨坩埚等 3 家企业 5 个项目，其中许昌天戈硅业科技有限公司是国内唯一掌握成熟 120 千克级蓝宝石晶体生产技术并能够量产的企业，开炭新材料科技有限公司生产的等静压石墨是制造单晶硅炉、多晶硅炉、金属连铸的石墨结晶器、电火花加工用石墨及核能产业、军工行业等不可替代的材料。由于我国在等静压石墨行业落后于发达国家，核石墨和军工用石墨长期依赖进口。等静压石墨项目建成后,将为我国核工业、军工行业摆脱依赖进口的局面做出贡献。此外,投资13亿元的针状焦项目已建成,可年产6万吨沥青焦及4万吨针状焦,打破了美国、日本等国家的技术垄断,填补了高端针状焦市场的空白。

四、襄城县其他主要产业及其发展前景

除煤化工产业以外,其他制造业虽然规模较小,但是对襄城县经济社会发展依然起着至关重要的作用。2018年,农副食品加工业增加值0.4亿元,增长0.5%;电气机械和器材制造业增加值10亿元,增长12.3%;非金属矿物制品业增加值3亿元,下降27.4%;皮革、毛皮、羽毛及其制品和制鞋业增加值1.7亿元,下降22.9%;医药制造业增加值0.8亿元,增长22.4%。

装备制造业方面。规划建设装备制造科技园,乐昌光伏等10余家企业实现入驻,2019年1—11月,装备制造业增加值完成13.6亿元,增长75.9%。从世界经济发展进程来看,装备制造业是国民经济发展特别是工业发展的基础,建立起强大的装备制造业,是提高综合国力、实现工业化的根本保证,第三次工业革命兴起的信息技术、核技术、空间技术等,无一不是通过装备制造业创造出来的,可以说装备制造业是高科技的载体。同时,也要认识到,传统装备制造业未来必然要进行信息技术改造,转向智能制造领域。对于襄城县而言,现阶段要在发展食品机械、矿山设备、蓝宝石制造设备、漆包线等传统特色装备制造业的基础上,注重拓展产品领域,积极发展工业机器人、智能机械、智能电器等智能装备和产品,加快建设以万杰智能科技有限公司为龙头的食品机械科技园区,推动装备制造业转型升级。

服装制鞋产业方面。规划建设服装制鞋产业园,德旭鞋业、天海服饰等项目已建成投产,集群效应初步形成。2016年,产业园内生产各类服饰300万套、成品鞋100万双,产值超4亿元。从产业类型来看,服装制鞋业属于典型的劳动密集型产业,行业的产能总是向着劳动力成本低廉的国家和地区迁移。对于襄城县而言,工业化尚未完成,承接东部地区转移的过剩产能有利于增加就业,促进经济发展。从长期来看,随着经济的发展,人们的生活水准不断提高,消费能力和意识不断增强,产品必然要向高端化发展,襄城县可以提前布局,依托现有产业优势发展天然纤维、非棉纤维、全棉高档织物和麻丝织物等

中高端产品,同时向运动装备、儿童服饰、贴身衣物等领域拓展。此外,随着互联网与电子商务的快速发展,可以探索性发展个性化定制服务。

快递物流产业方面。依托农产品贸易,规划建设了群发农产品物流产业园,包含农产品交易、物流加工配送、综合配套、冷藏冷链等四大功能区,食品安全监测检验、电子结算、客商服务三大中心和一个种植示范基地。目前,已入驻种植合作社13家,经营收购、销售农产品商户242户。从发展前景来看,随着生活水平的不断提高,技术进一步融入人们的生活,消费者的生活方式持续演进,对食品质量和种类有更高的标准,有机食品、进口食品和精致饮食受到追捧。此外,生鲜作为居民日常饮食的必需品,消费者对其新鲜度要求越来越高,而冷链又是把生鲜及时送到居民手中的重要依托。因此,农产品物流必然会得到快速发展。同时,2018年中央一号文件明确要重点建设现代化农产品冷链仓储物流体系。因此,对于襄城县来说发展农产品物流前景广阔。

文化旅游业方面。襄城县自然风景、人文景观旅游资源丰富,文物古迹众多,其中比较有特色的有襄城城墙、襄城文庙、乾明寺、五岳庙、毛泽东视察襄城纪念馆等,是发展文化旅游产业很好的依托。从发展前景来看,近年来,文化旅游开始在旅游市场得到快速发展,并逐渐成为现代旅游业发展的主流之一。同时,文化旅游不仅有助于保护和开发各民族各地方的特色文化、丰富和完善旅游产品的内涵及价值,还有助于促进地区经济结构的转型与发展。因此,文化旅游已成为推动旅游产业进一步发展的重要驱动力。从襄城自身来看,周边县市大多数是旅游热门地,襄城完全可以利用这个优势,在突出自身特色的基础上探索协同发展,通过推出联合游等方式大力推进文化旅游产业的发展。同时紧跟时代步伐,通过抖音、微博等各种现代化平台做好宣传,以此提升襄城县旅游知名度。

五、襄城县制造业发展过程中存在的问题

(一)环境约束制约煤化工产业的发展

首先,水资源与环境容量制约煤化工产业发展规模。由于煤化工要消耗大量的水资源用于循环水补水、除盐水站、生活水、消防水、绿化用水等,同时

产生的大量废水难以处理,水资源匮乏和高盐水处理成本高,导致襄城县煤化工产业发展出现瓶颈。此外,现代煤化工需要紧临煤炭地区布局,但是多煤地区一般工业基础薄弱,生态脆弱,环保总量指标匮乏。对襄城县而言,其工业企业煤炭消耗量指标是每年360万吨。大气污染防治工作一旦开始,集聚区内的部分企业就要间接性停产,导致焦化行业被限制出焦时间,产量明显降低。同时,环境政策的约束使得园区内多数企业原材料购进困难,企业整体生产量下降,对工业经济的发展影响很大。其次,由于受到土地、环评、安评、环保容量等方面的影响,集聚区内某些项目在备案后无法很快开展工作,长时间达不到开工条件,直接影响项目入库以及投资的持续稳定增长。

(二)产业链条还不完善,低附加值产品多,产业竞争力不强

对于襄城县而言,目前已有的煤化工、装备制造、服装制鞋产业集群基本上属于传统产业集群,主要集中在生产制造环节,研发能力薄弱,处于产品价值链的低端。例如,纺织服装、制鞋企业多为劳动密集型企业,只作为代工厂,没有自主品牌,靠外来订单生存,并且企业竞争力和抗风险能力薄弱,一旦受到外部因素的威胁,就会直接影响该企业的正常运营。此外,装备制造产业还处于起步阶段,产业规模小、项目少,缺少龙头企业,更缺少500强企业投资的重大项目入驻,产业布局分散,链条短,上下游和外围服务企业配套不紧密,产业集约化程度较低,整体市场竞争优势不突出。即使从主导产业煤化工来看,由于其现代化起步较晚、研发时间不长,加上投入资源有限,核心装备技术还不能完全掌握,导致煤化工的中间产品雷同现象比较严重。同时,产业链延伸不够,目前仅利用焦化一种方式生产化工产品,且焦化链条下游产品结构不完善,缺乏完善的副产物就地后续加工工序以提升行业附加值。

(三)科技创新能力有待提高

一是许多工业企业利用信息技术对传统产业进行改造提升、优化工艺流程的能力较弱,导致产品附加值低、市场占有率低、产品低端、市场竞争力弱。二是缺乏足够的科技投入,劳动力的科技意识淡薄,产学研结合程度较低,这些都导致产业发展步伐缓慢。三是产业集约化程度不高。缺乏大型规模的产业基地,标准化操作进展缓慢,产业集约化程度不高,这导致产品的产量与质

量的优势和效益无法充分发挥。四是企业自主创新能力薄弱,产品科技含量有待提高。虽然部分企业已经形成了一批相对成熟的产业综合配套技术,但仍存在科技推广应用水平不高、科技推广应用面不大、技术保障体系不完善等问题,造成行业标准化技术和可持续发展技术应用率低。

(四)专业技术人员缺乏

目前,襄城县企业中高学历、高职称、高级别技术工人和高层次管理人才严重匮乏。尤其是煤化工生产方面的专业人才缺乏。并且很多企业技术开发工作仅依靠一两个工程技术人员进行,高科技人才少,技术开发能力薄弱。同时,管理型的企业家较少,部分企业经营者素质还不能完全适应企业发展的需要,对企业发展缺乏长远规划。对企业员工而言,缺乏继续教育与技能培训。

(五)煤化工产业与其他产业发展融合度低

煤化工作为襄城县的主导产业,在整个工业经济中占据重要地位,但目前在整个产业发展过程中基本只在本行业延伸产业链条,与其他产业融合发展较为困难,特别是与其他生产性服务业协同困难。例如,并未有效利用现有的矿山、原材料等资源,发展第三方物流。同时也未利用现有装置、人员、技术,整合研发和培训水平,发展第三方服务业。

六、对策建议

(一)煤化工产业与生态环境协调发展,探索差别化的环保管理政策

在产业发展上,要实现环境与产业的平衡,要先从煤化工产业的生产源头抓起,相关产品在生产时应建立起一套完整的清洁标准,同时引入煤化工清洁生产技术,降低源头污染。在产品生产环节中出现的废水、废气以及有毒的污染物等,应做好严格处理并针对污染物类型进行污染控制。生产的产品应对其特性进行抽样检查,同时也应对其给环境带来的污染程度等出具相关的检测报告。在环保政策上,推动市级层面针对襄城县发展实际给予差别化环保

管理政策,同时,探索推动市级出台跨区域污染交易制度,通过交易打破现有产业发展瓶颈。此外,通过在煤化工产业的成本核算体系中增加环境成本来强化企业的环保意识,强迫其保护自然环境、社会环境和生活环境。在支持政策上,出台一些补贴和照顾政策给企业。第一,凡是技术和工艺比较环保的企业,可适当减免包括土地使用税在内的部分税收;第二,根据"污染者付费,利用者补偿"的基本规定,对先进无污染企业给予现金补偿;第三,在煤化工企业中,对于那些"三废"减量化、无害化、资源化的企业,运用一定的政策予以支持和奖励。

(二)完善产业链条,围绕重点领域做精做强

完善上下游产业链,做大做强重点领域,形成以重点领域为带动,全产业链协同发展的产业集群,同时推动上下游之间、相关企业之间合作共赢,通过能源相互平衡、物料互为供需、研发相互共享提升整体的运营效率。继续围绕现有特色产业,按照循环经济生产模式,坚持节能环保,以高科技、高投入、高附加值为方向,扩大规模,延伸新产品,加快高纯硅烷气、超高功率石墨电极等重点项目建设,推动煤化工产业链逐步向尼龙化工、碳素化工、光伏新材料产业发展,使煤化工逐步走向高、精、尖,提升煤化工产品技术水平。同时创建以高纯硅烷气、超高功率石墨电极、原料煤入洗、矸石制砖、中煤发电、精煤炼焦、化产回收、煤气综合利用等完整的循环经济产业链,以及以焦油深加工、超高功率石墨电极、干熄焦及余热发电、新工艺硅烷等为主的延伸产业链。依托现有的硅材料企业,在上下游企业逐步做大做强的同时,继续规划与硅材料相关联的产业,加大产业招商力度,吸引相关产业集聚,形成千亿级硅材料产业集群,打造"中原硅都"。

(三)发挥比较优势,加快与许昌市域产业融合步伐

我们提出了城市向心发展,加快与许昌一体化步伐,并通过襄许一体化实现与郑州大都市区核心圈的对接,产业依托平顶山谋发展,通过平煤集团项目融入平顶山产业体系中。从目前的情况看,由于产业发展本身就源于与平煤集团的合作,后续发展也基本上依托平煤集团实现项目拓展,所以,后者战略推进效果比较好。相对来说,前者战略实施相对滞后,襄许一体化还属于思路

酝酿与项目谋划阶段。实际上,实现襄许一体化,除了交通基础设施加大高标准互联互通之外,产业体系对接也可以大有作为,比如可以发挥襄城县资源、煤化工和新材料等产业的比较优势,以热点项目在襄城县布局为契机,大规模拓展热点产品的市场空间,除了主城区居民供热之外,还可以延伸至市区周边乃至长葛工业项目,为整个许昌市域产业发展提供能源原材料方面的基础支撑。在农产品深加工和农产品物流领域,襄城县也可以通过与许昌市域深度融入而大规模拓展发展空间。

(四)加快推进产业融合发展

襄城县在现有工业经济的基础上,应加快工业企业内部的服务业剥离,不断拓展产业链,使制造行业向服务业延伸。同时,围绕主导产业和配套产业发展需要,加强生产性公共服务平台建设,发展与煤化工相配套的研发服务、物流配送、信息咨询、金融服务等生产性服务业。通过工业智能化和信息化,推动传统优势产业品牌创建、高新技术产业自主创新、传统农业和服务业产业链进一步延展。同时借力交通基础设施的优势,在区域范围内引导物流业与制造业融合发展,并以生活服务为纽带,促进产业集聚区与中心城区的产城互动融合发展。

(五)支持企业加大技术创新和人才引进

创新是第一动力,人才是第一资源。引导和支持龙头企业主动与相关科研院所合作建设研发中心,与大企业、大集团合资合作,注重研发平台建设和研发队伍的培养,为企业培养一批具有自主创新能力的科研人才,不断提高企业自主创新能力和核心竞争力,促进产业做大做强。同样,在人力资源配置上,尽快建立和完善相应的吸引人才、留住人才的政策和配套措施,积极引进高素质人才。采取长期聘用、短期聘请等多种方式,引进熟悉化工生产的专业人才、精通业务和管理的复合型人才,形成人才聚集的热点,组成一支高素质的企业经营管理团队。

最好的办法是按照"不为所有,只为所用"的原则,每年在财政支出中预算一笔相当数量的资金,要么政府依托科工部门,要么政府与企业合作,要么支持企业,在全球范围内搜索煤化工及其延展链条上各个环节相关的顶尖技术人才,以建立院士工作站、博士后工作站、专业研究院所,项目利润分成、配送股权等措施,以软引进方式将数量庞大的行业顶级技术人才聚合到襄城县煤化工及其相关延伸产业链中来,获得并使用一批相关的专利技术,把襄城县煤化工及其相关产业推到行业价值链的最高端,赢得更多的话语权,获得更大的竞争能力,为地方工业化和经济发展提供更强有力的支撑。

第二编

专题研究报告

第一部分

国家与河南省相关部门委托项目

报告 16　做优国家综合立体交通运输体系中间支点 为中原崛起和国家现代化提供强支撑*

根据全国人大财经委《关于委托开展建设现代综合交通运输体系调研的函》有关精神,受河南省人大财经委委托,河南中原经济发展研究院组织专家团队,自 2021 年 3 月 19 日至 4 月 28 日,在河南省内就现代综合交通运输体系进行了为期 40 天的调研。其间,先是听取了河南省发改委、河南省交通运输厅、河南省自然资源厅、河南省生态环境厅、河南省邮政管理局等相关省直部门和中国铁路郑州局集团、河南机场集团、河南民航发展投资集团等交通运输运营企业的汇报,继而赴信阳、漯河、周口和郑州等地,深入公路、铁路、机场、港口实地考察,并与当地政府部门和企业座谈,最后,在整理资料、梳理思路的基础上,再次赴中国铁路郑州局集团等机构进一步沟通交流,核实情况,校正认识,立足国家全局,依据河南实际,形成了本报告。

一、河南在国家综合立体交通运输体系中具有举足轻重的地位

河南位居国家腹地,号称"天地之中",承东启西,连南接北,地理位置异常重要,自古就有"得中原者得天下"之说。在现代化进程中,随着各种现代交通运输方式的建设运行和持续加密提质增效,河南在国家综合立体交通运输体系中的重要性更加凸显。河南是中国最早贯通南北和东西的铁路大动脉京广(汉)、陇海两线交会处,省会郑州被称为"火车拉来的城市",是国内唯一一个因交通优势而成就的内陆超级大都市,是率先启动"米"字形高铁建设并已基

---

* 该项目为全国人大财经委委托的"国家综合交通运输体系调查"智库专项报告,完成于 2021 年 4 月,撰稿人:耿明斋、李燕燕、李甜。

本建成投入运营的省份,也是公路运输最繁忙的省份之一,郑州机场凭借连续10年客货运输高速增长跻身中国大型枢纽机场行列,且独享"空中丝绸之路"美誉。我们认为,在跨入发展新阶段,实现两个一百年目标和新一轮现代交通基础设施规划建设中,需基于如下三点,进一步强调河南在国家综合立体交通运输体系中的重要性。

(一)河南在主轴、走廊和通道三级交通线路体系和各类枢纽节点中均有布局

中共中央、国务院2021年2月24日发布的《国家综合立体交通网规划纲要》(以下简称《规划纲要》)中,将重点地区分成4极、8组群、9组团三类,并以极、组群、组团为端点或节点,构建相互连接的交通线路。以京津冀、长三角、粤港澳和成渝双城为4极,以长江中游、中原地区、山东半岛、海峡西岸、辽中南、哈长、北部湾、关中平原等为8组群,以呼包鄂榆、黔中、滇中、晋中、兰西、宁夏沿黄、天山北麓、拉萨、喀什等为9组团,构建连接极、组群、组团等各端点之间的联系通道,形成6条主轴、7条走廊和8条通道格局。在所有主轴、走廊、通道三层级交通线路规划中,河南境内均有布局。

第一,6条主轴中京津冀至粤港澳主轴两条线路中都占据重要节点,西线沿京广铁路布局,节点以郑州为中心南北串起安阳、鹤壁、新乡、许昌、漯河、驻马店、信阳等7个中心城市;东线沿京九铁路布局,以商丘为重要节点,北面穿濮阳东侧而过,且在台前设站,南面穿信阳东部而过,在潢川、新县等设站,加上郑州,共计11个省辖中心城市,占到了河南省辖中心城市的近三分之二。

第二,7条走廊中大陆桥走廊则有3条线路横穿豫境,一是以连云港为端点的线路,以郑州为中心,东西向横穿商丘、开封、洛阳、三门峡4个中心城市;二是以上海为端点,自东南向西北穿越信阳、南阳2个中心城市;三是自南京与合肥经周口、漯河、平顶山到洛阳的支线穿越4个中心城市。这3条线路覆盖了河南10个省辖中心城市。

第三,8条通道中有1条通道即二湛通道自北向南穿越济源、洛阳、平顶山、南阳4个省辖中心城市。

这样,不考虑重复穿越情况,主轴、走廊和通道3种线路类型在河南境内直接穿越的省辖中心城市总数达到16个,占到了河南18个省辖市的将近

▶ **报告 16 做优国家综合立体交通运输体系中间支点 为中原崛起和国家现代化提供强支撑**

90%。剩下焦作和濮阳两个中心城市,三类线路虽然不直接穿越市区,也是擦城而过。京津冀至粤港澳主轴东线擦濮阳东侧台前县而过已如前述。实际上,焦作也在二湛通道上,该通道中的主要交通线路呼南高铁东西两线就在焦作分叉,东线从焦作市区穿越至郑州,然后接郑渝高铁至南阳;西线从辖区内的沁阳市穿过通向洛阳,然后直下平顶山到南阳。所以,国家综合立体交通运输体系网络布局中河南实际上是全境覆盖。

同时,作为中原城市群核心城市及河南省会的郑州,还是《规划纲要》中重点布局的 20 个国际综合性交通枢纽城市,14 个国际航空(货运)枢纽,18 个国际铁路枢纽场站和 40 个国际邮政快递处理中心的重要成员。

这就是说,在《规划纲要》所涉所有线路体系和枢纽体系中,河南是被全覆盖的,由此可见河南在国家综合立体交通运输体系中的独特重要性。

(二)河南是国家综合立体交通运输体系的中间支点,在沟通南北、连接东西,实现"人享其行,货畅其流"方面扮演着重要角色

中国五千年文明史的大部分时间处在农耕文明阶段,农耕文明阶段的大部分时间,政治经济文化的中心在中原地区。隋唐以后,随着江南的开发,经济重心向南偏移,沟通南北的重要性随之增强,除了政治中心延续之外,中原在国家全局中又多了沟通南北的支点功能。近代以来,伴随着源于西方工业文明的现代化浪潮,得地利之便,东南沿海迅速崛起,成为中国经济的重心和发动机。在自身率先实现现代化的同时,还肩负着向广大中西部地区传递现代化的责任,同时,沿海地区的现代化也需要借助于中西部地区的资源和人力支持。在这种情况下,位置居中的河南的重要性进一步凸显。要知道,不管是东南沿海地区的现代化元素,还是中西部支持东部沿海现代化的资源,都是通过各种现代化的交通方式传输的,于是,位置居中的河南成为沟通东西、联结南北的各种交通通道的穿越之地,从而也成为国家综合立体交通运输体系中的重要支点。能否做到"人享其行,货畅其流",支点的力度很关键,所以,各种交通线路河南段都是关键路段,对数量、质量、建设节奏、通行能力和管理水平都有更高的要求。

据分析,由于地域面积因素,目前,河南省综合交通网总里程(27.8 万公里)、铁路营业里程(6518 公里)、高速铁路(1979 公里)、高速公路(7100 公里)

等现代陆路交通线路里程等,与周边省份相比可能不是最多的,但客货运量(11亿人和21亿吨)、周转量(2012亿人公里和8595亿吨公里)却远大于周边其他省份(2019年数据)。高速公路密度每百平方公里3.91公里(2017年数据),排在上海、天津、北京、广东、江苏、福建等直辖市和经济最发达的省份之后,居全国第7位,远大于周边其他省份。国家铁路和国家干线高速公路河南段拥挤程度也比周边省份明显居前。2019年国家高速公路年平均日交通量2.8万辆,河南省高速公路年平均日交通量3.3万辆,超过全国平均水平18%。其中京港澳高速全线达到6.6万辆,连霍高速全线达到4.7万辆。之所以如此,是因为河南路网承担着大量过境交通流量。据统计,外省车辆占全省通行费收入的40%。由于各种原因,河南航空运输起步较晚,但近年来发展迅速,郑州机场客货运量增速一直排在全国各大机场最前列、中部各大机场第1位,2020年客货运输在全国各大机场排名已经晋升至第11位和第6位。管辖范围主要在河南省域的中国铁路郑州局集团营业里程在全国18个铁路局中差不多敬陪末座,但盈利水平却排在前三位,可见其繁忙程度和运力利用程度。这些数据足以证明河南在全国综合立体交通运输体系中的重要性。

(三)河南在促进区域经济平衡协调发展方面发挥着重要作用

如前所述,由于东部沿海地区具有现代化的先发优势,因此,内陆与沿海现代化的不同步和不平衡久已存在。计划经济时期,通过行政配置资源的方式,大量工业项目优先布局于中西部,内陆与沿海差距明显缩小,甚至呈现出局部优势。改革开放以后,随着市场深化和工业化、城镇化步伐加快,内陆与沿海地区的发展差距重新加大。2008年金融危机之后的10多年,伴随着创新和以互联网为基础的新经济快速发展,内陆与沿海地区发展差距进一步拉大,区域发展不平衡也由原来的东西差距表现为南北差距。1978—2012年,南北经济份额在全国的比重(以地区GDP合计为分母)从53.7%和46.3%演化为57.1%和42.9%,差距从7.4个百分点扩大至14.2个百分点,34年增大不足一倍。而2013年起,南北经济总量差距迅速拉大,2019年各自在全国经济总量中的占比分别演化为64.6%和35.4%,差距扩大至29.2个百分点,7年增加了15个百分点,差距增大一倍还多。从图16-1可以看出来,2012年后,南北经济总量占比曲线迅速张开,而且开口继续扩大的趋势明显,可见,问

▶ 报告 16　做优国家综合立体交通运输体系中间支点　为中原崛起和国家现代化提供强支撑

题已经很严重了。

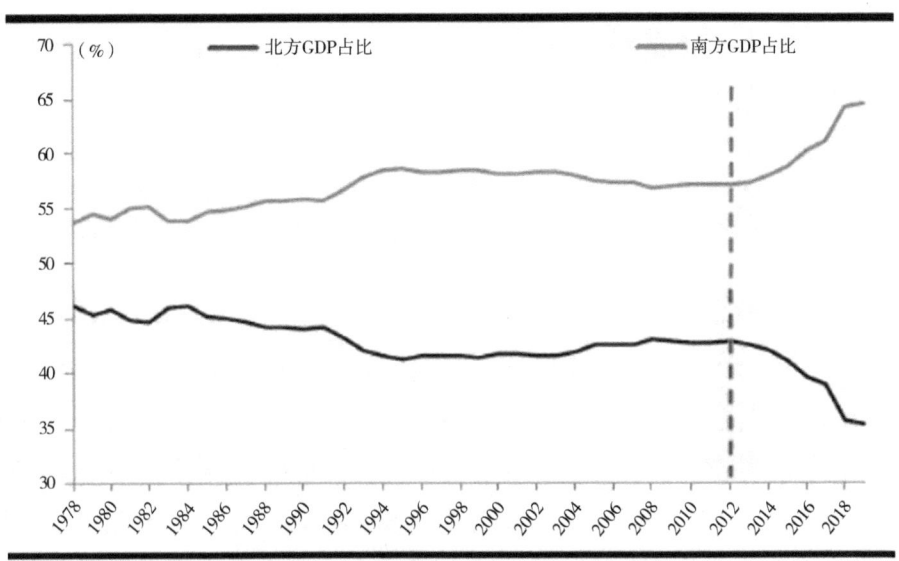

图 16-1　近年南北经济总量差距迅速扩大

资料来源：国家统计局，"泽平宏观"。

为避免南北差距进一步扩大，促进区域平衡和区域协调，国家已经明确要构建以内循环为主，内外循环相互促进的新发展格局，尤其是要畅通内循环。这有两个方面的内涵：一是深化改革，破除城乡和区域之间的制度壁垒，实现要素在城乡和区域间无障碍流动；二是加大各类现代化交通线路建设力度，提升综合立体交通网运行效率。通过这两种方式，加快沿海发达地区现代化元素向内陆欠发达地区传递的速度，从而加快内陆地区现代化的步伐。这意味着，河南作为国家综合立体交通运输体系的中间支点，又多了一项促进区域之间均衡协调发展的使命，其重要性进一步增强了。

进一步分析，河南作为户籍人口总量（1.15 亿人）全国第一，GDP 总量全国第五（将近 5.5 万亿元）的最大省域经济体之一，自身就像擎天一柱，矗立在南北之间，起着遏制南北差距拉大和促进区域协调的作用。要让河南承担起这样的责任，扮演好自己的角色，履行好自己的使命，途径之一是进一步加强这里的综合立体交通网建设，使沿海发达地区现代化元素向内陆地区传输更迅速、更便捷、更顺畅，也让河南自身这样的巨型发展中省域经济体获得更多的发展机遇,更迅速地壮大自身,更有力地撑起北方经济的一片天。

二、以新一轮高铁建设为抓手,陆桥廊道为重点,全面提升河南综合立体交通网能级

(一)作为"米"字形谋划先行者,目前河南高铁建设明显滞后

高铁是最便捷高效,国内出行优先选择的现代交通运输方式,河南也是最早谋划建设"米"字形高铁的省份,但由于缺乏战略谋划,此后没能继续跟进高铁快速发展的潮流,10年后,河南高铁建设却明显滞后了。表现之一是高铁网规模落后于周边区域。据统计,2020年河南省高铁营业里程居全国第9位,落后于安徽、山东、湖南、江苏等周边省份;高铁网密度居全国第14位,落后于江苏、山东、安徽等周边省份,与广东省等经济发达地区相比差距更为明显。洛阳作为中原城市群副中心城市,南阳、信阳、漯河、周口作为人口大市,目前仅有一条高铁通道,并且与长三角等国内经济发达地区间的交通连接不够便利,对区域协同发展造成制约。表现之二是缺乏高铁项目储备。"十三五"末高铁结转项目仅有郑济高铁濮阳至省界段、京雄商高铁、菏兰高铁3个项目,总里程只有107公里,投资规模从2019年的240亿元下降至2020年的170亿元,2021年还会进一步下降。拟议中的呼南高铁西通道、宁西高铁、洛平漯周等线路迟迟未能正式立项启动建设。

(二)以陆桥廊道为重点,打造河南"米"字形+"三纵四横"高铁网

补上高铁短板是河南完善综合立体交通网的当务之急,优先项目是洛平漯周和宁西高铁河南段两条线路。洛阳是河南的副中心城市,是河南双都市圈发展战略的重要支撑,平顶山是资源大市,漯河是京津冀至粤港澳主轴上的重要节点,周口人口接近1200万人,洛平漯周一线是河南中南部的经济重心,总量超过万亿元,总人口超过2500万人,与《规划纲要》中大陆桥廊道南京经平顶山至洛阳支线重合,还是河南面向长三角发达地区最便捷的通道,应该摆在最优先的位置,争取尽快立项并启动建设。宁西高铁河南段与大陆桥廊道南部主线路重合,串通豫南南阳和信阳两个总人口达2000万人的大市,是河

▶ 报告 16 做优国家综合立体交通运输体系中间支点 为中原崛起和国家现代化提供强支撑

南多年夙愿,谋划已久,此轮不能再被落下。除了这两条线路之外,还有呼南高铁西通道和济源经焦作至新乡连接郑济高铁到濮阳两条线路。其中呼南高铁西通道从焦作辖区内沁阳市经济源至洛阳向南串联起平顶山和南阳,是河南境内重要的南北向快速通道,对拉动豫西经济具有重要价值,前期谋划论证已经成熟,且其中主要路段与洛平漯周重合,应尽快立项并开工建设。济源—焦作—新乡段线路是早期规划的城际铁路组成部分,早已立项,只要资金到位即可开工建设。上述四条线路中的三条,除北部济源-焦作-新乡段铁路属于地方城际铁路之外,其余三条都是国家综合立体交通网的重要组成部分,且属于省部会商已达成共识的重要内容,各方面条件都已基本具备,"十四五"期间应该布局到位。上述规划实施后,加上正在建设和即将开工建设的京港(台)高铁濮阳、信阳段及郑济、菏兰高铁等项目,河南境内就能在"米"字形高铁网基础上,形成三纵四横加多条城际和市域支线网络体系[三纵:京广、京港(台)、呼南高铁河南段;四横:济源—焦作—新乡—濮阳高铁、徐兰高铁河南段、平顶山—漯河—周口高铁、南阳经信阳至六安至合肥高铁;多支:菏兰及以郑汴洛为核心的多条市域和城际铁路]。除郑州之外,洛阳、商丘、南阳、信阳、平顶山、漯河、周口、新乡、焦作、济源等 10 个省辖市都能形成高铁十字交叉,成为次级快速交通枢纽。这意味着,加上郑州,河南 18 个省辖中心城市中 11 个都能直接通达全国各主要城市节点,基本能够形成四通八达,联结国内各区域,联通国际的快速便捷的高铁交通网。尤其是形成多条联通京津冀、长三角和粤港澳的快速通道,对于河南全方位融入沿海发达地区,特别是打造中原-长三角经济走廊,承接其辐射,加快内陆大省现代化进程,意义重大。

三、以提升郑州枢纽地位为中心,超前谋划,进一步完善河南现代综合立体交通运输网络体系

(一)超前谋划中长期高铁建设线路,进一步完善河南高铁网

对现代交通体系对地方经济发展的重要性估计不足,对高铁在现代综合交通体系中的重要性估计不足,对各地风起云涌的高铁建设浪潮估计不足,对现代综合交通体系需求的增长和发展速度估计不足、前瞻性不够,对国家重大

战略布局研究不够、跟得不紧,对交通支撑国家战略的重要性意识不足等,是上一轮河南高铁建设滞后的重要原因。所以,在推动前述高铁建设布局落地的同时,也要抓紧前瞻性研究,谋划未来新的高铁布局。值得关注的是郑银、商周豫南和豫北以安阳为节点的东西向高铁。银川作为宁夏首府、西北重镇,与地处中原腹地、作为国家重要综合立体交通枢纽的郑州之间,至今没有快速便捷的陆上交通通道,谋划一条连接郑州至银川的高铁,不仅能够串联起延安、临汾(或侯马及运城)、晋城或济源等陕北、晋中南、豫西北的重要城市,为西北地区打造一条通向中原地区乃至沿海发达地区的新通道,提升郑州综合交通枢纽的地位,还能由郑州引出向东南延伸,经过安徽亳州到达江苏淮北,对接苏北高铁网,为河南打造中原-长三角经济走廊战略增添能量,实属必要,应该抓紧研究布局。作为豫南重镇的驻马店,是京津冀至粤港澳主轴上的重要节点,人口近千万,经济总量近3000亿元,腹地广阔,经济活跃度高,近年来增速一直稳居河南各省辖中心城市前列,但却没有东西向高铁通道,是河南联通珠三角的盲点,也阻碍河南高铁网的循环。研究布局从驻马店向西南延伸至南阳,向东北延伸至周口和商丘的高铁通道,既能建立起驻马店通向长三角的便捷快速通道,又能连接四个人口大市,形成从郑州、洛阳两大都市圈到豫西南、豫南、豫东南到豫东的大环状格局,进一步完善河南的高铁网络,也非常必要,需要超前研究布局。豫北重镇安阳,既是京津冀至粤港澳主轴上的重要节点,也是中原联系京津冀的重要门户,却也没有东西向高铁通道,可以考虑联合晋鲁两省,研究建设贯通长治、安阳、聊城三市,并分别向东西延伸的东西走向高铁通道的可行性。作为京津冀至粤港澳主轴和大陆桥走廊核心线路的京广、徐兰高铁,运力增量空间日趋变小,也需要根据高铁出行量快速增长的需要,提前研究布局复线建设的可能性与可行性。若上述布局得以实施,则中原完善的高铁网即可圆满成型,从而为国家综合立体交通运输体系提供更加强有力的支撑。

(二)完善城际和市域铁路

完成上述两项布局以后,河南高铁建设剩下的任务就是以郑州、洛阳两大都市圈为中心,以郑汴洛为主轴,以许昌、新乡、焦作、济源为核心圈,以平顶山和漯河为拓展圈,完善城际和市域铁路网络。具体项目:一是以郑州市域K2

▶ **报告 16** 做优国家综合立体交通运输体系中间支点 为中原崛起和国家现代化提供强支撑

轨道快线为契机,抓紧续建开封市区段,并完善运行机制,真正实现城际之间快速通道功能,助力郑开同城化发展;二是加快许港市域铁路建设进度,完善投融资和管理体制机制,争取纳入国铁体系,尽快实现畅通运行;三是谋划建设自兰考引出,将菏兰线向西南延伸,经开封南侧至郑州南站的高铁线路,这样可以使作为都市圈东翼的开封形成多条快速铁路交叉连接的枢纽格局,也能增强郑州南站功能,为郑开同城化和郑州都市圈建设助力;四是谋划建设许昌至洛阳和许昌至平顶山的城际铁路,这样既使许昌与洛阳副中心建立了直接的高铁联络,为平顶山增添了联络郑州都市圈的新通道,也进一步加强了许昌作为都市圈南翼重镇的枢纽地位。上述项目完成后,连同前面已经说过的济焦新线,就形成了以郑州为中心,"放射+环状"的城际和市域轨道交通网,这对于打造中原双城增长极、增强郑州枢纽能级具有重要意义。

(三)加快郑州机场三期建设步伐,打造大容量国际航空货运枢纽

郑州机场是中国民航局早期布局的国家内陆地区大型枢纽机场之一,也是此次《规划纲要》重点打造的国际航空货运枢纽之一。近年来,郑州机场快速增长势头不减,2020年货运量达到63万吨,跻身全国第六大货运机场之列,客运跻身全国第11位,不是疫情影响,注定已跨过3000万大关。按照规划,郑州机场属于5跑道,货运优先,客货运输双重的国际一流大型枢纽机场,2035年货运量要突破200万吨,客运量达到9000万人次。现在已经启动三期工程建设,包括最先建成的北货运区和第三、第四跑道以及第三航站楼。下一步的任务除了加快第三期工程进度,如期完成投入运行之外,更重要的是完善集货通道,拓展集货半径和范围,加快制造业聚集,迅速增大周边区域供货量,引入培育更多基地航空公司和货代企业,开拓更多国际航线,建成规划中的周边多个支线机场,完善与支线机场之间的协同联系,打造功能强大的"空中丝绸之路"国内枢纽,迅速增大客货运量,进一步提升在国内国际航空枢纽体系中的层级,为郑州综合立体交通枢纽和国家综合立体交通运输体系提供更加强有力的支撑。

(四)完善提升连接长三角高速公路通道

高速公路建设除了省内加密,以中心城市乃至重点县市为节点,加快完善

网状布局,形成省域内多个环状格局,并在主要中心城市建设一重或多重绕城高速公路之外,重点应该放在进一步完善通向长三角、粤港澳、京津冀等发达地区的主通道上。优先改造提升沪陕高速河南段、宁洛高速河南段、盐洛高速河南段,由现在的双向四车道拓宽至双向八车道,提高建设标准和通行能力。同时理顺自南阳经驻马店通达安徽境内的新阳高速向长三角腹地的通道,加快提升完善各条东西向国道省道,疏通联系长三角的各类公路通道,为建设中原-长三角经济廊道添新力。关注京港澳、连霍主轴和廊道车流量密度和饱和程度,适时启动二广、大广等南北主通道拓宽提升改造工程,加快安罗、郑信等省内重点高速公路工程建设进度,提升南北向连接粤港澳和京津冀极点的通行能力,为河南经济承接南北两极辐射提供支撑。

(五) 以"四好公路县"建设为抓手,高标准建设农村公路网

作为农业大省和农民大省,河南农村地域辽阔,村落密布,人口密集,乡村振兴任务重,不管是从发展产业还是从改善人居环境的角度说,农村公路建设都是优先选项。近年来,河南实施的村村通项目已经覆盖了超过90%的村落,提高标准化完善管理体系,保持完好畅通,应该是下一步农村公路网建设的重点任务。地方政府应加大投入和补贴力度,中央政府也应该增加更多的专项转移支付,助推农村公路网建设,以"四好公路县"建设为抓手,早日高标准建成完善的农村公路网,并与各类国省道、高速公路和高铁实现顺畅连接,使得源自沿海发达地区的现代化元素实现对乡村的全覆盖,助推乡村振兴和乡村现代化进程。

四、发展多式联运,提升综合立体交通运输体系运行的效率

在综合立体交通运输体系中,各种不同的交通方式都扮演着不同的角色,发挥着各自独特的功能,但不同运输方式之间的连接协同,往往是大多数客货运输过程所必需的,所以,发展高顺畅对接和快速转换的多式联运系统,是提升综合立体交通网运行效率的重要任务。

▶ 报告 16　做优国家综合立体交通运输体系中间支点　为中原崛起和国家现代化提供强支撑

（一）由于历史形成的行业分割和区域分割，发展多式联运尚存在很多问题

一是综合交通运输结构不够合理。河南作为全国的综合交通枢纽，目前运输结构仍不完善，传统客运转型发展压力大，旅客联程运输水平不高；货物多式联运仍需加快发展，公路货运占比仍高达90%，铁路货运占比仅为全国平均水平的一半，不仅全社会物流成本偏高，而且不符合绿色环保要求，公铁联运融合亟待提高。

二是各种运输方式标准不统一，衔接不畅。在空陆联运方面，现有空陆联运卡车航班的卡车车体尺寸超宽，不符合国家标准，需要在国家层面达成共识、明确新的标准；在空铁联运方面，统一货运箱体、统一安检标准、统一操作流程、统一管理体制是发展空铁联运的重要前提。从现实情况看，实现四大统一困难重重，具体表现在货物安检标准统一方面，安检互认是发展空铁联运的基本前提。机场执行与国际民航组织接轨全球统一的安检标准，而铁路执行的安检标准是国内原铁道部制定的标准，二者在内容及标准方面差距较大。现阶段航空安检标准远高于铁路安检标准，安检标准如何统一，成为空铁联运面临的重大挑战。

此外，参与多式联运相关国家和行业标准制定数量少，地方标准和团体标准尚处于空白阶段，企业标准数量不多，陆空联运标准建设在国内尚处于探索期。

三是信息平台还不能充分共享。目前信息平台建设存在的普遍问题为：公路运输企业和铁路运输企业信息尚未实现互通；公路运输企业可获取航空运输企业信息，航空运输企业无法获取公路运输企业信息。交通运输信息化水平仍然较低，信息数据的融合不够，科技成果推广应用速度较慢，以"互联网＋"推动各种运输方式新旧业态融合步伐还需加快，智慧交通基础设施尚未普及。

四是运输组织效率低，道路货运物流收费成本负担重。两端掏箱装卸是影响多式联运效率的重要因素。通常货物无论是航空运输还是铁路运输，最前端主要靠公路运输。目前公路集装箱差异大，同时道路货运行业生产主体、生产要素较为分散，缺乏市场集中度高、整合能力强的龙头骨干企业，先进运输组织方式发展滞后,个体运输业户各自为政,分散经营,造成行业组织效率低、交易环节多、资源利用率不高。据统计,我国货运车辆平均实载率比欧美发达国家要低 1/3,车辆日均有效行驶里程仅为发达国家的 1/2,由于缺乏集约化组织,难以充分发挥运输业的规模效益和网络效益,单位成本居高不下。

五是各种运输主体的集装箱归属性强,无法有效调配。海运、铁运、空运和公运的特点,加上周转周期长短存在着不确定性,造成所使用的集装箱归属性很强,以便对自己的集装箱比较容易地加以管理。但是,这样一来,海运的集装箱铁路用不了,铁路的集装箱海运用不了。离岸市场各主体的分割,也使相当集装箱在到货点后失去使用价值,就地处理,也造成很大的浪费。

(二)排除多式联运发展障碍的思路与方案

一是优化运输结构,推进"结构性"增效降本,加快实施多式联运提速行动。①加快旅客联程运输发展。开展铁路无轨站、城市候机楼、行李直挂运输、跨运输方式安检互认等专业化服务试点,探索空铁联运、公空联运、公铁联运模式,完善旅客联程运输服务设施,推进体制机制创新,鼓励不同运输方式共建共享设备,加快推进联运服务一体化、行李服务便利化、信息资源共享化。②推动铁路货运多式联运体系建设。着力推进铁路货运市场化改革,发挥铁路长距离干线运输优势,进一步提高铁路货运量占全国货运总量的比重。推进传统散装运输向现代多式联运转变,发展特色物流,丰富联运产品。探索海运和铁路集装箱在港口和铁路枢纽互设还箱点,提高集装箱周转使用。探索发展高铁快运物流,支持高铁、快递联动发展。积极推进城际铁路网发展,构建城市群城际铁路网,加速提升各城市多式联运的链接。③推动公路运输的集装箱革命,为多式联运的集疏提供无缝对接支撑。集装箱运输是国际贸易的通行规则,但是公路运输的集装箱普及程度不仅与四通发达的公路网络不相配,而且与其他运输方式不相配,导致多式联运的集疏两端效率并不高。可以探索将现有跨区作业的联合收割机和运输鲜活农产品的绿色通道通行费减免政策复制到集装箱运输中。

二是加强技术创新和应用,推进"技术性"增效降本,构建"互联网+"高效货运管理平台。创建完善的智慧决策机制,建立相关的交通模型,充分利用智慧交通数据中心平台。运用云计算和大数据技术,完善港区交通综合信息平

▶ 报告16 做优国家综合立体交通运输体系中间支点 为中原崛起和国家现代化提供强支撑

台的建设内容,扩大信息和数据服务范围,深入开展综合交通信息资源汇聚、整合、交换和共享,建设综合交通数据库和分析应用系统,深入开展道路交通流、货运、物流信息等的数据挖掘分析,建设交通综合运行检测和研判分析应用平台,为交通运行研判预警和辅助决策提供可靠的信息支撑。实时监控候车、换乘客流情况,精准调整候车、换乘等乘降组织。完善枢纽内部智能引导系统、应急管理系统,通过电子显示屏、掌上云服务等,提升出行体验。

三是推动"空陆网海"四位一体的设施联通和航空、铁路、公路、海运的多路联动。首先是推进"陆上丝路"和"海上丝路"有效衔接。整合国内班列开行城市的线路资源,明确集结中心城市班列开行的主导权,最终将郑州建成国际知名的亚太国际多式联运物流通道枢纽。其次是推进"陆上丝路"和"网上丝路"有效对接。郑欧班列跨境电商专线开行,升级了陆港公司运贸一体发展和创新,成为全国中欧班列首家"9610"监管方式的中欧班列线路。进一步创新跨境电子商务"9710""9810"等模式与"空中、陆上、海上"丝绸之路联动机制,激发国际物流潜能,提供更丰富的货源保障。同时,探索"数字班列"在普通贸易物流领域的应用,进一步促进多式联运运营的提质增效。

四是带动功能性口岸联动发展,设立高效统一的大监管区。借助于自贸区试验区,将铁路、邮政、航空、整车、粮食以及药品口岸全部容纳进自贸区,无障碍地流通、转换、调运、分拨、聚合。目的在于打造信息互换、执法互助、监管互认的不同口岸合作模式,强化"单一窗口",实现联防联控。同时有效整合隶属海关的监管职能、力量以及资源,设立大监管区,统一代码,统一监管,实现所有国内国际货物、物品在监管区域内自由流动调拨。

五、若干建议

(一)建议国铁集团与河南省政府联合组成高铁建设指导组,统一研究规划河南省域内高铁线路布局,指导建设

鉴于前已述及的问题,即上一轮河南高铁建设滞后的原因,在于对经济发展对高铁需求强度估计不足,以及对国家高铁发展战略布局研究不够,跟得不紧,以及沟通不畅。建议河南省政府主导,提请国铁集团支持,吸纳中国铁路

郑州局集团技术力量和相关区域经济发展战略研究方面的专家，组成高铁建设专门指导小组，统一研究规划河南省域内高铁线路布局，并对接沟通国家部门和国家战略，指导建设，推动落地。建议国务院和国铁集团及有关部委给予支持。

（二）建议国务院及国铁集团将河南高铁建设计划纳入国家"十四五"铁路建设规划，并尽早启动建设

前已述及，河南省已确定"两纵三横"高铁建设计划，除了京港（台）高铁线路上的濮阳和信阳段，以及济源—焦作—新乡城际铁路之外，其余三条最重要的线路，即洛平漯周、呼南高铁豫西通道和宁西高铁河南段，虽然已在省部会商中达成共识，但至今尚未正式进入规划立项。鉴于河南省在国家综合立体交通运输体系中的中间支点地位，以及高铁在整个现代交通运输体系中的重要地位，鉴于河南省上一轮高铁建设滞后的情况和补短板的紧迫性，建议国务院及国铁集团及时立项，以便尽早开工建设，早日投入运营，发挥效益。

（三）建议将豫南四市铁路系统重新划归中国铁路郑州局集团管辖

豫南四市（平顶山、漯河、驻马店、信阳）铁路系统原属中国铁路郑州局集团管辖，2005年铁道部（2013年改为国家铁路局）改革管理体制，撤并铁路分局时，将其划归从中国铁路郑州局集团分离出去新成立的中国铁路武汉局集团管辖。虽然全国18个铁路局管辖范围并未与省辖区域完全重合，但大部分铁路局管辖范围主体部分都与省辖区基本重合。少数与行政辖区不重合的例如中国铁路上海局集团，其区域一体化程度也比较高，铁路建设管理兼顾各不同省区经济发展需要的能力比较强。豫南四市都是河南省辖重要中心城市，其中平顶山、驻马店和信阳都是经济、资源和人口大市，漯河是豫南地区重要的物流中心，它们都是河南经济体系中不可分割的构成部分，对铁路建设尤其是高铁建设需求强烈。中国铁路武汉局集团的主体在湖北，管辖和建设运营重心也在湖北，且中原地区和武汉为中心的长江中游地区经济联系紧密度不高，无论从管辖重心还是从经济联系需要的角度，武汉局集团都很难顾及豫南四市高铁规划建设的需要，这也是这些城市近年来高铁建设滞后的原因之一。据说，当年郑州局集团与武汉局集团辖区分割时，河南省政府就反响强烈，铁

▶ 报告 16　做优国家综合立体交通运输体系中间支点　为中原崛起和国家现代化提供强支撑

道部协调给出的解决方案是武汉局集团派出专对豫南四市的工作组,常驻河南省发改委,负责解决豫南四市铁路建设和铁路运营的需求,但也许是跨省工作难度太大,此事最后不了了之。为了顾及豫南四市将近3000万人经济社会发展的需要,建议国务院及国铁集团将豫南四市铁路管辖权重新划归中国铁路郑州局集团。

(四)建议国家启动沿黄地区交通发展规划

黄河流域生态保护和高质量发展是与京津冀、长三角、粤港澳大湾区、长江经济带和成渝双城并列的国家重大战略,但黄河沿线交通格局多年几乎没有变化,除了路桥通道之外,沿黄东西向交通没有其他大动脉。为贯彻落实黄河流域生态保护和高质量发展重大国家战略,建议参照《京津冀协同发展交通一体化规划》《长江干线过江通道布局规划(2020—2035年)》《长江三角洲地区交通运输更高质量一体化发展规划》《海南现代综合交通运输体系规划》等,由国家组织编制《黄河流域交通高质量发展规划》专项交通规划,有序推进黄河南北岸快速通道和跨河桥梁建设,提升流域互联互通和现代化水平,在推动国家重大战略实施方面发挥重要作用。

(五)建议参照西部标准支持大别山革命老区交通发展

为落实习近平总书记"两个更好"指示要求,建议加快编制《大别山革命老区"十四五"综合交通运输发展规划》,并对老区基础设施建设项目参照执行西部地区资金补助标准和补助政策,推动高铁、机场等重大交通项目实施,为革命老区振兴发展注入新的动力。

报告 17　以"四路"先行先试为重点 创新我省高水平开放体制机制研究*

一、河南"四路"开放经济的内核：枢纽、物流和产业

开放是相对于封闭而言，区域内部的要素、商品和服务与外部相互流动，以便更大范围地进行配置。所谓的全球化开放经济，即要素、商品与服务可以较自由地跨国界流动，从而实现最优资源配置和最高经济效率。显而易见，开放经济最主要的表征是"流"，要素、商品和服务支撑了人流、商流、物流、资金流和信息流。其中，以物流为本，如果没有商品与货物的持续增加，开放经济如同空中楼阁。而枢纽同样如集市诞生一样，需要在特定区域内交通便捷通达之处建设物流枢纽，集中实现货物集散、存储、分拨、转运等多种功能的物流设施群和物流活动组织中心。以此类推，还包括交通枢纽（人流）、贸易枢纽（商流）、金融枢纽（资金流）等。可以说，枢纽是整个开放体系的核心基础设施。正是由于枢纽的特殊地位，产生了比其他区域更强的助增长、促转型的功能，围绕枢纽与产业融合，进而寻求城市产业地位提升和经济规模增加。

河南地处"丝绸之路经济带"和 21 世纪"海上丝绸之路"交会区域，是国家明确的全国区域协调发展的战略支点和服务"一带一路"建设的现代综合交通枢纽，2 小时航空圈可以覆盖约占全国 90% 人口和 95% GDP 的广大地区，4 小时高铁圈可以覆盖除珠三角外的全国主要经济区域，具备汇聚各方要素资源的区位优势。河南由此开通了郑州—卢森堡"空中丝绸之路"、中欧班列"陆上丝绸之路"、跨境电商"网上丝绸之路"和铁海联运"海上丝绸之路"。其中，

---

* 该项目受河南省委改革办委托，完成于 2019 年 12 月，主持人：耿明斋；项目组成员：王永苏、李燕燕、赵然、张国骁、李少楠、柴森、曹昱、张景林。

▶ 报告17 以"四路"先行先试为重点 创新我省高水平开放体制机制研究

"空中丝绸之路"突出航空物流,"陆上丝绸之路"突出中欧班列(郑州),"网上丝绸之路"突出跨境电商,"海上丝绸之路"突出铁海联运、内河航运。所谓空中、陆上、网上和海上丝绸之路"四路"并进,释放"乘数效应",形成河南发展国际多式联运的综合枢纽优势和创新集聚发展态势。

正如前面所说,开放经济以物流为本,没有商品与货物的持续增加,"四路"也将难以为继。其规模主要体现在运营能力以及多式联运的货运吞吐量,而支撑这些物流量的关键环节除了高水平基础设施硬件条件外,更重要的是软性流量经济活动的集合。所以,首先要提升"四路"本身的运营能力,其次要努力增加流量。增加流量的关键在于组织货源的中间层,一是各类经纪人,二是各类物流服务商,三是产品集成商。其中,各类经纪人无论是货代、旅行社还是票务公司,都是围绕这些基础设施运营商提供的交易服务,能够让这些重大投入的资产得以市场化交易的重要伙伴;而那些基于基础服务之上的各类专业化物流服务商的范畴,则包括但不限于车队/专线、仓储/分拨、专业服务(如报关)等;所谓的产品集成商是将这些专业产品组合成为端到端服务的产品,比如加盟模式的快递公司,提供门到门服务的服务商,将成百上千的公司通过服务标准串联起来形成新的产品。当然,也存在物流服务商与产品集成商合为一体,甚至经纪人、物流服务商、产品集成商三者合为一体,成为物流综合商的情况。作为中间层级的各类经纪人、物流商最大的竞争优势是掌握各种信息数据,通过大数据调配全球贸易。

当然,若本地有上规模稳定的货源,对运营商以及各类物流商来讲都是极好的,成本低且风险小。所以,以此围绕"四路"发展相关产业,提供商品、货物以及就业。只有配套的企业数量多了,人流、物流量自然就多了。因此,不仅跟踪引进龙头企业,更重要的是生成各类产业集群,增加产业规模,发展区域经济。反过来说,当本地运输的货物增加了,货代公司等经纪商也会随之相拥而来。二者相辅相成。

有了基础设施,有了各类经纪商和物流商,有了产业及货源,应更有效地使之配置,使其交易(换)周转的量更大、交易(换)周转的效率频率更快,成为具有较大影响力的货物集散中心、分拨中心和分配中心。为此,需要集成多种服务需求,从产业服务需求、物流服务需求、通关服务需求和智慧服务需求等多方面综合考虑,实现产业创新平台集成化、物流服务深度一体化、通关服务便捷化以及智慧服务互联互通等。其中,产业创新平台集成化取决于产业创新平台体系的完善程度;物流服务深度一体化主要针对国内外物流过程中产生的仓储包装、运输配送、流通加工、中转联运和物流金融等物流需求,对物流资源实施有机整合,协同运用联运大数据,推进运营体制改革,形成联运大思维;通关服务便捷化则是对通关程序的简化、适用法律和规定的协调、基础设施的标准化和改善,创造协调、透明、可预见的环境,以电子口岸为基础建设口岸综合服务平台,打造服务于开放型经济的口岸服务体系;智慧服务互联互通要求建立便捷的公共信息平台,促进信息共享、产业链和供应链协同,通过智慧供应链的高效构建,推动生产制造业实现转型升级与创新发展。

总之,"四路"的内涵是以枢纽建设为基础,以物流业的发展为先导,以先进制造业和现代服务业集聚为目标,依托强大的人流、物流、信息流、资金流、商务流的整合能力,优化配置生产要素,最终实现区域经济转型升级和城市竞争力大幅提升。(见图17-1)

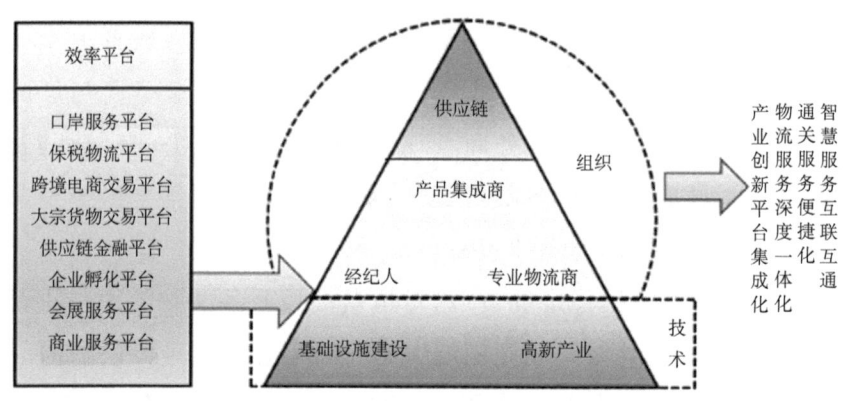

图 17-1 "四路"开放经济生态圈

二、体制机制是维护开放经济生态圈的重要保障

党的十九届五中全会提出,"要建设更高水平开放型经济新体制,全面提高对外开放水平"。我国坚持实施更大范围、更宽领域、更深层次的对外开放,建设更高水平开放型经济新体制,是构建以国内大循环为主体、国内国际双循环相互促进新发展格局的客观要求,是发挥我国大市场优势、开拓合作共赢新

报告17 以"四路"先行先试为重点 创新我省高水平开放体制机制研究

局面的重大举措。要实现这样的"双循环"新发展格局,应在继续坚持对外开放、进一步拓展外资外贸工作前提下,在提高国内自我经济循环量的同时,提升国外产业对中国供应链和产业链的依赖程度。这就更加要求提高我国产业基础能力和产业链水平。而体制机制的创新,有助于构建系统完备、科学规范、运行高效的治理体系。

开放经济作为一种经济生态,枢纽、物流和产业其最终价值要体现在产业链、价值链和供应链上。通常意义上的产业链往往基于某种产业的垂直分工呈现出上下游的关系,那些因水平分工延伸出来的中间产品也是依附于上下游分工链条之中。价值链通常是对应于产业链产品而产生的价值。而供应链则是指在整个上下游链条中增值的部分。其中,产业链和价值链依附于"物"上,供应链深入商流,通过与商流的深度融合并通过大量的定制化增值服务获取利润。现在一个产品,涉及几千个零部件,在几百个国家或者几十个国家,形成一个游走的逻辑链,那么谁牵头、谁能把众多中小企业产业链中的企业组织在一起,谁就是控制经济的灵魂。所以现在看世界经济,更关注的是看产业链的集群、价值链的枢纽、供应链的纽带。谁控制着集群的核心环节,谁就是这个价值链的枢纽,谁就占领了供应链的高端。

因此,体制机制保障应该体现在建立和强化产业链、价值链和供应链的生态循环上。一个开放的经济生态圈,包含经济形态中最基本的技术、效率和组织这三种要素。在先进技术和效率的影响下,产生与开放经济相匹配的经济组织,更加有效地配置物流、资金流、数据流、信息流等多种元素,促进供应链最高层级的资源、技术、金融、信息等多个链条之间的均衡发展,实现经济生态圈的共生、互生、再生的状态。总之,基础设施、产业需求、物流服务功能三者平衡发展推动的先进技术、交易效率与组织机制是开放经济生态圈成熟的标志。在"四路"建设对外开放方面,应加快推进交通与口岸、保税、通关、多式联运、物流、金融互为联动的开放体系构建,加快促进开放、创新、制造融合联动。

三、河南"四路"开放通道运营状况

(一)航空运输凸显枢纽引领作用,"空中丝绸之路"的辐射范围不断拓展

从 2013 年郑州航空港经济综合实验区上升到国家战略以来,经过多年的建设培育,作为河南发展航空经济和建设"空中丝绸之路"的重要支撑的郑州新郑国际机场的货运量实现了由量变到质变的提升,走出了一条独具河南特色的中西部内陆传统农区航空运输业弯道超车的成功道路。表 17-1 列举了 2013 年和 2019 年郑州新郑机场与典型地区主要机场的货邮吞吐量的排名和占比对比情况,可以看出,不管是纵向的自身发展还是横向的对比,以郑州新郑机场为主体的河南航空运输都交上了一份满意的答卷。郑州新郑机场货邮吞吐量的基础更加稳固,上升趋势比较明显。2013 年郑州新郑机场货邮吞吐量排第 12 位,低于成都双流机场和重庆江北机场,但高于西安咸阳机场和武汉天河机场。但到了 2019 年,成都双流机场的排名却下降 1 位,重庆江北机场则保持不变,郑州新郑机场、西安咸阳机场和武汉天河机场排名均保持上升,尤其是郑州新郑机场大幅上升到第 7 位,超过了重庆江北机场,在所列举的内陆代表性机场中仅次于成都双流机场。从货邮吞吐量占全国的比重来看也是如此,2013 年郑州新郑机场货邮吞吐量占全国比重仅有 2.03%,但到了 2019 年占比却增加到 3.05%,占比超过同为中部地区的武汉天河机场的 2 倍还多。

表 17-1 郑州新郑机场与典型地区主要机场的货邮吞吐量的排名与占比变化

机场	货邮吞吐量			
	排名		占比(%)	
	2013	2019	2013	2019
成都双流	5	6	3.98	3.93
西安咸阳	15	11	1.42	2.23
重庆江北	10	10	2.23	2.40
武汉天河	19	15	1.03	1.42
郑州新郑	12	7	2.03	3.05

数据来源:根据中国民用航空局 2013、2019 年民航机场生产统计公报整理得到。

报告 17 以"四路"先行先试为重点 创新我省高水平开放体制机制研究

新冠疫情暴发以来,郑州新郑机场国际货运大通道成功扭转了受疫情影响货运量快速下滑的不利局面,郑州新郑机场货运航班数量和货邮吞吐量进入快速提速期。2020 年 4 月,郑州新郑机场完成货邮吞吐量 5.2 万吨,同比增长 30%,单月增速居全国机场首位。2020 年 1—4 月,累计完成货邮吞吐量同比增长 4%,增速在全国机场中排名第二,成为国内仅有的 2 家货运量正增长的大型机场之一。截至 2020 年 5 月 12 日,郑州新郑机场累计完成货运量 16.3 万吨,同比增长 10.16%;其中国际和地区货量累计 10.7 万吨,同比增长 22.56%;全货机总量累计 12 万吨,同比增长 23.76%。2020 年 3 月,国家发改委相关负责人在国务院联防联控机制新闻发布会上介绍,北京、上海、广州、深圳、郑州 5 个大机场的国际货运量集中了全国国际货运量的 90%,首次将郑州新郑机场同北京、上海、广州、深圳的机场进行并列。郑州新郑机场已被中国民航局列入中国首个电子货运试点机场,并于 2020 年 5 月 8 日正式启动建设。欧洲最大的货运航空公司卢森堡货航(2014 年 6 月 27 日正式开航)和全球最大的货运航空公司卡塔尔航空公司(2020 年 5 月 13 日正式开航)均已入驻郑州新郑机场,以郑州为支点的"空中丝绸之路"更加完善和丰富。截至2020 年 5 月,郑州新郑机场运营的定期货运航空公司已达到 25 家,开通货运航线 44 条(其中国际和地区货运航线 37 条),货运通航点 58 个(其中国际和地区通航点 45 个)。

河南省"空中丝绸之路"取得一系列成就主要得益于以下 3 个方面因素的综合影响:

第一,河南省以积极与有影响力的货运航空公司合作为突破口,搭建切合实际的"空中丝绸之路"大通道并上升到国家战略层面的高度予以重视。2013年,国务院批复郑州航空港经济综合实验区发展规划。2013 年 2 月,河南航投启动与卢森堡政府的接洽。2014 年 1 月,河南航投收购了卢森堡货运航空公司 35% 的股权。2014 年 4 月 23 日,欧洲最大的全货运航空公司正式落户郑州航空港区。2014 年 6 月 27 日,卢森堡货运航空"郑州—卢森堡"全货机航线"郑州号"正式开通,卢森堡货运航空正式启动了"以郑州为亚太物流中心,以卢森堡为欧美物流中心"的覆盖全球航空货运网络的双枢纽发展战略,开辟了一条横贯中欧的"空中丝绸之路"。在中国民航局、河南省以及多方努力下,卢森堡货运航空获得了郑州新郑机场的首个第五航权资格,卢森堡货运航空也得以在中欧航线的基础上以郑州为中间点拓展国际航空货运网络。2015年5月18日,卢森堡货运航空公司正式开通"卢森堡—郑州—芝加哥"国际货运航线,这意味着以郑州为中心的连接欧洲、亚洲、北美洲三大洲的国际航空货运网络已经形成,"空中丝绸之路"从欧洲延伸至美洲,大大拓展了"空中丝绸之路"的内涵和影响力。2017年6月14日,习近平提出,支持建设郑州—卢森堡"空中丝绸之路"。2018年,河南省政府联合中国民航局编制了《郑州国际航空货运枢纽战略规划》,这是全国唯一的以货为主、客货并举的航空枢纽战略规划。卢森堡货航以郑州为支点的"空中丝绸之路"货运量年均增幅达71%,货运种类也由单一传统轻工业品发展到高精尖的精密仪器、活体动物等10余大类200多个品种,带动卢森堡货航全球排名从第9位上升至第6位。航班也由每周2班加密至最高每周23班,通航点由郑州、卢森堡增加至芝加哥、米兰、亚特兰大、伦敦、吉隆坡、新加坡等14个城市,航线网络覆盖全国各地92个城市以及欧洲、亚洲和北美洲三大洲的23个国家100多个城市。可见,正是河南省选择了一条适合自己的"空中丝绸之路"建设道路,把河南省的发展、欧洲最大货航的发展以及国家战略层面有机地结合到一起,推动了以郑州新郑机场为核心的全球航空货运体系的构建,河南省"空中丝绸之路"由点到面全面铺开。

第二,河南省坚持发展本土基地货运航空公司取得突破,"空中丝绸之路"逐渐走深走实。河南省除了与卢森堡货航合作搭建起"空中丝绸之路"之外,也在谋求本土基地货运航空公司零的突破。河南航投以70%的股权收购了广东龙浩航空并重组为中原龙浩航空公司。2019年6月14日,中原龙浩航空公司成立并进行了首航,采用广州白云机场和郑州新郑机场双基地运营模式,结束了河南本土基地货航缺失的历史。2020年5月10日,中州航空正式开航,这是河南首家以郑州新郑机场为主运营基地的航空公司,揭开了郑州新郑机场作为主运营机场发展的大幕。以郑州为运营基地的中原龙浩和中州航空的成立使得河南省"空中丝绸之路"有了更坚强有力的本土化支撑,国际货运航空在郑州新郑机场有了与之相匹配的国内分拨衔接力量,"空中丝绸之路"逐渐走深走实。

第三,河南与全球跨洲货运枢纽之间直航航线和航点猛增,"空中丝绸之路"实现了点到枢纽、枢纽再到点的转运模式。基于对郑州新郑机场货运的保

▶ 报告17 以"四路"先行先试为重点 创新我省高水平开放体制机制研究

障能力和服务水平的广泛认可,国内外航司和货代纷纷新开、增开直飞郑州的航班。疫情期间,郑州新郑机场新增12家国际航空公司、10个国际通航点,主要有罗马尼亚航空、立陶宛航空、俄罗斯库班航空、俄罗斯艾菲航空、乌克兰风中玫瑰航空,其中仅美国就有5个货运航空公司的包机执飞郑州航线,出现了美国国家航空公司、阿特拉斯航空公司、UPS航空公司、美国康尼航空公司和美国天空租赁航空公司等"五兄弟"在郑州新郑机场同期运行的景象。郑州新郑机场新增的国际货运通航点就达到10个,分别是:考纳斯、特拉维夫、亚的斯亚贝巴、维也纳、马德里、里斯本、莱比锡、基辅、布加勒斯特、卢萨卡。

(二)跨境电商成制度创新高地,"网上丝绸之路"的运行越来越高效

2012年8月11日,河南保税物流中心承接的郑州跨境E贸易试点方案获批,内陆河南省揭开了"买全球、卖全球"的大幕,"网上丝绸之路"从此将河南省与全球市场紧密联系在一起。2014年5月10日,习近平视察河南保税物流中心时勉励河南省要朝着"买全球、卖全球"的目标迈进。2015年11月27日,河南保税物流中心承建的E贸易试点通过海关总署和国家发改委等部委联合验收。2016年1月中国(郑州)跨境电子商务综合试验区获批,2016年5月河南省政府印发《中国(郑州)跨境电子商务综合试验区建设实施方案》,郑州跨境电子商务发展有了更加有针对性的政策支持。2019年12月24日,洛阳市获批跨境电子商务综合试验区,河南省跨境电子商务的发展有了新的支点。在这一系列政策的加持下,河南省创造出了跨境电商的发展奇迹,近年来年均保持30%以上增速,E贸易进口邮包数稳居全国第一。目前河南跨境电子商务进口货源地覆盖60个国家左右,出口地覆盖70多个国家和地区,累计备案商品种类达25.9万种,跨境电子商务累计备案企业1405家,其中电商企业619家,集交易链、物流链、金融供应链、多业态集聚融合发展。2019年河南跨境电商进出口(含快递包裹)1581.3亿元,增长22.7%。其中,中国(郑州)跨境电子商务综合试验区日均处理能力达1000万包、通关速度每秒500单,跨境电商交易额107.7亿美元,同比增长24.6%,货物集疏范围覆盖全球70%的国家和地区,形成"买全球、卖全球"网络枢纽。

第一,以效率为导向创新监管服务模式大大提高了通关效率。首创"1210"网购保税监管模式(保税备货模式),推动监管服务方式创新。2014年

7月30日，经海关总署批准，增列海关监管方式代码"1210"，全称"保税跨境贸易电子商务"。2014年8月1日，"网购保税1210"模式在郑州落地，它破解了跨境电商的关务申报、税收征管、质量监督、物流服务等难题，减少了不少贸易摩擦，得到了WCO（世界海关组织）的高度认可，成为海关总署监管代码和全球跨境电商通关服务解决方案之一。"1210"模式大大缩短了通关时间，以前需要20天左右的物流时间现在仅需7天，缩短了一半以上。"1210"模式先后在南宁、昆明、延安、呼和浩特、乌鲁木齐等地区复制推广保税园区，截至目前，"1210"模式累计业务总量、纳税总额均居全国第一。首创跨境电商的"秒通关"技术服务。在海关和有关部门的大力支持下，通过纵向流程集成和横向部门集成，形成跨境电商"一站式""单一窗口"的"秒通关"服务模式，将线上线下严密监管与快速通关验放有效结合，实现海关、工商、税务、外汇、金融、物流等信息平台互联互通，实现了流程最优、成本最低、效率最高。货物通关实测能力每秒提高至1000单，企业成本降低45%，时效提高100%。为了适应跨境电子商务的快速发展，河南积极探索正面监管新模式，配套实施"神秘买家"、跨境电商企业"风险画像"等动态监管措施，形成了全国首个《跨境电商零售进口正面监管工作指引》及10余个配套操作措施。具体来说，河南省对跨境商品建立起了完善物流追溯的体系，并充分发挥信用体系的作用，依托大数据平台对企业做信用画像，对信用良好的企业减少打扰，对问题企业加强主动监管。同时，根据跨境电商企业零售进口流程及商业规律，将海关监管无缝嵌入企业经营环节，事前加强风险预判、事中突出真实性核查、事后通过精准"风险画像"进行差别化管理，将"以货物为单元的逐票监管"逐步过渡为"以企业为单元的守法监管"，形成了较为完备的正面监管新模式。

第二，不断创新业务模式，持续提升"买全球、卖全球"的竞争力。"买全球"采取了"网购保税＋实体新零售"等创新举措提升跨境电商的零售竞争力。依托郑州跨境电商试点"秒通关"技术优势，河南保税物流中心建成全国目前唯一的"在线下单、快速通关、现场自提"跨境O2O综合体，实现了跨境商品"线上＋线下""库＋店"合一的"立等可取"的零售新模式，在提升消费者购物体验的同时，购物时间从下单到提货由原来的2—3日缩短到2—3分钟，极大提升了河南跨境零售行业的综合竞争力。同时，配套建设跨境电商零售进口退货中心仓，通过跨境电商购买的国外货物统一遵循我国的商品售后条款，有

▶ 报告17 以"四路"先行先试为重点 创新我省高水平开放体制机制研究

效解决了跨境电商购物退换货程序复杂和消费者售后权益保障不足的问题。"卖全球"建立了"出口跨境电商＋海外保税仓＋行邮通关＋售后服务保障"的"卖全球一站到家"服务模式。随着跨境电商业务的蓬勃发展,越来越多的河南省跨境电商企业开始布局海外仓,这既缩短了运输周期,也便于企业提供售后服务保障。2020年1月8日郑州海关在全国率先完成了跨境电商出口海外仓商品的退运进境业务,有效解决了我国企业出口"海外仓"线上销售的商品因质量和规格等退运进境的需求,实现了跨境电商商品出得去、退得回,进一步促进了跨境电商出口业务的健康发展。

第三,注重跨境电商生态环境的本土化培育,以市场为导向探索出了一条独具特色的"产业基地＋交易平台＋物流中心"模式,跨境出口发展的牵引力从纯粹的物流引动型向基地化物流引动型转变。借助于交易平台大数据分析,向产业基地定制国际市场所需产品,推动中小微企业规模化发展,提供更多就业机会,实现精准脱贫,推动经济转型升级。打造了驻马店内衣、平舆户外家居、易纬尚服装等样板工程出口企业,其中,平舆户外家居已成为eBay明星产品,占据其平台23%的市场份额,大量生产性企业纷纷起死回生,带动就业2万多人,真正实现了脱贫致富。引导大学生以创业促就业,注重跨境电商人才与产业的本地化培育,充分利用跨境电商孵化优势,提供创业案例、政策咨询、岗位见习、模拟创业和创业辅导服务,吸引河南籍学生近千人创业。建立了全球跨境电商企业创业孵化基地,成为郑州区域跨境电商人才培养及企业孵化的承载平台。推动河南本土产生数家交易平台和万国优品、中大门、保税国际、全速通等近200家企业,逐渐成为河南跨境电商人才培训和企业孵化服务基地总部。

第四,积极引领跨境电商规则体系的制定大大提升了在国家乃至全球层面上的话语权。河南跨境电商在引领制定跨境电商规则体系、推动跨境电商联动发展和创新发展、搭建跨境电商交流合作平台方面对引领全国、全球行业的发展起到至关重要的作用,对外开放和话语权越来越耀眼。2017年7月28日,第一届全球跨境电商大会在郑州召开,会上发布了《郑州共识》,约定今后每年5月10日在郑州举办全球跨境电商大会,大大提升了郑州在跨境电商业务中的全球影响力。2017年9月28日,河南保税集团在日内瓦WTO公共论坛上发布《郑州模式:E国际贸易的中国解决方案》,得到与会代表的强烈反响。2017年10月11日，河南保税集团应邀参加在布鲁塞尔召开的WCO电子商务工作会议，参与制定的"中国研究制定的世界海关组织指导性方案大纲"获得世界海关组织成员全票通过，为中国参与全球治理做出了贡献。2018年2月10日，WCO首届世界海关跨境电商大会发布了《北京宣言》，"1210"监管为核心的跨境电商被赞誉为"郑州模式"并成为标准框架蓝本，目前已在越南、印度尼西亚、俄罗斯、比利时、加拿大、波兰等多个国家被复制。

第五，航空货运包机、郑欧班列积极对接跨境电商，增强了跨境电商的运输效率保障。2019年3月2日，郑欧班列与物流数据技术巨头菜鸟网络科技有限公司率先在中欧班列中开通了由郑州到比利时列日的跨境电商专线"菜鸟号"，这是郑欧班列适应普通居民不断增长的小件商品跨国网购需求所做出的有针对性的物流解决方案，开启了郑州中欧班列跨境电商包裹运输新模式，丰富了郑欧班列的运输内涵。郑欧班列跨境电商专线还是全国首条采用"9610"监管方式阳光清关的中欧班列专线，促使跨境商品"秒级通关"，妥投速度比市场同类产品提高30%以上，价格也便宜30%左右，在提升效率的同时也使得跨境电商物流产品的价格更加经济实惠。2018年4月2日，郑州跨境贸易电子商务（E贸易）出口包机（郑州—芝加哥）成功首飞，"买全球、卖全球"迈上了一个新的台阶。2020年4月9日，由郑州飞往比利时列日的河南跨境电商全货运欧线包机正式航行，业务覆盖欧洲20多个国家，每周两班往返常态化运行。在欧线包机运行的基础上，2020年5月6日，由郑州飞往纽约的河南跨境电商全货运美线包机也正式运行，每周3班往返定班常态化运行。从此，河南跨境电商全货运包机开启了欧美双线运行，有力地推动了河南跨境电商跑出"全球化"加速度。

（三）内陆铁路枢纽优势的开放性得到体现，"陆上丝绸之路"实现了"无—有—优—强"量质齐升的巨变

由于连贯东西、贯穿南北的无可替代的地理位置，河南在中国铁路版图的重要性是毋庸置疑的，但这种重要性主要还是体现在内陆铁路枢纽的优势上，在传统发展模式中这种内陆铁路枢纽优势并没有转化成河南对外开放的优势。但在"一带一路"倡议背景下，河南省充分利用铁路枢纽的交通优势和自身的市场优势打造河南对外开放的重要平台，积极谋划建设内陆无水港，并于

报告 17　以"四路"先行先试为重点　创新我省高水平开放体制机制研究

2013年6月成立了郑州国际陆港开发建设有限公司,主体运营郑州国际陆港对外开放平台和郑欧班列陆路国际物流通道建设。从那时起,河南省依托郑州铁路枢纽的巨大优势,以郑欧班列为载体全面提升开放性,以此为基础的"陆上丝绸之路"实现了从无到有再到优再而强的发展巨变。2013年7月18日,中部地区首条直达欧洲的货运班列郑欧班列(郑州—德国汉堡)开行,这标志着不靠海、不沿江、不沿边的内陆河南省从此有了自己的"豫货出海口"。为了积极对接郑欧班列国际业务,2014年3月郑州国际陆港公司在德国汉堡成立了欧洲分公司,在其积极运作下,2016年1月18日首批郑欧进口商品搭乘郑欧班列抵郑。从此之后,郑欧班列的支点越来越多,合作国家与市场覆盖范围越来越广。目前郑欧班列已形成"数字班列""恒温班列""运贸一体化""多式联运"等河南优势特色的"名片",还是国内唯一实现长运距(1万公里以上)国际冷链业务常态化的班列,通过郑欧班列来往中欧的货物覆盖高档衣帽、陶瓷用品、汽车配件、汽车整车、电子产品、医疗器械、飞机制造材料、进口生鲜、地方特产、烟酒小食品等1300余种,其商品种类、重箱率、回程比例、发送量、计划兑现率、班期兑现率和运输安全等7项指标居全国63家中欧班列的第1名。

第一,郑欧班列是全国唯一搭建了多口岸、多线路、多节点国内外网络布局的中欧班列,通过构建境内境外双枢纽和沿途多点集疏网络,其提供类似点对点、门到门的高品质运输服务的可能性大增。截至目前,郑欧班列基本构建了河南连通欧洲、中亚、东盟的国际物流大通道,沿欧洲方向拥有4个目的站,分别为德国汉堡(2013年7月18日首开)、德国慕尼黑(2017年8月21日首开)、比利时列日(2018年10月24日首开)、俄罗斯莫斯科(2019年7月27日首开),并沿中国北部边境分别拥有西线(新疆阿拉山口)、中线(内蒙古二连浩特)、东线(内蒙古满洲里)、东北线(黑龙江绥芬河)4条通关口岸线路;中亚方向拥有哈萨克斯坦阿拉木图和乌兹别克斯坦塔什干(2018年5月18日首开)2个目的站,经中国西部的新疆霍尔果斯口岸通关;往南的东盟方向拥有越南河内(2018年12月7日首开)1个目的站,经中国南部的广西凭祥口岸通关。郑欧班列在境内以郑州为枢纽,以北京、济南、武汉等134个市(县)为二级集疏中心,国内集装箱还箱点达到53个,集疏货物辐射半径达1500公里,涵盖近四分之三国土面积,省外货源占80%以上。郑欧班列境外网络遍布欧盟及中亚地区30多个国家130个城市,以德国汉堡和慕尼黑、比利时列日、俄罗斯莫斯科、哈萨克斯坦阿拉木图、乌兹别克斯坦塔什干、越南河内等7个城市为枢纽,以巴黎、米兰、布拉格、华沙以及沿途换装车站点的马拉舍维奇、布列斯特等为二级集疏中心,国外集装箱还箱点达到46个,境内外合作伙伴达5000家。

第二,郑欧班列的开行数量和运行效率飞速提升。从开行数量来看,2013年刚起步时每月仅开行1班,2014年全年开行达到87班,2015年开行156班,2016年开行251班,2017年开行501班,2018年开行752班,2019年开行1000班。截至2020年4月29日,郑欧班列总开行班次累计达到3000列,总货值127.48亿美元,总货重154.71万吨。从运行速度来看,郑欧班列从时速80公里进一步提升到目前的120公里,从过去单程16—18天,全程平均运行时间目前为11—15天,运输效率大大提高,时效性得到较大满足。从往返来看,从2013年7月18日首班开行到2014年8月31日之前,郑欧班列都是"有去无回"。2014年9月1日,郑欧班列首列回程,从此郑欧班列拉开了去程回程双向运行的大幕。2016年7月18日,郑欧班列回程班数赶上了去程的班数,在中欧班列中率先实现进出平衡。

第三,采用运输与贸易协调发展增加郑欧班列的经济厚度。郑欧班列在开行之初就积极探索以运输带动贸易、以贸易支撑运输的实现路径,积极推行运输与贸易的一体化发展。依托郑欧班列,河南省已经与"一带一路"沿线国家300多家制造商、贸易商建立直接合作关系,通过直采、直运、全程冷链溯源方式推出了"郑欧进口商品"品牌,包括乳制品类、休闲零食类、酒类、冲调果饮类、粮油类等,并通过线上(班列购)线下(加盟店、代理商)销售。在国内,郑欧班列进口商品已覆盖国内200余个地级市、5000家商超便利店,并分布有将近100家郑欧班列进口商品专营店。2016年以来,郑欧班列进口商品线上线下销售额以年均100%的速度递增,目前从欧洲进口的商品正在形成以郑州为中心并快速向周边省份辐射的格局,改变了传统的从沿海向内陆分拨的销售路径。与此同时,郑州搭建起了完备的功能性口岸体系,目前已拥有运营汽车整车进口口岸、进口肉类指定口岸、国际邮件经转口岸、进境粮食指定口岸、进境活体动物指定口岸、进境水果指定口岸、进境食用水生动物指定口岸、进境冰鲜水产品指定口岸、药品进口口岸共9个功能性口岸,已经成为全国功能

▶ 报告17 以"四路"先行先试为重点 创新我省高水平开放体制机制研究

性口岸最多的内陆城市,"班列+运邮通道""班列+进口肉类通道"等成功打通,凭借货运总量高、境内和境外集疏分拨范围广等综合实力迅速提升影响力。

总之,郑欧班列凭借货运总量高、境内外集疏分布范围广、市场化运营程度高等综合实力,持续在国内所有开行的中欧班列中保持领先地位,成为中欧班列的主动脉,"陆上丝绸之路"的河南答卷愈发完美。

(四)内河航运复兴工程效果显现,"海上丝绸之路"的铁海联运、内河航运连接通道逐渐形成

河南省涵盖黄河、淮河、海河、长江四大水系,内河航运历史悠久,鸿沟水系、隋唐南北大运河、北宋中原水运网都曾是河南省水运的重要组成部分,也一度出现了"百舸争流天津卫,千帆竞航下江南"的繁忙的水运盛景。甚至到20世纪60年代末,河南仍有27条河流、6100多公里的内河航道可以通江达海。但随后出于河流断流、航道淤积以及其他方面的原因,河南内河航运的地位逐渐下降到极限状态,这不仅大大提高了河南省这一内陆省份大宗工业化产品的运输成本,长期内也使得水运这一相对较为开放的运输方式成了河南省综合交通运输枢纽的短板。

随着经济和运输发展阶段的转换,国家和各级地方政府都认识到发展内河航运对运输方式结构转换和经济高质量增长支撑的重要性,河南发展内河航运的内外部环境逐渐完善。2016年国家发改委批复的《中原城市群发展规划》中明确提出了要打通中原内陆地区直通华东地区的内河航运通道,把淮河、沙颍河纳入国家高等级航道建设体系,并配套了一系列政策支持措施。更重要的是,为了打通淮河和长江水系发展江淮内河航运,国家于2016年启动了引江济淮工程建设,这为河南省内的淮河及其支流沙颍河、涡河、沱浍河航道对接长江水运网络创造了良好的外部条件。在这样有利的条件下,《河南省"十三五"公路和水路交通发展规划》中提出了到"十三五"末,河南省要实现水运通道功能的全面提升,逐步形成与铁路、公路等主通道和主枢纽相连接,贯通淮河水系、长江水系等水网地区的通江达海的内河水运发展格局。为了实现上述目标,河南省近年来实施了千亿内河水运复兴工程,计划利用15年时间,完成投资1790亿元,新建航道2700多公里,改建航道1900多公里,新增

码头泊位280个,新增港口吞吐能力1.4亿吨。

截至目前,河南省已经形成了沙颍河、淮河两条通江达海的高等级水运通道,以此为基础谋划河海联运通道体系建设,逐步推进内河水运与沿海港口尤其是"海上丝绸之路"重点港口的无缝衔接,河南这一内陆省份连接"海上丝绸之路"的内河通道逐渐形成。近年来,河南省以补齐内河水运短板为突破口大力发展内河航运,主要做了以下事情:一是支点不断完善。2017年4月6日,周口中心港一期工程宣告开港运营。2019年7月26日,沙颍河漯河港正式开港,沙颍河周口—漯河段通航,沙颍河漯河至省界172公里全线贯通,预计到2020或2021年底,沙颍河航道将全线建成通航。二是发展临港经济,形成"以港带产、以产促港"的协调发展的良好局面。河南省以及各地市紧抓内河航运复苏的大好机遇,高标准规划建设临港经济。如周口以"建港口、集物流、聚产业、兴港城"为抓手,围绕港口规划建设的仓储物流园区、粮食食品产业园区、装备制造园区、口岸功能及综合保税园区、新型建材产业园区五大临港园区。再如淮滨县以"海气入豫"项目、沿淮管道运输大通道为契机,建设河南省新能源储备基地;以淮滨县造船产业园为载体,打造沿淮最大的船舶制造基地;以争取河南自贸区政策为抓手,打造东南沿海产业转移的重要阵地;以乡村振兴战略为契机,建设港口特色小镇,打造城乡一体化示范区。

在内河航运全面复苏的过程中,河南省内河航运的运输能力在得到显著提高,已经成为内陆省份发展内河航运的一颗新星。从表17-2可以看出,在所列省份中,无论是民用运输船舶艘数还是净载重量,河南省的发展势头都要领先于其他省份。从艘数来看,2013年河南省民用运输船舶艘数占全国比重为3.01%,在所列内陆代表性省份中仅次于四川的4.41%。而到了2018年民用运输船舶艘数占全国比重上升到3.99%,已经超过了四川,甚至除陕西稍微增长外其他三省均有所下降。从净载重量来看,河南省2013年民用运输船舶净载重量占全国比重为2.41%,仅次于湖北,但到了2018年已经远远把湖北抛在身后。

报告 17 以"四路"先行先试为重点 创新我省高水平开放体制机制研究

表 17-2 河南与典型地区民用运输船舶艘数与净载重量占全国比重对比

单位:%

地区	艘数		净载重量	
	2013 年	2018 年	2013 年	2018 年
河南	3.01	3.99	2.41	4.15
湖北	2.78	2.39	3.12	2.76
重庆	2.14	2.05	2.13	2.86
四川	4.41	3.88	0.45	0.53
陕西	0.78	0.97	0.01	0.01

数据来源:根据 2014、2019 年中国统计年鉴整理得到。

在"四路"中,"海上丝绸之路"是河南省的短板,但是河南省近年来通过铁海联运与河海联运逐渐实现了"海上丝绸之路"的无缝对接。通过铁海联运与"海上丝绸之路"对接,建设内陆无水港,开通郑州至连云港、青岛、天津等港口的海铁联运班列,构建铁海国际联运大通道。郑州国际陆港依托河南综合交通枢纽优势建立了铁水联运、陆水联运服务中心,陆路运输积极与沿海港口业务对接,打造内陆"无水港"。为了推动铁海联运,河南积极与东向的青岛港、连云港、天津港、上海港等沿海港口深化合作,郑州铁路集装箱中心站通过设立"铁海联运服务中心"将铁路货场与沿海港口的信息、业务、操作等实现无缝对接。同时河南省也积极利用沿海港口的海运集装箱物流生态优势改造重组河南的铁路运输模式与格局,河南的铁路运输到达上述港口后通过海运到达日本、韩国等国家,河南与"海上丝绸之路"逐渐无缝衔接。截至目前,全省开通的海铁联运班列线路已经超过 10 条,郑州至连云港、青岛、天津等港口均已开通海铁联运班列,正在形成以郑州为中心、区域节点城市为支撑的陆海货运通道枢纽。除此之外,铁海联运逐渐向腹地拓展,濮阳到天津港的铁海联运(中原号)、从新乡到青岛黄岛港的"新日韩"铁海联运国际班列、从信阳到宁波舟山港的铁海联运相继开通进一步改变了内陆地区国际货物进出的传统运输方式。通过河海联运与"海上丝绸之路"对接。积极与沿海港口对接发展河海多式联运。2019 年 6 月 6 日,周口中心港至淮安港开通了河南省内首条内河航运集装箱航线,这标志着河南省内河航运由单一的散杂货运输向标准化的河海多式联运迈出了坚实的一步。2019年9月24日,周口港至太仓港集装箱航线正式开航,周口港真正实现了直通海港,从此之后河南省通过内河航运可直接对接"海上丝绸之路",周口港成为"豫货出海"和"海货入豫"的窗口。除了与沿海港口加强合作外,河南省也在谋求与海外港口进行直通。如淮滨港正积极推进豫非贸易直通港建设,谋求开通信阳淮滨港至毛里求斯路易港、加纳特马港、尼日利亚拉各斯港、坦桑尼亚达累斯萨拉姆港等航线,也计划与东南亚、南亚等国家的港口进行直通港业务洽谈。铁海联运、河海联运带动河南省实现了全域性开放体系,拉近了河南省与"海上丝绸之路"的距离。河南身处内陆,长期以来,由于海关商检机构缺失和交通瓶颈制约,河南大多数地区的进出口货物只能依靠公路运转至港口报关,效率低、成本高。通过铁海、河海联运模式将内陆的散杂货运输标准与海运集装箱运输标准对接的同时也推动了海关监管机构在各地的扩散。截至目前,河南省18个省辖市均成立了相应海关(含筹),企业在当地就可以实现"一站式"报关,简化了货运流程,减少了运输过程中掏箱、倒短环节,这将会大大提高货物在当地的进出口效率,对企业降费增效起到很好的助推作用。

(五)综合交通枢纽助力多式联运步入快车道,"四路"协同的叠加效应日益凸显

受益于得天独厚的地理位置,河南省身处国家南北、东西交通大动脉的枢纽要冲,更重要的是,从郑州航空港经济综合实验区上升到国家战略以来,河南以国际航空运输为突破口,航空货运尤其是国际航空货运实现了跨越式发展,省会郑州市也成了内陆地区少有的集国家级的航空、铁路、公路枢纽于一体的城市。近年来,借助于引江济淮工程建设,周口港、漯河港、信阳港等昔日繁华的港口相继通航代表着河南省往日繁华的内河航运开启了复苏之路,河南省"通天达海、上天入地"的四位一体的综合交通枢纽体系日渐形成。在"一带一路"背景下,河南省依托综合枢纽优势不断提升对外开放能力,空中、陆上、网上、海上四条丝绸之路齐头并进,形成了连接海内外、辐射东中西的国际化运输物流体系。更重要的是,河南省通过不断强化政策互通、设施联通、信息共享、服务联动来构建覆盖全产业链的高效集疏网络,逐渐形成了"一单到底、物流全球"的高效便捷的多式联运体系,"四路"协同的叠加效应日益凸显。

报告17 以"四路"先行先试为重点 创新我省高水平开放体制机制研究

目前,河南省入选国家多式联运示范工程项目数量居全国前列,郑州国际陆港开发建设有限公司承建的"一干三支"(陆桥大通道和陇海通道、京广通道、郑日韩通道)铁海公多式联运工程和河南机场集团打造"空中丝绸之路"空陆联运示范项目、服务自贸区战略构建"米"字形高铁物流网络铁公空多式联运示范工程分别入选第一、二批多式联运示范工程项目。

多式联运的关键点是要破解"最先和最后一公里"瓶颈制约,河南省率先制定支持集装箱运输的政策措施,编制了40个主要物流园区集疏运道路建设实施方案,打通重要物流节点连接线,多式联运的两端运输效率得到大幅度提升。同时,多式联运的高效运转离不开不同运输方式信息的共享问题,为此,河南省建设了涉及多式联运企业互联互通数据交互平台。依托龙头企业,河南机场集团率先研发出多式联运数据交易服务平台,成为国内唯一一家以机场为中心搭建的智能化平台,已经实现境内公路、铁路、海港等运输方式与国际航空、境外陆运等运输链的信息共享,并在郑州新郑机场、河南自贸试验区和保税园区等区域形成信息联动。对于多式联运标准规范、服务规则不统一的问题,河南省依托自贸试验区和跨境电子商务综合试验区两大国家级战略所赋予的制度优势完善枢纽场站设施、标准规范和协同机制,构建标准化、立体化、一单制的管理体制,启动了空铁、空陆联运货物箱体、安检标准、操作流程和管理体制"四统一"的研究,促进一份合同、一张单据、一个主体、一种费率、一票到底的物流全球的高效运转的多式联运体系加速形成。发起成立国际物流数据标准联盟,郑州国际陆港公司制定了4项企业标准,还参与了国家2项行业标准制定。在以上政策的促使下,多式联运也促使通关手续越来越简化。河南自贸试验区和跨境电子商务综合试验区实现"一站式"办理所有通关手续,压缩通关时间1/3,监管执法由"串联"变"并联"。"先进区后报关"制度大大提高了进境入区的速度,被企业评为最便利、最受益、影响力最大的改革之一。智能化卡口在口岸、特殊监管区域、保税监管场所全覆盖,对进出车辆及货物监管做到自动识别、自动验放,进口通关时间同比缩短27%,出口通关时间同比缩短51%,近八成入境货物经审单后可直接签证放行。

"四路"协同、多式联运助推河南省运输方式结构改变,图17-2为河南省与中西部代表性地区多式联运和运输代理业从业人员对比情况,可以看出2018年河南省多式联运和运输代理业从业人员占全国的比重达到了1.68%,

而同期湖北、重庆、四川、陕西的数值分别为 1.10%、0.74%、0.89%、0.90%，河南省远远高于中西部典型省份。

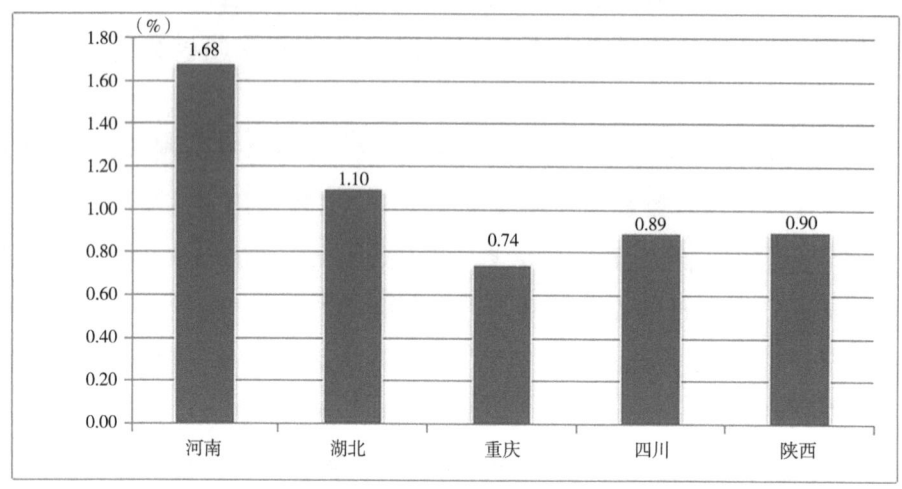

图 17-2　2018 年河南省与代表性地区多式联运和运输代理业从业人员占全国的比重

数据来源：根据《中国统计年鉴-2019》整理得到。

四、全球各国开放的体制机制的实践与探索的一般规律

纵览世界各国开放体制机制的实践，最初可以追溯到古希腊时期，而开放体制机制的实践则主要通过设立自由贸易区①的方式进行。13 世纪，随着欧洲海关和关税制度的建立，欧洲便出现了旨在促进商业活动的自由贸易区，如 1228 年法国的马赛港开辟了自由港区。13 世纪末，基于"汉萨同盟"②又形成了以汉堡港为核心的包括德意志北部地区和北欧诸自由港口城市联合体在内的"自由贸易联盟"。到了 1547 年，意大利热那亚湾建立了世界上第一个以

---

①　自由贸易区是最为常见的称谓；19 世纪前也常常被称为自由港，但二战前后，各国基于不同的目的和政策差异自由贸易区也被称为对外贸易区、工业自由区、免税出口加工区、出口加工区、经济特区、投资促进区、自由出口区、保税区、保税港区、自由贸易港区、自由经济区、自由经济示范区、自由贸易试验区等。

②　汉萨（Hanse）一词，德文意为"公所"或者"会馆"，汉萨同盟是德意志北部城市之间形成的商业、政治联盟。

▶ 报告 17 以"四路"先行先试为重点 创新我省高水平开放体制机制研究

"自由港"正式命名的雷格亨自由港。回顾世界各国开放体制机制的实践与探索,我们可以把其政策体系归纳为"四大自由、四种便利"。

(一) 货物流通的自由和便利

以"境内关外"观念为其制度基础,保障货物的自由流通,实现贸易便利化。按照世界海关组织《京都公约》的相关规定和各国的实践,境外货物进入自由贸易港区一律豁免关税以及其他国内流转税(如增值税、货物税、营业税及消费税等);企业可以自由接触和处理入区货物,对货物进行任何形式的储存、包装、拣选分级及改装、转船、展览、组装、制造和加工,以及自由流动和买卖,这些活动无须经过海关批准,只需备案;国内货物进入自由贸易港区视同出口,可以办理出口退税;区内货物进入国内的海关监管区则需办理海关手续和缴纳关税等。具体表现在:

第一,区内普遍实行"一线放开、二线管住、区内自由"的贸易监管模式。如前所述,境外货物可以在不受海关监管的条件下自由进入自由贸易港区,区内货物也可以自由输往境外;自由贸易港区与国内发生联系的部分海关实行报关口或卡口管理,货物从国内自由区进入非自由区或货物从国内非自由区进入自由区时,海关依法征收相应的税收;入区货物实行企业自主管理,可以在海关监管下,予以销毁或使之失去商业价值。

第二,自由贸易港区将"兴利重于除弊"的理念与货物流动充分自由的机制高度契合。采取如下海关监管的共同原则:①海关以风险管理作为通关检查的标准,强化进入国内市场货物的卡口监管,以防走私,但对通关货物一般只进行抽样检查。②货物入区备案,区内储存不监管,出区核销,企业按相关规定,依照标准格式向海关进行必要的货物通报并经海关电子信息回复完成备案手续。③进出口手续简单,海关监管高效便捷,简化报关手续,实行电脑管理,使货物进出方便快捷,一般实行 24 小时通关制。④外来船舶采取关旗制,大都免办进港申请及海关手续,实行非强制引水,关检和卫检手续简便。

第三,豁免关税。自由贸易港区概念中的"自由"的原意就是豁免关税,它是自由贸易港区最本质的优惠政策,即国外货物进入区内免征关税,货物在区内销售时免征流转税,只有当货物从区内进入国内市场销售时,才征收关税和流转税(这也就是所谓的关税延迟)。当然,区内所得税等直接税和土地租金等也是较低的。但各区在关税豁免的范围上情况不一,依投资生产活动和贸易的实际需求而定。一些国家还规定,在自由贸易港区生产的产品进入本国关境时,只需对其中所用的外国进口原料、零部件部分征收关税。

第四,鼓励货物的增值加工。自由贸易港区可以从事零部件组装等较深层次的加工,除了免税、保税制度优惠外,还可采取"倒置关税"的减免制度,即在零部件关税高于成品关税的情况下,零部件在自由贸易港区加工组成产品后再进入关税区时,海关按照税率相对较低的制成品关税向厂商征收。

(二)资金流动的自由和便利

自由贸易港区实行高度自由的金融政策和投资政策。

第一,自由贸易港区不实行外汇管制。区内企业和金融机构可以依法从事外币汇兑及外汇交易。国际金融业务分行可以办理自由贸易港区企业的外币信用证、通知、押汇、进出口托收、外币汇兑及外汇交易业务。

第二,资金和资本的流动高度自由,汇出收入、利息、利润、分红以及投资所得没有限制。

第三,有条件地开展离岸金融业务,从而使自由区具有全球资金运筹、资产管理和国际避税地的某些特征和功能。区内可以设立控股公司从事海外投资,即注册地在区内的企业可以向自由贸易港区管理机构申请设立以境外投资为目的的控股公司;区内可以引进各种金融机构开展离岸金融业务,开展针对非居民的外币业务,并对从事该类业务的机构豁免法定储备率,无利率管制,无外汇管制,无存款保险制度,降低或豁免资本利得税和利息、股息预扣税等。

第四,采取国民待遇的投资政策。投资无国别限制,无所有制限制,无股权限制,完全享受国民待遇和充分的投资自由。向外资开放产业部门,采取"准入前国民待遇+负面清单"的模式。

(三)人员进出的自由和便利

自由贸易港区是一个国内外客商云集、国际企业家高度密集的区域。为此,它除了要给客商提供良好的营商环境和创新创业条件外,还需要为国内外商务人员提供自由进出港区的充分便利。通常体现在如下两个方面:

▶ 报告 17 以"四路"先行先试为重点 创新我省高水平开放体制机制研究

第一,弹性放宽人员入境政策。为了吸引优秀的国外专业人士及投资者,便利外籍商务人员进入自由贸易港区从事商务活动,也为了吸引国内外观光客,有关部门协调相关管理制度,对国际商务人员尽可能采取落地签证制度或入境免签制度,以及其他的自由进出制度。为了落实"二线管好"的政策,对于国内人员和已入境的外籍人员进出自由贸易港区可以采取某种特别通行证制度。

第二,放宽劳工雇佣条件,鼓励引进国外专业人士和商务人才。通常自由贸易港区内企业没有外籍劳工雇佣比例的要求;而在对雇佣外籍劳工有限制的国家或地区,也大都放宽自由贸易港区内企业外籍劳工的雇佣比例。

(四)企业经营的自由和便利

建立在完备和良好的货控、会计、保全、稽查与风险管理系统之上,自由贸易港区为企业提供高度自由、宽松和市场化的商务环境。

第一,实行自由企业制度。具体表现在:企业进入自由区及其经营活动自由,自由区管理当局给予充分的法律保护;企业进入及经营的门槛低,新开办企业不但注册手续简便,而且缴费少,同时不对其征收资本利得税、股息税、利息税等,且提供公司所得税免税期待遇(最长者可达 50 年)、减半征收,或者是低所得税政策;对投资者采取国民或超国民待遇制度。

第二,实行高度市场化的企业自主管理制度,政府对区内企业的经营尽量"少管"甚至"不管"。自由贸易港区内企业的管理,完全不同于区外的政府管理,大幅度、宽范围地降低政府实质介入的程度,以实现自由贸易港内的货物、资金、人员充分的自由流动。

第三,产业引进自由,企业经营活动高度开放。作为开放层次最高的区域,自由贸易港区除了向企业开放贸易、物流和制造加工等核心活动外,还广泛开放会展、金融、保险等生产者服务,以及娱乐休闲等现代服务业活动,从而成为一国产业开放的前沿。

第四,秉承行政管理便利化理念,基于事权充分、权力高度集中、统一管理的体制,采取单一窗口的管理模式。区内经营活动不受海关限制,通关手续比较简单、服务流程简化,海关对货物实行电子备案,不进行实物查验。不仅货物入出区核准成为自由贸易港区管理机构的法定管理事项,而且在工商登记、税收减免核准、货物进出入管理、原产地证书核发等方面,自由港区管理机构也都接受委托管理。

五、先进经验借鉴

(一)推动沿线国家智能化监管互认

2017年11月,在海关、铁路部门的支持下,重庆市在全国率先开展了"重庆—多斯特克—阿拉木图"的"海关-铁路运营商推动中欧班列安全和快速通关伙伴合作计划"的"关铁通"中哈项目试点工作。具体做法是与合作方共同搭建"中哈关铁通数据交换平台",并在班列上配套装载"安全智能锁",货物启运信息、机检图像、查验结果等数据写入安全智能锁后,进口国海关通过"中哈关铁通数据交换平台"读取安全智能锁即可,不再实施开箱侵入式查验,进一步提高了中欧班列的通关时效。

(二)推动运输组织方式创新

中欧班列(成都)积极与沿线城市合作在全国首创了内外贸货物混装的"集拼集运"混装模式,去程加挂西宁、兰州、乌鲁木齐等地的外贸货,回程加挂内贸货,大大提高了运输效率和市场辐射范围。

中欧班列(成都)还创新性地推出了旨在打通市场两端的"欧洲通"特色运输模式。一方面,传统的中欧班列提供的运输服务主要是整列货物,属于点对点的直达运输模式,但这样的运输模式对于那些按整列组织困难而又有运输需求的中小客户来说产生了较高门槛。因此,为了破解这一矛盾,从2019年底以来,中欧班列(成都)实现了点对点到面对面的转变,创新性地接受整列、多箱、单箱订舱,灵活性地满足了不同客户群体的多种运输需求,提高了班列运输的受众面,缓解了新增站点零散货源组织的困难。另一方面,中欧班列(成都)还充分利用欧洲铁路网络和多式联运资源,实现货物经欧洲境内分拨点的多点直达、集结,通过以马拉为枢纽节点组织了华沙、杜伊斯堡、汉堡、米兰、巴塞罗那、马德里、布达佩斯、维也纳等站点单个集装箱货物经马拉的分拨、集结,通过以波兹南为枢纽节点利用当地铁路运输网络衔接弗罗茨瓦夫、

▶ 报告17 以"四路"先行先试为重点 创新我省高水平开放体制机制研究

卢森堡、杜伊斯堡、鹿特丹等地区,可以说中欧班列(成都)通过波兰马拉、波兹南为枢纽节点通达欧洲全境,初步建立了覆盖欧洲主要枢纽及贸易城市的线路网络。目前,中欧班列(成都)"欧洲通"运输模式已经实现了稳定组织、双向开行,月均可达到约900车的发运量,为DHL、中远海、顺丰等大型物流企业提供运输服务。

为了最大可能地降低出境口岸铁路换轨造成的效率损失,中欧班列(成都)通过优化列车编组创新性地开展了"三并二"运输模式,即在边境口岸换轨时将三列41个柜子的班列优化组合为两列60余柜的班列,此种做法直接使得班列的运营成本下降10%左右。

推动集疏集运导向的集装箱运输模式改革。为了对接集装箱这一国际贸易通用的运输方式,四川省交通运输厅从集装箱这个基础运载单元切入,制定并实施优惠幅度最高达62%的高速公路集装箱车辆通行政策,积极引导市场发展集装箱车辆。在此基础上,四川相关地市对进出主要无水港、主要港口和重点物流园区的集装箱车辆再进行定向降费,有效引导中长距离货物运输由全程公路运输向公铁、公水和公铁空等联运方式转变。

(三) 提效降费促通关

推动中欧班列国内段运输关税计算基础制度改革。由于是出境贸易,按照惯例,中欧班列国内段运输的费用是需要进入商品基本价格收取关税的,成都国际铁路港投资发展(集团)有限公司积极对接海关部门,积极研究相关政策寻求突破,并在全国范围内首先实现了中欧班列国内段运输不计关税的创新性改革,大大降低了班列运输成本。

以政府购买口岸服务形式降低企业通关成本。2016年成都在全国率先实施政府购买口岸服务,铁路口岸和航空口岸服务水平大幅提升。企业在成都铁路口岸的"两吊一转"(两次吊装、一次短转)和两次配合查验的掏装箱作业相关基础费用全额免除,此外对符合条件的进口整车、冻肉及跨境电商作业相关操作费用也将进行减免。以平行进口汽车为例,按照一个约12米的集装箱装载4辆汽车测算,每个集装箱通关作业可为企业节省5976元。成都铁路保税物流中心(B型)目前公共区域操作费用、理货费及过分拣线的费用已实现全额减免。以单个集装箱平均装载2000个包裹为例,将为企业节约近

4000元的费用,此外保税物流中心(B型)仓储费用也比同期降低了近80%。成都国际铁路港不断调整收费方案,收费项目由原有的53项,通过删减和整合压缩至20项。

提高通关服务附加值。成都国际铁路港实行延时和预约服务,鼓励符合条件的货物采用"提前报关""担保验放"等模式,口岸通关效率在原已提升75%的基础上,将再压缩三分之一的通关时间。

为了提高服务效率,中欧班列(成都)的运营方成都国际铁路港投资发展有限公司创新提出了"520"服务模式:"5"种对外受理方式,即电话受理、邮件受理、订舱系统受理、网站信息平台受理、一站式大厅受理,为客户提供敞开受理平台;"2"小时内回复,即2小时内回复客户疑问,尽量减少客户的等候时间;"0"投诉,即把客户服务做到最优,争取无客户投诉。

(四)积极构建丝绸之路生态圈

西安立足自身作为新丝绸之路经济带的地缘优势大力建设中欧班列(西安)集结中心,最大范围扩大集货辐射范围。2019年3月,《共建"一带一路"(西安)陆海联运大通道倡议》提出要采取"公转铁""水转铁"等联程中转或合作开行的方式,促进货源向西安港集聚。2020年4月,习近平到陕西考察并发表重要讲话,要"建设中欧班列(西安)集结中心,加快形成面向中亚南亚西亚国家的通道、商贸物流枢纽、重要产业和人文交流基地"。截至目前,西安港与天津、青岛、宁波、上海、深圳等沿海港口城市合作开行了陆海联运班列,中欧班列(西安)复兴"陆上丝绸之路",陆海联运联结"海上丝绸之路",襄西欧、徐西欧、蚌西欧、冀西欧等国际货运班列常态化运行,中欧班列(西安)集结中心建设织线成网。

引进龙头企业,构建能够胜任全球贸易的物流生态圈。成都招引中外运普菲斯、莫索夫、安吉物流、中远海运、新加坡丰树等龙头企业,带动国际货代、报关报检、商业保理、融资租赁、法律服务、商事仲裁等800余家专业服务企业集聚,实现国际运输、现代仓储、口岸清关、短驳配送等物流环节一体化服务,构建起服务全球制造企业和分销企业的物流生态圈。

跨境电商进出口双向业务为突破口搭建"网上丝绸之路"。西安国际港务区依托"西安港""长安号""洋货码头"和对外开放口岸等开放平台,为跨境电

▶ 报告17 以"四路"先行先试为重点 创新我省高水平开放体制机制研究

商企业构筑了完善的产业发展基础和物流贸易链条。目前累计注册跨境电商企业超过300家,并积极布局"一带一路"相关国家海外资源,已在澳大利亚悉尼、韩国首尔、德国法兰克福等地建立了"海外仓",同时成立线下贸易事业部,与国内零售巨头签订经销合同,加速线上平台与线下业务的布局融合。西安国际陆港电子商贸有限公司旗下跨境电子商务平台——"洋货码头"吸引了五洲丝路、西游列国等跨境电商企业,DHL、EMS等物流企业及中行、建行、支付宝等支付结算企业入驻并参与试点业务,有力地促进了陕西本土传统商贸企业如陕文投(曼蒂广场)、华南城在城市中心商业区的线下实体店展示与在跨境平台完成的线上交易实现联动,结合西安综合保税区的仓储监管功能,实现"前店后库"模式,真正实现向跨境电商O2O模式的转型。同时,线下ULIFE西安港进口商品直营店与"洋货码头"实现了线上交易与线下提货的优势互补,为了拓宽终端销售渠道,加快O2O一体机在全国的布点和加盟。

为了支持国外用户通过跨境电商平台购买中国的贸易商品,重庆依托全球领先的在线外贸交易平台敦煌网搭建了中国土耳其跨境电商平台,土耳其国内的采购商跨境购买中国货物可通过该平台下单。为了便于交流,该平台还支持使用维吾尔语、汉语、英语、土耳其语等四种语言进行在线交易操作。同时为了便于沿线国家不同语种的用户沟通洽谈,该平台还内嵌了聊天翻译软件,可以实现28种语言的实时交互翻译。

丝绸之路与产业互补发展。成都成功引进了创维、康佳、金峰科技等企业,投资建设面向欧洲、东盟的智能家电、物流智能装备、液晶显示器出口基地,带动宝能、上海佩南顿等企业拓展保税物流、保税展示等新型业态。积极推动本地企业走出去,陕鼓、陕汽、标准股份、隆基绿能、爱菊集团、西安建工等20多家本地企业已相继走出国门,拓展海外市场,在哈萨克斯坦、伊朗、马来西亚等国家投资建厂或建立"海外仓"。而西安则是依托西北门户机场的优势发展起来了临空经济全产业链,海航现代物流总部、东航赛峰起落架深度维修基地、陕西梅里众诚动物疫苗生产基地等世界500强企业落地;以航空主业为突破,东航、深航、川航等13家航空公司落户空港新城,形成西部最大的航空总部基地;飞机维修、航材制造、电子信息、生物医药、物流运输等领域的138家企业聚集空港新城。

构建与跨境贸易相适应的供应链金融生态圈。中欧班列(成都)不断创新以供应链为支撑的金融服务体系,已与工商银行合作建立"中欧e单通"跨境区块链平台,与建设银行合作成立建行自贸区分行,与天府银行共同设立100亿元供应链金融基金,为班列供应链企业提供结、付、汇等金融服务。重庆以中欧班列的国际中转贸易通过全程的提单、货权凭证等拓展出质押等金融属性,有效缓解了客户的资金压力。

进出口商品展示交易体验生态圈。目前,成都已签约"一带一路"沿线31个国家商品馆,建成投用意大利、希腊、法国、波兰等6个国家商品馆,搭建商品展示交易、服务经贸往来的窗口平台,初步形成了中欧班列(成都)国家商品馆集群发展。

西安还将跨境电子商务与本地化特色产品出口、精准扶贫相结合,助推中小微企业和广大的贫困农户将陕西特色产品推向全球,经济效益和社会效益取得双丰收。中国人民银行西安分行联合相关部门打造了以"互联网+跨境人民币+精准扶贫"模式为基础的"陕西省跨境电子商务人民币结算交易服务平台",即"通丝路"平台,搭建一条便捷的"人民币网上丝绸之路",大大提高中小微企业和贫困农户参与跨境电商的便利程度,且该平台入选了第三批"全国自由贸易试验区最佳实践案例"。目前已入驻企业200家,形成了1200余种陕西特色产品在线展示,已实现延安延川梁家河小米出口美国,渭南白水酥梨出口缅甸,渭南蒲城金属铸造剂出口韩国、印度、缅甸等特色产品贸易通道,跨境人民币结算额近700万元,实现户均增收2000元以上。

(五)发展国际中转贸易

重庆利用其所处中新互联互通南向国际陆海贸易新通道经营中心的地位,积极促使该南向通道与中欧班列(重庆)完成无缝衔接,大力发展东南亚和欧洲的中转贸易并成为中欧班列(重庆)的增量市场扩张的重要来源。2018年4月20日,从越南运往波兰的电子产品在重庆铁路口岸完成国际中转,这标志着"东南亚—广西北部湾港—重庆国际铁路枢纽中转—欧洲"国际中转通道顺利打通,且运输时间从40天缩减至20天左右,改变了东南亚货物均通过海运至欧洲的运输模式。

六、河南"四路"建设中面临的突出问题

(一)面临省际更加灵活的激烈竞争形势,先发优势减弱

面对全国新一轮开放步伐的不断加快、全国各地开放意识的增强和支持力度的加大,对外开放高地的区域竞争日益加剧。我省"四路"建设前期取得的优势尚不稳固,面临"标兵尚远、追兵很近"的现状和困境。陆港公司主体运营的郑欧班列虽然起步早(2013年7月开行首班),2018年之前,郑州稳居全国第三(开行班次仅次于重庆、成都),但2018年以来全国陆续开行的中欧班列城市已达63家,西安班列"长安号"开行总量猛增(2018年1235班,2019年2133班),远超同期郑州的数量(2018年752班,2019年1000班);在加大力度畅通国际物流枢纽通道的同时,河南周边多个内陆省市加大开放平台建设力度,周边省市的竞争优势在逐步增强,郑欧班列在国际物流枢纽拓展、开放平台构建等先发优势方面正在显现减弱的趋势。

(二)"空中丝绸之路"和"陆上丝绸之路"发展后劲不足

从"空中丝绸之路"来看,在多重国家政策加持以及河南省相关各方的积极高水平运作下,郑州航空货运量实现了历史性突破,以此为基础的"空中丝绸之路"促使河南省从内陆地区转变为开放的前沿。但是随着富士康系高值货源和卢森堡货航等红利的不断释放,郑州新郑机场"以货为先、以国际为先、以干为先"的国际航空货运枢纽的打造面临着越来越大的压力。从图17-3可以看出,2013年郑州新郑机场货邮吞吐量环比增速异常突出,达到了惊人的69.1%,远远高于成都双流的-1.3%、西安咸阳机场的2.3%、重庆江北机场的4.3%、武汉天河机场的1.0%。但是增长后劲乏力也逐渐得到显现,2019年郑州新郑机场的货邮吞吐量增长率仅有1.4%,仅比成都双流机场的1.0%稍高,低于西安咸阳机场的22.1%、重庆江北机场的7.5%、武汉天河机场的9.8%。可见,郑州新郑机场航空货运存在着增长危机,没有形成明显的优势和不可替代性。更重要的是,国际货运航空枢纽的必备要素之一是要能够实现与各大洲主要航空货运枢纽的直航,因此开通全覆盖的洲际直航货运航

是郑州新郑机场成为国际航空货运枢纽的前提条件。但目前,郑州新郑机场的国际货运航线运力资源高度单一,主要是以欧洲为主,南美洲、非洲还没有洲际直航航线,对南亚、中东的覆盖也还远远不足。河南对于欧美的洲际直航主要是依托于卢货航,但目前卢货航已经能够对欧洲和北美市场实现有效覆盖,而欧洲和北美市场已经运力过剩,且在短期内也看不到较快增长的可能,依靠卢货航进一步拓展欧美航线也存在着瓶颈。

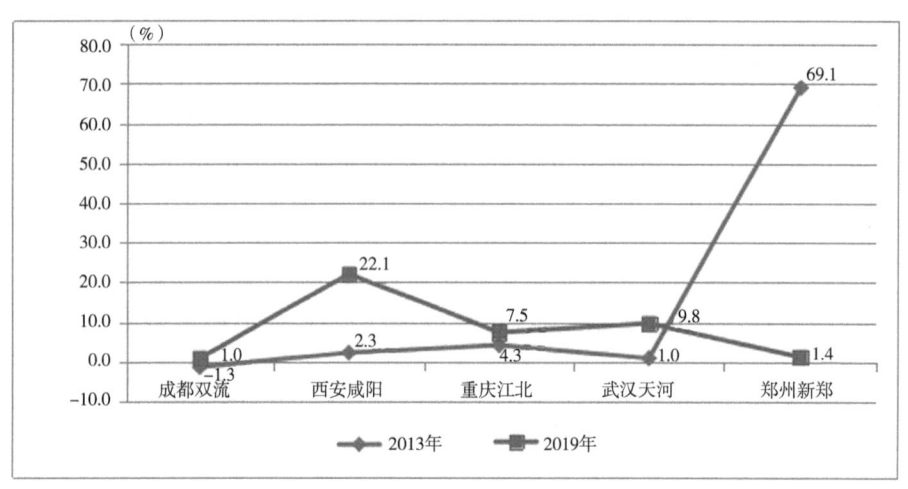

图17-3 郑州新郑机场与代表性机场货邮吞吐量增速变化

数据来源:根据中国民用航空局2013、2019年民航机场生产统计公报整理得到。

从"陆上丝绸之路"来看,郑欧班列虽然起步晚、发展速度较快,但年开行量总体规模与中国"十"字铁路枢纽的地位和市场辐射范围是不相称的,2019年西安、成都、重庆开行的中欧班列数量分别为2133列、1516列、1500列,而郑欧班列2019年全年开行量只有1000列。目前郑欧班列线路主要是以欧洲为主、中亚为辅,缺少南向通道。中欧班列(成都)在巩固欧洲线路的基础上,大力开拓南向通向东南亚的市场,2018年开通了南向钦州港的通道,2019年新增了广州黄埔、深圳盐田、广西凭祥、云南昆明及周边出境口岸,同时正研究增加广东湛江、云南磨憨等口岸。成都南向班列的国外端以越南、印度尼西亚、马来西亚、菲律宾为主要目的地,辐射中南亚、中东及非洲51个国家、92个港口。南向班列的开通推动了南向通道与中欧班列(成都)的有机衔接,大批东南亚的纺织品、电子产品、橡胶等原材料通过成都转口中亚及欧洲,欧洲的快消品、机械设备、有色金属等通过成都转口东南亚国家及日本、韩国。截至2020年2月底,从成都开行的国际班列为480列,南向通道班列就占到了213列,占比达到44.38%,南向通道与传统的欧洲通道近乎达到了分庭抗礼的地步。

(三)缺乏有实力的本土货运航空公司和航空货代公司,国际航空货运枢纽的内生化能力不足

任何一个航空货运枢纽尤其是国际航空货运枢纽肯定离不开本土货运航空公司以本地为基础的航空货运网络的支撑,没有本土航空公司或本土航空公司实力弱小,就不能形成服务于本地航空规划的基本力量,一切货运规划都是纸上谈兵,同时也使得地区外的航空公司在本地开展业务缺少合作对象,造成本地航空货运网络发展内外交困的局面,因此郑州要想成为国际货运航空枢纽,必须集中力量和资源培育、做大、做强本地货运航空公司。长期以来,河南省在培育本土货运航空公司上走了很多弯路,但也进行了积极探索,取得了一些成绩和经验。河南航投入股全球最大的货运航空公司卢货航形成的覆盖欧亚的双枢纽战略构成了河南省"空中丝绸之路"的大动脉,入股70%的中原龙浩航空公司使得郑州新郑机场有了自己的货运航空基地公司,而本土成立的中州航空公司使得郑州新郑机场有了自己的主运营基地的航空公司。但也要注意到这些成绩还远远不足,卢货航的舱位、航线等的调配规划权并不掌握在河南省手中,而中原龙浩和中州航空的航空货运能力尤其是国际航空货运的能力还需要下大功夫去培养、扶持和挖掘。

众所周知,航空货运代理公司对国际航空货运的发展至关重要,其在货源集疏、订舱、报关等方面都发挥着重要作用,具有相当的专业性、技术性和政策性。2013年以来,伴随着郑州新郑机场货运量的提升,已有近200家货代企业在郑州新郑机场聚集,且全球排名前10位的货运代理公司已有9家入驻郑州新郑机场,可见航空货代公司在郑州新郑机场也形成了聚集的良好态势。但是,对于开放度还不够高的内陆河南省来说还缺乏足够有影响力的本土货运代理公司,这与郑州新郑机场要建设成国际货运枢纽的目标不相匹配。河南省缺乏本地有影响力的货运代理企业会造成本地航空货代市场各自为战,在货运资源的集疏、舱位资源的分配、航空公司间的运力统筹和询价方式等方面形不成合力,所以直到现在郑州并没有形成资源便利优势,市场吸引力主要还是靠简单的价格战。而且,非本地的货代公司往往会利用河南省运力及客户资源而不是发展培养资源,当政策补贴形成的价格优势存在时,就把郑州新郑机场定位为该公司的一个进货、出货口;当价格优势不存在时,这些货代公司的客户资源就可以转投他地,为河南省"空中丝绸之路"的长期可持续发展埋下了隐患。

(四)特殊监管区及查验场站布局不尽合理

布局分散的特殊监管区及查验场站带来诸多问题:一是增加了货物转栈、短途运输等物流成本,以及货物存放、移箱、掏箱等通关成本。二是"串联式"监管流程造成货物往返转栈、倒箱,给港区货物集疏运带来更大压力。三是口岸监管部门对其进驻查验场站的管理,集中在查验工作所需设施设备等专业领域,与消防、安监等管理部门不能形成有效衔接,存在监管盲区,给口岸安全带来一定隐患。

(五)目前"四路"各方自成体系,未形成高效联动推进机制

近年来,我省以"空中丝绸之路"为引领,统筹推进陆上、网上、海上丝绸之路建设。但是,由于空港、陆港、跨境电商保税物流中心作为独立运营主体,不仅在各种服务平台存在重复建设,而且管理层级不同,在用地、港区建设、政策落地等方面未能统筹协调,实现有效联通联动。"四路"建设应遵循"提能级、强平台"的发展思路,未来各类平台应实现优势互补、资源共享、功能叠加,形成创新集聚发展态势。在后疫情时代全国各地抢占开放高地的激烈竞争形势下,迫切需要从更高站位、更宽视野、更大格局统筹谋划"四路"建设,迫切需要以更加快速高效的联动协调推进机制全面推动"四路"协同发展。

七、河南"四路"进一步深化推进体制机制创新

(一)构建欧亚空铁联运体,开创贸易走廊,做大贸易流量

中欧班列的优势是向西穿过中国中部城市群、中国西部经济圈、蒙俄经济

报告 17 以"四路"先行先试为重点 创新我省高水平开放体制机制研究

圈、中亚经济圈、东欧经济圈、莫斯科经济圈、北欧经济圈、欧盟经济体后直达世界制造强国德国,极大地促进了我国与沿线各经济体之间的贸易往来,为打开国际市场开拓了新的途径。依托空港与陆港市场对接、服务对接、政策对接、基础设施对接等工作机制来实现亚欧空铁联运体的建设,在其框架下组织市场、创建市场、带动产业、优化产业布局,从而形成区域内的产业生态圈、物流生态圈;同时发挥河南航空物流的优势,对中欧班列形成的点对点的中欧贸易进行市场培育,将点转化为面,进而将中欧贸易转化为全覆盖的亚欧贸易。

目前山东、山西、江苏等省市为支持本地开行班列的市场主体,避免出现恶性无序竞争和内耗的现象,纷纷出台相应措施和支持政策。建议:省委、省政府统筹谋划,支持郑州空港、陆港建设运营主体单位做大做强。①对内。在亚欧空铁联运体框架下,依靠自由贸易港建设"亚欧空铁联运体产业园",或联合航空港区周边在建产业园,通过扶持激励政策引导,改善本地投资环境,优化区域开放环境,吸引促进河南发展的产业进驻,集中具有导向性的产业和企业,构建产业创新平台,实现产、供、销、运一体化。②对外。"双循环"新发展格局下,区域间协同开放愈显重要。本着共商、共建、共享的理念,构建共同利益为基础,按照共享、均衡原则进行分配,实现合作共赢的国内国际经贸合作大市场。积极参与国家相关部门正在明确的中欧班列集结中心的功能和定位,通过与区域外的龙头市场、新兴市场联盟,通过与铁路、公路、港口、物流公司等相关行业的联盟,通过与优势互补的同行业联盟,构建中东部、西北部、西南部陆运货源进出口集散枢纽,完善各集结中心的基础设施建设,充分发挥集结中心的优势,打造"干支结合,枢纽集散"的高效集疏运体系,引领带动郑州成为中国中东部乃至亚太区域国际物流枢纽。③建立省级协调机制。外部省际竞争激烈,内部各自为战,甚至像陆港公司还是经开区下属单位,在创新方面难免存在约束。一是建议成立省级层面的领导机构,统筹新形势下"四路"建设的规划、领导、管理、建设、投资等工作;二是建议建立更加快速高效的"省市区企"联动协调推进机制,建立"省市区企"定期例会制度,研究梳理空港、陆港、跨境电商发展思路,并协调解决具体问题,全面推进"四路"建设各项措施落到实处,才能适应"形成更高层次、更具竞争力的枢纽优势、物流优势、开放优势,把'金字招牌'擦得更亮"的新要求。

（二）建设以"自由贸易港"为核心的亚欧国际交易平台

自贸区的建设是区域经济发展的最大动力,经济发展的根本是物资的流通,物资流通的根本是自由贸易,这是市场经济活动中的良性循环。

自由贸易是区域经济走向国际的一个重要条件,建设航空自由贸易港为亚欧空铁联运体提供了一个空铁自由对接的空间;在自由贸易港内,空铁首先要实现物资转运对接及物流服务的无缝对接,这就要求必须完善、提高自由贸易港内的相关基础设施和服务体系。

借鉴学习迪拜海空联运的成功经验,以"效率优先、成本优势"为核心打造亚欧自由贸易港的竞争优势和服务品牌,建立多部门协同运作模式,可以探索将亚欧自由贸易货站作为建设中欧空铁联运体的前置条件进行规划、建设。亚欧自由贸易货站的建设,必须要在秉承统一政策、统一规划、统一建设、统一运营、统一管理的原则下,才能将中欧班列的航空转运货物无障碍导入。也可以将机场货运区、物流园区、亚欧空铁联运园区统一划入自由贸易港区内,使航空、铁路的货物能够在区内自由移动、组合、存贮和重新包装且不用缴纳关税,提供一站式的大通关服务,创造良好的物流发展条件吸引货运航空公司、航空物流集成商、高新技术制造商、技术研发企业等的入驻,努力构建航空物流生态圈。

此外,放宽市场准入,推动电信、教育、卫生、科研和技术服务等领域放宽注册资本、投资方式、经营范围等方面的限制,促进各类市场主体公平竞争。同时,积极向上争取各类要素指标,推进户口跨省迁移联审联办,实现准迁证、迁移证的电子化,方便人才流动。推行专业技术人员职业资格、继续教育证书、外国人工作许可证跨区域同行业认证及人力资源市场服务人员资质等互认互准制度。

（三）推进多式联运有效衔接,夯实"四路"协同基础承载能力

推动"空陆网海"四位一体的设施联通和航空、铁路、公路、航运的多路联动,按照"零距离换乘、无缝化衔接"要求,加快航空港、铁路港、公路港建设,加强与海港功能对接,推进"四港"联动发展,构建客货分离、集疏高效的对外运输通道。

报告 17 以"四路"先行先试为重点 创新我省高水平开放体制机制研究

一是推进"陆上丝绸之路"和"海上丝绸之路"有效衔接。制定陆上、海上丝绸之路建设实施方案,切实推进郑州国际陆港"一干三支"(即郑欧班列和陇海通道、京广通道、郑日韩通道)铁海公多式联运项目落地,加密郑州至青岛、宁波、上海等铁海联运线路,扩大日韩等亚太地区中转集拼业务,探索开行郑太、郑琼、郑粤省际和商郑欧等省内合作班列,实现欧洲与亚洲的铁公海多式联运。建议省市相关部门科学制定郑欧班列开行班次数,结合郑州作为中欧班列集结中心示范工程建设,整合国内班列开行城市的线路资源,明确集结中心城市班列开行的主导权,固定各集结中心城市班列的一级到达站点,对于非一级到达站点的班列公司,其班列开行计划由线路主导权班列公司统筹协调。最终将郑州建成国际知名的亚太国际多式联运物流通道枢纽。

二是推进"陆上丝绸之路"和"网上丝绸之路"有效对接。郑欧班列跨境电商专线开行,升级了陆港公司运贸一体发展和创新,成为全国中欧班列首家"9610"监管方式的中欧班列线路。随着模式的完善、运行的优化、技术的进步、场站等基础设施建设的升级,建议进一步创新跨境电子商务"9710""9810"等模式与空中、陆上、海上丝绸之路联动机制,激发国际物流潜能,提供更丰富的货源保障。同时,探索"数字班列"在普通贸易物流领域的应用,进一步促进郑州国际陆港多式联运运营的提质增效。

三是以行业龙头企业合作为突破口,整合优化提升"空+地"多式联运方式。"国际航空运输+卡车航班"无缝衔接的"空+地"多式联运方式对提高"空中丝绸之路"高端物流的运行效率无疑具有重要意义,但由于缺乏龙头带动效应,郑州国际机场卡车航班无论是规模、线路还是营运能力,与国际航空货运枢纽的要求都还有一定的距离。河南省应该以国际航空货运枢纽的高度引进国内外卡车航班龙头企业,具体可以采取"以商招商"的思路,尤其是要通过卢货航合作引进每天都飞驰在欧洲 177 个地区的公路上的欧洲卡车航班龙头企业沃龙宝物流公司。通过引入龙头卡车航班企业,可以将世界一流的成熟的运输系统以及丰富的地面和货舱管理经验引入郑州新郑机场,全方位提升郑州航空港地面物流运输能力,促进郑州航空枢纽地面网络的形成。

四是推动公路运输的集装箱革命,为"四路"以及多式联运的集疏提供无缝对接支撑。集装箱运输是国际贸易的通行规则,但是河南省公路运输的集装箱普及程度与四通发达的公路网络并不相配,多式联运的集疏两端效率并不高。因此,河南省应该借鉴四川省做法,通过切实可行的政策支持公路运输的集装箱革命,具体可以在高速公路通行费、车辆年检、保险申报等方面制定针对性的政策支持措施,探索将现有跨区作业的联合收割机和运输鲜活农产品的绿色通道通行费减免政策复制到集装箱运输中。

五是设立高效统一的大监管区。所谓"四路"协同,并非完全指物理意义上说的货物空铁联运、空陆联运、铁海联运、空空中转,更重要的则是多式联运模式创新和服务规则及标准对接。比如,当时出于监管便利,设立航空港海关、铁路海关等,隶属不同的海关,各自有不同的监管代码。然而,这种体制上的设置,彼此产生壁垒,无法实现一单到底,严重限制了"四路"协同。建议:有效整合隶属海关的监管职能、力量以及资源,设立大监管区,统一代码,统一监管,实现所有国内国际货物、物品在监管区域内自由流动调拨。①推动进境集装箱货物、交通工具、人员,以及邮件和快件等"一站式作业"通关模式的实施,简化企业在郑州口岸的通关手续。②建设"一站式作业"查验场站,检验检疫、海关等监管部门共同进驻,避免集装箱货物在不同场站间中转增加成本,同时也有利于政府相关职能部门对场站进行监管。③整合已建成的视频监控系统、X光机等监管设施,实现监管资源共享共用,避免重复建设造成浪费。充分发挥海关监管的整合优势,建设国内国际中转集拼公共服务平台,真正做到"一单到底,物流全球"。

六是整合区域口岸优势。借助于自贸区南扩的契机,将铁路、邮政、航空、整车、粮食以及药品口岸全部容纳进自贸区,使其相互串联、叠加,实现国际货运、邮件、快件、进口整车、粮食、药品等无障碍地流通、转换、调运、分拨、聚合,目的在于打造信息互换、执法互助、监管互认的口岸合作模式。建议由政府主管部门牵头:①深化郑州国际贸易"单一窗口"建设,强化"单一窗口"对企业申报数据的整合作用,提高"单一窗口"效能,提供优惠政策引导企业使用"单一窗口"进行申报。②借助于"单一窗口"实现口岸相关单位的信息互换共享,解决口岸单位专业性信息化系统间的信息孤岛问题。③建立口岸执法互助的行动机制,在郑州市政府统一组织协调下实现联防联控,共同开展危险品管控、打击假冒伪劣商品、疫病疫情防控等问题,形成保障口岸安全的合力。④丰富郑州铁路口岸功能,支持郑欧班列拓展业务范围。支持郑州铁路口岸增设肉类指定查验场所、进口水果指定查验场所及药品进口等相关工作,丰富郑欧班列运载货物种类。

七是积极推动领事馆的设置。领事馆区是一座城市国际化的主要标志，也是一座城市带动周边地区对外政治经济社会交往的门户。按照惯例，很多国家在一个城市设立领事馆的一个必备条件就是能够和对方国家实现飞机直航，而在郑州设立领事馆无疑会助推郑州国际货运枢纽地位的打造，也有助于河南省整体对外开放能力的提高。但受政治、经济、区位等因素的影响，作为国家中心城市"新贵"的郑州还没有一家外国驻豫领事馆，这无疑限制了河南省对外航线的开拓和经济交流。

（四）建立信息获取合作机制，致力于发展为国际贸易与商业中心

政府作为宏观调控者，具有非常强大的统合能力和协调能力。在信息获取的合作中，政府应该承担起搭建信息平台以及引导供应链资金流和物流信息化的责任。由政府牵头从全局角度出发，利用自身的职能优势组织供应链金融的多方主体接入和合作，利用大数据以及区块链技术搭建信息平台，清除信息流通的障碍，构建多维度的信息获取和共享渠道；同时政府也应该重视引导企业信息化，持续推进电子交易凭证的运用。电子交易可以实现交易信息的快速传递、快速查验以及快速存储，提高信息平台收集信息和处理信息的效率。

目前空运、铁路、水运和公路运输数据信息格式不统一、数据不互通、信息不共享，多式联运信息断链，多种运输方式之间的衔接不畅，全程物流效率低下，无法形成覆盖全流程多式联运数据交换集成网络。为推动各物流企业、生产企业和监管部门间的信息交换，打破多种运输方式之间的信息屏障，打通数据交换平台，提高数据交互水平，改善数据交换效率，提升信息挖掘能力，实现多式联运数据高度共享，流程闭环管理，各种方式高效协同作业。建议：①制定多式联运数据交换标准。制定针对空港、公路港、海港、物流园区等机构的多式联运数据交换标准，统一多式联运数据内容，规范数据交换方式。②实现多式联运数据交换与共享。按照多式联运数据交换标准，实现多式联运的数据交换与共享。同时，提供统一的数据交换通道，兼顾个性化、实时性数据交换需求。③建立多式联运数据交换监控与管理平台，实现数据交换管理、查询分析等功能，管理用户的权限、认证通道，监控和预警交换数据情况，统计、分

析和展示交换数据。④促进多式联运"一单制"应用。统筹航空、铁路、公路、海运数据资源,建立安全可靠的数据交换平台,推动航空港、国际陆港、保税物流中心贸易、物流、运力、运价等信息实时共享,构建全程物流信息链条,实现数据开放共享和互联互通,加快完善以"一单制"为核心的多式联运体系。

全球化的今天,国际化货运枢纽是一个被赋予更多内涵的多元化经济体,其不再仅仅只是以物资转运方式连接国际市场的中心,更是国际市场信息传达中心。在一般经济体中,信息传达的方式大多以一些较为传统的方式进行,简单但缺乏准确性和国际性,对于高能级的国际市场来说,贸易才是国际市场间最先进、最有效的信息传达方式。国际上,不乏国际贸易与商业中心式的国际市场信息传达系统成功的案例,新加坡樟宜国际机场、阿联酋迪拜国际机场、香港国际机场等国际航空货运枢纽都是以"国际航空货运+国际贸易与商业中心"的模式建设和发展的。

(五)构建产业链、供应链融合机制,推动产业整体竞争力

持续推进国际多式联运与贸易、科技融合发展的产业生态。依托国际物流通道,延伸发展上下游产业链中的关键节点业务,吸引产业周边聚集。

首先,把握全链条商流、物流、资金流等关键环节要素价值,创新有效支持路径。供应链是市场化的企业业务运行关系,由信息流、商流、物流、资金流等体现,供应链上的市场主体是分散和独立的企业个体,其运行结构通常表现为交叉和松散关系,按照传统的政策实施路径,无法直接聚焦体现供应链运行关系的明确施策对象。必须紧扣供应链中各种体现流动关系的流通要素,精准确认链条有机关系结构,创新决策路径和施策模式。

一是抓住商流环节要素,发挥关键生产企业、商品交易平台等的作用,突出体现上下游交易关系,强化以商业订单为核心的交易确认能力,建立依据商流选择政策支持主体的推进路径,并以金融手段创新反馈交易订单潜在价值,创新依据商业要素推动支持政策的模式,支持贸易链条上的企业渡过难关。具体来讲:①建设"丝绸之路经济带"进口特种商品展示交易中心。通过"以运带贸,以运促贸"的经营思路,在开展运邮、肉类、进口汽车等特种业务的基础上,拓展"一带一路"沿线国家水果、奶制品等贸易业务发展。②建设中欧国际多式联运综合服务信息中心。落实交通运输部和国家发改委对多式联运示范

报告 17　以"四路"先行先试为重点　创新我省高水平开放体制机制研究

工程的要求,建设"数字班列",全面提升多式联运信息化运营能力。③建设外资机构商务中心。吸引"一带一路"沿线国家外资机构、企业进驻郑州国际陆港,商务中心功能包括商务交流、合同谈判、政治文化交流、签证等。

二是抓住物流环节要素,发挥核心物流企业、物流平台等作用,结合商流信息打造物流数据链条,提高确认供应链支持对象的科学性,突出实体物流活动的全程跟踪、溯源等基础能力建设,创新体现商品流通过程金融价值,降低供应链上企业短期经营压力。

迫切需要加大基地航空公司和物流集成商的培育引进。要想成为开放高地,必须使货物流量规模上去,而使规模增加,引进基地航空公司和物流集成商成为关键的抓手。一方面,继续发挥好现有基地航空公司作用,支持南方航空、西部航空深化战略合作,推动持续加大运力投放、提升市场份额、开辟国际航线。采取多种形式引进基地航空公司,引导更多国内航空公司在郑州设立基地公司,将运营基地或总部迁至郑州,鼓励多种所有制企业特别是民营企业参股、控股国内外航空公司,推动本土基地航空公司业务形成规模、提质增量。河南省应该着重培养以中州航空为主、龙浩航空为辅的本地航空货运公司体系,国际货运枢纽的规划要适当调整,政策支撑措施一定要到位。对于两家公司前期培养的国内外客源和市场造成的前期战略性亏损纳入河南省民航发展战略的高度予以补贴,同时要为两家公司引进适合国际航空运输的成本较高的宽体机从金融、财政、税收等方面予以补贴,最大可能地形成本地货源要牢牢地掌握在本地航空企业手中。依托两家本土货运航空公司,在形成国内货运集疏网络的基础上,要同步开通直达的远程洲际航线,以此为基础通过航权交换引进目标国家航空公司进入河南。与大力培植本土航空公司相对应,河南省和河南航投对既有和增量航空资源投入要进行优化配置,应重新审视已经投资入股的航空公司(分公司)的综合带动效应,河南作为资方入股的项目所产生的收益往往与目标差距很大,这些航空公司的日常经营和航线拓展等不会服从于河南省的民航发展规划,因此对于那些既无人事权又无财务权也没有经营权的投资项目不应当进一步投资,必要时可选择逐步撤出。另一方面,积极吸引货代企业和物流集成商,全力对接和吸引大型物流集成商,促成与具有国际资源的大型物流集成商战略合作。河南省要培育一家扎根于本地、服务于本地的实力强大的本土航空货运代理公司,提升资源整合的聚合效应，促使郑州新郑机场航空货运的发展从过去的价格驱动型向效率驱动型转变。推进与敦豪、联邦快递等国际物流集成商战略合作，争取设立国际物流中转中心；积极引进顺丰、菜鸟、中国邮政、圆通等拥有自有运力和网络的国内物流集成商，建设空空、空地一体的跨境电商转运分拨基地等全国性枢纽。支持Inditex（印地纺）集团扩大ZARA（飒拉）服装运输规模，在郑州设立物流分拨基地；促使UPS（联合包裹）扩大快件业务量，巩固郑州国内第三大快件分拨中心地位。吸引德讯、爱派克斯等公司在郑州设立分公司，推动相关企业打造生鲜货物集散中心。

三是抓住资金流环节要素，进一步聚焦支持对象，强化应收账款融资等工具使用，提高特殊情况下的流动性。采取"政府引导、银行主导、企业诚信、信保跟进、保险保障"的供应链金融保障模式，由财政厅、商务厅与合作银行签订合作协议并抄送税务部门备案，提供供应链融资业务。比如，财政厅拿出一部分资金比如1个亿资金作为扶持增信资金，商务厅负责提供跨境电商出口企业名单并协助承办银行遴选贷款企业，税务部门负责退税查询。按照山东等地的经验，承办银行按照增信资金放大15倍的额度确定贷款投放总规模，支持中小微跨境电商出口企业申请出口信用融资，以企业出口收汇情况核定授信总量、以投保出口信用保险作为贷款保障、以出口收汇资金和出口退税作为还款来源，按照同档期基准利率为质优诚信的跨境电商出口企业提供1000万元以内的信贷融资支持。同时建立风险损失补偿机制，融资贷款出现逾期后，由承办银行冻结授信企业退税专户及外汇结算账户，并根据授信企业是否投保出口信用保险情况向保险公司追索其应承担的赔付责任，在积极追偿后仍不能归还借款的，承办银行对借款人进行诉讼，待法院判决后追索仍未追回时申请省财政补偿贷款损失。

其次，产业链、价值链、供应链的核心是产业，以"四路"建设为抓手，以更实举措推进产业升级。①联动发展航空航天产业。深化与中国航天科技集团、一流大学等在智能装备、航空航天和关键零部件领域的合作，打造航空航天产业体系。围绕通用航空产业发展，支持航空产业对外合作开放，吸引机载系统和关键零部件外资项目落地，支持外资发展飞机整机维修和部附件维修业务。②联动发展新能源产业。推动新能源汽车维修、咨询、租赁等配套企业集聚发展。③联动发展数字经济产业。围绕数字经济强市建设，争取开展增

▶ 报告 17　以"四路"先行先试为重点　创新我省高水平开放体制机制研究

值电信业务对外资开放试点,探索推进大数据资源交易。推动大数据产业园人工智能与制造业深度融合,引进国家级工业互联网双跨平台,推进制造业数字化转型。加快发展半导体、机器人、5G通信等数字新兴产业。④联动发展生命健康产业。建设健康医疗大数据中心,探索开展数字医疗、数字医药等前沿医疗技术研究项目。争取放宽对医疗机构配置质子放射治疗系统等甲类大型医用设备以及对社会办医疗机构配置乙类大型医用设备的限制。优化生物医药产业链构建和布局,打造国际大健康产业创新型服务业研发和创新中心。⑤联动发展现代服务业。引进国际金融资本,大力发展国际金融、融资租赁、商务服务、总部经济和国际会展产业。开展与卢森堡金融合作,研究开发多式联运金融品种,推动民营银行、合资银行、合资证券等机构设立,开展"大数据＋征信＋金融服务体系"建设等。支持依法依规设立中外合资银行、民营银行、保险、证券等法人金融机构。深化外汇管理改革,进一步放宽跨境融资管理、扩大企业借用外债空间,提高跨国公司跨境资金集中运营管理、货物贸易外汇收支和资本项目收支便利化试点的受惠面。深化跨境双向人民币资金池业务,力争备案家数、结算量居全省前列。借鉴上海临港新片区开展本外币合一跨境资金池试点经验,支持符合条件的跨国企业集团在境内外成员之间集中开展本外币资金余缺调剂和归集业务。支持和推荐更多企业列入优质企业名单,加快浙江自贸区跨境人民币结算便利化政策在嘉兴复制落地,力争优质企业家数和业务结算量持续保持全省首位。

最后,完善产业创新发展整体环境。改变产业发展环境,的确需要一个"再造工程",这就要求从整体上革命性地打造一个有利于产业创新发展、有利于提升产业基础能力和产业链水平的产业生态系统。①进一步深化科研体制改革,构建开放、协同、高效的共性技术研发平台,健全需求为导向、企业为主体的产学研一体化创新机制。②努力完善产业基础服务体系。目前产业基础服务体系水平还存在着管理软、体系乱、水平低的问题。需要积极推进计量、标准和检验检测工作,创新政府质量治理体制。③构建产业创新网络。受体制机制约束,政府、企业和科研机构等各类组织,在创新信息分享、科技人才使用以及创新资本流动等方面的开放协同性差。应强化政府、企业、科研院所等各方面创新主体的交流互动,促进信息、人才和资金的有效流动,形成开放合作的产业创新网络。④完善中小企业创新的"生态位"。在制造创新生态系统中,中小企业不仅是科研成果转化的主力,而且是众多颠覆式技术创新的来源。所以,需要不断深化科研体制改革,完善制度环境,充分发挥中小企业在产业基础能力和产业链水平提升中的作用。

总之,通过产业链与供应链的融合对接,形成产业平台、产业集聚,让更多的企业享受到供应链信息流、商流、物流、资金流带来的好处,助推河南产业转型升级,提升整体竞争力。

报告18　以改革体制机制促协同 提升郑州大都市圈建设影响力、辐射力、带动力研究*

一、引言

现代化是以工业化、城镇化为核心的聚集发展过程。随着现代化的推进，在某些特定空间就会形成区域核心城市，以及围绕区域核心城市密集布局的城市群和都市圈。已经完成工业化、城镇化的发达国家，区域核心城市、城市群和都市圈都是典型的空间结构形态。我国以北京、上海、广州、深圳为核心城市的京津冀、长三角和珠三角三大城市群和都市圈已趋于成熟，以武汉、成都、重庆、郑州、西安为核心城市的长江中游、成渝、中原、关中城市群和都市圈也已具雏形。

聚集的基础是通过要素充分流动实现的功能共享、合理分工和更高效率，以及由此形成的核心城市、都市圈及城市群在更大半径范围内的影响力、辐射力、带动力。但由于行政区划分割、利益多元、公共产品创造与供给独立等多种因素制约，要素流动及共享、分工和效率往往会遇到人为障碍，影响力、辐射力、带动力也会打折扣。我国在计划经济条块分割基础上发育的市场经济背景下，这种人为障碍更为严重。这也是一体化成为城市群和都市圈建设重点与难点的原因。

以郑州为中心的中原城市群，从2003年省委、省政府发布《河南省全面建设小康社会规划纲要》确定为省域发展重大战略，到2012年国务院批复的《中原经济区规划》中将郑州、开封、洛阳、焦作、新乡、许昌纳入中原经济区核心

---

* 该项目受河南省委改革办委托，完成于2019年12月，主持人：耿明斋；项目组成员：王永苏、张占仓、李燕燕、赵然、张国晓、李少楠、柴森、黄宏飞、曹昱、张景林。

区,再到2016年底国家发改委印发《促进中部地区崛起"十三五"规划》和国务院正式批复《中原城市群发展规划》,正式提出郑州建设国家中心城市及涵盖开封、新乡、焦作、许昌四市的大都市圈,以及2019年省委、省政府印发《郑州大都市区空间规划(2018—2035年)》,郑州国家(区域)中心城市、大都市圈和中原城市群结构基本成型。郑州与周边城市的一体化探索从2005年的郑汴一体化开始,到现在的郑许、郑新、郑焦等大都市圈内五城市之间的全面一体化,也已经历了15年,成就有目共睹,尤其在交通基础设施互联互通方面,郑汴之间已经成为高度融合的整体。但问题也不少,最主要的问题是制度因素仍然是阻碍城市之间要素充分流动和资源优化配置的屏障,所以,深化改革,拆除制度壁垒,探索建立城市之间协同的体制机制,提升郑州大都市圈建设影响力、辐射力、带动力,仍然是推动一体化发展、推进郑州大都市圈建设的重要任务。

在行政区划分隔、利益多元、公共产品创造与供给独立,以及统一功能目标前提下,如何处理好多个独立区域主体之间的关系?如何提升核心城市辐射带动能力,明确功能定位,在资源开发与经济活动收益合理分配基础上实现规划及公共基础设施和公共服务体系供给方面的真正统一和高度融合,从而引导资源合理配置,真正提高整个大都市圈经济活动效率,提升影响力、辐射力、带动力?这些都是一体化和大都市圈建设需要回答和解决的问题,也是体制机制改革创新的方向。

为了更深刻地理解这些问题,并抓住问题的本质,拿出有效的应对方案,让我们先从城市功能解剖、城市演化规律及大都市和大都市圈异同的认知开始。

二、城市功能演化及都市和都市圈

(一)城市功能结构及核心

从功能结构及其相互关系看,交易结算空间是城市核心区。

城市是由交易、结算、运输、生产、居住、医疗、文化(科技、教育、艺术、体育)、休闲、行政等九大功能构成的要素密集聚集空间。其中交易、结算、运输

▶ **报告18** 以改革体制机制促协同 提升郑州大都市圈建设影响力、辐射力、带动力研究

和生产是基本功能,居住、医疗、文化、休闲和行政是派生功能。

交易是城市的核心要素。城市的字面含义就是"城"和"市"的组合,"城"是空间,"市"是功能,也就是商品交易活动。城市的最原始形态和基本功能是商品交易场所,至于在交易场所周边筑城,把交易场所围起来,逻辑上应该是从交易活动衍生出更多功能尤其是居住功能以后才添加的具有防御功能的形态。当然,交易场所从原始形态一路走到现在已经发生了巨大变化。在整个农耕文明时代,交易对象主要是农产品和少量的手工业品,交易场所最常见的形态是集镇的露天农贸市场。进入工业文明时代以后,交易对象高度复杂化了,从有形的物质产品到无形的金融产品,多到让你无法想象。商场、购物中心和会展中心是有形市场的典型形态。京东、阿里巴巴网上平台则是巨大的无形市场。证券、期货、银行间拆借、外汇等价值符号类金融产品市场对经济社会生活的影响更是覆盖全球并渗透到社会生活每个角落。

结算是交易活动的一部分。在以物易物的状态下,交易和结算是同时发生的。只是货币加入成为交换媒介以后,结算才从交易过程中分离出来成为时间上稍有分离的环节。随着交易活动的复杂化,结算相对于交易的独立性越来越强,现代经济活动和现代城市中,结算不仅与交易过程的时间、活动主体和活动空间分离,而且已经发育成以银行、证券、保险形态存在,占据着显耀位置的城市核心产业了。

运输也是与交易须臾不可分割的功能。交易的背后一定是交易对象的运输过程,不管是有形的市场还是无形的市场,也不管交易的对象是物质产品还是非物质的金融产品,都不例外。有形市场如集贸市场或大卖场,交易完成前总有将交易产品运到现场的过程,交易完成后也有将产品运出去的过程。无形市场如远期合约交易或网上交易,也有将成交货物在约定时间从生产商或经销商运输交货到购入者或消费者处的过程。即使是非物质的金融产品,如股票、债券和期货等,也要在买卖双方及经纪人之间有相应的信息传输通道。运输距离长短、通道数量和质量、通过速度等因素直接决定着市场的规模、功能强弱和辐射能力大小,也影响着交易主体经济活动的成本和效率。所以,无论古今中外,市场都是在交通最便利的空间点发育成长的,城市则是随着市场规模的扩大和功能的增强而持续向外拓展的。交通通道的数量、质量对市场规模和城市规模有着绝对的影响,这是现代城市都是在水陆空通道枢纽地区

发展起来的原因。原始的或初级阶段的城市市场往往是在运输通道旁边发育的,两者在空间上紧密相连甚至是完全重合。随着城市规模扩张和功能整合,运输功能空间与交易功能及城市其他功能空间也逐步相对分离。现代化大都市的港口码头、火车站、飞机场等各种交通枢纽在空间上都与交易功能高度集中的城市商业中心及其他城市功能区有一定程度的分离。

生产是交易的源头。没有生产,就没有交易对象,当然不可能有交易活动发生,所以,从这种意义上说,生产是城市更为基本的功能。但是,在自给自足的农耕文明时代,交易对象主要是农产品,生产并不在城市进行,或者在城市进行的生产仅限于少量的手工业产品,生产与交易活动在空间上是分离的。进入工业文明社会以后,不但非农制造业爆发式成长,而且大规模向城市聚集,制造业生产成为城市最主要的功能,工业制成品也成了市场上交易对象的主角。但由于制造与交易性质的差异,两者在空间上分离的格局并没有改变,改变的只是空间格局的形态。农耕文明时期,城市交易与生产的分离表现为城乡分野;工业文明时期,交易与生产的分离表现为同一城市不同功能空间的差异。在现代化大都市中,虽然市场交易及其与之紧密相连的金融结算功能占据了城市中心的位置,重要性也显得更为突出,服务业在整个经济活动中的占比也不断上升,但制造业生产功能对城市的重要性从未被忽视,以至于像上海这样的国际化大都市,至今仍然是巨大的汽车等传统制造业中心。连新加坡那样地域狭小的城市国家,也还是全球最大的石油炼化产业中心之一。可以说,制造业是一个城市基础稳定性、发展水平、发展潜力和活力的主要标志。

居住功能从经济活动的视角看是衍生的,但本质上说也是基础的。因为所有经济活动都是由人推动的,主体都是人,人都必须居住下来才能在特定的城市空间从事各种经济社会活动。虽然不管是古代还是现代,城市中居住空间与其他功能空间杂处的现象较为普遍,但总体上居住空间与其他城市功能空间的分离是常态,工业化高潮时期更是如此。因为传统制造业生产的空间环境与居住空间环境错位较大,所以,在中国的城市中,我们随处可以看到专门聚集产业的各种各样的开发区和工业园区,高层住宅林立的居住小区更是城市最显著的风景线。进入后工业化时代以后,随着高科技产业和服务业比重增大,居住与生产空间融合又成为新的趋势,职住比正成为反映一个城市区域现代化程度的重要指标。

▶ **报告 18** 以改革体制机制促协同 提升郑州大都市圈建设影响力、辐射力、带动力研究

医疗本来纯粹属于城市的衍生功能,但在现代都市中,它们也都在某种程度上具有了产业性质,并且在城市吸引人才、提升品位、增强魅力、促进产业发展等方面扮演着越来越重要的角色。医疗功能的衍生源于城市居民对健康的需求。人总有保健和治病的需求,所以有人的地方就有医疗功能诞生。城市是人聚居的地方,对医疗功能的需求规模和强度自然就大。随着城市人口的增加、收入水平及文明程度的提高,人们对健康的需求强度会越来越大,城市医疗体系的规模也越来越大。在现代大都市中,医院数量动辄就是几十家上百家,吸纳就业数万人,年收入数百上千亿元。数千甚至上万张病床、年收入上百亿元规模的医院并不鲜见。所以,医疗已成为现代都市具有标志性的功能。但是,由于医疗具有直接服务城市居民的性质,医院总是按照居民区的需要布局,所以,医疗功能在空间上倾向于按照居民区的需要而分散布局,少有像金融行业那样多家机构高度聚集在一个特定空间的功能区形态。

文化几乎是所有城市经济社会活动的有机组成部分,又作为它们的衍生功能扮演着塑造城市形象、提升城市品位和引领城市发展方向的角色。当然,这里所说的是广义文化的概念,即把教育、科研、艺术、体育、博物、图书等要素统统包括进来的大文化概念。文化的本意是人类对自己过去创造的记忆和传承,这些记忆以创造物形态遗存就是文物,以文字形态遗存就是典籍。它们彰显的是城市过去的辉煌,也有唤起居民的自豪感、激励创造未来的辉煌的功能。所以,有一定历史积淀和相应规模的城市都会把博物馆和图书馆建设得富丽堂皇,使之成为城市不可或缺的构成元素,并放在城市比较显眼的位置。艺术和体育源于居民愉悦身心和强健体魄的需要,随着城市规模的扩大和居民收入水平的提升及生活方式现代化的需要,艺术和体育场馆不但成为城市重要的风景线,而且也日益成为吸纳就业并满足居民消费需求的重要经济活动领域。教育不仅在于提升居民素质,也是人才成长的基本途径。科研的功能是探索增量知识,为经济活动注入效率,满足居民对新知识的渴求,丰富居民的精神生活,对城市的重要性是不言而喻的。所以,从幼儿园到大中小学完善的教育体系、众多高校云集的大学城、众多高端科研院所聚集的科学城等等,都是现代大都市的标配。相应地,教育科研领域庞大的从业人群和以数十万甚至上百万计的大学生,差不多都是现代都市最大的人口群体之一。

休闲是居住功能的再衍生。休闲娱乐就像生产生活一样是人生命活动不

可或缺的有机组成部分,随着人口聚集规模的增大,以及经济活动效率提高、假日时间增多和寿命延长带来的生命闲暇时间延长,休闲需求的强度也是越来越大。以公园绿地和名胜古迹以及博物馆、文化馆、图书馆、体育馆、电影院、酒店等为代表的休闲场所和休闲设施规模也越来越大。现代都市都规划建设有大片的绿地空间和各种高档文化体育场馆,还有名吃聚集的餐饮街、时尚华丽的高档酒店群等,来满足规模巨大的休闲消费需求。除了公园绿地和各种文化场馆等非排他性使用的纯公共产品之外,绝大多数设施都具有经营性质,多数属于典型的市场主体。休闲设施和休闲活动在城市中呈现出集中布局的形态,比如大都市都有一个或数个众多市场主体聚集的餐饮街、剧场聚集的演艺中心和体育设施聚集的运动中心等。

行政中心的基本功能是为城市提供秩序,保障城市经济社会活动高效有序运行,当然也是城市不可或缺的构成部分。

总之,现代城市都是由交易、结算、运输、生产、居住、医疗、文化、休闲、行政等九大功能构成的有机整体,各功能之间按照城市形成和发展的逻辑链接,相互支撑,相互依托,共同推动城市有序运转。交易、结算是一个事物的双面体,运输和生产保障交易对象源源不断地供给,这四大功能构成实体城市的基本骨架,这其中的核心当然非交易、结算莫属,因为它们是城市形成的原点,也是城市发展和运转的源头。在现代城市中,空间上已经分离的交易和结算功能总是以商业中心和金融中心的名义占据城市最显耀的空间,并拥有最密集、最豪华的建筑群和外在形象,正是这两大功能成为城市核心的象征。居住、医疗、文化、休闲、行政等五个派生功能在现代城市发展和运转中的地位越来越重要,某些派生功能甚至对现代城市发展具有决定性的引领作用,但它们的衍生性及其在城市逻辑结构体系中的地位不会因此而改变,所以,城市核心功能及核心区的地位也不会因此而改变。

(二)从城市到大都市:功能分化与多核结构

城市发展初期各种功能是高度聚合的。如果把曾经分散于自给自足自然经济环境中,至今仍在广大农村生产生活中发挥重要作用的集贸市场作为城市的萌芽状态,我们可以看到,在城市发展的这个阶段,交易、结算和运输等元素,不论在功能上还是在空间上都是紧紧黏结在一起的。不仅结算只是谈好

▶ **报告18 以改革体制机制促协同 提升郑州大都市圈建设影响力、辐射力、带动力研究**

价钱、交货之前的支付环节,而且交易场所往往也是十字路口及车站、码头等货物运输站点。农产品之外的交易对象生产也大都采取的是前店后厂的作坊模式,交易场所也是生产场所。直接衍生的居住功能基本上都是在店、厂的后院或楼上。至于医疗、文化、休闲甚至行政功能都还没有稳定和显性的存在。所以,在这个阶段,我们可以说交易场所就是整个城市,自然也是城市中心。

功能分化和空间分割源于交易规模的扩大。交易规模增加不仅会使结算变得复杂和专业,而且也会产生大量的现金流,专门从事现金保管存取乃至借贷业务的机构出现了,从钱庄到银行,不仅功能越来越强大,而且空间聚集度越来越高。这是城市功能的初次分化和城市空间的初次分割,并日益演化为现代城市的商业中心和金融中心。交易规模的扩大需要交易场所空间不断拓展,同时会使得仓储和货物运输量激增,作为交易对象的制造业产品生产规模也会扩大,各类从业人员也会越聚越多,有限的交易场所就会变得越来越拥挤,于是,推动功能进一步分化和空间进一步分割。交易结算场所外围逐渐出现了运输、生产、居住等功能聚集区,并且各类功能聚集区的规模也随城市规模拓展而不断增大。从业人员增多和人口聚集规模扩大陆续衍生出了医疗、文化、休闲和行政功能以及各自聚集而形成的相应功能区,与上述基本功能一起构成了完整的城市结构,就如同我们今天所能看到的那样。

多数城市都是单核结构。从萌芽状态的集贸市场到小城镇再到县城和中等城市,城市群体中的绝大多数都是单核结构。即使是功能结构及其相应的空间结构已经充分分化,人口在数十万甚至上百万的现代化中等城市,也往往是以大商场林立的商业街及其毗邻而居的金融机构聚集空间为中心的单核结构。当然,我们也能从正在成长的百万甚至数百万人口城市中比较容易识别出曾经的中心核和正在形成的新核心。比如开封的马道街、寺后街和鼓楼街是老的城市核,西区万达广场及其周边区域是正在形成的新城市核。我们在新乡、安阳、商丘等正在成长的城市中也能看到这样的结构演化形态。

大都市圈都是多核结构。城市本身就是区域中心的概念,是一定区域半径范围内经济社会活动需要导致要素密集聚集的特定空间,其功能是服务于该区域范围内的经济社会活动,或者说是在该区域范围内实现对城市功能的共享。只是城市规模的增大才导致其基本功能分化并衍生出更多的功能,这些功能相互需要、相互支撑和相互促进,共同推动城市规模进一步增大。更大规模的城市具有更强的服务能力,从而会有更大的服务或共享区域半径,反过来又会支撑城市规模进一步加速膨胀。这就是说,导致城市规模循环膨胀的机制是双重的,一个是城市与其服务或共享的外部区域之间的互相推动,一个是城市内部各功能之间的互相推动。由于各种各样必然的或偶然的原因,在整个国家乃至全球现代化进程中,某些幸运的城市会在某个阶段进入持续内外双重互动循环膨胀过程中,并最终成长为人口规模达到数百万甚至上千万的巨型城市,就是这里所说的大都市。根据大都市服务能力、控制力或功能共享半径大小,人们又把大都市分为伦敦、纽约那样的世界城市,东京、北京、上海那样的国际大都市,以及广州、武汉、成都、重庆、郑州那样的国家中心城市等不同层级。

但不管哪个层级,大都市内部结构都有一个共同的特点,就是功能充分分化,又高度聚集。所有九大功能都各自占据不同的城市空间,分野清晰,每一功能空间同类元素都高密度聚集,而且功能强大。我们看到纽约的华尔街、北京的金融街和上海的陆家嘴,都是高楼林立,银行、证券、保险机构密布的都市金融中心。上海外滩及南京路、北京王府井、郑州二七商圈等都是典型的都市商业中心。像上海虹桥、浦东机场及洋山港,北京西客站及大兴机场,郑州东站及新郑机场那样的大型交通枢纽,更是大都市关键的功能中心。类似上海张江、郑州经开区和航空港区那样的工业生产中心,每个大都市都有多个。北京中关村、上海杨浦及松江、郑州龙子湖等大学城和高端研究机构聚集空间,也是几乎所有大都市的标配。博物馆、大剧院、科技馆、图书馆、大型体育场馆等文化体育设施也是大都市亮丽的风景线。医疗体系中除了散布于居民区的社区医疗机构之外,大都市也都不缺特大型医院集中布局的医疗中心。巨大的绿地休闲空间也越来越成为大都市时尚的象征,就像欧洲一些城市比如爱尔兰的都柏林和德国的慕尼黑城市边缘面积达数十甚至上百平方公里的草地、森林那样,中国一些大都市也开始在城市边缘规划建设越来越大的绿地休闲功能区,上海的郊野公园、郑州规划的黄河生态带和郑开之间的城市绿心,就是这样的休闲空间。居住小区虽然满城皆是,谈不上特别显眼的功能中心,但东京、北京那样的大都市由于市内空间过分拥挤,在外围也都有被戏称为"睡城"那样的居住功能聚集区。

总之,除了居住和医疗之外,九大功能中七大功能都能够因同类功能要素

报告 18　以改革体制机制促协同 提升郑州大都市圈建设影响力、辐射力、带动力研究

在特定空间高密度聚集而形成大都市的特殊功能中心,从本源的逻辑结构上说,最核心的功能还是商务和金融中心。从影响力、辐射力、控制力和持久竞争力来说,除了金融中心,功能强大的综合交通枢纽、高水平大学和高端研究机构聚集的创新中心和高端制造业聚集的生产创业中心,也可以认为是与商务、金融中心鼎足而立的大都市最重要的核心功能区。换句话说,大都市的多核结构由商务核、金融核、枢纽核、创新核和制造核共同构筑而成。

大都市功能结构特点可以做如下概括:一是功能区域空间分割清晰;二是各种功能都非常强大;三是商务、金融、枢纽、创新、制造等五核成鼎足之势;四是共享程度高,服务半径大,对周边辐射带动和控制能力强。

郑州显然已经具备大都市的所有特征。郑东新区商务中心和金融城,以郑州东站和机场为代表的综合枢纽,以高新区、经开区和航空港区为代表的制造中心,以由科学大道和北环城路串起来的郑州大学、河南工业大学、解放军信息工程大学西高校园区和龙子湖东高校园区组成的创新中心等核心功能,都具有足够强大的辐射和带动能力,有广阔的服务和共享半径。郑州人口突破千万,中心城区人口突破五百万。郑州三环内面积大于上海内环,略小于北京三环;四环内面积大于上海中环,与北京四环相当;绕城高速所形成的五环内面积大于北京五环和上海外环,已是典型的大都市。

(三) 大都市和大都市圈:多区域主体之间的功能组合

大都市和大都市圈是有内在联系而又性质不同的两个概念。

大都市圈是大都市膨胀扩张超出了自己行政辖区的边界,与其他区域城市功能对接交叉形成的城市连绵区。如前所述,城市的形成与拓展,本身就是为满足周边需要而缔造的基本功能核,不断吸附要素聚集,并通过服务与共享带动周边发展的过程,也是不断将周边内化为市区及服务与共享半径持续向外延伸的过程。大都市在其形成和成长的特定阶段,由于多核结构和强大的基本功能,周边内化为市区及服务共享半径向外延伸的过程呈现加速状态。一旦大都市内化拓展超出了其行政辖区的边界,并与周边其他区域城市功能对接和交叉形成城市连绵区,大都市就演化成了大都市圈。大都市内化外拓对接交叉的可能是次一级的城市,也可能是规模与功能大致相当的另外的大都市,这会导致大都市圈内部呈现不同的结构。如果是前者,大都市圈就是单

核结构，如武汉、成都、郑州等大都市圈，就是典型的单核结构。如果是后者，大都市圈就是双核或多核结构，如日本东京都市圈、京津冀、长三角、珠三角粤港澳大湾区等，就是典型的多核结构。

与大都市相比，大都市圈最突出的特点是多行政区域组合，大都市圈内不是一个而是多个行政主体。除此之外，一是大都市圈城市区域规模更大，如世界著名的日本东京都市圈涵盖了东京、神奈川县、千叶县、埼玉县等多个独立的行政区域，半径达到50—70公里，人口总规模超过4000万人，达到日本全国人口的三分之一。我国的京津冀、长三角和珠三角粤港澳大湾区等都市圈，规模甚至大于日本东京都市圈。二是功能中心更多，除了都市圈核心大都市拥有的全部九大功能中心之外，周边次级城市也都至少有一个较强的功能中心，如果构成大都市圈的还有另外的大都市，功能中心更是会成倍翻番。这就意味着，在大都市圈中，不少同类功能会有多个功能中心，尤其是作为城市或大都市圈支撑主体的生产制造功能，多中心格局会更为突出。三是基本功能或某些主要衍生功能更加强大，服务和共享半径更大，辐射力、带动力和控制力更强。比如美国纽约华尔街证券交易所股价波动会引起全世界投资者关注，陆家嘴上海证券交易所也是全国投资主体关注的焦点，北京中关村的创新核输出的成果往往会成为长三角甚至珠三角高技术产业发展的源头。所以，大都市圈的影响力都非常巨大，一般会远远超出构成大都市圈各城市所覆盖行政辖区的范围，很多大都市圈的影响范围是覆盖全国甚至超出国界影响到世界的。

有一种在许多人群中甚至在一些学者群体中流行的观点，即大都市在其发展的特定阶段总是存在对周边区域发展带来不利影响的虹吸效应。笔者认为这是一种对大都市与周边区域发展关系的错误认识。前面我们多次说过，城市本身就是为满足周边发展需要而形成的。城市发展当然是一个吸附聚集周边要素的过程，但这一过程对周边区域的发展并不是负面的，因为周边要素向城市的聚集缔造了效率更高的区域增长中心，周边区域也会因此受益。劳动人口和资本的聚集分享了更高效率，以工资和资本利得的形式带来了更多的增量收益，土地城市化可以给其所有者带来更高的地租收益。同时，劳动人口向城市聚集稀释了留在原地的劳动力，这会增加劳均土地资源占有量，从而也会提高被吸纳区域的劳动生产率。此外，城市功能也会通过服务和共享提

▶ 报告18 以改革体制机制促协同 提升郑州大都市圈建设影响力、辐射力、带动力研究

升周边经济活动效率,辐射带动周边区域,大都市圈尤其如此。所以,城市形成和发展过程实际上是在它吸附聚集和服务共享范围内实现资源优化配置,是提升区域整体经济活动效率和促进经济发展的过程,城市对周边要素的虹吸是正效应而非负效应。大都市周边能够接受服务和共享其功能的一定半径范围内发展水平都远高于受其影响之外或影响较弱的区域,就是对虹吸效应负效应最有力的反证,大都市圈的形成更是城市对周边辐射带动效应的更有力的证明。

(四)郑州大都市圈建设的路径和目标

虽然构成大都市圈的各个城市都同时具有九大功能,但不同层级城市的同类功能在大都市圈中的地位、作用、存在形态和影响力是不同的,同一城市不同功能的重要性也是不同的。一般来说,核心城市所有九大功能都对都市圈乃至更大的区域空间有强大的影响力,且都有高度聚集的空间形态,次级城市只有少数功能具有全局影响力,某些功能甚至不具有独立空间聚集形态。就郑州大都市圈来说,以机场和"米"字形高铁为代表的枢纽功能、以郑东CBD为代表的商务中心交易功能和金融中心结算功能、以东西大学城为代表的(文化)创新功能,以及以航空港区、经开区和高新区等为代表的生产功能,既是核心城市的核心功能,又具有服务、辐射、影响整个都市圈、全省乃至中西部更广大区域的能力,这五大功能不论从哪个层面看都是最重要的。居住在各自城市空间都是全覆盖的,医疗和休闲也具有围绕居民分散布局的特点,郑州虽有聚集优势,但相对重要性并不比前五大功能,行政中心更是各自独立服务本地的。各次级城市也都有影响全局的重要功能,开封的文化核功能,许昌、新乡及焦作的制造业生产功能,新乡和焦作南太行休闲旅游康养功能等,都对整个大都市圈构成强有力的支撑。

郑州大都市圈建设的路径和目标,就是通过深化改革,破除城市间壁垒,促进要素无障碍流动,让市场引导资源配置的机制充分发挥作用,让各城市具有比较优势的功能更强大,形成功能互补、相互支撑、相互促进的良好发展态势,实现资源优化配置,提高区域经济活动效率,提升大都市圈影响力、辐射力、带动力,引领带动全省乃至中西部地区经济高质量发展。

三、深化行政体制改革,提升郑州城市能级

提升郑州大都市圈影响力、辐射力、带动力,最重要的是提升核心城市郑州的城市能级。

(一)推动将郑州升格为副省级城市

为了加快建设郑州国家中心城市,建议省委、省政府高度重视郑州市城市升级问题,积极争取中央支持,将郑州升格为副省级城市,赋予郑州市副省级城市的经济社会管理权限,将省级在项目审批、规划、土地、环评等方面的部分权限下放或委托郑州市行使;支持郑州在体制机制方面先行先试,支持郑州与其他国家中心城市享有同样的政策权限。在我国特殊的行政等级化的资源分配体制中,城市行政级别代表着政治资本的多寡,能够左右资源再分配的流向,城市行政级别越高,在财税汲取能力、经济发展权限、控制资源数量及基础设施等方面就更有优势,从而能够对吸引外商直接投资产生积极作用。郑州争取副省级城市之前可能因为自身的实力和条件不充分,但目前而言,不论是经济实力、发展潜力,还是郑州在国家经济发展中的战略位置等等,已经具备副省级城市的条件,建设国家中心城市亟须将郑州升格为副省级城市。

1. 国家经济中心的战略转移需要提升郑州的城市层级

在城市经济发展中,行政资源配置至关重要,体现形式也有多种,有直辖市、副省级市、地级市等。副省级市是行政地位上仅次于直辖市的重点城市。设立副省级城市的目的就是通过提高经济发达省会的行政级别促进当地经济的快速发展。副省级市的前身是计划单列市,正式施行于1994年2月25日。1993年7月,中央明确除深圳、重庆、大连、青岛、宁波、厦门这6个非省会城市仍保留计划单列市外,其余省会城市不再实行计划单列。1994年,原14个计划单列市和济南、杭州共16个市的政府机关行政级别被定为副省级,但仍为省辖市。重庆则于1997年成为直辖市,副省级市减少为15个。目前现有的15个副省级城市,包括深圳、厦门、宁波、青岛、大连这5个计划单列市,以及广州、杭州、南京、济南、沈阳、长春、哈尔滨、武汉、成都、西安10个省会城市。

随着改革开放的持续推进,由沿海到内陆、由南方到北方逐渐展开,国家

▶ 报告 18 以改革体制机制促协同 提升郑州大都市圈建设影响力、辐射力、带动力研究

发展中心加速转移,空间布局向内陆推进,经济中心的转移必然催生新的增长极。从一系列国家战略相继落户河南,到郑州、武汉、西安被批复支持建设国家中心城市,未来中西部这些经济重心和增长极将迅速崛起。郑州作为中原城市群的唯一核心,区位优势明显,腹地市场广阔,人力资源丰富,在畅通内循环,以及由东西差距转化为南北差距的新发展格局中,以郑州为核心的中原城市群的崛起在国家未来的发展战略中占据着越来越重要的位置,对内陆地区尤其是北部中国经济起着能量传递和支撑作用。郑州的行政级别较低,在一定程度上限制了郑州的发展和中原城市群的崛起。从区域分布上看,东部沿海地区以 8 个副省级城市遥遥领先;东北地区则有 4 个,分别是东北三省的省会以及大连;而中西部地区只有 3 个,即武汉、成都和西安。所以将郑州升格为副省级城市,赋予副省级城市的经济社会管理权限,不仅关乎河南的发展、中原城市群的崛起,更关乎着国家未来战略目标的实现。

2. 经济总量的对比应给予河南一个副省级城市

河南作为中部第一经济大省,2019 年 GDP 达到 54259.2 亿元,在与 15 个副省级城市所在省份的经济实力对比中处于第 5 位,经济增速居第 4 位,发展潜力巨大,却没有一个副省级城市。从表 18-1 中可以看出,2019 年浙江 GDP 达到 62352.0 亿元,在全国排第 4 位,仅高河南一位,但浙江有两个副省级城市。2019 年辽宁 GDP 为 24909.5 亿元,是河南的 45.91%,但辽宁也有两个副省级城市,就连 GDP 是河南三分之一的吉林也有一个副省级城市。所以从河南的经济总量以及对全国做出的贡献来看,应该赋予河南一个副省级城市,尽快为郑州升格。

表 18-1 2019 年河南与副省级城市所在省份经济实力对比

省份	GDP(亿元)	增速(%)	副省级城市数(个)	副省级城市
广东	107671.07	6.2	2	广州、深圳
江苏	99631.5	6.1	1	南京
山东	71067.5	5.5	2	济南、青岛
浙江	62352.0	6.8	2	杭州、宁波
河南	54259.2	7.0	0	

续表

省份	GDP(亿元)	增速(%)	副省级城市数(个)	副省级城市
四川	46615.8	7.5	1	成都
湖北	45828.31	7.5	1	武汉
福建	42395.0	7.6	1	厦门
陕西	25793.17	6.0	1	西安
辽宁	24909.5	5.5	2	沈阳、大连
黑龙江	13612.7	4.2	1	哈尔滨
吉林	11726.82	3.0	1	长春

数据来源:相关省份2019年国民经济和社会发展统计公报。

3. 国家中心城市的定位应该赋予郑州市副省级城市地位

在已获批复的9个国家中心城市中,北京、天津、上海、重庆为直辖市,武汉、西安、成都、广州为副省级城市,城市级别均高于郑州,郑州是目前唯一一个不是副省级的城市。郑州建设国家中心城市,需要郑州承担更多的责任和使命,因此应该把郑州升格为副省级城市。目前郑州市层级低,而郑州升格为副省级城市的条件已经具备,进一步发展的需求也十分强烈。2019年郑州市GDP达到11589.7亿元,在与15个副省级城市对比中处于第9位,分别是济南的1.23倍、西安的1.24倍、大连的1.66倍、沈阳的1.79倍、厦门的1.93倍、长春的1.96倍、哈尔滨的2.21倍(见图18-1)。因此,从经济实力来看,郑州完全可以站在副省级城市的行列,同时为了在国家中心城市建设中拥有平等的待遇,应该赋予郑州副省级城市的地位。

如果郑州能成为副省级城市,赋予郑州副省级城市经济社会管理权限,将有利于更大范围内调度人力、物力等资源,集中全部力量建设国家中心城市;有利于提高郑州在中部城市中的地位,强化郑州在中原城市群建设中的"领头羊"作用;有利于郑州国家中心城市建设,促进河南发展、中部崛起。

(二)加快郑州市撤县(市)设区、区划调整的步伐

1. 撤县(市)设区、合并区划

2016年2月郑州市第十四届人民代表大会第三次会议审议通过的《郑州

▶ **报告 18　以改革体制机制促协同 提升郑州大都市圈建设影响力、辐射力、带动力研究**

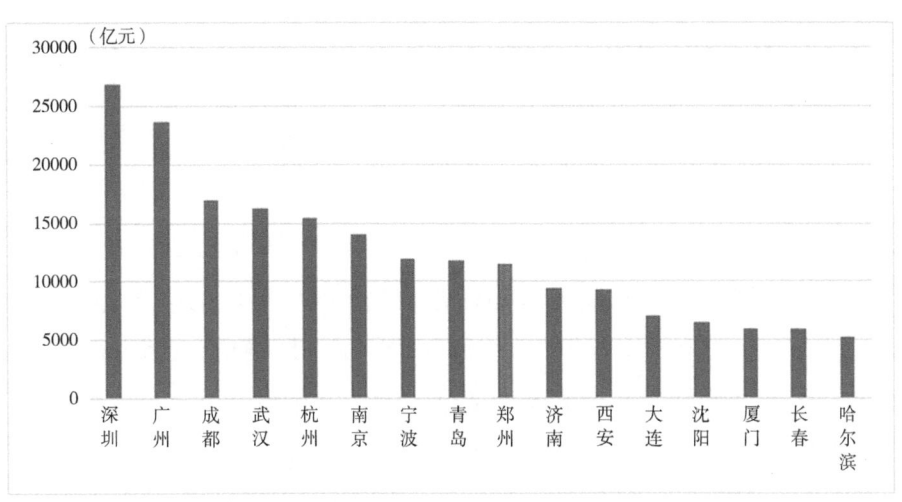

图 18-1　2019 年郑州市与 15 个副省级城市 GDP 对比

建设国际商都发展战略规划纲要(草案)》明确指出:加快建立以郑州中心城区为核心区,邻接圈层、外围圈层共同组合构成的中心城市地域空间结构,力争郑州全部县(市)改区。因此,郑州应加快撤县(市)设区、合并区划的步伐,撤中牟县、新郑市,设立中牟、新郑区;合并上街区、荥阳市,设立荥阳区;合并二七区、中原区,设立新的中原区;合并经开区、管城区,设立新的经开区;合并高新区、惠济区,设立新的惠济区;郑东新区、航空港区改为郑州市辖区,设立郑东新区、航空港区。郑州在撤县(市)设区的同时,撤并规模较小的市辖区,优化市辖区结构,有利于区域统筹协调发展,有助于做大做强中心增长极,增强对全省发展的辐射带动能力。

经过扩区和提质后,郑州辖 9 区(中牟区、新郑区、荥阳区、中原区、经开区、金水区、惠济区、郑东新区、航空港区)3 市(登封市、巩义市、新密市)。

2. 撤县(市)设区、合并区划的紧迫性

近年来,中国大城市县(市)改区步伐进展很快,通过梳理 9 个国家中心城市和 6 个主要的区域中心城市可以发现,郑州市市辖区数量最少,除重庆和成都外,郑州所辖县级行政单位数量最多,市辖区数量少和县级行政单位多成为制约郑州长远发展的一个客观因素。郑州市辖区数量为 6 个,在 15 个中心城市中位于倒数第一位,三个直辖市北京、上海、天津所辖市辖区都是 16 个,成都辖 11 个市辖区,武汉辖 13 个市辖区,西安辖 11 个市辖区,与其相比分别相差 10 个、5 个、7 个、5 个市辖区,郑州市辖区数量少是其增长极不够强的一个重要原因。另外,与其他14个中心城市相比,郑州市辖6个县级行政单位,除了重庆和成都外排名第一,县级行政单位多,也不利于城市化水平的提高和内部结构的优化。

通过梳理2000年以来15个中心城市区划调整的历程,可以看出,9个国家中心城市除了武汉20世纪90年代已经无县可划外,几乎都进行了至少三次以上的区划调整,唯有郑州的区划还是保持在90年代的样子,几乎将近30年未做过任何调整。2014年以来,上海、北京、广州、重庆、天津、成都、西安分别进行了一到三次的区划调整,区划调整频繁,而郑州近几年来虽然政策优势叠加,经济发展迅速,但却没有进行过一次区划调整。另外,北京、上海、广州、深圳均已全部实现县改区。其中,北京到2015年下属的县均已改区,上海最后一个县崇明也在2016年改区。中部唯一的副省级省会城市武汉在20世纪90年代末就实现了"无县化"。2013年2月,南京行政区划调整方案获批,溧水县、高淳县撤县设区,南京由原11区2县精简为11区。成都于2015和2016年,先后实现郫县和双流撤县设区,并代管简阳。2016年西安撤户县设鄠邑区,2017年代管西咸新区。苏州行政区划调整撤销3区1县级市,设姑苏、吴江区。这些中心城市也无一例外地通过行政区划的调整和撤县(市)设区,使城区范围不断扩大,从而增强经济实力,实现经济社会的快速发展。所以,郑州撤县(市)设区、区划调整已经成为目前经济发展的关键,有利于优化内部空间结构,做强中心城市。

(三)通过协调与周边关系扩大郑州市面积

近年来,北京、上海、天津、广州、苏州等城市都进行了区划调整。实践证明,适应经济社会发展阶段性需要,适时进行区划调整,是推进发展、改善社会管理的有效手段。伴随着郑州经济社会的快速发展,郑州城市空间的扩展受到行政区划的限制,经济要素在区域间的流动受到一定程度的阻碍,城市之间的协调发展问题变得日益突出。同时主城区面积不断扩大,原来的区划也已不能适应郑州快速发展的需要,郑州市应该加快行政区划调整的步伐。

应通过区划调整扩大郑州区域面积,理顺与周边其他省辖市的关系。可以考虑首先把新乡的原阳县和平原新区、焦作的武陟县划归郑州管理,以此实现跨河发展。待时机成熟时,可以考虑把许昌的长葛市、开封的尉氏县也并入

▶ 报告 18　以改革体制机制促协同 提升郑州大都市圈建设影响力、辐射力、带动力研究

郑州,扩大郑州行政区面积。

如果上述两步区划调整完成,郑州在区划调整后体量和实力都会上升一个层级,行政区域总面积从 7446 平方公里扩大到 11526 平方公里,超越武汉的 8569 平方公里;人口从 1035.2 万人增加到 1342.2 万人,超越武汉的 1121.2 万人;GDP 由原来的 11589.7 亿元增加到 13430.06 亿元,比调整前增加 1840.36 亿元。区划调整后,郑州在与其他 8 个国家中心城市对比中,行政区域土地面积居第 5 位,高于武汉、西安,GDP 仍居倒数第 2 位,但差距进一步缩小,常住人口超过武汉和西安。

国内扩区案例比比皆是。比如西安代管西咸新区,沣西新城部分区域由咸阳管辖;安徽巢湖一分为三,区划调整后合肥辖 4 区 1 市 4 县;等等。

(四)调地——逐步调减郑州市的基本农田

国家规划建设永久性基本农田,目的在于确保国家粮食安全,把饭碗牢牢端在自己手中,这是完全正确的、必要的。同时,必须明确,保障国家粮食安全,落实藏粮于地、藏粮于技战略,需要提高粮食综合生产能力,不能仅仅依靠耕地面积这一个因素,还要考虑水利、肥料、农药、农机、农技、良种、农产品加工等诸多因素,这些方面水平的提高有赖于工业化、城镇化整体水平的提高。从一个小的局部和短期看,一块地建了工厂、学校就不能种粮食,工业化、城镇化与粮食安全好像是矛盾的,但从全局和长期看,工业化、城镇化水平提高了,化肥、农机、农药、抗灾等方面的能力增强了,粮食安全的保障能力是提高了而不是下降了,从这个角度看推进工业化、城镇化有利于而不是有害于粮食安全。以粮食安全为由阻碍工业化、城镇化,是一种形而上学的思维方法在作怪,也不排除部门既得利益掺杂其中。改革开放以来,在耕地面积持续减少的情况下,我国粮食持续增产,主要得益于工业化、城镇化水平的持续提高。如果国家通过南水北调水利工程建设在大西部规划建设永久性基本农田,在中东部加大设施农业建设力度,加强农业科技研发推广,我国的粮食安全是有保证的。到目前为止,全世界还没有哪一个工业化、城镇化水平高的国家出现粮食安全问题,相反,出现粮食安全问题的都是那些工业化、城镇化水平低的国家和地区。把郑州建设成为国家中心城市,是全省工业化、城镇化转型升级的重点工程,是中原崛起的龙头项目,绝不能以粮食安全为由阻碍国家中心城市

建设进程。在郑州周边规划永久性基本农田,束缚郑州做大做强,不仅有害于中原崛起更加出彩,也不利于从根本上保障粮食安全。中央文件中"已经划定的城市周边永久基本农田绝不能随便占用"中的"不能随便占用",不是不能占用,履行必要的程序、满足必要条件是可以占用的,程序就是要经过批准,条件就是全省耕地面积不减少、粮食生产能力不降低。为了实现经济发展与耕地保护双赢,有必要在保证全省耕地面积不减少、粮食生产能力有提高的前提下,逐步把郑州市及其周边的永久性基本农田置换到其他地方特别是平原农区,为都市圈建设提供空间,郑州市主要保留都市农业、生态建设用地。这样做不仅有必要,而且有可能。《中共中央 国务院关于加强耕地保护和改进占补平衡的意见》明确规定:"规范省域内补充耕地指标调剂管理。县(市、区)政府无法在本行政辖区内实现耕地占补平衡的,可在市域内相邻的县(市、区)调剂补充,仍无法实现耕地占补平衡的,可在省域内资源条件相似的地区调剂补充。"据了解,国家也正在研究并尝试推动省与省之间占补平衡指标交易问题,未来有望通过省际平衡解决都市圈耕地占用补偿问题。建议省财政加大对平原农区土地复耕、提质的支持力度,支持把复耕土地规划建设成为基本农田,充分调动平原农区土地复耕和增加基本农田的积极性。土地复耕的指标在全省范围内交易,优先满足国家中心城市建设的需要。平原农区增加的基本农田指标主要用于调减郑州的基本农田,根据平原农区增加的基本农田指标按比例增加其在郑州的建设"飞地"。郑州市加大对其他省辖市人口特别是农村人口的吸纳力度,促进农村人口向郑州市及其周边地区持续稳定转移,为农区土地复耕创造条件。

四、科学设计郑开同城化制度,打造郑汴港核心区

(一)郑州大都市圈需要通过郑开同城化发展,打造郑汴港核心引擎区

习近平指示要推进郑开同城化发展,省委、省政府颁布的《郑州大都市区空间规划(2018—2035年)》明确提出要依托郑州和开封主城区及航空港区,建设大都市圈郑汴港核心区,有关部门酝酿初步规划了涵盖郑汴港核心区,面

▶ 报告 18　以改革体制机制促协同 提升郑州大都市圈建设影响力、辐射力、带动力研究

积超过 1800 平方公里的郑开同城化发展示范区。我们看到,示范区及郑汴港核心区汇聚了整个郑州大都市圈各种顶级的功能,从枢纽到商务会展和金融,从创业创新到文化,无不如此。并且以三角多点的空间布局结构,构筑了涵盖郑州金水区、郑东新区、经开区、航空港区、开封整个主城区、尉氏县一部分及中牟县全部的巨大潜在发展空间。该空间中枢纽中心、商务中心、金融中心、创新中心、制造中心、文化中心等支撑发展的功能一个都不缺,还有一个巨大的生态绿心。可以说,这里拥有整个大都市圈最好的发展条件和最优的发展空间,这也是《郑州大都市区空间规划(2018－2035 年)》将这里定位为郑汴港核心引擎区的基本理由。但是,到底如何使其成为大都市圈发展的核心动力引擎,似乎还需要做些更深入的分析,明确方向,找准抓手。

枢纽带动物流吸引制造业乃至人口聚集,再加上功能强大的商务金融服务能力,还有文化及创意产业所带动的旅游等等,当然可以成为重要的驱动因素,但这都难以适应技术依赖、创新引领和高质量转型发展阶段的需要。在该阶段,真正的核心动力引擎是强大的创新能力和持续孵化并不断扩张的高技术新经济形态,包括信息处理技术及互联网、人工智能、生物医药等等,这是郑州及其大都市体系中欠缺的,也是郑汴港核心区未来的发展方向和抓手。为此,需要在两个方面从战略上做出谋划和规划,一是高质量创新平台和创新要素高密度聚集区,二是高技术新经济孵化成长空间。

基于上述思路,提出如下建议:第一,在全球范围内招标聘请国际上著名的咨询机构组成优秀的专家团队,征求吸纳包括科学技术、经济社会、区域城市、前沿产业、教育文化等各领域顶尖专家的意见,形成核心区战略谋划方案;第二,在全球范围内招标聘请国际顶尖城市规划设计机构,依据战略谋划方案,以创新平台和创新要素聚集和新经济孵化成长为聚焦点,拿出整个核心区空间的整体规划设计方案,经法定程序评审论证并核准后,使之成为未来核心区建设及发展过程中的硬约束文本,严格遵循。

(二) 科学设计郑开同城化的体制机制

要落实上述谋划和规划,要先探索深度融合的郑开同城化发展制度设计和制度变革方案。前面我们说过,相对于大都市,大都市圈最突出的特点是一个功能区覆盖两个甚至多个行政区域和行政主体,郑开同城化示范区及郑汴

港核心区就覆盖了郑州和开封两个平行的省辖中心城市区域,有两个同级别的行政主体。在这种情况下,要使在战略上作为一个功能区整体谋划和规划设计的建设发展方案按照硬约束的原则有秩序地落地,就必须在制度和体制机制上有一个可以深度一体化的设计。一是由于不同区域财力的差异可能导致基础设施建设难以按照规划要求同步到位;二是以各种福利保障为主要内容的基本公共服务供给难以均等化;三是为争取能带来较大潜在利益的优质项目和优质要素落地,可能造成竞争摩擦和整体效率的损失。这些都可能造成要素流动的壁垒,影响战略及相应规划的落地实施。制度和体制机制深度一体化的设计可以扫除要素流动的行政区域壁垒,保证同一个功能区按照统一的整体规划落地实施。

一般来说,涵盖不同行政辖区的统一功能区制度和体制机制深度一体化方案有三种基本模式:

一是兼并内化模式。也就是核心城市把同一都市功能区覆盖的另一行政辖区整体或部分兼并内化,变成一个行政区,使功能区和行政区完全重合。美国、日本等国家在大都市及大都市圈形成过程中都有兼并或合并的案例,中国也有不少这样的案例,比如合肥合并巢湖,济南合并莱芜,成都合并资阳,等等。这是通过将外部区域内化实现完全一体化的模式。开封作为具有国际影响力的宋都古城,不可能以合并的方式使其消失掉,况且,失去独立存在的城市,以它为载体的文化核也就不存在了。所以,郑开同城化示范区及郑汴港核心区的深度一体化,不可能通过合并模式的制度及体制机制设计来实现。

二是上海虹桥模式,即上层权威行政主体主持下的统一规划和基层区域行政主体分别开发建设和利益独享模式。上海市政府在市区西部区域以虹桥枢纽(高铁站+机场)为核心规划了面积达80多平方公里的商务功能区,覆盖闵行、青浦、长宁和嘉定四个行政区的部分区块。上海市政府没有像通常建设开发区的做法那样,把统一功能区中属于不同行政辖区的部分切出来,设置一个与各行政区域并列的新区域,成立管委会负责统一规划和建设运营,而是在不触动原行政辖区的前提下,创造了统一功能区域内分区域建设管理运营的模式。也就是市政府组织一个虹桥商务区管委会,负责功能区战略谋划和空间及建筑规划设计,并负责监督各项规划和功能的建设落地和规范运营。该管委会为市政府派出机构,人员编制和工资待遇全在市里,所有费用支出也由

▶ **报告 18** 以改革体制机制促协同 提升郑州大都市圈建设影响力、辐射力、带动力研究

市政府负担,也不收取功能区任何投资运营收益和税收,只提供规划监督和管理服务。功能区覆盖到的四个区各自成立管委会,负责落实功能区规划中涉及自己辖区的部分,筹集建设资金,保证各相关建设项目及时落地,并负责自己辖区的运营管理,并独享自己区域产生的投资及税收收益。这种模式比较适合于郑开同城化示范区及郑汴港核心区的制度及体制机制设计。依此逻辑,省政府应该设立大都市圈管理委员会,负责大都市圈战略谋划和规划,督促监督规划的落地实施,以及各行政区块的管理和运营,所有费用均由省财政支付,不从大都市圈所属各行政区域获取任何收益。各市成立基层管委会或将其管理运营功能赋予市政府内部相关部门,负责自己行政辖区大都市圈覆盖区块的筹资建设和项目引进及运营管理,并获取相应的投资收益和税收。由于大都市圈覆盖区域广,各部分情况不一,一体化发展基础和实施条件差异较大,分区块递次推进应该是大都市圈建设的基本方式。所以,省政府大都市圈管委会可以发布的空间规划为依据,率先对郑开同城化示范区及郑汴港核心区进行战略谋划和城市规划设计,开封可由西区管委会代行郑开同城化示范区及郑汴港核心区管委会之职,负责落实开封涉及辖区的规划建设和运营。郑州管委会则负责涉及郑州辖区的郑开同城化示范区及郑汴港核心区谋划规划建设和运营。通过这种深度一体化的制度设计,率先在郑开同城化示范区及郑汴港核心区实践试验,为整个都市圈的一体化发展提供示范。

三是美国的区域合作模式——以规划、设施建设、土地开发、税收及公共服务供给等的统一为基础,实现深度的区域一体化。

美国城市发展历史上曾经受到大都市圈内部多区域行政主体之间因利益重叠摩擦而造成的困扰,被学者称为大都市圈的"巴尔干化"。为解决这一问题,他们选择了两种解决方案:一种是通过市县合并在大都市圈建立权威的政府机构,也就是大都市圈中的核心城市通过兼并或合并,把存在独立行政主体的周边甚至整个县域纳入其权威行政主体管辖之下。类似我们前面说的兼并内化模式。另一种是大都市圈范围内的地方政府自愿联合建立,通过政府间协议、松散的大都市圈协会、单一功能的特区或功能区解决大都市圈的共同问题。学者也在理论上支持这种解决方案,斯蒂芬与维克斯特罗姆就认为联合是提升大都市圈政府服务的必要步骤,不仅应当设立像污水处理和供水区这样的单一功能地区政府,而且应当设立由税收支持的大都市圈范围的多功能

政府来进行区域规划和提供服务。①

在治理实践方面,明尼阿波利斯-圣保罗大都市圈的制度安排是这一时期区域主义改革的典型个案。明尼苏达州双子城明尼阿波利斯、圣保罗及附近郊县组成的大都市圈面积为12626平方公里,其人口在2006年约为350万人。20世纪90年代初,该大都市圈采取了区域主义的改革措施,对大都市圈各个部分的政治与行政进行整合,其改革方案包括三个核心目标,即公平的住房、财产税共享和再投资,主要手段是区域土地规划和增长管理、福利改革、整合基础设施、融资和管理。②

这大概也是浙江嘉善-上海青浦-江苏吴江正在探索的一体化模式,也可能是未来郑开同城化示范区及郑州大都市圈未来深度一体化发展进程中的一种值得探索的选项。

五、构建空间平台和支点,推进郑许、郑焦、郑新一体化

(一)构建跨市域先进制造业协同发展示范区,推进郑许一体化

郑州定位"南动",大概包含两层意思,一是突出枢纽与物流功能,二是突出制造业财富创造功能。郑州南部大致涵盖经济技术开发区、航空港区、新郑市全域、新密市东部区域,这里以机场枢纽和高铁南站为中心,是连通全国、全球的密集航空航线,是由多种快速交通通道(京广、郑合、郑万多条高铁,郑港许、港郑开、港郑焦、港登洛多条城际,京港澳、安罗、商登、郑民多条高速公路,等等)汇集而成的立体交通枢纽,是郑州、河南省,也是北方内陆地区最大的物流中心。这里也是以经开、空港为载体的郑州辖区内体量最大的先进制造业基地。与"南动"区域相邻的许昌主城区及其属下的长葛市,是省内除郑州、洛阳两市之外体量最大,也最具竞争力的先进制造业中心。东南向邻居尉氏县

---

① G. Ross Stephens and Nelson Wikstrom, *Metropolitan Government and Governance: Theoretical Perspectives, Empirical Analysis, and the Future* (New York: Oxford University Press, 2000).

② Myron Orfield, *Metropolitics: A Regional Agenda for Community and Stability* (Washington, D.C.: Brookings Institution Press, 1997).

▶ 报告 18 以改革体制机制促协同 提升郑州大都市圈建设影响力、辐射力、带动力研究

也是开封市属各区县中最具实力的制造业中心。以航空港区为中心,向北联结郑州东站枢纽及郑东商务、金融和创新中心等高端都市功能区,向南沿三条高铁通道与多条高速公路通道联结许昌及长葛和尉氏县,事实上形成了郑州大都市圈内面积和密度及承载力最大的经济空间。该经济空间以快速立体交通枢纽为骨架,以大流量物流为经济营养输送通道,以先进制造业为基石,可以打造中原地区乃至整个北方最大的先进制造业基地。现在需要做的是通过政策干预促进跨区域协同,办法是以航空港区为龙头,以产业链为牵引,携手长葛及许昌主城区还有尉氏县,构建先进制造业协同发展示范区,并将示范区培育成为郑州都市圈最大、全国具有重大影响力的电子信息、生物医药、纺织服装、现代装备等产业基地。并以示范区和产业基地为支点,以产业链为依托,将郑州、许昌及开封尉氏县连接成一个有机整体,实质性地推进郑许一体化发展。

从体制机制上,一是要由省发改委牵头主持,做出规划,明确区域边界和目标任务;二是要遴选重点支持培育的产业;三是要梳理产业链条,确定龙头企业,明确产业发展方向;四是郑州、许昌、开封及长葛、尉氏等行政主体之间建立联席会议制度和工作机制,在完善产业链、提升价值链上密切合作,同步合力推出相应政策,共同推动产业链良性互动,促进产业健康成长。

以产业链为纽带,推动跨区域合作,是推进区域一体化最有效的方式。

(二) 以"两山""两拳"为依托,推进郑焦一体化

郑州辖区内的嵩山与少林拳,焦作辖区内的太行山及陈家沟太极拳,都是历史悠久、举世闻名的文化符号,也是旅游休闲康养的重要载体。以"两山""两拳"为依托,做好规划,整合资源,培育市场主体,建设承载空间,打造都市圈内最大的文化旅游休闲康养基地,使之成为推动郑焦一体化发展的重要支点,也是推进郑焦一体化的便捷切入点。

体制机制构建上,可采取郑许先进制造业示范区模式。

(三) 以郑洛新创新创业示范区为依托,构建创新创业合作平台,推进郑新一体化

在都市圈内五城市中,除郑州之外,高等院校等创新平台数量最多、创新

要素聚集度最高的当属新乡市,郑新两市在创新创业和科技成果转化、先进制造业培育领域合作的空间最大。所以,郑新两市应该以创新合作平台建设为抓手,实质性推动一体化发展。

平台类型和体制机制构建上,可仿照产学研结合的协同创新中心模式。

六、创新项目建设体制机制,进一步提升完善枢纽功能

(一)创新体制机制,统筹都市圈内交通基础设施项目建设

交通基础设施建设是都市圈一体化的优先选项,目前一体化过程取得的最大进展就是交通基础设施一体化。但是由于线路建设责任按行政区划分担,也常常有同一线路工期不同步,影响整个线路如期投入使用的案例发生。背后也是财力差异和利益相关度不同造成的。建议都市圈内的交通基础设施在统一规划的基础上,加强建设过程统筹协调,可以尝试设立统一的指挥部,统一筹集和使用建设资金,并确定分担方式,保证统一规划的交通基础设施项目建设同步推进。

(二)以新机制规划建设绕城铁路,构筑大都市圈三圈层体系

根据要素集聚的规律,将大都市圈内各不同层级不同类型的城市整体规划为由各种交通通道有序连接的网络体系。建议将大都市圈构筑为三圈层结构,即内、中、外三个圈层,每个圈层用特定交通通道串起若干城市节点,不同圈层之间的各个节点又通过多种交通通道连接,形成完整的网络。具体来说,以郑州目前所属各市区,包括郑东新区、经开区、高新区等功能区为内圈,即核心圈,其中各个区块节点通过各种轨道和城市道路系统链接。以郑州东站为原点,以30—50公里左右为半径画圈,形成大都市圈的中间圈层,沿各城市节点建设一条绕城铁路将其串联,向内向外与各种交通线路交汇,在这些节点上形成多个次级枢纽,吸引要素聚集,形成多个各具特色的卫星城,分流功能,吸引和承载各种业态的聚集,形成对中心城区的支撑。测算线路全长约276.8公里,按照平均每公里现价投资5.9亿元计算,全程静态投资约1633.12亿元。若以5年为建设周期,分期分段实施,每年投资额大致在350亿元。可按

> 报告 18　以改革体制机制促协同 提升郑州大都市圈建设影响力、辐射力、带动力研究

照上述新机制同意设立筹资机构和建设机构,统筹管理,建成后统一运营。

以郑州东站为原点,以 100 公里左右为半径画圈,形成大都市圈的外部圈层,这些节点城市基本上都是制造业聚集中心,可以依托并共享中心城市多层次的优质功能,获得发展的先机,加快制造业的聚集步伐,形成郑州大都市圈外圈多个制造业聚集中心,同时支撑中心城市,形成内外联动、相互促进的发展格局。总体来说,每个圈层都有各个节点的串联,都是通过交通通道连接,形成功能各异、分工有序、互联互动、相互支撑的大都市圈有机整体,与中心城区高度一体化的多节点、多组团现代化都市连绵区或都市圈形态逐渐显现。

(三) 加大政策优惠力度,完善提升交通枢纽功能

在以"米"字形高铁和郑州新郑机场五跑道格局为代表的大架构建设和运营体系有序推进的前提下,省级政策重点应集中于 3 个方面:一是继续延续正在实施的以郑欧班列、专货机航运、客运新航线等为代表的补贴政策,省级财政按照现有标准和比例分担相应的补贴额度,至少至"十三五"末。若需继续延续或调整,随"十四五"规划一起论证并确定。二是围绕以郑州至卢森堡为端点的中欧"空中丝绸之路"建设,以郑州航空运输能力和飞机制造与维修能力提升为目标,出台诸如飞机租赁、飞机维修、飞机制造、基地航空公司引进和培育等方面的产业政策。三是为加快主城区轨道交通体系建设步伐,出台财政补贴政策和社会融资政策。近年来,郑州市内轨道交通系统建设步伐加快,到目前为止,已有 3 条线路建成通车(1、2 号线和城郊线),运营里程达到 95.4 公里。但与北京、上海等大都市相比差距很大,与武汉、成都等同级别的城市比也有较大差距。

2017 年末北京地铁运营里程 608 公里,是郑州的 6.37 倍;上海 666 公里,是郑州的 6.98 倍;武汉 237 公里,是郑州的 2.48 倍;成都 196.47 公里,是郑州的 2.06 倍。郑州在 9 个国家中心城市中居第 8 名,比末位的西安仅多出 4.05 公里。日均客流量郑州排在末位,差距更大。

目前,郑州地铁轨道交通系统在建线路有 7 条(段)(2 号线二期、3 号线一期、3 号线二期、5 号线、10 号线、11 号线、城郊线二期),在建里程 182.748 公里。规划 2020 年城市轨道交通线网由都市圈快线网和市区普线网两个层次共 9 条线路组成,总里程 301.2 公里。最新的郑州市轨道交通远景线网方案

由 21 条线路组成,总里程 970.9 公里。

未来郑州市地铁轨道交通建设任务繁重,资金需求量巨大,按照每公里静态投资 6 亿元来算,未来 30 年轨道交通建设总投资要达到 5820 亿元。如此巨额投资(相当于郑州市 2017 年度财政收入的 5 倍多),仅靠郑州市财政显然难以支撑。在城市快速扩张期逐步过去,房地产热度逐渐削减的情况下,靠土地出让金或许也是杯水车薪。所以,为了尽快改变郑州城市轨道交通系统发展滞后的局面,按照时间节点保质保量完成轨道交通建设规划,省级政府应该给予适当的财力支持,每年在省级财政预算中列出专项,用于补贴郑州市轨道交通建设。另外,除了利用现有的 PPP 融资建设机制利用社会资本筹资建设之外,同时应该借鉴日韩等国经验,研究建设运营一体化的全民资注入、全市场化、政府补贴的建设运营模式和政策体系,并尽早实施。

七、创新规划体制机制,合理布局产业发展空间,促进要素自由流动和资源优化配置

都市圈内各同级行政区域之间的制度屏障,本质上源于公共产品创造和供给的制度安排。由于计划经济的遗存和问题的复杂性,我国公共产品创造和供给方式至今没有合理分级,并明确在不同层级政府之间分解责任。大部分与居民生活密切相关的公共产品创造和供给都由省辖中心城市一级政府承担。由于不同城市区域发展水平和财力差异,其公共产品创造能力和供给水平也往往存在较大差异,各自都有争夺要素和项目,及设置壁垒阻碍要素流出的动机。一些都市圈破除要素流动壁垒的办法是城市合并,但合并后的都市圈与外部空间仍会存在壁垒。所以,合理的办法还是研究壁垒的性质,通过改革找到突破口,最大限度地推动要素在城市间自由流动,也为更大区域范围内的要素自由流动探索路径。

根据我们的研究,郑州都市圈破除障碍的改革和完善体制机制可以从如下 3 个方面入手:

第一,一张蓝图绘到底。五个城市要在规划方面充分协商和协同,做一张规划图而不是做五张规划图。目前各市都在紧锣密鼓地依据"三规合一"原则做空间规划,但多是闭门造车、各自为政。要尽快制止这种做法,加快协调统

▶ **报告 18　以改革体制机制促协同 提升郑州大都市圈建设影响力、辐射力、带动力研究**

一,否则,一旦形成合法文本,就会对都市圈一体化造成更大的困难。如果必要,可考虑深化规划体制改革,大都市圈规划主体由五个变成一个,各市让渡规划权,由省政府及其相应职能部门统一行使规划权。

第二,严格规划实施,合理引导产业项目空间布局,避免重复建设,实现相互支撑和功能互补。都市圈统一规划中各市域空间要有明确的功能定位和产业定位,并有相应功能落地空间的控制性规划,且这样的规划应具有约束性。在尊重市场主体自主选择的前提下,高层协调机构进行合理引导,以保证相应符合特定功能的项目进入规划空间,保证功能空间依规形成。

第三,建立强有力的协调机制。所有上述拆除要素流动屏障的举措都涉及权利和利益关系调整,因此都需要通过强有力的协调机制才能落实。建议在省级层面设立领导组,并依托发改委设立办公室及相应工作组。由省主要领导任组长,各市主要领导和省直相关厅局主要负责人任成员,发改委主任兼任办公室主任及工作组组长,各市主管领导及相关部门负责人为工作组成员。制定规则,建立工作机制,重大事项由领导组决策,办公室及工作组组织实施。

八、大都市圈统一实施激励创新和成果转化机制与政策

(一)建立"鼓励创新＋宽容失败"的新机制,降低企业成本比

探索建立"鼓励创新＋宽容失败"新机制,以符合双创特点的市场化评估体系,降低双创的成本和风险。为符合条件的成长型科技企业提供"双创保障性功能载体",重点聚焦现代设计、科技金融、文化创意、体育健康等智力密集型现代服务业和节能环保、生物医药、新材料、新一代人工智能等战略性新兴产业。建立"鼓励创新＋宽容失败"的新机制,是推进双创向纵深发展的关键一步。在探索过程中,首先应建立符合双创特点的市场化评估体系,在鼓励与宽容之间寻找支持双创健康和有效发展的平衡点。凡申请入驻双创保障性功能载体的企业,须经过产业领域认定、企业服务单位初审和产业政策联审会议审议等流程,入驻企业的租金价格按照认定类别享受同片区同档次同类用房市场评估价格的 30% 至 70%,租用合同期限原则上 3 年,一般不超过 5 年,以确保保障性功能载体的流转使用,有效降低大量成长型科技企业的经营成本。

借助于郑汴"双创走廊"建设,主动有为吸引风险投资,对投资机构投资种子期、初创期科技型企业,最终回收的转让收入与退出前累计投入该企业的投资额之间的差额部分,给予一定比例的财务补偿。其次,建立完善多方面创新主体的容错免责机制,保障创新主体合法权利,解决创新改革者的后顾之忧。

与此同时,为解决创新改革与法律法规政策滞后及现行制度障碍问题,可以考虑法无禁止即可行:充分运用现行法律、法规及国家政策资源,落实国家、省授权的各项创新改革举措,积极推进创新改革;法律、法规未明确的事项,在符合法律、法规基本原则的前提下,各级人民政府及其部门可以在职权范围内开展创新改革;法律、法规未禁止的事项,鼓励公民、法人和其他组织大胆开展创新创业。

(二)真正全面落实《关于加快推进郑洛新国家自主创新示范区建设的若干意见》

根据《国务院关于同意郑洛新国家高新区建设国家自主创新示范区的批复》的要求,把示范区打造成为具有国际竞争力的中原创新创业中心和开放创新先导区、技术转移集聚区、转型升级引领区、创新创业生态区,充分发挥示范区引领、辐射和带动全省创新发展的综合载体与核心增长极作用,真正把《关于加快推进郑洛新国家自主创新示范区建设的若干意见》落实到位。该意见涵盖了考核评价体系、投入机制、股权和分红激励、科技成果转化收益分配等方面,对目前企业所面临的现实问题均做正面回应。具体包括:建立健全以创新为导向的考核评价体系,完善以企业为主体的科技创新投入机制,优化科技创新人才管理体系和制度,鼓励科技创新企业探索股权和分红激励,支持企业建立科技成果转化收益分配制度,允许国有技术类无形资产实施协议转让,推动国有创投企业市场化运作,深化转制科研院所改革创新促进加快发展,营造鼓励创新、宽容失败的环境氛围。各项方案明确细致,具有极强的操作性。

(三)积极推动创新成果转化

第一,增强科技成果转移转化主体内生动力。加快形成促进科技成果转移转化的协同机制,高效激发研究开发机构、高等院校科技成果转移转化活力,充分释放企业科技成果转移转化需求。鼓励企业开放式创新,主动承接和

▎报告 18　以改革体制机制促协同 提升郑州大都市圈建设影响力、辐射力、带动力研究

转化研发机构、高等院校具有实际应用价值的科技成果,重视原创技术或前沿性技术的储备,构建以企业为创新主体的开放创新网络。具体可以把高校、科研院所作为城市最重要的战略性创新资源,支持各类创新主体联合高校、科研院所和高新技术服务机构,共建产业技术创新联盟、标准联盟、行业协会,提升产业话语权和影响力。同时,引导高新技术服务企业在郑州设立分支机构,加快打造高新技术服务产业集群,支持社会资本兴办高新技术服务企业。

第二,建立开放共享的科技成果信息库。加快建立科技成果信息共享与发布系统,具体应当建立健全科技成果信息和转化服务信息的收集、加工、储存、传播和服务的工作制度。依托国家科技成果信息库进行建设,最大限度地对外开放,向社会服务,为科技成果的传递、扩散、交流提供丰富完备的信息资源支持;健全与国家科技成果信息系统的汇交机制等;积极推动科技成果信息的开发利用,鼓励企业和社会各界对科技成果信息库开放的信息进行加工和利用,盘活科技成果数据资源。鼓励市场化、专业化服务机构开展科技成果信息的评估、筛选、鉴别和分类,挖掘有产业化前景的科技成果,对接能够为企业解决技术难题的科技人才,提供符合用户需求的精准服务。探索建立科技成果转移转化动态的长效跟踪机制。

第三,建设科技成果转移转化服务体系。大力发展技术转移服务机构,加紧制定促进和规范技术转移服务机构发展的政策保障体系,实施"技术转移服务机构培育计划",挖掘一批服务能力强的技术转移服务机构;稳步提升众创空间的成果转化服务能力,建设一批以成果转移转化为主要功能,专业服务水平高、创新资源配置优、产业辐射带动作用强的专业化众创空间,发展一批国际化众创空间,拓宽海外合作渠道,开展系列培训、论坛、项目路演等国际化交流活动,吸引国外研发机构、高等院校科技成果在郑转移转化,外国人创业者在郑创业;精准培育专业化、国际化技术转移服务人才,建设国家技术转移人才培养基地,探索技术经纪人梯度化培养与市场化选人用人机制。支持技术转移服务机构与研发机构、高等院校或国际知名机构合作,联合培养技术转移服务人才。建立技术转移服务人才激励机制,按照国家和本市有关规定表彰和奖励一批在本市成功转化科技成果、有突出业绩的专业服务机构和个人,鼓励在职或离退休科研人员兼职咨询专家,为企业、技术转移服务机构在成果选择、专业知识等方面提供咨询。

第四,优化科技成果转移转化生态体系。着力建设研发与转化功能型平台,引导和推进各级各类重点实验室、工程技术(研究)中心等研发基地的开放与融合发展,提升研发与转化服务能级;着力构建专业技术交易服务平台,鼓励多元化投资、市场化运作的各类专业化技术交易服务机构有序发展,规范开展转让、许可、作价入股等多种科技成果转移转化形式的挂牌公示、经纪服务;加快构筑成果转移转化金融服务网络,鼓励社会资本、投资机构加大对科技成果转移转化项目早期的投入。争取新设服务科技创新企业的民营银行,探索与科技创新和科技成果转移转化相适应的产品和服务创新。采取投贷联动、科技信贷专营化、政策性担保基金等措施,引导银行业金融机构为科技成果转化拓展融资渠道等;示范打造科技成果转移转化功能集聚区,建立适应区域发展要求的相关考核评价机制,提升区域内和跨区域成果、人才、资本、服务等创新资源整合能力,培育要素聚集、定位明确、功能完备、平台、企业和机构集中的示范基地;积极构建全球权威展示交流网络;积极形成国内国际成果转移转化协作网络;积极搭建成果转移转化传播网络。

(四)加大力度实施引才用才政策

近年来,郑州市委、市政府高度重视人才引进,继 2015 年"1125 聚才计划"、2017 年"智汇郑州"人才工程之后,2020 年 9 月 15 日,市委、市政府又推出《关于实施"黄河人才计划"加快建设人才强市的意见》(以下简称《意见》),这是"3.0 版"郑州人才新政,引才引智力度空前。综合这一系列政策组合拳,大致有以下几个突出特点:一是政策含金量高。2017 年版的 7 项人才计划、30 条人才政策、19 条保障举措,尤其是最新《意见》中的 5 类人才专项、4 类研发平台,针对性强,含金量足,在奖励、扶持、平台、科研、生活等方面拿出了在全国具有较强竞争力的支持政策。二是人才惠及面广。政策既适应于高层次人才,也惠及各类具有创新创业潜力和活力的群体,尤其对高校毕业生、职业院校毕业生、留学归国人员在落户、住房、创业等诸多方面提供全方位扶持,体现了人才政策的普惠性。三是体制机制灵活。《意见》坚持问题导向,着力破除人才发展的体制机制障碍,充分发挥市场在人才资源配置中的决定性作用,保障和落实用人主体自主权,健全人才评价、流动、激励机制,最大限度激发人才创新创造创业活力。四是服务措施精细。切实提升服务效能,营造宜居宜

▶ 报告 18　以改革体制机制促协同 提升郑州大都市圈建设影响力、辐射力、带动力研究

业环境。

然而,目前全国各省争夺人才的激励政策可谓是不分伯仲,但基本上都是局限于人的"物理式"引进。除此之外,省、市级政府还应在培育、利用和管理人才方面提供政策支撑,以加快创新型人才在郑州聚集的步伐。

第一,应当出台激活存量人才的政策。除了加大力度引进人才,也需要对存量人才予以激励。存量人才往往是本土成长起来的人才,对家乡、对单位有着深厚的、不能割舍的情感,所做出的贡献也是巨大的。当前国内绝大多数高端人才都沉淀在传统高等学校、科研院所、国企等体制内机构,这种情况造成了这类人才的过度集中和低效利用。相反,企业却处于人才缺位状态,许多项目难以开展或持续,一种典型的"发展不平衡、不充分"现象日渐凸显。对于这些未被真正激活的存量人才,政府可以率先改革现有体制与机制的弊端,应尝试打通传统高校科研院所与民营企业研究院的人才双向流通渠道,使两端人才能够自由流动,以充分调动、匹配人才资源,释放创新活力。同时政府要整合建立统一的人才管理平台,对存量人才建立科学规范的人才分类体系,根据能力水平和工作业绩,完善工作津贴、项目资助、匹配奖励政策等。

第二,建立与发达地区人才合作的机制。不仅要有"物理式"引进,也要有"化学式"利用。"北上广"与沿海一带仍然是人才首选的栖息地。河南省不妨开创人才"智力"的贸易模式,通过贸易共享"智力成果",省人才办负责与省外或境外的高端人才团体建立"智力"贸易商约。同时,可以在各地市设立分支点;与发达地区共同搭建开放式、国际性的人才合作平台,鼓励与一流高校、科研机构等签署合作协议,制订人才合作计划,广泛开展跨省人才合作,制定双向交流、任职、培训、定向培养制度。

第三,针对郑州国家中心城市的功能定位,应着重搭建专业化人才聚集平台。一是搭建现代物流业人才聚集发展平台。打造区域生产组织中枢和供应链管理中心,积极发展大交通综合配套服务。二是搭建高端金融业人才聚集发展平台。大力引进国内外金融机构,探索推动新型要素交易平台建设,形成结构合理、功能完备、辐射力强的高端要素市场体系。建设法律、会计等专业服务业中心。三是搭建高端信息服务业人才聚集发展平台。探索建立技术进步、市场培育、产业链协同、标准规范制定、商业模式创新的信息服务产业发展新模式。大力发展电子商务,推进国际商务交易应用服务平台建设。加强与

国际大型电子商务平台的对接,推动建设郑州国际电子商务中心。四是搭建高端科技服务和其他专业服务业人才聚集发展平台。大力发展高技术服务,构建技术转移平台和创业投资平台,促进技术转移和创新成果转化。推进文化创意产业平台建设,引进知名的智库、文化科技、新闻信息、创意设计、工业设计、数字出版等机构,集聚一批具有一定影响力的高水平文化创意人才和管理服务人才。

第四,落实优化人才发展的财税和股权激励政策。在国家税制改革框架下探索现代服务业税收体制改革,对符合条件的企业减按15%的税率征收企业所得税;对在郑州工作、符合规划产业发展需要的高端人才和紧缺人才,暂由市政府按照内地与境外个人所得税负差额给予补贴,补贴部分免征个人所得税。加强支持人才发展的税收政策研究,适时争取有关政策。支持国有及国有控股企业开展股权激励、分红权奖励、技术入股等中长期激励试点,建立完善充分体现人才价值的薪酬、分配制度和激励机制。

第五,建立统筹协调机制,推动"旋转门"机制。不仅涉及各项政策之间的统筹,而且涉及郑州辖区及周边大都市圈许昌、新乡、开封人才政策的对接。在人才流动方面,部门之间仍存在着隔离墙。应出台政策,积极鼓励至少在省内政府、企业、科研机构之间,自由兼职或挂职,也可以组建团队,把握好知识产权认定。各级各部门要提高认识,强化责任分工,且统一思想,加强密切配合和工作协作,形成工作合力。要充分利用媒体、驻外机构以及海外驻华机构等各种有效资源和平台,向海内外广泛宣传河南、宣传郑州、宣传人才,营造优质的人才创新创业氛围。

九、携手洛阳和西安,打造北方内陆地区最大的都市连绵带

(一)携手洛阳都市圈,共同撑起河南发展的脊梁

放眼全球,从都市圈之间相互依存关系的角度来选择对标都市圈,郑州和洛阳更像日本东京和横滨,横滨距离东京只有25公里,但并没有影响其成为日本的第三大城市,与东京形成强有力的共享和互补、互相支撑的关系。

长期以来人们总有一种偏见,对于相近或相似的事物,关注更多的是两者

▶ 报告 18　以改革体制机制促协同 提升郑州大都市圈建设影响力、辐射力、带动力研究

之间的竞争和挤压，较少关注两者之间的合作共生和相互支撑、相互驱动。对于洛阳和郑州两大都市圈之间的关系也是这样，大家总是站在竞争和挤压的关系上看两者之间的关系，认为洛阳发展受挫是因为距离郑州太近，要素受到了郑州的吸纳和挤压，发展空间遇到了屏障（这种观点在开封发展问题上也很流行）。客观地说，在特定发展阶段，体量更大、地位更优、活力更强的区域核心城市对其相邻的区域和城市发展确有吸纳作用，但并不绝对，其相互关系到底是吸纳还是辐射支撑，既取决于核心城市，也取决于周边城市，或者说取决于区域发展模式和机制。周边城市与核心城市各自发挥比较优势，错位发展，就能形成相互支撑和相互驱动的关系。前述都市圈发展案例说明，距离近未必一定会相互挤压，也会相互共享和相互支撑，共同繁荣发展。

洛阳都市圈与郑州都市圈也是这样的共生关系。洛阳都市圈规划应该充分考虑与郑州的共享及协作支撑关系。郑州的崛起是现代化进程中的必然，其根本的依赖是交通区位，区域政治中心有赖于此，21世纪以后的迅速膨胀和在全国地位的迅速攀升也赖于此。它事实上对河南发展起到了擎天柱的作用，对中原崛起及河南在全国地位提升的价值无论如何估计都不过分，对洛阳都市圈也是重大利好和支撑。至少可以有很多东西，比如枢纽、市场等诸多元素可以为包括洛阳都市圈在内的周边城市共享。但郑州也有很多弱项和短板需要洛阳都市圈及周边城市来弥补和支撑。比如制造业、创新能力、文化生态等等。所以，洛阳和郑州两大都市圈共享共生、错位发展、长短互补、诚信合作、良性竞争、相互驱动、共同繁荣，应该是发展的正确方向。

洛阳都市圈的价值和意义在于构筑省域内另一个核心，形成省域经济的双核结构，既从外部对郑州都市圈形成竞争压力，激发郑州都市圈的内部动力，又对郑州都市圈形成支撑，还能够使得郑州所承载的各种优质资源有更大的共享空间，与郑州都市圈共同成为支撑起河南经济庞大身躯的脊梁。

郑州和洛阳都市圈应该在各自规划的基础上，从构造中原城市群核心区与形成河南经济发展脊梁的角度，在更大制度上做出规划，明确相互之间的互补和协同关系，并在省级层面构建相应的体制机制，促成两大都市圈良性互动发展。

（二）携手西安，构筑郑洛西都市连绵带

放眼全国乃至全球，协同和聚集是空间演化的基本趋势，城市群、都市圈甚至都市连绵带是现代化区域的典型空间形态。国内京津冀、长三角和珠三角三大都市圈中各城市之间协同成长的良好状态自不必说，中西部地区长江经济带东西两端的武汉－长沙－南昌－合肥，以及成都－重庆两大都市密集区也已具雏形，在成长为强大的区域增长极，在国家经济发展中发挥着越来越大的影响力。河南虽然经济总量位居第五，又有郑州和洛阳两大都市圈，但放在全国格局中，还不足以形成能够与上述五大都市圈相抗衡的实力。所以，要在国家层面发挥更大的影响力和要素吸附能力，还必须推动跨省域联合，形成涵盖面更广，容纳城市更多的都市密集区。沿丝绸之路经济带向西对接西安，应该是形成北方地区最大都市连绵带的最好途径。豫陕两省地域相连，文化相通，郑州、洛阳、西安三大都市圈空间距离相近，经济发展基本在同一水平，且西安的科技创新能力、洛阳的工业基础和郑州的枢纽商业物流优势互补性很强，三大都市圈携手构筑北方最大的都市连绵带有非常好的基础，同时也能得到黄河流域生态保护和高质量发展重大国家战略的支持，反过来，也对该国家战略形成强大的支撑。

下一步需要做的是豫陕两省和郑洛西三大都市圈携手推动国家层面做出规划，并构建三方合作的体制机制。

十、保障方案落地的措施

一是省政府设立大都市圈建设领导小组，并在领导小组下设管委会，负责大都市圈空间规划基础上的战略谋划和控制性详规，并监督规划范围内各市政府严格按照规划落地实施。

二是在统一空间规划和战略谋划基础上，控制性详规分步实施，并以郑开同城示范区及郑汴港核心区为率先启动和示范区域，取得经验后递次推开。

三是学习长三角、珠三角地区经验，在领导小组和管委会下设都市圈内各城市之间多层次协调平台，包括书记市长联席会，常务副市长联席会，发改委、

▶ 报告18　以改革体制机制促协同　提升郑州大都市圈建设影响力、辐射力、带动力研究

自然资源和规划局、交通运输局等主要部门之间的联席会，龙头企业牵头的行业或产业链联席会等。定期召开会议，就不同层面的问题进行沟通协调，做出决策或解决各项一体化措施推进过程中遇到的问题。

第二部分

自选调查研究专题报告

报告 19　区块链、Libra 与基础创新*

2015年7月,在《航空经济概论》(耿明斋、张大卫等著,人民出版社)一书的导论中,我们从基础理论层面阐述了技术、组织和效率三者之间的关系,认为效率是经济活动的终极目标,技术是效率的源泉,而组织是技术向效率转换的必要条件和中间环节。所有技术发明和技术进步都会带来经济活动组织的变动,并通过新的组织使新的技术转换成更高的效率。近几年热炒的区块链技术也不例外。

一个时期以来,区块链不断在各种场合被频繁地提起、议论和讨论,特别是比特币与区块链技术相关,触动了我们的专业神经,既然是谈论货币,作为经济学者,我们似乎应该有话语权,但偏偏对基于区块链技术的比特币一无所知,所以吊起了我的好奇心,我不止一次向信息技术专业人员请教,想弄清楚区块链到底是怎么回事,虽然朦朦胧胧有了去中心化、不可更改等一些概念,但至今对于区块链的系统知识仍是一头雾水。

今天上午,全国人大财经委组织今年疫情过后的第一次例行培训,邀请了中国银行前行长、中国互联网金融协会区块链研究工作组组长李礼辉以《区块链应用与数字货币》为题,进行了一个半小时的演讲。这是我第一次系统听真正的专家讲授区块链技术和数字货币问题,虽然仍旧没能真正听懂,但似乎对区块链技术和数字货币悟出点什么,并对创新问题产生了一些联想。

查一下百度,说"区块链起源于比特币,2008年11月1日,一位自称中本聪(Satoshi Nakamoto)的人发表了《比特币:一种点对点的电子现金系统》一文,阐述了基于P2P网络技术、加密技术、时间戳技术、区块链技术等的电子现金系统的构架理念,这标志着比特币的诞生。"那么,如何定义区块链?有的

---

* 本文2020年6月6日发表于"明斋观察"微信公众号,作者:耿明斋。

说:"从科技层面来看,区块链涉及数学、密码学、互联网和计算机编程等很多科学技术问题。从应用视角来看,简单来说,区块链是一个分布式的共享账本和数据库,具有去中心化、不可篡改、全程留痕、可以追溯、集体维护、公开透明等特点。"有的说,"区块链是分布式数据存储、点对点传输、共识机制、加密算法等计算机技术的新型应用模式","本质上是一个去中心化的数据库","是一串使用密码学方法相关联产生的数据块","是一个共享数据"。

通俗点说,区块链就是一种信息处理技术,就其在经济活动领域的应用来看,它处理的是特定经济活动领域各环节、各元素之间的交易关系,目的仍是降低交易成本,提高交易效率,也提高整个领域经济活动的效率。作为一种"共享账本和数据库",它的"去中心化、不可篡改、全程留痕、可以追溯、集体维护、公开透明"等特点,保证了该数据库所覆盖的经济体系中所有主体之间的交易可以点对点直接完成,而不必经过中介。这无疑会大大降低成本,提高效率。就像所有可以在经济活动中应用的技术一样,这也是区块链技术发展的根本驱动力所在。据李礼辉讲,区块链技术已经在不少领域有了应用,比较典型的案例是浙江万向集团运用区块链技术建立起来的汽车零配件物流数据库,万向集团是生产汽车万向节起家的,目前是全球最大的汽车零配件生产企业之一,该数据库囊括了数量庞大的汽车零配件种类和供应链上数量众多的各个交易主体,包括生产商、供应商、经销商、物流商等,通过区块链技术特点,实现了所有主体之间点对点交易和结算,大幅降低了每个交易商及整个系统的成本,提升了整个系统的效率。

由于货币是最普遍使用的定价和交易工具,因此区块链技术在货币这个交易工具本身上的应用更加受到重视,这也是以比特币为代表的数字货币诞生的原因之一。货币本身就是降低交易成本的产物,因为货币作为一般等价物,可以使得所有交易商品都能够通过与它比较而进行相互比较和相互交易,这自然会大大降低各种商品相互之间的交易费用。但是,货币作为一种特种商品,在以金、银、贵金属形式存在时,也会占去大量社会资源,在以纸币形式存在的状态下,又很容易造成政府滥发和对公众财富的掠夺,还会继续产生管理和配置货币的商业银行等庞大的中介机构造成的成本。在区块链技术基础上诞生的数字货币"去中心化、不可篡改、可以追溯、集体维护"和点对点直接交易等特点,决定了所有交易参与者无须依赖中介就可以直接交易结算,从而在理论上可以省却庞大商业银行体系所产生的庞大交易费用。所以，这使有识之士认识到数字货币是不可逆转的必然趋势，各个国家都开始关注区块链技术，开始关注数字货币，并尝试创造国家的法定数字货币。据李礼辉讲，我们国家已经创造出了自己的数字货币，并开始在特定领域试运行。一些商业机构也开始尝试创造世界通行的非主权数字货币，目前影响力最大的是facebook公司总裁扎克伯格牵头联合若干相关企业共同推出的虚拟加密货币，也就是数字货币Libra，也称为天秤币。这是一种不追求对美元汇率稳定，而追求实际购买力相对稳定的加密数字货币。最初由美元、英镑、欧元和日元这4种法币计价的一篮子低波动性资产作为抵押物。按照创造者的理想，该数字货币并不追求与某一现有法定货币的汇率稳定，而追求实际购买力的稳定。理论上它是可以替代主权货币的，但要在主权货币仍不能替代的全球经济环境中存在和发展，它又不能摆脱对主权货币的依赖，所以它要锚定具有硬通货性质的几种主要法定货币。Libra引起了美国政府的高度关注，美国国会相关委员会曾举行长达数小时的听证会。按照李礼辉的分析，似乎美国政府没有拒绝Libra在美国注册使用，甚至成为美国法定数字货币的理由。一旦成为美国的法定数字货币，与美元具有同等地位，以数字货币的便利性和低成本性，美国主权货币会在全球产生更大的影响力，拥有更大的使用市场，那会对人民币国际化造成更大的冲击，制造更多的困难。

现在，Libra是作为支付手段在国际上使用的。专家分析，大家熟知的支付宝和微信支付系统，虽然也有数量不菲的用户，但与它相比，则不在一个数量级上，更何况支付宝和微信支付系统用户主要在国内，国际用户非常有限（目前国际用户最多的是抖音系统），国际影响力自然没有办法与Libra相比。本质的差别还不在这里，本质的差别是Libra是数字货币，而支付宝和微信不是。支付宝和微信只是扮演银行出纳的角色，它们必须绑定银行账户才能运行，因而也必须实名制，也不具备取代现有货币和商业银行体系的功能，从而也无法大规模降低交易成本，其价值仅仅是便利化。这就是说，支付宝和微信与Libra根本上是两类完全不同的东西。

由此引申出来的一个问题是，虽然我国在数字货币创造方面已经走在前列，但由于主权货币的国际化程度低，要推动自己的法定数字货币国际化会比较困难。中国国内支付宝和微信代表的支付系统虽然有广泛的影响力，但撇开其国际用户十分有限，限制其国际化之外，更重要的是它们压根就不是数字货币，没有可能取代中国法定数字货币实现国际化。而美国则可能利用Libra直接替代美元成为法定数字货币，从而迅速实现对世界数字货币市场的占领，这将是扩张美元霸权更有效的手段。

进一步还让人联想到基础创新问题。Libra应该是基于区块链技术的数字货币基础性创新，且具有快速以美国法定数字货币实现货币霸权扩张的潜力。我国以支付宝和微信为代表的支付领域革命，则仅仅是传统银行体系功能的延伸，其历史使命非常有限。基础创新无论对一个企业还是对一个国家都无比重要。只有基础创新实现了突破，企业和国家才能真正掌握主动，实现长治久安、可持续发展。美国高通公司之所以牛，就是因为它掌握了移动通信技术的底盘。不掌握底盘，你虽然可以在人家的底盘基础上创新应用形式，甚至可以做到很辉煌，但前提必须是建立在全球化产业链充分分工和广泛合作的基础上，一旦断链，应用便会立即受挫。所以，建立在科学理性精神追求基础上的基础创新，是我们必须要努力的创新方向。

报告20　把创新摆在现代化河南建设的核心位置[*]

刚刚闭幕的省十一次党代会强调"锚定'两个确保',全面实施'十大战略'"。创新驱动、科教兴省、人才强省居十大战略之首,楼阳生在报告中更强调要"把创新摆在发展的逻辑起点、现代化河南建设的核心位置"。如何理解"起点"与"核心"的深刻内涵,并在此基础上厘清实施路径,是将这一战略真正落到实处、实现"两个确保"奋斗目标的关键。

一、为什么要把创新摆在现代化河南建设的核心位置?

个人认为,"起点"就是切入点,"核心"就是"轴心"。也就是未来30年现代化河南建设的征途要从创新开始,要把创新摆在最重要的位置,使其成为所有经济社会发展相关活动绕以转动的轴心。这一判断是基于如下三点认识:

第一,是基于对现代化规律和趋势的认识。现代化是一个由工业化和城镇化驱动、财富总量持续增长和结构持续演化的过程,其起点是与低收入相伴的传统农耕文明,终点是与高收入相伴的现代工业文明。现代化这个由低到高的过程是分阶段推进的,不同阶段也有与其适应的经济社会结构、动力机制、增长速度等特点。一般来说,在现代化演进的初、中期阶段,满足基本物质消费需求和公共基础设施建设是主要任务,结构上表现为存量技术基础上的资源开发、资源依赖和投资驱动,经济增长速度也比较快。到了中、高级阶段,不断拉长产品链条和服务链条,满足不断增长的新需求成为主要矛盾,创新与技术依赖和消费驱动成为突出特点,增长速度也会慢下来。中国改革开放40年现代化发展阶段转换的时间节点大致是爆发全球金融危机的2008年,2013

---

[*] 本文完成于2011年11月,撰稿人:耿明斋。

年以后转型步伐加快,党中央随之提出中国经济发展进入新阶段,要贯彻新发展理念,构建新发展格局的战略思路。今年既是两个一百年发展目标的历史交汇期,也是经济发展实现阶段转换的重要时间节点。技术依赖和创新驱动是新阶段经济发展最为突出的特点,是未来30年分两阶段实现现代化,即2035年基本实现现代化和2050年全面实现现代化的基本遵循。河南作为国家经济体系的有机构成部分,又是总量较大的省域经济体,自然不可能例外。也就是说,创新是国家现代化发展新阶段的突出特点和基本依赖,也是未来河南现代化发展的突出特点和基本依赖,这是由中国现代化的规律和趋势决定的。

以美国为首的西方国家对中国崛起的经济围堵和技术封锁,以及国际经济环境持续恶化,更凸显了创新在国家与河南现代化进程中的重要性。

第二,是基于对河南现实基础和未来目标挑战的认识。自20世纪90年代至21世纪第一个十年,河南经济凭借交通区位优势和资源依赖特点,经历了一个快速增长期,并因此一跃而成为全国第五大省域经济体。但进入技术依赖和创新驱动发展阶段以后,河南经济增长承受的压力越来越大,在连续数年相对增速低于中部乃至沿海发达地区省份的情况下,2020年又进一步滑落至全国平均增速以下,今年前三季度各主要经济指标继续惯性低于全国平均值。这意味着由于各种各样的原因,我们没能跟上阶段转换的步伐,也意味着未来面临更大挑战的同时,孕育着重新跃起的更大空间和更多施展抱负的机会。省十一次党代会就明确提出了未来15年的奋斗目标,即到2035年人均生产总值、城镇化率、研发经费投入强度、全员劳动生产率、人均可支配收入5项指标达到或者超过全国平均水平。显然,要实现这样的目标,未来15年,我们各项主要经济指标的相对速度都要高于全国平均值,这是一项艰巨的任务,也是巨大的挑战,要完成这一艰巨的任务,只有创新这一条路可走。

第三,是基于对新技术革命和技术变革趋势的认识。自20世纪40年代发端的以计算机为代表的第三次技术革命,在经历了大半个世纪以后,能量已经充分释放。进入21世纪以后,以万物互联和人工智能为代表的新一代信息技术,以及生命科学和生物技术,新能源、新材料等新技术迅速发展,第四次技术革命和产业革命成为议论和关注的焦点。新技术的突出特点是进步迅速,迭代更新快,技术有效期短。这就要求创新必须是持续的,是永无止境的追求。只有持续追逐技术前沿,并不断在技术前沿创新,才能保持经济活力和竞争力,跟上时代发展的步伐。所以,创新对于处在追赶途中的河南就显得更为重要和紧迫。

二、如何把创新摆在现代化河南建设的核心位置?

第一,切实加大创新投入,大幅提升创新投入在GDP中的占比。

投入是保障,凡是创新能力强的区域,创新投入强度都很大。有资料显示,2020年全省研发经费投入强度达到1.64%,与全国平均值2.4%相差0.76个百分点,省会郑州创新投入强度2.31%,也不及全国平均值。既然要超常规发展,就要有超常规措施,河南要实现2035年人均GDP等主要经济指标达到甚至超过全国平均值的目标,创新投入必须率先发力,在较短时间内将创新投入强度提升至全国平均值。在这方面,省委、省政府已经果断做出决策,在财政约束较紧的条件下,从今年的预算支出中挤出一定份额用于最急需的创新投入。省会郑州作为区域核心城市和领头羊,需要迈开更大的步伐。其他各市(县)政府也要有紧迫感。

第二,还是要提升基础创新平台的质量和数量。

现代化是知识与科技催生的,大学是知识与科技的聚集地和策源地。从国际看,大学兴则国家兴,大学强则国家强。从国内看,大学兴则区域兴,大学强则区域强。这已是不争的事实。

当前,国家和区域发展比以往任何时候都更需要高水平大学来支撑,因为它们不仅是高端人才高密度的聚集平台,更是最重要的基础创新平台,它们聚集创新要素的能力是别的东西无法替代的。这也是省委提出河南高校"双航母"发展战略的深意所在。

高水平大学和高端研究机构欠缺是河南及郑州最大的软肋,应想尽一切办法尽快补上缺口。一是切实加大对郑州大学和河南大学这两所大学的投入,争取在较短时间内把这两所大学推向国内高水平大学第一集团;二是争取中央支持,争取教育部在郑州新设中华人民共和国教育部直属高水平大学,争取中国科学院在郑州增设直属研究所;三是学习江浙地区和深圳经验,尽全力引进全国乃至全球高水平大学来郑州设立分支机构或合作办学,争取科学家创办领办杭州西湖大学、深圳南方科技大学那样的新型高水平大学。也要争取更多的国家重点实验室和大科学装置在郑州落地。

第三,提升企业创新能力。

企业作为市场主体,不论从生存和发展需要说,还是从其感知市场需求的能力说,都是最了解创新需要和创新方向的,所以,企业是最重要的创新主体,区域创新能力提升严重依赖于企业创新能力提升。要加大对企业创新能力提升的支持和扶持力度,支持企业成立更多更高水平的研发平台,力争规上企业研发平台全覆盖。支持企业与省内外、国内外乃至世界各地高水平大学和高端研究机构共建研发机构,或在研发项目上合作,支持有条件的企业在北京、上海等创新要素密集城市建立异地研发机构。千方百计提升企业研发能力,培育更多高新技术企业,支撑河南整体创新能力提升。

第四,继续加大人才引进和人才支持力度。

从10多年前引进百名博士充实党政干部队伍开始,到最近实施的系列招才引智计划,郑州人才政策一直走在同类城市前列。但人才仍是郑州提升创新能力的最大短板,需要继续加大力度。比如,以更大力度资助豫籍科学家回流创业(像施一公办学那样,牛津博士创办开封斯高研究院也是典型案例);所得税政策与上海、广东特殊政策区域接轨;提供国内一流的薪资、子女入学入托、住房和医疗待遇;等等。

报告21　转换赛道 构造河南高质量发展新格局[*]

一、河南发展需要转换赛道

改革开放以来,尤其是20世纪90年代中期至21世纪头十年,河南经济快速发展,经济总量连跨几个台阶,稳居全国第五大省域经济体位置。尤其是作为龙头的省会郑州,跨越几个层级,进入超大城市和国家中心城市行列,人口达到1260万,进入全国第8位,北方仅次于北京的天津。GDP总量突破1.2万亿元,居全国城市第16位。曾经可以和武汉抗膀子,把西安甩出一大截,超青岛似乎也是近在咫尺,甚至有望超越天津,成为仅次于北京的北方第二大都市! 但是,现在看来,这些有的可能已经成为历史,有的要实现或许不会轻而易举。最主要的原因是,过去这些成就都是在传统轨道上取得的,也就是靠投资驱动和资源依赖。

梳理过去40年,尤其是最近20年河南尤其是郑州的发展,可以清晰地看到三大优势和三条轨迹,即人口大省省会优势和人口大规模涌入、房地产开发及城市规模快速扩张;矿产资源优势和煤电铝等资源型产业成长;交通区位及劳动力优势和物流成本敏感产业与劳动密集型产业聚集,如富士康和上汽、奇瑞、比亚迪等为代表的汽车产业。这三条轨迹都在一个赛道上,即投资驱动和资源依赖赛道。这个赛道上拼的是资源投入和资源消耗,包括矿产、土地和劳动力资源,甚至包括区位交通资源。

但自从10年前经济进入新赛道,也就是进入创新和技术依赖与高质量发展阶段以后,这些优势就显得不那么重要了。矿产不但枯竭,更是遇到了环境

---

[*] 本文2021年10月14日发表于《河南日报》第4版,撰稿人:耿明斋。

约束;建设用地约束越来越紧;劳动力不再宽裕。甚至交通区位优势也随着枢纽增多而不再那么凸显。新赛道上最需要的优势,也就是创新能力,却构成了我们最大的约束!正是由于这种约束,过去10年在传统产业集中度快速提升,及新兴产业迅速成长的过程中,郑州没有形成在全国具有举足轻重地位的产业集群,既没有像长沙那样的建筑装备制造集群,也没有像深圳、杭州那样的互联网信息及苏州生物医药产业集群,以及武汉光谷、合肥声谷那样的前沿产业集群。这使得郑州面临的竞争形势日趋严峻。所以,郑州发展亟须转换赛道,不能再走投资驱动和资源依赖的发展轨道,而要转向创新驱动和技术依赖的发展轨道。

二、在新赛道上如何实现突破?

第一,切实加大创新投入,大幅提升创新投入在GDP中的占比。

投入是保障,凡是创新能力强的城市,创新投入强度都很大。有资料显示,2020年全省研发经费投入强度达到1.64%,与全国平均值2.4%相差0.76个百分点;郑州创新投入强度2.31%,也不及全国平均值,在全国城市硬科技创新排名中居第23位,与全国同类城市有较大差距,这显然无法在新赛道上供给足够的创新动力。既然要超常规发展,就要有超常规措施,河南能否在较短时间内将创新投入强度提升至全国平均值?郑州能否在短时间内将投入强度提升至3.0%以上?即使全省达到全国平均值,年投入总量也才1300亿元左右,郑州即使达到3.0%的强度,年投入总量也才300多亿元,仍不是一个让人震撼的数据。

第二,还是要提升基础创新平台的质量和数量。

现代化是知识与科技催生的,大学是知识与科技的聚集地和策源地。从国际看,大学兴则国家兴,大学强则国家强。从国内看,大学兴则区域兴,大学强则区域强。这已是不争的事实。

当前,中国的现代化已进入创新与技术依赖引领高质量发展的新阶段,国家和区域发展比以往任何时候都更需要高水平大学来支撑,因为它们不仅是高端人才高密度的聚集平台,更是最重要的基础创新平台。这也是楼阳生强力推动创新,在2021年9月22日举行的省科技创新委员会第一次会议上提出河南高校"双航母"发展战略的深意所在。

高水平大学和高端研究机构是基础创新平台,它们聚集创新要素的能力是别的东西无法替代的。中国科学技术大学带动的创新要素聚集,支撑安徽成为迅速崛起的创新大省。其他如武汉、西安、杭州、南京、成都、重庆、长沙等城市无不如此。高水平大学和高端研究机构欠缺是河南尤其郑州最大的软肋。但不能因此就悲天悯人,就认命,更不能成为自我懈怠的借口,而应奋起直追,想尽一切办法尽快补上缺口。一是切实加大对郑州大学和河南大学这两所大学的投入,打造河南高水平大学"双航母",争取在较短时间内把这两所大学推向国内高水平大学第一集团。同时把学校实验室建设和学科建设、人才建设与省内尤其是郑州都市圈产业发展紧密结合起来,孵化新产业,培育新业态。二是争取中央支持,以推进中部崛起和黄河流域生态保护和高质量发展战略为契机,争取教育部在郑州新设中华人民共和国教育部直属高水平大学,争取中国科学院在郑州增设直属研究所。三是学习江浙地区和深圳经验,尽全力引进全国乃至全球高水平大学来郑州设立分支机构或合作办学。尤其是举办理工科大学,比如应该抓住理工科为主的河南大学美国迈阿密学院,尽快做大做强。也要按照楼阳生的要求,争取更多的国家重点实验室和大科学装置在郑州落地。

第三,选准若干优势产业作为主攻方向,使之尽快形成全国举足轻重的产业,成为河南尤其郑州的标牌。

一是依托富士康、华为等制造与科技巨头支撑的项目,进一步扩张规模的同时,加快向产业链前端和价值链高端延伸,真正将电子信息产业做大做强,打造在全国乃至全球的影响力。二是借助于已经初步形成的传感器集群优势,加快培育更多的独角兽和"小巨人"企业,尽快形成无可撼动的区域竞争优势。三是借助于河南医药医疗巨大市场的优势,在前景广阔的生物医药等产业发力,尽快做大做强。四是依托中铁盾构等企业优势,拓展链条,做大装备产业集群。五是依托枢纽物流和市场优势,膨胀汽车产业。

支持上述领域骨干企业做大做强各种创新平台,将其创新能力提升到引领行业发展的高度。

通过招大引强加速优势产业膨胀。

第四,继续加大人才引进和人才支持力度。

从 10 多年前引进百名博士充实党政干部队伍开始,到最近实施的系列招才引智计划,郑州人才政策一直走在同类城市前列。但人才仍是郑州提升创新能力的最大短板,需要继续加大力度。比如,以更大力度资助豫籍科学家回流创业(像施一公办学那样,牛津博士创办开封斯高研究院也是典型案例);所得税政策与上海、广东特殊政策区域接轨;提供国内一流的薪资、子女入学入托、住房和医疗待遇;等等。

第五,加紧申报自贸港,构建开放特区。

除了海南自由贸易港如火如荼建设之外,国家还连续批准了珠海横琴、深圳前海、广州南沙、福建平潭、浙江宁波、上海临港等新的开放特区,获得了大量超常的优惠政策,最突出的政策是 15% 企业所得税及高收入人群个人所得税,包括国内外各种执业资格互认、资本项目下外汇使用和外汇进出自由度增大等。这实际上进一步加剧了内地省份在区域竞争中的劣势。郑州应该尽快启动早已酝酿的内陆自贸港申报建设,并借此争取与沿海发达地区某些政策特区一样的特殊政策,加快打造内陆开放高地,助力郑州高质量发展。

报告 22　对航空港区发展现状评估与未来发展对策建议[*]

一、对港区发展现状的评估

(一)评估依据:港区建设的初衷、定位与目标

对港区发展现状做出客观科学评估,是明确其下一步发展战略方向、确定发展策略的基础。而对港区发展现状评估的依据,是回到 10 年前港区谋划建设的初衷上来。我们认为,港区谋划建设的初衷是构筑一个现代产业聚集空间,引领新阶段河南省域经济转型发展。当初是,现在仍是。

这一初衷,可以从了解当初谋划建设航空港区的背景得到清晰认知,也能从 2013 年 3 月国务院批复的《郑州航空港经济综合实验区发展规划(2013—2025 年)》(本文以下简称《规划》)中看到明确的表述。

郑州航空港经济综合实验区是从 2012 年春开始谋划的。当时的背景是,经历 2008 年全球金融危机的冲击以后,中国经济结束长达 30 年超高增长的迹象已经显露无遗,发展方式转变迫在眉睫,经济发展进入新阶段,增长面临越来越大的压力。河南更甚,因为河南是典型的资源型区域,在国家经济超高增长时期,河南赢得了更高的增长率,连续十几年经济增速领先于中西部乃至全国各省区,并一举成为全国第五大省域经济体。但河南也因此积累了更多的问题,最突出的问题是资源型产业比重大,重化工业突出,结构调整任务重,环境压力大,继续保持较高增速的难度大,加上本就存在的创新能力不足短

---

[*] 本文为受省政府相关领导委托赴港区调研撰写的报告,完成于 2022 年 6 月,撰稿人:耿明斋。

板,区域竞争劣势凸显。如何解决累积的问题,改变现状,加快转型,顺应新阶段发展趋势,延续经济高增长态势,保持区域竞争优势,是摆在时任省委、省政府主要领导面前的重大课题。经过充分酝酿,广泛吸纳多方意见,基于国家发展阶段转换与河南实际,省委、省政府做出的基本判断是:核心是产业,基础是城市,交通基础设施是抓手。于是提出了建设大枢纽、发展大物流、支撑大产业、形成大城市的"四大"战略,立即启动了"米"字形高铁和机场二期两大工程,谋划了航空港经济综合实验区建设方案,迅速得到了国务院主要领导的支持。2013年3月初,国务院批复了由国家发改委牵头做的《规划》,成为国家战略。

由此可见,郑州航空港经济综合实验区就是省委、省政府刻意构筑的,由强大交通基础设施与城市功能支撑的现代产业聚集空间,目标任务是适应新阶段经济发展新趋势,引领河南省域经济转型升级,实现高质量发展和持续稳定高速增长。这就是当时谋划建设航空港经济综合实验区的初衷。

这一初衷也清晰地体现在《规划》明确的五大功能定位和基本发展目标中。五大功能定位是:国际航空物流中心、以航空经济为引领的现代产业基地、内陆地区对外开放重要门户、现代航空都市、中原经济区核心增长极。基本发展目标是"建成富有生机活力、彰显竞争优势、具有国际影响力的实验区",成为"全国重要的航空港经济集聚区和中原经济区的核心增长极"。在功能定位和发展目标所涉及的所有元素中,核心是航空经济,也就是先进制造业和现代服务业,航空物流是现代服务业范畴,开放门户和航空都市是平台和载体,增长极是广域综合功能目标。因此,航空港经济综合实验区本质上就是一个开发区或产业聚集区,其基本职责就是聚集和发展先进制造业与现代服务业,引领郑州都市圈乃至整个河南省产业转型升级,支撑省域经济高质量发展。其特殊性在于,交通基础设施支撑能力更强,空间更大,城市能级更高,责任更重。

(二)基本估计:交通基础设施和开放平台建设取得了较大进展,产业培育短板突出

从2012年春开始谋划建设算起,港区发展已走过了整整10年的历程。10年间,港区从无到有,从小到大,从弱到强,已经初步具有了航空新城的格

▶ 报告22　对航空港区发展现状评估与未来发展对策建议

局,成为郑州国家中心城市和都市圈建设的热点和亮点,也在整个河南省域经济高质量发展中发挥着越来越大的作用。应该说,郑州乃至河南发展能有今天的局面,港区功不可没。但是,从谋划建设初衷的角度,站在时代的高度,以更广的视野来看,用功能定位和发展目标来衡量,港区建设发展也是有得有失,有长有短的。总体评价是:交通基础设施和开放平台建设取得了较大进展,产业培育短板突出。具体说:

一是交通基础设施方面。"米"字形高铁框架中的郑合、郑万两条线路相继建成通车并在此交汇;郑港、郑开、郑焦三条城际铁路在郑州东站交汇后直达港区,运营状况良好,郑许城际建成开通在即;地铁2号线早已建成运用,地铁11号线等其他多条通港地铁线路要么正在加快建设,要么已经列入规划陆续启动建设;除了西侧的京港澳、机场高速和北侧的郑民高速之外,专为港区设计建设的商登高速和安罗高速也相继建成通车,南北穿越港区的华夏大道(四港联动大道)和新107国道、东西穿越郑州港区的102省道,以及东面的迎宾大道和开港大道等国、省道和专用道路,要么是新建,要么进行了升级改造。机场二期建成投用后,拥有了5000万—7000万人次的客流吞吐能力和200万吨的货邮吞吐能力。2019年客流已接近3000万人次,居全国各大机场第11位。2021年货邮量突破70万吨,居全国各大机场第6位,跻身全球货运机场40强,现在三期工程也已经启动。可以说,港区已经成为各种现代化交通通道汇聚的立体式交通枢纽,真正做到了内捷外畅。

唯一的缺口是尚未做到航站楼东西贯通和双向开放。

建成区面积突破100平方公里,基础设施覆盖超过220平方公里。

二是开放平台建设方面。建成了"1+1+N"口岸体系,即郑州机场一类航空口岸、郑州新郑综合保税区口岸,及肉类、水果、冰鲜水产品、食用水生动物、活牛、邮政、药品等7个功能性口岸,口岸整体数量占全省半数以上。其中国际邮件经转口岸还将升级为国际邮件枢纽口岸,药品进口口岸将增加进口药材事项,能级逐步提升;综合保税区自2011年封关运行以来,进出口总额已实现"十连增",2021年突破4700亿元,居全国综合保税区第2位,占河南省外贸进出口的57.7%,被海关总署誉为"小区推动大省"的典范;跨境电商电子化通关平台功能完备,运行良好,全年单量突破1亿单,分别占全省、全市的近60%和60%以上;专货机国际航线连通全球各大洲,在国内各大机场中处于领先位置,成为"空中丝绸之路"枢纽,12小时可运达国内各主要城市,24小时可运达全球主要经济体,2021年国际地区货邮吞吐量超过54万吨,居全国第5位。整个港区2021年外贸进出口总额达到5245.6亿元,占全省进出口总额的近70%,全市的近90%。

唯一遗憾的是最大的综合性开放平台河南自由贸易试验区郑州片区没有把港区覆盖在内。这已经引起了省委、省政府的高度重视,今年两会河南团对中央的三个建议中,把航空港区纳入自由贸易试验区拓展片区是其中之一。

三是现代服务业方面。除了航空物流,规划列出的还有专业会展、电子商务、航空金融和服务外包。其中航空金融最初谋划的是飞机租赁,这个业务没有做起来,专业会展只是做出了场地规划,可能需要相当的时间才能做起来,服务外包也没有做起来。有起色的是电子商务,真正有影响的是航空物流。但航空物流虽然增长速度很快,且已经跻身全国各大机场前列,但距离2025年300万吨的规划目标尚有很长的路要走,同时,货运量的最大比例来自全国各地产品的汇集,尤其是长三角和珠三角地区产品的汇集,对本地产业的支撑和聚集带动作用尚未凸显出来。

四是先进制造业方面。规划的主导产业是航空设备制造及维修、电子信息和生物医药。航空设备制造及维修没有做起来,生物医药有点基础,但没有龙头企业与核心技术支撑,还不成气候,唯一形成支撑的是电子信息产业。有富士康这样的龙头和智能终端产业园,苹果和非苹果手机年产量1.6亿部的规模,也有新落地的超聚变服务器、华悦光电液晶屏和合晶晶圆等具有一定技术含量,在行业内具有一定地位和影响力的项目,它们都有数十亿甚至上百亿的投资,数十亿乃至数百亿的产值规模,呈现蓬勃发展的新气象。但电子信息产业问题也很明显:一是以富士康为代表的智能手机生产规模长期停滞,国内最大的智能手机制造厂商华为始终未能在郑州落地,目前,国内手机市场已近饱和,生产布局也已基本上完毕,进一步拓展规模的空间很小。二是包括新落地的几个项目在内,都不拥有电子信息产业领域的顶尖核心技术。富士康是组装,其核心技术是精密制造,不在产业核心位置,这个大家都知道。超聚变服务器构成价格70%的三大件,即CPU、内存和硬盘均是外购件,主板也是外购件,其核心技术是结构布局设计,也不在产业核心位置。华悦光电液晶屏属于成套购进的二手设备,产品是小规格类型,与大名鼎鼎的京东方不在一个层级上,且刚刚起步,在行业内的影响力有限。合晶晶圆是台资企业上海总部在郑州设立的独资子公司,主要生产环节是熔铸高纯度多晶硅及切割研磨电子级硅片,有一定技术含量,但它目前只能做到28纳米规格,与用途广泛的14纳米及高端的7纳米甚至5纳米规格技术尚有一定距离。三是这些项目在电子信息产业领域都是散布在不同环节,富士康和超聚变在末端,合晶在首端,华悦光电在侧旁偏下,除了富士康与华悦光电有关联,大多处在产业链上互不相关的位置,形象地说,在电子信息产业领域属于点状布局,未能串点成链。四是这些骨干企业的配套项目多不在河南,更不在港区,没有扩张链条成为产业内多环节和同一环节多企业群聚的产业生态,没有形成规模庞大的电子信息产业集群。对区域经济发展的支撑力有限,也难以承担起引领全省产业转型升级和高质量发展的职责。

二、港区下一步发展的思路与对策建议

(一) 进一步清晰战略定位,引领郑州都市圈乃至河南全省产业转型升级与经济高质量发展

如前所述,10年前,经历金融危机冲击以后,我们就意识到,仅靠原来的资源消耗和高投入已经无法保证经济持续高增长了,必须转换发展方式,寻求新突破。当时的选择是加大交通基础设施建设力度,放大交通区位优势,并以此来吸引和聚集新的产业,带动产业升级并支撑新阶段经济持续高速增长。航空港经济综合实验区的谋划建设既是强化交通区位优势的抓手,也是为新产业聚集成长搭建的平台。现在回过头来看,当初在阶段转换的关键时刻做出的战略抉择是非常正确的。如果说还有遗憾,那就是产业发展没有如人们期待的那样做大做强,尤其是制造业,未能承担起引领郑州都市圈乃至河南省产业升级和高质量发展的责任,这也是我们前面对港区10年发展评估所持有的基本观点。

对比一下相关省份的增长曲线,这种缺憾会让人有痛心疾首的感觉。

从图22-1可以看到,2008—2021年的13年中,中部6省比较,GDP增速河南与山西交替垫底,南部湖南、湖北、江西、安徽4省除了极个别年份的极个

别省份(如2020年湖北),几乎年年高于河南,不少年份高出的幅度还比较大。

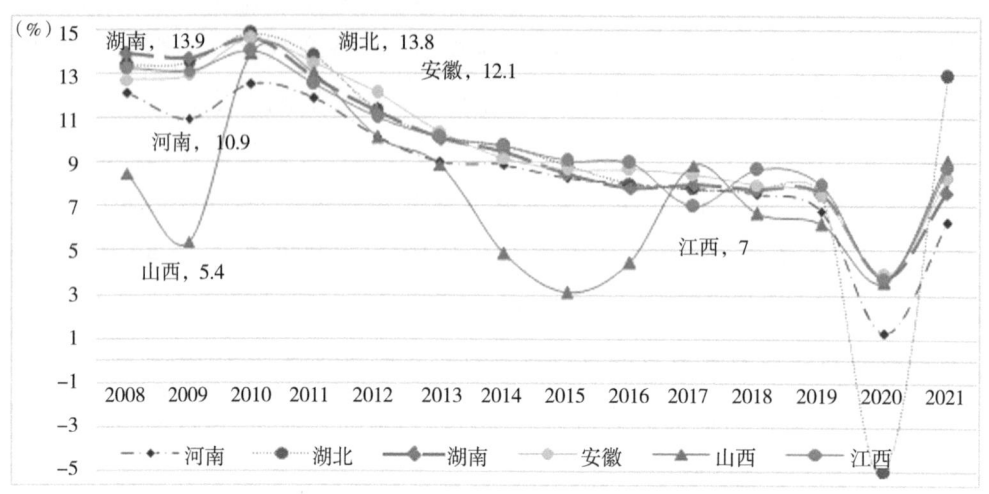

图22-1　2008—2021年中部六省GDP增速对比

数据来源:历年中国统计年鉴及河南省统计年鉴、国民经济和社会发展统计公报。

如果把视野放大一点,将东部和西部一些有代表性的省份也放进比较的范围(见表22-1),我们看到,东部的江苏、浙江、广东、山东等经济大省,绝大多数年份GDP增速也与河南基本相当,有些年份甚至高于河南。西部贵州、四川、重庆、陕西绝大多数年份增速则高于河南。尤其是2020和2021受疫情冲击这两年,河南增速居然落入倒数第5、第4位,较大幅度低于全国平均增速,这是过去几十年历史上从未遇到过的。相对速度长期持续走低的结果,是与总量靠前的省份差距拉大,比如排名第四的浙江2021年GDP总量已达7.35万亿元,远大于河南的5.88万亿元,排在河南后面的四川和湖北则与河南的差距越来越小,四川定下的目标是"十四五"末赶上河南。

报告 22 对航空港区发展现状评估与未来发展对策建议

表 22-1　2008—2021 年相关省份经济增长速度比较

	六省						东部					西部				东北	
	河南	湖北	湖南	安徽	山西	江西	河北	山东	江苏	浙江	广东	重庆	四川	贵州	陕西	辽宁	吉林
2008	12.1	13.4	13.9	12.7	8.5	13.2	10.1	12	12.7	10.1	10.4	14.5	11	11.3	16.4	13.4	16
2009	10.9	13.5	13.7	12.9	5.4	13.1	10	12.2	12.4	8.9	9.7	14.9	14.5	11.4	13.6	13.1	13.6
2010	12.5	14.8	14.6	14.6	13.9	14	12.2	12.3	12.7	11.9	12.4	17.1	15.1	12.8	14.6	14.2	13.8
2011	11.9	13.8	12.8	13.5	13	12.5	11.3	10.9	11	9	10	16.4	15	15	13.9	12.2	13.8
2012	10.1	11.3	11.3	12.1	10.1	11	9.6	9.8	10.1	8	8.2	13.6	12.6	13.6	12.9	9.5	12
2013	9	10.1	10.1	10.4	8.9	10.1	8.2	9.6	9.6	8.2	8.5	12.3	10	12.5	11	8.7	8.3
2014	8.9	9.7	9.5	9.2	4.9	9.7	6.5	8.7	8.7	7.6	7.8	10.9	8.5	10.8	9.7	5.8	6.5
2015	8.3	8.9	8.5	8.7	3.1	9.1	6.8	8	8.5	8	5	11	7.9	10.7	7.9	3	6.3
2016	8.1	8.1	7.9	8.7	4.5	9	6.8	7.6	7.8	7.5	7.5	10.7	7.7	10.5	7.6	−2.5	6.9
2017	7.8	7.8	8	8.5	8.9	7	6.7	7.4	7.2	7.8	7.5	9.3	8.1	10.2	8	4.2	5.3
2018	7.6	7.8	7.8	8	6.7	8.7	6.6	6.4	6.7	7.1	6.8	6	8	9.1	8.3	5.7	4.5
2019	6.8	7.5	7.6	7.5	6.2	8	6.8	5.5	6.1	6.8	6.2	6.3	7.5	8.3	6	5.5	3
2020	1.3	−5	3.8	3.9	3.6	3.8	3.9	3.6	3.7	3.6	2.3	3.9	3.8	4.5	2.2	0.6	2.4
2021	6.3	12.9	7.7	8.3	9.1	8.8	6.5	8.3	8.6	8.5	8	11.39	8.2	8.1	6.5	5.8	6.6
2021年排名	27	1	16	9	3	4	25	8	5	6	14	10	11	13	26	30	24

数据来源：历年中国统计年鉴及各省国民经济和社会发展统计公报。

为什么河南经济发展增速持续相对走低，近两年甚至断崖式下跌？我们可以找出很多原因，但最核心、最直接的原因，无疑是制造业未能适应新阶段转型升级的要求，仍然过分依赖房地产和资源型产业，在先进制造业领域没有形成能够支撑区域经济高质量发展与持续增长的超大产业集群。比较一下近年来上述发展态势比较好的省份，我们的这一短板就显露无遗了。东部广东、浙江有深圳和杭州以华为、腾讯、阿里巴巴为代表的通信互联网世界级产业集群，中部湖北有武汉光谷、湖南有长沙建筑装备、安徽有合肥高科技等在国内具有举足轻重地位的高端产业集群，西部重庆、成都、西安甚至贵州等，也有足以支撑地方经济高质量发展的超大高科技产业集群。而河南没有类似能让国人眼前一亮，留下深刻印象的产业集群。

这个锅当然不能全由航空港经济综合实验区来背，但至少它有不可推卸的责任。因为它有较大的开发空间、较好的交通基础设施配置，有河南省委、省政府，郑州市委、市政府和亿万河南人民最殷切的期待，但它未能满足这种期待。

未来怎么办？我们认为，要进一步明晰郑州航空港经济综合实验区战略定位,突出现代产业基地性质,高度聚焦先进制造业,培育国际知名、国内有重大影响,能够支撑并引领郑州都市圈乃至河南全省产业转型升级与经济高质量发展的超大高端产业集群。说白了,港区就是个大号开发区,其主要职责是培育和聚集先进制造业。不管是枢纽物流还是城市与开放平台,都是为制造业提供支撑和创造条件的,制造业是核心,是发动机,是驱动港区高速转动的轴心,其他一切都要围绕制造业来运转,以满足制造业需要为依归。

(二)战略方向:电子信息和生物医药

到底选择哪个领域作为培育超大产业集群的战略方向,确实是个值得认真讨论的问题。一般的思维习惯是看我们现在有什么,然后在现有的基础上做大做好做强,这固然是捷径。然而,在技术、需求和产业结构形态都迅速变化的时代,有可能你选择的存量产业是将要萎缩甚至消亡的产业,结果很可能是你付出的努力和所想要的结果不成比例。所以,科学选择战略方向应该是另一种思路,即依据对未来技术演化前沿和人们需求变化的趋势做出判断,技术和需求演变又遵循效率和舒适两大基本原则。据此,目前普遍达成的共识是:能够同时满足生产效率和生活舒适的人工智能,将是第四次产业革命的核心领域,而人工智能的基础乃是新一代信息技术,也就是电子信息产业;随着老龄化和高收入社会的到来,生活舒适最可靠的基础是健康,健康消费需求将具有无限的增长空间,满足健康消费需求的是生物医药产业。因此,电子信息和生物医药应该是港区培育超大产业集群的战略方向。

有人或许会质疑,电子信息和生物医药产业已经在全球及国内相关区域布局完毕,比如电子信息国外有美国、韩国、日本,国内有珠三角、长三角及成都、西安、台湾等;生物医药在上海张江高科技园区和苏州工业园区已充分聚集,港区还会有机会吗?我们认为:一是这两大产业未来会持续增长,且增长空间不可限量,在蛋糕日益增大的前提下,大家都有分切的机会。二是随着技术进步与分工深化,产业空间布局会遵循效率原则持续调整,后来者也有机会。三是郑州航空港经济综合实验区有一定的基础和条件,比如电子信息产业已有富士康智能手机、超聚变服务器、合晶晶圆等终端和首端产品布局,生物医药产业园也已陆续有项目入驻。尤其是联通全球的航空网络和持续快速增长的航空物流,为这两大产业产品及零配件和原材料高效快捷运输提供了很好的基础。综合上述多种因素分析,郑州航空港经济综合实验区选择电子信息和生物医药作为培育超大产业集群的方向是不错的。最重要的是,这两大产业代表着未来技术演化和产业升级的方向,无论早晚,也无论基础如何,我们都必须进去,没有更好的选择。

当然,新材料也是有很好前景的技术演化和产业成长方向,但一个开发区或产业集群不能顾及太多,分散用力,需要攥紧拳头。

(三)策略选择:串点成链,集链成群

根据我们有限的认知,电子信息产业是一个从高纯度晶硅提炼、切片开始,逐步延伸到智能手机等消费类电子产品、服务器等数据处理设备、工业互联网设备等各种终端产品所构成的巨大产业体系。其中包含多个存在内在联系的重要环节,每个环节又有若干个龙头企业和配套企业组成的集群,每个集群又有自己的纵向链条和横向网络,可以说是多环节、多链条、多网络、多集群相互交织形成的巨型系统。且随着技术进步与分工深化持续分化裂变,能够容纳的市场主体数量也持续增多。比如,智能手机摄像头就是一个独立的产品,全球每年数十亿部智能手机产量所需要的数十亿个摄像头,或就是一个数百亿规模的市场。摄像头中的驱动电机又是一个更微小的独立产品,数十亿个小型驱动电机又是一个数亿乃至十几亿规模的市场。这就意味着,一个区域抓住体系中任何一个可以独立形成市场的产品,就能形成数亿、数十亿,乃至数百亿、上千亿的产业规模,抓住几个这样的产品,就可能形成上万亿甚至几万亿元的产业规模。珠三角的深圳、东莞和长三角的苏州、杭州、南京等城市已经给我们做出了榜样。

郑州航空港经济综合实验区培育发展电子信息超大产业集群的策略选择,应该是串点成链,集链成群。具体说,就是依托区位交通、市场和劳动力等比较优势,从终端产品制造环节开始,引进更多的终端产品和龙头企业。然后依托这些终端产品和龙头企业吸引前端技术含量更高的主体配套产品和龙头企业,据此逐级上溯,最终形成由终端产品及龙头企业和不同层级上游主体配套产品及龙头企业串联起来的产业链体系。每一层级围绕主体产品和龙头企业又会聚拢大量辅助产品和相关配套企业,层级形成集群。多个层级集群就构成超大产业集群体系。

方法上，终端产品引进需要以以政招商为主，上游配套产品引进以商招商可能更有效。比如，可以优先依托现有的富士康智能手机和超聚变服务器，利用其与上游骨干配套厂商的商业关系，政府施以激励政策，招引主板、内存和硬盘等骨干配套产品和相应的龙头企业来港区落户，再由它们带动相关辅助配套产品和企业在港区聚集，电子信息产业就会形成几何级数增长态势。再比如，可以由省主要领导出面，对接全球最大的笔记本电脑生产厂商联想集团，促成笔记本电脑生产线或集团其他增量项目在港区落地，也可以对接戴尔电脑等国际著名PC机生产企业，促进台式机生产项目在此落地，等等。此类终端产品和龙头企业聚集又会成为其上游新的配套产品项目和相关企业在港区落户的基础。当然，依托合晶晶圆项目，向下延伸至集成电路芯片生产环节，逐级提升技术含量，进入电子信息产业核心部位，也是不错的选择。如此滚动下来，经过5—10年，形成万亿乃至数万亿规模超大电子信息产业集群，支撑并引领郑州都市圈乃至整个河南产业转型升级和经济高质量发展，前景可期。

生物医药产业基础较为薄弱，做起来难度会更大。可以考虑先争取将省内有较好基础的生物医药产业增量项目汇聚过来，形成聚集优势，然后再加大招商引资和技术引进的力度，培育相关的龙头企业和产业链体系。

另外，最初定位的航空设备制造与维修产业，曾有过与巴航工业集团位于美国佛罗里达州墨尔本市的公务机生产企业对接的经历，该企业对在郑州航空港经济综合实验区落地公务机生产项目有浓厚兴趣，当时由于各种原因搁浅。可以考虑尝试重新启动该项目。

从长期来看，汽车不应该是港区主导产业发展的方向，经济技术开发区和中牟县乃至连接到开封西区，已经形成了汽车产业聚集带，从郑州都市圈产业布局优化角度考虑，汽车增量项目应该往经开区或中牟县及开封西区放。但近期考虑到港区有较大的空间，且需要迅速做大制造业规模，比亚迪40万辆乃至100万辆整车项目落户港区，也能对港区先进制造业成长起到很好的促进作用。希望引导其发展真正意义上的网联汽车，甚至自动驾驶汽车项目，以便与电子信息产业结合。

（四）聚集理工科高水平大学，为产业提供坚实的人才支撑

培育具有较高技术含量的超大产业集群，人才最关键。一是经营人才，二是技术人才。前者需要的是尊重和保护，后者需要的是待遇和环境。航空港区要成为人才特区。对企业家要给予最大的尊重和最强的保护，尊重企业家的人格和经营理念与经营方式，保障其合法权益和财产与人身安全，可以考虑通过省人大立法来加大尊重和保护力度。对技术人才，要给予具有市场竞争力的待遇，营造最好的工作和生活环境。目前，人才尤其是高端人才，市场竞争激烈，市场化流动已经比较充分，只有拿出比别人更好的待遇，才能吸引到更好的技术人才。前几天看到在杭州工作的学生转过来的一条信息，一家智库机构与浙江大学合作招收的博士后，各种津贴及项目费加在一起，每年已达到50万—80万元。建议来港区工作的技术人才，根据层级差异，在省、市两级政府给予津贴的基础上，港区自己单独给予一定增量，以增强对人才的吸引力和在人才市场上的竞争力。技术人才工作和生活环境优化，主要在舒适和功能齐全的办公场所和办公条件、服务完善的住房配置、优质医疗和子女入学入托需求的保障等方面下足功夫。

高水平大学和高端研究机构既是培养和输出人才，源源不断满足企业和相应产业对技术人才需求的机构，也是吸引和聚集人才的重要平台，是高端人才储备库。所以，除了面向个体的卓越人才政策，也要加大投入，大力引进高水平大学和高端研究机构。一是将现有符合条件的国际合作办学机构移植到港区，并拓展为独立的学院或大学。河南大学与美国迈阿密大学合作举办且由中华人民共和国教育部批准的迈阿密学院，就是这样的合作办学机构，可以作为研究移植的对象。二是与省内外高水平大学合作共建专业研究院，依托合作高校招收培养硕士、博士研究生及博士后研究人员。在这方面，中原科技城与哈尔滨工业大学的合作模式可以借鉴。三是面向全球招募科学家和教育家（尤其是有志于支持家乡建设的豫籍学者），支持其在港区创办民间性质的高水平大学。在这方面，中国科学院院士、中国科技大学原校长朱清时领衔在深圳创办的南方科技大学，中国科学院院士、清华大学原副校长、河南老乡施一公在杭州领衔创办的西湖大学，都是典型的成功案例。四是直接引进国内外高水平大学，如宁波诺丁汉、苏州西交利物浦、昆山杜克、广东以色列理工

等。由于现在的国际环境和国内政策变化,此种模式难度较大。

除了大学平台,也要鼓励并创造条件支持企业对接国内外大学和高端研究机构的相关实验室,形成技术需求和技术供给输送链条和通道,以便这些平台机构的创新成果和技术服务能够及时输送到企业,企业的技术需要也能及时输送到相应平台并及时得到解决。如果条件许可,也可以与高水平大学和高端研究机构在港区共建实验室,或产业研究院和中试基地,以便及时更具针对性地满足港区超大规模产业集群培育的需要。

此外,根据分工、效率及"让专业人干专业事"的原则,港区也应该以购买服务的方式,引进或合作共建高端智库机构,分流政府职能,满足战略研究的需要,并为及时应对技术与国内外环境快速变化带来的各种挑战提供科学咨询。

报告 23　关于引进大型液晶显示面板项目，构筑超大规模电子信息产业集群的意见建议*

一、河南亟须引进大型液晶显示面板项目，构筑超大规模电子信息产业集群

河南是制造业大省，不是制造业强省，主要是先进制造业和高新技术产业比较薄弱。近年来成长最快、规模最大的当属电子信息产业，现在已有若干家有影响的企业和上万亿元的年销售额。空间聚集密度最大的是航空港经济综合实验区。如以富士康为代表的手机产品已成为全球最大的智能终端生产基地之一，新落地的超聚变服务器在服务器行业也具有相当重要的地位，处在行业技术前端的合晶晶圆项目则是集群产业链中不可或缺的重要组成部分。总之，航空港经济综合实验区电子信息产业在集群链条的若干环节都有了龙头企业，初步形成了产业集群骨架。但仍有一些重要环节存在缺口，未能形成全产业链内在联系紧密、众多企业群聚、配套完善的产业生态。亟须补充的缺口是进入门槛高、带动能力强的液晶显示面板项目，应该加紧谋划引进，加快构筑超大规模的电子信息产业集群。然而，选择哪种技术类型，从哪家引进，则值得研究。本文是我们梳理分析相关信息的基础上给出的初步意见建议。

二、液晶面板显示技术演化趋势和行业竞争态势

与电视机、台式及笔记本电脑和智能手机等各种消费类电子产品相伴而

---

* 本文为受省相关领导委托赴港区调研后的调研报告，完成于2022年6月，撰稿人：耿明斋、苗硕。

生的平板显示技术，目前已经进化到第三代。第一代阴极射线管（Cathode Ray Tube，简称 CRT）显示器，除医疗、冶金等少数特殊领域还有应用之外，在各种消费类电子产品中已被全面替代；目前主流当家产品是第二代，即薄膜晶体管（Thin Film Transistor，简称 LCD）液晶显示器；前沿趋势性产品是第三代，即有机发光二极管（Organic Light-Emitting Diode，简称 OLED）。

LCD 是目前平板显示技术中发展最成熟、应用最广泛的显示器件，且中国大陆厂商后来居上。LCD 显示技术在 20 世纪 70 年代诞生于美国，但因各种原因，该项技术在美国最终"半途而废"，未发展出相应产业。90 年代初，日本企业率先实现 LCD 液晶显示技术的产业化。90 年代末，以三星、LG 为代表的韩国企业取代日本成为该行业龙头。21 世纪初，中国台湾企业借助于日本企业的技术转让大规模投资 LCD 行业，占据一席之地。2008 年金融危机后，中国大陆企业为解决"缺芯少屏"局面对 LCD 产业进行大规模的逆周期投资，最终实现追赶并全面反超。

中国 LCD 产业也得到了政策和资金层面的支持。在政策层面，2012 年 4 月财政部将 32 英寸①及以上面板的进口关税从 3% 上调到 5%；2012 年 5 月发改委和工信部宣布对液晶电视和等离子电视提供节能补贴。在资金层面，以京东方为代表的大企业也得到了地方政府、银团贷款的支持。

中国大陆厂商在 10.5/11 等高世代生产线后发优势明显。全球 10.5/11 代 LCD 生产线主要集中在中国大陆，新增产能主要来自京东方、华星光电和惠科。一般来说，高世代 LCD 生产线凭借更高的切割效率更适宜切割大尺寸电视面板，以京东方、华星光电等中国大陆面板大厂近两年重点投入的 10.5 代线为例，根据中华液晶网数据，10.5 代线在 43、49、60、65、70、75 英寸等大尺寸 LCD 面板生产过程中的切割效率显著优于 8.5 代线，意味着 10.5 代线在对应尺寸的生产成本方面更为经济，具有显著的高世代线规模效应。以京东方、华星光电、惠科为代表的中国大陆厂商对 8.5、10.5 高世代线的投资成效颇丰，一方面京东方、华星光电、惠科等凭借 8.5、10.5 高世代线所形成的成本优势及规模效应，压缩了韩系大厂的盈利空间，促使其逐步关闭 LCD 产线；另一方面也树立了更高的行业进入壁垒，阻隔了潜在进入者的竞争。2021 年

---

① 1 英寸约为 2.54 厘米。

▲ **报告 23** 关于引进大型液晶显示面板项目,构筑超大规模电子信息产业集群的意见建议

京东方、华星光电、惠科股份在全球 LCD 电视面板出货量的市场占有率分别为 23.4%、16.1% 以及 14.7%。

对于 LCD 市场未来发展的前景,总的判断是,虽然第三代显示技术 OLED 及其产品正在蓬勃发展,替代第二代 LCD 的趋势业已显现,但短期来看,替代主要局限于智能手机等小尺寸屏幕显示领域,电视机等大尺寸屏幕显示领域的替代还有较长的路要走。

考虑到中国产品的国际地位,未来随着面板行业供需格局的改善,以京东方、华星光电为代表的面板龙头厂商的盈利能力将进一步得到强化。未来行业将由中国大陆厂商主导,龙头厂商盈利能力有望进一步强化。惠科作为行业第三大企业,机会把控得当,也会从中得到发展的机会。

该领域未来可能的风险,是 LCD 上游材料和设备被海外企业垄断,亟须实现进口替代。LCD 面板中的关键材料之一玻璃基板,目前被日美企业垄断。国内厂商东旭光电市场占有率为 5.8%。液晶材料由德国 MERCK、日本 JNC 和 DIC 等企业主导。

三、引进一定以 OLED 技术为优先选项

国内 LCD 产能已经布局到位。如前所述,代表第二代平板显示技术的 LCD 产品中国已成为全球老大,韩国企业正被挤出国内市场,中国三大龙头企业合起来已经占到全球市场的 54.2%。国内主要企业 LCD 生产线布局如下:

京东方 11 条 LCD 生产线布局:

B1—北京—5 代线—LCD—2003 年 9 月量产　产能:9 万张/月

B2—成都—4.5 代线—LCD—2009 年 10 月量产　产能:4.5 万张/月

B3—合肥—6 代线—LCD—2010 年 11 月量产　产能:9 万张/月

B4—北京—8.5 代线—LCD—2011 年 9 月量产　产能:9 万张/月

B6—鄂尔多斯—5.5 代线—LTPS/AMOLED 生产线—2014 年 7 月量产　产能:6 万张/月

B8—重庆—8.5 代线—LCD—2015 年 3 月投产

B9—合肥—10.5 代线—LCD—2017 年第 4 季度投产　产能:12 万张/月

B10—福州—8.5代线—2017年第1季度量产

B17—武汉—10.5代线—LCD—2019年9月量产　产能:12万张/月

中电熊猫—南京—8.5代线—2015年底量产(京东方2020年收购)

中电熊猫—成都—8.6代线—2019年3月量产(京东方2020年收购)

华星光电5条LCD生产线布局:

T1—深圳—8.5代线—LCD—2012年9月满产　产能:16万张/月

T2—深圳—8.5代线—LCD—2015年4月24日量产　产能:15.5万张/月

T3—武汉—6代线—LTPS-LCD—2018年下半年量产　产能:5万张/月

T6—深圳—11代线—TFT-LCD及AMOLED—2019年第1季度开始量产　产能:9万张/月

中电熊猫—南京—6代线—2011年2月实现量产(华星光电2020年收购)

惠科4条LCD生产线布局:

重庆—8.5代线—AI-LCD—2017年2月点亮投产　产能:7万张/月

滁州—8.6代线—TFT-LCD—2019年4月正式投产　产能:12万张/月

绵阳—8.6代线—TFT-LCD—2020年3月点亮投产　产能:16万张/月

长沙—8.6代线—TFT-LCD/OLED—2022年量产

京东方、华星光电和惠科三大企业已分别拥有LCD生产线11条、5条和4条,合起来已经有20条生产线在运行,分布在北京、成都、重庆、武汉、长沙、合肥、深圳、福州、南京、滁州、绵阳、鄂尔多斯等数十个大中城市,不管从产能总量还是结构分布来看,都已经布局到位。

有消息称,政府已不再支持LCD扩大产能,行业龙头老大京东方已明确表示不再扩产LCD,而把产能扩张重点放在OLED上,目前京东方已经在成都、绵阳、重庆、福州布局4条生产线,有的已经投产,有的在建,有的在谋划。与LCD技术不同,OLED是自发光显示,可以让产品更轻薄、反应速度更快、显示画质更优异,多种维度优势显著,尤其是智能手机等小尺寸产品应用领域更具优势。所以,OLED代表着行业的未来,正在快速增长。2022年上半年全球AMOLED(柔性屏)智能手机面板出货量约2.78亿片,京东方出货量实现15.4%的同比增长,并以10.3%的市场占有率位居全球AMOLED面板市

▶ **报告 23** 关于引进大型液晶显示面板项目,构筑超大规模电子信息产业集群的意见建议

场前列,正在与国际厂商争夺小尺寸市场,也已经具备了大尺寸产品的能力。虽然OLED目前主要是在智能手机等小尺寸应用领域拓展市场,但专家认为,从技术演化趋势和规律看,未来在电视面板等大尺寸应用领域OLED也有很好的前景,其对LCD市场的全面替代也存在着极大的可能性。

总之,基于LCD中国全球市场占有率超过50%、国内已经布局到位、产能已经基本饱和、OLED代表着平板显示技术演化的未来、对LCD替代趋势明显、市场快速增长、龙头企业已开始大规模布局等因素考虑,建议引入郑州的一定是OLED项目而非LCD项目。

四、公司选择应该考虑的风险因素

风险因素主要在技术和资金两方面。应该说,无论引进哪家公司的项目,都应该考虑这两种风险因素,但由于不同公司产品结构、对前沿技术进入先后和掌握成熟度,以及现金流和融资能力差异,引进不同公司的项目风险程度是不一样的。

一是考虑到OLED对LCD替代速度的风险,应该优先选择前沿技术成熟度高的公司项目。

目前有的公司产能主要集中在LCD技术领域,OLED尚在探索中,但要形成市场产能还有一段距离。而国际上韩国企业已经退出LCD领域,主要转向OLED,2022年第1季度,韩国三星的手机OLED面板以70.2%的占有率排在榜首,京东方面板份额也达到了11.2%,位居全球第二。华星光电、深天马等国内企业也都已掌握OLED技术,并在小尺寸手机OLED面板市场布局产能。

AMOLED是目前OLED屏幕的主流技术,主要应用于手机、电视、电脑、平板、VR、车载显示等场景。AMOLED虽然工艺较为复杂,但其驱动电压低、发光元件寿命长,适合应用在高分辨率面板。近年来,随着工艺的改进,AMOLED显示面板在性能不断提升的同时,成本得到了有效把控,这也进一步提升了AMOLED的市场竞争力,市场占比持续提升。

根据Omdia的数据显示,2021年全球平板显示市场规模约为1571亿美元,AMOLED面板市场规模约为429.35亿美元,占比约27.3%,到2025年,

市场占比将提升至 39.7%。2021 年 AMOLED 在智能手机领域渗透率已达 35.3%，到 2023 年有望进一步提升至 42.5%，增长十分显著。消费升级带来新增市场，智能穿戴需求应用广泛。除手机以及 TV 之外，AMOLED 还被广泛应用在智能手表、VR 等设备之中。据 Omdia 统计，2026 年，在 VR 领域 OLED 技术将凭借优异的性能对 LCD 技术进行替代，在 AR 领域 OLED 技术将始终占据最主要的地位。2026 年，OLED 显示屏将在 VR 和 AR 领域分别实现 27.9%、37.6% 的渗透率。

电视作为 OLED 另一重要应用市场，渗透率提升潜力巨大。近年来，随着 LG、三星等公司陆续推出大尺寸 AMOLED 电视，2020 年国内电视巨头小米、海信等也纷纷跟进，陆续推出 AMOLED 电视。目前 OLED 电视虽然出货量占比仍旧较小，LG 和三星凭借其在 OLED 大尺寸面板产能及技术的优势，目前占据 OLED 电视终端的主要份额。据 Omdia 统计，2022 年 OLED 电视渗透率仅 3.4%，但增长十分迅速，到 2026 年 OLED 电视渗透率将有望提升至 5%。

当前在电脑设备中 OLED 渗透率还较低且主要在平板等中小型设备中，后面随着 OLED 技术的不断升级，产能不断扩张，笔记本电脑及电脑台显等更大尺寸的设备也将逐步采用 OLED 显示，带动中型及中大型 OLED 面板出货量的进一步上升。据 Omdia 统计，2021 年平板及笔记本电脑 OLED 显示屏渗透率分别为 1.8%、2.7%，到 2029 年预计平板及笔记本电脑 OLED 显示屏渗透率有望提升至 10.2%、22.5%。

基于上述技术演化趋势，未来存在着 OLED 全面替代 LCD 的可能。对于产品技术主要集中于 LCD 领域的公司，如果替代速度慢，还可利用现有 LCD 产能和市场地位积蓄力量，开发储备支撑企业可持续发展的技术，在技术替代前实现更新换代，引进此类公司的项目技术风险也就不大；如果技术替代速度快，此类公司不能赢得足够的资金和技术储备时间，无法跟随技术演化前沿实现更新换代，其项目技术风险也会随之增大。

二是优先选择资金流充裕和融资能力强的公司项目。

LCD 和 OLED 都是很烧钱的项目，动辄一个项目超过 400 亿元，公司扩大产能，增建新项目，需要有充裕的资金储备。面板行业还有一个重要特点，即需要持续不断的重资产投资，哪怕是在行业不景气周期时。因为只有这样，

▶ **报告 23** 关于引进大型液晶显示面板项目,构筑超大规模电子信息产业集群的意见建议

才能不被技术替代和市场变化淘汰,才有可能保持竞争优势,进而打破先进入者建立的壁垒。

某些公司虽然在行业周期扩张时可能搭上市场的顺风车,短时期获得较大的现金流,也有一定的资本市场融资能力,但要应对产能增长和技术进步所需的持续巨额资金支出,可能还是会力不从心。资金风险随时都可能成为撞翻企业航船的暗礁。

据此的结论是:根据目前我们所了解的行业信息,如果能引进京东方或华星光电的 OLED 项目,就应该作为优先选择。

报告 24　郑州机场货运现状及提升建议*

按照国家及河南省的规划和定位,郑州航空港经济综合实验区是多式联运立体综合交通枢纽,全球航空货运中心,先进制造业与现代服务业聚集中心,郑州城市主要拓展空间,都市圈、城市群、河南省乃至中西部地区核心增长极,引领高质量转型发展的龙头。实现上述功能的基本依托是郑州机场枢纽和航空货运。航空货运既是郑州航空港经济综合实验区发展的原动力,也是其发展状况的晴雨表,值得高度关注。

郑州机场发展态势如何?未来面临哪些挑战?如何提升货运能力和水平?下面我们依据几个图表尝试扼要给出答案,并提出相关建议。

一、10年发展基本评价:运量高速增长,在国内各大机场中的地位持续提升

民航运输被认为是继内河、航海、铁路、公路等交通运输方式之后的第五冲击波。21世纪以来,中国民航运输业进入快速发展时期,全国民航货邮量从2002年的400万吨增加到2021年的近1800万吨,20年增长近4.5倍,增速大多数年份都在5%以上,近一半的年份超过10%(见图24-1)。

乘全国民航运输快速发展的东风,过去20年,以郑州机场为主(占全省民航货运量的99%)的河南航空货运也同步快速发展,但突破是在航空港经济综合实验区设立以后(见图24-2)。

从图24-2可以看到,2011年之前,郑州机场货邮吞吐量虽然也经历了几

---

* 本文为受省有关领导委托赴港区调研撰写的专题报告,完成于2022年6月,撰稿人:耿明斋、刘琼。

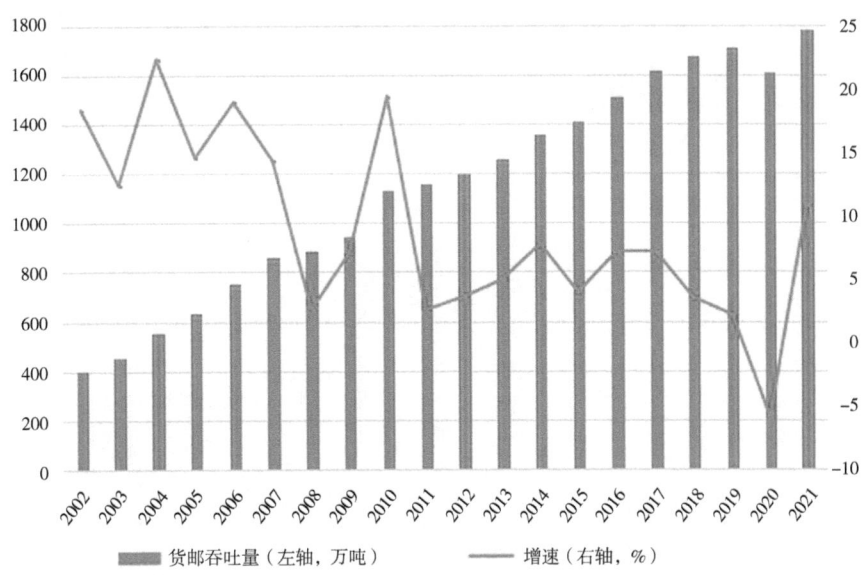

图 24-1 2002—2021 年全国货邮吞吐量及增速变化①

个爆发式增长的年份,但由于起点太低、基数太小,直至 2011 年在全国各大机场中的排位也仍在 20 位以后。2012—2013 年,受郑州航空港经济综合实验区设立驱动,货邮吞吐量增速从 2011 年的 19.82% 极速蹿升至 2012 年的 47% 和 2013 年的 69.13%,在全国各大机场中的位次也依次递进至第 15、12 位。2014 年和 2015 年又乘势抬升至第 8 位。2016—2019 年则连续 4 年保持第 7 位。2020—2021 年进一步跃升至第 6 位。货邮量 2017 年突破 50 万吨大关,徘徊几年后,2020 年突破 60 万吨,2021 年突破 70 万吨。

二、本轮增速陡升陡降原因:疫情冲击、需求暴涨、运力结构特点及调整变化

对比图 24-1 和图 24-2,郑州机场与全国航空货运演化都有陡升陡降的特点,只是郑州机场升降幅度更大,全国总量增速最高超过 20%,最低是负值,郑州机场增速最高接近 70%,最低 1% 多一点。但一个特别值得关注的差异

---

① 本图及本文以下各图表使用数据主要来自中国民用航空局官网(http://www.caac.gov.cn/index.html)、Wind 数据库;其他相关资料主要由河南机场集团相关部门提供,同时参考了相关政府网站等。

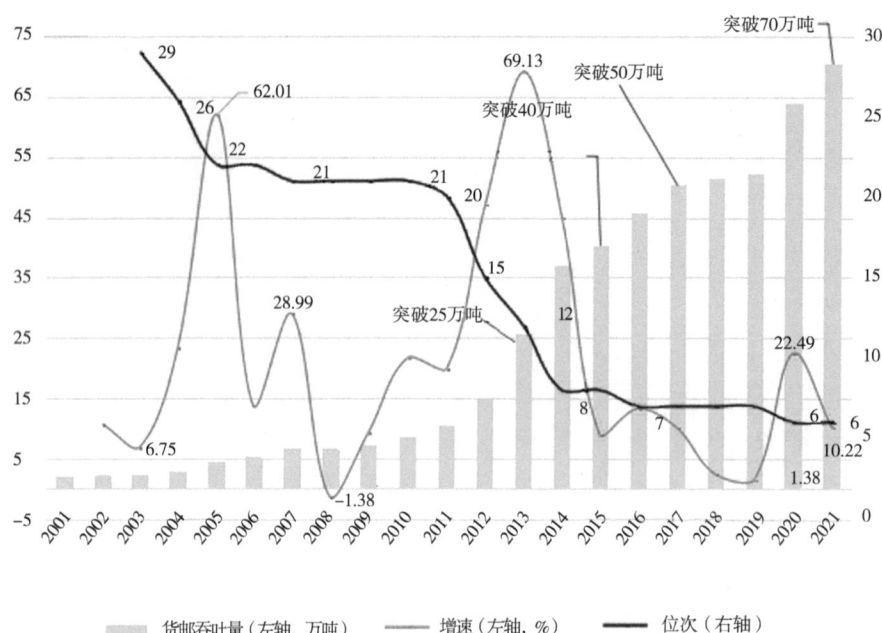

图 24-2 2001—2021 年郑州机场货邮吞吐量、位次及增速变化

在于,郑州机场最近一轮升降与全国趋势相逆。2020 年郑州机场的增速从 2019 年 1.38% 的低点陡然冲到 2020 年的 22.49%,2021 年又跌回到 10.22%,2022 年上半年进一步跌回到 -4.69%。而同期全国航空货运总量增速则从 2019 年接近 5% 的相对高点猛跌到 2020 年的 -5%,并迅速回升至 2021 年的近 10%。为什么全国是先降后升,郑州是先升后降,逆势升降错位又如此大呢?这与疫情冲击导致的市场需求变化、运力结构特点和各大航空公司调整自保有关。

2020 年突如其来的疫情冲击,导致全球货物运输线路尤其是陆路和海路货物运输受阻,产业供应链承压,对应急性的航空运输需求猛增,国内货运能力最强的几大航空公司及其基地机场都是以客机腹舱运输为主,至少是客机腹舱运输占有较大比重。而由于疫情防控需要,航空客运大面积中断,导致相关航空公司和基地机场货运量大幅下滑,并影响到全国的货运量,导致其增速由升转降。郑州机场货运则以全货机为主,疫情冲击带来的市场需求增量和各大航空公司及其基地机场因客运断档留下的货运缺口,正好由郑州机场补上,导致其由降而升。

客运大幅萎缩使各大航空公司陷入生存危机,为了求生,各大航空公司纷纷"客改货",增加全货机运输能力,调整运力结构,满足了市场增量需求,带动全国航空货运重拾升势。而由于航空公司和相关机场运量重新分配,郑州机场部分增量流失,导致其增速下降。

下文图 24-3、图 24-4 更清晰地展现了这种升降趋势。

从图 24-3 可以看到,除郑州新郑①、杭州萧山、深圳宝安、南京禄口外,2020—2021 年全国各大代表性机场货邮增速均经历了先深幅下挫后大幅上扬的过程,以北京首都、武汉天河和上海虹桥最为典型,首都下挫 −38% 又陡升 16%,天河下挫 −22% 又陡升 67%,虹桥下挫 −20% 又陡升 20%。

从图 24-4 可以看出,除深圳宝安、杭州萧山和郑州新郑持续上升外,全国各大机场货邮吞吐量近年来大都呈现一次深度下滑走势。以北京首都为最,从 2018 年 207 万吨高点下滑至 2020 年的 121 万吨;其次是广州白云,从 2019 年高点 192 万吨下滑至 2020 年的 176 万吨;再次是上海浦东,从 2017 年高点 382 万吨下滑至 2019 年的 363 万吨,下滑幅度分别为 41%、8% 和 5%。

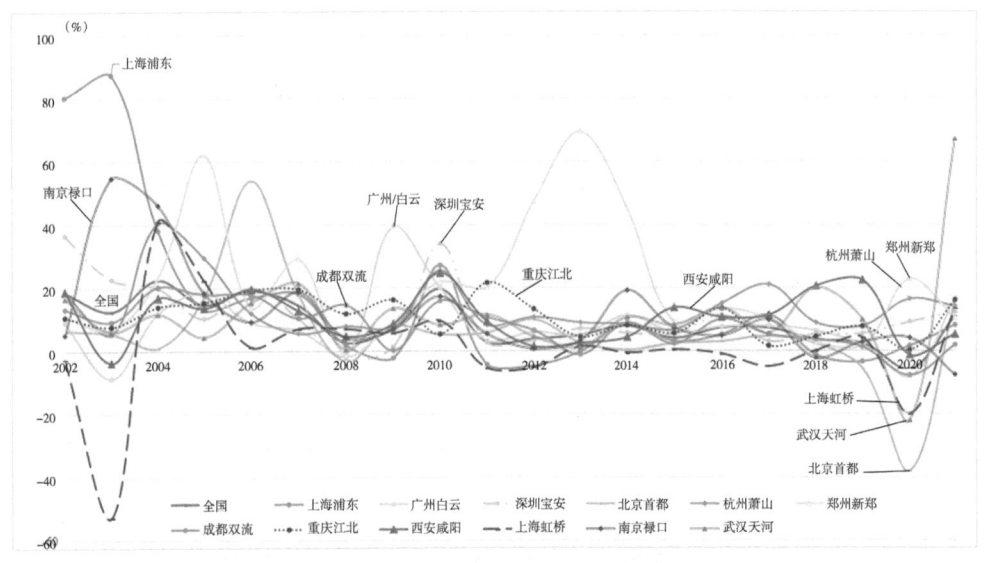

图 24-3　2002—2021 年全国及代表性民航机场货邮吞吐量增速

---

① 为使表达更为简洁,此处用简称代指相应机场,后文亦有相同处理方式。

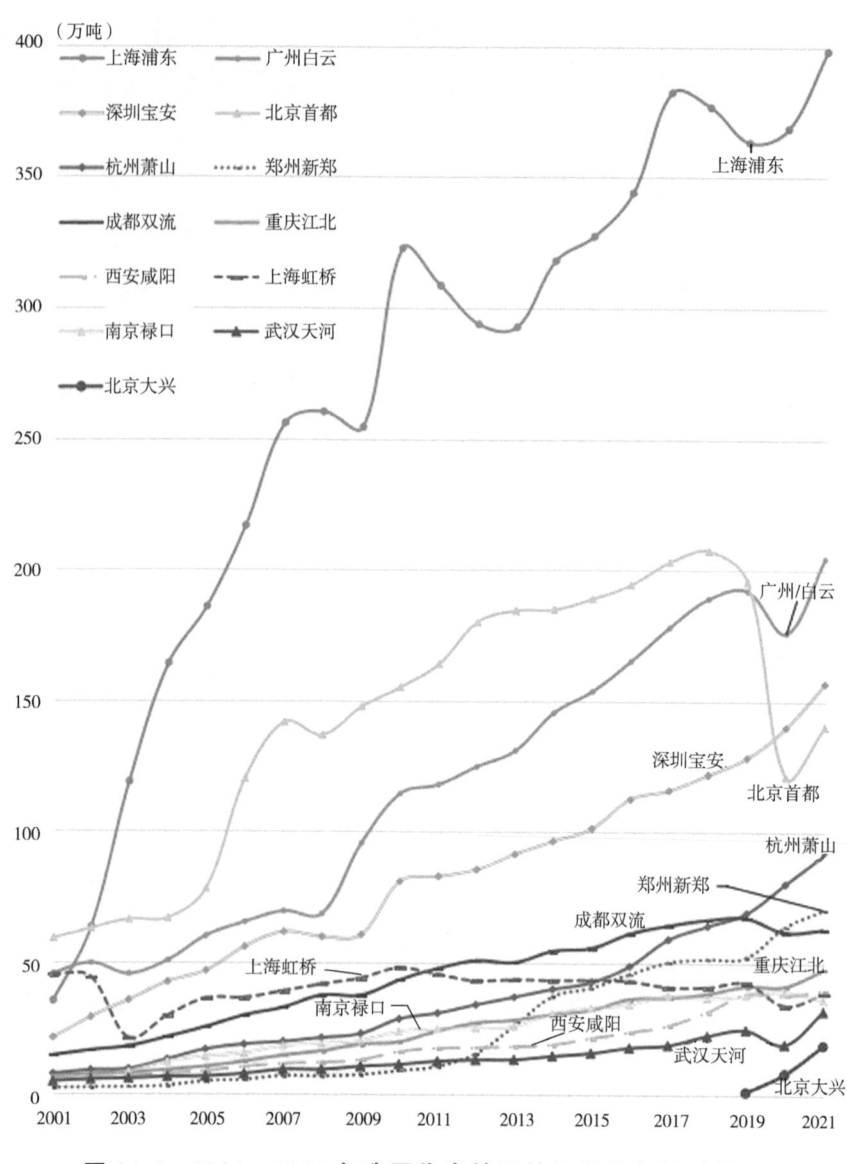

图 24-4 2001—2021 年我国代表性民航机场货邮吞吐量

三、郑州机场竞争态势评估：短期严峻，长期压力大

（一）"客改货"带来强冲击

疫情对各大航空公司和机场都造成了强烈冲击。2020 年，全国民航旅客吞吐量、货邮吞吐量分别较疫情前的 2019 年下降 36.6% 和 6%。由于疫情初

步得到控制,2021年旅客吞吐量恢复至2019年的67.1%,货邮吞吐量则回升至2019年的104.3%。2022年因疫情多点暴发,上半年民航旅客吞吐量和货邮吞吐量又双双深幅下挫51.7%和18.1%。2020年全行业亏损974亿元,2021年再次大幅亏损842亿元,加之俄乌冲突导致油价大涨,以及美元加息导致人民币大幅贬值,2022年民航业财务状况大概率会进一步恶化。各大航空公司和机场生存维艰,自救措施之一就是"客改货"。

我国全货机所承运的航空货邮量相对较小,发展尚处于初级阶段。我国民航货邮总量中客机腹舱运量约占70%,在国内航线占比为82%,在国际航线占比为49%。① 全货机占民航飞机总量的4.5%②,比10%－15%的国际标准低5.5至10.5个百分点。这意味着全货机运输本来就有较大的提升空间,疫情冲击下客运受阻,腹舱带货断崖式下跌,加上空运市场需求猛增,各大航空公司纷纷调整运力结构,推动"客改货",全货机数量和运量大增。以成都双流为例,2022年上半年,全货机及"客改货"航线航班架次同比增长66%,货物运输量增幅达75.5%。这对以全货机运输见长的郑州新郑机场造成了较大冲击。

从表24-1和表24-2可以看到,2021年河南航空货运总量虽然突破70万吨(郑州机场完成99.5%),省域排名也上升至第5位(深圳机场纳入广东省计算),但10.2%的增速在当年还是排到了全国第13位,相比2020年的第3位下滑了10个位次。表24-3则表明2022年上半年郑州机场－4.69%的增速落在了广州3%、成都－2.2%和深圳－2.6%等大机场的后面,相对优势明显缩水。

表24-1　2017－2021年我国各省(市、区)航空货邮吞吐量及其排名

地区	货邮吞吐量(万吨)					排名				
	2021	2020	2019	2018	2017	2021	2020	2019	2018	2017
上海	436.6	402.5	405.8	417.6	423.2	1	2	1	1	1
广东	369.9	323.9	329.8	319.2	301.3	2	3	2	2	2
北京	158.7	128.8	197.8	209.9	205.3	3	4	3	3	3

---

① 此处为2019年数据。
② 此处为2019年数据。2020年我国民航业全货机为186架,占比为4.8%。

续表

地区	货邮吞吐量（万吨）					排名				
	2021	2020	2019	2018	2017	2021	2020	2019	2018	2017
浙江	112.6	101.9	90	84.4	80	4	5	4	4	4
河南	70.7	64.1	52.4	51.7	50.5	5	8	8	8	8
四川	68	64.6	69.9	68.5	66.2	6	7	5	5	5
江苏	65.3	67.1	64.2	59.7	57.1	7	6	6	6	6
山东	54.8	47.6	48.7	43.3	41	8	10	9	10	10
福建	52.6	47.7	53.8	54.4	52.5	9	9	7	7	7
重庆	47.9	413	41.3	38.4	36.9	10	1	11	11	11
云南	43	36.9	46.3	47.5	46.3	11	12	10	9	9
陕西	41.1	39.2	39.3	32	26.5	12	11	12	13	14
湖北	32.5	19.7	25.3	23.1	19.3	13	15	15	16	16
辽宁	31.3	29.6	36.8	33.2	32.6	14	13	13	12	12
海南	25.4	21.5	27.6	26.4	24.4	15	14	14	14	15
湖南	21.3	19.5	17.9	15.8	14.1	16	16	18	18	19
天津	19.5	18.5	22.6	25.9	26.8	17	18	16	15	13
江西	17.9	18.7	13	9.1	6.4	18	17	21	22	25
新疆	17.8	16.1	21.7	19.2	18.8	19	19	17	17	17
广西	15.4	13.5	16.8	15.7	14.6	20	20	19	19	18
贵州	12	11.8	12.7	11.8	10.7	21	21	22	21	21
黑龙江	11.2	11.6	14.1	13	12.6	22	22	20	20	20
安徽	10	9.3	9.3	7.5	6.8	23	23	24	24	24
吉林	9.8	8.7	9.5	8.9	9.5	24	25	23	23	22
甘肃	7.9	7.5	7.6	6.4	6.4	25	26	26	26	25
内蒙古	6.8	6.5	8.2	7.4	7.5	26	27	25	25	23
山西	6.6	5.9	6.7	6.2	5.5	27	28	27	27	27
西藏	5	4.7	4.4	4	3.5	28	30	31	30	30
宁夏	4.3	5.3	6.2	5.1	4.2	29	29	28	28	29
青海	3.6	4.6	4.7	3.7	3	30	31	30	31	31
河北	3.5	8.9	5.6	4.9	4.4	31	24	29	29	28

表 24-2 2018—2021 年我国各省（市、区）航空货邮吞吐量增速及其排名

地区	增速（%）				排名			
	2021	2020	2019	2018	2021	2020	2019	2018
上海	8.5	−0.8	−2.8	−1.3	16	11	29	28
广东	14.2	−1.8	3.3	6	8	13	24	14
北京	23.3	−34.9	−5.8	2.3	2	31	30	25
浙江	10.5	13.3	6.6	5.5	12	4	22	16
河南	10.2	22.3	1.3	2.4	13	3	26	23

报告 24　郑州机场货运现状及提升建议

续表

地区	增速(%)				排名			
	2021	2020	2019	2018	2021	2020	2019	2018
四川	5.3	−7.5	2	3.6	21	17	25	20
江苏	−2.8	4.6	7.5	4.6	26	7	18	17
山东	15.2	−2.3	12.5	5.5	6	14	10	15
福建	10.2	−11.4	−1.1	3.7	14	19	27	19
重庆	16	0	7.4	4.2	5	8	19	18
云南	16.6	−20.3	−2.6	2.7	4	26	28	22
陕西	5	−0.4	22.9	20.7	23	10	4	3
湖北	65	−22.3	9.7	19.4	1	29	13	5
辽宁	5.9	−19.5	10.8	1.7	19	24	11	26
海南	17.9	−22.1	4.5	8.5	3	28	23	12
湖南	9.1	9	13.4	12	15	5	8	9
天津	5.4	−18.2	−12.6	−3.6	20	23	31	30
江西	−4.3	44.3	42.1	43.7	28	2	1	1
新疆	10.6	−25.9	13	2.3	11	30	9	24
广西	14.4	−20	7	7.8	7	25	20	13
贵州	1.5	−7.3	8	10.2	25	16	17	10
黑龙江	−3.8	−17.8	8.3	3.5	27	22	16	21
安徽	7.7	−0.1	23.9	9.9	17	9	3	11
吉林	12.3	−7.8	6.9	−6.9	9	18	21	31
甘肃	5.2	−0.9	18.3	0.6	22	12	6	27
内蒙古	3.9	−20.4	10.8	−1.8	24	27	12	29
山西	12.3	−13.2	9.6	12.7	10	20	14	7
西藏	5.9	8.3	9.2	12.9	18	6	15	6
宁夏	−18.6	−14.5	21.2	20.4	29	21	5	4
青海	−22.1	−2.5	27.1	26.2	30	15	2	2
河北	−60.9	58.7	13.8	12.4	31	1	7	8

表24-3 2022年上半年代表性机场客货吞吐量、起降架次及相应增速

机场	旅客吞吐量（万人次）	增速(%)	货邮吞吐量（万吨）	增速(%)	起降架次（万次）	增速(%)
上海浦东	574.3	−68.5	147.21	−30.7	9.24	−51.4
广州白云	1233.5	−42.6	99.5	3	13.24	−27.9
深圳宝安	939.2	−49.8	75	−2.6	11.12	−29.4
北京首都	552.2	−69.7	56.8	−14.1	7.54	−52.2
杭州萧山	828.61	−47.1	39.96	−13.4	8.43	−34.1
郑州新郑	424.1	−62.75	32.5	−4.69	—	—
成都双机场	1584.2	−33.34	31.3	−2.2	14.4	−33.34
南京禄口	554.89	−51.5	19.72	−8.9	6	−40.4
厦门高崎	444.64	−53.6	13.54	−16.4	4.64	−40.2
上海虹桥	513.63	−71.2	7.48	−58.3	4.5	−62.1
南昌昌北	226.02	−58.3	2.27	−77.2	2.37	−51.5

（二）向上追赶难度大

与百万吨级以上的航空货运大省（市）和大机场运量差距较大。2021年上海、广东、北京、浙江等省（市）货邮量分别为436.6、369.9、158.7、112.6万吨，运量最大的上海是河南的6.2倍，差距最小的浙江也是河南的1.6倍（见表24-1）。2021年上海浦东、广州白云、深圳宝安、北京首都、杭州萧山的货邮吞吐量分别为398.3、204.5、156.8、140.1、91.4万吨，分别是郑州机场70.5万吨的5.6、2.9、2.2、2.0和1.3倍（见图24-4），向上追赶难度很大，晋位升级的难度也很大。

（三）同层级机场竞争压力大

图24-5、图24-6描述的是与郑州机场大体上处在同一层级的若干代表性机场近年来的航空货运发展态势。从图中可以看到，杭州萧山近年来增长势头一直比较好，2021年已破90万吨，预计很快会突破100万吨规模，站上新高度。成都双流机场2019年之前一直是这一层级的领头羊，位列杭州萧山之

前,2019年已接近70万吨,只是疫情冲击的前两年有所下滑,2021年已经重拾升势,2022年上半年升幅超过郑州,借助于双机场优势,预计成都很快会对郑州构成挑战。后面的重庆江北、西安咸阳、上海虹桥、南京禄口、武汉天河等,所有这些机场腹地都有较为充裕的航空货源,拥有相当的增长潜力,对郑州机场构成潜在压力。

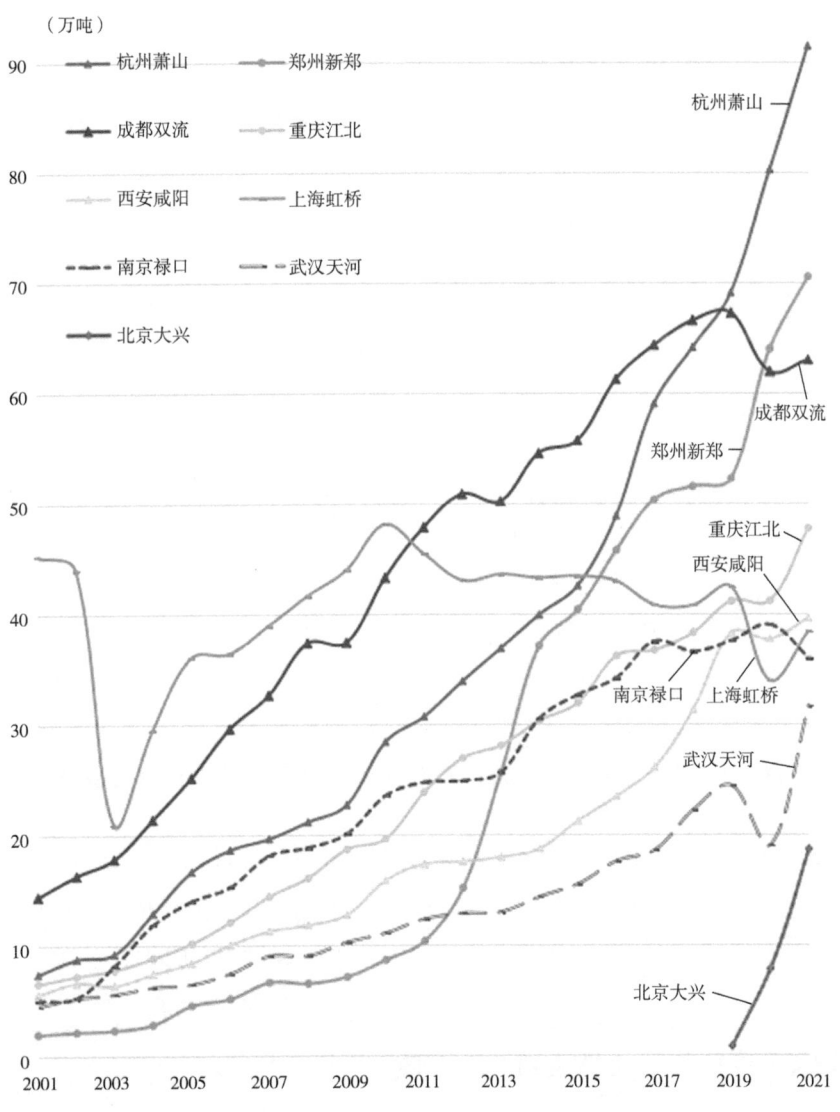

图 24-5 2001—2021 年我国百万吨级以下民航机场货邮吞吐量变化

（四）新兴机场冲击大

此处新兴机场指周边新投入运营或有大型综合航空货运服务商入驻的机场，包括北京大兴机场、南通兴东机场和鄂州花湖机场等。

2019年9月25日正式投运的北京大兴机场作为全世界规模最大的一体化综合交通枢纽，具有从机场硬件、航线网络、航司（三大航均有布局）、交通网络、政策、腹地产业支撑等全方位的绝对优势。大兴机场正加大对欧美全货机的引进，目前处于放量增长期。预计将成为与其直线距离不足600公里、以欧美货运航线为主的郑州机场未来货邮吞吐量增长的首要压力源。

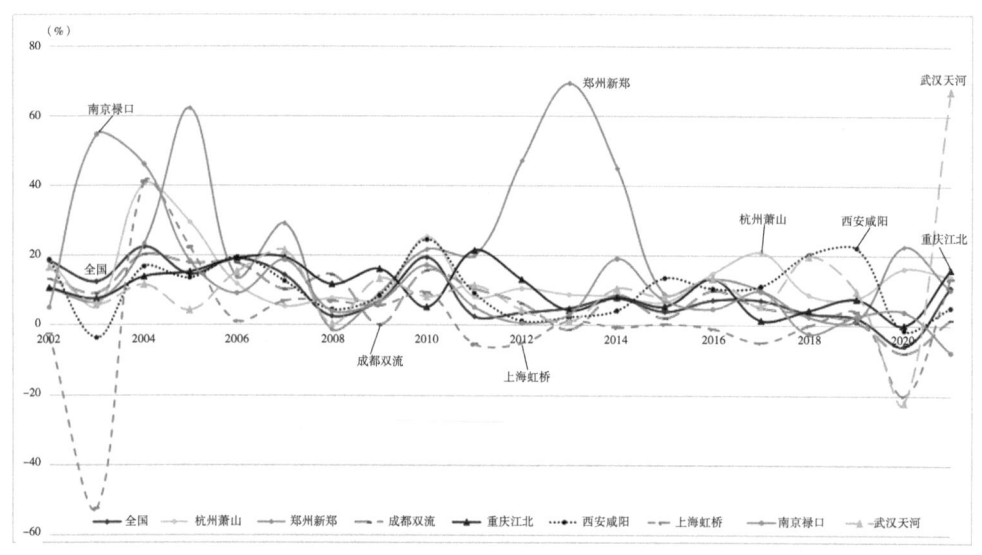

图24-6　2002—2021年我国百万吨级以下民航机场货邮吞吐量增速变化

2022年6月京东集团组建的继顺丰、圆通后的国内第三家民营、第四家专业性货运航司①——京东航空主运营基地落地南通兴东机场，填补了江苏本土货运航空的空白。同年7月，顺丰与湖北省政府共同出资建设的全球第四个、亚洲首个专业货运机场——鄂州花湖机场正式投运，预计2024年功能完善，2025年货邮吞吐量达到245万吨。

---

① 首家为中国邮政航空有限责任公司。

四、应对短期冲击与长期提升运力和运量的途径

(一) 应对短期冲击的重点在于防止货源流失,不妨加大补贴力度

如前所述,郑州机场之所以"短期严峻",主要是因为"客改货"导致货源分流,遏制了正在形成的高增长势头,在别的机场开始上升时提前进入下行通道,又与其他机场一道在新一轮疫情冲击下同时遇冷加速下行。在此情况下,郑州机场应对冲击的重点显然在于防止货源流失,作为应急办法,不妨动用各大机场竞争货源的惯常做法,即加大补贴力度。

对比各地航空货运补贴情况,郑州还有提升补贴水平的较大空间。综合测算,郑州空运货物每公斤补贴大致是 2 元,成都每公斤补贴在 6 元左右;成都一架 747 航班补贴 100 万—150 万元,而郑州同等航班补贴不超过 30 万元。成都的补贴力度是郑州的 3 倍甚至更多。南昌、合肥等地的补贴力度也都是郑州机场的 2 到 4 倍。连本地货源充足的深圳都出台了相应的补贴政策。

可见,相对于其他机场,郑州对空运货物的补贴水平至少还有 1 倍的提升空间。虽然郑州机场早已过了靠补贴提升竞争优势的阶段,也一直呼吁避免用竞相提升补贴水平进行恶性竞争,但特殊时期,为了应急,不妨撬动补贴杠杆,以防止货源快速流失,保住在行业中已获得的地位。

(二) 长期发展的重点还是在于持续提升运力和运量

综合评价,在本轮涨跌循环中,郑州机场还是赢家。正是 2020 年抓住了疫情突发导致的空运货物需求暴涨的重大机遇,郑州机场才得以摆脱了在 50 万吨级层次徘徊的局面,增速超过 20%,数量越过了 60 万吨台阶。2021 年虽然增速骤降至 10% 左右,但总量还是跃上了 70 万吨层级,并晋级至全国第 6 位。虽然坐了一次过山车,但却升到了更高处。能有这种局面,主要是得益于近年来郑州机场在货运基础能力提升方面下的功夫。常言道,机会总是留给有准备的人。所以,应对长期压力,郑州机场还是应该在货运基础能力提升方面进一步下功夫。这包括拓展航线和加密航班、提升综合保障能力、提升货物集疏能力等,借此持续提升运力和运量,没有其他捷径。

（三）进一步拓展货运航线和加密货运航班

航线数量、长度与通达节点城市数量及货运航班频次密度，是机场货运能力和货运量的基础保障。郑州机场在全货机航线数量和国际货物运输方面具有明显的比较优势，尤其是在欧美方向。至2021年底，郑州机场拥有货运航线51条，其中国际航线41条，欧美方向25条，还有多条国际"客改货"包机航线，欧洲航线密度仅次于上海。周计划全货机160个航班，2021年出入境货运航班突破1万架次，国际地区货邮吞吐量突破54万吨，连续5年居全国第5位，与北上广深四大机场共同承担了全国90%的国际货运量。

但是，与短期突破百万吨、中长期500万吨货邮吞吐量的发展目标相比，这些显然远远不够，需要持续拓展航线尤其是国际航线数量和加密航班班次。建议委托专家团队立足当前，面向未来，立足中国，面向世界，对航空货运的流量、流向和变化趋势研判，对各个机场货流节点进行成本收益测算，尤其是出入境货物在不同机场节点间的成本收益进行比较，找到郑州机场未来获取可能份额的比例，判断郑州机场货源增量的方向与路线。并以此为基础，有针对性地联络引进航空公司开拓新航线、加密新航班、通达新节点，建立更多海外货站，形成以郑州为核心枢纽，通达全球的航空物流网络体系。

（四）进一步提升综合保障能力

综合保障能力是指机场集疏分拨货物的效率和能力，包括运转时长，是否能够全天候随时进出，空中和陆上进出港货物线路是否畅通，货站场地和场内堆放及分类集疏货物的硬件设施是否能够满足需要，货物集疏、分类、流动转移各个环节衔接是否通畅无阻，等等。

郑州机场货站与保税功能区重叠，有24小时全天候通关机制，初步实现了航空货运流程无纸化，全货机平均保障时间2.5小时，大大短于行业平均保障时间4小时，保障水平和保障能力已达国际水准，在全国大机场体系中具有相对比较优势。但这些都是相对于现今70万吨的运量水平而言，随着运量突破100万吨、奔向200万吨的中期目标和300万—500万吨的长期目标，对综合保障能力的要求自然水涨船高，需要持续提升。目前最主要的是尽快解决场地和信息化两大问题。

场地和硬件设施方面,主要是尽快启动并加快推进机场三期工程建设。刚刚建成投入使用的北货运区,加上原有南跑道货运区,综合保障能力为110万吨,以正常的发展节奏,到2025年"十四五"末就会饱和,考虑到建设周期,为满足下一个规模层级综合保障能力的需要,机场三期建设已经刻不容缓。

数字化建设方面,航空物流链中主体多、操作环节多,各主体间因信息系统的数据格式等标准不同,相互不兼容,导致各主体间信息系统的数据互换效率有限。存在信息共享不充分和信息孤岛现象,货流与"信息流"脱节,并由此造成的交货、提货"时滞"的现象时有发生。

下一步改进提升的方向,是在电子货单全程无纸化基础上,进一步推动并参与行业统一信息标准的制定,提升必要信息的共享程度,提升信息录入的效率和准确度。推动机场、航司、海关(监管部门)、外航等环节的货运信息系统接口的融合。将郑州机场航空电子货运信息服务平台建设为兼容航司、机场、货代、海关等的综合货运信息管理系统,减少不同主体间重复操作环节,降低货物运输差错率,进一步提高保障能力和保障效率。

(五)进一步提升货物集疏能力

由于本地货源和承接市场有限,郑州机场主要依靠大范围集疏来支撑运力和运量的增长。集疏范围覆盖全国100余座大中城市及长三角、粤港澳、京津冀、川渝等主要经济区,北至哈尔滨、南至海口、西至西宁、东至上海的快速货运网络,初步形成了以郑州机场为中心、空—空和陆—空高效协同的集疏运体系(见图24-7、图24-8)。

从图24-7、图24-8可以看到,郑州机场的出口货物主要来源于长三角和粤港澳大湾区,分别占52%和20%;进口货物主要流向长三角和京津冀,分别占41%和38%。

本地货源不足和消纳能力有限的原因主要在于产业结构和经济发展水平。这些短时间内都难以消除。在未来较长时间内,郑州机场主要依靠大范围集疏实现运量持续提升目标的格局不可能改变。所以,提升集疏能力是郑州机场的长期任务。

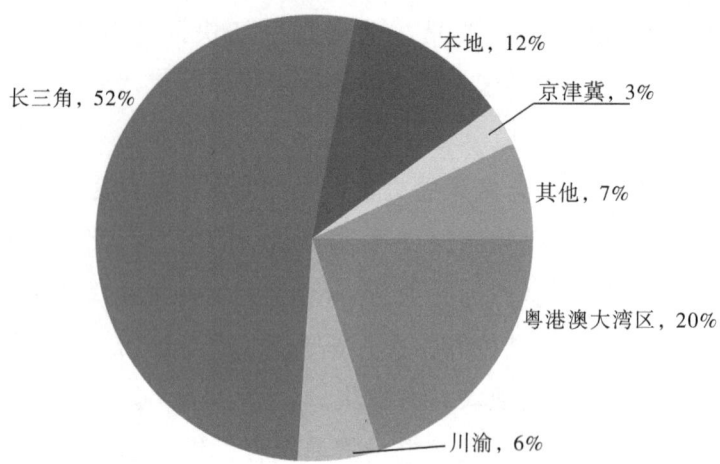

图 24-7 郑州机场国际出港货源地情况

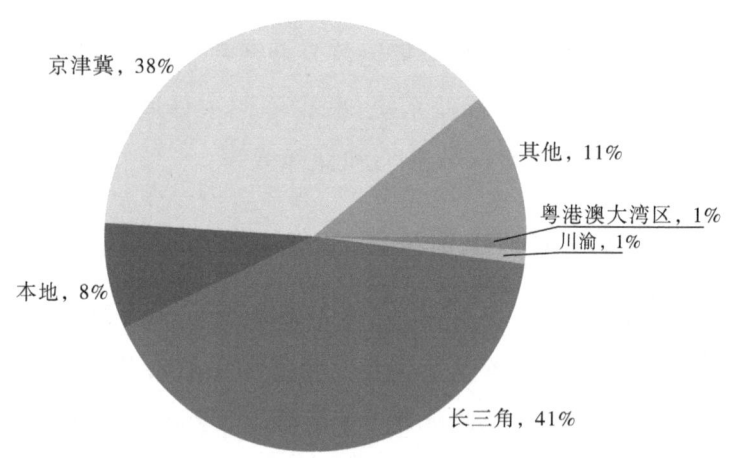

图 24-8 郑州机场国际进港货物流向情况①

（六）引进和培育大型货代企业和综合物流集成商

货物集疏要靠大型货代企业和综合物流集成商。航空货源大部分掌握在全球大型货代企业手中。仅 DHL 就掌握全球近 30% 的货源，世界排名前 10 位的货代企业掌握全球 60% 的货源，排名前 20 位的货代企业掌握全球 80%—90% 的货源。机场有了大型货代企业和综合物流集成商入驻，货源就有了保障，运量规模就能升至更高层级。孟菲斯是美国田纳西州的一个城市，

---

① 图 24-7、图 24-8 来源于河南机场集团相关部门，依据 2021 年相关数据绘制。该类数据以海关方面为准。

位置南部偏西,濒临密西西比河,虽然历史上曾经是陆路和水路运输枢纽,但早已风光不再,周边经济并不发达,但由于联邦快递这样的大型综合物流商以此为基地,孟菲斯就成了年吞吐量达500万吨的世界顶级航空货运枢纽。

国内北上广深等货运量排前列的大机场都有2家左右的知名货代企业作为货源支撑。UPS、DHL、FedEx等国际大型货运代理企业也已在郑州开展运输业务,但它们始终未在郑州建立分拨中心和转运中心,大型综合物流集成商基地更是匮乏。从保证货运能力和运量持续增长的角度出发,无论如何,促成大型货代企业分支机构和综合物流商落地,还是郑州机场必须完成的任务。

(七)引进和培育基地航空公司

基地航空公司对运力和运量的支撑作用更不可低估。郑州近年来货运量不断上台阶,在很大程度上就得益于基地航空公司卢货航的支撑。2020年,卢货航一家运量就占到郑州机场货运总量的20%,国际运量的28%,全货机运量的26%。但郑州机场只是卢货航基地的一个分支,主基地仍在卢森堡,目前郑州机场大型主运营基地航空公司仍是空白。本土基地货航仅有中原龙浩1家,且起步晚、规模小,整体实力偏弱。甚至还发生了原有基地货航中州航空运营基地转移至海口的事件。所以,培育和引进大型基地货运航空公司,也是一项需要着力完成的任务,建设中国邮政航空第二基地可能是一大希望。

(八)培育本地货源

从长期战略层面看,培育本地货源,逐步提升本地货源在货邮吞吐量中的占比,是不断提升货运规模的基础,而这主要依靠推动本地产业升级,发展先进制造业和高新技术产业。郑州机场出港货物种类中,电子产品、纺织品、生活用品、机械设备和化工产品分别占50%、17%、14%、13%和6%。电子产品是近年来河南成长最快、规模最大的产业,同时也是航空港区的支柱产业,现在的问题是,需要引进和培育更多龙头企业,把产业链各主要环节都支撑起来,并借此在各个环节聚集起大量配套中小企业,加大创新力度,形成庞大的复合式电子信息产业集群,源源不断地为机场供给本地货源。河南的纺织产业具有一定比较优势,南阳、商丘、开封等地都有不少成规模的纺织企业。问题在于这些企业大都在产业链上游,下一步需要向下延伸,在服装等消费终端形成较大规模,才能对航空货运形成较好的支撑。除此之外,发展劳动密集型生活消费类终端产业和生物医药产业,也将提供潜在的航空货源。

(九)发展"空—空中转"

中外航空运输业发展格局的最大差异,是中国的航空中转不够发达,各个机场都像孤岛,相互之间人流、物流多是终点对终点,运输效率损失很大,这是由体制差异造成的。但是,从效率的角度看,扩大中转尤其是"空—空中转"是大趋势。2015年我去参观过孟菲斯机场,从晚上10点到凌晨4点是该机场最繁忙的时段,主要是在不同方向来往的航班之间进行货物中转。在这方面,郑州由于具有得天独厚的区位优势,且已获民航局"空—空中转"试点资格,未来发展"空—空中转"的潜力很大,应该提前布局,并采取措施,着力提升"空—空中转"的货邮量。当然,未来"空—铁中转"也有一定的潜力。

五、两点建议

(一)建议推动中国民航局出台限制甚至取消各地补贴的规定

近年来,各大机场为争夺货源,纷纷出台面向航空公司和其他承运企业的货运补贴政策,而且补贴力度越来越大,不但加重了地方财政负担,而且破坏了航空货邮运输市场的正常秩序,造成恶性竞争局面,整体上不利于航空业的高质量发展,也无法与国际规则对接。所以,建议郑州机场或河南省政府牵头向民航局提出出台限制甚至取消补贴的规定,以保障民航业高质量健康发展。

据悉,以郑州机场现有的货邮运输保障能力,统一取消补贴更有利于提升其在货邮运输市场上的竞争力。

(二)建议谋划定期举办大型国际性会展活动

经验表明,定期举办的大型国际性会展活动,在短时间内有节奏地为举办地带来大量新增物流量的同时,还能持久地为其增加物流通道,延伸物流线路长度,并推动国际性物流中心的形成。国际上这样的案例很多,国内也有不少成功的案例,如广州延续多年的广交会、上海新开的进博会等等。郑州作为内陆地区最重要的交通枢纽和特大城市,具有举办大型国际性展会的良好条件。航空港经济综合实验区又有合适的空间,最适合作为此类展会的举办地。应该在加快建设港区会展中心的同时,也加紧谋划国际大型展会的步伐。

结合河南的优势,可以考虑此类国际展会以未来食品或休闲食品为题材。

报告 25　乡村振兴路径与改革深化[*]

一、必须把乡村振兴放在现代化的背景中来审视

(一) 乡村问题源于现代化过程

前现代化时期乡村几乎是整个社会的全部,城市只是统治中心,是放大了的乡村,手工业只是服务于宫廷的作坊,不存在产业和城乡分化,因而也没有乡村振兴问题。

乡村问题源于以工业化、城镇化为核心的现代化过程,工业农业分化、城乡分化及非农产业和城市不断成长,一定时期内乡村相对衰落,从而有了乡村振兴问题。纵观东亚,已经基本完成现代化的经济体多数都有过乡村建设和乡村振兴的举措,例如日、韩等国及中国的台湾。

(二) 现代化进程中乡村变迁的三大趋势

一是农业剩余劳动力非农化,农业劳动者持续减少,农业经济比重持续减少;二是乡村人口城市化迁徙和乡村人口的持续萎缩;三是村落结构稀疏化,村庄减少导致的"空心村"和村庄撤并问题。

---

[*] 本文根据 2021 年 6 月 19 日中国国际经济交流中心宏观研究部与清华大学中国农村现代化研究院联合主办,河南中原经济发展研究院组织的乡村振兴与粮食安全高端座谈会上的发言稿整理,撰稿人:耿明斋。

（三）以存量元素和固化的思维采取的乡村振兴方式可能导致重复建设

目前乡村振兴行动中存在的若干误区：

一是在人口不断流失的村落中大规模投入资金进行基本设施建设，从而试图让乡村人口回流实现振兴。

二是尝试回归"村村点火家家冒烟"的非农产业发展模式，但回到村办集体企业模式在20世纪90年代苏南模式和温州模式之争中已被实践验证。20世纪80年代以来长珠三角地区农村地毯式企业群模式是无法在21世纪在内地复制的。因为非农产业发展是空间上集聚的过程，县城和产业集聚区是其发展的主要载体，所以虞城县钢卷尺、夏邑县打火机集群等产业集群生存空间也未必普遍适用于当今的乡村振兴发展。

二、乡村振兴是乡村有机更新的过程

（一）需要澄清乡村振兴的内核

乡村振兴的对象是人，使乡村人口收入水平与城市人口收入水平差距缩小甚至消失。而乡村振兴的前提，一是农业劳动力大规模非农就业转移，即农业劳动者大幅减少，才可能腾出空间实现农业规模化经营，从而大幅提升农业劳动者的生产率和收入水平；二是农村人口大规模城市化迁徙。

（二）需要弄清乡村振兴的内容

乡村振兴是乡村有机更新的过程。所谓有机更新，是乡村元素更替、功能重塑：一是产业种类更新，即非农制造业或非农休闲产业替代农业；二是产业业态更新，即农业规模化、市场化经营替代碎片化种植，商品化生产替代自给自足余粮销售；三是人口更新，即原居民被外来经营者或休闲者替代，或者原居民外出受过现代工业文明熏陶后回流创业或就业；四是空间结构更新，即村落人少，村庄内部结构稀疏，如修武县大南坡时尚书店、供销社、艺术空间和新县西河湾游人如织的现象。

三、乡村振兴的路径与节奏

(一) 乡村振兴的三条路径

从资源禀赋差异和现代化完成后乡村空间功能角度看乡村振兴的路径,大致有三条:一是非农制造业基础较好的先发地区,可以通过为非农制造业提供发展空间来实现乡村振兴。比如长葛、长垣及夏邑县打火机聚集地、虞城县钢卷尺聚集地等。还有长珠三角地区很多村镇高密度聚集的特色产业集群(广州花都区狮岭镇箱包、中山古镇灯饰)。二是有山有水有文化的县域,可以通过发展乡村旅游,让都市人群休闲空间实现振兴。如成为上海、杭州和南京人休闲空间的浙江安吉"两山"理念发源地余村,以及修武县大南坡村、新县西河湾村等。三是绝大多数典型农业县域,可以利用农业资源优势成为集中的粮食生产空间,通过土地规模化经营提升农业效率,实现乡村振兴。农业效率提升至非农产业水平,使农业经营者中产化。

(二) 乡村振兴有先有后

乡村振兴一定是有先有后的,是不同步的,工作中切记不可"一刀切"。制造业特色产业集群高度聚集的村镇,通过发展制造业和本地非农就业率先振兴;有山水生态环境和文化资源的村落,可以通过美化环境和挖掘文化资源的方式,实现第二轮振兴;传统平原农区则可以通过劳动力大规模流出,推动规模化经营实现振兴。

(三) 慎重规划,纯农区切忌拆迁改造

如10年前的河南新型农村社区建设行政化和"一刀切",造成了大量重复建设,现在还有后遗症,大家应引以为戒。再如2020年以来的山东"合村并居"问题也引发了广大争议。

而有条件的地方可以撤并整治,整体一次性彻底城市化。例如城市拓展所能覆盖的区域:城中村、城边村、产业聚集区中的村、非农制造业发达连片的农村区域。该类乡村也要满足两个条件:非农就业基本解决,土地升值达到可

以弥补拆迁安置成本线以上。在乡村振兴的道路上要做到慎重规划,忌拆迁。应做到休闲空间和非农产业发展空间优先,纯农业空间以自由迁徙为主,可以采取硬化道路、完善公共服务的手段,切忌大规模拆迁改造。(其中的典型案例:郑东新区300多平方公里所有村落一次性拆迁整治,航空港区415平方公里20多万人口一次性统一城市化改造。)

四、改革深化与新乡"三变五合作"探索的价值

(一) 农业农村现代化会遇到现存体制机制障碍

耕地规模经营与碎片化占有的冲突——规模化连片种植需求下自由流转方式交易成本高,效率低(承包意愿难以统一);城镇化迁徙人口对土地权益的担忧;迁徙人口宅基地空置和处置;集体财产权益静态分割方式与农户人口动态变化的矛盾;闲置集体土地或财产合理化利用问题。

(二) 新乡农村"三变五合作"改革探索的价值

其根本价值在于当面临现有产权的格局,顺应现代化趋势与需要,通过微调和渐进式改革,走出了一条促进农村现代化和乡村振兴的具体路径:依存量人口将集体成员土地权益股份化,有助于实现农民土地权益与户籍身份的分离,促进农村人口城镇化迁徙和土地权益流转;有助于推动迁徙人口空置宅基地复垦开发和建设用地指标流转及稀缺建设用地资源优化配置,有利于建设用地增值增收和规模连片特色种植,促进土地规模经营。

报告26　平舆——走在传统平原农区工业化前沿*

一、县域现代化有许多问题值得研究

现代化是一个由工业化引领,以城市化为载体,不断吸纳农业农村元素并改造其生产生活方式、重构其空间结构的过程,直到这个过程完结,由工业和城市主导的生产生活方式,及其经济社会与空间结构实现对所有空间的全覆盖为止。这个过程是怎么开始的?其前行的道路是怎么样的?会遇到什么问题和障碍?这些问题和障碍又该如何解决以及事实上是如何解决的?这些看起来蛮有意思又有点琢磨不定的问题,在中国视野范围内,甚至在整个全球视野范围内,经过数代无数学者的不懈探索,早已有了比较明确的答案。但是在一个比较小的尺度范围内,比如说在一个县域范围内,却远没有能够达成共识的答案。这一方面可能是由于该领域尚未吸引足够多的高水平学者关注;另一方面是由于县域数量众多,情况各异,寻找共性规律难度大。

2021年9月8日、9日通过对平舆县的考察,就上述系列问题,我们着实得到了一些具有启发意义的认识。

二、平舆县工业化基础薄弱到可怜

平舆县地处黄淮平原腹地,与驻马店新蔡、安徽临泉、周口项城、驻马店上蔡、驻马店正阳、驻马店汝南等县(市)为邻,属于典型的平原农区县。全县地势平坦,海拔高度低(39—47米),无山、无谷、无湖、无自然景观,地上地下无

---

* 本文为2021年9月8日、9日赴平舆县调研后撰写的报告,撰稿人:耿明斋。

▶ 报告26 平舆——走在传统平原农区工业化前沿

矿、无可开发自然资源,人多(2020年统计户籍人口116万人,七普常住人口72.87万人)、地少(国土面积1282平方公里,户籍人口密度每平方公里接近千人,耕地面积134万亩,人均不足1.2亩,低于全省、全国平均水平)。在改革开放和工业化起点上,除了土地、农产品和劳动力,经济发展无其他可以凭借的资源。

平舆县位于驻马店市域东部,相距最近的中心城市驻马店市区60公里,与周边其他中心城市,如漯河、周口、阜阳、淮南、信阳、南阳等,相距都在百公里以上,距离郑州、武汉、合肥等省会城市更远,长期与交通主干道无缘。只是近年大广、新阳两条高速公路通车以后,才改变了交通闭塞的困境,但至今仍是缺铁(路)少港(水港与空港),交通便利性无法与枢纽区域相比。

数度兴废,社会基础不牢固。梳理各种资料信息,平舆县历史文化最突出的特点是兴废频繁。夏、商为挚国,周为沈子国,春秋属蔡,战国属楚,秦置县,以后各朝代是废了又置,置了又废。最近一次废县是元代,历经明、清、民国,将近800年县治空白,直到1951年4月,才又从汝南县析出,复置平舆县,至今也不过70年。这意味着地域中心性不强,地域文化有断裂且散乱,积淀不厚,基础设施欠积累、相对薄弱,社会治理基础不牢固。现代化起点上社会基础支撑能力薄弱。

穷到极致。此轮脱贫前,平舆县是名副其实的国家级贫困县。40年前甚至30年前,用"穷到极致"来概括平舆县经济社会发展的状况一点都不为过。我第一次到平舆县是1987年,当时是随着省委理论领导小组组织的调研组考察公路交通项目,沿途所见到处是泥泞的道路,泥水粪便混合的猪圈、茅草房和残垣断壁的居民院落。不记得县城与乡村有什么样的界限,或者说对县城样貌几乎没什么印象。2021年9月9日上午的座谈中,曾经在县城所在的古槐镇工作12年多,2007年从县人大退休的褚立国老主任,用群众中流行的顺口溜形容当时的县城是:"远看是个县,近看像猪圈,猪羊遍地跑,到处是粪便。"朱三国是20世纪80年代的乡党委书记,见证了平舆县发展的全过程。他说,20世纪80年代驻马店地区县域发展评比中,平舆县一直处在第三梯队最后面,倒数第一、第二的位置与新蔡县交替坐庄。平舆县城就是个集镇模样,直到1992年,电线杆还在路中间竖着。大街上人畜混杂,人车混杂,混乱不堪。

平舆县的工业化及现代化就是在这样的基础上起步的。

三、平舆县走到了县域工业化及现代化前沿

经过改革开放以来40余年的奋斗,尤其是1992年小平同志南方谈话以来,历届县委、县政府带领全县人民连续发力,把平舆县的工业化及现代化推到了县域发展的前沿。

(一)经济增长指标一直位于驻马店市辖各县区第一方阵

根据官方统计数据,2020年平舆县GDP是260亿元,财政收入12亿元,绝对量不高(在全省158个县区中排在中游)。但相对指标一直高于全省、全国平均水平,位居驻马店市辖县区第一方阵。受疫情影响最严重的2020年,GDP增速还高达4.7%,远高于全国2.3%、河南省1.3%的水平;工业增加值增速5.5%,投资增速6.9%,均排在全市第2位;居民收入增长5.4%,排在全市第1位。2021年上半年增速更高达12.9%,继续高于全省、全国平均水平,领跑驻马店市域。正是由于长期持续高速增长,才使得平舆县在极低基数基础上连续翻番,从"十一五"末的50亿元,到"十二五"末的90亿元,再到"十三五"末的260亿元,从而有了今天的规模,未来"十四五"末计划达到380亿元。

不仅是数量,平舆县经济增长质量也是可圈可点,公认最重要的质量指标是财政收入中税收占比,这一项,平舆县一直在70%以上。

(二)工业高端大气

工业是经济的支柱,平舆县经济高速高质量增长最主要的支撑是工业,其中最突出的是防水材料和户外休闲产品两大产业。

防水产业引领潮流。本来平舆县经济是靠防水起步的,但很长时间以来,防水主要是从事工程服务,平舆县防水大军遍布全国各地,防水产业主要是在

▶ 报告26 平舆——走在传统平原农区工业化前沿

县域之外滋长①。虽然解决了就业,回流了收入,但县域内未形成产业,GDP和税收流失严重,对县域经济发展的支撑作用没有得到充分发挥。大约10年前,在县委、县政府的谋划、号召和引领下,平舆县防水产业开启了回流创业发展的新时期,业态也由过去的工程服务延伸到防水材料制造。现在平舆县境内已有18家防水材料制造企业,初步形成了有竞争力的防水材料制造产业集群。尤其是蓝翔防水公司,不仅投资数十亿元建成了最现代化的工厂,而且与中山大学合作,依托公司平台建立了中山大学河南研究院,以及院士工作站和博士后工作站,依托中山大学招收硕士、博士研究生及博士后研究人员,进站工作实习,合作研究,研发防水新材料,占据防水材料研发生产制高点。还与韩国专家合作建立坝道工程医院,专门研究水利工程大坝常常会出现的裂缝、渗漏难题,进行快速诊断、准确定位,并拿出切实可行的治疗方案,赢得了工程界的高度认可。如今,蓝翔防水作为一家国家级高新技术企业,已成为防水行业龙头和技术创新引领者。

户外休闲产业异军突起。大约是2015年前后,一个偶然的机遇,平舆县负责招商引资工作的干部发现在浙江蓬勃发展的户外休闲产业,出于提升竞争力的需要,急于在内地寻求落地空间。于是,县委、县政府果断决策,帮助解决该产业在平舆县落地所遇到的一系列问题,导致该产业相关企业到平舆县聚集,很快形成了颇具规模的户外休闲产业集群。其中的领头羊是河南泰普森户外休闲用品有限公司。这是一家母体位于浙江湖州的集团企业,据该企业平舆当地公司负责人介绍,它的总体量是销售额60亿元,实际接单量可达120亿元,产能严重短缺。2019年落地平舆县,首期就用了数十万平方米标准厂房,雇佣3000多员工,还把一些劳动密集型生产环节分解到数个乡镇,吸纳数千留守妇女和健硕老人等闲散劳动力。该负责人介绍,公司马上会再拓展占地1500亩的新生产厂区,生产规模再扩大数倍。在生产车间,我们看到的

---

① 据有关方面提供的信息,平舆县户籍人口116万人,七普常住人口72.87万人,有超过40万人本地户籍外出务工人员,其中大部分从事防水行业。近40万人分布在全国各地的平舆县籍防水大军,注册企业超过2000多家,其中规上企业839家,533家防水企业成立劳务公司,每年产值700亿—800亿元。现在县里发展总部经济,要求这些防水企业回迁,回归县域内落户,壮大县域经济,给财政提供部分收入。目前已有847家企业在平舆县注册,判断未来这会成为平舆县域经济的一个爆发点。

是时尚的产品、宽大的厂房、姿态各异的设备和忙碌的人群,一派现代化工厂欣欣向荣的景象。目前平舆县有户外休闲产品生产企业71家,在12个乡镇配套建立308个藤编生产加工点,已成为颇具规模的户外休闲产品生产基地,2020年出口十几亿元,2021年上半年出口30多亿元,3年以后出口会达到上百亿元。

除了防水和户外两大产业之外,皮革鞣制、板材家居等产业发展势头也很好①。目前,平舆县域内各主导产业非农就业劳动力已超过20万人,加上外出务工防水大军,非农就业总数超过60万人。平舆县用工工资标准比周边地区高1000元左右。可以说,平舆县劳动人口已经高标准实现了非农充分就业。

(三) 城市发展速度快,品质高

2020年统计城镇化率是42%,这个比例看起来不高,但如果考虑低基数,背后的发展速度还是值得说道说道的。2014年底,我们团队受省住房和城乡建设厅委托,专门到平舆县就县城建设进行调查,当时接待我们的干部讲了一个数字,说2000年时,平舆县城人口只有7万人,到那时已经突破20万人,15年长了3倍!2020年底县城人口已经突破25万人,也有说是小30万人,规划2035年要突破50万人。规模是一方面,大家都在涨,更重要的是城市品质。现在我们看到的平舆县城,街道宽阔整齐,绿树成荫,花香四溢,水清岸绿,十分宜人。街头游园随处可见,全城有几十个,居民游憩十分方便。已经建成投入使用的PPP项目——天水湖湿地公园,占地数千亩,水面数百亩,犹如璀璨明珠镶嵌在城市边缘,为城市增添了更多的妩媚与时尚。

其实,城市的精华远不止这些街道和生态美景,更值得欣赏的是文明人群的扩大和文明素质的提升。多年来,平舆县一直坚持在县城集中办教育、办优质教育的理念,动员各种社会力量,政府和民间共同发力,大量在县城建设各级各类学校,吸引乡下学生到县城就读,满足其对优质教育的需求。现在,县城在校学生总数已达到14万人,超过全县基础教育阶段在校生总数的60%。

---

① 皮革产业园占地4000亩,龙头企业伊诺皮业年加工牛皮达250万张,位居国内第二,未来准备把产能翻到500万张,进到行业第一位。

教育资源在县城的聚集,知识人群规模的扩大和比例的增加,带动了县城居民文明水平的提升。座谈会上,一个干部讲平舆县城能够如此干净,是因为人人具有良好的卫生习惯,人人遵守社会公德,人人自觉维护环境。说一个人在户外吃的瓜子皮也都自己拿在手里或放在塑料袋里,带回去处理,而不是随手扔掉。2015 年我到韩国考察,在首尔,当地人告诉我们,首尔大街上没有垃圾箱,每个人出门都要背个包,自己产生的垃圾装进背包,背回家里处理。平舆县人的文明行为和作为发达国家首善之区的首尔市民相差无几!

(四)居民富裕程度明显提升

突出体现在银行存款上,2020 年一年全县各家银行存款净增 100 多亿元,存款余额超过 300 亿元,抵得上附近几个县加在一起的量。为此,工农中建四大国有商业银行在各自系统内年年被评先进。

(五)政治生态良好

自 20 世纪 90 年代以来,平舆县历届县委、县政府主要领导都恪守政治纪律和政治规矩,坚守不腐底线,贯彻以人民为中心的发展理念,干实事,干大事,为县域谋发展,为居民谋福利,得到了群众认可、上级肯定,所以,整个干部队伍精气神十足,聚力做事,从不勾心斗角,营造了良好的政治生态,成为平舆县经济社会发展的重要保障。

四、平舆县域经济发展的经验

梳理平舆县 30 年发展,至少有如下 5 条经验值得重视:

(一)政府扮演引领者和护航者角色

20 世纪 90 年代中期,我在《河南日报》发过一篇文章,提出一个观点,说在欠发达传统平原农区工业化进程中,政府应该扮演主导者角色。理由是:这类区域经济活动主体是农民和农户,他们只熟悉自己祖祖辈辈传承下来的农艺,不知道农业以外的领域经济活动的情况;只熟悉自己社会活动空间所及的狭小区域内的事情,不熟悉外部世界的变化。所以,你让农民自己去探索非农产业发展的道路非常难。在欠发达平原农区,具有非农产业发展信息、了解外部世界变化的是干部群体。他们受过系统教育,有知识,有眼界,可以告诉农民和农户该向农业以外领域的哪个方向探索,为农民进入非农产业,也为农区工业化引路。平舆县工业化及现代化发展的经验,与我当年的理论逻辑高度契合。在发展的每个关键时刻,都是政府出面引路,政府帮助协调解决发展中遇到的障碍和难题。这儿有两个案例最能说明问题:一个是20世纪90年代初,平舆县防水劳务大军刚刚跨出家门驰骋于祖国大江南北,准备大显身手之际,也是国家对该行业加强管理的时刻,其中一个重要的举措就是对承揽防水项目提出了资质要求。当时平舆县防水处在小散乱状态,没有规范的市场主体,更没有相应的资质。在这种情况下,为了排除资质障碍,县委、县政府主要领导出面组织覆盖全行业的防水平台公司,并亲自跑到省住房和城乡建设厅沟通,及时获得相关资质,保证了防水行业继续良性发展。另一个是两三年前,当浙江户外休闲产业大举涌入平舆县时,因为产品全出口,就遇到了此地产品到宁波港运输通道不畅问题。这时候,还是县委、县政府主要领导出面,跑铁路局、跑铁总、跑港务公司,开通驻马店火车站直达宁波港的户外休闲产品运输专列。县政府财政还拿出补贴,保证铁路货运公司盈利,从而及时解决了这一产业发展重要的配套环境问题。

可以说,关键时刻不是政府出手,平舆县工业化和现代化不会呈现今天的发展局面。

(二)开放是第一要务

只有土地、劳动力和农产品资源的传统平原农区,要走上工业化发展道路,只有一个途径,那就是开放,要么是走出去,要么是请进来。平舆县选择的是先走出去,后请进来的路径。走出去的是防水劳务大军,请进来的是资本、技术、人才,以及伴随这些要素的企业和产业。现在蓬勃发展的户外休闲产业、皮革产业、板材加工和家居制造产业等,都是请进来的结果。就连源头在本土的防水材料制造业,也是外出务工人员回流创业的结果,本质上也是请进来的。尤其是像蓝翔集团那样的高科技企业和多层次研发平台,聚集的更是从全国乃至全球范围内请进来的专家教授。

开放显然不限于县域内外,不限于对国内的开放,更是对全球的开放。户外休闲产业产品就是百分之百输出到国外,尤其是欧美市场,其技术甚至材料也部分来源于国外。这是真正的国内国际双循环,是由国际循环带动国内循环。

开放意味着市场的扩大,意味着比较优势的发挥,结果当然是本地具有比较优势的产业规模扩张,以及财富和收入的增长。

(三)筑巢引凤

企业永远是根据成本最小化原则来选择落地空间的,一个企业对生产空间做出再选择,一定是新落地空间具有更低的生产经营成本。但是,离开旧空间落地新空间,意味着离开群体落单,就像离开群体的大雁一样,注定会失去旧空间群体之间分工协作的依托。同时,进入一个陌生空间也意味着要面对各种不熟悉的人际关系和社会关系。所以,很多企业对于生产经营空间再选择都十分谨慎,这就是理论上所谓的产业黏性。如何克服产业黏性,克服企业空间在选择过程中的畏惧心理,把企业空间再选择的风险降到最低?这是引入企业和产业的地方政府应该考虑的。为了解除转入企业的后顾之忧,平舆县政府从2005年开始就提出"筑巢引凤"策略,就是由政府投资建设各类标准化厂房,租给转入企业使用,从而保证转入企业可以轻资产落地,待适应了新的环境,下决心扎根以后,再回购土地厂房。这一策略十分有效,最近几年外来的企业基本上都是采取的这种模式。

(四)充分挖掘闲散劳动力潜力

户外休闲产品技术含量并不高,属于劳动密集型产业。该产业能够蓬勃发展,最主要的原因在于旺盛的市场需求。携带便捷、时尚实用是产品最为突出的特点。浙江企业选择平舆县落地,主要是基于平舆县的两个比较优势,一个是相对宽裕的生产空间,一个是相对丰裕的劳动力。但是,由于遍布全国的防水大军吸纳了大量年富力强的劳动者,因此平舆县劳动力的丰裕确实也是相对的。如何挖掘剩余劳动力潜力,保证劳动力的充分供给,并最大限度地降低用工成本,企业和政府都把目光瞄向了散布在乡间的留守妇女和健硕老人。早前建在村上数量可观的扶贫车间正好派上了用场。

于是,在政府的协调帮助下,企业纷纷将能分解的生产环节向散布在乡间的扶贫车间延伸,扶贫车间也就成了主厂区设在县城的户外休闲产品龙头企业的生产点。每个甚至几个生产点由一个经纪人负责,他或她从企业获得生产合同,拿到样本和技术要求,包括材料,租用扶贫车间作为场地,组织周边村里的留守妇女和身体健康的老人进行生产,生产完成后,再将产品交回到企业,获得相应的加工费,以作为自己的管理报酬和劳动者工资。我们在老王岗乡孙坡村扶贫车间考察时见到了正在组织生产的年轻妈妈胡妍妍,她早年也曾经远赴浙江打工,后因结婚生子带孩子无法再外出而成了留守妇女,渴望就近找到一份合适的工作,就遇到了在县城设厂的浙江宁波格莱特户外休闲家具公司,成了该公司的经纪人。目前在她的管理下为公司从事生产加工的劳动者超过千人,产值超过千万元,每年获得的管理收入高达 30 万至 50 万元。除了承接编制件加工之外,现在又拓展了一处厂房,自己投资添置设备,要把金属构件加工也承揽过来,俨然一个完整的企业形态,未来的企业家或许就会从这里生长出来。

这种由龙头企业主导,将劳动密集型生产环节向下延伸的生产组织模式,使企业获得了充裕的劳动力供给,降低了用工成本;留守妇女和健硕老人获得了在家门口再就业的机会,增加了收入;扶贫车间被充分利用,村集体获得了相应的租金;经纪人得到了可观的管理报酬,从而实现了多赢。

(五)以教育聚集撬动县城做大

享受优质教育是所有家长的共同追求,只要条件允许,家长都会千方百计把孩子送到优质学校。由于有多种公共基础设施和公共服务体系依托,在县域内,县城总是更容易聚集优质教育资源。于是,富裕起来的农村居民纷纷将孩子送到县城学校受教育。再加上平舆县外出防水务工人群巨大,留守妇女陪伴子女进县城读书的需求更加强烈,且收入也足以支撑其做这样的选择,所以,对县城教育资源的需求就特别大。平舆县委、县政府顺应潮流,适时推出用教育撬动县城高质量发展战略,除了政府财政加大基础教育投入,迅速增加中小学建设数量之外,鼓励社会资本投入办学,增设学校,最大限度满足城乡居民子女对优质教育资源的需求。如前所述,现在,县城在校生人数已经超过全县在校生总数的 60%。这不仅使更多农村居民子女能够享受更优质的教育,也推动了城市规模快速扩张,促进了城市发展和城市文明素质的提升,是一举多得的事。

五、几点理论思考

实践是检验真理的唯一标准。平舆县工业化和现代化实践,也引出了若干值得思考的理论问题。

(一)如何看待工业聚散关系?

以经济学效率原则分析,工业经济活动空间演化的基本趋势是"聚"。因为工业与农业最大的不同,就是它需要水、电、气、暖、道路等基础设施支撑,也需要相应的公共服务体系支撑,而不管是公共基础设施还是公共服务体系,都是在多企业共享的情况下,每个企业产品单位固定成本才更低。所以,多企业在同一空间高密度聚集,每个企业的效率才更高。但是,我们在平舆县户外休闲产业发展的过程中,切切实实看到了既聚又散的状态,也就是企业生产经营活动核心部分聚集在县城,一些分支环节则分散在乡间。从理论上怎么看待这一现象?如何解释?

德国大哲学家黑格尔说过,凡是现实的都是合理的,这里工业的聚散形态显然也不例外。正如我们前面分析过的,将劳动密集型环节分散到乡间,把生产活动送到劳动者家门口,对企业来说,一定是较大幅度地降低了用工成本;对劳动者来说,则是不出家门就可以找到非农就业和挣钱的机会,企业和劳动者双赢,这就是合理性。问题是,这种分散布局的形态究竟是普遍适用于各个行业,还是只适用于个别特殊行业?回答肯定是后者。如果进一步问,这种聚散形态究竟是这些特定行业或特定区域发展阶段的特有现象,还是贯穿于产业或地区整个发展过程的现象?从现实来看,更可能像是产业或地区发展特定阶段的现象。因为这种生产活动向乡间延伸的必要条件,是乡间存在着留守妇女和健硕老人这种特殊的剩余劳动力群体。如果城市化向纵深发展,这些留守妇女和老人被裹挟整户迁徙进城了,也许他们就成了城市中的闲散劳动力,企业寻找此类劳动力也许要到城市社区去,此类工业生产活动有可能缩回城里去,回归聚集形态。

如果我们把观察事实的眼光放宽一点和远一点,就会发现早在20世纪八九十年代,长珠三角地区的工业化本来就是农村空间全覆盖模式,如今虽然已经明显呈聚集状态,但仍为乡镇留下了不少产业生存发展空间。即使是当下,在河南传统平原农区,也不乏产业在乡间繁衍的案例。不说早年在乡间疯长,如今已向城镇收缩但仍保留着散布痕迹的长葛和长垣,就说占领国内70%以上钢卷尺市场的虞城县稍岗镇,以及同样占领打火机市场70%以上的夏邑县会亭镇,这些产业也基本上是散布在乡间的。可见,工业生产活动的聚散也都是有条件的,在一定的空间和时间聚是合理的,在另一空间和时间散是合理的。正应了"理论是灰色的,实践之树常青"这句饱含哲理的话。可见,理论只能概括趋势和普遍现象,而无法包罗万象,无法解释一切。

(二)如何看待政府作用?

早期的经济学反对的是政府对市场的分割,反对的是国家和区域政府间相互制造的市场壁垒。马克思曾经说过,以亚当·斯密和大卫·李嘉图为代表的古典经济学,其基本目的是要用理论逻辑荡涤一切封建壁垒,为资本主义发展也就是为市场经济发展鸣锣开道。到了20世纪30年代资本主义世界大危机时期,经济学出了个以国家干预为宗旨的凯恩斯主义理论,说完全自由主义的市场经济会陷入深度失业陷阱而不能自拔,因而必须通过国家干预拯救资本主义。到了20世纪80年代,长期的政府干预又使资本主义经济陷入滞胀,于是里根主义和撒切尔主义又大行其道,供给学派成为热门。2008年金融危机,再次唤醒了政府干预的凯恩斯主义。理论逻辑就像钟摆一样,随着实践的波涛摆来摆去。

到底政府在经济运行和经济发展中扮演什么样的角色,起到什么样的作用,始终是众说纷纭,莫衷一是。从古典、新古典到奥地利学派的自由主义学说,认为政府只是经济体系中的守夜人,最重要的角色是提醒和维持秩序。凯恩斯干预主义者认为,政府不仅是提醒和维持秩序,必要时还必须直接出手,比如发债搞赤字财政,扩大政府支出,启动公共工程,扩大就业,等等。这些都是从宏观角度来看待政府作用的各种解释。

近年来因研究中国模式,也有从中观或微观角度来解释政府作用的理论出炉,影响比较大的是张五常的地方政府竞争说。大意是说,中国经济发展这么快是地方政府之间为了各自利益相互竞争的结果,是基层政府竞争带来了经济发展的动力。平舆县的实践给我们展示的是政府在开启民智,引导民间主体走向市场,为企业排忧解难,排除企业发展瓶颈等方面的作用,这可以算是更为微观层面的。是围绕市场主体做环境,激发市场主体创造力和活力,提升其市场竞争力,作用更直接、更有效,也更值得由此切入深化政府作用的经济理论研究。

(三)如何看待双循环?

在最抽象的意义上,所有生命有机体都存在着双循环,即内循环和外循环。人体内的血液流动是内循环,吃喝拉撒是外循环。内外循环同等重要,没有血液流动,生命体自然会失去生命,但没有吃喝拉撒外循环,没有氧气和食物的进入与废弃物的排泄,血液自然不可能循环起来。如果非要比较哪个更重要,我们宁可说外循环更重要。因为外循环似乎是内循环的动力,是"因",内循环是"果"。一个国家是一个社会有机体,虽然不像个体生命那样须臾也不能离开外循环,但如果仅仅靠内循环来维持,对外完全封闭,就不能吸收来自大千世界的精华,不仅是不能吸收自己没有或不能生产的有用物品,更重要的是不能吸收不断变化提升的思想和技术。这样的国家和社会只能在水平状态上延续自己的历史,就像明清时期实行闭关锁国政策那样,与世界五百年来的巨大进步失之交臂。同代的朝鲜,与世界隔绝仅仅几十年,落差已经让人瞠目。所以,在迅速变化的世界中,更不能没有外循环,不能与世界隔绝。这里我还想强调的一点是,不仅仅是外循环,而应该是与世界最发达的文明有机体之间建立起循环关系。因为只有与比自己发展水平更高的社会有机体之间建立起循环关系,才能吸纳世界上最先进的物质和精神文明成果,也才能把自己提升到世界最先进文明的高度。

(四)如何看待县域空间结构演化?

前面我们说过,现代化是工业和城市文明对传统农耕和乡村文明的改造。它通过吸纳后者的元素并向后者输入自己的元素,而破坏其结构,重组建立新结构形态。现实中就是把农产品作为原材料,将劳动力和人口吸纳过来非农就业和到城市居住生活,又把自己的技术以及自己技术的创造物(各种农业生产工具和种子、化肥、农药等生产资料)输出到农业和农村中。就我国目前的阶段来说，或者具体到像河南这样的传统平原农区的现状来说，前两个过程，即吸纳劳动力和人口、加工农产品，以及输出技术和生产资料，已经达到很高的程度，但后一个过程，即破坏和重组结构，则处在很低的水平上，刚刚起步甚至尚未开始。尤其是居住空间结构，基本上仍保持原样，甚至还在原有结构基础上持续扩张。这在现实中表现为城市迅速膨胀的同时，乡村并未缩小，甚至也在膨胀。结果是导致建设用地极度紧张，保耕地任务十分艰巨。这显然是不合理的。无论从理论上说还是从已经完成工业化、城市化的国家或地区的经验来看，城市扩张的同时农村一定是萎缩的，农村空间结构重组和稀疏化是个不可逆的过程。我们现在的状况一定是过程中遇到了肠梗阻，造成梗阻的原因就是城乡之间二元结构中仍然保留着的那种相互隔绝的制度，包括阻碍人口流动和自由迁徙的户籍制度，以及使用权不能在城乡之间流转的土地制度，包括允许农民进城买房，不允许城市人下农村置业的制度。这些应该是下一步深化改革的方向，否则，我们社会的现代化就无法走完这"最后一公里"。

后　记

即将付梓的《中原发展研究报告集(2021—2023)》,收录了我带领的团队依托河南大学中原发展研究院及河南中原经济发展研究院平台,于2019—2022年度完成的26篇研究规划报告。这些报告多是在市县政府和国家及省直部门委托项目基础上形成的,也有些是自选研究专题或媒体约稿。各篇报告都是相应团队的智慧结晶,为体现各位团队成员的贡献,将报告来源及其主持人与参与者情况列示于每篇报告的脚注中。

刘琼承担了书稿的整理和繁杂的出版事务,李甜协助做了大量工作,她们都付出了不少辛劳。河南大学出版社编辑马博、时二凤等认真负责,保证了本报告集的顺利出版。在此一并表示感谢。

耿明斋
2023年7月28日